음악치료 총론 ^{제2판}

Stine Lindahl Jacobsen, Inge Nygaard Pedersen, Lars Ole Bonde 편저

순진이 옮김

Σ 시그마프레스

음악치료 총론, 제2판

발행일 | 2023년 3월 10일 1쇄 발행

편저자 | Stine Lindahl Jacobsen, Inge Nygaard Pedersen, Lars Ole Bonde
옮긴이 | 순진이
발행인 | 강학경
발행처 | (주)시그마프레스
디자인 | 김은경, 우주연
편   집 | 윤원진, 김은실, 이호선
마케팅 | 문정현, 송치헌, 김미래, 김성옥

등록번호 | 제10-2642호
주소 | 서울특별시 영등포구 양평로 22길 21 선유도코오롱디지털타워 A401~402호
전자우편 | sigma@spress.co.kr
홈페이지 | http://www.sigmapress.co.kr
전화 | (02)323-4845, (02)2062-5184~8
팩스 | (02)323-4197

ISBN | 979-11-6226-412-6

A Comprehensive Guide to Music Therapy, 2nd Edition

* 책값은 책 뒤표지에 있습니다.

역자 서문

대학원에 입학하면서 학생 신분으로 처음 음악치료계에 투신했던 것이 벌써 24년 전의 일이다. 흔히 10년이면 강산이 변한다고들 이야기하는데, 강산이 2번 바뀌고도 남을 동안 아직도 음악치료계에 몸담고 있으니 그간 경험했던 크고 작은 일들의 종류와 무게에 대해서는 굳이 언급할 필요조차 없을 것이다. 척박하다는 표현이 어울렸던 초기의 학제화 환경과 교육 체계는 그저 열정만 가지고 모였던 다양한 연령과 배경의 학생들에게 결코 쉽지 않은 길을 제시했었다. 그럼에도 불구하고, 그 긴 세월을 지나 지금도 여전히 현역으로 활동하고 있는 우리를 지탱하게 한 것은 음악의 치료적 힘에 대한 무한한 신뢰, 사람에 대한 궁극적 희망, 합력해서 선을 이룰 수 있다는 간절한 기대가 아니었을까. 음악치료 학제화 26주년에 이르는 현시점에는 환경도, 체계도, 사람도 변하지 않은 것이 없으나, 한국의 1세대 음악치료사 중 한 사람으로서 음악치료에 대한 열정과 치료사로서의 자부심만은 조금도 변하지 않았음을 감히 확언할 수 있다.

제대로 된 역서 하나 없던 시절에 음악치료를 시작했던 역자가 수많은 음악치료 관련 서적이 쏟아져 나오는 지금 후학들을 위해 번역 작업을 진행하면서 500페이지에 달하는 북유럽권의 책을 선택한다는 것은 쉽지 않은 결정이었다. 그러나 북미권에 집중된 연구와 임상 실제 이상의 것이 또 다른 세계에 있었고, 그 어떤 언어와 경계를 넘어서도 무한한 힘을 발휘하는 음악을 떠올릴 때 이 도전이야말로 또 다른 의미를 부여할 것이라는 믿음이 있었다. 이 책의 목차만 보아도 알 수 있듯이 음악치료는 이제 더 넓은 체제 안에서, 더 많은 분야와 융합되며, 더 다양한 전문가들과의 협력을 통해 이루어진다. 음악이 발휘하는 치료적 힘과 음악치료의 가치가 커지는 만큼 교육자와 연구자들뿐만 아니라 다양한 현장의 치료사와 전문가들에게도 세계관과 지식의 확장이 요구되는 것이다.

이 책은 '음악치료 총론'이라는 역서의 제목에서 엿볼 수 있듯이 음악치료를 이해하는 데 필요한 기초 주제에서 심화 주제에 이르기까지 매우 포괄적인 내용을 간략하면서도 논리적으로 설명하고 있다. 올보르대학교에서 함께 수학하고, 임상가이자 연구자로서 오랜 경력을 쌓아온 교육자들의 협력으로 만들어진 이 책은 총 6부로 구성되어 제1부에서는 음악치료의 역사, 제2부에서는 음악치료의 기반이 되는 이론들, 제3부에서는 다양한 음악치료의 방법을 제시하고, 제4부에서는 여러 내담자군을 대상으로 한 음악치료의 임상 실제와 현장 사례, 제5부에서는 음악치료의 연구, 제6부에서는 아직 국내에 소개되지 않은 북유럽의 음악치료 학위 과정 모델을 소개하고 있다. 음악치료 학제화 이전의 역사부터 21세기에 걸맞은 새로운 패러다임과 그에 대한 이론적, 실천적 접근까지 함께 조망하고 있기에 음악치료를 공부하는 학생이나 현장의 치료사들은 물론 음악치료에 관심이 있는 다방면의 연구자들에게 음악치료의 과거와 현재, 미래에 대한 통찰과 새로운 영감을 주기에 부족함이 없을 것이다.

처음 생각과 달리 번역을 진행하는 과정에서 예기치 못한 많은 일이 있었다. 치료사이기 이전에 한 인간으로서 상상을 초월한 부담과 스트레스를 견뎌야 했고, 도저히 버틸 수 없다고 느꼈던 순간들도 있었다. 그 지난했던 과정에 동료로서, 어른으로서 함께해 주셨던 강수경, 이인용 선배님의 희생과 지지에 말로 다할 수 없는 감사를 전한다. 24년 전 이화여자대학교에서 만나 함께 수학한 음악치료계의 선후배이자, 지난 21년간 이 길을 함께 걸으며 서로의 인생을 목격한 증인이 되어준 두 분의 사랑과 신뢰가 없었다면 결코 작업을 마치지 못했을 것이다.

또한 이 책의 출판을 맡아 한결같이 애써주시고, 너그럽게 기다려 주신 시그마프레스 강학경 대표님께 깊이 감사드린다. 받은 이해에 보답하기 위해 원고의 완성도를 높이는 일밖에 할 수 없다는 것이 민망할 정도로 본의 아니게 큰 폐를 끼쳤다. 책이 나오기까지의 모든 과정에 수고를 더해주신 시그마프레스의 여러 관계자께도 감사의 마음을 전한다.

치료사로서 짧다면 짧고 길다면 긴 20년이 훌쩍 지나는 동안 다방면의 교육과 훈련을 맡아주셨던 스승님들, 오랜 시간 동고동락한 (사)전국음악치료사협회의 동료들, 쉼 없이 공부하고 훈련하는 이유가 되어준 음악치료계의 선후배들과 제자들에게도 감사를 전한다. 마지막으로 음악치료사로서 연구자이자 임상가, 교육자라는 다양한 역할을 오가며 고집스럽게 한길을 걷는 동안 삶에 있어 옳고 그름이 무엇인지, 그 판단이 흐려지기 쉬운 경계에서 존엄한 인간이 할 수 있는 선택은 어떤 것인지 말이 아닌 행동으로 가르치시고, 언제나 기도로 지켜주신 부모님께 형언할 수 없는 감사와 사랑을 전한다.

　　자신의 이름 앞에 놓인 치료사라는 자격이 부끄럽지 않으려면 치료사는 '쉬운' 선택이 아니라 '바른' 선택을 위해 훈련함을 항상 기억해야 한다. 그러기 위해서는 임상과 교육 현장에서뿐만 아니라 개인의 이익과 집단의 공의가 상충할 때 먼저 자신을 돌아보고 치료사라는 자격의 무게를 상기할 수 있어야 한다. 마음에 이를 품고 있으니 기꺼이 감당하고자 했던 삶의 무게가 결코 가벼울 수 없었고, 스스로의 부족함을 잘 알기에 노력하고 애써온 것들이 그저 편치만은 않았다. 그 길을 포기하지 않을 가장 큰 이유이자, 삶의 귀한 여정에 함께할 수 있도록 자리를 내어주신 나의 내담자들께 머리 숙여 감사드린다.

　　이 책을 접한 여러분이 앞으로 '좋은' 치료사가 되기를 희망한다면 공존과 상생을 위해 기꺼이 수고와 성찰을 감당해야 하고, 삶의 모든 순간에 최선을 다하지 않을 수 없음을 이미 알고 있을 것이다. 좋은 '사람'이 되려는 노력이, 우리를 좋은 '치료사'로 만들어 줄 것이라 믿으며 지금 이 순간에도 음악치료사라는 꿈을 위해 열심히 공부하고 훈련할 학생 음악치료사들과 더 나은 내일을 꿈꾸며 내담자의 여정에 동행하고 있을 자랑스러운 음악치료사들에게 이 책이 풍성한 학문적 지식뿐만 아니라 날카로운 자기 성찰의 기회도 함께 전할 수 있기를 희망한다.

2023년 2월
음악치료사 순진이

서문

제가 요즘 음악치료사가 필요한데요. 음악치료사가 팀과 함께 일할 수 있을까요?

오늘 아침 나는 새로운 음악치료 서비스 개설을 고려하는 지역 재활센터의 담당자에게 전화를 받았다. 이어진 대화에는 내가 특정한 요구, 해당 분야의 연구와 문헌에 대한 참조, 실험장비와 기금, 훈련과 같은 실천적 이슈와 관련된 사람들이 있는 자리에서 일어날 수 있는 일들에 대해 약간의 설명을 하는 것이 포함되었다. 중요한 질문은 다음과 같은 것들이다. 음악치료사는 다학문적 팀 내에서 어떻게 작업할 것인가? 나는 전화 반대편에 있는 사람에게 '왜 음악인가?', 또는 '왜 음악치료인가?'를 설명하거나 확신시킬 필요가 없었다.

일반적으로 음악은 우리를 인간답게 만드는 중요한 부분이며 초기 의사소통 경험의 일부이다. 대부분의 사람이 자신의 삶에서 음악의 목적과 기능을 여가나 일의 일부로 확신하지만 더 나아가 음악치료는 이제 전문적으로 널리 알려졌다. 음악치료 대부분의 분야에서 근거와 연구가 포함된 사례 연구들을 접할 수 있고, 많은 것이 이 책에 수집되었으며, 모두 정리되었다. 그뿐만 아니라, 음악치료의 역사와 실제에 대한 일부 깊이 있는 이론적, 철학적 측면들도 고려되었다.

나는 매일 음악치료에 관해 아주 많은 질문을 받는다. 이는 음악치료가 어떻게 작용하는가, 음악치료가 어떻게 특별한 사람들을 돕는가, 음악치료사들이 어떻게 훈련되는가, 어떤 접근들이 활용되는가, 음악치료의 유익에 대한 근거는 무엇인가, 음악치료사와 음악 교사 간의 차이는 무엇인가, 이 훈련을 받은 치료사와 저 훈련을 받은 치료사 간의 차이는 무엇인가? 등의 질문을 포함한다. 여러 국가에서 음악치료는 더 이상 주변적인 것이 아니며, 다른 국가에서도 어떤 상황에서 얼마나 문화 특정적인 음악치료를 필요로 하는가에 대한 의문들이 제기된다. 이 책은 저명한 덴마크의 음악치료 전통에서 비롯된 문화 특정적인 것에 대한 증언이자, 음악치료가 전 세계적이라는 국제적 지식 기반과 평판 내에서 얼마나 폭넓게 퍼져나갈 것인지에 대한 증언이기도 하다. 이는 나와 다른 음악치료사들이 다른 이들에게 음악치료에 대한 지식을 상세히 제공하는 일을 돕는다. 간학문적 양상이 중요한 것이다.

불과 지난주에 나는 영국의 인지분석치료협회에서 기조강연을 했다. 전체 콘퍼런스의 주제는 치료적 관계에서의 창의성과 진정성이었다. 이 주제를 좀 더 깊이 이해하기 위해 언어적 심리치료 분야의 동료들은 음악치료의 관점에서, 그 안에서의 창의성과 진정성의 장소를 포함하여 자신들의 실제를 살펴보는 데 흥미를 나타내어 나를 초대하기로 했다. 그들은 음악적인 렌즈를 통한 치료적 관계의 성찰을 향유했다. 예를 들어, 나는 그들이 환자와 대화할 때의 말의 운율, 리듬, 억양 같은 음악적 변수들을 포함하여 치료실의 안팎에서 나는 발화되지 않은 소리들을 생각해보도록 했다. 그들은 들렸던 것에 대해 음악적으로 생각하고, 귀 기울이는 방법과 그 말하는 방식이 자신의 주된 언어적 인지분석치료 실제에서의 진정한 치료적 관계를 설명하고 발전시키는 것을 도울 수 있다는 것에 흥미를 가지게 되었다.

게다가 이 서문을 쓰는 동안 나는 정신분석학과 음악학에 대한 콘퍼런스에 참석했다. 콘퍼런스의 주요 목적은 이 두 학문과 음악치료 간의 연계를 살펴보는 것이었다. 나는 구체적으로 치료 세션에서 만들어진 음악의 분석을 통해 음악학이 역사적으로 음악치료와 밀접하게 연계되었다는 것을 설명했다. 또한 — 정신분석적이면서 음악학적인 — 분석적 틀에 관한 논의가 이어졌다. 이 논의를 통해 현대의 음악치료 문헌은 환자/참여자와 내담자 집단 간 연계를 찾기 위한 탐색에 있어 무엇이, 누구에게, 또 어떻게 작용하는지를 기술하는 데 초점을 두게 되었다는 것이 알려졌다. 이런 식으로, 음악의 처리에서 실제로 일어나고 있는 것을 말과 글로 통/번역하기 위해서, 음악 분석 및 (일부 예외가 있으나) 음악치료에서 음악이 어떻게 작용하는지에 대한 연구에서 전반적인 벗어남이 있었을 수도 있다. 이 책은 다양한 견지에서 전체적 과정을 아우름으로써 균형을 바로잡는다. 이는 음악치료 학문의 외부에 있는 다른 사람들, 특히 다학문적 팀의 동료들과 음악치료의 잠재적인 내담자들에게, 나아가 구체적으로 음악치료가 어떻게 전 세계 우리 사회의 대상군을 도울 수 있는지에 대한 그들의 이해에 절대적으로 중요하고 필요한 것이다.

음악치료는 지금까지 발전해 왔으며 이제는 음악치료의 특정한 측면이 다른 것보다 어떤 상황에 좀 더 적용 가능하고 유익함을 나타내는 신경과학적 연구와 내러티브적, 정신분석적 관점에서 비롯된 연구를 포함하는 임상적 담론으로 잘 알려진 연구 결과들이 있다. 그뿐만 아니라 생리적, 심리적, 음악학적, 인지-임상적, 의료-정신분석적, (커뮤니티를 강조하는) 사회적이라는 것은 실제를 뒷받침하거나 오늘날 음악치료를 알리는 중요한 학문 또는 이론적 견지이다. 음악치료사와 이해당사자들은 음악치료의 기능이 다른 요구를 위한 것일 수 있음을 명확히 할 필요가 있다.

이 책의 저자들은 주로 덴마크인이고 오랜 전통의 올보르대학교 출신이며, 갖은 노력을 다했다. 저자들은 전 세계의 음악치료 전통을 포함하는 진정으로 종합적인 접근을 수록한다. 이 책은 타계한 토니 위그램이 주도했던 초판본의 여러 장을 일부 그대로 포함하였고, 공동 편집자이자 저자인 잉에 뉘고르 페데르센, 라르스 올레 본데가 함께 수정하고 재저술하였다. 토니 위그램의 선구적인 업적과 음악치료 임상 연구 및 교육 분야에 대한 공헌은 이 책의 토대이며, 위그램의 영감은 원작이 실현될 수 있는 토대를 가능하게 하여 여기 제시된 새로운 책에 이어진다.

음악적 다양성과 평등, 음악치료 테크놀로지에서의 훈련 발달과 현대의 발전이라는 이슈를 포함하여 메타 수준에서 음악치료를 설명하고 연구하는 것은 현대 세계에서 필수적이며 이 책은 이를 이루는 데 성공한다. 이 책은 치료 실제가 생소한 사람들을 위해 저술된 최신의 연구와 임상적 접근을 포함하며 이미 더 잘 알고 있는 사람들도 사로잡을 것이다. 건강을 지키는 방법에 대한 기술과 인지적, 내러티브적, 사회적, 정신분석적, 기법적, 음악학적 수준의 포함 및 수용적, 능동적 음악 만들기 기법의 활용에 관해 많은 내담자군을 아우르는 심층 논의 등 이 모든 것을 한곳에서 찾는 것은 드문 일이다.

이 개정판은 2014년에 출판된 덴마크의 원전이 번역되고, 개정되고, 발전되고, 재저술된 것이며, 음악치료의 기원에 대한 기술을 포함하여 현대 음악치료의 풍성한 개관을 수록한다. 이는 학술적인 업적이자 음악치료에 관한 많은 질문에 답하는 것이며, 모두를 사로잡을 것이다.

헬렌 오델밀러

차례

제3부
엄선된 음악치료 모델과 중재

제4부
음악치료 임상 실제

제5부

음악치료 연구와 근거 기반 실제

제6부

음악치료 훈련 – 유럽의 학사 및 석사 학위 과정 모델

1

음악치료 입문

1.1 음악치료 — 역사적 관점

라르스 올레 본데

음악이 흐르는 동안 당신의 모든 근심은 가라앉을 것이다.

셰익스피어

고대(그리스 로마 시대) 이후 음악은 치료적 도구로 사용되어 왔으며, 소리와 음악을 포함한 고대의 치유 의례들이 여러 문화에서 존속되었다(Gouk, 2000). 샤머니즘은 사회인류학 내에서 심층적으로 연구되었으며, 수정된 샤머니즘은 보통 현대 자기 계발 작업의 통합된 부분이다. 음악의 치유적 힘에 대한 신화와 내러티브는 대부분의 문화에 수없이 많다. 사울왕과 다윗의 이야기(사무엘상 1장)는 서구에서 가장 잘 알려진 이야기 중 하나이다. 오르페우스는 앨빈(1975), 번트(1994; Bunt & Stige, 2014)가 언급한 것과 같이 여러 음악치료사의 관심을 끄는 또 다른 신화의 인물이다.

그러나 문제는 고대로부터 전승된 음악과 의료에 대한 철학 및 실제와 더불어 현대의 과학적 음악치료와 연결되는 지속적이며, 중단된 적 없는 전통이 존재하는가이다. 이는 퀴멜(1977)이 주장한 것이나 이 개념은 음악치료의 역사에 대한 책에서 심각한 비판을 접한다(Horden, 2000). 플라톤 이후 철학과 음악 이론에 대한 문헌에서 음악의 치유적 힘이 흔한 주제라는 것에는 거의 이의를 제기할 수 없으나, 호든은 매우 초창기의 의학적 문헌(히포크라테스 시대)이 음악의 속성에 대한 사변적이고 형이상학적인 원칙에 회의적 태도를 취했으며, 의학의 역사에서 음악을 심각하게 받아들이는 논문은 아주 드물다는 것을 입증했다. "음악치료를 위한 개념적 여지를 만드는 것은 철학과 종교이다"(p. 44). 또한 호든은 의학과 정신의학의 역사에 대한 영국의 2가지 표준 작업에 음악이 주제로 포함되지 않는다는 것에도 주목했다. 이는 지난 15년간 바뀌지 않았다.

음악에 대한 논문에서 음악의 치유적 힘에 대한 장을 포함하는 전통은 아마도 보에티 우스(기원전 600년경) 시대로 거슬러 올라간다. 보에티우스의 유명한 논문 '**음악의 원리**De Institutione Musica'는 중세시대 온 유럽에 널리 퍼졌다. 이는 대학 '4학(수학, 음악, 기하, 천 문학)'의 읽기 과제 중 일부였으며(그림 1.1.1 참조), 의학 전공 학생들의 강의계획안에 포 함되는 것이기도 했다. 보에티우스의 일화, 문장과 서술은 얼마 되지 않았으나 간결한 이 론적 가정에 기반을 둔 음악과 의학(또는 건강) 간 연계로서 중세 음악 문헌에 여러 차례 반복되었다(Gouk, 2000; Horden, 2000).

1. (신)플라톤 학파의 이론에서는, 소리로서 음악의 화성적 진동 체계가 예를 들어 행성 과 천체들의 혁명기에, 또는 플라톤이 '세계영혼'이라 지칭했던 대우주에서 밝혀진 진동과 비례 수의 소우주적 반영으로 해석된다.

2. 4체액이라는 의학적 이론(소위 말하는 체액의학, 또는 병리학)은 건강이 체액과 기 질 간 균형의 문제라고 주장했다. 즉, 인간의 마음(정신 질환)의 장애에는 신체적 기 원이 있으며, 기질의 균형은 음악이라는 진동에 영향을 미칠 수 있다는 것이다.

3. 에토스 원칙은 다양한 선법의 음악이 인간의 마음에 영향을 미치는 특정한 속성과 잠재력을 가진다고 주장했다.

4. 의식(마음)은 건강을 증진시키거나 손상시킬 수 있고, 음악은 ─민감한 마음을 통해─ 특정한 원리를 따르는 개인에게 영향을 미칠 수 있다.

이 4가지 가정은 다음 쪽에서 논의된다. 우리는 음악의 치유적 힘에 대한 오래된 고전 이 론들이 특히 음악, 신체, 마음과 정신 간 관계에 대한 사변적 사고라는 호든의 주장에 동 의한다. 정신신체적 요소들이 흔히 논문에서 중요한 역할을 수행한다고 하더라도, 우리는 음악의 치유적 효과에 대한 역사적 또는 경험적 문서들을 제쳐두고 음악(과 드물게 의학) 에 대한 논문에서 몇 세기를 통해 반복적으로 언급되어 온 끈질긴 일화와 가설들을 다룬 다. 호든이 표현한 것처럼 음악치료는 의학의 '비주류 학문'이다.

사변적인 형이상학적 요소는 음악과 치유에 대한 '뉴에이지' 문헌에서 흔한 것이기도 했다(3.12장 참조). 현대의 음악치료는 과학적 사고, 임상적 근거, 경험적 문서에 기반을 둔다. 그러나 언급된 이론들은 직군 내 사상사의 중요한 부분을 차지한다. 고대의 사변적 이론들은 여전히 유용하고 유의미하며 영감을 주는 비유와 은유, 이미지들을 제공할 수 있다(Horden, 2000).

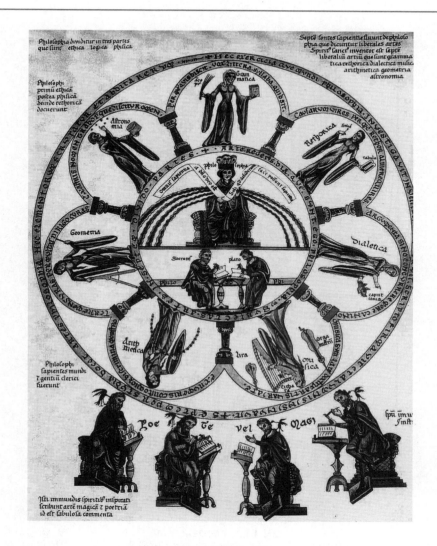

그림 1.1.1 자유 학예

수녀원장 헤라드 폰 란츠베르크(12세기 중반)에 의한 중세 필사본 '호르투스 델리키아룸'의 7가지 자유 예술('자유 학예')의 우화적 표상. 중앙에 있는 소크라테스와 플라톤의 위쪽에, 자신의 왕좌에 앉은 필로소피아(성스러운 지혜)가 있다. "나, 철학은 나의 과목을 7영역으로 나눈다." 이는 필로소피아의 가슴에서 넷은 왼쪽으로, 셋은 오른쪽으로 쏟아진다. 오른쪽으로 쏟아진 3학 중 (최상단의) 그래마티카는 핸드북을, 레토리카는 명판을, 다이알렉티카는 개의 머리를 들고 있는 것으로 묘사된다. 왼쪽으로 쏟아진 4학 중 무지카는 3현 악기(하프와 두 개의 리라)를, 아리스메티카는 계산 도구를, 지오메트리아는 자와 컴퍼스를, 마지막으로 아스트로노미아는 황도 12궁을 위한 둥근 자를 들고 있다. 무지카가 말한다. "나는 무지카이며, 나의 과학은 종합적이고 다양하다." 하단에는 성령의 영감을 받은 원의 바깥 부분에 4명의 시인이 자리한다. 시인들은 운명, 신화와 마법에 관해 저술할 때 악령으로부터 영감을 받았다.

그림 1.1.2 피타고라스의 4학

중세의 음악 이론가들은 누가 음악을 '만들었는가'라는 문제에 대해 합의하지 못했다. 누군가는 피타고라스라고 말했고, 다른 사람들은 성경에 나오는 유발이라고 말했다. 유발은 창세기 4장 21절에 "(그 아우의 이름은 유발이니) 그는 수금과 퉁소를 잡는 모든 자의 조상이 되었고"라고 전해진 사람이다. 이론가이자 시인인 요한네스 홀란드리누스는 두 명의 중세 이론가를 포함하여 "피타고라스가 음악을 만들었고, 보에티우스가 음악을 전승했다. 귀도는 음들을 살펴보았고, 유발은 선율을 기록했다."라고 전형적인 절충안을 제안하기도 한다.

　그림은 프란키누스 가푸리우스의 '음악 이론(*Theorica Musica*)'에 나온 것이다. 윗줄의 왼쪽 칸은 유발을 보여주고, 대장장이의 망치 두 쌍 사이에는 음정 비율이 제시된다. 왼쪽은 4:8:16, 오른쪽은 6:9:12로 (이는) 다음의 음정을 만들어낸다. 5도(4:6), 4도(6:8), 장2도(8:9)와 4도(9:12와 12:16) 및 음열 A-E-a-h-e-a. 동일한 음열이 다른 세 칸에도 나타난다. 여기에 피타고라스가 다양한 실험을 수행하는 것 즉 종, 유리잔, 6현 일현금과 (자신의 학생 필롤라오스의 조력을 받아) 3개씩 플루트를 연주하는 두 사람 등이 있다.

소우주와 대우주의 진동 이론

후기 현대의 서구 사람들은 대부분 음악을 상품, 소비재로 여긴다. 사람은 (상업적으로 분포된) 음악 경험(콘서트, CD, MP3 파일, 뮤직비디오나 스트리밍 서비스) 간 선택이 자유로우 이는 언제 어디서나 활용이 자유롭다.

그러나 그리 멀지 않은 과거에 서구 문화에는 여전히 음악과 건강이 (생리적으로뿐만 아니라 심리적으로도) 밀접하게 관련되어 있다는 것을 주장하는 전통이 있었다. 이 전통은 (서기 500년경) 전설적인 그리스의 철학자 피타고라스와 피타고라스 시대의 초기 그리스 의학으로 거슬러 올라간다. 이는 18세기와 19세기까지 무너지지 않았으며(아마도 막 주변화되었을 것이다) 경험적, 통계적 원리에 기반을 두어 현대 자연과학과 의학의 발달을 목격했다.

분리된 지 거의 250년 후인 최근에야 의학, 보건심리와 음악치료는 다시금 서로에게 다가서며 인간은 (늘 아주 환상적인) 기계가 **아니라** 복잡한 생의학적 존재라는 것을 깨닫는다. 또는 우리가 그렇게 보는 것을 선호하듯이 인간은 사회적 질서에 따라 신체, 마음과 정신이 통합된 존재이며, 음악은 모든 수준에서 종합적인 효과와 의미를 지닌다.

피타고라스는 이를 2,500년 전에 깨달았다. 또한 (제자들에 의해 우리에게 전달된) 피타고라스의 철학이 이해하기 어려울지라도 기본적인 발견들은 단순하다. 피타고라스는 (우리가 아는 한) 신비주의자이며 경험적으로 작업했던 진지한 과학자이기도 했다(그림 1.1.2 참조). 피타고라스는 자신의 감각과 사고로 주변 세계를 연구했고, 인간과 문화에 대한 자신의 발견이 갖는 함의에 대해 심층적으로 연구했다. 피타고라스의 작업 도구 중 하나는 소위 **일현금**이라는 단 하나의 현을 가진 척도이자 음악적 '도구'였다. 이 악기로 피타고라스는 둘 또는 그 이상 음들의 비율로 음과 음정을 실험하고, 인간의 의식과 그 관계를 실험할 수 있었다. 피타고라스의 발견은 여전히 유의하다.

음악은 **물리적** 수준으로 존재한다. 현은 특정한 속도에서 진동에 의해 음을 생성하고, 오늘날 우리는 표준 음고 A가 (헤르츠Hz로 측정되는) 분당 440회의 진동과 동일하다고 말한다. 또한 이는 동일한 속도로 주변 공기의 분자를 진동하게 만듦으로써 가청적이 된다. 이 진동들이 청취자의 귀에 닿을 때 뇌의 복잡한 지각적, 인지적 작동이 오케스트라의 조율을 위해 오보에가 연주하는 음이 A라는 결론으로 청취자를 이끈다. '표준 음고'란 사실 역사적인 절충(안)이다. 17세기 말, A는 부분적 변동이 있으나 415Hz로 동일했다. 베를린 필하모닉과 같은 현대의 오케스트라에서 음고는 443Hz이거나 더 높다. 이는 오케스트라의 소리를 좀 더 탁월하게 만든다. 오늘날 음의 진동 속도는 정확히 측정될 수 있다. 물론 이는 피타고라스에게 가능한 일이 아니었다. 피타고라스가 (정확히) 측정한 것은 현이나 종이 생성하는 음과 음정 간의 수학적 비율이었다. 일현금을 사용하여 피타고라스는 현의 길이와 음고 간의 관계라는 일련의 법칙을 발견했다.

예를 들어, 만일 일현금의 현이 자유롭게 진동한다면 기본음은 '1'이라는 현의 길이에 상응한다(예를 들어 440Hz). 현이 반으로 나뉜다면 현은 2배의 속도로 진동한다(2:1 – 880Hz). 현이 셋으로 나뉜다면 진동은 3배 더 빨라질 것이다(3:1 – 1,320Hz). 현 길이와 진동 속도 간에 규칙적인 수학적(비율적) 관계가 있는 것이다. 그러나 이는 모두 물리, 수, '체body'이다.

인간의 마음은 어떻게 음악을 **심리적** 수준으로 경험하는가? 우리는 진동을 음으로, (때로) 음들의 상호작용도 음악으로 경험한다. 현의 길이와 진동 속도는 물리적 세계의 정확한 비율인 양quantity을 측정할 수 있다. 음(과 음악)은 특질로 인간의 마음에 의해 해석되는 진동 현상이다. 질적 관점에서 진동을 연구할 때 반으로 나뉜 현은 전과 동일하지만 한 옥타브 더 높은 음을 생성한다는 것이 밝혀졌다. 옥타브는 음향과 심리음향의 기본 원리이며 모든 사람이 경험한다. 옥타브가 없으면 남성과 여성(과 아동)은 동음으로 노래하는 것이 불가능할 것이다. 옥타브는 보편적 현상이며 음악(인간이 생성하는 시간적으로 배열된 소리)도 옥타브 없이는 불가능할 것이다. 그러나 옥타브는 여러 방식의 선법과 음계로 분배되고 조직될 수 있으며 문화 특정적이다.

(전체 현의) 2/3 현 길이는 5도를 만든다. 1/4 현 길이는 기본(음)보다 두 옥타브 더 높은 음을 만들 것이다. 1/5 현 길이는 두 옥타브에 장3도 더 높은 음을 만들어낼 것이다. 예를 들어 누구든지 기타로 하나의 현만 사용해서 실험을 수행하여 우리가 다루는 자연 법칙 ─ 양적/물리적 현상과 질적/심리적 경험 간의 관계 ─ 을 경험하는 것이 가능하다.

음정 간 관계는 비례 수나 비로 표현될 수 있다.

- 옥타브＝2:1
- 5도＝3:2
- 4도＝4:3
- 장3도＝5:4

다음에는 좀 더 복잡해지기 시작한다. 예를 들어 단3화음, 장3화음과 장2도는 배음의 속성

이나 속성열 때문에 각기 다른 비율로 정의될 수 있다. 여기서는 이를 다루지 않을 것이다.[1]

피타고라스는 음들도 예를 들어 (어떤 암반 형성물에서 들렸던 것과 같이) 바람이 돌로 만든 원주체의 공기를 진동하게 만드는 '풍명금'처럼 자연에서 만들어진다는 것을 알았다. 그러나 피타고라스는 자연음 생성을 위한 물리적 원리를 알지 못했고, 그 원리들은 피타고라스에게 이론적으로 부적절했다. 이와 같은 자연의 원주체는 기본음을 만들어낼 뿐만 아니라 바람이 얼마나 강한가에 따라 자연 배음(부분음)도 만들어낼 수 있다. 배음은 부분음으로도 불리며, 기본음에서 1번으로 계수된다. 부분음의 상대적인 힘은 악기마다 다르므로 악기의 특정한 음색에 기여한다. 이러한 배음들은 견고한 암반 형성물, 긴 플라스틱 '뱀', 키나 스톱이 없는 관악기에서든, 배음 가창 중 취구에서든 상관없이 동일한 순서로 생성된다.

- 첫 번째 배음(＝2번 부분음)은 옥타브
- 두 번째는 5도
- 세 번째는 다음 옥타브
- 네 번째는 장3도
- 다섯 번째는 (다음) 5도
- 여섯 번째는 (우리의 현대적인 서구 특성의 귀에 '음이 안 맞는' 것으로 들리는) 일곱 번째/7도
- 일곱 번째는 다음 옥타브
- 여덟 번째는 장2도. 기타 등등.

점차 5음음계, 온음계와 반음계의 음정이 나타난다. 악기를 만들거나 연주할 때처럼 음악가들이 실용적, 음악적인 목적으로 채택할 때 이 체계는 복잡하고 종합적이다. 또한 여러 실용적, 심미적 문제(문화적 선호를 언급하지 않고)들이 관련된다. 역사적 관점에서, 문제는 수행 실제라는 필요에 있어 자연 음정 비율을 조정하는 각기 다른 '조율 체계'의 개발과 악기 테크놀로지를 통해, 예를 들어 관악기에 키나 스톱을 추가함으로써 화성적 시퀀스에서 자연스럽게 생성되는 음보다 다른 음을 연주하는 것을 가능하게 만듦으로써 해결되었다. 음악에 있어서 인간이 만든 아이디어와 선호는 자연 법칙을 '거스르고' 이를 음악적 실

---

1 www.oxfordmusiconline.com 참조.

제로 변형시킨다. 피타고라스는 음악이 자연 법칙에 기반을 둔 것을 발견했으나 한 걸음 더 나아갔다. 인간의 마음은 (규칙에 맞는) 진동과 음(의) 비율을 음악적인 음과 음정으로 지각할 수 있다. 피타고라스학파의 사고에서 음과 음정은 우주에 대한 반영, 영적인 수준이기도 하다. 이 수준은 불가청적인 것이나, 인간은 천체들도 따르는 우주의 원리를 반영하거나 숙고할 수 있다. 피타고라스학파에 따르면 행성은 가청적인 음악으로서 동일한 빈도와 비율로 진동한다. 이것이 **천구의 음악**이다. 음악적인 음이 조직된 질서는 신체, 마음과 정신을 포함하는 우주의 모든 것, 즉 대우주적 질서의 소우주적 반영이다. 이 철학은 이후 플라톤에 의해 발전되었다.

　　우리는 이에 대해 매우 광범위하게 저술하기로 했다. 이 이론이나 원칙이 고대부터 르네상스 시대에 이르기까지 고전 음악학뿐만 아니라 고전 의학적 지식과 대학 교육의 핵심이기 때문이다. 중세 대학은 기하, 수학, 천문학과 음악을 포함하는 **4학**과 문법, 수사와 논리를 포함하는 **3학**으로 나뉘었다(그림 1.1.1 참조). 이러한 원리에 자신의 업적 기반을 둔 마지막 선구적 과학자 중 한 사람이 천문학자이자 점성술사인 요하네스 케플러이다. 마지막 논문 '**우주의 조화(세계의 조화)**'(1619)에서 케플러의 야망은 조화로운 우주에 대한 피타고라스학파의 고전 원리와 경험적 천문학의 결과를 결합하였다(Erichsen, 1986). 다시 말해서 몇 세기 동안 종교적, 철학적 불일치와 반대로 음악은 세 수준의 현상으로 간주되었다. 이는 우리가 현대의 과학적 맥락에서 오늘날 (재)발견하거나 재정립한 것과 동일한 수준이다.

　　(보에티우스 이후) 중세 음악철학은 다음 항목 간 구별을 명확히 하였다.

- **우주의 음악**musica mundana : 영적인 수준. 음악은 형이상학적인 원리이자 가장 깊은, 우주적 진실의 경험으로 가는 길이다.
- **인간의 음악**musica humana : 영혼이나 마음의 수준. 음악의 도덕적, 윤리적 잠재력이 드러난다. 여전히 음악의 감각적 차원을 다루지 않으나 그 잠재력을 가지고 마음에 긍정적인 방향으로 영향을 주어 윤리적 차원을 향해 마음을 연다.
- **악기의 음악**musica instrumentalis : 신체의 물리적 수준. (악기와 목소리의) 음악이 소리를 내며, 인간에게 들릴 수 있다. 상향식 관점에서 음악이라는 경험은 더 높은 수준의 경험을 위한 전제조건이거나 이를 향한 '관문'이다.

수준에 대한 병렬적 기술은 모든 주요 문화에서 발견될 수 있다(음악치료 이론의 역사, 음악철학과 그 연계에 대한 좀 더 구체적인 읽기는 Byers, 2016; Horden, 2000; Ruud, 1990 참조). 인간은 '음이 안 맞거나', '잘 조율된' '악기'로 간주되었다. 음악의 조화로운 비율도 육체에 스며든다는 것을 나타낸다. 우리는 셰익스피어가 우아하게 표현한 고전 철학을 발견한다(베니스의 상인, 5막).

> 불멸의 영혼 속에는 이러한 화음이 있소. 그러나 이런 흙투성이의 쇠약한 육체가 못 들
> 어오게 철저히 막고 있는 동안에는 그 소리를 들을 수 없소.

'조율'은 현대의 발달심리학(스턴)과 음악치료 이론뿐만 아니라 덴마크의 철학자 로이스트루프의 업적에서도 가장 애용되는 은유이다. 로이스트루프의 개념은 현대의 음악 교육에 채택되었으며, '음악적 조율'은 음악에 헌신적으로 몰두하는 것을 의미한다(Fink-Jensen, 2007).

체액의학

음악은 유럽 대학의 고전적인 강의계획안에 한자리를 차지했다. 음 체계 및 화성/협화 및 비화성/불협화 비율에 대한 피타고라스학파의 버전을 포함하는 음악 이론은 '자유로운 예술(자유 학예)을 육성하는 자유로운 인간' 중 공통 과목이었다. 고전적 원칙은 **체액의학**(또는 **체액병리학**)과 같이 수 세기에 걸쳐 큰 영향력을 가진 원칙과 우세한 의학 이론들을 결합했다. 체액의학에서 건강은 4가지 신체의 액체 또는 '체액(혈액, 점액, 황담액, 흑담액)'에 의해 영향을 받는다. 이 이론에 따르면 건강이 좋다는 것은 체액 간 조화로운 균형의 결과인 반면, 질병은 체액 간 일종의 불균형을 반영했다. 역사적으로 이 원칙은 서기 400년경 로마 제국의 시대에 가장 중요한 대변인 중 하나인 영향력 있는 의학 이론가 갈레노스로 거슬러 올라간다. 이는 18세기 의학 이론에서 기본적인 것으로 고려되었다. 체액의 균형을 조정하기 위한 사혈은 19세기가 되어서야 활용되었다.

음악은 체액 간 균형에 영향을 미치고 심지어 (이를) 복원할 수 있는 치료적 도구로 간주되었다. 음악 이론에 대한 중세 논문들의 역사적 연구는 그것이 보통 체액, 기질, 천체 및 음악과 상관이 있는 획기적인 사변적 체계를 포함함을 밝히고 있다.

로버트 플러드의 잘 알려진 '신성한 일현금'(1617)이나 아그리파 폰 네테스하임(1510)의 이론이 역사적 시기에 대한 이해 및 음악과 인간의 3가지 수준 — 신체, 마음과 정신 — 이 상관이 있음을 보여주는 예일 수 있다.

- 물리적 세계/인간의 신체/음악의 진동
- 언어의 세계/인간의 마음/음악의 음과 음정
- 우주/인간의 정신/음악의 신성한 비율

또 다른 좋은 예는 프란키누스 가푸리우스의 실용 음악(1496)이다(그림 1.1.3 참조).

에토스 원칙

철학의 역사는 서구의 철학자(예 : 플라톤, 아리스토텔레스, 아우구스티누스, 쇼펜하우어, 니체)들이 개인을 위한(사람의 건강에 대한 문제), 국가를 위한(건강, 교육과 갈등에 대한 집단적 조정의 문제), 사회를 위한(사회적 가치, 윤리적 원리와 신념의 문제) 음악의 이론적, 실용적 역할을 면밀히 고려했음을 기록한다. 플라톤과 아리스토텔레스의 윤리학 요소, 예를 들어 '중용'의 원리는 유명한 지식으로 여전히 존속된다.

의학의 역사는 고전적인 '영양학'이나 히포크라테스와 그 계승자들의 가르침을 지칭하는, 행동이나 원칙 등 건강을 증진하는 규칙의 여러 예를 포함한다. 소수의 의사는 (아랍 의학에서 좀 더 공통적인) 통합적 요소로서 음악을 포함시키는 실제적 처치 체계 또는 매뉴얼을 만들었다. 이 매뉴얼은 특정 질병에 대한 음악의 활용을 위한 다소 사변적이고 규범적인 원리에 조화로운 신체의 진동이라는 고전 원칙을 더한 것에서부터, 실험과 의학적 또는 사회적 경험에 기반을 둔 음악의 임상 적용을 위한 좀 더 구체적인 권고에 이르기까지 역사적으로 발전한다.

음악과 마음

플라톤의 국가(제3권)의 유명한 단락에서 우리는 인간의 마음에 대한 음악의 영향력에 관해 잘 알게 된다. 글라우콘과의 대화에서 소크라테스는 나태 또는 슬픔을 장려하는 선법(리디안과 믹소리디안)을 유보하는 반면, 인간에게 조화롭고 용감한 삶을 장려하는 특정한 리듬과 선법(도리안과 프리지안)의 활용을 찬양한다. 이러한 점들이 우리에게 음악에 관한 것보다는 완전한 국가에 대한 플라톤의 이상에 관해 좀 더 잘 알려주는 것이 명백하더라도, 수 세기에 걸친 음악 이론과 의학 이론에서 우리는 여전히 마음에 대한 음악의 직접적인 영향력에 관한 유사한 아이디어들을 발견한다. 음악이 인간의 마음에 직접적인 영향을 미친다는 것은 공리이므로 기분, 성격과 건강에도 영향을 미친다.

그림 1.1.3 가푸리우스

프란키누스 가푸리우스의 '실용 음악'(Milan, 1496)에서 우리는 그리스 신화와 그리스 음악 이론에서 중요한 천구의 조화라는 친화(affinity)의 표상을 발견한다('선법의 상징적-도해적 표상'). 9뮤즈와 천구의 조화라는 연계는 고전 시대의 그리스 문헌으로 거슬러 올라가며, 가푸리우스는 그 전통을 따른다. 맨 위에 자신의 왕좌에 있는 아폴론이 있다. 아폴론은 세계의 조화를 통치한다. '**멘티스 아폴리네아이 비스 하스 모베트 운디퀘**'는 '모든 뮤즈를 움직이게 하는 아폴론 정신의 힘'을 의미한다. 아폴론의 표준 리라는 (르네상스) 루트로 교체된다. 아폴론의 오른편에 3미신인 에우프로시네, 아갈리아와 탈레이아가 있다. 중앙의 축은 3개의 머리와 뱀의 몸을 한 생명체로 그려졌다. 이는 아폴론의 왕좌에서부터 대지까지의 전체 거리와 4요소인 물, 불, 공기, 토양의 천구를 덮는다. 이는 천체의 조화의 기반이며, 표의 오른쪽 ─(해와 달을 포함하는) 7개의 행성과 천공 ─을 나타낸다. 왼쪽에는 9뮤즈 중 여덟이 그려져 있다. 아홉 번째(탈레이아)는 토양 아래에 묘사되어 있다. 2개의 가로 행 왼쪽에는 A-a 음에 해당하는 그리스 이름, 오른쪽에는 (대문자로) 선법의 이름과 그 음정(음이나 반음)을 나타낸다. 예를 들어 프리지안 선법 PHRYGIUS는 e음, 히파테메손(HYPATEMESON)에서 시작한다. 음과 행성들의 상관관계는 플라톤과 키케로(달 = A, 해 = D, 천공/하늘 = a)까지 거슬러 올라간다.

　이 전체론적, 정신신체적 이해의 예는 신학자이자 점성가이며 음악가였던 르네상스 시대의 위인 마르실리오 피치노(1433~1499)의 저술에서 찾아볼 수 있다. 피치노는 전체론적 보건 원칙을 위한 지침, '자연 마법' 이론을 만듦으로써 (플라톤의 음악 이론을 포함하여) 플라톤주의 철학을 기독교 신조와 결합하고자 했다. 피치노는 영혼을 각 개인과 '세계 영혼'(천상과 토양의 중보자) 간 조화로운 관계를 증진하는 신체와 마음 간 중보자로 간주하였다. 피치노는 신중하게 엄선되고 연주된 음악을 이러한 균형, 조화와 통일감을 얻는 가장 효과적인 수단으로 간주했다.

　목격자들은 피치노가 음악가들을 어떻게 특정한 의식의 상태에서 즉흥연주하게 했는지를 회상한다. 이 현상은 음악치료사들의 실제에서 인식하는 것이 꽤 쉬울 수 있다. 피치노는 음악가/치료사와 감상자/내담자 간 정보의 몰입을 허용하는 감상의 관점, 특정한 공감적 인식과 참여의 상태에 있었다(Voss. Horden, 2000에서 인용). 플라톤은 이 상태를 **푸로르 디비무스**furor divimus, 즉 광란의 상태라고 불렀다. 영혼이 신의 힘과 매우 일치하여 그 체화된 상태에 무감각하게 된다는 것이다. 음악치료사는 역전이에 대해 이야기할 것이고 신체적으로 기반잡기를 유지하도록 노력할 것이다.

　마음을 통해 신체에 영향을 미친다는 아이디어는 음악 문헌 외에 임상의학적 실제에서도 되풀이되는 주제이다. 음악치료의 역사는 음악이 신체의학적 또는 정신의학적 병원의 환자들을 위해 어떻게 정기적으로, 체계적으로 수행되는지에 대한 다수의 역사적 보고를 포함한다(Byers, 2016).

양자물리학과 복잡성 과학을 통한 고전적 아이디어의 부활

자연과학의 발전에 있어서, 해부학과 르네상스 시대 음악(과 3수준의 이론적 체제) 이후에 경험적으로 잘 알려진 의학은 점차 뒷전으로 물러나게 되었다. 소수의 의사가 여전히 음악으로 실험하고 논문이나 보고서를 작성했으나(Myskja, 1999 참조), 전반적으로 의학은 다른 문제들에 열중했다. 1960년대와 1970년대의 '뉴웨이브' 시대, 특히 물리학, 심리학, 의학과 음악학 내에서의 '뉴웨이브' 철학이나 패러다임이 나타난 후에야 비로소 고전적인 주제와 원칙들이 부활하고 현대의 과학적 발견들과 결합되었다. 이는 다소 신중하게, 다소 사변적으로 수행되었으나 20세기의 마지막 10년에는 고대 아이디어들의 복귀가 다수 목격되었다. 인간의 신체−마음을 '조율할 수 있는 악기'로 간주하는 것과(Halpern, 1985), 음악이라는 소우주에서 대우주의 반영을 보는 것이 인기를 얻게 된 것이다(비평적 논의에 대해서는 Summer, 1996 참조).

이 부활의 좀 더 진지한 부분은 파동인 동시에 입자로서 현대의 양자물리학과 신체적 문제의 상태 간 역설적 관계에 대한 그 선풍적인 시연과 밀접하게 관련되었다. 이 역설의 함의는—보어와 아인슈타인의 논의로부터 스티븐 호킹의 발견에 이르기까지—인식론뿐만 아니라 발생론, 과학적 사고에 막대한 영향을 미쳤다. 이는 음악치료 이론에도 반영되었다(Crowe, 2004; Eagle, 1991). 우주적 질서라는 개념은 인간에 대해 독립적이며 음악이라는 우주에 반영된다. 이는 의미의 3가지 수준 가운데 하나인 '암시적 질서'를 고려한 켄 브루샤에 의해 제안되었다(Bruscia, 2000; Ruud, 2000; 이 책의 1.3장도 참조). '공명'은 문제와 인간 간 신체적, 생리적, 심리적 과정이 꽤 다르다는 것을 설명하는 또 다른 복잡한 개념이다(Lindvang et al., 2018).

과학자들이 복잡성 이론을 받아들이고, 삶을 물질적인 것에서 정신적인 것에 이르는 인간 존재의 다른 수준 간 불변의 여정으로 간주하는 것은 더 이상 드물거나 의심스러운 일이 아니다. 과학자들은 음악을 더 풍요롭고 더 건강한 삶을 위한 특정한 질서—적합한 은유나 비유—로 여길 수도 있다. 음악은 신체, 마음과 정신에 영향을 미치며 삶의 우주적 원리들을 반영한다. 이는 음악과 의학이라는 고전 이론들의 핵심이었다. 그러나 기본 가정은 거의 과학적으로 연구되거나 면밀히 기록되지 않았다. 현대의 음악치료 이론과 실제는 3수준에서 모두 옛 아이디어들을 재고하는 것을 가능하게 만들며 옛 아이디어에 새로운—아마도 근거 기반의—체제를 제공한다.

우리는 이 장 맨 처음에 실린 인용을 이러한 방식으로 해석한다. 셰익스피어는 인간의 마음에 대한 음악의 영향력에 매우 정통하였으며 그 지속력을 제한적인 것으로 여겼다. 그러나 치료에서의 음악, 치료로서의 음악에 체계적, 과학적으로 기반을 둔 적용은 영구적인 변화로 이어질 수 있다. 이는 다음 장에서 명백히 드러난다.

1.2 음악치료의 정의

라르스 올레 본데

음악치료는 직군이자 학문인 연구의 한 분야로 지난 75년간 여러 국가의 다양한 전문적 학문에서 발현되었다. 따라서 직군이자 학문으로서 음악치료를 정의하는 과정은 특정한 임상가 집단의 지향이나 관점, 또는 각기 다른 문화에 따라 다양할 것이다. 유명하고도 아주 짧은 정의는 1990년에 노르웨이의 선구자 에벤 루드가 만든 것이다. "음악치료는 행동 가능성을 높이기 위해 음악을 활용하는 것이다"(Ruud, 1990, p. 24).

그러나 좀 더 특정한 맥락에서 이는 어떤 의미인가? 어떤 사람들의, 어떤 종류의 행동 가능성을 높여야 하는가? 음악치료를 정의하는 과정은 여러 국가에서, 각기 다른 전통을 통해 그 직군 자체가 발현되었던 방식도 반영한다. 이러한 방식으로 음악치료를 정의하는 과정은 3가지의 주요 요인을 고려해야만 한다.

- 임상가의 전문적 배경
- 내담자의 요구
- 처치[2]에 활용된 접근

1996년 이전에는 공식적인 국제적 정의가 없었으며 영향력 있는 책 **음악치료의 정의** (Bruscia, 1989) 초판에는 50가지 이상의 정의가 제시되었다. 세계음악치료연맹WFMT은 1996년에 첫 번째 공통 정의를 만들었으며 2011년 버전은 다음과 같다.

음악치료는 삶의 질을 최적화하고 자신의 신체적, 사회적, 의사소통적, 정서적, 지적,

---

2 일반적으로 treatment는 문헌에서 '치료'로 번역되나 이 책에서는 therapy와의 구분을 위하여 '처치'로 번역하였다. 처치란 병리적 상태의 원인 그 자체에 대한 치료가 아니라, 드러나는 증상에 대한 치료를 의미하는 용어로 내담자의 행동을 증상으로 간주하여 중재하는 음악치료의 의미와 동일하다. 본문을 읽을 때 처치는 치료로 치환하여 이해하여도 무방할 것이다(역자 주).

영적 건강과 안녕감을 최적화하려는 개인과 집단, 가족 또는 커뮤니티를 대상으로 의료적, 교육적, 일상적 환경에서 음악과 그 요소들을 전문적으로 활용하는 것이다. 음악치료의 연구, 실제, 교육 및 임상적 훈련은 문화적, 사회적, 정치적 맥락에 따라 전문적 표준에 기반을 둔다.[3]

당대의 음악치료가 발현된 학문은 작업치료, 일반심리학, 심리치료, 특수교육, 음악교육, 음악심리학, 인류학, 의학과 건강과학을 포함한다. 결과적으로 음악치료의 실제를 정의할 수 있는 방식에는 불가피한 모순이 있다.

- 예술적 대 과학적
- 음악적 대 심리적
- 행동적 대 심리치료적
- 보완적 대 대안적
- 치유적 대 완화적
- 재활적(만성의) 대 급성의

음악치료의 정의는 임상가가 작업하는 대상군에 따라서도 달라질 수 있다. 어떤 대상군과 함께 하는 치료의 과정은 본질적으로 재활적이며 기술이나 재능을 복원하는 과정이고, 기능적 능력을 개선하는 것이 치료사가 작업하는 실제의 주된 초점이다. 만성적인 대상군과 함께 하는 작업의 초점은 치료적 실제가 치유의 잠재력 부족을 수용하는 것임을 인식하는 것이므로 치료의 정의는 잠재력을 성취하는 것, 신체적, 정서적, 심리적, 사회적 어려움을 해결하는 것, 개인의 만성적 장애나 질환이라는 변수 내에서 요구를 충족하는 것과 좀 더 관련이 있다. 삶의 질 향상은 작업의 중요한 목적이 되며, 친지들도 세션에 직간접적으로 포함시킨다.

반대로 음악치료는 자신의 자원을 탐색하기 위해 치료를 찾는 사람들, 자기 자신을 발견하고 더 나은 건강과 삶의 질을 성취하는 비임상적 대상군에게도 실천된다. 이러한 상황의 누군가와 함께 하는 치료의 목적은 다양할 것이다. 그러나 치료사의 접근은 그렇지 않을 수도 있다. 그러므로 다양한 음악치료의 정의는 제3부와 제4부에서 살펴볼 것처럼 임상가나 임상가 집단의 철학이나 접근에 따른다. 음악치료사들은 흔히 자신의 작업을 기

---

3 www.wfmt.info 참조.

술하고, 실제를 '부분적으로' 정의한다. 즉, 내담자, 친지, 다른 학문의 동료들과 의사소통할 때 특정한 맥락에서 중요한 요소들을 강조하며 정의한다. 좀 더 좁은 의미로 정의된 몇 가지 예가 포함되었다.

- **행동적 음악치료** : 치료사는 적절한 행동을 증가시키거나 수정하기 위해, 나쁘거나 부적절한 행동을 감소시키거나 소거하기 위해 음악을 사용한다. 이러한 상황에서 음악은 긍정적 또는 부정적 강화로 활용될 수 있다.
- **심리치료적 음악치료** : 음악은 내담자가 자신의 세계, 자신의 요구와 자신의 삶에 통찰을 얻는 것을 돕기 위해 사용되며 능동적, 정신역동적 접근은 이슈, 사고, 감정, 태도와 갈등에 대한 인식을 얻는 것에 관여될 것이다. 작업은 비언어적이고 음악 안에서 모든 것이 일어날 수 있거나 비언어적인 음악적 경험과 언어적 성찰이 혼합될 수 있다. 치료적 관계는 발전과 변화를 지원하는 동맹을 기를 것이다.
- **교육적 음악치료** : 음악치료는 교육 기관의 내부에 자리하며, 교육 프로그램의 목표는 음악치료 접근에 영향을 준다. 음악치료사들은 학습 과정, 발달과 관련된 자신의 목표가 교육 프로그램과 관련된 아동의 잠재력을 실현하고 요구를 충족하는 것과 관련되었다는 것을 알 수도 있다.

브루샤의 음악치료의 정의

음악치료의 정의(1989, 1998, 2014a) 제1~3판에서 미국의 음악치료 교수 켄 브루샤는 '우리가 음악치료를 어떻게 정의할 수 있는가?'와 같은 질문을 대상으로 작업했다. 1989년에 출판된 초판의 정의는 다음과 같다.

> 음악치료는 치료사가 음악적 경험과 이를 통해 발달하는 관계를 변화의 역동적 동력으로 활용하여 내담자가 건강을 **성취하도록** 돕는 중재의 체계적 과정이다(Bruscia, 1989, p. 47).

1998년에 출판된 제2판에서는 단 한 단어가 광범위한 영향력을 미치도록 바뀌었다.

> 음악치료는 치료사가 음악적 경험과 이를 통해 발달하는 관계를 변화의 역동적 동력으로 활용하여 내담자가 건강을 **증진하도록** 돕는 중재의 체계적 과정이다(Bruscia, 1998, p. 20).

'성취하다'와 '증진하다' 간의 차이는 결정적이다. 음악치료의 목적은 회복하거나 내담자를 완전히 치유하는 것이 아니다. 삶의 질, 안녕감과 관계를 형성하거나 정립하는 것에 초점을 두고, 일시적이거나 지속적인 건강 문제가 있는 삶에 적응하는 어려운 과정에서 내담자들을 돕는 것이다. 삶의 어떤 측면에서 '나쁜 건강'을 가지는 경험은 다른 측면의 '좋은 건강'이라는 경험과 균형을 이룰 수 있다. 이러한 관점은 안토놉스키의 건강생성론이라는 이론에 의해 고무되었다(Antonovsky, 1987).

자신의 책 제3판에서 브루샤는 꽤 급진적인 절차들을 활용했다.

- 브루샤는 전 세계 각국의 102가지 음악치료 정의들을 비교 분석했다.
- 브루샤는 국제적인 연구자와 동료들이 해체 과정에 참여하도록 초대했다. 1998년 정의의 모든 요소가 논의되었다.

이에 기반을 두어 가장 최근의 정의가 발전되었다.

> 음악치료는 치료사가 음악 경험과 이를 통해 형성한 변화의 추동 자극으로 관계를 활용하여 내담자가 자신의 건강을 최적화하도록 돕는 성찰적 과정이다. 여기서 정의한 것과 같이 음악치료는 이론과 연구에 영향을 주고받는 학문으로 전문적 실제로 구성된다(Bruscia, 2014a, p. 138).

일차적으로 치료사의 중재를 통해 변화가 증진된다는 고전적 아이디어는 여기에서 포기되었다. 반대로, 음악치료는 내담자와 치료사가 내담자의 건강과 안녕감이라는 주관적인 경험을 최적화하는 프로젝트에 협력하는 상호적, 성찰적 과정으로 정의되며, 이는 전문적인 음악치료사들의 이론적 지식, 연구, 실제에서의 근거로 지지되고 잘 알려졌다. 이것이 후기 현대 구성주의자들의 관점이다.

음악치료의 정의의 또 다른 중요한 공헌은 브루샤가 음악치료의 여러 영역과 수준을 정의했다는 것이다. 실제라는 영역의 측면에서 브루샤(2014a, 제20장)는 6가지 영역, 교수적, 의학적, 치유적, 심리치료적, 오락적, 생태적 영역을 정리하고, 다른 장에서 각각을 좀더 상세하게 탐구하기 전에 각 영역을 간략히 기술한다.

실제의 각기 다른 수준과 이들을 관련지어 브루샤는 중재의 4가지 특정한 수준을 기술한다. 이는 상태 및 치료사의 임상적 책임감과도 연계된다(Bruscia, 2014a, pp. 515~516).

- **보조적 수준** 음악이나 그 요소 중 어떤 것을 비치료적이지만 관련된 목적을 위해서

기능적으로 활용하는 것이다.

- **확장적 수준** 음악이나 음악치료가 다른 치료 양식의 효과를 향상시키기 위해서, 또한 내담자의 전반적 치료 계획에 지지적으로 기여하기 위해서 활용되는 임의의 실제이다.

- **심층적 수준** 음악치료가 내담자의 치료 계획에서 우선적인 목적을 다루는 중요하고 독립적인 역할을 맡으며, 결과적으로 내담자의 현재 상황에서 유의한 변화를 유도하는 임의의 실제이다.

- **일차적 수준** 음악치료가 내담자의 주된 치료적 요구를 충족하는 데 있어 필수적이고 단일한 역할을 맡으며, 결과적으로 내담자의 삶에서 전반적인 변화를 유도한다.

이 절의 초반에서 언급한 것과 같이 음악치료의 접근이나 중재 방법은 내담자군과 밀접하게 관련이 있으며, 이론적 수준에 대한 브루샤의 중요한 공헌은 각기 다른 접근을 정의하고 관련된 치료의 과정과 목적을 규명한 것이다. 음악치료의 모델에 대한 우리의 개관과 연계하여(제4부), 우리는 앞서 기술한 브루샤의 4가지 실제 수준과 모델의 상관관계를 나타낼 것이다.

보완적 모델은 임상 실제에 대한 3가지 별개의 수준을 제안한 딜레오에 의해 개발되었다(Dileo, 1999; Maranto, 1993).

1. 지지적
2. 특정적
3. 종합적

이 모델은 통증 관리의 영역을 활용하여 설명될 수 있다. 표 1.2.1에서 우리는 처치의 이 특정적 영역을 적용하는 데 있어 딜레오의 3가지 수준을 수정했다.

우리가 이전에 언급했던 바와 같이 음악치료 중재는 내담자의 요구 및 잠재력을 고려하며 대상군과 밀접하게 관련된다. 브루샤의 한 가지 중요한 이론적 공헌은 몇 가지 구체적 절차에 대한 정의들이 치료 과정의 참여에 있어 그 결과 및 치료적 목표와 관련된다는 것이다.

보건 체계 내에서 작업하는 음악치료사들은 물리치료사, 작업치료사, 언어치료사와 심리학자들을 포함하여 의사, 간호사와 응급구조 전문가들과 협력적, 전문적 관계를 자주

표 1.2.1 통증 관리에서 음악치료 실제의 수준	
1. 지지적 수준	
내담자의 요구	통증의 일시적 경감
치료사의 수준	초급, 중급(학사 수준)
깊이	전환, 대처 기술의 제공
기능	의료적 중재에 대해 지지적
일반적인 음악치료 중재	음악과 바이오피드백, 음악 기반 이완, 진동음향
2. 특정적 수준	
내담자의 요구	통증에 대한 이해
치료사의 수준	대학원 연구(석사 수준)
깊이	함께 대화하거나 통증에 직면
기능	의료적 중재와 동등
일반적인 음악치료 중재	즉흥연주, 음악과 심상 기법
3. 종합적 수준	
내담자의 요구	통증의 해소
치료사의 수준	심화된 수준/전문화된 훈련
깊이	공명
기능	일차적
일반적인 음악치료 중재	동조화, 심상음악치료(GIM)

Adapted from Dileo 1999 and reprinted with the kind permission of the American Music Therapy Association.

정립한다. '음악 중재'는 흔히 단순한 음악 의료 절차에서 심화되고 복잡한 음악치료 중재에 이르기까지 전체 스펙트럼을 아우르는 개념으로서 활용된다. 이는 혼동을 야기할 수 있으므로 연구자들과 임상가들이 중재와 음악 그 자체에 대하여 신중하게 기술하는 것은 매우 중요하다(Bonde, 2016; Bro et al., 2017).

보건 체계에서 작업하는 음악치료사는 특정한 병리적 문제와 장애를 다루며 좀 더 만성적인 대상군의 삶의 질과 안정성을 유지하면서 자신의 접근과 치료 목표가 환자의 일반적 건강을 개선하는 것을 지향함을 자주 알게 된다. 작업은 다학문적 팀과의 협력으로 이루어지며, 음악치료사들은 환자의 처치를 위한 전반적 계획이라는 맥락 내에서 환자들에게 접근한다는 것을 알고 있다.

정의 - 요약

음악치료에 대한 완전한 정의는 1) 음악, 2) 치료, 3) 건강이라는 부분적 정의와 그 상호작용을 포함하고 통합해야만 한다. 이 요약에서 우리는 이 책의 전반에 활용된 것처럼 이러한 요소들과 음악, 치료, 건강의 상호작용에 대한 간결한 정의를 제시할 것이다.

음악

치료적 맥락에서 음악을 활동이자 수많은 건강 증진 잠재력과 특질을 유도하는 경험들로 정의하는 것은 타당하다. 이는 우리가 이후에 '보건 음악하기'로 기술하는 것이다(3.13장). 음악과 소리는 4가지 수준의 현상으로 기술될 수 있다.

- **생리적 수준**에서 음악과 소리는 우리의 뇌와 신체에 직접적인 영향을 미친다. 우리는 소리와 그 진동을 느끼며, 살아있다는 것을 느낀다. 음악이 대니얼 스턴이 지칭한 '활력 정서'를 들을 수 있고 지각할 수 있게 만들기 때문이다.
- **통사적 수준**에서 우리는 음악을 이해할 수 있는 언어로 경험한다. 여기에는 흔히 '음악의 양식'이라 불리는 어떤 '문법적' 규칙들이 따르며, '문법'을 이해할 때 우리는 그 언어가 무엇이며 어떻게 작동하는지 안다. 심미적 표현의 경험과 일관성, 즉 음악적 의미는 개인적인 것뿐만 아니라 집단적인 의미를 지니며 물론 문화의 영향을 받는다.
- **의미적 수준**에서 우리는 음악에 모든 유형의 비음악적 의미를 부여한다. 우리는 감상할 때 폭넓은 정서적 반응을 감지하며 다중양식적 심상을 경험할 수 있고, 생활 사건에 즉흥적인 연상을 가지고 실존적 깊이와 명확한 내러티브를 —메시지일지라도— 경험한다.
- **화용적 또는 대인관계적 수준**에서 음악은 특별한 종류의 인간적, 사회적 상호작용이며 작거나 큰 커뮤니티의 가치와 전유 원리에 의해 형성되고, 동일하거나 각기 다른 문화의 사람들 간 신구의 연계에 대한 문을 여는 것이다.

이러한 정의나 이론적 모델(Bonde, 2009; Ruud, 1998)은 1.3장과 2.5장에서 탐구된다. 음악이 대상(이나 명사, 예를 들어 작곡, 양식이나 장르)으로서가 아니라 사회적 현상이자 사람들의 상호작용에 의해 수행되는 활동으로서 이해되어야 한다는 것은 '음악하기' (Elliott, 1995; Small, 1998)라는 개념과 관련된다(그러므로 동사이다). 이는 사회적이며 문화적인 관계, 표현, 의례이자 다른 전유로서 음악과 소리라는 과학에 대한 현대 음악학 의 변용과 같은 선상에서 이해되었다(Ruud, 2016).

치료

우리는 치료를 전문적으로 훈련된 치료사와 특정한 생리적, 심리적, 실존적이거나 영적인 요구가 있는 하나 이상의 내담자들 간 대화라는 특별한 관계 기반이자 상호적인 조정 또 는 편성으로 이해한다. 목적은 음악하기를 통한 음악치료에서 내담자에게 '확언적이며 교 정적인 신체적, 정서적, 관계적 경험들'을 제공하는 것이다(3.13장 참조). 이는 치료가 개 인적 자원과 잠재력('긍정적 경험들') 내의 신념 및 이에 대한 내담자의 경험에서 내담자를 지지하고 강화하는 데 초점을 둘 수 있다는 것, 또한 내담자의 정서, 사고, 다른 사람들과 의 상호작용에서의 반응과 애착 패턴이라는 내담자의 경험('교정적 경험들')을 변화시키 거나 변용[4]시키는 것까지 초점을 둘 수 있다는 것을 의미한다. 이러한 이해는 제2부에서 탐구된다.

건강

세계보건기구[WHO]는 제2차 세계대전 직후 건강이라는 정의에 새로운 패러다임을 만들었 다. "건강은 단순히 질병이나 취약성의 부재가 아니라 완전한 신체적, 정신적, 사회적 안 녕감의 상태이다"(세계보건기구 헌장의 서문에 1946년 7월 22일 61개국의 대표가 서명 했다). 전쟁, 기후 변화와 자연재해의 시대에 매우 기본적인 건강 부문과 변동이 심한 문 제들을 볼 때, 이 정의는 비현실적이고 순진한 것일지도 모른다. 그러나 건강에 대한 의학 적-기술적 이해에 반하여 정의는 그저 '질환의 부재'로서 건강에 대한 다면적 속성을 강 조하고 보건 정책이 '손상을 통제'하는 데 제한될 수 없으며, 사전적이거나 예방적이어야 할 필요가 있고, 단순히 '회복하는' 것 이상의 광범위한 건강의 쟁점들을 다룬다고 주장한 다. 여러 국가, 예를 들어 북유럽의 국가에서 세계보건기구의 고전적 정의는 이제 국가 건 강 부서에서 인간과 그 요구에 대한 생물-심리-사회-영적 이해를 채택하는 것에 반영된

4　흔히 transformation은 변환, 변형, 변혁, 변성 등으로 번역되나 이 책에서는 차원이 다른 변화를 뜻하는 '변용'으로 번역하였다. 그 의미는 탈바꿈, 변모 등으로 이해할 수 있다(역자 주).

다. 예방, 처치와 관리는 4가지 측면 모두를 고려해야만 하며 과정에 친지들도 포함해야만
한다. 이 전체론적 접근은 삶의 경험을 이해 가능하고 유의미하며, 관리 가능한 것으로 보
는 이스라엘의 보건사회학자 안토놉스키의 '일관성 감각'으로서 건강의 정의에 상응한다
(Antonovsky, 1987). 이러한 '건강생성론적' 모델에서 건강은 고정된 결과가 아닌 역동적
인 과정으로 이해된다. 확고한 일관성이 있는 사람은 심각한 생리적, 심리적, 또는 사회적
문제나 도전들에도 불구하고 살아가는 가치가 충분한 삶을 찾을 것이다.

　　이 책에서 우리는 음악, 치료와 건강의 상호작용을 '보건 음악하기'라고 지칭한다(3.13장
참조). 브루샤가 정의한 것처럼 음악치료는 보건 음악하기라는 더 넓은 분야 내의 전문 분
야로 좁게 정의된다. 음악치료사는 음악/음악하기와 (심리)치료에 대한 강조를 더 크게
또는 더 작게 둘 수 있다(Aigen, 2005, 2014). 에이건이 말한 것처럼(2005, p. 127) 당신의
삶에서 음악을 좀 더 원하는 것이 음악치료에 접근하는 이유를 타당하게 하는 것일 수도
있다. 음악의 심미적 힘이 과소평가되어서는 안 된다.

1.2.1 음악치료와 음악 교육

음악치료사들은 특수 교육 분야와 학교에서도 일한다. 여기서 음악치료사들은 흔히 음악
교사, 음악 교수자들과 뜻을 같이하며 수반되는 각기 다른 역할에 대한 약간의 혼동이 있
을 수 있다. 일반적으로 음악 교육은 음악에 대한 지식과 악기 활용의 기술을 습득하도록
아동들을 돕는 것과 관련된 과정이다. 이는 일반적으로 수행[5], 작곡, 여러 유형의 음악을
분석적으로 감상하는 것과 관련이 있다. 그러나 음악치료사는 일차적으로 처치나 교정 프
로그램의 중심에서 내담자의 비음악적 요구, 즉 치료적 요구를 대상으로 작업한다.

　　특수 교육에서 아동들은 다양한 학습의 어려움, 행동 문제, 사회적 문제와 심리적 장애
를 나타낸다. (특수) 음악 교사들은 특별한 교육적 중재나 교정, 예를 들면 특수 악기나 음
악 편곡을 적용하여 이러한 문제들의 영향을 소거하거나 최소화하기 위해서 활동을 조정
할 것이다. 역으로 음악치료사들은 중재를 위한 일차적 초점으로서 문제들을 받아들이고

5　performance는 맥락에 따라 '연주', '공연' 등으로 번역되나 본문에서는 그 의미를 구분하여 커뮤니티 음악치료의
　　특질을 강조한 맥락에서는 '수행', 음악적인 맥락에서는 '연주', '공연' 등으로 다양하게 번역하였다(역자 주).

내담자의 요구, 즉 비음악적 요구를 충족하는 매체로서 음악의 기능을 수행한다. 그러므로 음악적 기술의 습득이 일차적 목표가 아니며, 음악적 기술이나 음악에 대한 적성을 성취함으로써 아동이 치료에 반응하도록 하는 것도 목표가 아니다. 음악은 치료가 일어나도록 하는 도구이다. 제1부에서 이전에 제시되었던 정의를 활용하여 우리는 음악과 음악하기가 건강을 증진하는 발달의 과정을 형성하고 틀을 만드는 관계를 위한 매체라고 말할 수 있다.

그럼에도 불구하고 교육적 환경 내에 적응된 음악치료사와 장애 아동을 위한 작업 실제를 채택하고, 자신의 작업 내에 교정적 치료 목표를 포함시킨 음악 교사 간에는 회색 지대가 있다. 주된 차이는 음악 교사가 음악적 기술의 발달을 증진하는 데 일차적으로 초점을 두는 반면, 음악치료사는 치료적 요구를 충족시키는 데 초점을 둔다는 것이며 그럼에도 불구하고 여전히 학교의 교육 프로그램과 각 아동의 개별적 교육 프로그램은 연계될 필요가 있다. 이러한 방법에서 치료의 목적은 아동의 전반적 발달과 연계될 수 있으며, 특정한 사회적 또는 병리적 문제와 연계될 수도 있다(Mahns, 1997).

음악치료와 (특수) 음악 교육을 상반되거나 이분된 것으로서가 아니라, 한 연속선의 극단으로서 이해하는 것이 적절하다. 차이점은 중요하나 유사점과 공통의 목적 및 문제들이 과소평가되어서는 안 된다(Bonde, 2002, 2007; Bruhn, 2000; Robertson, 2000). 음악치료와 음악 교육은 특정적이며 '응용음악심리학'과 관련된 형태이다. 흔히 (특수) 음악 교육이 '음악에 대한 교육'인 반면 음악치료는 '음악을 통한 교육'이라고 하나 늘 그런 것은 아니다. 2000년 이전의 문헌에서는 두 학문을 매우 다른 것으로 이해하려는 경향이 있었으나 지난 15~20년 동안 관점에 변화가 있었다. 이는 아마도 심화된 보완적 학습에 대한 관심이 학습에서의 정서에 대한 역할을 포함하는 정신역동적, 실존적 이론을 지향하는 교육 분야를 개방하였던 학습 이론의 발달과 관련될 것이다. '진정한 또는 유의한 학습'이라는 이론들은 모두 이미 1960년대에 그것을 학습과 치료에서의 공통 요인으로 지칭했던 로저스로 거슬러 올라간다(Rogers, 1951). 성찰성은 정서적, 관계적 경험과 반성이 수반되지 않고는 발달될 수 없다.

음악 교육은 '음악하기'라는 아이디어를 어느 정도 포용하기도 하므로(Elliott, 1995; Small, 1998), (음악) 교실에서 일어나는 것에 대해 좀 더 문화적이고 사회적인 상호작용의 관점을 포함한다. 이러한 변화에 대한 예가 음악 교수 및 학습에서의 **연구를 위한 최신 핸드북**(Colwell & Richardson, 2002; Colwell & Webster, 2011도 참조) 제2판이다. '회색 지대'

는 예를 들어, 커뮤니티 음악 및 다른 학습 목적을 가진 음악에 대한 장에 포함되고 기술되었으며, 음악과 신경과학 및 의학에 대한 전체적인 절이 있다. 보완적인 방식으로, 심미적 차원의 역할은 이전보다 음악치료 이론에서 더 많은 주목을 받는다(Aigen, 2005, 2014).

다시 말해, (특수) 음악 교육과 음악치료 간 구별을 명확히 하는 것은 현실적이지도, 생산적이지도 않다. 활동의 목적과 관련하여 명확한 양극성이 있는 연속선상에서 기술하는 것이 좀 더 타당하다. 그림 1.2.1.1은 연속선과 두 접근 간 가장 중요한 차이점, 유사점 및 전이를 예증한다.

이 모델은 능동적/수용적 활동이 목적과 맥락에 따라 초점과 중재를 바꾸며 조정될 수 있음을 나타낸다. 스티게(2002)가 말한 것처럼 음악적 상호작용이 음악 교육이나 음악치료인지 아닌지를 정의하는 것은 맥락과 계약(또는 일반적인 목적)이다. 로버트슨(2000)은 다른 연속선 모델을 제안했다. 로버트슨은 음악치료에(적절한 것에)서부터 음악 직군에(적절한 것에) 이르기까지의 연속선에 4가지 주요 범주들을 제안했다.

1. 임상적 음악치료(생존하기-대처하기-기능하기-반응하기)
2. 교육적 음악치료[무의식적으로 학습하기-기여하기-성장하기-반응하기(심미적)]
3. 음악 교육[의식적으로 학습하기-개선하기-초점 두기-반응하기(예술적)]

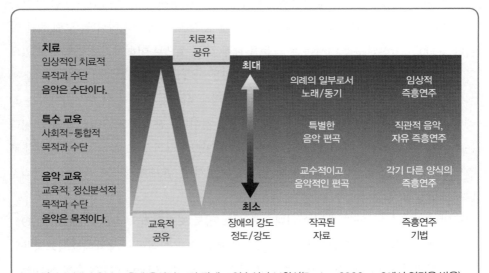

그림 1.2.1.1　음악 교육과 음악치료 간 관계 — 연속선과 보완성(Bruhn, 2000, p. 3에서 영감을 받음)

4. 음악 직군(훈련하기-작업하기-알리기-수행하기)

이 모델에서 사람의(내담자의 또는 학생의) 수준이나 의식의 상태는 무엇을 할 것인가와 어떻게 할 것인가에 대한 교사나 치료사의 결정을 확정하기 때문에 요소들을 정의하는 것이다. 두 직군 간 경계는 범주 2와 범주 3이 회색 지대를 나타내는 여기에서 좀 더 명확하다. 다시 한번, 맥락과 계약은 모델이 음악 교사나 음악치료사가 목적과 중재에 대한 자신의 성찰을 돕는 데 가장 적절한가를 정의할 것이다.

요약

결과적으로 WFMT(2011)에 의해 만들어진 음악치료의 정의는 통합적이고 모두를 포용하는 반면, 다양한 문화와 전통에 따라서 가변성은 불가피하다. 음악치료의 정의에 대한 브루샤의 일생의 업적은 음악치료가 역동적, 문화적으로 정의된 현상 즉 직군, 학문이자 영구적인 발달의 실제라는 영역임을 기록한 것이다. 브루샤와 딜레오는 보완적/지지적인 것에서 일차적/심화적인 것까지 실제의 영역과 수준 간 종합적이고 유용한 차이를 제안한다. 본데는 음악 교육과 음악치료가 '수단으로서의 음악'인 특수 교육 맥락에서의 중재라는 보완적 형태로 이해되었고, '목적으로서의 음악'은 양극단으로 이해될 수 있음을 시사한다. 실제에서 음악치료는 맥락과 문화에 의해 정의된다. 예를 들어, 덴마크에서 음악치료는 흔히 심리치료적 수준으로 실천되고, 여기서 음악치료의 정의는 명확히 내담자의 치료적 요구를 충족하는 것과 관계의 정신역동적 발달 및 관계 내에서 음악의 위치와 관련된다. 정의와 관련한 음악의 적용 측면에서 이후의 논의는 좀 더 구체적인 기법들이 설명되는 다음 장에 이어질 것이다.

1.3 음악에 대한 치료적 이해

소개 - 음악, 경험과 의미

음악은 여러 다른 방식으로 경험될 수 있고 이해될 수 있으며 분석될 수 있다. 음악의 역사가 음악의 본질에 대해 다양한 이론을 발전시킨 것처럼 이는 음악의 다양한 개념과 그 의미들을 포용한다. 음악미학 이론들은 음악 생성과 수용에 대한 변화무쌍하고 역사적인 문화적, 사회적 체제를 반영한다. 또한 음악치료의 역사에서 변화하는 음악의 개념도 의료적, 심리적 이론에서의 음악과 치유에 대한 아이디어의 변화를 반영한다. 이는 음악철학의 다른 측면이 역사적인 관점에서 관찰될 때 나타날 수 있다. 1.1장에 나타난 음악에서의 수와 비율이라는 내재적 의미의 아이디어는 그리스 철학에서 신체와 영혼의 관계에 있어 조화로운 비율이라는 아이디어와 관련이 있다.

'에토스(좋은 삶을 살아가는 방법)'라는 아이디어는 체액의학 또는 체액 이론[생물학적 과정(건강과 질병)이 어떻게 4가지 체액 즉 혈액, 점액, 황담액, 흑담액의 내적 균형과 관련되는지에 관한 고전적 아이디어]과 연계된다. 바로크 시대 음악의 정서 이론(감정 이론 Affektenlehre)은 동일한 시기의 역학적 생리학과 관련된다. 정신물리학적 자극으로서 음악이라는 개념은 실증주의 및 인간의 신체라는 기관에서 오류의 개념, 의학 등에서의 객관적 인과관계라는 아이디어와 관련이 있다(Ruud, 1990, p. 326).

그러므로 치료에서 음악의 일반적이며 타당한 정의를 나타내고자 하는 포부는 이치에 맞지 않는다. 그러나 현대의 음악치료 이론에서 논의한 바와 같이 음악의 본질과 의미라는 질문과 관련된 일부 문제들을 나타내는 것은 이치에 맞는다.

음악치료 이론에서 음악의 이해는 인간의 본성 및 건강에 대한 이해와 밀접하게 관련되며 대부분의 사례에서 3가지 요소는 일관성이 있고 논리적인 전체를 형성한다(Ruud, 2010; Ruud & Mahns, 1991). 음악치료사들은 자신의 출발점으로서 음악치료의 임상적 적용을 택하기 때문에, 음악을 추상적이거나 자율적인 현상으로 이해하기보다 오히려 자기표현과 의사소통의 독특한 수단으로 이해한다. 기본적으로 음악의 의미라는 문제에 대해서는 3가지의 각기 다른 관점이 있다(Bonde, 2009; Pavlicevic, 1997).

- **절대주의자 입장(자율성의 이론 또는 절대적 형식주의로도 불림)** : 음악은 음악 그 자체 외에 다른 어떤 의미도 없다. 이는 비관련적이며 외부 세계의 대상이나 정서와 관계없다. 또한 그 '의미'는 독특한 음악의 법칙에 의해 지배되는 구체적인 심미적 사건이나 과정의 문제이다.
- **관련주의자 입장(타율성의 이론으로도 불림)** : 음악은 음악 그 자체의 영역 밖에 있으나 인간 세계 안에 있는 현상을 나타내고, 표현하거나 상징한다(정서, 아이디어, 내러티브 등). 음악의 의미는 그것을 만들고 수행하는 사람들과 밀접하게 관련되며, 음악은 인간의 삶에 대한 증언이다.
- **구성주의자 입장** : 이미 언급한 두 입장에 대한 당대의 대안이다. 기본 가정은 의미가 음악 그 자체 안에 내재된 것이 아니라 음악과 사람(음악가, 감상자, 무용가)의 만남과 상호작용에서 구성된다는 것이다. 이러한 만남은 늘 자신의 사회적, 문화적 맥락의 영향을 받는다.

다수의 음악치료사―특히 정신역동적이거나 인본적-실존적 체제 내에서 작업하는 치료사―가 자율적인 심미적 대상으로서의 음악이라는 아이디어에 반대하며, 음악이 내담자의 심리적 세계의 표상이자 표현이라는 아이디어를 고수한다. 음악은 흔히 치료사가 언어적인 치료적 대화 및/또는 해석학적('형태학적') 해석이 따르는 수용적 활동이나 즉흥연주에서 내담자를 위해 그 의미를 탐색하는 것을 허용하는 상징적인 언어로 간주된다(Bonny, 2002; Priestley, 1994, 2012; Weyman & Tüpker, 2016). 또한 양자관계나 집단에서 내담자의 구체적인 음악적 표현과 음악적 상호작용은 일반적으로 내담자의 표현과 상호 관련성 간 관계에 대한 비유로 해석될 수도 있다(Aldridge, 1996; Smeijsters, 1999, 2005. 이 책의 이어지는 내용과 2.5장 참조).

　구성주의자 입장은 지난 10년 동안 음악치료 이론에서 중요해졌다. 이는 **음악에 대한 관계적 또는 의사소통적 이해**로 지칭될 수 있으며, 음악은 말없이도 의사소통하는 인간의 선천적인 역량에 기반을 둔, 상호작용적이며 수행적인 현상으로 보인다. 트레바튼은 '협응된 교류가 일어나는 것을 허용하는 인간의 역동적인 동감의 상태'로 '의사소통적 음악성'을 정의한다(Trevarthen, 2002, p. 21. 이 책의 2.3.4장도 참조). 이러한 음악적 의사소통의 유형은 대개 무의식적이며 3가지의 차원을 통합한다. 즉 1) (박동에 의한) 공통의 타이밍, 2) 공통의 선율 윤곽, 짜임새와 강도의 형태 잡기, 3) 공통의 또는 공유된 내러티브 형식(Ansdell, 2010)이다. 음악 중심 음악치료는 한 단계 더 나아가 음악이 경험과 지식에 대한 특별한 분야임을 시사한다. "… 음악은 그 안에 존재할 수 있는 사람들을 위한 각기 다른 유형의 경이적인 세계, 대안적인 경험적 영역을 나타낸다"(Aigen, 2014, p. 45).

2가지 이론적 모델

음악치료사들은 음악치료와 음악심리학에서 3가지의 고전적 — 존재론적이며, 인식론적인 — 질문에 직면한다.

- 음악은 언어인가? 만일 그렇다면 그것은 구어와 어떻게 다른가?
- 음악은 내적인 음악의 원리와 '법칙' 이상의 의미를 지니는가? 만일 그렇다면 음악적 표현이나 내러티브는 어떻게 외부 세계와 관련되는가?
- 음악은 말로 표현될 수 없을지라도 의미를 지닐 수 있는가? 만일 그렇다면 이는 지식, 인지나 인식의 구체적 형태인 '표현할 수 없는' 또는 형언할 수 없는 의미인가?

이는 매우 복잡한 질문이며 이에 대해 답하려는 시도는 이론가나 임상가의 존재론적이며 인식론적인 입장에 따라 달라질 것이다. 이 장에서 우리는 당대의 음악치료 이론 내 2명의 주요 인물인 에벤 루드 교수(노르웨이)와 켄 브루샤 교수(미국)에게 자문을 구할 것이다.

에벤 루드는 음악을 모호하지 않은, 객관적이거나 보편적인 현상으로 정의하려는 모든 시도에 반대한다. 만일 음악이 치유의 잠재력을 지닌다면 어떤 단순한 인과관계나 보편적인 형이상학적 원리에 의해 설명될 수 없을 것이다. 루드는 건강을 다요인적 현상으로서 (또한 음악을 이 복합체의 여러 요인 중 하나로서) 간주하며, 음악을 애매모호한 '다의적' 현상으로 이해한다. 음악의 의미는 항상 특정한 맥락에서 구성되며 이는 개인적, 국소적, 지역적 또는 국가적이다. 사회적, 문화적, 전기biography적, 치료적 요인은 언제나 음악의 생성과 수용에 영향을 미칠 것이다. 음악은 '의사소통이자 사회적 상호작용'(노르웨이어로 kommunikation og samhandling)이며, 음악의 의미는 맥락 의존적 의사소통의 복잡한 과정에서 발달한다.

이는 상대주의이자 구성주의의 관점이며 사변적 이론들과 형이상학적 신조 외에 실증주의적 객관주의에도 비판적으로 반대한다. 이는 의사소통과 상호작용의 이론 적용을 통해 음악치료 이론 내에서도 매우 영향력 있는 입장이 되었다(Ruud, 1990, 1998, 2010). 루드는 에세이에서 자신의 관점을 상술하고 맥락 의존적 '규범 역량'과 문화 의존적 음악 담론의 발달도 논의한다(Ruud, 1998).

켄 브루샤는 다른 입장을 나타낸다. 치료적 음악 즉흥연주의 의미에 대한 자신의 광범위한 연구에 기반을 둘 뿐만 아니라(Bruscia, 1987), 수용적 음악치료에서의 음악 경험에 기반을 두어(Bruscia, 1995, 1998, 2014a) 브루샤는 이러한 결론에 이른다. 음악은 기본적으로 음악 경험에 대한 문제, 즉 음악에 표현된 의미와 아름다움의 문제이다. 음악은 특정한 역사적, 문화적 현상이자 보편적 현상이다. 음악에서의 의미는 한편으로는 특정한 맥락(국소적, 상대적, 주관적, 양식적 등)에서의 구성일 수 있는 반면, 다른 한편으로는 보편적, 객관적, 맥락 독립적 방식으로 음악에 내재하는 것일 수 있다.

한 인터뷰(Bruscia, 2000)에서 브루샤는 음악에서의 의미는 **결과**(의미는 치료의 결과로 생성된다), **과정**(치료는 의미를 생성하거나 변용시키는 과정이다) 또는 **의사소통**(음악의 의미는 상호작용 및 대화에서 협의된다)으로 이해될 수 있음에 주목했다. 브루샤는 의미의 3가지 출처도 밝혔다.

1. 질서를 암시하는 것으로서의 의미 : 이는 인간의 지각 및 세계의 절대적 질서와 관계 없다.
2. 질서를 암시하는 경험으로서의 의미 : 이는 흔히 음악을 통해 자기와 세계가 조화를 이루어 살아있다는 것에 대한 (정상적인 또는 변성된 상태의) 인간의 의식에 대한 형언할 수 없는 경험이다.
3. 다양하게 구성된 것으로서의 의미 : 이러한 것들과 다른 음악 경험의 의사소통은 구어로 이루어지며 문화적, 사회적, 지리적, 전기적 맥락을 반영한다.

브루샤는 동일한 인터뷰에서 이러한 출처, 특히 음악치료에서의 심미적이고 초월적인 경험들에 대한 자신의 기술을 상술한다. "이러한 경험들은 본질적으로 형언할 수 없다. 그 경험들은 말로 포착하는 것이 불가능하고 음악적으로 재구성하는 것이 불가능하다"(Bruscia, 2000).

다시 말해서 브루샤의 입장은 음악과 의미에 대한 주관적, 국소적, 상대적 이해뿐만 아니라 객관적, 보편적, 형이상학적 이해를 포용한다. 실재론자이자 상대론자로서 브루샤의 요지 중 하나는 임상가들뿐만 아니라 이론가들도 몇 가지의 가능하고 타당한 구조와 관점들 간에 항상 선택을 해야 한다는 것이다.

　우리는 루드와 브루샤의 입장이 매우 중요하다고 보며 두 교수가 어떻게 음악과 음악 경험을 정의하는지 좀 더 자세히 살펴보기 전에 앞서 언급된 3가지 질문에 대한 우리만의 답을 고안할 것이다.

- 그렇다. 음악은 특정한 관점과 통사적 규칙이 따르는 표현의 예술이라는 의미에서 언어의 한 유형이다. 음악은 토착적 기보 체계(음악기보법)를 가지며 대부분의 사람에게 의미를 지닌다. 그러나 음악은 모호하지 않은, 담론적 언어가 아니며 결코 구어적, 범주적 언어의 정확성으로 외적 또는 내적 세계의 현상을 나타내거나 지정할 수 없다. 음악은 모호하고 표상적이며 상징적인 언어로서 특징지을 수 있다(Bruscia, 1998; Langer, 1942).

- 그렇다. 음악은―순수한 음악적 또는 심미적 내용 이상의―의미를 포함하고 표현할 수 있다. 이 의미는 관련된 참여자들, 예를 들어 작곡가-공연자-감상자 또는 내담자-치료사 간 복잡한 상호작용으로 구성된다. 음악은 내담자의 정서에 대한 직접적 표현 또는 영적이거나 복잡한 심리적 상태와 조건에 대한―상징적 또는 형이상학적인―음악적 표상이 될 수 있다. 또는 음악적 표현은 내담자가 세계 내에 존재하는 것에 대한 비유가 될 수 있다(Aldridge, 1996; Bruscia, 1994, 1998; Pavlicevic, 1997; Smeijsters, 1999, 2005).

- 그렇다. 음악은 말로 표현될 수 없을지라도 의미를 지닐 수 있다. 이러한 '암시적 지식' 또는 '표현할 수 없는 의미'는 각기 다른 수준에서 찾을 수 있다. 구조적 수준에서 말로 매우 정확한 음악적 경험을 표현하는 것은 보통 불가능하다. '뉘앙스가 있는 수준'이라 지칭할 수 있는 수준에서(Raffman, 1993), 음악 감상이나 연주의 풍성하고 역동적이며 뉘앙스가 있는 경험들은 언어적 개념들이 바로 떠오르지 않더라도 매우 정확하고 의식적일 수 있는 지식의 전언어적 단계에서 지각된다(이는 아마도 멘델스존이 음악은 구어보다 덜 정확하지 않고 오히려 더 정확하다고 주장했을 때 의미했던 것일 터이다). 초월적 수준에서 주제와 대상 간 이원론(예 : '감상자'와 '음악적 대상' 간)은 해소되었으며 이 경험은 의식적이고 명확할지라도 구어를 뛰어넘는다(Bruscia, 2000; Raffman, 1993; Ruud, 1998).

이론가들 간 일부 불일치와 차이는 음악의 다양한 특질 및 속성과 관련된 음악에 대한 각기 다른 개념이나 담론을 관찰함으로써 이해될 수 있다. 다시금 에벤 루드와 켄 브루샤가 두 가지 적절한 이론적 모델을 제시한다.

루드(1990, 1998, 2001)는 경험, 이해와 분석의 4가지 기본적 속성과 4가지 수준을 구별하는 음악의 4가지 수준 모델을 제시했다(다음 목록과 표 1.3.1 참조).

- **생리적 수준**은 물리적 소리 현상으로서 음악에 상응한다('물질적' 속성). 이 수준에 대한 분석은 음악의 생리적 효과와 의료적 잠재력에 초점을 둔다(자극으로서의 음악).
- **통사적 수준**은 심미적 현상으로서 음악에 상응한다(조직되거나 구조화된 음악 요소들). 이 수준에 대한 분석(전통적인 학문적 음악 분석)은 음악 요소들에 대한 정확한 기술과 해석, 음악적 과정에서의 역할, 치료적 상호작용에서의 상호작용과 기능에 초점을 둔다(치료로서의 음악).
- **의미적 수준**은 표현과 의미로서 음악에 상응한다(음악의 '메시지'나 외부 또는 내부 세계에 대한 참조). 이 수준에 대한 분석은 은유, 아이콘, 지표나 상징으로서의 음악에 대한 해석과 내담자, 상호작용과 치료적 관계에 대한 음악의 의미에 초점을 둔다(치료에서의 음악).
- **화용적 수준**은 사회적, 대인관계적 현상으로서 음악에 상응한다(치료적 과정이나 사회적 맥락에서의 음악의 역할). 이 수준에 대한 분석은 음악적 상호작용의 잠재력과 치료에서의 그 효과에 초점을 둔다(의사소통이자 사회적 상호작용으로서의 음악).

에벤 루드에 따르면 분석은 결코 '중립적'이거나 '객관적'일 수 없다. 이는 항상 이론가나

표 1.3.1 음악의 4가지 수준과 상응하는 속성 및 효과(Bonde, 2009)

수준	음악	초점	효과
1. 생리적	음악은 소리이다.	음악의 물리적, 심리음향학적 속성	신체에 대한 진동으로서 : 공명, 동작, 활력 형태
2. 통사적	음악은 언어/구조이다.	음악과 통사 : 규칙과 생성의 원리	심미적 현상으로서 : 양식적 일관성과 미의 경험
3. 의미적	음악은 언어/의미이다.	음악과 의미 : 의미의 출처와 유형	실존적, 영적 현상으로서 : 기분의 경험, 관련성, 의미
4. 화용적	음악은 상호작용이다.	음악하기 : 과정, 활동으로서의 음악	사회적, 문화적 현상으로서 : 연주, 의례, 커뮤니티

임상가의 지향, 공리, 편향에 의해 영향을 받을 것이다. '음악의 의미'는 항상 분석의 맥락에서 (재)구성될 것이며 이는 결과에 영향을 미칠 것이다. 인간은 자신과 삶에 대한 내러티브를 구성하며, 음악은 정체성의 구성에서 매우 중요한 역할을 수행할 것이다. 이러한 역할이 수행되는 방법은 인간이 어떻게 특정한 음악 선곡에 애착을 갖는지와 음악이 중요한 생활 사건과 어떻게 관련되는지를 조사함으로써 연구될 수 있을 것이다(Ruud, 1997, 1998).

음악에서의 의미에 대한 다른 관점은 루드가 '음악치료의 6가지 역동성 모델'이라고 지칭한 것에 대해 체계적 개관을 제시했던 켄 브루샤에 의해 심화되었다. 브루샤의 출발점은 '음악치료의 역동성을 분석하는 것은 내담자가 음악을 경험하는 다양한 방식을 분석하는 것'이며(p. 132), 내담자의 요구가 6가지의 '설계 모델' 중 하나로 자신의 치료사에 의해 전형적으로 충족된다는 것이다. 이는 각각 음악의 6가지 기본적 속성 — 객관적, 보편적, 주관적, 집단적, 심미적, 초월적 — 중 하나에 초점을 두고 있다(그림 1.3.1 참조).

브루샤는 자신의 모델 기반을 윌버의 사분면 모델에 두고 있다(2.4.2장 참조). 처음의 4가지 역동성 모델은 윌버의 사분면을 직접적으로 참조한다.

1. '객관적 경험으로서의 음악'은 '관찰 가능한 방식으로 내담자의 신체나 행동에 직접

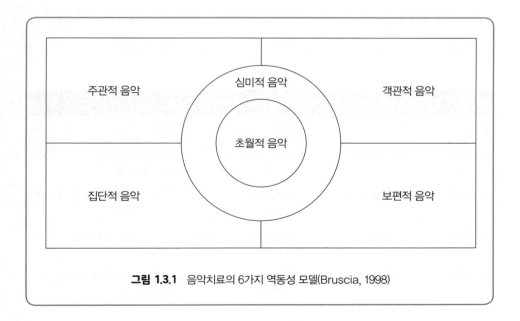

그림 1.3.1 음악치료의 6가지 역동성 모델(Bruscia, 1998)

적으로 영향을 미치기' 위해 음악의 속성을 활용하여 실천하는 것을 지칭한다(후속
의 자극-반응 패턴이 연구에 기록되었다).

2. '보편적 에너지 형태로서의 음악'은 '살아있는 에너지 형태'로서 음악을 활용하여 실
   천하는 것을 지칭한다(치유 속성이 있는 소리와 진동 패턴 및/또는 질서와 균형의
   유기적 원리에 대한 징후로서의 음악을 보편적으로 평가하는 것은 자연에서 발견되
   었다).

3. '주관적 경험으로서의 음악'은 음악적 과정 및/또는 내담자의 표상으로서의 산물을
   활용하여 실천하는 것과 '내담자가 자기, 타인 및 대상의 세계와 어떻게 관련되는지'
   를 지칭한다(내담자의 가치, 자신과 타인의 관계에 대한 의미 있는 방식의 탐색으로
   서 즉흥연주 또는 음악 감상).

4. '집단적(또는 사회문화적) 경험으로서의 음악'은 '커뮤니티에 속한 사람들의 공유된
   정체성을 제공하기' 위해서 음악의 선택과 활용이 더 큰 사회문화적 체제 내에 위치
   하는 곳에서 실천되는 것을 지칭한다(의례나 원형적 경험 재연에 활용된 즉흥연주
   또는 음악 감상).

마지막 2가지 모델은 앞서 기술된 4가지 사분면 안에 동심원으로 자리한다.

5. '심미적 음악 경험'
6. '초월적 음악 경험'

2가지 경험의 유형은 4가지의 다른 모델에서 또는 그 안에서 접할 수 있는 음악적 경험의
유형들을 지칭한다. 아름다움의 감상과 초월적 영역의 경험은 모두 사분면 체계를 뛰어넘
는다. 브루샤는 '음악치료에서 음악의 초월적 경험이 심미적 영역을 통해 접해진다는 것
을 나타내기 위해' 자신의 모델 중앙에 이를 두었다(Bruscia, 1998, p. 134). 이는 발달의 어
떤 단계에 있는 어떤 사람도 더 높고 초월적인 상태의 심오한 절정 경험을 가질 수 있다는
것을 강조한 윌버의 이론과 일치하는 것이다.

음악의 심미적 속성은 내담자가 음악 그 자체에서, 또는 음악에 의해 표현된 삶의 측면
에서, 또는 음악에서 지칭됨으로써 (4가지 사분면 모두에서) 아름다움과 의미를 경험할
수 있게 한다. 분석은 의미의 구체적 측면과 그 음악적 맥락에 초점을 둘 것이다.

음악의 초월적 속성은 모델의 경계를 넘나드는 것을 가능하게 하고 일체oneness와 전체

wholeness의 경험을 향해 나아간다. 음악 분석의 경계도 교차된다. 이러한 경험의 양상은 제한된 범위에서만 기술될 수 있다.

이러한 맥락에서 우리는 2가지 모델, 모델 간 유사점과 차이점, 이익과 불이익에 대한 평가를 하지 않을 것이다. 우리는 이 모델들을 의미의 이론적, 분석적 수준에 대한 2가지의 고도로 제한적인 제언으로 간주한다. 임상가는 음악과 음악 경험에 대한 자신의 개인적 개념을 성찰하기 위해 모델들을 활용하고, 궁극적으로 모델 중 하나를 임상 실제나 연구의 이론적 체제로 활용할 수 있다.

우리는 음악에서의 의미에 대한 논의를 2.5장(2.5.1장과 2.5.2장)에서 계속할 것이다. 여기에서 치료에서의 음악과 치료로서의 음악에 대해 우리가 생각하기에 매우 중요하고 유용한 2가지의 접근을 제시한다. 즉 비유로서의 음악과 은유로서의 음악이다. 2가지 접근 모두 각자의 제한점을 지니고 있으며 두 접근 모두 루드 모델에서의 4가지 수준이나 브루샤 모델에서의 6가지 경험의 유형들을 체계적으로 다루지 않는다. 비유이자 은유로서의 음악에 대한 연구는 루드가 통사적, 의미적 수준이라 지칭한 것들 간 관계에 초점을 둔다. 브루샤의 모델에서 이는 일차적으로 주관적, 심미적인 음악 경험을 지칭한다.

2

음악치료의
이론적 토대

2.1 신체와 뇌의 음악

에리크 크리스텐센

소개

음악은 뇌의 대부분을 활성화시키며 음악에 대한 뇌의 반응은 신체의 감각 및 활동과 통합된다. 음악이 청각 체계를 통해 자극을 보낼 때 이는 주의와 기억, 예측을 활성화시키며, 신체는 정서와 잠재적 움직임 외에도 심박, 호흡, 땀의 변화로 반응한다(Altenmüller & Schlaug, 2012; Särkämö, Tervaniemi & Huotilainen, 2013).

청각 지각 및 다른 종류의 감각 지각은 환경을 살피고 신체의 잠재적 활동을 안내하는 것을 목적으로 하는 체화된 행위이다(Clark, 1997, 2013; Varela, Thompson & Rosch, 1991). 뇌는 감각과 신체로부터 다중적인 정보의 흐름을 수신하고 입력을 처리하며, 감각 지각에 초점을 두고 조정하는 정보를 되돌려 보낸다.

본문은 음악 및 음악치료와 관련된 뇌 구조와 뇌 기능을 조명하는 것에 목적을 둔다. 처음의 3개 절은 청각 체계와 관련된 뇌 구조 간 관계와 상호작용을 기술한다. 이어지는 2개 절은 음악 관련 뇌 기능과 신체에서 쾌감을 유도할 수 있는 보상 체계를 다룬다. 마지막 절은 광범위한 뇌 네트워크에 대한 음악의 활성화에 초점을 둔다.

음악 처리의 3가지 수준

소리와 음악은 귀에서 뇌로 가는 동안 신체에 영향을 미친다. 음악과 다른 감각 자극은 뇌간에서 시작하여 중추신경계의 3수준에서 처리된다. 뇌간에서 청각 신호 흐름은 좌우 시상으로 이어져 향후 양 반구의 청각 피질들로 정보를 처리하고 분배한다(그림 2.1.1 참조).

뇌간은 감각 입력, 주의 및 신체 통제의 중심이다. 청각, 시각, 촉각에서의 모든 자극을 처리하고 신체의 기능을 감시하며, 정서를 촉발하고 조절하는 신경화학물질을 방출한다(Damasio, 2010). 이는 귀와 두개골의 골량을 통해 소리와 음악에 대한 정보를 수신하

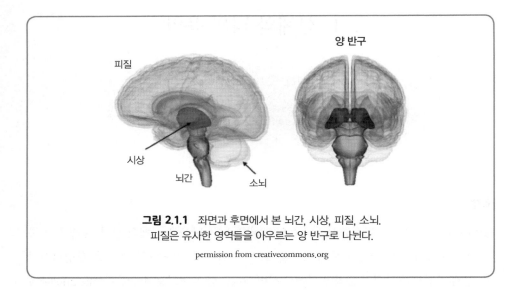

그림 2.1.1　좌면과 후면에서 본 뇌간, 시상, 피질, 소뇌.
피질은 유사한 영역들을 아우르는 양 반구로 나뉜다.

permission from creativecommons.org

고 소리의 형질적 특징, 즉 음색, 음고, 타이밍을 기록한다(Griffiths et al., 2001 ; Kraus et al., 2009, 2012). 뇌간에서의 연결을 통해 음악은 호흡, 심박수, 정서를 조절할 수 있다. 뇌간의 상단에는 청각, 시각, 신체 감각이 집중되며 서로 영향을 줄 수 있다(Damasio & Carvalho, 2013).

좌우 시상은 뇌간의 맨 위에 있으며, 작은 알과 같은 모양이다. 이는 모든 종류의 감각과 운동 신호를 처리하고 관련된 피질 영역에 정보를 선정하고 분배하며, 근육과 감각 기관으로 지속적인 피드백을 전달하여 뇌간과 피질 간의 지휘 본부로서 기능한다. 강력한 신경 통로는 피질에서 뇌간으로 하향할 뿐만 아니라 뇌간에서 피질로 상향하기도 한다는 것에 주목하는 것이 중요하다. 그러므로 피질의 처리는 시각, 촉각, 청각을 포함하는 감각 기관에 초점을 두도록 안내할 수 있다(Bajo & King, 2013). 게다가 시상 핵은 피질 네트워크의 협응에 참여한다(Brodal, 2016).

피질은 두께가 5밀리미터 이하인 뉴런의 층위로 뇌의 표면을 덮는다. 뇌의 양 반구는 4개의 엽을 둘러싼다(그림 2.1.2 참조).

각 반구의 뒤에 있는 3개의 엽은 감각 정보를 수신하고 처리할 때 특히 활성화된다. 후두엽의 1차 시각 피질은 눈에서 받은 정보를 처리한다. 두정엽의 1차 체감각 피질은 촉각, 압력, 진동, 열기, 냉기, 통증을 포함하는 신체에서 받은 감각 정보들을 처리한다. 측두엽의 1차 청각 피질은 청각에서 받은 정보를 처리한다. 네 번째 엽인 전두엽은 2개의 깊은 고랑

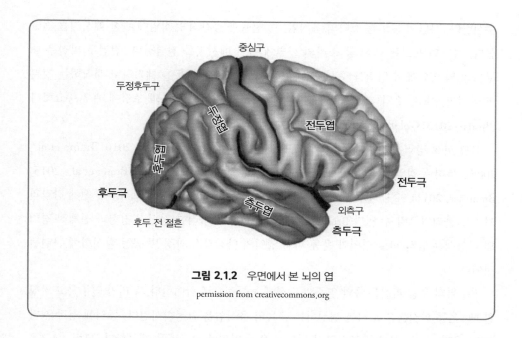

그림 2.1.2 우면에서 본 뇌의 엽

permission from creativecommons.org

에 의해 다른 엽들과 분리된다. 이는 동작과 행동을 계획하고 실행할 때 특히 활성화된다.

　감각-처리 엽과 행동 지향의 전두엽은 지속적으로 협력한다. 감각 지각은 동작과 행동을 준비하고 안내하며, 동작은 지각 과정에 통합된 기능이다. 우리는 손가락 끝의 감각 지각을 활성화시키기 위해 손가락을 움직인다. 우리는 환경을 지각하고 글을 읽기 위해 계속적으로 눈을 움직인다. 청각은 소리의 출처를 지각하고 확인하기 위해 머리 돌리기를 안내한다.

　뇌의 처리 때문에 지각은 예측, 기억, 이전의 경험에 의해 편향된다. 그러므로 음악 지각은 개인적인 음악적 기억과 문화적 습관에 의해 편향된다.

음악은 다양한 피질 영역에 관여한다

청각 피질에서, 중심부의 뉴런은 특정한 음고에 선택적으로 반응한다. 중심부를 둘러싼 주변부에서 뉴런들은 특히 음색, 목소리, 소음과 같은 좀 더 복잡한 소리에 반응한다. 청각 피질은 해당 계통의 말단이 아니다. 이는 피질 영역과 상호작용하는 소리 처리의 중심이다. 청각 피질은 사람이 마음으로 음악을 상상할 때도 활성화된다(Zatorre & Halpern, 2005).

　전두엽의 앞부분에 있는 전전두 피질은 2개의 신경 통로를 통해 청각 피질에서 정보를 수신한다. 상단의 통로는 소리의 움직임, 즉 선율과 공간적 움직임에 관한 메시지를 전달한다. 하단의 통로는 음색 등 소리의 식별에 관한 메시지를 전달한다. 전전두 피질은 대부분의 뇌 영역에서 입력을 수신한다. 이는 목적 지향의 행동을 계획하고 시작하는 것뿐만 아니라, 사고, 주의, 기억, 동작을 포함하는 실행 기능의 협응과 조정에 매우 중요하다(Brodal, 2016; Goldberg, 2009).

연합 피질 영역은 감각 간 협조에 기여한다(Malmierca & Hackett, 2010; Tramo et al., 2005). 특히 두정엽 피질에 관련된 네트워크는 감각 통합을 촉진한다(Brang et al., 2013; Bremmer, 2011). 수용적 음악치료에서 음악 감상은 이미지, 내러티브, 정서, 신체 감각과 기억을 불러일으킬 수 있다(Bruscia & Grocke, 2002). 이러한 정신적 경험과 신체적 경험의 다양성은 감각 피질 영역과 운동 피질 영역의 다감각적 과정 및 공동 활성화에 관련될 것이다.

전두엽의 운동 피질은 음악 연주와 감상에 능동적으로 참여한다. 우리가 연주하고 가창할 때, 운동 피질들은 소리를 생성하는 근육의 움직임을 활성화시킨다. 동시에 청각은 타이밍, 음량, 음색, 음고를 조정하기 위해서 운동 영역에 피드백을 제공한다. 그림 2.1.3은 뇌간의 뉴런을 통해 근육에 명령을 보내는 1차 운동 피질M1을 나타낸다. 전운동 영역PMA과 운동 보조 영역SMA은 동작을 계획하고 조절하는 데 기여한다. 두정엽에서, 1차 체감각 피질S1과 영역 5와 7은 감각 정보에 기반을 두어 동작을 준비하는 데 기여한다. 전전두엽 피질은 목적 선정과 전략 선택 같은 운동 통제의 인지적 측면에 관여한다(Brodal, 2016).

신체를 움직이지 않는 음악 감상은 소뇌, 기저핵과 함께 PMA와 SMA를 활성화시킨다. 이는 음악 감상이 동작에 대한 신경 계획과 관련됨을 시사한다(Chen, Penhune & Zatorre, 2008, 2009; Zatorre, Chen & Penhune, 2007).

피질의 능동적 조력자

기저핵, 소뇌, 해마, 편도체와 같은 특정한 뇌 구조는 동작, 기억, 정서 처리와 같은 필수적 기능을 수행하고 통제하는 피질을 돕는다(Edelman & Tononi, 2000). 이러한 구조는 음악 연주와 감상에서 중요한 역할을 수행한다. 타원 형태의 피각과 꼬리 형태의 미상핵을 포함하는 시상 근처 여러 신경핵의 구조로 구성된 기저핵은 그림 2.1.4에 제시되었다. 이는 동작을 통제하는 피질을 돕고 기억, 언어, 정서 처리에도 관여한다. 기저핵은 음악의 규칙적 박동을 포착할 수 있고, 규칙적 박의 타이밍을 예측함으로써 그에 상응하는 내적 박동

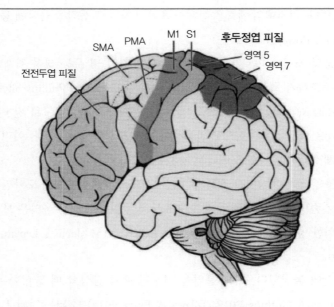

그림 2.1.3 좌면에서 본 동작과 관련된 뇌의 영역.
SMA : 운동 보조 영역, PMA : 전운동 영역, M1 : 1차 운동 피질, S1 : 1차 체감각 피질.
후두정엽 피질의 숫자 5와 7은 뇌 영역의 고전적인 브로드만의 번호 매김에 따른 것이다.

© Morten Kringelbach

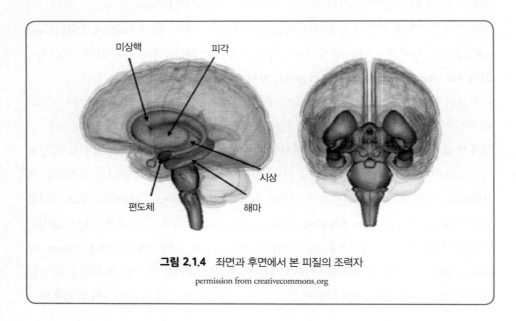

그림 2.1.4 좌면과 후면에서 본 피질의 조력자

permission from creativecommons.org

을 생성할 수 있다. 기저핵의 예측은 신체가 음악에 따라 그 동작을 음악에 동기화할 수 있게 한다(Grahn & Rowe, 2009, 2013).

음악의 템포와 리듬에 따르는 신체의 경향성은 감각 및 운동 생성 체계와 정서 처리를 통합하는 동조화가 특징이다(Nozaradan et al., 2011, 2018; Phillips-Silver, Aktipis & Bryant, 2010; Trost et al., 2014). 그루브 기반의 음악에서 당김음으로 된 리듬은 규칙적 박동에서의 작은 일탈에 지속적으로 반응하여 기저핵을 활성화시킨다. 이러한 반응은 보통 유쾌한 신체 동작을 유발할 것이다(Witek et al., 2014).

손상된 운동 통제가 특징인 파킨슨병은 기저핵의 신경화학물질인 도파민 결핍에 의해 야기된다. 파킨슨병이 있는 환자의 재활에서 뚜렷한 리듬이 있는 음악은 보행 리듬과 보행 속도에 유익한 영향을 미칠 수 있다(Hove & Keller, 2015; Moens & Leman, 2015; Thaut & Abiru, 2010).

소뇌는 뇌간에 붙어있다. 이는 음악을 연주할 때와 감상할 때 활성화된다(Levitin, 2006; Teki, Grube & Griffiths, 2012; Tölgyesi & Evers, 2014). 소뇌는 전뇌보다 더 많은 수의 뉴런을 포함하는 강력한 뇌 구조이다. 이는 뇌간과 시상을 통해 여러 고리로 피질에 연결되어 양방향으로 계속해서 정보를 전달한다.

소뇌는 신체 동작과 행동을 통제하고 조절함에 있어 피질을 돕는다. 행동의 타이밍을 예측하고, 계획된 타이밍에서의 일탈을 감지하며 교정한다(Molinari & Leggio, 2013). 이러한 기능은 음악적 활동을 감시하고 조정하는 데 중요하다(Janata & Grafton, 2003; Kung et al., 2013). 게다가 소뇌는 정서, 인지, 시공간 지각, 언어, 기억에도 관여한다(Buckner, 2013; De Smet et al., 2013; Schmahmann, 2013).

최근의 연구는 2개의 네트워크가 음악에서 타이밍의 경험을 매개함을 시사한다. 소뇌에 관여하는 한 네트워크는 가변적인 길이의 사건과 관련된 타이밍을 처리하며 이는 규칙적 박동과 동기화되지 않는다. 기저핵에 관여하는 또 다른 네트워크는 규칙적 박동과 관련된 타이밍을 처리한다. 고리들로 연결된 이 두 네트워크는 시간 감각을 환기하는 데 협력하며, 동작 및 행동과 밀접하게 연결된 것으로 보인다(Bostan, Dum & Strick, 2013; Coull, Vidal & Burle, 2016; Schwartze & Kotz, 2013; Teki, 2016; Teki et al., 2011, 2012). 이러한 결과들은 다른 연구자들이 시사한 것처럼(Huron, 2006; Patel, 2008; Stevens & Byron, 2009), 참조할 박 없이도 마음이 시간적, 음악적 패턴을 조직할 수 있음을 확인한다. 음악치료 즉흥연주에서는 박동이 없는 것뿐만 아니라 박동이 있는 연주에도 적용하는 것이 적절하다(Wigram, 2004).

해마는 측두엽의 가장 안쪽 부분에 있는 구부러진 구조이다. 기저핵이나 소뇌와 유사하게 양방향으로 정보를 보내는 고리로 피질에 연결된다. 해마와 그 관련 영역들은 기억 강화, 아마도 다양한 뇌 영역과의 지속적 상호작용에 있어 피질을 돕는다(Damasio, 2010; Eichenbaum & Cohen, 2014). 음악 기억을 위한 네트워크는 해마, 소뇌, 감각운동 피질, 전두엽을 수반한다(Burunat et al., 2014; Watanabe, Yagishita & Kikyo, 2008; Wilkins et al., 2014).

해마는 여러 기능을 수행한다. 음악이 정서를 불러일으킬 때 활성화되며(Koelsch, 2014), 인지 처리와 스트레스 조절에도 관여한다(Fanselow & Dong, 2010). 또한 공간 정위와 시간적 구조의 경험에서 특별한 역할을 수행한다(Blakeslee & Blakeslee, 2007; Moser & Moser, 2013; Eichenbaum, 2014). 해마 영역의 중요한 기능은 기억 처리에 참여하는 새로운 뉴런의 생성이다(Frankland, Köhler & Josselyn, 2013; Yau, Li & So, 2015).

편도체는 측두엽의 앞부분에 있는 아몬드 형태의 신경핵 구조이다. 편도체의 필수 기능은 긍정적 정서와 부정적 정서의 조절이다. 즐거운 음악과 불안감을 주는 음악은 편도체의 각기 다른 핵을 활성화시킨다(Ball et al., 2007; Koelsch, 2014). 클래식 피아노 음악에 대한 연구는 편도체의 한 영역이 음악적 긴장에 반응함을 시사한다(Lehne, Rohrmeier & Koelsch, 2014).

무서운 사건은 시상에서 편도체로 가는 빠른 신경 통로 때문에 편도체에서 '방어적 생존 회로'가 특징인 갑작스러운 반응을 촉발할 수 있다(LeDoux, 1996, 2015). 이 통로는 경보alarm 상태와 투쟁-도피반응을 유발할 수 있다. 따라서 시끄러운, 예상 밖이거나 익숙하지 않은 음악은 두려움, 분노나 공격성을 불러일으킬 수 있다(Huron, 2006). 시상에서 피질을 통해 편도체로 이어지는 느린 신경 통로는 경보 상태를 수정하거나 억제할 수 있다.

특별한 뇌 기능

전-주의반응

청각 피질은 주의와 의식에 의해 변화가 탐지되기 전에 소리와 음악의 변화에 반응한다. 이 초기반응은 뇌전도검사EEG로 두피에 작은 전극을 활용하여 뇌 전압에서의 변화 측정에 기반하는 불일치 음성mismatch negativity, MMN이라는 방법으로 탐지될 수 있다.

청각 피질은 일련의 동일한 소리 중에서 일치하지 않는 편차, 예를 들어 삐삐삐삐뚜삐

삐에 반응한다. 이 반응은 편차가 있고 약 150밀리초[1] 후에 잠시 상승한 부정 전압으로 측정된다. 뇌의 다른 전기적 활동에서의 소음을 상쇄하기 위해 수차례 측정을 반복하여 평균을 계산하는 것이 필요하다.

핀란드의 신경과학자들(Näätänen et al., 2001, 2007)에 의해 MMN 방법이 개발되었다. 방법의 개선은 동일한 측정에서 여러 음악적 편차에 대한 반응의 감지를 가능하게 했다(Näätänen et al., 2004). 핀란드와 덴마크의 신경과학자들은 음고, 음색, 소리 탐지, 강도, 글리산도, 리듬 등에 편차의 다요인 패턴을 적용했다. 이들의 연구는 음악가들이 비음악가보다 청각 민감도가 더 높다는 점과 클래식, 재즈, 록/팝 음악가들은 훈련의 유형 때문에 민감도에서 특정한 차이를 나타냄을 제시한다(Vuust et al., 2011, 2012).

뇌는 예측한다

음악은 신체, 뇌간, 시상, 피질, 피질을 돕는 구조에서의 복잡한 감각 처리를 활성화한다. 뇌는 음악적 경험의 수동적 수용기가 아니다. 음악 지각은 능동적 과정으로, 뇌와 청각이 청각의 흐름에서 일관성을 만들고 의미를 해석하는 것을 목적으로 음악적 정보를 검색하고 습득한다(Gibson, 1966; Krueger, 2014). 예측은 이 과정에서 필수적이다. 우리가 음악을 감상할 때 소뇌, 기저핵, 해마, 피질은 예측을 생성하고, 다가오는 음악의 몇 초를 예측하기 위해 협력한다(Gebauer, Kringelbach & Vuust, 2012; Vuust & Witek, 2014). 음악적 예측은 만족, 실망이나 놀람으로 이어진다. 이처럼 음악의 향유는 보통 충족된 기대와 유쾌한 놀람 간 균형에서 일어난다(Huron, 2006).

자전거를 타거나 자동차를 운전할 때 충돌을 피하는 것과 같은 일상의 상황에서 뇌는 감각 기관들이 다음 순간에 발생할 수 있는 일을 예측하는 것을 돕고, 감각 기관은 차례로 뇌가 몇 밀리초 내에 그 예측을 조정하고 교정하는 것을 돕는다. 근본적인 뇌의 처리는 예측 부호화가 특징이다(Clark, 2013; Friston, 2002; Vuust et al., 2009).

거울 뉴런

최근의 연구는 거울 뉴런이 특징인 전문화된 뉴런이 관찰과 신체의 행위 간 연결을 만드는 것을 시사한다. 그러나 인간에게 있어 거울 뉴런의 잠재적 기능은 논쟁의 여지를 남긴다.

---

1 1밀리초는 0.001초이다(역자 주).

이탈리아 연구자들은 원숭이의 뇌에서 거울 뉴런을 발견했다. 연구자들은 원숭이가 먹이를 움켜잡았을 때와 다른 누군가가 먹이를 움켜잡은 것을 보았을 때 특정 뉴런 집단이 반응하는 것을 관찰했다. 이와 유사하게 특정 뉴런은 원숭이가 종이를 찢는 것을 보았을 때와 그것을 보지 않고 찢는 소리를 들었을 때 반응했다(Rizzolatti & Craighero, 2004).

후속 연구는 인간의 뇌에서 거울 뉴런의 존재에 대한 근거를 밝혔으며(Mukamel et al., 2010), 여러 연구는 거울 뉴런 체계MNS가 인간의 두정엽과 전운동 피질 영역에 위치함을 시사한다(Fadiga, Craighero & D'Ausilio, 2009; Rizzolatti & Sinigagliga, 2010). 일부 연구자들은 거울 뉴런 활동이 정서와 공감을 아우른다는 입장을 취한다(Keysers & Gazzola, 2009). 다른 연구자들은 이 견해에 의문을 제기한다. 아직까지 거울 뉴런과 공감 간 직접적인 인과관계에 대한 근거를 규명한 연구는 없기 때문이다(Lamm & Majdanzic, 2015).

이스트반 몰나르사카스와 카티에 오버리는 음악, 언어, 운동 기능이 인간의 거울 뉴런 체계에 관련된 공통의 신경 자원을 공유한다는 가설을 제안했다(2006). 이후에 몰나르사카스와 오버리는 공유된 정서적 움직임 경험Shared Affective Motion Experience, SAME 모델을 제안했다. 이 모델은 우리가 음악을 들을 때, 해석하고 모방하며 예측할 수 있는 활동을 하는 다른 사람의 존재를 경험한다는 것을 시사한다. 경험된 현존은 그 사람의 정서적, 신체적 상태, 의도, 기술적 전문성, 사회적 지위를 아우를 수 있다. 게다가 집단에서의 음악 만들기는 연대감이라는 강력한 느낌과 공통의 목적을 만들 수 있다. 모방, 동기화, 정서적 경험의 공유는 음악치료에서 중요한 요소일 것이다(Overy & Molnar-Szakacs, 2009). 이후의 출판물에서 연구자들은 MNS 이외에 공감과 정서가 함축된 정보의 처리에 다른 신경 구조들이 동원된다고 언급한다(Molnar-Szakacs, Assuied & Overy, 2011).

뇌의 반구

뇌는 2개의 반구로 나뉜다(그림 2.1.1 참조). 이는 분리된 구조로, 두꺼운 신경 섬유 다발인 뇌량으로 연결된다. 그 연결은 지속적인 협력과 정보에 대한 공통적 접근을 보장한다. 양 반구는 음악 지각을 포함하는 대부분의 뇌 기능에 참여한다. 그러나 정보의 수집과 처리 및 행동의 계획과 실행에 대한 기여에 있어서는 반구 간 차이가 있다(Brodal, 2016).

여러 연구는 좌우 반구가 각기 다른 방식으로 소리를 처리함을 나타냈다. 좌측 청각 피질은 언어적 소리 지각을 포함하여 시간에서의 급격한 차이 구별에 전문화된 것으로 보인다. 우측 청각 피질은 음악적인 음 지각을 포함하여 소리 스펙트럼의 작은 차이 구별에 전문화된 것으로 보인다. 이러한 상대적 전문화는 양 반구 간 협력이 급격한 시간 변화 및 음색과 음고에서의 미묘한 차이에 대한 동시적 탐지를 가능하게 하기 때문에 생물학적 이점이 될 수 있다(Zatorre, 2005; Zatorre, Belin & Penhune, 2002; Zatorre & Zarate, 2012).

덴마크와 핀란드 연구자들의 연구에 나타난 것처럼 양 반구의 기능은 연습과 훈련에 의해 영향을 받는다. 연구자들은 비음악적 방식으로 중단되는 리듬 패턴에 대한 음악가와 비음악가들의 반응을 검사했다. 검사는 청각 피질의 전-주의반응을 측정하기 위해 MMN 기법을 채택했다. 비음악가들의 반응이 우반구에서 가장 강했던 반면, 음악가들은 좌반구에서 가장 강한 반응을 나타냈다(Vuust et al., 2005). 유사하게 기능적 자기공명영상fMRI 방법으로 시행한 양 반구의 리듬 처리에 대한 연구는 비음악가들과 비교해서 음악가들에서 뇌 활동의 좌측 편재화가 더 크다는 것을 나타냈다(Limb et al., 2006).

이러한 결과는 신경과학자인 엘크호논 골드버그가 제안한 반구의 기능에 대한 기술과 일치한다. 골드버그는 우반구가 새롭고 낯선 것을 탐색하기에 전문화된 반면, 좌반구는 익숙한 것에 대한 효과적 통제에 전문화된 것에 주목한다(Goldberg, 2005, 2009). 훈련의 결과로 리듬 패턴은 음악가들에게 익숙하며 그로 인해 좌측 청각 피질에서 더 많은 신경자원을 활성화시킨다.

일본의 연구자들은 음악가와 비음악가의 음고, 화음, 음색, 리듬에 대한 전-주의반응과 관련된 연구를 수행했다. 이 연구는 비음악가들의 우반구 우세와 음악가들의 양 반구 활성화를 나타냈다(Ono et al., 2011).

보상 체계, 정서, 쾌락

음악은 신체에 직접적인 영향을 미치며 심박수, 호흡, 각성, 정서를 포함하는 신체 과정에 영향을 미치는 뇌간의 반응을 불러일으킨다(Habibi & Damasio, 2014). 음악의 강력한 경험은 몸에 전율이나 소름을 느끼게 하거나 울음을 유발할 수도 있다. 음악에 대한 정서적 반응은 도파민과 같은 신경화학물질에 의해 촉발되는데 이는 주로 뇌간핵에서 생성되며, 쾌락을 유도하고 전파할 수 있는 뇌 영역에 분포된다. 정서emotion와 감정feeling을 구별하는 것이 적절하다. 정서는 신체에서 수행되는 복잡한 활동으로 얼굴 표정과 자세에 보인다. 감정은 신체의 정서와 마음의 동시적 상태에 대한 의식적인 지각이다(Damasio, 1999, 2010; Damasio & Carvalho, 2013).

보상 체계

음악은 뇌의 보상 체계에 의해 정서와 감정을 유발할 수 있다(그림 2.1.5 참조). 보상 체계는 음식, 단것, 성행위, 약물, 알코올, 음악으로 촉발되는 만족과 쾌락을 유도할 수 있는 신경의 회로이다. 측좌핵과 배쪽 창백핵이라는 이름의 핵뿐만 아니라 특별한 뇌간핵을 포함하는 피질하 보상 회로는 정서적 반응을 주도한다. 피질하 회로는 피질의 안측 영역과 하부 영역의 더 큰 보상 회로를 활성화시킨다. 이는 원 형태 구조의 일부인 전측 대상회 피질, 눈 위에 위치한 안와전두 피질, 전두엽과 측두엽 뒤에 숨겨진 뇌도, 측두엽의 편도체를 포함한다.

    보상 체계의 3가지 처리는 구별이 명확하다. '갈망'은 보상에 대한 욕망과 기대이고, '선호'는 보상적 쾌감이며, '학습'은 이전의 경험에 기반을 두는 미래의 보상에 대한 예측이다. 음악 감상에서 학습은 감상 동기를 부여하고, 갈망은 주의를 기울이는 기대를 형성하며, 선호는 간절히 바랐던 유쾌한 보상이다. 반대로 선호하지 않는 음악은 유쾌하지 않거나 공격적인 반응을 유발한다(Berridge & Kringelbach, 2011; Koelsch et al., 2013;

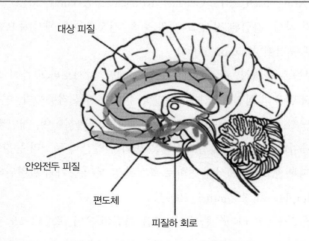

그림 2.1.5 좌면에서 본 뇌의 보상 체계. 피질의 보상 회로는 대상 피질, 안와전두 피질, (여기서 안 보이는) 뇌도, 편도체를 포함한다. 피질하 보상 회로는 측좌핵, 배쪽 창백핵과 상부 뇌간의 영역을 포함한다.

© Morten Kringelbach

Kringelbach & Phillips, 2014).

생리적 반응

캐나다의 연구자들은 뇌의 보상 체계와 음악의 관계에 대한 선구적 연구를 출판했다 (Blood & Zatorre, 2001). 검사 대상자들은 소름을 포함하는 강렬한 쾌락 정서를 지속적으로 이끌어내는 음악 작품을 선정한 개인들이었다. 소름을 느끼는 동안 뇌의 스캔은 안와 전두 피질, 전측 대상회 피질, 뇌도, 측좌핵, 소뇌에서의 활동이 증가했음을 나타냈다. 이는 심박수 및 호흡 깊이의 증가와 관련된다.

　10년 후 후속 연구들(Salimpoor et al., 2009, 2011)은 소름에 대한 검사 대상자들의 주관적 경험과 심박수, 호흡, 땀 분비의 생리적 변화로 측정되는 대상자의 신체적, 정서적 각성 간의 명확한 연계를 확인했다. 게다가 소름을 느끼는 동안의 뇌 스캔 결과는 보상 체계에서, 예측하는 동안 처음에는 미상핵에서(그림 2.1.4 참조), 이후 정서적 반응의 정점 동안에는 측좌핵에서 신경화학물질인 도파민의 분비를 나타냈다.

　다른 연구자들은 예측과 갈망 중에 도파민 효과를 확인했으나 선호 중 측좌핵에서 정서적 반응의 정점이 관련된 신경화학물질, 엔도르핀을 유발하는 쾌락에 의해 유도됨을 제시했다(Berridge & Kringelbach, 2015; Gebauer, Kringelbach & Vuust, 2012). 보상 체계에 대한 연구들은 음악 감상, 경험된 정서, 기대와 충족, 긴장과 이완에서 중요한 요인들의 생리적 기반에 대해 규명했다(Huron, 2006).

　독일의 연구자들은 클래식, 팝, 영화 음악, 데스메탈, 보사노바와 같이 각기 다른 음악적 양식이 정서적 반응의 정점과 소름을 유발할 수 있는지를 검증했다. 연구자들은 모든 사람이 소름을 느끼는 것은 아님을 밝혔다. 그 경험은 개별적이며, 개인적인 것이었다. 소름은 보통 음량이나 화성에서의 갑작스러운 변화나 인간의 목소리 등장으로 유발되었다. 소름반응은 피부전도반응에서의 변화로 측정된 땀 분비 증가와 관련된다(Grewe et al., 2007, 2009; Guhn, Hamm & Zentner, 2007).

　이탈리아의 연구자들은 라가[2], 클래식, 12음 기법의 음악, 랩, 테크노 음악에서 템포의 효과를 살펴보았다. 연구자들은 빠른 템포가 심박수와 호흡을 증가시킬 수 있음을 밝혔다. 유사하게 푸치니, 베토벤, 베르디의 음악에 기반을 둔 연구는 음악의 크레셴도(점

2　인도의 전통 음악이다(역자 주).

점 세계)가 심박수, 혈압, 호흡의 증가와 관련됨을 나타냈다(Bernardi et al., 2006, 2009; Gomez & Danuser, 2007). 게다가 음악에 대한 문화적 연구들은 음악이 무아지경의 정서와 트랜스 유사 상태[3]를 유도할 수 있음을 나타낸다(Becker, 2004).

뇌의 신경화학물질

진행 중인 연구들은 기분, 건강과 안녕감, 보상, 동기부여와 쾌락, 사회적 소속, 스트레스와 각성, 신체의 면역 체계에 대한 음악의 유익한 신경화학적 효과를 살펴본다(Chanda & Levitin, 2013; Fancourt, Ockelford & Belai, 2014; Gebauer & Vuust, 2014; Kreutz, Murcia & Bongard, 2012). 신경조절물질이나 신경전달물질로 특징지어지는 화학물질은 신경의 활동에 영향을 미치는 특정 뇌 영역에 포함된다(Damasio, 1999; Edelman & Tononi, 2000). 이는 뇌간의 작은 핵 집단에서 주로 생성되며 포함되는 뉴런의 기능에 따라 효과가 좌우된다(Panksepp, 1998; Panksepp & Trevarthen, 2009; Pfaff, 2006).

앞서 지적한 것처럼 중요한 음악 관련 신경조절물질은 도파민이다. 뇌의 보상 체계를 활성화시키는 것 외에도 도파민은 주의, 기억, 운동 통제를 조절한다. 한 연구는 유쾌한 음악에 의해 유도되는 도파민 분비는 훈련 기반 학습을 촉진할 수 있음을 밝혔다(Gold et al., 2013).

음악과 관련된 다른 신경화학물질로는 쾌락을 증진하고 통증을 조절할 수 있는 엔도르핀, 공감, 안녕감, 사회적 결속에 있어 역할을 수행하는 옥시토신이 있다(Hurleman et al., 2010; Keeler et al., 2015; Mitchell, Gillespie & Abu-Akel, 2015). 일부 연구들은 정기적인 가창 레슨이나 아마추어 합창단 리허설 참여가 옥시토신 분비를 촉진하고, 사회적 결속을 개선할 수 있음을 시사한다(Grape et al., 2002; Kreutz, 2014).

음악 감상과 정서

음악이 유발하는 정서적 경험은 개별적이며 감상 상황에 영향을 받는다. 스위스의 연구자 클라우스 쉬러와 동료들에 따르면 음악에서의 정서 경험은 4가지 요인, 즉 음악적 구조, 수행, 감상자, 맥락에 좌우된다(Scherer & Coutinho, 2013; Scherer & Zentner, 2001). 쾌락을 유발하는 신경의 기제는 전문성, 기분, 성격과 같은 내적 요인 및 환경, 다른 감상자의

---

3 트랜스 상태란 의식의 변용에 의한 이상적 상태로 어떤 일에 집중하거나 몰입할 때 경험할 수 있다. 트랜스 유사 상태란 이와 유사한 상태를 가리킨다(역자 주).

존재와 같은 외적 요인에 의해 영향을 받는다(Brattico, 2015; Brattico et al., 2016).

　음악과 관련된 정서의 속성을 명확히 하기 위해서는 2종류의 기술이 가능하다. 한편으로 감상자가 듣는 정서는 음악에서 표상되고 표현되며 지각되는 정서로 알려져 있다. 반면에 감상자의 신체에서 유발되는 정서는 느껴지는 정서로 알려져 있다. 이 2종류의 기술은 어느 정도 중첩될 수 있다(Eerola & Vuoskoski, 2013; Gabrielsson, 2002).

　음악과 관련된 정서에 대한 연구는 보통 2가지 모델을 적용한다. 하나의 모델은 별개의 정서들, 전형적으로 행복, 슬픔, 분노, 두려움, 다정함을 구별하는 것이며 다른 모델은 2가지 차원, 각성과 정서가valence의 정도 차이를 기술한다(Eerola & Vuoskoski, 2011; Russell, 1980). 2가지 차원의 몇 가지 예들은 다음과 같다. 두려움과 분노―높은 각성, 부정적 정서가. 행복과 흥분―높은 각성, 긍정적 정서가. 슬픔과 지루함―낮은 각성, 부정적 정서가. 평온함과 다정함―낮은 각성, 긍정적 정서가(Hunter & Schellenberg, 2010).

　각성과 정서가 외의 차원들은 긴장(Thayer, 1989; Vieillard et al., 2008) 및 동작(Bigand et al., 2005) 등과 관련된 것으로 간주될 수 있다. 클라우스 쉬허와 동료들은 음악과 관련된 정서의 9가지 장field에 주목하여 상술한 모델인 제네바 정서적 음악 척도GEMS를 제안했다. 9가지 장은 경이로움, 초월성, 다정함, 향수, 평온함, 힘, 즐거운 활동, 긴장, 슬픔(Zentner, Grandjean & Scherer, 2008)이다.

　이 분야의 광범위하고 다면적인 연구는 2권의 선집, 음악과 정서 핸드북(Juslin & Sloboda, 2010)과 음악의 정서적 힘에서 고찰된다(Cochrane, Fantini & Scherer, 2013).

뇌 네트워크 전반을 활성화시키는 음악

모든 뇌 구조는 다양한 기능적 네트워크에 참여한다(Edelman & Tononi, 2000). 음악은 다수의 네트워크에 관여하며 주의, 기억, 기대(감), 정서, 동작, 다감각 체계를 활성화시킨다(Altenmüller & Schlaug, 2012; Kraus, Strait & Zatorre, 2014; Särkämö et al., 2013). 게다가 음악 만들기는 전 생애에 걸쳐 신경 네트워크에서의 변화를 증진시킨다(Schlaug, 2015; Wan & Schlaug, 2010).

　한 fMRI 연구는 주의를 기울이는 음악 감상이 작업 기억, 주의, 의미론적 처리, 표적 탐지, 운동 심상을 포함하는 근본적인 일반적 뇌 기능의 네트워크를 동원한다는 것을 나타낸다(Janata, Tillmann & Bharucha, 2002).

　긴 음악 작품을 감상하는 동안 검사 대상의 뇌를 fMRI로 스캔하는 것이 가능하게 된 최근의 연구들은 특정 네트워크의 관여를 나타냈다. 연구들은 음악 박동의 처리가 운동 피질, 기저핵, 보상 체계를 수반하는 반면, 음색의 처리에는 소뇌, 감각 피질과 디폴트 네트워크로 알려진 기능적 네트워크가 수반됨을 시사한다(다음 내용 참조)(Alluri et al., 2012; Burunat et al., 2015).

　음악에 의한 신경 네트워크의 관여는 뇌 재활에 기여할 수 있다. 뇌졸중 이후 재활에 대한 무작위 통제 시험은 2개월 동안 매일 스스로 선정한 음악을 감상했던 뇌졸중 환자들의 언어 기억과 초점 주의가 개선되었으며, 음악을 감상하지 않았던 통제 집단과 비교하여 우울한 기분과 혼란스러운 기분 삽화를 덜 경험했음을 나타낸다. 연구자들은 재활 효과가 확장된 뇌 네트워크의 활성화와 주의 및 긍정적 정서의 자극 때문인 것으로 추정한다(Forsblom, 2012; Särkämö et al., 2008). 음악 중재가 갖는 재활 효과의 기저에 있는 기제는 보상, 각성, 정서 조절, 학습과 활동 주도 가소성에 대한 공통의 신경 체계를 공유할 것이다(Sihvonen et al., 2017).

역동적인 뇌 네트워크

대규모 네트워크는 각기 다른 뇌 영역 간의 기능적 연계를 구축한다. 중요한 네트워크로는 디폴트 네트워크, 배측 주의 네트워크, 뇌의 현출성 네트워크가 있다. 연구들은 디폴트 네트워크가 개인이 외부 환경에 초점을 맞추지 않고 자전적 기억, 상상적 사고와 창의적 사고, 공상 및 미래 지향적 사고와 같은 자기 생성적 활동에 관여할 때 활성화됨을 나타낸다. 배측 주의 네트워크는 시각 처리와 공간 처리에 관여하며 그 활동은 디폴트 네트워크의 활동을 억제한다. 현출성 네트워크는 외부 세계의 사건 탐지에 관여하며 주의에 대한 내부 양식과 외부 양식 간 전환에 핵심 역할을 수행한다(Andrews-Hanna, Smallwood & Spreng, 2014; Beaty et al., 2014; Buckner, Krienen & Yeo, 2013; Raichle, 2011).

　클래식, 컨트리, 랩, 록, 중국 오페라 음악 등 5가지 다른 장르에 기반한 연구는 선호되는 음악이 선호되지 않는 음악과는 반대로 디폴트 네트워크의 여러 연계를 활성화시킴을 나타낸다(Wilkins et al., 2014). 이러한 결과는 선호된 음악 감상이 내향적 주의, 자전적 기억과 관련됨을 시사한다.

　역동적인 뇌 네트워크에 대한 연구는 수용적 음악치료에서의 음악 감상과 관련되며 이는 뇌의 여러 영역을 활성화시키고 개인적인 기억을 환기시키며 외상과 갈등을 실재화할 수 있다.

2.2 치료 이론

라르스 올레 본데

'훈련된 치료사가 수행하는 처치'로 정의되는 치료의 역사적 발달은 다양한 방식으로 음악치료에 큰 영향을 미쳤다. 수년 동안 정신 질환, 정서 장애, 심리 장애에 대한 처치에서는 치료의 5가지 주요 학파가 발현되었다.

1. **인지행동치료 접근** : 일반적으로 이 접근은 관찰 가능한 행동만을 유의한 것으로 간주하여 부적절한 행동의 처치와 수정에 초점을 둔다. 현대의 인지치료에서 사고는 행동으로도 간주되며, 치료의 목적 중 하나는 사고의 비합리적 패턴을 변화시키고 처리하는 것이다(2.2.1장 참조).

2. **정신분석/심리치료 접근** : 이 접근은 '무의식'을 정서 장애의 근원으로 보는 다양한 방법과 접근을 포함한다. 그러므로 타인과 관계 맺는 능력뿐만 아니라 숨겨진 또는 '무의식적인' 추동과 감정의 탐색 및 이해가 치료적 중재의 주된 초점이 된다(2.2.2장, 2.3.1장, 3.3장 참조).

3. **내러티브/구성주의 접근** : 이 접근에서의 초점은 사람이 자신의 경험에 기반하여 구성한 생애 내러티브, 자기 이해, 자아상이다. 그 이면에 객관적인 현실은 없고, 여러 가능한 구성 중에서 주관적 구성만이 선택된다는 신념 때문에 역기능적이거나 부적절한 내러티브가 치료 과정에서 다루어질 수 있다(3.2장, 3.9.2장 참조).

4. **생물학적 지향의 신경정신의학** : 이 접근은 유전적 소인뿐만 아니라 생리적, 화학적 변화를 정서 장애의 주요 원인으로 보기 때문에 약물이나 물리치료(또는 다른 물리적 중재)가 처치로 활용된다(3.11장 참조).

5. **커뮤니티 지향의 사회적 정신의학** : 보통 커뮤니티 치료로 불리는 이 접근은 개인의 자원, 권리, 역량에 초점을 둔다. 회복이 중심 개념이며, 치료는 보통 커뮤니티 활동의 능동적 참여를 지지하는 활동의 형태로 일종의 자조를 위한 도움이다(3.7장 참조).

현대 음악치료의 역사에서 처음의 2가지 접근은 음악치료의 실제뿐만 아니라 이론의 발달에 일차적 기반을 형성했다. 게다가 내러티브 음악치료는 심상음악치료$^{GIM 4}$에 영향을 미쳤으며(3.2장), 커뮤니티 음악치료(3.7장)는 정신적, 사회적 문제가 있는 사람들을 위한 치료의 강력한 동향이 되었다.

제2차 세계대전 이후 미국의 음악치료는 그 시작 단계에서 대부분 행동주의와 행동치료의 영향을 받았다. 그러나 최근 특정 지역, 특히 동부 해안 지역에는 정신분석과 심리치료에 기반한 주요 치료 학파들이 존재한다. 그러나 미국에서 훈련받은 대다수 음악치료사들의 이론적 토대는 인지행동적이다.

유럽에서는 심리치료와 정신분석에 기반을 둔 접근이 좀 더 우세하다. 심리치료와 정신분석(오늘날에는 '정신역동적'이라는 용어가 활용된다. 2.3.1장 참조)의 용어 간에는 명확한 구분이 없으며 치료사들은 자연스럽게 자신의 선생님, 자신에게 가장 익숙한 치료 접근에 의해 영향을 받는다.

일부 교육 프로그램은 절충적 모델을 옹호하고 다양한 치료 이론을 가르친다. 이는 내담자군의 요구에 따라 적용될 수 있다. 절충적 모델에 찬성하는 주장은 환자들의 요구가 크게 다르다는 것이다. 예를 들어, 급성 정신의학에서 복잡한 정서적, 심리적 문제가 있는 환자들은 심리치료적 접근에서 유익을 얻을 수 있는 반면, 중증 학습 장애나 도전적 행동이 있는 내담자들은 행동적 접근에 훨씬 더 잘 반응할 수 있다. 말할 필요도 없이 강화와 긍정적 보상을 활용한 활동 기반 음악치료는 내담자의 과거를 탐색하고, 내담자의 행동과 성격의 기원에 대한 통찰의 촉진을 목적으로 하는 심층 심리 접근의 음악치료와 매우 다르다.

여러 이론가는 만일 이것이 치료사가 내담자의 약력과 요구에 따라서 내담자마다 치료사의 방법을 바꾼다는 것을 의미한다면, 절충적 치료사가 되는 것은 불가능하다고 주장한다. 이는 비단 기법적 문제만이 아니라 앞서 언급한 주요 접근들이 인간, 음악, 치료에 대한 치료사의 관점에 따라 크게 다르기 때문이다. 한 학생이 자신의 성격에 맞는 치료 방법이나 양식을 찾고자 할 때 교육 프로그램의 선택은 필수적이며 음악치료 훈련은 어느 날에는 '행동적'이고, 다음 날에는 '정신분석적'일 수 없다(1.3장, 6.3장 참조). 일부 음악치

---

4 '안내된 심상과 음악'이라는 의미에 가까우나 국내에서는 '심상음악치료'라는 용어를 사용하므로 본문에서도 동일하게 번역하였다(역자 주).

료사들은 이를 조기에 인식하고 특정 내담자의 요구에 좀 더 적합해 보이는 접근을 활용하는 다른 동료에게 내담자를 의뢰할 것이다. 다른 이들은 이를 즉시 인식하지 못할 수 있고, 내담자의 일차적 요구와 관계없이 자신의 고유한 방법을 조정하고 활용하고자 할 수 있다.

대부분의 음악치료 교육 프로그램에서 학생들이 각기 다른 치료 접근과 이론적 기반에 대한 명확한 이해를 성취하는 것은 매우 유익하고 필수적인 것으로 보인다. 비록 학생들이 흔히 특정한 방법이나 명시적인 메타 이론적 체제 내에서 훈련될지라도 그러하다. 한 예로서, 올보르대학교 전공 과정은 음악치료 학생이라는 정체성에 대한 잠재적 근원으로 분석적 음악치료(3.3장 참조)의 향후 발달에 기반을 둔 관계적, 정신역동적 이론 체제를 제공한다. 이러한 근원은 '정체성 나무'를 발달시키는 가능성을 개방하는 방식으로 교육되며, 이 뿌리에서 다양한 가지들이 자랄 수 있다. 절충적이라는 용어를 이해하는 이러한 방식은 더 많은 기법과 모델의 일부가 추가되고 활용될 수 있는, 인식할 수 있는 이론적 기반을 가지는 것을 목적으로 한다. 게다가 심리치료가 인지행동적 치료에서 분석적, 실존적, 인간 중심 치료에 이르는 매우 광범위한 포괄적 용어임을 기억하는 것이 중요하다.

각기 다른 방법과 치료 학파 간 차이를 규명하는 데 활용될 수 있는 특별한 2가지 변수가 있다.

- 내담자와 치료사 간 관계의 속성
- 치료의 목적과 기대

2.2.1 인지행동 접근

행동치료는 심리치료계에서 상대적으로 새로운 것이며 심리 장애의 진단평가와 처치에 대한 체계적 접근으로서 1950년대 후반까지는 나타나지 않았다. 이반 파블로프의 업적에서 비롯된 당대의 행동적 치료는 이제 다음의 주요 접근, 응용행동분석, 신행동주의 매개된 자극-반응 모델, 사회 학습 이론, 인지행동 수정을 포함한다.

스키너(1953)의 업적에서 발현된 응용행동분석은 조작적 조건화에 기반하며, 기본 전제는 행동이 그 결과의 기능이라는 것이다. 강화, 처벌, 소거, 자극, 통제 같은 기법은 실험실 연구에서 파생되었다.

신행동주의 매개된 자극–반응 치료는 파블로프와 다른 이들의 학습 이론에 기반을 둔
다. 이는 매개 변인과 가설적 구인construct의 활용을 수반한다. 핵심적인 비중은 불안에 있
으며, 다수의 처치 기법들이 공포 장애를 지속시키는 것으로 가정되는 근본적 불안을 완
화하거나 없애기 위해서 '체계적 둔감화'와 '홍수법'을 포함한다.

사회 학습 이론에서 사람은 스스로가 변화의 동인이다. 이론은 어떤 환경적 영향에 반
응하고, 그것이 어떻게 지각되고 해석되는지 통제하는 인지적 처리의 결과로서 자기 지시
적 행동의 변화에 대한 인간의 역량을 강조한다.

엘리스와 베크의 연구에서 발현된 인지행동치료도 심리 장애를 일으킬 수 있는 경험
에 대한 개인의 해석이 있는 인지적 처리에 기반을 둔다. 그러므로 이 접근은 사람이 세계
를 보는 방식과, 그 결과로 세계에서의 자신의 행동에 영향을 미치는 비합리적인 사고 패
턴 및 신념 체계를 전환하거나 수정하는 것을 목적으로 한다. 성격 이론도 행동치료의 매
우 중요한 요소이며, 행동주의에 기반을 둔 검사 중 다수는 개인의 행동을 통제하는 성격
형질이나 특성을 규명하기 위해 행동과 사고방식에 대한 복잡한 분석에 의존한다. 윌스
(2009)는 베크의 인지치료에 대한 자신의 저서에서 베크의 공헌에 대한 개관 및 인지행동
치료에 대한 다른 접근과 베크의 사고가 어떻게 다른지에 대한 해설을 제공한다. 또한 베
크의 방법과 정신분석, 인본주의적 치료를 포함하는 다른 형태의 치료 간 유사점과 차이점
에 대한 요약도 제공한다. 거의 모든 행동치료 접근은 공통적으로 다음의 특징을 지닌다.

- 정신 질환을 유발하는 이상 행동은 주로 '생활의 문제'와 관련된다. 이는 불안반응,
  성적 일탈이나 품행 장애를 포함할 수 있다.
- 이상 행동은 정상 행동과 동일한 방식으로 발달하므로 행동 기법으로 다루어질 수 있다.
- 행동치료에서의 진단평가는 환자의 현재 행동을 다루는 것이며 환자의 생애사에는
  관심이 적다(이는 비합리적 신념과 사고 패턴이 어릴 때부터 발달한다고 믿는 인지
  치료, 합리적 정서치료와 관련해서 전적으로 맞는 것은 아니다). 개인은 특정 상황에
  서 자신의 행동에 따라 이해되고 기술된다. 심리 문제의 근원 이해가 행동을 변화시키
  는 데 필수적인 것은 아니며, 만일 치료를 통해 문제를 변화시키거나 제거하는 데 성
  공하는 것이 환자가 문제의 원인에 대한 통찰을 얻었다는 것을 꼭 의미하지는 않는다.
- 처치는 문제의 각기 다른 측면에 대한 신중하고 상세한 분석 및 각 측면과의 작업을

위한 절차의 생성을 수반한다. 이 방법은 각 내담자의 특정한 문제에 대하여 개별적으로 조정된다.

- 행동치료는 명확한 개념 체제가 있는 과학적 접근이다. 실험적 임상심리학에서 발현된 처치이며 치료 기법들은 연구에서 객관적으로 진단평가되고, 반복해서 검증된다.

치료에서 행동 접근에 찬성하는 주장은, 변화는 항상 객관적으로 정확히 측정될 수 있으며 문제는 그 근원이나 환자의 생애사를 심층적으로 탐색하지 않고도 해결될 수 있고 이것이 좀 더 빠르고 효과적이라는 것이다. 누군가에게 증상은 다루어질 수 있는 과정인 반면, 증상의 원인은 무관하거나 만성적인 것으로 보이므로 변화시킬 수 없다고 말할 수도 있다. 행동치료, 특히 인지치료는 정신의학과 심리학에 있어 유럽과 미국의 병원과 외래 환자 클리닉에서 점차 인기를 얻고 있다. 변화에 영향을 미치는 것이 명백하기 때문이다. 이는 제한된 역량을 가진 내담자나 자신이 왜 이러는지 또는 자신이 왜 이렇게 행동하는지에 대해 설명하는 통찰을 얻고자 하지 않는 내담자의 사례에 해당한다.

2.2.2 정신치료적, 정신분석적 접근

19세기 후반과 20세기 초반 프로이트의 선구적인 업적 이후 심리치료의 발달은 사상과 실천 학파에 폭넓은 다양성을 부여하였다. 이론과 방법은 서로 영향을 미쳤고 작업 전략은 방법의 다원성으로 분열되어 그중 다수는 그 특정한 문화적, 사회적, 역사적 맥락에서 가장 잘 이해된다. 심리치료 접근은 보통 상호적 무지나 고립으로 인해 다른 접근에 제한된 지식을 가질 수 있다. 그러나 이 서로 다른 접근이 가진 하나의 공통점은 선택한 방법과 관계없이 치료사 훈련의 일환으로서 스스로가 내담자로 치료에 참여하게 될 것이라는 점이다(자기 체험적 학습). 이는 학생이 이론적, 임상적 교육만 받게 되는 경우와 매우 다른 방식으로, 훈련가인 치료사의 강력한 개인적 영향하에 있게 될 것을 의미한다. 대부분의 치료사는 그 효과를 개인적으로 경험했기 때문에 자신의 방법을 신뢰한다.

음악치료에 영향을 미친 가장 중요한 심리치료 접근은 고전적 정신분석(프로이트), 분석적 심리치료(융), 인간 중심 치료(로저스), 게슈탈트 치료(펄스), 실존적 심리치료(메이, 얄롬, 반 뒤르젠), 교류 분석(번), 인본주의 심리(매슬로), 정신화 기반 처치(포나기, 베이트먼), 초월적 심리(윌버, 엥글러)이다. 마지막으로 음악치료 연구에 활용되는 개인적 구성 이론(켈리)도 언급되어야 한다(Abrams, 2002; Aldridge, 1996; Aldridge & Aldridge, 2008; Bonde, 2013). 다음 절에서 이러한 치료 학파 대부분을 간략히 기술할 것이며 이것이 각기 다른 음악치료 접근 및 모델과 어떻게 관련되는지에 대한 개관으로 마무리할 것이다.

정신분석

정신분석의 과정은 그리스 철학의 주요 교리 "너 자신을 알라."의 연장이다. 이는 지그문트 프로이트의 업적에 기반을 둔 심리학과 심리치료 체계이며, 특정한 정신신경증적 장애의 처치 방법으로 20세기 초반에 개발되었다. 이는 흔히 '대이론' 또는 성격에 대한 일반 심리 이론으로 지칭되며 여러 정신신체적 질환의 이해와 처치에 중요하게 기여한다.

정신분석은 의식적인 마음을 상충하는 힘의 표현으로 보며, 이는 개인의 심리사회적 발달에서 보이는 갈등의 요소이다. 그러므로 의식적인 마음의 기능은 신체의 육체적 발달과 관련되며, 자극에 대한 기본반응은 쾌락을 추구하고 고통을 피하고자 하는 선천적인 인간의 경향(1911년 프로이트가 기술한 '쾌락 원리')에 의해 통제된다. 프로이트의 이론은 구조적이다. 마음은 특정한 심리적 요소로 구성되며 정신 기능은 이러한 요소 간의 갈등에서 그 역할에 따라 분류된다.

여기에 정신분석의 임상적, 기법적 개념을 기술하지는 않을 것이다. 대신에 좀 더 상세히 기술된 2.3.1장을 참조하라. 2.3.1장에는 대상관계 이론(클라인, 위니콧, 발린트, 페어베언), 자기심리학(코헛), 상호주관적 심리학(스턴), 관계적 정신분석(바인더)을 초래하는 정신분석의 향후 발달이 기술된다.

분석적 심리치료

칼 구스타프 융은 프로이트의 학생이었고 1913년의 의견 충돌로 두 사람이 갈라설 때까지 여러 아이디어를 공유했다. 융은 의식과 무의식 간 관계를 탐색하는 상징적 접근을 발달시켰다. 융은 정신을 자기 조정 체계, 더 충만한 인식의 삶을 향해 나아가는 기능으로 보았다. 분석적 치료의 대화는 꿈, 환상과 다른 무의식적인 '산물'을 활용하여 내담자의 의식적 마음과 내담자들의 개인 무의식 외에도 집단 무의식 간 관계를 탐색한다.

융은 심상과 상징성의 생성에 관해 폭넓게 서술했으며, 이를 매우 실용적이고 영향력이 큰 방식으로 치료 과정에 도입했다. 융은 자신이 '적극적 상상'이라 지칭한 것을 개발했다. 이 기법은 내담자가 의미 있는 이미지와 상징에 접근하고 탐색하는 것을 가능하게 만들었다(Jung & Chodorow, 1997). 융은 한 환자가 말한, 태양이 좌우로 움직이는 남근을 가졌으며 이것이 좌우로 움직여 바람을 일으켰다는 환각을 듣고 '원형'이라는 아이디어를 고안했다. 융은 이 이미지를 환자가 알지 못했던 고대의 상징과 관련지었다. 이때부터 융은 무의식 속의 원시적 심상이라는 공통적인 인간의 수준 또는 에너지의 심리적 장에 대한 자신의 이론을 발전시켰다. 융은 이 장을 '집단 무의식'이라 지칭했고 (오랫동안 인간의 경험에 의해 조성되는) 이러한 심상-생성적 에너지의 장을 '원형'이라 지칭했다(Jung, 2013).

　　프로이트는 이 이론을 수용할 수 없었으며 이는 두 선구자가 갈라서게 된 이유 중 하나였다. 융은 성격 이론을 발달시켰다. 여기서 가장 중요한 개념들은 개인 무의식, 페르소나(그리스 비극 배우들의 가면을 따라 명명된, 한 개인이 세계에 내보이는 '가면'), '그림자'(우리의 '다른' 또는 '어두운' 면)로, 이는 의식적 자아에 결여된 것을 상쇄한다. 그림자는 문학, 예를 들어 한스 크리스티안 안데르센의 동화 **그림자**나 로버트 루이스 스티븐슨의 **지킬 박사와 하이드**에서 잘 알려졌다. 집단 무의식의 중요한 요소는 '아니무스animus'와 '아니마anima'(여성의 남성적 측면과 남성의 여성적 측면, 음양설이라는 중국 철학에서도 중요한 요소), '자기'(전체로서의 정신, 내면에 있는 신의 원형)이다.

　　융은 치료에 대해 혁명적으로 접근했고, 내담자를 무의식과의 적극적 대화에 관여하게 해야 한다는 주장으로 시대를 앞서갔다. 프로이트가 음악의 효과를 합리적으로 설명할 수 없어 문제를 겪었던 것과 달리 융은 긍정적인 시각에서 치료적 매체로서 음악에 대한 자신의 견해를 언급한 몇 편의 논문을 발표했다. 내담자들은 융의 상담실에서 자주 춤추고, 노래하고, 연주하고, 연기하고, 몸짓으로 표현한 것으로 보인다. 1956년 융은 마거릿 틸리와 함께 음악치료 세션을 받았을 때 이 비언어적 매체가 제공하는 가능성에 감동했고, 이것이 내담자의 무의식에 접근하는 효과적 방식이라는 것을 즉시 인정했다(Tilly, 1948, 1956).

(내담자 중심 치료로도 알려졌던) 인간 중심 치료

인간 중심 치료는 1940년대 초반 칼 로저스에 의해 만들어졌다. 음악치료에서 치료적 상호작용과 관계는 보통 치료사와 내담자 간 동등한 관계와 상호 신뢰의 철학에서 작동하며 여러 음악치료사에게 호소력이 있는 내담자 중심 치료에 기반을 둔다. 내담자 중심 치료에서 내담자는 치료 과정에서의 의사 결정, 예를 들어 치료의 길이와 빈도, 치료사와 내담자가 이야기를 할 것인지 아니면 침묵할 것인지, 탐색하고자 하는 이슈에 대해 더 많은 영향을 미친다. 이는 내담자로 하여금 삶의 건축가가 될 수 있게 한다. 주요 개념은 내담자에 대한 치료사의 '무조건적인 긍정적 배려'로, 이는 치료사가 원칙적으로 내담자가 탐색하고자 하는 바를 무엇이든 수용하고 존중한다는 것을 의미한다.

다시 말해서, 이는 치료사의 주의와 공감에 기반을 둔 상호 이해의 과정이다. 공감의 중요성은 내담자의 세계와 정서에 대한 치료사의 관심과 흥미에 반영된다. 인간 중심 치료사는 치료적 관계에 중요성을 부여하나 전이관계로서는 아니다. 치료사는 내담자가 외부 치료뿐만 아니라 치료의 방향을 선택하도록 장려한다. 치료사는 세계를 지각하고 이해하는 내담자의 방식을 수용하고 존중하며, 정서적 수준에서 내담자와 관계를 맺는다. 기본적인 수준에서 로저스의 견해는 모든 예술치료와 관련이 있다(McNiff, 1986). 이 치료 모델은 지속적으로 발달하고 있으며 이는 먼스와 손(2000)에 나타나 있다.

게슈탈트 치료

게슈탈트 치료는 1940년대에 프리츠 펄스와 로라 펄스에 의해 개발되었다. 이 치료 모델에서 치료사와 내담자는 한편으로는 감각, 정서, 행동을 구별하기 위해, 다른 한편으로는 기존의 태도와 상황에 대한 해석, 치료적 재연을 구별하기 위해 현상학적 방법을 활용하여 교육된다. 목적은 내담자가 자신이 하고 있는 것이 무엇인지, 그것을 어떻게 하는지, 어떻게 변화할 수 있는지를 알아차리게 되는 동시에 스스로를 수용하고 소중히 여기는 것을 학습하는 것이다. 이 방법은 내용(다루어지고 있는 이슈)보다 과정(일어난 것이 무엇이고, 어떻게 일어나는지)에 좀 더 초점을 둔다. 초점은 현재의 순간에 있다. 현상학적 관점은 내담자가 흔히 하는 사고의 방식에서 '물러나' 현재의 순간에 감지되는 것과 느껴지는 것, 과거와 좀 더 관련된 것 간의 차이를 좀 더 알아차리도록 돕는다.

게슈탈트 치료는 '장 이론'에 기반을 둔다. 이는 한 사건을 특정한 '범주', 예를 들어 행동의 유형에 속한 것으로 분류하는 것과 대조적으로, 사건을 더 큰 상호작용 장의 일부로서 역동적으로 이해하는 것이다. 로라 펄스에 따르면 게슈탈트 치료의 목적은 자유롭게 진행 중인 '게슈탈트' 형성을 가능하게 하는 인식의 연속선을 개방하는 것이다. 이는 사람의 의식 전경에 중요한 것(사건, 정서, 갈등)이 들어올 때 일어날 수 있으며, 충분히 경험되

고 대처될 수 있으므로 배경으로 녹아들고, 다음의 관련된 게슈탈트를 위해 전경을 자유
롭게 떠날 수 있다(Yontef, 1993).

이 '지금 여기'의 관점은 유럽의 여러 곳에서 실천된 음악치료와 매우 호환되며(Frohne-
Hagemann, 1990; Hegi, 1988), 즉흥연주의 방법[예 : 음악 사이코드라마(Moreno, 1988)]
은 내담자가 그것에서 연상되는 정서를 느낄 수 있도록 구체적인 경험(또는 게슈탈트)을
전경으로 가져온다.

그러므로 알아차림은 게슈탈트 치료의 목적이다. 특정한 영역, 다른 사람의 문제를 초
래하는 상황이나 갈등에 대한 인식의 증가는 더 큰 자기 인식뿐만 아니라 문제 해결로 이
어질 수 있다.

인본주의 심리학

에이브러햄 매슬로는 정신분석과 행동주의를 '현대 심리학의 제1의 물결과 제2의 물결'
이라 불렀다. 매슬로는 '제3의 물결' 창시자 중 한 사람이었으며 여럿 중에서 빅터 프랭클,
롤로 메이, 칼 로저스와 함께했다. 이들은 모두 실제practice를 수행하는 심리치료사였다.
인본주의 심리학은 인간을 생물학적, 사회적 존재로 완전히 이해할 수 있다는, 인간의 본
성에 대한 실증주의적 관점을 비판했다. 특정한 인간의 현상, (절정의) 경험, 가치, 의미
추구, 심리적 성장과 같은 것들이 강조되었다. 이러한 현상은 심리 연구의 최우선 의제로
통제된 실험이나 통계적 방법보다 인문학적, 인류학적 관점을 좀 더 중요하게 만들었다.

정신분석과 행동주의의 결정론에 대한 거부는 인본주의 심리학과 치료의 기본적 입장
이다. 게슈탈트 치료에서처럼 치료적 관계뿐만 아니라 내담자의 문제에 대한 이해에 있어
중점은 '지금 여기'에 둔다. 자유 의지란 선택의 자유이다. 아동기 외상이나 조건화된 반
응에 영원히 매이는 사람은 없다. 인본주의 심리치료는 성장, 경도의 심리적 문제, 개인적
발달(자기실현)을 지향한다. 1960년대에 시작되어 서구 세계를 엄습한 치료의 물결은 인
본주의 심리학의 성장과 불가분의 관계에 있다(Schneider, Pierson & Bugental, 2015).

다수의 음악치료 모델은 성장 지향적이며 인본주의 원리에 기초하고, 음악치료 이론에
서 내담자와 치료사 간 관계를 '참-만남'과 '나-너'의 상황으로 이해하는 것은 중요한 역
할을 수행한다(Garred, 1996).

통합심리학과 초월주의 심리학

심리학 제4의 물결이자—아직까지—마지막 '물결'은 초월주의 심리학이다. 최근 매우 영향력이 큰 사상가인 미국의 철학자 켄 윌버는 신체-마음-영혼이라는 3요소 중 마지막 요소에 초점을 둔 초월심리학을 발달시키는 데 있어 중요한 역할을 수행했다. 지난 25년 동안 동양의 영적 전통과 서양의 난해한 전통, 이른바 '영원 철학'에 의해 영감을 얻어 윌버는 영적인 관점을 심리학 이론과 치료 실제에 (다시) 도입할 필요를 주장했다.

윌버는 오래전에 초월심리학에서 벗어났다. 2000년에 윌버는 '통합심리학'이라는 제목의 책을 출판했다. 이 제목은 윌버의 진정한 야심을 반영한다. 모든 발달심리학과 성격심리학을 하나의 체계로 통합하여 이론과 방법을 배치하고, 그 기능을 발달심리학과 병리학의 주제뿐만 아니라 정의된 의식 수준과 관련하여 규명하는 것이다(Wilber, 1998a, 1998b, 2000).

윌버의 통합적 체계는 논란이 많으나 음악치료의 이론과 방법을 경쟁적이고 상호 배타적인 '체계'로서가 아니라, 각기 다른 수준의 심리적 발달과 갈등에 대한 실천의 방식으로 이해하는 데 있어서 매우 중요하다(2.4.2장 참조).

2.2.3 음악치료에 대한 치료 이론의 영향 : 개관

여기에 간략히 기술된 치료 이론과 심리치료 접근은 모두 음악치료의 이론과 실제에 영향을 미쳤다. 미국에서는 음악치료의 선구자 세이어 개스턴, 클리퍼드 매드슨, 윌리엄 시어즈(Aigen, 2014; Gaston, 1995; Madsen & Pickett, 1987; Sears, 1968/1996)가 행동적 체제 내에서 음악치료를 정의했다. 영국의 콘서트 첼리스트인 줄리엣 앨빈은 심리치료뿐 아니라 특수 교육에서의 작업을 위한 방법을 개발했다. 이는 행동주의 외에도 발달심리학을 참조하였으며 음악치료에 대한 정신분석적, 심리치료적 관점도 권장했다. 다시 말해서 앨빈은 절충적 접근을 취했으며, 이는 자신이 개발한 런던 길드홀 음악연극학교의 훈련 프로그램에도 영향을 미쳤다. 분석적 음악치료의 창시자인 메리 프리슬리는 음악의 치료적 효과에 대한 자신의 정신역동적 이론에서 프로이트와 융 모두를 참조했다(3.3장 참조). 노도프와 로빈스는 인지학에 자신들의 이론적 기반을 두었으나 이후에 인본주의 심리학, 특히 에이브러햄 매슬로의 자기실현과 절정 경험이라는 개념도 음악치료 과정에 대한 이해에 포함시켰다. 노도프와 로빈스의 계승자들(특히 에이건과 터리)은 창조적 음악치료를 좀 더 심리치료의 방향으로 변화하게 했다(3.4장 참조). 게슈탈트 치료는 중부 유럽의 이사벨 프로네 헤게만과 프리츠 헤기의 이론 및 실제의 기반이며, 모레노의 음악 사이코드라마와도 밀접하게 관련된다. 심상음악치료GIM라는 방법을 개발한 헬렌 보니는 융의 상징적 심상과 표상이라는 개념, 스타니슬라프 그로프의 주산기 경험에 대한 이론과 초월심리학을 참조했다. 보니의 의식 모델은 그림 2.2.3.1에 제시된다(3.2장도 참조).

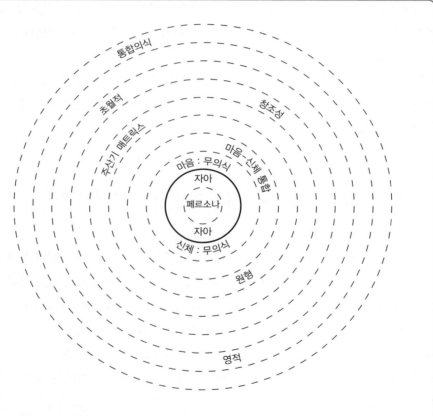

그림 2.2.3.1 원의 안쪽 부분에는 프로이트를 참조한 층위들이 있고, 융과 그로프를 참조한 층위들이 이를 둘러싸고 있다. 바깥쪽 층위는 초월심리학과 영적 전통을 참조한다. 이 모델은 보니의 원작 모델에 대한 프랜시스 골드버그의 버전이다(Bonny, 2002; Goldberg, 2002).

마지막으로 멜라니 클라인, 도널드 위니콧, 마거릿 말러(대상관계 이론), 하인즈 코헛(자기심리학), 대니얼 스턴(상호주관적 심리학)의 프로이트학파 이후 이론은 유럽의 음악치료 이론 및 실제에 여전히 유의하게 상당한 영향을 미치고 있다(2.3장 참조). 앞서 언급한 여러 접근과 전통들은 이 책의 제3부와 4.2장뿐만 아니라 2.3장에 보다 상세히 기술된다.

2.3 분석적, 정신역동적 이론

잉에 뉘고르 페데르센

덴마크와 다른 유럽 국가의 여러 음악치료사는 전문적 정체성의 기반을 인문학적, 정신역동적, 음악심리학적 토대에 두는 것이 특징이다. 이러한 토대는 올보르대학교에 있는 음악치료 전공의 목적이 학생들의 음악적, 심리치료적, 교수적 기술 외에도 과학적인 기본 기술의 훈련임을 고려하였을 때 근본적인 이론적 발판이 된다.

동시에, 치료가 좀 더 전문화된 기능 훈련에 초점을 두든 아니든 음악치료는 항상 만남과 의사소통이 있는 작업을 수반하므로 임상 실제의 이해를 위한 근본적인 이론적 배경은 정신역동적이고 관계에 기반하며 의사소통 이론과 학습 이론에 기반을 둔다. 또한 여성주의 이론과 같은 비판적인 이론도 음악치료 분야와 긍정심리학 이론에 적용된다.

유럽에서의 음악치료는 추동심리학, 자아심리학, 대상관계 이론과 같은 정신분석 이론과 애착심리학, 자기심리학, 대인관계 이론, 관계적 정신분석, 초월심리학과 같은 발달심리학의 분파들을 주로 포함하고 활용하며, 더 발전시킨다. 게다가 음악치료는 다양한 치료 이론과 음악심리학의 이해를 위한 영감과 모델을 마련했다. 치료를 받는 내담자군에 따라 의사소통 이론과 학습 이론을 통해 또는 다른 이론적 관점에서 임상 실제를 이해하고 기술하는 것이 적절할 수도 있다.

그러므로 음악치료 이론과 아직 성장하고 있는 신생의 음악치료과학은 복합적인 이론적 토대에 기초한다. 음악치료의 이론가들과 임상가들은 심리학, 정신분석, 심리치료, 교수법, 음악학, 음악심리학, 의학과 의사소통의 기존 이론들을 지속적으로 적용하고 비판적으로 여기며 발전시켜야 한다. 음악치료사는 예술이자 과학의 장 안에서 일하고, 음악치료 '과학자'로서 복잡하고 다면적인 정체성을 확립할 수 있다는 사실을 전문적으로 규명한다. 이 장에서는 음악치료의 토대를 형성하는 이론, 음악치료를 더 발전시키고 방향을 바꾸게 한 일부 이론들을 밝히는 것을 목적으로 한다.

2.3.1 고전적 정신분석

잉에 뉘고르 페데르센

덴마크와 유럽의 음악치료는—그 기원으로—고전적 정신분석 및 심리치료 이론에 의해 영향을 받았다. 특히 (추동과 원시적 소망을 포함하는) 원자아id, (수용할 수 있는 형태로 추동을 외부로 향하게 하는) 자아ego, (도덕과 가치를 통제하는) 초자아superego로 정신 구조를 나누고 이에 대해 기술한 프로이트는 무의식에 대한 설명과 함께 정신분석 및 심리치료 동향과 이론 발달을 위한 토대를 구축했다.

그러나 음악치료는 고전적 정신분석 내에서 개발된 기법적 규칙과 임상적 개념을 주로 활용했으며, 정신 구조에 대한 프로이트의 이론에서 벗어났다. 음악치료 이론 내에서는 이러한 기법적 규칙과 임상적 개념을 주요 도구가 음악인 음악치료 환경이라는 실재에 적응시키기 위한 시도가 동시에 이루어졌다.

(본래 프로이트가 기술한) 고전적 정신분석의 목적은 예나 지금이나 환자들이 자기 자신을 발견하는 것이다. 돕는 사람으로서 치료사라는 모델은 당시의 의학 모델에서 가져온 것이다. 치료사는 언제, 어떻게 개입할지 명확히 파악하고 판단하기 위해서 중립적인 방식으로 행동할 수 있어야 하는 외과의와 비교된다. (본문에 제시된 것처럼) 정신분석은 이러한 기법적 규칙과 임상적 개념을 통해 주로 기술되고 기록되었으며 심리적, 이론적 개념을 통해서는 훨씬 덜한 정도로 기술되고 기록되었다.

중립성, 절제, 자유 유동적 인식, 능동적 경청과 같은 기법적 규칙은 고전적 정신분석의 실제와 이해에 대한 기초이다. 한 예로서 덴마크에서 발달된 음악치료는 분석적인 것이 특징이라고 할 수 없다. 고전적 정신분석에서 파생된 중립성과 절제에 관련된 이 본래의 기법적 규칙들은 음악치료사라는 역할의 일부인 중재와 관계의 근원이 아니기 때문이다. 음악치료로 심리적 및/또는 정신병리적 문제들을 다룰 때 음악치료사는 자유 유동적 인식 외에도 자유 유동적 반응성(Sandler & Sandler, 1998)과 자유 유동적 정서성(Heimann, 1950)도 적용하는 능동적 상호 수행자이다. 음악적, 언어적 입력뿐만 아니라 능동적이고 공감적인 경청 태도 및 역할 지위에서의 유연성과 성찰성은 음악치료사의 주요 도구이다. 그러므로 고전적 규칙의 일부가 지속되는 것을 의미하는 분석 지향 또는 분석에 입각한 것으로 직군을 기술하는 것이 더욱 의미 있는 반면, 임상 실제에 있어서 더욱 의미 있는 규칙들은 재규정된 기법적 규칙이라 불릴 수 있는 것에 추가되고 통합되었다. 동시에 음악치료에 대한 분석 지향적 이해는 덴마크의 음악치료에 대한 다양한 접근에 있어 일종의 기원이므로, 직군의 공통 명칭은 그저 '음악치료'이다(3.3장, 제4부 참조).

기법적 규칙

정신분석에서는 기본적인 기법적 규칙 중 하나인 치료사의 중립성에 대한 규칙이 하나의 수칙으로 강조된다. 분석자가 분석적 과정이 시작되는 바른 조건을 만들 수 있다는 수칙이다. 정신분석적 관점에 따르면 치료사는 환자에게 주의를 기울이고 그들을 인식하나 비관여적이며, 관심을 나타내는 동시에 정서적 거리를 유지할 것으로 기대된다. 분석적 관점은 친밀감과 거리감 간 균형이 특징이다. 중립성 규칙이 강조되는 이유는 치료사가 환자의 전이를 위한 투사막을 만들 수 있어야 하기 때문이다. 치료사는 명확한 정체성과 자율성을 유지해야 하며, 환자의 불안정한 대상관계에 자기 스스로를 끌어들이지 말아야 하고 일관적으로 환자에게 현실을 나타내야 한다.

음악치료에서 이 중립성이라는 규칙은 재정의되어야 한다. 음악치료사는 듀엣 즉흥연주의 능동적 참여자이므로 정신분석에서와 같은 의미로 중립성을 유지할 수 없다. 대신에 음악치료사는 자신이 환자의 관계 패턴과 환상의 세계로 끌려 들어가는 방식에 대해 인식해야만 한다. 음악치료사는 공감적으로 능동적이며, 환자의 음악에 병합되거나 반응하는 동시에 공유된 음악적 표현의 생성에 참여하므로 음악치료에는 훈련된 주관성으로 기술되는 친밀감과 거리감 간 각기 다른 형태의 균형이 있다(Pedersen, 2007b). 음악치료사는 자신의 반응과 음악을 경청하고 주관적인 입력을 가져오며 환자의 음악에 대해 적절히 반응하는 것 사이에서 순환적인 방식으로 끊임없이 움직인다. 두 참여자 모두 공동의 음악적 표현에 기여하는 것이다.

그 음악은 환자만의 음악이 아니다. 그러므로 거리감은 '자기를 외부에 드러내기'를 호소하거나 환자의 정서적 폭발에 의해서 만들어지는 것이 아니라 오히려 음악의 매 순간에 무엇이 일어나고 있는지에 주의를 기울여 경청하는 것으로써, 상호작용 지위를 고수하는 것으로써, 음악을 구조화하는 것으로써 만들어지므로 관계를 형성하고 지속함에 있어 동반될 수 있으며 환자의 패턴을 명확히 할 수 있다.

몇 가지 예

1. 환자는 단편적으로 피아노를 연주하며 한 조성에서 다른 조성으로 빠르게 움직인다. 음들 간에는 일관성이 거의 없고, 환자는 음악에 관여하지 않는 것으로 보인다. 여기서 음악치료사는 음악에 정점(반복되는 리듬, 음 또는 짧은 선율 악구)을 만들 수 있고, 음악적으로 '유혹'하거나 '부름'을 시도하여 환자가 음악을 인식하게 할 수 있다. 동시에 치료사는 정점 주위에서 음악의 중심잡기 기능을 강화하기 위해 역동을 다양하게 할 수 있다. 이러한 방식으로 환자는 그들이 함께 연주하는 동안 음악과 치료사에게 좀 더 연결된 감정을 경험할 수 있다. 관계성에 대한 두려움이 특징인 환자의 상호작용 패턴은 불안을 유발하지 않는 방식으로 음악적 상황에서의 비언어적 만남을 통해 변화될 수 있다. 이러한 상호작용 후에 환자는 음악치료사에게 말했다. "나는 당신이 연주하는 것을 정확히 듣지 못했지만 내가 앞으로 나아갈 수도 있고, 거기서 멀어질 수도 있는 중심이 음악에 있다는 느낌을 받았어요. 내가 존재한다는 사실을 느낄 수 있으려면 이런 중심이 나의 외부에 필요하다는 것을 알아요."

2. 환자는 강한 표현과 폭발(예 : 시끄럽거나 화난 것처럼 들리는 음악)을 두려워하며, 항상 느린 걸음의 템포로 부드럽게 연주한다. 음악치료사는 점차 템포와 음량을 높일 수 있으므로, 다른 사람이 더 빠른 템포로 연주하는 동안 느린 템포를 유지하는 것에 대한 어려움에 환자를 직면시킬 수 있다. 환자는 이러한 중재에 좌절로 반응할 수 있으며 연주를 중단할 수 있다. 그렇다면 이는 분석과 협의의 대상이 될 수 있다. 아니면 환자는 더 크거나 빠르게 연주하도록 유혹될 수 있고, 즉흥연주에서 자기를 강하게 표현하는 것이 위험하지 않다는 것을 알 수 있다. 환자의 이러한 관계 맺기 패턴은 대부분 감정을 표현하는 것에 대한 저항과 만일 정서를 표현하면 거부당하거나 다른 사람에게 폭력적이 되는 것에 대한 두려움이 특징이다. 이러한 패턴은 환자가 음악에서 자기 스스로를 좀 더 역동적으로 표현하는 용기를 점차 갖게 되고, 그것이 처음에 믿었던 것만큼 위험하지 않다는 것을 알게 되면서 서서히 변화할 수 있다.

3. 환자는 악기로 음울한 선율을 연주한다. 치료사는 음악에 무게와 실체를 부여하는 슬픈, 단조와 같은 소리의 화음을 연주할 수 있으며 이와 동시에 그 정서적 강도와 서러움, 고통을 담고 수반하는 능력을 증폭시킬 수 있다. 이러한 사례에서 환자는 체념이라는 감정('모든 것이 우울하고, 나는 무엇을 해야 할지 모르겠다. 내가 너무 하

찮고 무기력하게 느껴진다.')을 여러 정서들을 담을 '내적 공간'을 더 가지게 되었다는 감정('나는 스스로 고통을 담아주도록 허용할 수 있고, 이러한 감정들을 좀 더 복잡하고 광범위하게 표현하는 데 참여함으로써 강하다는 것을 느낄 수 있다.')으로 변용시킬 수 있다. 이 환자의 관계 맺기 패턴은 자신의 자존감에 대한 믿음의 결여와 의미 있는 다른 사람들의 지지를 찾는 데 실패한 것이 특징이다. 치료사의 음악적 개입은 환자가 체념을 실체와 의미라는 감정으로 변용시키는 것, 즉 심미적으로 수용할 수 있는 방식으로 어려운 정서들을 담아주고 표현하는 것을 도울 수 있다.

이러한 예에서 볼 수 있는 것처럼 고전적 정신분석의 두 번째 본래적인 기법적 규칙은 절제의 규칙이다. 여기서 치료사는 환자의 유아적 요구와 애정에 대한 욕구를 충족시키는 것을 삼가야 하며, 치료 작업과 변화를 위한 동기부여로 환자에게 요구와 갈망이 남아있도록 한다. 이 규칙은 음악치료에서 상당히 수정된 것이기도 하다. 다시 말하지만 분석의 초점은 치료사가 어떻게 환자의 요구를 충족시키는가에 대한 인식일 뿐만 아니라, 관계의 발달에 대한 명료화이다.

본래 세 번째이자 마지막 기법적 규칙 ─ 자유 유동적 인식의 규칙(여기서 치료사는 자유 유동적 인식에 머무르며 특정 주제를 우선시하는 것을 삼간다) ─ 은 음악치료에서 수정된 것이기도 하다. 일반적으로 합의된 목표와 목적이 있고, 과정 중에 중간의 목적들이 있다. 보통 연주 규칙이 자유 즉흥연주의 출발점이다. 즉흥연주는 그 순간에 발현되는 기억, 정서, 기분과 연계된 내적 이미지에서 비롯된다. 그러나 즉흥연주는 새로운 이미지, 정서, 기분이 떠오르는 것을 유발할 수 있으므로 주제나 문제를 표현하는 동시에 음악적 과정과 수행을 통해 그 문제를 다루고 변화시킨다고 할 수 있다. 이러한 과정에서 자유 즉흥연주는 자유 유동적 인식과, 음악치료사의 경우 자유 유동적 반응성 및 자유 유동적 정서 가용성 모두에 기반을 둔다. 음악치료사는 분석가로서 어떤 주제가 새로운 주제에 양보되고, 어떤 주제가 반복되는지에 대해 인식해야 한다. 음악치료사는 보통 환자의 주제를 공유된 즉흥연주에 활용하고 이러한 주제를 더 발전시킴으로써 환자의 주의를 음악적 주제로 향하게 하고, 유지하게 할 수 있다.

페데르센(1997, 2000, 2007a, 2007b)은 음악치료사의 친밀감과 거리감 간 균형을 경청 관점과 경청 태도라는 개념으로 기술하고자 하였다. 페데르센은 경청 태도와 경청 관점을 지향과 정보의 도구로 기술한다. 경청 관점은 치료사가 동시에 다음을 경청하는 것으로 기술될 수 있다.

- 전경 : 환자의 '지금 여기' 현존과 표현
- 배경 : 환자의 분리된 현실(보통 매우 강한 정서가 있는 현실)

치료사에게 있어, 이는 이러한—전경과 배경—두 극단 간 긴장과 움직임(또는 그것의 결여)의 장에 대한 경청을 포함한다. 이와 같은 경청 관점에서 치료사는 두 가지의 각기 다른 경청 태도 사이에서 움직일 수 있다.

예를 들어, 치료사는 타인 중심적 태도를 가정할 수 있다. 여기서 치료사는 완전한 인식으로 환자를 지향하여 경청하며, 방(전경)에 있는 환자의 물리적 현존을 대상으로 의도적으로, 진정으로 공명한다. 그다음에 치료사는 점차 환자의 분리된 현실(배경)에서 나온 작은 정서의 '불꽃'이 음악의 안팎에서, 또한 과정의 연계성 모두에서 자신의 관계 일부가 되는 것을 가능하게 만든다.

두 번째 경청 태도는 거의 체화되고 유동적이며 내적이고, 환자에게서 더 많은 거리감을 확보하는 좀 더 원시적인 경청 상태로 규명될 수 있으며(치료사는 주로 자신의 지각대로 경청하며 환자를 지향하지 않는다), 동시에 보다 퇴행적인 수준에서 관계성을 만드는 것을 가능하게 한다(치료사는 환자에게 속한 것도 지각한다). 여기서 생성된 거리감은 치료사가 환자를 중립적인 치료적 위치에서 관찰의 대상으로 만드는, 관찰 태도를 가정할 때 생성되는 거리감과 다르다. 치료사는 잘 발달된 민감성과 '높아진' 준비성의 상태에 있으며, 치료사와 환자 간에 흐를 수 있고 치료사에 의해 포착되는 모든 진동의 뉘앙스를 받아들이기 위해 분투한다.

이러한 경청 태도는 친밀감과 거리감에 대한 환자의 요구에 공명하는 것을 더 쉽게 만들 수 있다. 일부 환자들에게 있어 거리감에 대한 자신의 요구를 치료사가 지각하는 것은 특히 중요할 수 있다. 앞서 기술했던 원시적으로 정리된 방식의 경청은 환자를 침해하거나 거부하지 않고, 치료사에게 필요한 친밀감이나 거리감을 만들 수 있는 수단을 부여할 수 있다. 특별한 각 사례에서 균형은 환자의 현존에 의해 정의된다.

음악치료에서 중립성이라는 기술적 규칙은 훈련된 주관성으로서 가장 잘 정의된다. 여기서는 경청 태도를 통해 기술된다(Pedersen, 2007b). 절제된 주관성은 주관적으로 현존하는 동시에 내담자의 우주에 공명하는 것으로 정의된다. 이는 치료사가 매우 민감하고 주의를 기울이며, 전이적 공간의 안팎을 움직일 수 있음을 의미한다. 이러한 민감성은 치료사가 다음을 하는 데 필요하다(Pedersen, 2000, 2007b).

- 치료사는 그 일부인 진동(비언어적 감각)을 지각한다.
- 치료사는 그 일부인 진동/정서/경험에 압도되지 않을 책임이 있다.
- 치료사는 공명의 일부인 전이적 공간을 인식하고 책임진다.
- 치료사는 그 일부인 전이적 공간에서 일어나는 과정을 이해할 방식을 지속적으로 찾고자 전념한다.

이러한 방식으로 여러 인식의 장이 동시에 활성화되며 중립성, 절제, 자유 유동적 인식이라는 규칙이 있는 정신분석에서처럼, 음악치료에 현존하는 치료사의 기법적 방식에는 유사한 초점이 있는 것으로 나타난다.

음악치료에서는 한 전체로서 움직임과 행동이 치료사의 현존에 중요한 부분이며 — 여기서 중립성을 통해 기술된 것처럼 — 거리가 먼 형태는 여러 가능한 형태 중 하나에 불과하다고 할 수 있다. 맥락이 음악치료사의 현존 방식을 결정한다. 이러한 재설정된 기법적 규칙은 덴마크의 교육 사례와 마찬가지로 음악치료 및 음악치료 교육에서 좀 더 통합된 이론을 위한 기원의 네트워크를 형성할 수 있다. 이와 같은 기원의 네트워크는 분석 지향 음악치료에 기반을 둔다. 이 접근은 다른 이론과 접근을 통해 더 발전되고 통합되므로 분석 지향 음악치료라는 용어는 더 이상 활용되지 않으며, 단순히 음악치료라는 개념이 음악치료에 대한 다양한 접근 방식을 포괄한다.

임상적 개념

전이와 역전이

고전적 정신분석의 기법적 규칙은 전이, 역전이, 저항, 반복 강박과 같은 임상적 개념과 논리적으로 연관되어 있다. 또한 음악치료는 이러한 임상적 개념을 대단히 많이 활용한다. 여기서 음악은 주된 치료적 동인으로서 치료의 언어적 부분과 균형을 이루고 교대로 이루어진다는 사실이 관련된다. 이는 기법적 규칙의 향후 발달과 관련된다. 오늘날 대부분의 음악치료사는 전이를 환자와 치료사 모두에게 기여하는 관계와 관련된 현상으로 본다.

그러므로 치료사는 환자와의 관계에서 발현되는 정서를 인식해야 한다. 그러나 치료사는 나타나는 정서들을 항상 직접적으로 표현하지 않아야 한다. 임상적으로 관련이 있는 경우 치료사는 이 정서들을 '담아주거나' '전달하고' 이러한 방식으로 환자를 더 심층적인 수준에서 이해해야 한다. 하이만(1950)에 따르면 이러한 역전이 반응과 감정은 중재에 있어서 치료사들을 안내할 수 있다. 하이만은 자유 유동적 인식과 능동적 경청 외에도 자발적으로 각성된 정서적 민감성을 치료사가 어떻게 활용해야 하는지를 기술한다. 하이만은 정서가 보통 지적인 추론보다 문제의 핵심에 더 가깝고, 과도하게 규정된 소재에서의 역전이는 지향의 도구로 활용될 수 있음을 언급한다. 역전이는 치료사의 성격 외에 환자의 성격과도 연결되는 산물이라는 것을 나타낸다. 치료사의 의식적이고 능동적인 역전이 활용은 치료사가 잠재의식적으로 환자의 '무대'에서 배우가 되는 것에 대응하는 것을 도울 수 있다.

역전이는 음악치료를 통한 심리적 문제의 처치에서 매우 중요한 개념이다. 이는 언어적 중재와 명료화뿐만 아니라 음악 중재 및 치료사가 환자와 일반적으로 관계를 맺는 방식을 안내할 수 있다. 역전이 감정을 의식적으로 담아주고 전달하는 것은 환자가 즉흥연주된 음악을 통해 '처리된' 형태로 정서를 제시할 수 있으므로, 이러한 감정들을 자신에게 속한 것으로 인정하도록 돕는 가능성을 제공한다. 작업의 예술은 환자가 이 '처리된' 감정들을 직면하고 점진적으로 통합할 준비가 되었을 때를 음악치료사가 감지할 수 있어 그 감정이 환자에게 있어 통합적인 발달적 과정의 일부가 될 수 있게 하는 것이다. 음악치료사에게 있어 그 예술은 관계의 정서를 위한 '컨테이너'가 되는 것과, 관계의 전이/역전이 단계에서 자신의 역할을 인식하는 것이 얼마나 간절한지도 인식하는 것이다. 정신분석과 심리치료에서 치료사의 관찰에 대한 초점은 순수하게 환자를 지향했던 것에서 변화하였다. 초점은 이제 부분적으로 치료사와 관련하여 환자를 지향하고, 부분적으로는 환자와 관련하여 치료사도 지향한다. 이는 무의식을 연구하는 또 다른 방식이다.

음악치료의 전이와 역전이

전이라는 현상은 음악치료에서 각기 다른 방식으로 그 자체를 나타낸다. 환자는 치료사 및 음악과 관련된 전이를 별개로 또는 동시에 경험할 수 있다. 음악치료의 전이와 언어적 치료의 전이를 구별하는 것은 주로 즉흥연주에 나타날 수 있는 암시적 전이 패턴에 대한 초점이다(Hannibal, 2001). 여기서 전이는 기본적이고 단순한 형태로 전개될 수 있다. 이는 음악이 치료사와 환자가 전언어적으로 맥락화될 수 있는 기본적인 관계적 패턴으로 만나는 가능성을 제공함을 의미한다. 이는 암시적(비언어적)이고, 행동에 기반(절차적)하며 '의사소통 음악성'으로 기술되는 것과 매우 유사하다(2.3.4장 참조).

전이 개념은 프리슬리가 처음 분석 지향 음악치료를 발달시킨 이래로 음악치료 용어의 일부가 되었다(Priestley, 1994, p. 36). 프리슬리의 이해는 무의식에 대한 추동 기반 이해 및 내담자와 치료사 간 관계에 있어 치료의 과정에서 발현되는 전이의 방식에 기인했다. 1998년에 브루샤는 대상관계 이론과 전이에 대한 좀 더 상호 주관적인 이해를 포함하여 전이의 이론적 틀을 재정의했다. 브루샤의 정의는 다음과 같다.

> 전이는 내담자가 계속 진행 중인 치료 상황 내에서, 과거 실제 생활에서 중요한 사람이
> 나 사물과 이전에 구축했던 관계 패턴과 유사한 방식으로 상호작용할 때마다 일어난
> 다. 암시된 것은 과거에 학습된 관계 패턴에 대한 현재의 반복이며, 중요한 사람이나
> 사물 및 실제 생활에서부터 치료사와 치료 상황에 이르기까지 이러한 패턴들의 일반
> 화로 나타난다. 본질적으로 내담자는 과거의 중요한 사람이나 사물에게 자신이 했던
> 것과 동일한 또는 유사한 느낌, 갈등, 충동, 추동, 환상을 현재에 재경험하는 동시에 이
> 러한 감정, 사람, 상황을 다루고 회피하는 것에 대한 동일한 또는 유사한 방식들도 반
> 복한다(Bruscia, 1998, p. 18).

이 정의는 음악치료에 대한 이론적 이해를 분석적 체제와 관련짓거나 실제 기반을 분석적 체제에 둔 이후 음악치료사들의 합의적 정의가 되었으며, 그 개념의 본래적인 정신분석적 이해에 어느 정도 중점을 둔다. 이는 1999년 음악치료에서의 정신분석적 사고에 관해 많은 영감을 주는 열띤 논의에서 분명해졌다(Aigen, 1999; Ansdell, 1999; Brown, 1999; Pavlicevic, 1999; Streeter, 1999a). 연구자들은 음악치료에서 정신분석적 사고의 중요성과 관련성에 대해서는 의견이 일치하지 않았으나, 대인관계에 관한 이론이 음악치료와 관련이 있다는 데에는 모두 동의했다. 전이의 개념은 지난 15년 동안 특히 애착 이론에서 파생된 정신화에 대한 이론과 관계적 정신분석 내에서 현대화되었다. 현존하는 것에 대한 치료사의 방식이 전이와 역전이 현상을 이해하는 중요한 부분이라는 것이다(2.3.2장 참조).

전이 패턴을 음악치료의 '지금 여기'에서의 관계에 대한 경험에 영향을 미치거나 결정하기까지 하는 과거의 경험에 기인한 관계적 패턴으로 이해하는 것은 여전히 음악치료, 특히 정신의학에서의 음악치료와 관련된 것으로 여겨진다. 즉흥연주에서의 전이관계를 살펴본 한 연구에서 즉흥연주 전후 언어적 대화와 음악 그 자체에서도 전이 패턴이 규명되었다(Hannibal, 2001). 놀라운 결과는 음악에서 발현된 전이 패턴이 언어적 대화에서 발현된 전이 패턴보다 지금 여기의 역동과 좀 더 관련이 있다는 것이다. 보통 즉흥연주는 치

료사와 환자 간 암시된 상호 주관적 수준을 향상시키는 방식으로 관계의 역동을 변화시킬 것이다. 어떤 환자는 즉흥연주 후 치료사에게 말했다. "당신은 내가 예상했던 것만큼 적대 적이지 않았어요"(ibid., p. 255). 환자의 전이 패턴은 다른 사람들이 자신에게 맞서는 것 에 대한 예측을 포함하였고, 음악에서 그는 사실 그렇지 않다는 것을 깨달았다. 이 경험은 언어적 대화를 통해서가 아니라 치료사와 환자가 자신들의 지금 여기 음악적 상호작용에 상호적 적합성을 어떻게 확립할지에 대한 미묘한 협의를 통해 이루어졌다(2.3.2장 참조).

전이와 역전이는 여전히 어떤 심리치료적 시도의 핵심이자 이를 정의하는 요소이며, 음 악치료도 여기에 포함된다. 이 개념은 추동 기반 이해에서부터 2인 심리학과 '지금 여기' 의 관점 — 애착과 연계된 암시적/명시적인 정신적, 관계적 과정 — 을 포함하는 이해로 발 전되었음을 인정해야 한다. 치료사는 항상 음악치료사와 환자 간의 관계적 일치에 대한 지속적인 협의의 공동 창작자이다(2.3.2장 참조).

프리슬리(1994)는 음악치료의 관점에서 역전이를 정의하고 2종류의 역전이를 구별 했다. 공감적 역전이empathic countertransference(E-역전이)와 보완적 역전이complementary countertransference(C-역전이)이다.

공감적 역전이는 환자와의 공감적 동일시를 통해 치료사에게 발현되는 심리적 인식으 로 기술된다. 이 공감적 동일시는 마치 진동하는 현의 음악(환자)이 현악기의 공감적 진동 (치료사)에 의해 증폭되는 것처럼 외부에서 내부로의 공명으로 이해될 수 있다.

프리슬리는 환자와 상호작용하는 동안 서서히 또는 청천벽력처럼 갑자기 자신의 정서 적, 신체적 현존을 통해 환자의 정서에 대해 이와 같은 공감적 공명을 인식하게 되는 치료 사의 경험을 기술한다. 이는 보통 억압된 정서로 아직까지 환자의 의식에 접근할 수 없으 나 의식적이 되는 것에 근접한 정서일 수도 있다. 후자의 사례에서 정서는 매우 역동적일 수 있고 특히 치료사가 환자와 함께 즉흥연주할 때 거의 치료사를 '관류'할 수 있다.

프리슬리는 나아가 치료사의 역전이가 즉흥연주 중에 발현되는 정서를 경험하는 것에 대한 치료사의 민감성과 개방성에 달려있음을 강조한다. 그러나 이러한 정서를 의식적으 로 표현하고 치료에 활용할 수 있는 능력은 이어지는 언어화에서 사고의 명료성에 달려있 다. 프리슬리는 치료 과정이 직관만을 통해서 전개되도록 두는 것에 대해 경고한다. 이는 치료 과정의 중요한 부분으로서 정서를 의식화하거나 언어적으로 표현하지 않으면 치료 사가 정서에 의해 압도되거나 환자의 정서를 '차단'하는 것으로 쉽게 이어질 수 있기 때문 이다. 역전이 경험은 치료사나 환자의 직관적 감각에서 치료사의 직관적 감각을 자유롭게 할 수 있고 환자와의 정서 공유에 대한 가능성을 생성하며, 환자가 정서를 내면화하는 것을 가능하게 하고, 이를 느끼며 더불어 살아가는 것에 책임을 질 수 있는 인지적, 언어적 정보로 변용되는 것이 중요하다.

보완적 역전이는 치료사가 환자의 밀접한 관계(예 : 보호자 역할의 어머니 또는 엄격한 아버지) 중 하나를 동일시할 때 일어나는 것으로 기술된다. 이는 치료사가 '내가 왜 지금과 같은 방식으로 이야기하고/연주하고/행동하는가'라고 지속적으로 자문하고, 평소라면 맡지 않았을 역할에 놓인 것을 인식하게 되면서 의식할 수 있는 잠재의식적 과정이다. 이 역전이는 이를 인지할 때(역할 놀이) 의식적으로 재연될 수 있고, 환자가 준비되면 서서히 끝내거나 역할을 바꾸어 재연될 수도 있다(치료사는 환자의 기대와 반대되는 방식으로 반응한다).

공감적, 보완적 역전이에 대한 프리슬리의 구분은 치료사가 동일시하는 사람이 정확히 누구인지를 확인하는 것이 중요하지 않음에도 불구하고, 치료사-환자 관계라는 관계적 이해에 있어 여전히 관련적이다. 대신 치료사의 고정된 역할과 이 역할의 정서 특질 간 관계를 규명하는 것은 중요하다. 이는 치료사와 환자에게 있어 공동으로 벗어날 수 있고, 함께하는 새로운 방식을 찾을 수 있는 전제조건이다.

어떤 감정의 특질이 치료사가 고정된 것으로 느끼는 역할에 속하는지 규명하는 것은 중요하다. 거기서부터 치료사와 환자가 둘 다 어떤 고정된 역할인지를 공동으로 살펴볼 수 있다. 이러한 고정된 역할에서 벗어나 어느 쪽도 갇혔다고 느끼지 않는 곳에서 함께하는 새로운 방식을 찾는 것이 전제조건이다.

린방(Lindvang, 1998)은 두 역전이 반응이 함께 작용하게 두는 것의 중요성을 강조한다. 치료사는 보통 보완적 역전이(예 : 보살핌)를 재연하는 동시에 환자의 정서, 예를 들어 슬픔이나 외로움에 공감적 동일시를 느낀다. 공감적 동일시는 치료사의 양육 역량을 강화할 수 있으며 어떤 종류의 양육이 필요한지에 대한 정향의 도구가 될 수도 있다. 린방은 이러한 아이디어를 유아가 어떻게 느끼는지 이해하고 그에 따라 유아의 요구를 충족하기 위해서 부모가 유아와 조율하고 동일시하는 방식에 대한 스턴의 이론적 기술과 비교한다(Stern, 1995; 이 책의 2.3.3장 참조). 린방은 유아와 주 양육자 간 의사소통을 연구하여 2가지의 동일시 방식이 밀접하게 연결되고, 상호적으로 서로를 지지하는 것이 분명해짐을 강조한다.

페데르센(2007a)은 자신의 박사학위 논문에서 성인 정신의학과의 즉흥연주에서 음악치료사들의 역전이 경험을 살펴보았다. 결과는 즉흥연주에서 경험되는 역전이는 놀람의 형태로 일어나며 이러한 경험은 음악적 표현에서의 점진적 변화, 신체의 느낌과 강렬한 정서를 분출하는 직관적이고 무의식적이며 복합적이면서도 동시적인 과정으로 발현되는 변화를 통해 규명된다. 이와 같은 과정은 음악치료사에게 무언가 변화하고 있음을 알려주기도 하며, 음악은 소리로 치료사의 (무의식적인) 역전이 반응을 반영하여 명료하게 함으로써 이를 의식화한다. 최종적으로, 음악치료 과정이 재정향된다.

저항과 반복 강박

이후 다른 심리치료사와 음악치료사들에 의해 채택되고 향후 발전된 정신분석의 2가지 다른 본래적인 임상적 개념은 저항과 반복 강박이라는 개념이다. 고전적 정신분석에서 저항은 잠재의식적으로 처치에 저항하는 환자의 추동에 기반한 힘으로 이해되었다. 저항은 정신의학적 고통의 본질에 있어 핵심적 현상으로 볼 수 있는데 환자는 좋아지기를 바라는 동시에 자신의 처치에 반하여 작용한다.

또한 저항이라는 개념은 프로이트 이후에 이론적으로 발달했다. 저항은 장해를 초래하고 억압을 유지하는 동일한 힘에서 나온 것으로 가정된다. 관계적인 정신분석적 이해에서 저항은 환자에게 있어 훨씬 더 나쁜 것을 경험하는 데 대한 불안에서 살아남기 위한 최선의 해결책이다(Thorgaard, 2006). 최선의 생존 전략으로 보이는 방어 기제도 마찬가지이다. 환자는 가능한 한 최선의 방식으로 자신의 삶에 대처하면서 의미를 적용할 수 있다.

한 예로 환자가 피아노를 연주하는 동안 드럼을 연주하는 음악치료사가 있다. 환자의 음악은 정신없고 시끄러우며 통제 불능이 되어가고 있었다. 음악치료사는 음악에서 환자와의 만남 결여를 경험했고 불안이 밀려왔다. 무의식적으로 음악치료사는 공동 즉흥연주에 목소리를 도입했다. 이는 ― 음악치료사 본인이 이후 상황을 이해함에 있어서 ― 이 환자와의 상호작용에서 통제 불능이 되어가는 것에 대한 자신의 불안을 완화하는 동시에 환자가 좀 더 차분하고 구조화된 방식으로 연주하도록 만들었다. 환자는 정신병적 상태였고 음악적 상호작용에서의 변화를 성찰할 수 없었으나 차분하고 구조화된 연주 방식은 다음의 음악치료 세션에서도 지속되었음이 입증되었다. 환자의 음악은 누구와의 밀접한 접촉도 회피하기 위한 방어 기제로 혼란스러웠다. 환자는 언어적으로도 혼란스러웠으나 공동의 음악적 상호작용을 통해 치료사의 목소리로 조절될 수 있었다. 이 과정은 환자에 의해 의식되거나 언어화되지 않았다(Pedersen, 2007a). 이 예는 환자가 언어적 성찰이 가능하지 않은 상태일 때 어떠한 언어적 성찰 없이도 방어 기제가 조정되거나 변용될 수 있음을 나타낸다.

고전적 정신분석에서 저항은 위험이나 두려움에 대한 반응으로 발현되는 것이며, 위험의 본래적 근원은 도전적 상황에서 아동의 무력감으로 가정된다. 이 무력감은 잠재의식적 불안과 멸절에 대한 환상(다른 사람들이 나를 거부한다면, 나는 존재하지 않을 것이다), 또는 다른 사람의 사랑을 받을 가치가 없다는 환상(다른 사람들이 나에게 사랑을 표현하지 않으면, 나는 가치 없다), 또는 '마비되거나' 행동할 수 없다는 느낌(나는 주변에 의해 해를 입지 않고 내 에너지로 살거나, 느끼는 대로 행동할 수 없다) 등 그 순간에 경험하는 어떤 위험에도 영향을 미칠 수 있는 환상들 안에서 발현될 수 있다.

이러한 형태의 불안은 심각한 정신의학적 질환에서 의미 깊게 인식될 수 있다. 정신증에서는 멸절 불안이 지배적인 반면, 신경증에서는 내담자가 자신의 욕구대로 살거나 행동하면 해를 입을지 모른다는 두려움이 지배적이다. 그러므로 억압된 정서에 대한 두려움은 해를 입은 이전의 경험과 관련된다. 자아는 불안의 출현에 반하여 저항을 동원한다. 불안의 이면을 이해해야만 저항의 힘을 이해할 수 있는 것이다. 멸절에 대한 두려움이 질환의 원인이라면 이는 변화에 대한 환자의 저항 원인이기도 하다. 음악치료에서 이러한 이해는 절대 중재로서의 해석에 대한 기반이 될 수 없다. 치료사는 이 갇힌 입장에 공감적으로 동일시해야 하며, 이 입장은 보통 환자의 유일한 안정감이자 안전감의 원천이다. 질환과 관련된 고통은 환자가 건강했다면 상상했을 대안보다 못하다. 환자는 이러한 방식으로 자신의 질환에 얽매인다. 치료사는 환자의 닫힌 세계가 불가해하지 않다는 것과 환자가 처치에 참여하는 데는 이유가 있다는 것을 동시에 깨달아야만 한다. 이러한 기제는 정신의학에서의 관계적 처치에 관한 5권의 책에서 철저히 기술되고 탐색된다(Thorgaard, 2006). 이 책들에서 정신적 고통 중 불안에 대한 이러한 이해는 보완적 진단 절차에 대한 기술, 진단된 환자들과의 관계에서 규명된 기본적 질문, 치료사-환자 관계의 이해와 가능한 태도 및 이해에 대한 상세한 기술의 기반이 된다. 이는 충분한 안정감을 형성할 수 있으므로 방어 기제가 서서히 느슨해지고 변용될 수 있다.

음악치료사는 환자와 함께 하는 음악 만들기의 능동적 파트너이므로 보통 전이, 역전이와 저항을 구분하기 어렵다. 환자의 역할에 대한 변화의 저항은 예를 들어 다음의 방식으로 드러난다. 치료사는 상호작용의 특징적 패턴에 상당히 고착되는 경우가 매우 많으므로 치료사가 연주 양식을 변화시키면 환자는 연주를 거부한다. 이러한 사례에는 치료사의 역할에 대한 보완적 역전이의 의식적 활용과 환자의 저항에 대한 명료화의 병합이 있다. 앞서 두 번째 사례에 예시된 것처럼 치료사에게는 한 가지 가능성이 있다. 음악은 변화에 대한 환자의 두려움이 변화에 대한 자신의 욕구보다 더 큰 즉흥연주에서 구조적 요인으로 행동하는 것에 대한 환자의 저항을 허용하는 동시에, 환자가 음악적 표현의 필수적 요소로서 자신의 저항이 들리고 '충족되는' 경험을 할 수 있는 체제를 형성한다. 이러한 저항의 수용과 환자의 요구에 대한 치료사의 의식적 만족은 환자의 불안을 충분히 완화하는 데 기여할 수 있으므로, 그들은 자신의 연주 양식을 변화하도록 부드럽게 설득될 수 있고 이러한 방식으로 서서히 저항을 '느슨하게' 할 수 있다. 그래서 치료사가 상호작용의 패턴에서 환자의 저항을 의식적으로 수용할 때 불안은 완화될 수 있고 패턴이 변화될 수 있다.

보통 저항이라는 개념에는 반복 강박이라는 또 다른 임상적 개념이 수반된다. 고전적 정신분석에 따르면 반복 강박은 환자가 본래의 외상을 기억하기보다 외상적 경험을 재연하는 현상으로 기술된다. 새로운 관계와 치료에서 환자는 잠재의식적으로 동일한 대인관계적 문제를 반복해서 초래하는 것처럼 보이는 방식으로 행동한다. 환자는 자신도 모르게 경험을 되살리고 이 끊임없는 반복은 본래의 외상에 대한 기억을 차단한다. 프로이트에 따르면 반복 강박은 '쾌락 원리'를 넘어 죽음 본능과 연계된 힘이다. 환자는 불쾌하더라도 그 경험을 재연한다. 환자는 자기 처벌을 연습한다. 이는 정신병 환자들의 자기 파괴적 행동에서 매우 현저하게 나타날 수 있다.

반복 강박은 이후 정신 구조에 대한 이론, 특히 발달심리학의 측면들을 통합하는 이론의 발달에 중추가 되었다.

이러한 방식으로 음악치료사들은 정신분석 이론의 새로운 발달 — 대상관계 이론과 역동적 심리치료 이론에서 1990년대와 2000년대의 순환 역동 이론에 이르기까지 — 을 적용했다(Hedges, 1994; Høstmark Nielsen, 1998; Thorgaard & Haga, 2005, 2006).

이는 이론 구축 및 치료 실제가 현재의 생활 사건과 관계들이 이전에 했던 것보다 점차 더 큰 역할을 수행하도록 한다는 것을 의미한다. 환자의 행동은 자신의 초기 생애사나 가능한 외상의 산물로 이해되는 것만이 아니라, 이후의 발달 단계와 각 사람이 지속적으로 서로에게 영향을 미치는 현재의 상호작용 패턴과도 연계되는 것으로 이해되어야 한다.

이는 특정한 맥락에서 잠재의식적 소재에 대한 환자의 표현이 아동기의 억압된 소재를 규명하는 것만큼이나 중요하다는 것을 의미하기도 한다. 이러한 관점은 초기의 경험이 현재의 경험, 정서와 행동을 형성하는 것으로 보이는 방식으로 좀 더 전통적인 정신역동 이론과는 기본적으로 다르다. 순환 역동 이론과 관련하여 초기 경험이 유의한 것은 추동력이 강하게 작용하는 인생의 경로 위 어딘가에 사람을 처하게 하고 이로 인해 다른 경험들에 비해 특정한 유형 경험을 할 가능성을 더 많이 만들기 때문이다. 이러한 다수의 경험이 축적된 효과는 결국 상호작용의 부적응적 패턴을 초래한다. 순환 역동 관점에서는 이러한 방식이 심리적 문제의 원인이 된다(Høstmark Nielsen & Von der Lippe, 1996; Pedersen, 1998).

스턴(1985, 1989)은 발달심리학의 관점에서 초기 경험의 축적된 효과가 현재의 상호작용 패턴에 영향을 미친다는 이러한 아이디어를 더욱 발전시켰다(2.3.3장 참조). 현대의 관계적인 정신분석에서 주요 아이디어는 "환자와 치료사가 자신의 갇힌 주관적 참조 틀을 넘어서기 위해 함께 싸워야 하고, 그들 사이에 일어나는 것을 관찰하는 공간을 공동으로 만들어야 한다."라는 것이다(Binder et al., 2006, p. 904).

> … 이러한 관계적 이해에서 치료사는 엄격히 경청하고 관찰하는 입장에서 절대 외부에 서 있을 수 없을 것이다. 치료적 '타임아웃'의 가능성이 없는 것이다. 치료사는 항상 참여하는 관찰자이거나 관찰하는 참여자이다. 시시각각 행동을 선택함에 있어 치료사는 반드시 자신의 훈련된 주관성을 통해 정보를 얻고 이를 활용해야 한다(Mitchell, 1997. Binder et al., 2006, p. 905에서 인용).

치료사가 환자에 관해 얻는 지식은 관계의 참여나 주관성으로부터 결코 완전히 분리될 수 없음이 강조되었다.

벤저민(2004. Binder et al., 2006에서 인용)은 치료사가 자신의 존재와 행동 방식으로부터 관계에 기여할 수 있는 것이 무엇인지를 살펴볼 수 있는 것이 중요함을 강조한다. 치료사와 환자가 갇힌 입장으로 존재할 때 둘 사이의 반복되는 패턴이 무너지거나 이를 넘어서게 되면 그들은 이러한 패턴의 관계에서 자신이 가졌던 역할을 공동으로 깨달을 수 있게 될 것이고 거기서부터 제3의 공동치료적 입장, 좀 더 역동적인 새로운 관계를 얻을 수 있을 것이다. 치료사에게는 관계에서의 균형을 복원하고 세 번째 입장에 대한 창의적인 언어적 성찰을 도입하는 것이 남아있기 때문에 이러한 현상에 대해 함께 성찰할 기회가 있을 때 치료사는 특별한 책임이 있다.

음악치료 맥락에서는 지금 여기에서의 비언어적 상호작용 외에 언어적 상호작용이 들리게 되는 것이 중요하며 이는 유형적 형태로 상호작용의 분석 대상이 될 수 있다. 이는 현재 연구뿐만 아니라 임상 실제에서 여러 음악치료사들이 초점을 두는 부분이다. 일반적으로 퇴행 장애와 관련하여 기술한 것처럼 고전적 정신분석의 임상적 개념과 기법적 규칙은 음악치료 이론에 더 적용 가능하고 직접적으로 전이 가능하다고 할 수 있다. 무엇보다도 언어적 정신분석/심리치료에서보다 음악적 상호작용에서 덜 분리되고, 함께 병합되는 그 순간의 현실과 원래 경험했던 상호작용 패턴(오늘날 환자의 선택과 관계 잠재력을 안내하는) 간 관계에 달려있다. 이러한 방식으로 보통 음악치료 과정과 연계된 '퇴행적' 측면이 있다.

이는 음악치료사들이 근대의 정신분석 이론을 좀 더 쉽게 활용할 수 있음을 의미하기도 한다. 이론들은 대상관계 이론, 자아심리학, 자기심리학, 대인관계 이론, 애착 이론, 관계적 정신분석에 관한 이론들을 거쳐 점진적 패러다임 전환을 통해 발달했다. 이러한 발달은 정신분석이 일원적 형태에서 이원적이고 상호 주관적인 형태로 변화했음을 반영한다. 또한 정신 구조와 정신병리에 대한 이해의 변화를 반영하는 한편, 치료사-환자 관계에 대한 은유로서 초기 모-아 관계의 유의성을 반영하는 것이기도 하다. 그러므로 리비도 이론은 현대의 음악치료 이론에서 중요하지 않다.

정신분석 이론의 최신 발달과 역동적 심리치료를 위한 발판

정신분석 이론의 최신 발달은 기법적 규칙이 어떻게 점차 해체되고 변화되었는지, 보통 약간 변화된 의미이지만 임상적 개념들이 어떻게 유효한지를 나타낸다.

1939년 프로이트의 사망 직후 특히 미국에서 자아의 기능에 관한 관심이 커지기 시작했다(Haugaard & Mortensen, 2013). 원자아와 초자아 사이를 중재하는 것 외에도 자아의 기능은 실제 외부 세계 적응의 일환임이 강조되었다. 이는 감지, 기억, 의식, 사고, 언어, 개념화, 시간과 연속성의 지각, 요구의 만족을 확보하거나 지연시키는 능력, 방어 기제 적용, 충동 및 정서 통제, 자아 경계의 유지와 현실 검증, 자기(자기 표상)와 타인(대상 표상)에 대한 내적 심상을 생성하는 능력 외에도 자기의 감정 조절 능력과 같은 자아 기능을 포함한다. 이와 같은 자아 기능은 음악치료 임상 작업과 연구의 핵심이며, 여기서는 정신역동, 의사소통 이론, 학습 이론, 발달 이론적 관점에서 기술된다. 자아심리학의 발달 과정 중 병리의 이해는 주로 갈등과 관련된 이해(갈등은 정신의 내적 부분에 존재하며, 이는 자각되거나 사라져야 한다)에서 결핍과 관련된 이해(아동에 대한 초기 돌봄에서 결여된 것은 회복되거나 변용되어야 한다)로 변화했다. 따라서 자아심리학은 분야 전반의 분화와 성격의 이해에 기여했다.

　대상관계 이론은 경계성 및 정신병적 고통을 대상으로 한 임상 작업으로 영국에서 주로 발달되었다(Klein, 1927, 1975). 여기서 전환점은 생애 초기에 인간이 추동의 만족을 얻으려 할 뿐만 아니라 다른 인간(전체 인간)과 관계를 맺으려 한다는 것이다. 따라서 고전적 정신분석에서 벗어난 구체적인 움직임을 여기서 볼 수 있다. 음악치료라는 직군과 이 직군의 임상적 과정에 대한 이해를 위해 무의식이라는 이론을 평생 발달시키는 것이 중요하다.

> 무의식적 환상의 끊어지지 않는 흐름으로 발현되는 것은 본능의 정신적 표현으로 정의된다. 가장 초기의 환상은 비언어적이고 신체적인 것과 정신적인 것 간의 경계에 위치하며 체화되거나 시각적으로만 경험될 것이다. 따라서 처리되지 않은 외상은 신체적 또는 정신신체적 고통으로 발현될 수 있다(Haugaard & Mortensen, 2013, pp. 47~48).

능동적인 정신적 요인으로서 전언어적 경험에 대한 이러한 이해는 음악치료 연구를 위한 이론적 기반잡기의 중요한 부분이며, 이는 음악뿐만 아니라 다른 예술 형식도 전언어적 경험을 접하고, 이를 고착된 외상 에너지 대신에 지금 여기에서의 치유력으로 변용시키는 데 상당히 적합하다는 것을 나타낸다. 이 장의 이전 예 2와 3을 참조하라.

　대상관계 이론의 또 다른 중요한 측면은 자기와 대상 표상에 초점을 둔다는 것이다. 내부와 외부의 대상 간 매우 중요한 분화가 도입되었다. 외부의 대상 표상(우리 주변의 사람들)은 의식적인 반면, 내부의 대상/자기 표상(외부의 대상에 관해 우리가 생성하는 심상과 아이디어)은 보통 무의식적이다. 이러한 두 감각 영역의 융합은 음악치료 맥락의 즉흥연주에서 주로 이루어진다. 발달은 이러한 표상의 부분적 측면을 자기와 타인에 대해 좀더 일관적이고 뉘앙스가 있는 표상으로 통합하는 것을 통해 일어난다. 따라서 이것은 성격과 그 조직의 기반이 되는 것으로 간주되는 대상 및 자기 표상의 점진적 생성이자 공동 관계이며, 프로이트가 시사한 것과 같은 추동의 발달은 아니다.

　위니콧(1971, 2003)은 '중간 대상' — 내적 및 외적 현실 사이의 중간 영역에 존재하는 것 — 이라는 개념을 도입한 또 다른 주요 대상관계 이론가이다. 이 중간 대상은 사랑하고 그리워하는 외부의 사람을 대신할 수 있으며, 동시에 아동은 외부 대상에 필요한 속성을 부여할 수 있고 내부의 상상과 감정으로부터 그 대상과 관련될 수 있다. 임상적 맥락의 음악치료 즉흥연주는 보통 즉흥연주가 중간 대상으로서 역할한다는 이해에 기반을 두어 분석되었다. 여기서 상상이라는 내부 세계에서의 정서가 음악을 만들어내는 동시에 외적 산물―음악―이 생성된다. 이는 실제적이며 표현을 구체적으로 만든다. 게다가 내담자는 보통 외부의 실제 연주 파트너와 함께 연주하는 동시에 심상의 내적 세계를 강화, 반영하거나 도전할 수 있다.

대상관계 이론에서 유래한 것 중에서도 애착 이론은 주로 영국의 아동분석가 볼비(1969)에 의해 발달되었고, 이후 베이트먼과 포나기(2007)가 정신화라는 개념으로 이 이론을 확장했으며 특히 경계성 성격 장애로 고통받는 사람들을 대상으로 매뉴얼을 개발하였다(2.3.2장 참조).

이러한 관점에서 애착은 가장 중요한 본능 기반 행동 체계 중 하나로 이해될 수 있다. 여기서 아동은 자신과 타인에 대한 상상을 담아주는 내적 작업 모델을 발달시키고 이러한 상상에 정서를 부여한다. 여기서 타인과의 실제 상호작용이 더욱 강조되며 이전 사례에서보다 선천적인 특징은 덜 강조한다. 초기 발달 중에 충분히 안정 애착이 확립되지 않았을 때 보통 인식 가능한 특정 애착 패턴이 발달될 것이며 이는 이후의 삶에서 스트레스에 대처하는 방법으로 간주될 수 있다. 불안하거나 체계적이지 않은 애착 패턴이 있는 사람들은 정신건강 내담자들 사이에서 지나치게 부각되는 경향이 있다. 정신화라는 개념, 나아가 전이라는 개념과 공감 및 동맹 구축에 관한 다른 개념에 뉘앙스를 더하는 것은 다음과 같이 기술될 수 있다.

> 그것은 자신의 감정을 느끼고 아는 능력, 이러한 감정을 성찰하고 조절할 수 있는 능력과 의도 및 의미를 지닌 행동을 하는 사람으로서 스스로를 경험하는 능력을 포함하는 복잡한 기술이다. 나아가 다른 인간에 공감하는 능력도 포함한다. 그러나 상징적 사고, 내적 및 외적 현실 구별(현실 검증), 다른 사람과 자신의 정서 간 구별, 정신내적 과정과 대인관계적 과정 구별 능력과 같은 인지적 기능을 포함하기도 한다. 따라서 정신화 능력의 결여는 자기 및 정체성 장애와 관련이 있다(Haugaard & Mortensen, 2013, pp. 56~57).

애착 이론에서는 대상관계 이론에 대한 것보다 정서 조절에 좀 더 무게를 둔다. 정신화의 발달은 안정 애착이 되는 것뿐만 아니라 주 양육자가 자신의 감정에 대한 뚜렷한 성찰을 통해 아동을 돕는 것에 달려있기 때문이다. 여기서 양육자는 그 정서가 조절하는 사람의 것이 아니라 아동의 감정에 대한 인식임을 나타내며 약한 과장을 통해 아동에 대한 감정을 조절한다. 따라서 아동은 자신의 정서를 담아주고 조절하도록 지지된다. 이와 같은 방법은 보통 정신 보건 의료의 임상적 음악치료 작업에서 특히 성격 장애나 경계성 성격 장애로 고통받는 사람들을 대상으로 적용된다(4.2.1장 참조). 잘 발달된 정신화 능력이 있을 때 내적, 외적 현실은 동일하거나 분열된 것이 아닌 연결된 것으로 경험될 수 있다. 이러한 형태의 통합은 외상적 생활 사건에 이어지는 장기적 과정이 될 수 있다.

대인관계적, 관계적 정신분석에서 문화적, 경제적 조건은 성격 형성과 정신병리를 이해하는 데 더 중점을 둔다. 그러나 동일시의 가장 중요한 초점은 상호작용 및 다른 사람과의 관계, 치료적 양자관계에서 그 사람의 패턴이다. 전이라는 개념은 치료사나 관찰자가 상황과 상호작용에 영향을 미치기도 하고, 그 과정을 이해하는 데 있어 자신의 기여를 배제할 수 없다는 아이디어에 기반을 두므로 약간 변화된 버전으로 적용된다. 따라서 치료사가 환자에 의한 연관과 전이에 대해 중립적이고 영향을 미치지 않는 관찰자로서 외부에 위치한다는 아이디어는 완전히 다루어졌다. 전이라는 개념은 내담자 초기 대상관계의 치환으로 이해되는 것이 아니며, 치료사와 내담자 간 실제 관계에서 현실적 조건의 영향을 받기도 한다.

성격 형성에 대한 이해의 출발점은 성격이 다른 인간과의 관계에서 형성되고 유지되며, 우리의 관계가 우리가 누구인지 정의하는 것을 돕는다는 것이다. 하우고르와 모르텐센 (2013)에 따르면 관계적 정신분석은 다음과 같은 것으로 간주된다.

> 관계적 측면을 강조하는 여러 이론적 관점을 위한 이론 커뮤니티는 … 대상관계 이론,
> 애착 이론, 자기심리학과 대인관계적 정신분석학 외에도 현대 유아 대상 연구의 일부
> 이다. 이 이론들로부터 최고의 아이디어를 통합하려는 시도가 있었다(ibid., p. 62).

여기서 치료사가 더 이상 객관적인 대상 전문가로 보이지 않는 것이 중요하다. 그보다 과정을 이해하고 목적을 협의하며 공동 성찰 및 발달 과정을 시작함에 있어 스스로를 포함시키는 전문가로 보이는 것이 중요하다. 양쪽 당사자는 관계 구축에 기여하고 발생하는 의미의 공동 구성을 이해하려고 노력한다. 예를 들어, 덴마크의 음악치료사 대부분은 다양한 맥락에서 이러한 음악치료사-내담자 관계의 이해를 인식할 수 있을 것이다.

하인즈 코헛에 의해 정의된 자기심리학은 추동이 아동 경험의 기본 요소라는 이론을 두고 논쟁함으로써 프로이트 정신분석이라는 메타심리학에서 근본적으로 벗어났다. 대신에 코헛(1984)은 자기의 생성 및 자기감의 첫 경험과 관련된 기본적 정신 기능을 믿는다.

기본적 정신 기능은 거울 자기 대상과 관련하여 건강한 자기 주장과 이상화된 자기 대상에 대한 건강한 예찬으로 정의된다. 게다가 시간의 경과에 따라 지속적인 정체감은 건강한 자기의 중요한 특징이 된다.

코헛의 손상된 자기의 복원에 대한 가설에서 해체된 구조가 사라지고 건강한 자기가 재창조된다. 아동기 기억은 수정된다. 치료적 맥락에서 과거를 회상하는 것이 시간에 따라 지속적인 자기감의 재건을 돕기 때문이다. 이러한 맥락에서 기억의 목적은 잠재의식을 의식화하는 것이 아니라 자기의 통합을 강화하는 것이다. 분석에서 자기의 유전적 뿌리는 본래 통합되었던(또는 통합되지 않았던) 핵심 자기가 재활성화되는 방식으로 추구되며, 환자의 역량과 기술이 재경험된다. 핵심 자기는 주도성과 지각의 독립적인 중심이라는 존재감의 기반을 형성하여 자기로부터의 일탈로 정의된다. 이러한 자립감은 그 사람의 가장 중요한 포부와 사고, 신체와 정신에 대한 경험에 더하여 시공간적으로 하나의 단위를 생성한다.

즉흥연주 중에 내담자들은 보통 성격의 여러 다른 자기 비하의 '층위'에도 불구하고 건강하고 주장이 강해 보이는 내적 자원의 수준에서 스스로를 표현할 수 있음을 경험한다. 장기적인 음악치료에서 개인적 성장을 '건강한 자기 예찬'과 접점을 구축하는 것으로 보는 것은 보통 의미 있으나, 이는 시간의 경과에 따른 반영과 반복을 통해서만 안정될 수 있다(4.2.1장의 사례 예 참조).

1950년대에 코헛은 (이제는 고전이 된) 음악의 심리적, 치료적 기능에 관한 2편의 논문을 작성했다. 이는 음악 활동이 어떻게 '건강한 나르시시즘'을 함양할 수 있는지를 나타낸다.

이 책 2.3.3장에서 따로 다루는 획기적 업적을 남긴 대니얼 스턴도 자신의 대인관계적 이론에서 발달이라는 분야의 일환으로 '핵심 자기'라는 개념을 적용한다. 정신 구조에 대한 스턴의 이해가 상이하긴 한데, 이는 모–아 상호작용의 관찰에만 기반을 두기 때문이다. 즉흥연주는 초기 모–아 상호작용의 특징이 되는 것과 유사한 관계 맺기 및 경험하기 방식을 활용한다. '음악과 관련된' 언어로 서술하므로 스턴은 음악치료적 과정의 기술과 관련하여 널리 인용되는 이론가이다.

정신화 및 정신화 기반 처치라는 개념은 앞서 여러 차례 언급되었으며 다음 장은 이 영향력 있는 개념에 대한 상세한 기술과 음악치료에 있어 매우 중요한 호기심을 제공한다.

2.3.2 정신화 기반 처치

닐스 한니발

1989년 피터 포나기는 심리적 장애를 이해하는 데 정신화라는 개념을 적용한 최초의 이론가였다. 정신화라는 용어는 파리의 정신신체학 학파에서 유래했으나, 경계성 성격 장애BPD가 있는 사람을 다루는 통합된 처치 모델을 개발한 것은 피터 포나기와 앤서니 베이트먼이었다(Bateman & Fonagy, 2010). 이 방법에 대한 최초의 무작위 통제 시험 연구는 1999년경 출판되었다(Bateman & Fonagy, 1999). 그 이후로 기록문서의 양이 증가하였으며 오늘날 이 방법은 BPD가 있는 사람들을 위한 근거 기반 처치로 간주된다.

정신화 기반 처치MBT는 급속히 성장하는 모델이며, 약 18년 전에 시작된 이래로 그 활용은 다른 정신의학 문제의 처치와 다른 임상적 영역으로도 확산되었다. 여기에는 음악치료가 포함되며 특히 올보르대학병원 정신의학과의 음악치료 클리닉에서 MBT가 점점 더 통합되고 있다.

- 2003년부터 2010년까지 집단 음악치료는 음악치료 클리닉의 성격 장애 환자들을 대상으로 한 외래환자 처치에 통합된 일환이었다(Hannibal, 2008; Hannibal et al., 2011). 그 이후로 MBT를 능동적으로 통합한 과정 지향 음악치료PRocess Oriented Music Therapy, PROMT라고 불린 성격 장애 환자들의 처치를 위한 매뉴얼이 개발되었다(Hannibal et al., 2012a). 이 매뉴얼은 2012년부터 2014년 사이의 예비 연구에서 검증되었다(Hannibal et al., 2018). 연구는 그 매뉴얼이 성격 장애 환자들의 처치를 위한 음악치료에 유용했으나, 음악적 맥락에서 정신화에 대한 상술이 필요하다는 결론을 내렸다. 이 주제는 스트렐로브와 한니발(2019)에 의해 논의되었다. 이론적인 수준에서도 MBT는 음악치료 문헌에 수록되었다. 예를 들어, 트론달렌과 스코르데루(2007)는 음악치료, 정서 조율, 암시적인 관계적 지식에 관해 서술할 때 정신화 개념을 포함하였다. 스트렐로브(2009)는 음악에 반영된 정서적 경험을 어떻게 외상화된 아동의 처치에서 정신화를 시작하는 하나의 방식으로 볼 수 있는지 기술한다(Hannibal, 2013). 한니발(2014)은 음악이 특히 심리치료에서의 암시적 요소에 초점을 두는 것으로 본다. 트론달렌은 음악치료에 대한 일반적인 관계적 관점에 MBT를

포함시켰다(Trondalen, 2016). 한니발과 슈완테스(2017)는 음악치료의 이론적 틀로
서 MBT를 논의했으며 그것이 유용하고 적절함을 밝혔다. 그러나 MBT는 정확히 무
엇일까?

정신화 기반 치료 – 소개

베이트먼, 포나기, 알란은 최근 몇 년간 MBT에 관해 수많은 책과 논문들을 출판했으나
지면의 제한 때문에 여기에 모두 나열하지는 않을 것이다. 다음의 기술은 **경계성 성격 장애
를 위한 정신화 기반 처치**라는 책을 기반으로 한다(Bateman & Fonagy, 2006).

　정신화 또는 정신화하기는 주관적 상태와 정신 과정 측면에서 명시적으로뿐만 아니라
암시적으로 자기와 타인에 대해 이해하는 과정이다. 이러한 정신 상태는 우리가 함께 있
는 사람들의 정신 상태에 주의를 기울인다는 점에서 사회적 구인이다. 정신화는 이와 같
이 광범위한 정의로 대부분의 정신 질환에 자연스럽게 적용될 수 있다. 이는 보통 정신화
와 관련된 어려움을 포함한다(ibid., p. 11). 그러나 정신화의 어려움은 BPD의 기본적 요
소이다. BPD가 있는 사람들의 경우 사회적 상황과 대인관계적 상호작용에서 정신화하는
능력이 취약하다. MBT는 이러한 취약성과 민감성 때문에 생성된 문제를 중심으로 형성
된다. 정신화 능력이 상실된 것은 외부에서 자기를 보는 능력과 내부에서 다른 사람을 보
는 능력이 붕괴된 것을 의미한다. 이는 애착 체계가 활성화되면 자연스럽게 일어날 수 있
다. MBT에서 내담자의 애착 양식에 대한 문제는 특히 BPD가 있는 개인에게 나타나는 역
동에 대한 이해로 통합된다. 정신화 능력이 약해질 때 이는 각성의 수준이 높아졌기 때문
일 수 있다. 이는 성찰을 더 어렵게 하고 행동과 반응을 더 자동적으로 만든다. 그러므로
MBT에서는 그 사람의 정신화 능력 재정립에 초점을 둔다. 베이트먼과 포나기(2010)에
따르면 이를 수행하는 모든 방법이 유의미하다.

　MBT 이면의 논거는 성인이 정신화하기에 어려움을 겪는 것은 초기 아동기 발달에 의
해 초래된다는 것이다. 단순한 전제는 자기 자신과 다른 사람들의 사고와 신념, 소망의 표
상은 성숙을 통해 발달할 뿐만 아니라 초기 대상관계에 기인하고 있다는 것이다. 초기 애
착은 아동의 생애 초기 몇 해에 형성되며 이 애착이 양가적이거나 혼란스럽다면 이후 정
신화에 어려움을 겪을 확률이 더 크다. 혼돈형 애착은 정서 조절, 주의, 자기 통제와 관련
된 문제들로 이어진다(ibid.). 다른 사람의 정신 상태, 의도와 행위를 이해하는 능력은 아
동으로서 우리 자신의 정신 상태가 공감적이고 주의 깊으며 위협적이지 않은 성인에 의해

적절하게 이해되고 충족되었는지 여부에 결정적으로 좌우된다. 그러므로 정신화 붕괴의 가장 중요한 원인은 초기 또는 후기 아동기의 심리적 외상이다. 이는 자기나 다른 사람에 관한 정신화 능력뿐만 아니라 이전의 관계들에 관한 일관된 내러티브 생성 능력을 약화시킨다.

이 모델의 결과는 다음과 같다. 치료의 초점은 내담자의 자기감을 안정시키고 주어진 맥락에서 최적으로 각성을 조절하도록 돕는 것이 된다. 치료사와 내담자 간 관계는 애착을 활성화하기에 너무 멀어서는 안 되나 다른 한편으로는 너무 강렬해도 안 된다. BPD가 있는 사람들은 다른 사람과의 접촉에 극히 민감하며 애착 패턴이 쉽게 활성화된다. 어떠한 대인관계적 상호작용도 자기감의 상실에 대한 그 사람의 두려움을 유발할 수 있으며, 그로 인한 정서 상태는 자신의 정신적 역량을 압도할 수 있다. 이는 정서적 각성의 수준을 높이는 것과 다른 사람의 의도 및 정신 상태를 정확히 이해하고 관련시키는 능력의 저하로 이어진다.

정신화 기반 처치

그렇다면 MBT는 사람의 정신화 역량을 강화하고 재정립하는 것이 목적인 치료 방법이다. 누군가는 이것이 새로운 것이냐고 물을 수 있다. 답은 '그렇다'이기도 하고 '아니다'이기도 하다. '아니다.' MBT는 기존의 이론적, 임상적 모델 ─ 역동 이론, 애착 이론, 신경심리학, 진화에 대한 이론뿐만 아니라 인지적, 체계적, 실존적 심리치료 등 ─ 을 통합한 모델이기 때문이다. 다시 말해서 그 방법은 기존의 지식과 실제에 기반을 둔다. '그렇다.' 이 조합은 정립된 치료적 신조와 단절하고 새로운 이론과 임상 실제를 발달시키고 있기 때문이다.

이는 여러 필수 영역에서 볼 수 있다. 첫째, 치료사는 '알지 못하는' 태도를 가정해야 한다. 내담자의 정신 상태에 관해 궁금해하며 탐색하고 도전함으로써 치료사는 내담자의 성찰 능력을 촉진한다. 이러한 태도의 변화는 음악치료 맥락에서 가장 중요하고 새로운 특징이다(Strehlow & Hannibal, 2019). 치료사를 거의 외과적으로 정확한 해석을 전달하는 전문가로서 보는 전통적 관점은 MBT의 일환이 아니다. 내담자를 좌절시키는 긴 휴지부 pause도 불필요하게 각성을 증가시킬 수 있으므로 유용해 보이지 않는다. 동시에 치료사는 내담자의 정신화 수준을 지속적으로 인식해야 하고 그에 따라 중재해야 한다. 만일 정신화 능력이 낮고 각성이 높다면 치료사는 내담자의 정신 상태를 인정하고 초점을 거기에 두어야 한다. "당신은 어떤 것도 느낄 수 없다고 말합니다. 왜 그렇다고 생각하나요?" 치료적 관계의 초점은 현재 순간에 있으며 맥락을 인식하는 것이 중요하다. "당신은 나를 위협적으로 느끼나요? 무슨 일이 일어났나요? 어떻게 그런 일이 일어났나요? 무엇이 또는 누가 이러한 경험을 하게 했나요?" 또한 내담자의 정신화 역량이 온전하다면 치료사는 전이에 초점을 둘 수도 있다. 여기서 전이에 대한 초점은 내담자의 패턴과 그것이 지금 여기에 어떻게 존재하는지에 관한 정보의 출처가 된다. "당신은 버림받는 것이 두려운가요? 나와 함께 여기 있는 당신에게 그것은 어떤 영향을 미치나요?" 고전적 정신분석과 달리 MBT는 현재의 맥락에서 치료사와 내담자 간 관계에서 일어나고 있는 것에 일차적으로 관심이 있다. 치료사는 자신의 역전이 정서를 활용하고 담아줄 수 있어야 한다. 이는 이전과 동일한 방식의 관계에 관한 정보의 출처로 간주되나, MBT에서 치료사는 역전이를 자신의 정서로 항상 표현할 것이다. "당신이 실제로 화가 난 걸로 보여요. 그 느낌을 인식하나요?" 돌봄은 정신화를 증진하지 않으므로 다른 사람의 현실을 규정하지 않아야 한다.

둘째, MBT는 명시적(사고, 상징)인 것뿐만 아니라 암시적(절차적, 능동적)인 것에 초점을 둔다. '무슨 일이 어떻게 일어나는가'는 치료에서 수행되는 과정을 이해하고 그 사람의 정신화 역량을 진단평가함에 있어 매우 중요하다. 이는 암시적인 것에 초점을 두고 상호작용과 관계를 다루는 음악치료에서도 매우 관련이 있다(Hannibal, 2014). 이러한 의미에서 '정신 과정'은 모두 내담자의 내적 경험이다. 셋째, 정신화가 붕괴될 때 일어나는 일에 대한 단순한 모델들이 있다. 이 모델들은 자기와 다른 사람들을 지각하는 각기 다른 방식들과 관련된다.

거짓 정신화는 내담자가 말하는 것이 스스로에게 고착된 것으로 보이지 않는 상황들을 지칭한다. 예를 들어, 어떤 사람이 감정이나 개입 없이 "어렸을 때 어머니가 나를 버렸기 때문에 나는 우울하다."라고 말한다면 이는 거짓 정신화로 보인다. 여기서 자신의 현실을 좀 더 구체적으로 기술하도록 그 사람을 격려하는 것이 중요하다. 또한 치료사는 결여된 반응과 감정에 관해 터놓고 궁금해해야 한다. 정신화 능력의 부적절함이나 결여에 대한 또 다른 징후는 심리적 등가성이라고 부른다. 여기서 내담자는 현실에 대한 자신과 다른 사람의 지각을 구분할 수 없다. 그들이 불안하다면 그것은 세상이 위험한 곳이기 때문이다. 여기서 치료사는 내담자의 불안감을 더 탐색하기에 앞서 내담자의 경험을 인정할 필요가 있다.

정신화 역량 결여의 세 번째 징후는 목적론적 사고라 불리는 것이다. 여기서 다른 사람들은 자신이 행하는 것에 의해 이해되고 세상은 행위와 그 유용성에 의해 정의된다. 예를 들어, 내담자가 "만일 당신이 나에게 개인 전화번호를 주지 않을 것이라면 당신은 나를 돕고 싶지 않은 것입니다. 나는 기차 앞에 몸을 던지고 싶은 기분입니다."라고 말한다면 치료사는 그 경험을 인정하고, 가능하다면 이 가정을 탐색해야 한다. 거부의 경험은 진짜이나 이를 둘러싼 상황과 가정된 결과는 가짜이다.

2011년에 MBT 치료사의 기술을 규정하기 위한 목적으로 카르테루드와 베이트먼의 첫 번째 MBT 매뉴얼이 출판되었다. 매뉴얼은 MBT라 지칭할 수 있는 것에 대한 공통 표준의 필요로 작성되었다. 음악치료는 물론 언급되지 않았고 창의적인 치료 과정도 정신화와 관련해서 아직 기술되지 않았으나 한니발(2013)의 논문('**정신화 기반 처치와 음악치료**')에 기술되었다.

정신화라는 개념과 앞서 기술한 방법이 수용적 음악치료뿐만 아니라 능동적 음악치료에도 활용될 수 있다는 것은 의심의 여지가 없다(Trondalen, 2016). 음악적 상호작용은 치료적인 변화를 증진할 수 있는 경험이다. 하나의 음악 작품을 감상하는 것은 한 사람의 내적 세계에 접근하고 자기를 드러내는 방식이 될 수 있다. MBT 문헌에서 음악은 오로지 명시적 정신화로 기술된다. 음악은 하나의 대상이자 명시적인 것이다. 그러나 음악치료 맥락에서 음악은 행위, 음악하기이기도 하다. 우리가 음악을 연주하는 방식은 우리가 서로 관계를 맺는 방식과 매우 유사하다. 음악치료의 중요한 사명은 음악치료사로서 우리가 어떻게 음악 안에서, 또한 음악으로 정신화를 증진할 수 있는지 기술하는 것이다.

2.3.3 유아의 대인관계적 세계, 심리치료에서의 변화, 활력의 역동성에 대한 대니얼 스턴의 이론

닐스 한니발

대니얼 스턴(1934~2012)은 미국의 심리학자, 정신분석가이자 연구자로 유아 발달, 부모-자녀 상호작용, 상호 주관적 만남, 무엇보다 활력의 역동성에 대한 자신의 이론으로 전 세대의 심리치료사와 음악/미술치료사에게 영향을 미쳤다. 정서 조율, 활력의 형태, 지금 순간, 원-내러티브 주머니proto-narrative envelopes 등과 같은 개념은 심리학 주요 영역의 이론적 발달에 지속적으로 공헌했다.

스턴의 업적은 심리학뿐만 아니라 음악치료 이론, 연구와 실제 등과 같은 다른 영역에서도 중요했다. 예를 들어, 음악치료 연구의 영역에서는 올보르대학교 음악치료 전공에서 심사된 박사학위 논문의 60퍼센트 이상이 스턴을 참조하였다. 이 논문들을 몇 가지 언급하자면 발달 장애 아동을 위한 음악치료(Bergström-Isacsson, 2011; Elefant, 2002; Geretsegger, 2015; Holck, 2002; Kerem, 2009; Kim, 2006), 음악치료와 모-아 상호작용(Gottfried, 2016; Jacobsen, 2012; Jónsdóttir, 2011), 음악치료와 정신의학(De Backer, 2005; Hannibal, 2001), 치매(Coomans, 2016; Ottesen, 2014; Ridder, 2003), 음악치료 교육과 자기 경험적 학습(Lindvang, 2010), 수용적 음악치료(Beck, 2012; Bonde, 2005; Maack, 2012)에서의 연구들이 포함된다.

만일 당신이 음악치료와 정서 조율, 만남의 순간, 또는 활력의 형태를 조합하여 검색한다면 이론적 지향에 관계없이 음악치료 이론의 모든 영역에 스턴의 개념이 포함되었음을 알게 될 것이다(Hannibal, 2007; Pavlicevic, 1997; Rolvsjord, 2001; Ruud, 2010; Schumacher & Calvet-Kruppa, 2007; Smeijsters, 2003; Strehlow, 2009; Trevarthen & Malloch, 2000; Trondalen, 2016; Trondalen & Skårderud, 2007). 특히 2016년에 출판된 트론달렌의 책은 스턴의 사고를 음악치료 맥락에 통합하려는 가장 의욕적이고 완전한 시도이다.

그러나 스턴이 음악치료 이론, 실제와 연구에 그렇게 많은 의미를 부여하는 것은 무엇을 나타내는가? 첫째, 스턴은 80년간의 정신분석적 신조와 단절하여 아동 발달 이론(Stern, 1985/2000)과 상호작용 맥락에서, 이후에는 신경심리학적 관점에서 아동의 발달에 대한 연구들을 제시했다. 스턴은 성sexuality과 추동에만 기반을 둔 이론 대신에 개인내적 발달의 기반으로서 실제 경험을 강조하는 유아에 대한 관점을 제시한다. 이 이론의 기초는 모-아 상호작용에 대한 미시적 관찰이 중요한 초점이 되는 새로운 경험적 방법이다. 스턴은 이론이 관찰에 기반을 두어야 한다고 주장한다. 스턴은 '관찰된 아동'과 '임상적 아동'을 구별한다. 이는 고전적 정신분석에서 분명히 벗어난 것으로, 퇴행하는 성인에 대한 프로이트의 관찰에서 부분적으로 발달된 고전적 정신분석과는 구별된다. 이러한 방식으로 스턴은 아동이 생애 첫 1개월 동안 세상에서 고립된다는 아이디어로부터 벗어난다. 스턴은 아동을 수동적이거나 자폐적이지 않은 유능하고 상호적인 존재로 간주한다. 스턴은 실제 경험의 일반화가 아동의 사회적 행동을 통제하는 표상이 되는 발달의 관점을 제시한다. 스턴은 아동의 정신을 기본적으로 구성하는 요인으로서 쾌락 원리를 무시하는 대신에, 상호작용이 일어나는 방식의 중요한 변화에 초점을 둔다. 스턴은 다른 사람과 함께 있는 방식이라는 도식에 대해 이야기한다. 이는 모두 언어와 무관하게 일어나며 이러한 방식의 상호작용이 음악과 유사하다. 상호작용은 선율이나 악구가 형성되는 것처럼 형식이 있는 일련의 시퀀스로 보인다. 악구가 연주되거나 가창되는 방식이 어떻게 경험되는지를 결정하며, 이는 상호작용에 있어서도 그러하다. 안고, 먹이거나 들어 올리는 것은 강도, 템포, 힘과 더불어 일어나며 수행되는 '방법'이 있다. 이 사소한 시퀀스는 아동의 체화된 절차적 기억에 저장된다. 여기서 애착 패턴뿐만 아니라 자기감, 타인과 공유하는 능력도 형성된다(이론에 대한 상세한 기술은 다음 내용을 참조하라).

발달에 대한 스턴의 이론

1985년에 스턴은 아동의 대인관계적 세계의 발달에 관한 획기적 이론을 제시했다(Stern 1985/2000). 이는 아동이 어떻게 출생에서부터 자기감을 능동적으로 형성하고 발달시키는지에 대한 일관적인 이론이다. 이 자기감은 실제 상호작용적 사건에 대한 경험에 기반한다. 자기감은 관계와 연계되며 스턴은 관계적 영역에 대해 이야기한다. 스턴은 아동의 신경학적 성숙을 타인과의 상호작용에서 그 자체로 어떻게 감지하는지와 연계한다. 스턴은 아동이 '타인'에 대한 절차적 지식을 체화했다고 주장한다. 이러한 지식은 아동의 언어가 발달하기 전까지는 개념적이지 않다. 예를 들어, 아동은 핵심 자기의 관계 영역에서 일차적 타인(말하자면, 어머니)에 대한 감각을 발달시키는데 이는 아동이 어머니를 '생각'할 수 있는 상태가 아니면서 일차적 타인(환기된 동반자)에 대한 신체적 감각을 자극할 수 있음을 의미한다. 이러한 관계적 수준에서 아동은 스스로를 '발견'하지 못한다. 스턴은 아동이 먼저 '타인과 함께하는 자기', 이후에 '자기 그리고 타인'이 되는 발달을 기술한다. '함께하는 자기'와 '자기 그리고'의 차이는 관계에서 '타인'의 기능과 관계가 있다. 핵심 자기 관계에서 아동은 자기 불변 요소를 경험하기 위해 조절 기능이 있는 타인을 필요로 하는(Stern, 1985/1991, p. 85) 반면, 주관적 자기에 대한 영역에서 초점은 상호 주관성, 즉 주관적 경험을 공유하고 공유하지 않는 것에 있다.

스턴에 따르면 아동의 자기감 발달은 발달의 5수준이 특징이다. 처음 3가지는 비언어적(암시적)이며 출현하는 자기, 핵심 자기, 주관적 자기로 지칭된다. 마지막 2수준은 언어적(명시적)이며, 언어적 자기와 내러티브 자기이다. 발달에 대한 이 관점의 새로운 요소는 이러한 수준들이 나란히 함께 존재하는 (또한 프로이트와 정신분석에서 주장하는 것처럼 아동이 거치는 별개의 단계가 아닌) 성숙과 경험의 '층위'로 보인다는 것이다. 모델은 연속적이다. 이러한 발달의 층위는 각기 다른 자기감, '타인과 함께 있는 방법'을 경험하는 다양한 방식과 관련된다. 이는 아동이 전-언어적으로 습득하는 경험과 지식은 말과 상징에 기반한 지식과 다름을 의미하는 것이기도 하다. 스턴은 '암시적', '명시적' 지식이라는 용어를 활용한다. 암시적 지식은 잠재의식적이고 절차적이며 '무언의/침묵의 지식'인 반면, 명시적 지식은 의식적이거나 잠재적으로 의식적인 상징적 또는 언어적 지식이다.

스턴은 다음과 같이 심리적 발달을 기술한다.

- 아동은 출생할 때부터 이미 주변과 능동적으로 상호작용한다.
- 발달은 각기 다른 자기감, 타인과 함께 있는 다양한 방식을 특징으로 한다.
- 언어가 발달하기 전에 아동은 세계에 관한 암시적 지식의 토대, 다시 말해서 잠재의식적이고 절차적인 지식을 구축한다.
- 언어의 출현은 더욱 정확한 의사소통을 가능하게 하는 동시에 전-언어적 자기감에 대한 접근을 억제한다.

스턴은 아동의 대인관계적 세계에 대한 이론이 심리치료 실제에 어떻게 적용될 수 있는지를 기술한다. 그중에서도 스턴은 아동이 자신의 행동하는 능력, 일관된 신체 감각과 시간 감각을 가지는 것에 대한 암시적이고 절차적인 지식을 어떻게 구축하는지 기술한다. 이러한 감각들은 치료에서 재출현한다. 치료에서 내담자는 행동할 수 없다고 느끼고 정서를 인식하는 데 어려움이 있으며, 신체 경계의 '붕괴'를 경험하거나 시간 감각의 상실을 경험한다. 다시 말해 내담자들의 어려움은 스턴이 '핵심 자기'라고 명명한 자기감의 영역에 있는 것이다.

스턴은 아동이 어떻게 상호 주관적 능력을 발달시키고, 어떻게 다른 사람과 공유할 수 있는 정서와 공유할 수 없는 정서를 학습하는지도 기술한다. 이러한 과정은 아동이 이후 삶에서 타인과 자신의 내적 세계를 공유할 수 있는 방식에 큰 의의를 가질 수 있다. 치료에서 정서를 표현하고 공유하는 과정은 보통 큰 문제를 초래할 수 있다. 이 때문에 내담자의 상호 주관적 경험은 제한적일 수 있다. 이러한 문제들은 스턴이 '주관적 자기'로 지칭한 자기감과 관련된다.

스턴은 생성되고 저장되는 패턴을 '암시적인 관계적 지식'이라 명명한다. 이는 볼비와 에인스워스에 의해 기술된 애착 패턴을 포함한다(Stern, 2004).

음악치료의 관점에서 스턴은 특히 흥미롭다. 음악처럼 동일한 요소들을 다수 포함하는 기본적인 전-언어적 상호작용을 기술하기 때문이다. 예를 들어, 스턴은 상호작용의 감각 경험을 일반화된 정신 구조로 해독하고 배열하기 위해서 아동에게 필요한 템포, 리듬, 음, 악구 형성, 형식 및 강도와 같은 의사소통 요소들을 기술한다. 스턴은 아동이 어떻게 '도식'이라고 지칭되는 정신 구조인 '일반화된 상호작용의 표상representations of interactions that have been generalised, RIGs'을 형성하는지 기술한다. 스턴에 따르면 이 과정에서 아동은 '타인과 함께 있는 방법'에 대한 암시적이고 도식적인 지식을 습득한다. 다시 말해서, 스턴의 이론은 상호작용, 의사소통, 음악이 기본적으로 동일한 요소로 구성된다는 관점을 지지하는 것으로 보인다(Stern, 2010b). 상호 주관성과 활력 정서에 대한 자신의 후기 이론에서뿐만 아니라 스턴은 즉흥연주와 음악 감상이 기본적인 관계적 패턴과 이에 연계된 자기감을 성찰하고 활성화할 수 있다는 전제에 대한 이론적 논거를 제공한다. 심리치료와 음악치료의 목적은 역기능적인 관계 패턴을 탐색하고 다루며 변화시키는 것이다. 그러므로 '지금 여기'의 치료 상황에서 이러한 패턴의 기원뿐만 아니라 그 역동을 이해함에 있어 스턴의 이론이 중요하다는 것은 분명하다.

스턴과 치료적 과정

스턴이 공헌한 다음 이론적 영역은 심리치료였다. 스턴은 모-아 치료에 관한 **모성 성좌**(1995)를 출판했으며 심리치료적 변화에 대해 완전히 새로운 이해를 제시한 연구회의 일원이었다(Boston Change Process Study Group, 2010; Stern, 2004). 1997년에 스턴은 덴마크의 감멜브로성에서 열린 음악치료 연구 세미나에 참여했다. 여기서 스턴은 심리치료와 만남의 순간에서의 비해석적 요인에 대한 견해를 발표했다. 이는 이후 정신분석 분야에서 다른 사람들에 의해 채택되었고(Fosshage, 2002; Ginot, 2007; Gotthold & Sorter, 2006; Ryle, 2003; Stern et al., 1998) 성격 장애 환자를 대상으로 한 심리치료 접근 기술에서 볼 수 있었다. 여기서는 '무엇'보다 '어떻게'에 더 초점을 둔다. 암시적이고 비언어적인 것은 이전보다 훨씬 더 큰 정도로 통합되었다(Allan, Fonagy & Bateman, 2010; Bateman & Fonagy, 2007; Jørgensen, 2006).

스턴이 회원이기도 했던 보스턴 변화 과정 연구회BCPSG는 비언어적 영역인 암시적인 관계적 영역에서의 과정에 의해 매개되는 심리치료에서의 변화 과정에 좀 더 초점을 두는 것을 옹호한다. 2010년에 연구회는 음악치료와도 관련이 있는 심리치료의 새로운 패러다임에 대한 제안을 출판했다. 연구회는 이를 '심리치료에서의 변화ㅡ통일된 패러다임'으로 명명한다. 일차적 목적은 '국소적 수준'이라 지칭되는 치료에서 일어나는 것에 대해 관찰하는 것이다. 국소적 수준은 암시적인 관계적 수준에서 지금 여기의 치료사와 환자 간 상호작용 가운데 일어나는 모든 것이다. 이는 치료적 과정을 혼란스럽고 역동적인 것으로 보는 치료의 한 관점이다. 한편으로 이는 예측할 수 없고, 다른 한편으로는 함께일 때 파트너가 무엇을 하는지에 의해 결정된다. 과정은 우리가 존재하는 방식을 타인의 존재 방식에 어떻게 맞출 수 있는지(적합성)에 대한 지속적 협의이다. 이 수준이 반드시 억압된 심리적 소재에 관한 것은 아니나, 여전히 보통 우리의 의식적인 마음 밖에 있다. 상호작용을 연쇄적인 암시적 행동으로 간주할 때, 하나씩 지속적으로 생성되는 새로운 구조들이 출현적 구조가 된다. 출현은 일어나는 일이 파트너 중 하나에게만 적용되는 것이 아니라 두 파트너 모두에 달려있음을 의미한다. 관계는 부분의 합 이상이다. 다양한 특질과 강도의 수준이 있는 만남의 순간은 끊임없이 출현한다. 치료사와 환자가 서로 자신의 관계를 협의하는 방식이 이러한 만남의 순간을 생성한다. 당신은 치료를 통해 나아가며 이는 느슨한 과정이다. 당신은 즉흥적으로 한다.

예를 들어, 치료사가 환자에게 자신이 너무 늦게 도착한 것을 알았는지 질문한다. "네." 환자가 말한다. 치료사는 묻는다. "그것에 대해서 어떻게 생각하세요?" 잠시 시간이 흐른다. "나는 당신에게 화가 났던 것 같아요." 환자가 대답한다. 침묵. "네, 그랬어요." 침묵. 또 잠시 시간이 흐른다. "당신은 지난주에 정말로 나를 화나게 만드는 말을 했어요" (Boston Change Process Study Group, 2010, p. 15). 간단히 말하자면 이와 같은 순간은 빠르게 '강렬한 현재 순간'이 될 수 있다. 파트너 간 상호 주관적 영역을 확장할 수 있는 어떤 것이 표면화된다. BCPSG에 따르면 치료사가 만남의 진정성을 유지하는 방식으로 답할 수 있고, 그것이 단순한 기술적 전략이 아니라면 이 강렬한 현재 순간은 만남의 순간이 될 수 있다. 만일 치료사가 인간 대 인간으로서 무슨 일이 일어나는지에 대해 반응하는 대신에 기술적 반영이 있는 답, 예를 들어 "그래서 당신이 화가 났군요."라고 하거나 그 반응에 대한 해석이나 다른 것을 제안한다면 그 순간을 명백히 놓칠 수 있다. 치료사의 반응은 환자가 표현하는 정서와 사고를 암시적으로 공유하는 능력 또는 의지의 결여로 지각될 것이다. 이러한 상황에서 환자는 처음으로 분노를 표현했을 수 있으며, 이는 그를 처음으로 취약하고 혼란스럽게 만들 수 있다. 만일 치료사가 예를 들어 "썩 유쾌하게 들리지 않네요.

당신은 여전히 화가 났나요?"라고 말하면 치료사는 이 개방의 순간을 붙잡을 수 있다. 치료사가 무엇이 분노를 초래하는지 반드시 아는 것은 아니나, 지금 여기서 일어나고 있는 일을 공유하는 대신 원인에 초점을 두는 것은 암시적으로 거부로서 지각될 수 있다. 그러나 만일 치료사가 현존하고 그 상황에 머물 수 있다면 새로운 상황이 출현될 수 있다. 함께 있는 그들의 암시적인 관계적 방식이 변화할 것이며 이것이 BCPSG가 심리치료에서 보고자 하는 변화의 한 유형이다. 암시적 수준의 변화가 반드시 언어화될 필요는 없다. BCPSG는 변화의 4가지 요소를 다음과 같이 기술한다.

1. 변화는 다소 정서적으로 격앙된 순간에 일어난다.
2. 변화는 암시적인 관계적 지식의 변화를 포함하며 국소적 수준에서 각 참여자의 관계적 움직임이라는 흐름 속에 일어난다.
3. 암시적인 관계적 수준의 변화는 함께 있는 방식이 더욱 일관적일 때 이루어진다.
4. 함께 있는 방식이 더욱 일관적이라는 것은 두 파트너의 이니셔티브[5] 간 적합성이라는 특수성에 관한 협의 과정을 통해 발달된다.

심리치료에서의 변화에 대한 이러한 견해의 심층 기술은 이 장에서 다루기에 너무 광범위하다. 이는 국소적 수준, 암시적인 관계적 패턴, 만남의 순간뿐만 아니라 잠재의식적 과정에 대한 새로운 견해 등 여러 다른 요소에 대한 기술을 포함할 것이다. 또 다른 요점은 역동적 무의식과 절차적 암시 간 차이를 강조한 것이다. 더욱 상세한 정보는 BCPSG를 참조하라(Boston Change Process Study Group, 2010).

　변화 과정에 대한 이 관점은 일반적으로 음악, 특히 즉흥연주가 암시적인 관계적 패턴을 활성화시키므로 음악치료와 매우 관련이 있다(Hannibal, 2001). 음악적 상호작용은 참여자의 적합성도 작용하는 대단히 상호 주관적인 협의이다. 차례 주고받기에서와 같이 직접적인 대화 없이도 함께 음악을 연주하는 것이 가능하지만 여전히 함께 소리를 내며 과정의 국소적 수준에 초점을 두는 것은 함께 있는 방식에서 미세 조정의 중요성을 예증하는 것이며 이는 음악에서 매우 중요한 요소이다.

　2010년에 스턴은 활력의 형태 – 심리학, 예술, 심리치료와 발달에서의 역동적 경험 탐구라

---

5 특정한 주제에 대해 주장하는 위치에서 이끌거나 지도할 수 있는 권리를 의미한다. 최근에는 선도적인 작업을 수행하는 단체를 지칭하는 데 사용되기도 한다(역자 주).

는 책을 출판했다. 이 책은 음악치료에 있어 특히 중요하며 스턴은 즉흥연주 음악치료의 모든 기본적 방법이 경험을 공유하고 교환하는 활력의 형태를 필요로 한다고 서술한다. '활력의 형태'는 존재에 대한 살아있다는 감정의 기본적 상태를 기술하는 데 활용된 용어이다. 어떤 것을 활기찬 것으로 경험하기 위해서는 움직임, 시간, 힘, 공간과 의도 또는 방향이 필요하다. 악수하기 위해 손을 내미는 것에 관해 생각해보라. 당신은 자신의 손을 앞으로 뻗고, 시간 안에서 특정한 힘으로 움직인다. 행위는 공간에서도 일어나며 그 안에는 의도가 있다. 당신의 손을 내미는 것은 무수히 많은 방식으로 수행될 수 있으나 우리는 이러한 변수 중 어느 하나 없이 그 사건의 활력을 기술할 수 없다. 활력이라는 스턴의 개념은 활기찬 행위를 특징짓는 핵심에 도달하는 것을 추구한다. 심지어 정신적 행동, 정신적 공간에서 일어난다. 음악, 움직임, 힘, 시간 등을 설명하는 데 이러한 개념을 적용할 수 있다. 우리는 역동으로서 음악의 활력을 기술하는 데 좀 더 익숙하나 그 원리는 동일하다(Stern, 2010b). 스턴은 1991년에 이미 '활력 정서'에 대해 서술했다. 스턴은 이를 범주적인 것이 아닌 정서로 이해했다. 이는 기쁨 그 자체가 아니라 우리가 먼저 경험하는 기쁨이라는 활력의 형태이다. 이는 아동이 인식하고, 자신의 표상을 배열할 수 있는 행동의 일환이다.

활력의 형태는 어떤 일이 어떻게 일어나는지의 경험에 관한 것이다. 경험된 현상들은 폭발적일 수도, 부풀어 오를 수도, 변덕스러울 수도, 희미해질 수도, 온화할 수도, 거침없이 밀려들 수도 있다. 스턴은 이러한 기술어에 대해 서술한다.

> 이 단어들은 흔하지만 목록은 특이하다. 대부분의 단어는 부사나 형용사이다. 이 단어들은 정서 또는 동기부여 상태가 아니다. … 순수한 지각이 아니다 … 시간적인 윤곽이 있는 ─ 움직임 내의 ─ 힘의 경험과 어딘가로 향하는, 살아있음의 감각…을 느꼈다 … 내용이라기보다는 형태이다. 이 단어들은 '무엇' 또는 '왜'가 아니라 '어떻게', 방법, 양식과 관련이 있다(Stern, 2010b, p. 15).

여기서 초점은 이러한 활력의 형태가 앞에서 언급한 '국소적 수준'과 어떻게 관련되는가에 있다. 활력의 형태는 국소적 수준에서 볼 때 명확히 관찰될 수 있다. 이는 행동이 일어나는 방법에 있어서 몸짓, 표현, 발화 등과 관련된다. 그 결과, 상호 주관성이 상호작용 내에서 협의되고 발달하는 방식과도 관련이 있다. 관계적 패턴으로 구성된 소재를 만들기 때문이다. 이는 특히 음악치료와 즉흥연주에 적절하다. 스턴은 토니 위그램과의 협업을 통해 음악치료에 익숙해졌다. 이는 2009년 올보르에서 열린 제6차 북유럽 음악치료 콘퍼런스에서 했던 스턴의 기조 강연에서 나타났다(Stern, 2010a; Wigram, 2010). 스턴은 음악 치료에 대한 관점에서 매우 직접적인 접근을 나타냈다. 스턴은 다음과 같이 서술했다.

> 상호 주관성에서 활력의 형태라는 역할은 비언어적 치료의 기본 개념 중 일부에 대한 새로워진 관심으로 이어진다. 예를 들어, '즉흥연주 음악치료'를 보자. 토니 위그램(2004)은 즉흥연주 음악치료에서 자신이 '기본적인 치료적 방법'으로 명명한 것을 기술한다(Stern, 2010b, p. 153).

스턴은 거울반응하기, 일치시키기, 공감적 즉흥연주, 기반잡기, 대화, 반주를 언급하며, "즉흥연주 음악치료의 기본적 방법은 모두 경험을 공유하고 교환하기 위해 활력의 형태를 필요로 한다."라고 진술하며 결론을 내린다(ibid., p. 145).

여기서 2가지 요점이 만들어졌다. 첫째, 음악치료 즉흥연주는 음악이 그러한 것만큼 상호작용이 많으며 둘째, 음악치료사는 치료적으로 작업하기 위해 음악과 상호작용에서 활력 형태의 역동성을 '읽을' 수 있어야 한다.

스턴에 의해 대표되는 발달과 치료에 대한 견해가 최근 음악치료가 취하는 방향에 매우 유의하다는 것에는 의심의 여지가 없다. 암시적인 관계적 과정의 중요성에 대한 문제는 일반적으로 심리치료에 있어, 특히 음악치료와 다른 비언어적 치료에 있어 앞으로 더욱 중요해질 연구 분야이다. 대니얼 스턴의 타계로 협업이 중단된 것이 애석할 뿐이다.

2.3.4 의사소통적 음악성 — 음악치료 실제의 기반

울라 홀크

소개

지난 40년 동안 유아 연구는 의사소통적 상호작용에 참여하는 신생아의 능력 외에도 부모(와 다른 양육자)가 이러한 상호작용을 격려하기 위해 유아의 표현성에 자동적으로 조율하는 방식을 명백히 나타냈다. 이 연구는 초기 상호작용이 여러 음악적 특질을 담고 있음을 나타냈으며 아동의 정서적, 인지적 발달에 대한 이러한 상호작용의 유의성도 나타냈다.

이러한 경우에 '음악적'이라는 것은 음악 연주를 위한 특별하고 개인적인 재능에 대한 일반적 정의를 지칭하지 않는다. 대신에 유아가 박동 감각, 소리의 리듬 패턴, 타이밍(소리의 시간적 배치에 대한 감각), 목소리 음색과 선율적 움직임을 활용하여 상호작용에 참여할 수 있도록 하는 기본적, 선천적인 '의사소통적 음악성'(Malloch & Trevarthen, 2009)을 의미하는 것으로 보인다. 초기 상호작용의 음악적 특질은 인간의 진화사, 즉 인간의 뇌에 그 기원을 두고 있으며 인간의 의사소통과 초기 애착의 생물학적이며 심리적인 기반이다(Hart, 2008; Malloch & Trevarthen, 2009; Stern, 1985/2000). 이러한 관점에서 언어는 아동이 언어를 숙달하기 훨씬 이전에 시작되는 의사소통 과정의 향후 발달에 지나지 않는다. 의사소통적 음악성은 연령과 언어 기술에 관계없이 모든 인간 상호작용의 기본이기 때문이다(Malloch & Trevarthen, 2009).

초기 상호작용의 음악적 요소들과 그 유의성을 규명함으로써 유아 연구자들은 양방향으로 영향을 미치는 영감과 더불어 음악치료 직군에 기본적 지식을 제공했다(예 : Malloch & Trevarthen, 2009; Stern, 2010; Trondalen, 2016; Wigram, 2010). 60년간의 음악치료 실제와 연구는 음악치료가 각기 다른 이유로 이러한 영역에서 어려움을 겪는 사람들을 대상으로 사회적, 의사소통적 상호작용을 증진한다는 것을 나타냈다. 초기 상호작용과 의사소통적 음악성에 대한 연구를 음악치료에 대한 지식과 결합함으로써, 음악치료가 상호작용의 기본적 방식을 증진할 수 있는 이유를 규정하는 것이 가능하다. 이는 음악치료사가 부모와 유아 간 초기 상호작용을 똑같이 한다는 것을 의미하는 것이 아니라, 즉흥연주 음악치료에서 치료사가 상호작용의 기본적 상호작용 방식을 음악적으로 부연하고 강화함으로써 의사소통적 상호작용과 유대감을 증진할 수 있음을 의미한다(Holck, 2004b; Holck & Jacobsen, 2017; Schwartz, 2013; Trevarthen & Panksepp, 2017).

이어지는 본문에서는 의사소통적 음악성의 여러 초기 특성 중 먼저 상호작용에서 자녀의 역할이 기술되고, 그 후에 (주로 강조되는) 부모의 역할이 기술된다. 음악치료의 예들도 제시되어 있으나 본문의 주요 목적은 음악치료의 방법을 이해하고, 이것이 생애 초기에 정상적으로 발달하지만 아동방임이나 정신 질환을 포함하는 신경학적 장애 또는 손상으로 (때로는 이후에) 도전이 될 수 있는 상호작용의 기본적인 방식들과 어떻게 관련되는지에 대한 이해의 기반을 제공하는 것이다. 대신 제4부에서는 음악치료와 초기 상호작용의 형태가 어떻게 치료적으로 활용되는지에 대해 강조한다.

사회적 상호작용에 참여하는 유아의 능력

신생아는 분명 부모 및 다른 양육자와의 사회적 상호작용을 스스로 지향하며, 이러한 상호작용은 태아기의 경험을 가지고 태어나기 때문에 가능하다. 청력은 태아의 생애 초기에 발달되며, 임신 기간의 마지막 3개월 동안 태아는 상대적으로 복잡한 소리 패턴에 대한 기억과 선호를 발달시킨다. 예를 들어, 만일 예비 어머니에게 임신기의 마지막 6주 동안 같은 동요를 하루에 2차례 부르도록 요청한다면 유아는 출생 후에 그 동요를 인식할 것이다. 아동은 다른 여성(또는 남성)이 부를 때도 동요를 인식할 것이나 이전에 들은 적이 없는 동요에 대한 인식은 나타내지 않는다(DeCasper & Spence, 1986).

언어적 의미와 무관하게 동요는 그 운율 패턴(약강격, 강약격 등)으로 인식될 수 있으며, 신생아는 낱소리보다는 소리 패턴에 주의를 기울인다. 음악뿐만 아니라 언어에서도 소리 패턴은 의미를 부여한다. 언어에서는 단어와 이후 문장의 운율 패턴으로, 음악에서는 리듬, 악구, 박자표와 선율로 의미를 부여한다(Grinde, 2000).

신생아는 사물보다는 얼굴에 자동적으로 주의를 집중하며, 출생 후 단 몇 분 만에 뚜렷한 표정뿐만 아니라 개모음 '아' 소리와 같은 특정한 소리도 모방할 수 있다(Mazokopaki & Kuguimutzakis, 2009). 소리 선호와 초기 모방 능력은 유아로 하여금 매우 초기, 생후 약 6주부터 부모와 의사소통할 수 있게 하며, 이러한 초기 소리 모방은 실제 소리 대화로 발달한다. 이 소리 대화는 내재된 박동이 있는 운율적 특징이 있으며 유아가 이 박동을 감지하는 능력을 가지고 태어나기 때문에 아동은 부모의 의사소통적 발화에서 휴지부를 예측할 수 있다(Trevarthen, 1999; Trevarthen & Panksepp, 2017). 다른 사람의 발화와 비교하여 자신의 발화 시간을 맞추는 이 선천적인 능력은 '상호-타이밍'이라 불리며 아동의 사회-의사소통적 발달과 초기 애착의 중추적인 부분이다(Hart, 2008; Stern, 1985/2000).

초기의 소리 패턴과 이후 음악적, 전-언어적 상호작용에서의 악구 형성, 구문론, 의미론에 대한 지각 간 밀접한 관계는 아동이 나이가 들면서 더욱 명확해진다. 6개월~1세 아동의 음악적 소리 패턴에 대한 지각은 음악 교육과 무관하고 성인의 지각과 유사하다(Trehub, Trainor & Unyk, 1993). 4~6개월 유아는 만일 2악구 간 휴지부가 길어진다면 반응하지 않을 것이다. 그러나 아동은 1악구의 중간에 있는 또 다른 휴지부에는 반응할 것이다. 6개월 이상의 유아는 성인처럼 서로 다른 음고로 연주되는 2개의 동일한 선율을 (음고가 서로 너무 다르지 않은 한) 같은 선율로 지각할 것이다. 8~11개월이 되면 아동은 각기 다른 음으로 구성되어 있더라도 동일한 윤곽(예 : 상행-하행-상행)의 선율 악구 2가지를 동일한 것으로 지각한다(Trehub et al., 1993).

음의 윤곽과 악구 형성을 지각하는 능력은 생애 초기에 시작되며 언어 이해를 발달시키는 데 활용된다. 약 4개월 정도부터 유아들은 언어의 '의미론적' 의도를 이해한다. 예를 들어, 부모는 격려할 때 상행음의 윤곽으로 이야기하고 위로할 때 하행음의 윤곽으로 이야기하며, 고무시키거나 흥분할 때 종 모양의 (상행–하행) 윤곽으로 이야기한다(Trehub et al., 1993).

이러한 능력은 0~1세 아동이 할 수 없는 것과 비교해서 거의 터무니없이 정교해 보인다. 그러나 이 초기 능력들은 부모와 자녀 간 애착에 있어 매우 중요하며 이러한 방식으로 아동의 생존과 발달의 필수 조건이 된다. 이는 '음악'의 기원과 의의, 특히 인간 상호작용에서 의사소통적 음악성의 의의에 있어 다양한 분야의 전문가들 사이에 관심을 불러일으켰다(Malloch & Trevarthen, 2009).

> 음악적으로 행동하는 능력이 인간의 동반자 관계companionship의 기저를 이루고 지지한다는 것이 우리의 주장이다. 의사소통적 음악성의 요소들은 인간의 공동 표현성을 유발하는 데 필요하며 정도의 차이는 있으나 모든 인간의 의사소통하에 존재한다(Malloch, 1999, p. 47).

초기 상호작용에서 부모의 역할

사회적 상호작용에 참여하는 유아를 위해서 부모와 양육자는 당연히 아동이 표현하는 것이 무엇인지 이해할 수 있어야 하며 상호작용을 위한 환경을 조성하여 아동이 이용할 수 있도록 해야 한다. 건강한 부모에게 있어 양육은 그 자체로 ─ 보통 잠재의식 수준에서 ─ (초기) 의사소통적 음악성을 활성화시킬 것이다. 초기 상호작용에서 부모의 역할을 면밀히 살펴봄으로써 정상 발달 맥락에서 사회적 상호작용과 의사소통을 증진하는 요인들에 대한 통찰을 얻을 수 있다.

주의와 각성 조절

상호작용에는 주의의 공유 또는 각성이 필요하며 유아는 활동의 수준을 조절하기 위해 부모의 도움을 필요로 한다. 신경학적으로 각성은 뇌간의 체계에 의해 조절되며, 뇌간은 진화적으로 오래된 뇌의 부위이다. 각성의 증가는 신경계의 활성화를 의미한다. 각성이 높을수록 활동과 주의가 증가하나(Hart, 2008), 일정 정도까지만 그러하며 변하지 않고 (너무) 높은 수준의 각성은 반대의 효과를 가진다. 그림 2.3.4.1은 각성과 수행 간 관계에 대한 여키스-도슨 법칙을 예증한다(Fredens, 2012, p. 167). 이는 각성 수준이 너무 높거나 너무 낮지 않을 때 수행이 최적임을 나타낸다.

그림 2.3.4.1은 각기 다른 각성 수준과 연관된 경험의 특질도 나타낸다. 중간 수준의 긴장이 즐거움과 추동의 경험을 부여하는 반면, 감소 가능성이 없는 높은 수준의 각성은 거의 공황과 불안 등 불쾌한 것으로 경험된다(Stern, 1985/2000). 낮은 각성은 수면이 필요한 것이 아니라면 부주의와 지루함으로 이어진다. 이러한 것이 상황에 따라 경험되는 특질임이 강조되어야 한다. 같은 자극, 예를 들어 특정한 음악 작품은 외적 환경이나 내적 상태에 따라 다른 방식으로 경험될 수 있다.

앞서 언급한 바와 같이 유아는 신경학적 미성숙 때문에 각성의 수준을 조절하는 데 부모의 도움을 필요로 한다. 특히 아동은 활동이나 흥분을 추구할 때 부모를 살필 것이며, 각성의 수준을 감소시키는 것이 필요할 때나 위로, 손길, 느린 템포의 조용한 노래 등을 필요로 할 때 외면할 것이다(Stern, 2010). 건강한 상호작용에는 일련의 미세 조정이 있는데 여기서 부모는 아동의 피드백에 따라 자신의 각성 수준을 지속적으로 조율한다. 정상적인 조건에서 극단은 짧게 경험될 것이며 그 뒤에 즉시 '회복되므로' 아동은 상황을 관리할 수

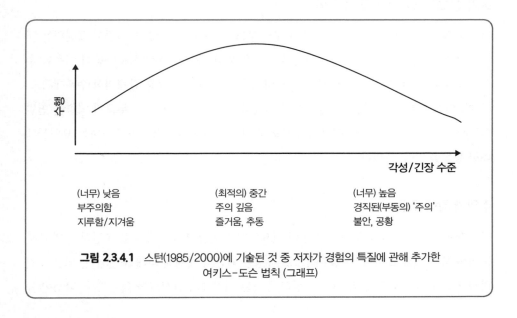

그림 2.3.4.1 스턴(1985/2000)에 기술된 것 중 저자가 경험의 특질에 관해 추가한 여키스-도슨 법칙 (그래프)

있는 양육자의 지각을 유지한다. 점차적으로 아동의 신경계가 성숙해지므로 아동은 스스로를 조절할 수 있게 된다(Hart & Bentzen, 2015).

각성을 조절하는 능력에 영향을 미치는 신경학적 손상을 입은 사람들의 경우, 각성을 증가시켜 외부로 주의를 돌리는 방식을 찾는 것이 어려울 수 있다(Fredens, 2012). 예를 들어, 레트 증후군이 있는 사람들의 뇌간 활동을 측정한 연구는 익숙한 음악 작품을 감상함에 있어 자연스러운 즐거움이 몇 분 후에 경직된 과호흡으로 변용될 수 있음을 나타냈다. 통제 집단의 1~5세 아동에게 나타난 것처럼 뇌간의 미성숙 때문에 (음악의 인식에 의해 야기된) 높은 각성의 1분 후에도 자극의 감소는 나타나지 않는다(Bergström-Isacsson et al., 2013, 2014). 음악의 향유는 레트 증후군이 있는 사람들의 특징이므로, 부모나 전문가들은 보통 격려나 위로를 위해 음악을 활용하며 각성의 지속적 조절을 가능하게 만드는 방식으로 음악이 활용되는지 확인하는 것이 중요하다(4.3.2장 참조).

치매와 초조 행동이 있는 개인을 대상으로 한 음악치료의 또 다른 예로는 익숙한 노래를 활용하여 느린 템포와 단순한 보컬 양식으로 개인에게 맞추어 노래를 부르거나(Ridder, 2003), 점점 온화해지고 느려지는 리듬 박동이 있는 간단한 기악 음악을 통해 각성의 수준을 낮추는 것이 가능했다(Ridder & Bøtker, 2019; 이 책의 4.4.2장 참조).

모방과 교대 - 상호작용

유아가 매우 초기부터 특정한 표정과 '아' 소리를 모방할 수 있는 것처럼 유아는 자신이 타인에 의해 모방될 때 더욱 관심과 즐거움(각성)이 증가하는 것으로 반응하기도 한다. 표정과 소리의 모방은 어린 유아의 표현성에 반응하고 의사소통을 시도할 때 부모가 선호하는 상호작용 방식이다. 유아의 인지적 미성숙을 염두에 두면, 모방은 아동이 부모의 의사소통 '내용'과 관계를 맺지 않고 상호작용에 참여하는 것에 집중할 수 있다는 장점이 있다.

고도의 신경학적 기능 손상을 입은 사람들도 자신이 모방될 때 관심이 증가하며, 그 결과 보통 상호적 모방으로 반응한다. 특히 자폐 연구에서 이것이 나타나며 능동적으로 활용된다. 모방이 자폐 범주성 장애 아동의 사회적 주의 증가, 주의 공유 및 언어 발달을 가능하게 하는 첫걸음으로 보이기 때문이다(예 : Landa, 2007). 음악치료는 이러한 발달의 초기 단계를 개선하는 데 효과적임을 나타냈는데, 부분적으로 음악적 모방에서 아동의 주의를 사로잡고 유지할 수 있는 다수의 작은 변화 가능성이 있기 때문이다(4.3.1장 참조).

그 단순한 내용 외에도 부모와 유아 간 초기 소리 대화는 상호작용에 리듬적 성격과 단순한 형식을 부여하는 반복적인 소리 패턴이 특징이다. 이를 인식하지 않고 부모는 짧은 발화, 발화 간 휴지부, 다수의 반복을 만들어 시간적 규칙성을 확보한다. 부모는 흥분을 조성하기 위해 더 높은 목소리 음고와 급격히 상행하거나 하행하는 윤곽을 활용하기도 한다(Trehub et al., 1993). 시간적 규칙성은 아동의 차례가 되었을 때 유아가 참여하거나 반응하는 것을 더 쉽게 만든다(Malloch, 1999). 반복되는 리듬 패턴과 선율 윤곽의 이러한 조합은 여러 동요와 노래에서 발견된다. 6개월경, 유아는 더 긴 음/음성화나 휴지부가 있는 곳 또는 한 소절의 끝에서 (구어의) 소리로 참여한다(Trevarthen, 1999).

음악치료에서 신경학적 이유로 한시적인 교대-상호작용에 참여하는 데 어려움이 있는 개인은 음악의 도움을 받을 수 있다(Hald, 2012; Holck, 2004b; Ridder & Bøtker, 2019; Trevarthen & Panksepp, 2017). 동기화된 교대-상호작용에 참여하는 능력은 무엇보다 애착에 매우 중요하며(Hart, 2008; Trondalen, 2016) 예를 들어, 지연된 반응과 같은 상호작용의 반복되는 실패는 부정적 결과를 가져올 수 있다. 그러므로 상호작용에서 '내적' 박동이라는 공통적인 느낌이 없는 경우, 음악은 그 지속과 발달을 확보하는 '외적' 박동을 부여할 수 있다(Holck, 2002).

상호작용의 동시성과 타이밍이 중요한 것은 (그 시기가) 가장 확실해 보임에도 불구하고 (생애) 초기에만 해당하는 것이 아니다. 서로 알지 못하는 성인들 간 언어적 대화에 대한 상호작용 분석은 동시성이 그 자체로 따뜻하며, 진정성 있고, 공감적인 것으로 타인에 대한 경험을 하는 것에 유의함을 나타낸다(Feldstein & Welkowitz, 1987). 정서적으로 방임된 아동의 가족을 대상으로 하는 음악치료 연구에서 야콥센(2012)은 부모와 자녀 간 상호작용에서의 뚜렷한 불균형을 밝혔다. 차례 주기는 불명확했고 상호작용에는 경미한 혼란의 분위기와 저조한 정서적 에너지가 있었다. 음악치료는 파트너들이 서로 더 잘 듣고 따르며 이끌도록 도왔다(4.6.2장과 5.2장 참조).

변화와 원 - 내러티브가 있는 주제

모방은 그 자체로 곧 지루해질 수 있으며 예측 가능성에 대한 필요뿐만 아니라 아주 어린 유아조차도 관심을 유지하려면 어느 정도의 가변성이 필요하다. 이는 친숙한 구조 내에서 지속적으로 변화하는 간단한 선율적 원형의 짧은 레퍼토리를 활용하여 진정한 관심을 유지하려는 부모에게도 해당된다(Stern, 1985/2000). 조금씩 변화가 있는 짧은 주제들의 공유가 나타난다. 여기에는 긍정적 긴장을 조성하는 방식으로 익숙한 것과 익숙하지 않은 것 간의 균형이 있으며, 만일 각성의 수준이 너무 높아져 불쾌해진다면 두 파트너는 곧 익숙한 것으로 복귀할 수 있다.

신체, 정신 장애 아동을 대상으로 한 음악치료에서 음악적 예측의 공유는 내용뿐만 아니라 시간에서도 조성된다. 아동이 할 수 있는 것으로 시작하여, 그것을 형성하고 반복하여 무한히 변화할 수 있는 짧은 음악적 구조나 주제가 생성된다. 이러한 '상호작용 주제'(Holck, 2004a)는 유머를 가능하게 만드는 상호작용에 관한 (단순한) 예측을 유발한다 (4.3.1장 참조).

스턴(1985)에 따르면 유아가 '유머'로 지각할 수 있는 첫 번째 것 중 하나는 소리나 행위가 예측된 시간에 도달하지 않는, 시간적 예측을 속이는 것이 포함된 놀이 공유이다. 타이밍과 내용에 대한 예측을 조성하여 공유함으로써, 이 두 가지는 유머러스한 방식으로 달라질 수 있다. 이 외에도 '까꿍 놀이'나 '내가 너를 간지럽힐 거야'처럼 흥분을 조성하는 간단한 게임들이 있다. 여기서 절정에 이를 때까지 기대와 흥분은 원-내러티브 시퀀스를 형성하고, 웃음의 공유로 해소된다(Stern, 1985/2000).

원-내러티브와 단순한 음악 게임 간 밀접한 관계는 놀랍다. 이 2가지에서 참여자들은 시간의 공유를 통해 발달하는 정서적 의사소통의 표현을 생성하고 공유한다. 트레바튼과 버포드(1995)는 중증 신체, 정신 장애 아동에게 안 그랬으면 배제되는 유머러스한 내러티브에 참여하는 기회를 제공하는 도구로서 음악치료를 강조한다.

활력 형태의 역동성과 정서 조율

정서를 의식적으로 지각하고 이를 기쁨, 슬픔, 분노, 불안, 혐오, 놀람 등으로 규명하는 능력은 성찰적이고 언어적인 의식을 필요로 한다. 그러나 생애의 매우 초기에 유아는 행위에서, 예를 들어 부모가 자신의 자녀를 들어 올리는 방식에서 정서적 특질을 지각할 수 있다. 대니얼 스턴(1985/2000, 2010)의 가장 위대한 업적 중 하나는 '활력의 형태'라는 개념으로 이러한 정서적 특질들을 규명하고 개념화한 것이다(2.3.3장 참조). 활력 형태는 아첼레란도(템포의 점진적 증가)와 크레셴도(음량의 점진적 증가) 같은 음악적 개념으로 기술될 수 있다. 스턴(2010)은 강도와 시간 간 관계를 통해 역동적 측면을 상술한다. 웃음은 터뜨리거나(짧은 시간 내에 나타난 가파른 강도 곡선), 희미해질(더 긴 시간 동안 서서히 하강하는 강도 곡선) 수 있다. 우리가 ― 연령과 무관하게 ― 언어적 진술을 지각하기 전에 서로의 비언어적 의사소통을 즉흥적으로 읽는 것은 시간적 윤곽을 통해서다. 상대방은 실제로 나를 보는 것이 기쁜가? 아니면 거리낌을 갖고 있는가? 엄밀히 성찰적 의식과 언어적 능력을 필요로 하지 않기 때문에 많은 사람이 고도의 신경학적 손상(Hald, 2012)이나 예를 들어 치매 사례에서의 퇴화에도 불구하고 활력 형태를 지각할 수 있을 것이다(Ridder & Bøtker, 2019).

1980년대에 스턴은 유아의 행동과 표현에 있어서 부모가 어떻게 역동적인 활력 형태를 자동적으로 일치시키는지 연구했다. 정서적 조율을 하는 부모의 의도는 소위 말하는 것처럼 자녀와 함께 있고 공유하며 대인관계적 교감에 참여하는 것이다(Stern, 1985/2000). 정서 조율 외에도 스턴은 또 다른 현상인 '목적이 있는 오조율'을 기술한다. 이는 중요한 것이며 음악치료에 있어서도 그러하다. 만일 자녀가 울고 있다면 부모는 자녀의 슬픔에 조율하는 것으로 충분하지 않으며 위로도 해주어야 한다. 다시 말해서 목적이 있는 오조율인 것이다. 목적이 있는 오조율에서 부모는 예를 들어, 자녀를 활기 있게 만들고 신나게 하거나, 달래고 멈추게 하거나 진정시킴으로써 의식적으로 자녀의 활동 수준 또는 정서적 강도를 강화하거나 느슨하게 하고자 노력한다(Stern, 1985/2000). 예를 들어, (과도한) 각성의 근원을 제거함으로써 목적이 있는 오조율 없이 각성 조절이 가능하다. 그러나 목적이 있는 오조율이 있으면 유아와 보호자 간 각성 조절뿐만 아니라 정서적 공유가 가능하다. 이러한 방식으로 안정 애착뿐만 아니라 아동의 자기 조절 능력에 있어 신경학적 성숙이 확보된다(Hart & Bentzen, 2015).

음악치료에서 잘 알려진 방법 중 하나는 내담자의 비언어적 표현성(활력의 형태와 역동)을 일치시키는 것으로 이는 스턴에 따르면 정서적 조율로 이해될 수 있다. 게다가 즉흥연주의 접근은 기분 변화로 내담자를 도울 필요가 있다고 여길 때 (음악치료에서 동조화로 불리기도 하는) 목적이 있는 오조율의 활용을 가능하게 만든다(Schneck & Berger, 2006). "즉흥연주 음악치료의 모든 기본적 방법은 경험의 공유나 교류에 있어 활력 형태의 활용을 필요로 한다"(Stern, 2010, p. 154).

결론

음악이 기분에 영향을 미칠 수 있고, 긴장이 해소되는 단순한 경험에서부터 음악에 의해 유발되고 수반되는 긴 내적인 내러티브 '여행'에 이르기까지 여러 수준에서 내적 이미지를 이끌어낼 수 있다는 것은 잘 알려진 사실이다(2.5장 참조). 인간의 진화사에서 의사소통적 음악성, 활력 형태와 원-내러티브의 초기 출현 및 중요성은 음악에 속한 문화적 또는 개인적 의미와 무관하게 음악적 내러티브의 흔한 매력을 포함하여 모든 인간 문화에서 음악의 중추적 역할을 이해하는 데 있어 중요한 요인이다.

말로크와 트레바튼(2009)이 편저한 의사소통적 음악성에 관한 종합 문집에서 다양한 분야의 연구자들은 진화론, 신경학, 인류학, 발달심리학, 정신병리학과 비교하여 의사소통적 음악성을 논의한다. 연구자들은 모두 생애 초기뿐만 아니라 일반적으로 인간의 생애 동안 선천적인 의사소통적 음악성이 수행하는 중요한 역할을 입증하고 강조한다.

초기 상호작용에서 심리 장애의 결과는 상호작용 내 의사소통적 음악성의 질에서 명확히 나타난다. 심각한 우울이 있는 어머니의 초기 상호작용은 보통 현저히 낮은 각성의 수준, 더 낮은 목소리 음고, 하행음의 윤곽, 느린 템포와 긴 휴지부가 특징이다. 상호작용은 그 자체로 저조하게 동기화되며, 유아는 일반적으로 더 수동적이고 표현과 소리의 레퍼토리가 더 적다. 장기적으로 이러한 조율의 결여는 아동의 애착 행동과 인지 발달에 악영향을 미칠 것이다(Marwick & Murray, 2009). 중증 정신, 신체 장애 아동과의 상호작용은 훨씬 더 도전적인데 한편으로는 아동이 일반적으로 한시적인 사회적 상호작용에 참여하는 데 어려움이 있기 때문이며(예를 들어, 이들은 훨씬 적은 정도로 상호작용을 시작하고, 반응 시간이 더 길어진다) 다른 한편으로는 부모가 자녀의 정서적 의사소통에 조율하는 데 어려움을 찾을 수 있기 때문이다. 원인이 무엇이든 우리는 말로크가 한 것처럼 결론 내릴 수 있다. "정서를 공유하는 능력이 손상될 때, 의사소통적 음악성의 요소들이 그 능력을 덜 '음악적'으로 만드는 방식으로 바뀌는 것으로 보인다"(Malloch, 1999, p. 48).

이러한 관점에서 상호작용의 초기 형태에 나타난 음악적 특질의 (문화적인) 음악적 부연은 타인의 사회적 이니셔티브를 사회적으로나 인지적으로 의미 있게 지각하는 데 어려움이 있는 내담자 집단을 도울 수 있음이 분명하다. 이 책의 제4부는 이것이 어떻게 수행되는지에 대한 구체적인 예를 제공한다.

2.3.5 놀이와 음악치료

카레테 스텐세트

음악과 놀이[6]는 밀접하게 관련된 현상이다. 영어로 '플레이'는 고대 영어의 동사 '플레가 plega'에서 유래되었으며 놀이하는 것이나 음악을 만드는 것을 의미한다. 영어 '플레이'의 노르웨이어와 덴마크어 버전은 북유럽 통일 이전의 언어인 '라이크르leikr'와 '라이카leika'에서 유래되었으며 두 단어 모두 게임, 춤과 운동/신체 운동을 의미한다. 특히 아동에게 있어 음악과 놀이는 자신의 존재 방식을 기술하는 전체의 한 부분이다(Steinsholt, 2002). 우리는 놀이와 놀이에 대한 이해가 치료로서의 음악, 치료에서의 음악과 분명히 연계된 것을 알고 있다.

놀이의 측면은 음악치료에서 특히 즉흥연주로 나타날 수 있다. 즉흥연주는 음악치료의 기본이며 음악치료를 정의할 수도 있다(Stensæth, 2008, 2017). 따라서 이 맥락에 포함되어야 한다. 음악치료에서 즉흥연주는 음악과 인간 간 관계를 탐색하는 것이다. 여러 음악치료사가 이에 관해 저술했다(Aigen, 1991, 1995, 2005; Bruscia, 1997, 2000; Garred, 2004; Holck, 2002; Kenny, 1989; Nordoff & Robbins, 1977/2007; Pavlicevic & Ansdell, 2004; Stensæth, 2008; Wigram, 2004).

캐럴린 케니(1989)가 탁월한 놀이의 장으로서 음악치료의 철학을 발전시킨 반면 켄 브루샤(1994)는 그 모든 것에서 놀이를 인식할 수 있는 다양한 즉흥연주 모델을 기술하는 데 600쪽 이상을 할애했다. 브루샤는 '독창적이고, 자발적이며, 지금-여기 지향적이고, 충동적인' 측면을 강조하며, 음악치료의 즉흥연주에는 항상 창작과 연주가 동시에 수반됨에 주목한다(Bruscia, 1994. p. 5).

음악치료사, 특히 아동과 함께 일하는 치료사들에게 놀이와 그 의미에 대한 이해는 필수적이다. 놀이의 의미를 인식하기 위해서 치료사들은 먼저 놀이의 형태와 기능, 음악치료에서의 효과에 주목해야 한다. 음악치료에 활용되는 다양한 즉흥연주의 방법과 기법의 중요한 특징으로서 놀이는 특정한 놀이 이론에 좌우되어 이해하는 것보다 더 중요하다.

---

6 본문에도 제시되었듯이 play는 놀이와 연주라는 중의적인 의미를 가진 말로, 맥락에 따라 '놀이'와 '연주'로 번역하였으나 중의적 의미 그 자체로 해석하여도 무방할 것이다(역자 주).

이 장에서 나는 질문할 것이다. "놀이란 무엇인가?" 다음으로 음악치료 맥락에 중요한 측면들이 전개되기 전에 놀이에 대한 심리학 이론들을 조금 살펴볼 것이다. 이는 러시아의 문학 이론가 바흐친의 '축제'[7]를 은유로 적용함으로써 수행되었다. 음악치료의 전반적 이해와 실제에서 놀이가 어떤 의미를 지닐 수 있는지도 탐구할 것이다.

놀이란 무엇인가?

1950년대에 스페인의 철학자 요한 하위징아(1955)는 자신의 책 호모 루덴스('놀이하는 인간')에서 놀이에 대한 사고를 발전시켰다. 하위징아는 놀이가 문화 발생의 시초임을 시사한다. 문화는 인간 사회를 전제로 하기 때문에 놀이는 문화보다 오래된 것으로 간주된다. 슐츠와 라벤다(1990) 같은 인류학자에 따르면 놀이에 대한 서구의 지각은 부정적 성격을 지닌다. 이는 주로 놀이가 '아닌 것'을 명시하는 데 골몰한다. 놀이는 일이 아니며 '진짜'가 아니고 진지하지 않으며, 생산적이지 않다. 슐츠와 라벤다에 따르면 다음과 같이 설명될 수 있다. 놀이는 일상생활의 현실에 대한 경멸과, 이성이 억제하기에 매우 어려운 혼돈과 우연의 수용에 있어서 의미가 없어 보이므로 서구의 과학에서 '문제가 있는' 것일 수 있다 (Schultz & Lavenda, 1990). 놀이는 간단히 포착하기가 어렵고 우리의 이론 체계에는 거의 적합하지 않다.

아동이 놀이할 때 놀이의 특성을 알아채는 것이 더 쉽다. 그러고 나서 우리는 놀이가 즐겁고 임의적이며, 자발적이고 표적화되지 않음을 알 수 있다. 아동의 놀이 목적은 놀이의 밖이 아니라, 놀이 (안) 또는 놀이하기의 즐거움에 있다(Axline, 1947; Bae, 2004; Løkken, 2004; Reisman & Ribordy, 1993; Steinsholt, 2002). 아동에게는 결과적으로 놀이를 계속하는 것이 가장 중요할 것이다. 놀이를 존속시키는 것은 무엇이 재미있고 재미있지 않은지에 의해 결정된다. 그러므로 놀이는 어떤 것을 수행하려는 외적인 목적이나 외적인 동기부여가 아니라 내적인 동기부여, 내적인 욕망에 의해 좌우된다. 이는 놀이 불변의 특징이며 아마도 다수의 다른 현상과 가장 잘 구별되는 것이다(Lillemyr, 1997; Olofsson, 1994; Steinsholt, 1998).

아동은 무엇이 놀이이고, 무엇이 놀이가 아닌지를 결정한다. 그레고리 베이트슨(1973)

---

[7] 일반적인 문헌에서 바흐친의 개념은 흔히 '카니발'로 원어를 차용하여 기술하는 경우가 많으나, 본문에서는 그 의미를 강조하여 '축제'로 번역하였다(역자 주).

과 비르기타 크누스도테르 올로프손(1987)에 따르면 아동은 때로 '이것이 놀이다'라는 메타-커뮤니케이션을 통해 외부 세계로 신호를 보낸다. 이 신호는 놀이가 언제 시작되고 끝나는지 전달하는 체제를 제공한다. 베리트 바에(2004)는 아동이 놀이를 통해 주체로서 자신을 주로 표현한다고 강조한다. 바에는 놀이가 학령 전기 아동의 삶을 지배한다는 것에 주목한다. 놀이는 유희적이지 않은 것과 대조된다. 놀이에서, 특히 가장 놀이에서 아동은 자신만의 비밀 세계를 조성한다. 아동은 놀이 활동에서 외부인을 능동적으로 배제함으로써 최선을 다해 비밀 세계를 보호한다. 그러므로 참여자가 되려면 놀이의 '규범'을 이해하고 규범에 따라 놀이할 수 있어야 한다.

놀이는 행위와도 밀접하게 연계된다(Bae, 2004; Løkken, 2004). 러시아의 심리학자 레온티예프(1977)는 놀이가 2가지의 중요한 요소, 즉 a) 행위의 필요성, b) 행위를 수행하는 데 필요한 행동 간 갈등을 처리할 수 있다고 주장한다. 놀이의 동기는 결과가 아니라 행위의 내용에서 찾을 수 있기 때문에 놀이만이 이 갈등을 해결한다. 헝가리계 미국인 연구자이자 심리학자인 칙센트미하이(1985)도 놀이의 기본 가치에 대해 논의할 때 가장 중요한 특징으로 행위를 강조한다. 칙센트미하이는 행위가 어떻게 '몰입'을 유도하는 경험으로 이어지는지에 관심이 있다. 이는 성인과 아동이 개인의 창의적, 신체적 능력에 상응하는 균형 잡힌 방식으로 어떤 것에 몰두할 때의 상태 특성이다. 칙센트미하이는 몰입이 2가지 차원과 관련하여 이해되어야 함을 설명한다(Csikszentmihalyi, 1985).

- 개인의 행위 가능성과 행위 도전
- 개인의 행위 기술과 행위하는 능력

첫 번째 항목은 (자연적이거나 조정된) 외적인 자극, 두 번째 항목은 내적인 자극(예 : 정신 능력과 학습)과 관련된다. 몰입은 이 둘 간에 성취되는 내적 상태이다. 몰입 경험은 매우 동기부여적이며 경계를 허문다. 칙센트미하이에 따르면 몰입은 최적의 경험이며 그 자체로 가치가 있고 목적이 없으며, 살아있다는 강한 느낌과 '지금 여기'에 존재하는 것이 특징이다. 이는 일반적으로는 모든 창의적이고 심미적인 활동의 특성이자 구체적으로는 놀이의 특성이다.

몰입에 대한 설명은 비고츠키(1995)의 근접 발달 영역Zone of Proximal Development, ZPD에 대한 이론과 유사하다. 근접 발달 영역에서 비고츠키는 아동이 성인의 안내 또는 다른 아동과의 협력으로 도달하는 것을 관리할 수 있는 영역을 나타낸다. 그다음에 근접 발달 영역은 기존의 발달 수준과 잠재적 발달 수준 간 거리가 될 것이다. 놀이에서 아동은 보통 발달보다 앞선다. 비고츠키에 따르면 놀이를 통해 아동은 가장 가까운 발달 영역으로 성장한다.

생활이자 존재의 방식으로 놀이에 대해 이야기할 때(Steinsholt, 2002 참조), 우리는 학습이나 발달, 또는 그 문제에 대한 치료와 연계되는 가치가 아니라 놀이의 존재론적 가치를 이야기한다. 우리는 놀이가 어떻게 인간으로서의 우리를 설명하는 것을 돕는지에 대해 이야기한다. 철학자 프리드리히 폰 실러(1759~1805)는 우리가 놀이할 때 더욱 인간적이라고 주장했다. 실러(1969)에 따르면 이는 우리가 놀이 안에서 인간으로서 우리의 고유한 실존과 만나게 됨을 의미한다. 그러므로 놀이는 실러가 이상적인 생활 형태라 기술한 것 안에서 인간성을 드러낸다. 본질과 형식 간 조화에서 유발되는 관계는 디오니소스적인 것(통제되지 않은, 흥분된)과 아폴론적인 것(통제된, 가라앉은) 간의 관계와 아주 유사한 것으로 지각될 수 있다(Lillemyr, 1997; Varkøy, 1993). 여기서 실러(1969)가 '놀이 추동'이라 명명한 것이 일어난다. 실러는 모든 예술 경험의 전제조건으로서 놀이 추동을 기술한다. 오직 놀이하는 사람—예술과 아름다움에 의해 영혼이 육성되고 감동되는 사람—만이 충만한 인간이 된다(Myhre, 1976). 자유롭고 역동적이며 즉흥적인 것과 더 엄격하고 구조적이며 규칙적인 것 간의 긴장 안에서, 놀이는 균형을 가장 잘 만들 수 있는 것이다. 그때 예술과 미학은 최고의 보조재이다.

철학자 수잔 랭어(1953/1977)는 음악, 의례와 같은 예술적 표현이 언어에서 활용되는 기호를 통해서가 아니라면 접근할 수 없는 내면 생활에 접근할 수 있는 상징이라고 말한다. 랭어는 이것이 어느 정도 기호에 대해 사고하고 이해하려는 인간의 요구 때문이라고 설명한다. 우리는 모두 어떤 현상을 또 다른 현상을 통해서 '보고자' 한다. 이는 내가 음악치료의 은유로 선택한 놀이, 또는 축제에서 일어나는 것이기도 하다.

랭어는 2종류의 상징적 언어, 즉 담론적 상징과 표상적 상징에 대해 언급한다. 담론적 상징 언어는 견고하고 안정적인 의미와 설명으로 작용한다. 표상적 상징 언어는 이와 다르다. 이는 고정된 의미에 얽매이는 것이 아니라, 무엇보다도 전체로서 경험되고 지각되어야 한다. 덴마크의 심리학자 토르스텐 잉에만 니엘센은 더 보편적으로 인지 범주화와 상징화를 유사하게 구별한다(Bonde, 2009, p. 264 참조). 이성과 과학이라는 범주가 존재라는 주제와 관련하여 우리가 더 나은 행위를 하도록 돕는 반면, 상상과 예술이라는 상징은 우리가 그 주제들을 접하도록 돕는다.

놀이에 대한 몇 가지 심리학적 이론

성격 이론은 정서와 무의식적 동기의 표현으로서 아동의 정신 발달에 미치는 놀이와 그 중요성에 관한 것을 알려준다. 심리학자 에릭 에릭슨(1902~1994)은 놀이가 정상적 성격 발달에 영향을 미치며 아동의 정체성 발달에 놀이가 매우 중요하다고 믿었다. '그러므로 놀이는 자기와 신체적, 사회적 과정을 동기화하고자 하는 자아의 기능'이라고 에릭슨은 서술한다(1974, p. 185). 에릭슨은 놀이를 학습과 숙달로 가는 '왕도'라고 명명한다. 놀이에서 아동은 학습 성향을 발달시킨다. 동시에 놀이는 욕망, 동기부여와 숙달을 증진한다. 그러므로 에릭슨에 따르면, 자유 놀이는 생활을 위한 교육이자 정신건강의 주요 전제조건이 된다(ibid.).

그러나 학습에 관심이 많은 아동은 성인 멘토와 역할 모델을 필요로 한다. 에릭슨은 놀이를 창의적 과정으로 보기도 한다. 에릭슨은 실제로 아동의 놀이를 성인의 연구 및 예술 표현과 비교한다. 놀이를 통해 아동은 무의식적 동기와 기본적 추동을 사회적으로 용인되는 방식으로 자유롭게 표현할 수 있다. 게다가 놀이는 불안과 갈등을 해결할 수 있다. 에릭슨은 놀이에서 아동이 불안을 경험하거나 자신의 정체성이 위협받는다고 느낄 때 퇴행을 통해 스스로를 방어할 것이라고 믿는다. 대신에 프로이트는 놀이가 고통스럽고 괴로운 감정에 대한 소산이며, 보상적 경험과 좌절의 해소를 제공할 수 있다고 주장한다.

인지 이론은 아동의 지적 발달, 예를 들어 지각, 기억, 상상, 언어, 그리기 등과 놀이를 연계한다. 심리학자 장 피아제(1896~1980)는 근대 교수법과 놀이에 대한 연구의 선구자이다. 피아제는 놀이가 행동, 문제 해결과 실험의 무대라고 말한다. 아동의 발달에서 놀이는 동화의 가장 중요한 형태이며, 아동이 자신의 경험을 다루는 것을 시험하고 학습하는 것을 통한 활동이다. 피아제는 아동의 지적 발달 단계가 다양한 발달기에 일어나는 놀이의 형태에 반영된다고 주장한다. 피아제는 아동의 연령에 따라 각기 다른 시기로 지적 발달을 구분한다.

- 0~2세까지의 감각운동기에 놀이 활동과 좀 더 일반적인 지적 활동을 구별하는 것은 1~2세 사이의 전이에서만 의미가 있다. 이 시기에는 연습 놀이가 우세하다. 연습 놀이에서 아동은 걷고, 뛰며, 기어오르고, 세발자전거를 타면서 자신의 기술을 연습한다. 연습 놀이는 특히 운동 기술을 증진한다.
- 상징 놀이는 아동이 자신의 요구에 주변을 적응시키는 놀이로 정의된다(1.5~3세).

아동은 사물이 그것과 다르다고 상상하는 법을 학습한다. 아동은 놀이에서 상징도 활용한다. 아동은 다른 사람과 함께 그림 그리고 (음악적으로) 소통한다. 이 발달기에 아동은 보통 나란히 놀이한다(병행 놀이라고도 불림). 상징 놀이는 연습 놀이에 기반을 둔다. 여기에서는 각기 다른 사물과 사물의 집단 간 연계를 볼 수 있다.

- 전-조작기(2~7세)에는 전 개념이 발달되고 언어 발달과 그 맥을 같이하는 정신 수준에서 공식과 도식이 형성된다(Lillemyr, 1999). 이 시기에는 아동의 수 개념과 다른 인지 기술들이 급격히 발달한다. 아동은 말 상징을 활용하고 시간(과거와 미래)에 대한 이해를 습득하며 자신이 한 행위의 결과를 볼 수 있다. 아동은 놀이(역할 놀이)할 때 '가장'도 할 수 있다.

- 규칙을 수반하는 게임은 구체적 조작기(7~11/12세)에 두드러진 놀이의 방식이다. 이 단계에서 아동은 더욱 논리적이고 목적적으로 사고할 수 있으며, 아이디어와 말의 도움으로 마음속에서 점점 더 많은 과제를 해결할 수 있다.

피아제와 대조적으로 다른 환경 지향 이론들은 환경적, 사회적, 문화적 결과를 강조한다. 비고츠키(와 레온티예프)는 이러한 이론들을 대표한다. 앞서 언급한 근접 발달 영역으로, 비고츠키(1995)는 아동이 성인의 안내 또는 다른 아동과의 협력으로 많은 것을 성취하도록 관리할 수 있다고 믿는다. 인간은 다양한 형태의 (사회적) 활동을 통해 현실성을 획득한다. 놀이는 6세경 유아기에 우세한 활동임에도 불구하고, 비고츠키는 3~6세에 놀이가 스스로 나타난다고 주장한다. 이후에 놀이는 학습의 우세한 활동이 된다(ibid.). 언어, 사고, 사회적 이해와 목적적으로 작용하는 능력은 놀이를 통해 발달한다. 상징 놀이는 아동의 추상적 사고 능력도 발달시킨다.

상호작용 이론은 사회적 상호작용으로서, 또한 의사소통으로서의 놀이를 강조한다. 베이트슨(1904~1980)은 놀이 능력이 여러 수준에서 의사소통 능력과 관련된다고 믿었다. 아동은 자신이 참여한 놀이 역할과 일치하는 방식으로 의사소통하면서 '이것이 놀이다'라는 신호를 주고받을 수 있어야 한다. 예를 들어, 아동은 말, 신체 언어와 다른 신호의 수단으로 이를 수행할 수 있다. 이 형식은 보통 음악, 춤과 드라마가 특징이다(Lillemyr, 1999; Stensæth, Wold & Mjelve, 2012).

위니콧(1971)은 더 나아가 정신분석 이론에 기반을 두었으나, 내적 현실과 외적 현실 간 제3지대로서 놀이에 관한 새롭고 흥미로운 이론들을 도입한다. 위니콧은 놀이가 이미 유아 안에 존재하며 놀이에 진입하는 것은 아동이 나머지 세계에서 벗어나 스스로를 자유롭게 하고, 자기 스스로를 지각하며 관리하는 과정에서 중간 현상이자 중간 대상으로 활용된다고 말한다. 위니콧에게 있어 놀이라는 제3의 공간은 아동에게만 국한되지 않는다. 이는 우리 모두가 전 생애에 걸쳐 모든 종류의 창의적 활동에 수반하는 것이다. 대신에 발달은 다른 사람들과 놀이라는 제3의 공간을 공유하는 법을 학습하는 것으로 구성된다(ibid.).

이 맥락에 포함되어야 하는 다른 관점은 유아기 아동의 놀이에 대해 상세한 연구를 수행했던 헬렌 슈바르츠만(1978)에 의해 제시되었다. 슈바르츠만은 아동들이 (말로 또는 말 없이) 놀이의 구조를 표현함을 밝혔다. 구조적 요소들은 시작하기, 만남 확립하기, 거절하기, 만남 중단, 놀이 지속, 놀이 규정, 수용하기, 재규정하기, 재시작하기, 놀이 중단으로 구성된다. 슈바르츠만은 비고츠키의 이론을 따르나, 아동이 평등한 조건에서 동등한 관계로 놀이하지 않는 것에 주목한다. 어떤 아동은 놀이 안으로 들어갔다 다시 나가고 규칙을 어기는 능력과 힘을 가지고 있으나, 다른 아동들은 그렇지 않다. 베이트슨처럼 슈바르츠만은 자유 놀이보다 더 구조화된 다수의 놀이 형태를 규명한다. 슈바르츠만은 성인에게서도 이러한 것들이 얽혀있기 때문에 놀이와 일 간 격차를 당연시할 수 없다고도 말한다. 덴마크의 아동 문화 연구자인 플레밍 모우리첸의 놀이와 놀잇감에 대한 접근은 슈바르츠만에 의해 크게 영향을 받았다. 이는 지형적이고 위계적인 맥락에서 놀이를 보는 것과 관련이 있으며 거기서부터 놀이를 해체, 해설과 비평의 한 형태로 보는 것이다(Mouritzen, 1996). 게다가 수잔 아이작스(1930, 1933)는 미셸 푸코(1961)가 '광기'에, 미하일 바흐친(1986)이 '문화와 축제'에 한 것처럼 놀이에 동일한 역할과 기능을 할당한다. 아이작스는 틀 놀이frame play와 유치하고 우스꽝스러운 수수께끼도 이와 같은 패러디로 여긴다. 동시에 이는 심화된 사고와 언어 실험이다. 개인적으로 나는 미하일 바흐친의 '축제'가 음악치료에서 어떻게 놀이가 구체화되는지에 대한 좋은 은유라고 생각한다(Stensæth, 2017).

축제로서의 음악치료

바흐친(1981)은 중세의 축제에 대한 기술에서 인간이 보통 '비도덕적'이거나 '비이성적'일 수 있는 상징적이고 의례적인 행위를 통해 어떻게 정서, 꿈, 유토피아를 표현할 수 있는지에 대한 개요를 간략히 설명한다. "축제를 하는 동안 시공간의 고유한 경험은 개인을 집단의 일부로 느끼게 만든다. 이때가 개인이 그들 자신이 되기를 멈추는 때이다. 이러한 교차

지점에서 그들은 의상과 가면을 통해 신체를 맞바꾸고 새롭게 한다. 동시에 개인의 감각적, 물질적, 신체적 통일성과 공동체 의식에 대한 인식이 증가한다"(ibid., p. 51). 축제는 정서적으로 탐색과 상호작용에 참여하는 공간을 제공하는 일종의 표현을 위한 무대가 되었다. 동시에 부자와 가난한 사람, 귀족과 노예 간 힘의 균형이 맞추어졌다. 그러므로 축제 참여자들은 가면, 웃음과 엉터리 흉내를 활용하여 자기와 자기의 다른 정체성을 시험할 수 있었다. 신체가 특히 두드러졌는데, 신체의 경험은 갱생과 활력을 처음으로 부여한 것이었다.

놀이에 대한 노르웨이의 철학자 셰틸 스테인스홀트(2002)는 바흐친의 축제를 놀이의 본질적 가치로 전환시킨다. 스테인스홀트는 놀이를 '축제 생활'이라 기술한다. 이는 겉에서 보기에 파편화되고 무작위의 혼란처럼 보이더라도 의미, 욕망과 기쁨으로 빛나는 생활이다. 여기서 무대는 비합리적이고 의미 없는 것을 모두 포함하는 삶의 형태로 조성된다(ibid.).

만일 우리가 스테인스홀트의 축제에 대한 기술을 음악치료에서의 즉흥연주 모델로 바꾼다면 가장 중요한 측면은 다음과 같다.

- 모든 참여는 자발적이다.
- 개인의 목소리가 들린다. 이는 개인이 어떻게 보이는지와 관계없이 모두의 표현이 고유하고 가치 있는 것임을 의미한다.
- 노래하기, 춤추기, 움직이기, 그림 그리기와 색칠하기, 분장하기(가면이나 상징으로 정의될 수 있음)와 같은 활동이 강조된다.
- 웃음과 기쁨은 널리 퍼진다.
- 의미 있는 '지금 여기'가 기본이다.

축제로서의 즉흥연주는 표적 체제 역할과 능동적 참여자가 시공간을 망각하고 경험으로서의 음악적 표현에 완전히 몰두하는(몰입을 포함할 수 있는) 역할 간 교류의 기회를 개방한다(Stensæth, 2008, 2017; Stensæth et al., 2012).

이 모든 것이 음악치료에서 어떤 의의를 지닐 수 있을까? 예를 들면, 음악치료사가 음악치료에서 아동을 환영한다고 해보자. 첫째, 음악치료사가 축제풍의 분위기를 조성하는 것이 중요하다. 여기서 아동은 자신의 선입견을 가지고 자유롭고 즐겁게 참여하도록 초대된다. 아동에 대한 치료사의 견해는 매우 중요하다. 케니(1989)가 음악치료에 대한 자신의 비전을 그린 것처럼 음악치료사는 하나의 장, 아름답고 전체적이며 완전하고 심미적인 장으로서의 아동을 상상할 수도 있다. 치료사는 자유 놀이에 대한 욕망과 몰두를 끌어내기 위해 음악을 활용할 수 있다. 케니가 그러한 것처럼 음악치료는 "하나의 장으로서 아동을 확장하거나 재편성할 수 있다"(ibid., p. 74). 아동과 함께 음악치료사는 먼저 (음악적) 궤도를 만들 수 있고, 그 안에서 아동은 궤도를 펼칠 수 있다. 그다음에 음악치료사의 임무는 아동과 함께 축제에 입장하는 것이다. 이 단계는 문제 해결 및 음악을 무의식적 과정과 같은 어떤 것의 상징으로 보는 것에만 초점을 두지 않는 과정에 진입하는 것을 수반한다(Haavind, 1996; Stensæth, 2008). 만일 음악치료사가 자신과 아동이 몰입해야 하는 것에 대해 매우 좁은 지각을 가진다면 상호적 초점을 두기 어려울 수 있다. 그러나 만일 음악치료사가 아동과 함께 설명할 수 없는 것과 비이성적인 것을 포함하여 그들 간 상호작용의 여러 표현에 개방적이라면, 두 사람 모두 지금 여기에서의 참여적이고 가시적인 어떤 것에 집중하는 것이 가능해진다(ibid.). 이는 그들에게 (놀이에서의 규범과 같은) 게임의 규범을 이해하는 것과 상호작용의 주제를 지각하는 것에 대한 개념을 인식하는 감각을 서서히 제공하기도 한다[홀크(2002)의 용어인 음악치료의 '상호작용 주제'와 비교]. 따라서 음악치료의 즉각적 목적은 어떤 것이 무엇을 의미할 수 있는지 보는 새로운 도구를 제공하는 것이 아니라, 아동이 이미 가진 것보다 더 넓은 범위의 상호작용 형태를 규명하는 것이다.

축제에서는 아동의 행위와 신체가 관심의 중심에 있다. 아동은 다수의 음악적 표현 형태가 허용되는 음악하기라는 형식에 참여한다(Small, 1998). 게다가 음악과 즉흥연주를 통한 경험은 '신체 도식'(Ruud, 1997, p. 10), 예를 들어 아동이 되찾을 수 있는 경험으로 저장되어 아동의 신체에 머무를 것이다. '음악은 구현되고 체화되는 특별한 능력을 가지며' 이러한 이유로 '기억 생성의 주요 촉매'이기 때문에 아동의 신체는 경험을 '기억할' 것이다(loc.cit.). 이는 현상학자 메를로퐁티가 주목한 것과도 잘 어울린다. 메를로퐁티는 기술과 동작은 함께 있어야 하며 그 안에는 아동에게 유의한 경험인 '나는 할 수 있다'라는 인식이 자리한다고 말한다(Merleau-Ponty, 1945/1994; Duesund, 1995도 참조). 만일 아동이 음악치료에 능동적으로 참여하는 것을 방해하는 신체를 가진다면, 음악치료사는 아동의 동작, 행위, 소리를 강화하고 명료화함으로써 아동의 신체와 목소리를 확장하여 행위할 수 있다.

이러한 방식으로 우리는 축제가 욕망 및 정신 자원의 과잉과 어떻게 연계되는지 볼 수 있고, 도전적인 이슈를 위한 공간을 제공하기도 한다. 음악치료사들에게 있어 이는 어려운 것을 보류하는 문제가 아니라 창의적이고 낙관적인 근원의 영역을 규명하도록 돕는 문제이다. 이는 아동이 어려운 이슈에 동참하는 것을 가능하게 하는 힘을 제공한다는 것이다. 그래야 아동을 위한 음악치료가 한 상태에서 다른 상태로 움직이며 사람, 현상, 상황과의 관계, 또는 자기 자신과의 관계를 변화시키며 돌아갈 수 있다(Ruud, 1998; Stensæth, 2002). 이러한 방식으로 놀이와 축제는 실제적이고 성찰적인 경험의 무대와 형식을 제공한다. 이는 근본적으로 인간적이며, 음악 교육자 엘리엇이 명명한 '행위에서의 사고'와 '행위에서의 앎'의 형태를 필요로 한다(Elliott, 1995, p. 54). 놀이와 축제 모두가 필요로 하는 것처럼 먼저 의미 있는 '지금 여기'를 조성함으로써 행위에 새로운 가능성을 부여하는 음악적 패러다임에 기여하여(Ruud, 1998, 2010), 관계와 음악은 음악치료를 최대한 효과적으로 만드는 바로 그 요인이 될 수 있다. 다음에 아동은 이후의 동기부여와 성장에 기여하는 풍부하고 음악적이며, 심미적이고 감각운동적인 경험을 습득할 수 있다.

그러므로 아동이 (놀이할 때처럼) 음악치료를 활기찬 것으로 경험하고, 신선하고 새로운 요소들이 끊임없이 추가되는 장소로 경험하도록 하기 위해서 우리는 즉흥연주 안에서 지속적으로 유지되는 축제 양식의 중요성을 인지한다. 음악은 이러한 경험을 위한 훌륭한 매체이다. 템포를 높이거나 낮추고 리듬, 소리, 강도를 다르게 하며 전조하고, 음악적 표현으로 실험하고 즉흥연주함으로써 강도를 유지(하고 연주를 지속)하는 것이 가능하다. 게다가 아동뿐만 아니라 음악치료사도 음악과 정서 간 밀접한 관계 때문에 쉽게 참여하고 달라진다. 이는 치료사가 아동과 놀이에 마음을 여는 것을 도울 수 있다.

이는 음악치료사가 자신의 경험을 아동과 진심으로 공유하기 바라고(Stensæth, 2010, 2011; Stensæth et al., 2012), 음악적인 상호 주관적 관계에 진입하고자 하는 것을 장려할 수도 있다(Fink-Jensen, 2007; Holgersen, 2007; Stensæth, 2010). 이것이 일어나는 방식은 음악치료사와 아동이 동시에 서로 음악과 행위를 함께 표적으로 삼는 것이다. 다시 말해서, 음악치료사와 아동은 서로에게 음을 맞추며 스턴(1985, 2000)이 '정서 조율'이라 명명한 것을 경험한다. 이러한 방식으로 아동, 치료사, 음악 간 삼자 관계가 만들어지고 아동의 반응성에 참여하며 치료의 기반을 형성한다(Stensæth, 2017).

맺음말

놀이와 즉흥연주가 여러 수준과 각기 다른 방식으로 음악치료에 스며드는 것은 분명하다. 바흐친의 축제는 음악치료가 어떻게 형식과 내용 모두 놀이와 관련된 것으로 이해될 수 있으며, 지적, 정서적, 생물학적, 신체적(운동 기술 등)으로 관련된 사람들에게 영향을 미치는 방식으로 이해될 수 있는지에 대한 은유이다. 축제는 음악치료가 어떻게 아동이나 성인 내담자에게 말이 제공하는 것과 다른 경험을 제공할 수 있는지에 대해 적절하게 설명하기도 한다. 음악과 즉흥연주를 통해 우리는 구어가 제공할 수 있는 것의 경계를 허무는 지각과 의견을 형성할 기회를 얻는다. 음악과 즉흥연주를 통해 즐겁고 축제풍의 분위기를 조성하는 것이 매우 쉽기 때문에 음악치료는 다른 치료가 실패할 수 있는 곳에서 많은 것을 이룰 수 있다. 우리는 음악과 즉흥연주를 언어 문제가 있거나 언어 결핍이 있는 내담자들에게 특히 중요할 수 있는 표상적인 상징 언어로서 간주한다. 여기에 개요가 간략히 설명된 놀이에 대한 이해와 더불어 음악과 즉흥연주는 말이 충분하지 않은 사람들의 대안이 된다.

2.4 초월심리학, 통합심리학

이 절은 2개의 작은 장으로 나뉜다. 먼저 음악치료에서의 강렬한 경험에 대한 연구와 관련이 있는 '내맡김'이라는 개념을 포함하여 초월적 상태에 관한 당대의 상호 주관적 이론과 관계적 이론을 간략히 제시한다. 다음으로 미국의 철학자 켄 윌버와 윌버의 '통합심리학'에 대한 짧은 소개가 이어진다. 이는 가장 기초적인 것에서부터 가장 생소하고 불가사의한 것에 이르기까지 심리적 발달 과정의 이해에 대한 일관성 있는 이론적 공헌이다.

2.4.1 상호 주관성과 '내맡김'

카타리나 모르텐손 블롬

내맡김의 과정과 정신건강

내맡김이라는 개념(스웨덴어로 överlåtelse)은 역사적으로 종교와 종교심리학에 기원을 두며 모든 종교적 전통에 자주 등장하고, 초월성과 영적 발달로 향하는 경로의 단계나 중대한 상태가 특징이다(Geels & Wikström, 1999). 그러한 면에서 현상으로서의 내맡김은 보편적으로 대부분 문화의 종교적 전통에서 발견된다(Eliade, 1957, 1987).

심리학과 심리치료에서, 심리학적 개념으로서의 내맡김은 관계적 정신분석가와 심리치료사들에 의해 조명되었다(Benjamin, 1995, 1998; Ghent, 1990; Mitchell & Aron, 1999; Sanders, 2002). 심리치료를 찾는 사람들은 보통 자신의 문제와 고통에 자리한 초월성에 대한 깊은 갈망을 수반한다는 것에 대한 인식이 증가하고 있다. 심리치료의 상호 주관적 전환은 상호 주관성과 주관성이 어떻게 좀 더 전통적인 서구의 개념인 개인성과 자율성에 도전하는지 제시하였다. 겐트와 벤저민은 온전한 주관성이 어떻게 '제3자'를 받아들이거나 굴복하는 관계적 양식, 자기를 초월하는 것에 달려있는지 진술하는 것을 통해 공헌했다. 그렇게 하는 역량은 정신건강을 증진시킨다(Ghent, 1990). 겐트는 서술한다.

> 우리 문화의 여러 사람에게 있어 내맡김에 대한 소망은 여전히 숨겨져 있다. 어떤 사람 들에게 그것은 창의적이고 생산적인 방식으로 표현되며, 다른 사람들에게 그것의 파 생물은 두려움(이라는 가장 달갑지 않은 꼬리표)에 의해 정상 경로에서 방향을 바꾸어 병리적 형태로 나타난다(Ghent, 1990, p. 219).

관계적 심리치료 분야(Benjamin, 1998; DeNora, 2007; Mitchell, 2000; Mitchell & Aron, 1999) 내의 핵심 이슈는 치료사와 연구자가 어떻게 치료사와 내담자 간 상호작용과 협력 을 더 깊이 탐색하고 이해할 수 있는지와 관련된다. 그 이유는 인간 상호작용이 주로 의식 과 통제의 밖이나 그 너머의 요인들에 의해 ─ 암시적이고 무의식적인 영역 내에서 ─ 좌우 되는 것에 관한 지식이 발달하기 때문이며, 그 특질들이 심리치료의 긍정적 성과와 상관 이 있으므로 치료 동맹이 어떻게 발달하고 유지되는지 이해하는 것이 매우 중요하기 때문 이다(Norcross & Lambert, 2006). 모-아 상호작용에 대한 연구는 자녀와 부모가 상호작용 시간 중 정서적으로 조율된 것은 약 40퍼센트에 불과하다는 것을 나타낸다(Stern, 2004). 함께하는 나머지 시간 동안 부모와 자녀의 정서 상태는 서로 일치되지 않은 정서 상태에 있으며, 일치와 조율의 상태를 다시 연결하거나 복원하는 과정에 있다는 점에서 동기화되 지 않는다. 이러한 작업은 대개 '불화와 회복'으로 기술된다(Beebe & Lachmann, 1994).

제러미 사프란과 크리스토퍼 무란(2000)은 동맹과 협력을 발달시키는 과정에서의 이러 한 부분을 연구했으며, 치료적 관계에서 불화와 회복의 균형을 잡는 것이 심리치료의 좋 은 성과에 결정적이라고 진술한다. 치료적 관계는 치료사와 내담자 간 차이에 관해 지속 적인 명시적, 암시적 협의를 포함하며, 불화와 회복은 동맹을 강화한다. 욘스(2018)는 정 서 조절의 문제로 어려움을 겪는 아동을 대상으로 한 한시적인 상호 주관적 심리치료에서 상호 주관적 교류를 기술하는 데 음악 역동성의 개념들을 활용한다.

심리치료에서의 관계적 전환은 과정 대 내용을 강조한다. 자신들의 부모-유아 연구에 서 비브와 라흐만(1994)은 변화를 생성하는 관계적 패턴을 탐구했다. 이 과정에서 비브와 라흐만은 3가지 원리, '지속적 조절', '분열과 회복', '고양된 정서적 순간'을 기술한다. 한 편으로 불승인과 다름을 경험하고 다른 한편으로는 승인과 인정을 경험하는 것은 분열과 회복과 유사한 것으로 볼 수 있다.

내맡김의 과정은 확장된 의식 상태Altered States of Consciousness, ASC[8], 더 정확히 말하면 상태 간 이동, ASC로의 움직임과도 관련된다. 이 현상은 지극히 인간적이며 문화적 경계를 넘어 인류를 연결한다(Maslow, 1968, 1999; Smith, 1991; Wilber, 2006). 의식의 더 깊은 수준을 열고 연결될 때 우리는 필연적으로 인간으로서 우리 모두를 연결하는 것과 연결된다. 내맡김은 정신역동적, 문화적 수준을 넘어서 정체성과 자기, 모든 생명체와의 전체감, 통일감을 발견하도록 돕는다. 젠트가 언급한 것처럼 서구 문화에서 우리는 심신에 관한 데카르트의 이원성the Cartesian duality에 시달리며, 보통 방황하고 혼자라는 강한 느낌을 가지면서도 여전히 개인성을 과대평가한다. 우리는 이를 두려움이 여러 형태를 취하는, 실존적 '유기로 인한 우울'로 특징지을 수도 있다(Masterson, 2000).

거의 숨겨진 의도처럼, 우리의 서구 문화는 유기로 인한 우울의 치유를 도울 수 있는 클래식 음악의 압도적인 풍요도 만들었다. 이 치유가 심리치료적 체제 내에서 일어나므로 ASC와 내맡김의 과정은 초월적인 또는 영적인 경험을 생성할 수 있다.

GIM에서 내맡김의 과정 연구

서구의 클래식 음악이 활용되는 심상음악치료GIM에서의 초월적이고 영적인 경험의 변화 잠재력을 더 이해하기 위한 목적으로 GIM 전사본에 대한 소규모 연구가 수행되었다(Mårtenson Blom, 2010). 의도는 새로운 발달 및 관계 이론의 도움으로 GIM의 일반적인 심리치료적 변화 과정에 대한 이론적 이해를 발달시키는 것이기도 했다. GIM 세션 전사본에 대한 여러 이론 기반 분석을 통해 범주들이 구성되었다. 처음의 3범주는 내담자-치료사 대화에서 주의, 의도, 정서성 공유의 기본적 방식이다. 뒤의 3범주는 엄밀히 상호 주관적인, 승인, 불승인과 초월성/내맡김의 경험에 대한 공유이다. 표 2.4.1.1은 발달된 분석의 범주에 대한 간략한 설명을 제공한다.

전사본을 분석할 때, 초월적 경험과 영적 경험이 '트래블러의 **관계 맺기/관계 안에서의 존재 방식**, 내담자의 내적 세계 사건들의 경과와 음악, 치료사의 현존'과 어떻게 연계되었는지 명확해졌다(Mårtenson Blom, 2001, p. 12). 전사본에 기술된 내맡김 과정은 주의의 초점을 공유하고, 의도성의 방향과 음악 및 치료사와 관련하여 조율에 영향을 미치는 방

---

8 직역하면 변성된 또는 전치된 의식 상태라는 의미에 가까우나 본문에서는 심상음악치료에서 사용하는 용어인 '확장된 의식 상태'로 번역하였다(역자 주).

표 2.4.1.1 GIM 세션의 정의와 예가 동반된 분석의 범주(Bonde & Mårtenson Blom, 2016; Mårtenson Blom, 2010)

	분석의 범주	정의	GIM 세션의 예
1	주의의 초점 ― 주의 공유	경험적 장에서의 1인칭 기술과 표현에서, 트래블러의 주의 초점은 움직임과 방향의 출발점을 설정하는 것임	나는 스스로를 본다 나는 물을 느낄 수 있다
2	움직임과 방향 ― 의도 공유	의도, 방향, 움직임에 대한 기술과 표현은 다소 신중한 것으로 경험됨	따뜻한 공기가 나를 향해 오고 있다 아마 나는 떨어질 것이다
3	말과 표현으로 공유되고 전달되는 정서성 조율	관계적 시퀀스를 아우르고 채색하는 정서적 특질에 대한 기술과 표현(활력 정서 및 범주적 정서)	슬프고 우울한 유쾌하고 강한
4	주의, 의도 또는 정서성에서의 일관성/대응성 공유와 조절	인정 또는 승인과 소속감이라는 특질을 경험하는 것에 대한 표현. 보통 강력히 활성화되는 정서이기도 함	공기가 내 몸, 나의 균형을 잡는다 나는 내 발 아래 산을 느낄 수 있다
5	주의, 의도 또는 정서성에서의 차이/불승인의 공유와 조절	긴장, 차이, 불화 또는 불승인의 경험에 대한 표현. 보통 수치심이나 다른 억압된 정서이기도 함	나는 넘어지지 않기 위해 일을 해야 한다 두려움과 어지러움을 느낀다
6	'제3자', '더 위대한' 또는 '그 너머'와 관련한 내맡김	긴장의 장, 놓아주기와 초월하는 이원성을 수월하게 담아주는 표현, 핵심 정서와 핵심 상태의 특질	나는 자연과 연결되어 있다 나는 빛이며, 이는 내 안과 주변에 있다

식을 통해 내담자를 변화하게 했다. 확장된 의식 상태는 한편으로는 깊은 인식(범주 4), 다른 한편으로는 심화된 불승인 또는 분화(범주 5)의 경험 간 긴장의 장을 통해 조절되었다. 이러한 긴장의 장은 결국 이원성을 초월하는 초월적 또는 영적 성격의 경험으로 이어지는 내맡김 과정의 중요한 구성 요소로 밝혀졌다.

　내맡김은 심리적, 영적 발달에서 유래한 개념으로 모르텐손 블롬의 연구에서 '내맡김의 과정에서 발현되는, 내맡김이라는 관계적 양식'(범주 6)으로 더 발전되었으며 다음과 같이 정의된다.

> 주의, 의도, 정서성에서의 일치와 차이의 경험을 공유하고 조절하는 심화된 역량, 각기 다른 상호적 만남에서, '제3자', 자기 또는 다른 사람을 넘어서는 것, 또는 더 위대한 것과 관련하여 내맡김의 양식을 알 수 있다(Mårtenson Blom, 2001, p. 11).

관계적 양식의 측면에서 정의된 내맡김 과정은 정신건강에 비교문화적으로 중요할 수 있다. 문화적 차이는 마크와 다른 연구자들(Bonde & Mårtenson Blom, 2016; Maack, 2007)에 의해 규명된 문화-민감적 영역을 참조하여 치료적 관계에서 다루어질 수 있다. 앞서 기술한 내맡김 과정처럼 치료적인 관계의 장에서 음악이 관계적 파트너(보통 '협력치료사'라고 함)라는 역할을 수행할 때 음악치료는 (다음과 같이) 문화적으로 민감한 극단 사이를 매개할 수 있다.

- 개인주의와 집단주의
- 대립과 유연함
- 지연된 만족과 즉각적인 만족
- 젠더 불평등과 평등
- 불안정성/모호함에 대한 낮은 내성과 높은 내성
- 독재적인 것과 민주적인 것
- 자기 주장성과 돌보는 연민

2.4.2 윌버의 통합심리학

라르스 올레 본데

심리학의 역사에서 초월심리학은 '제4의 힘'으로 간주된다(행동주의가 제1, 정신분석이 제2이며 인본주의적 실존심리학이 제3이다). 에이브러햄 매슬로는 보통 제3과 제4의 힘의 주창자로 간주된다. 여기에 소개되는 켄 윌버의 통합심리학은 제4의 힘(초월적 '학파')의 중요한 발전 또는 초월성을 대표한다. 이는 동서양의 철학과 심리학의 영적이고 비범한 경험 및 지식의 광활한 장에 초점을 두는 것으로서 특히 음악치료와 관련이 있는 것으로 간주된다.

'초월적 장'은 영적, 종교적, 초합리적 개념을 아우르며 보통 '영원의 철학'('항존철학')과 연관된다. 이는 19세기 후반에 심리학이 실험, 자연, 사회과학으로 정립된 이래 수십년간 '비과학적'인 것으로 간주되었다. 그러나 이 논란은 여러 영역에서 점차 연구가 진행되면서 정착되었다. 2.4.1장에서 우리는 사실상 상호 주관적이며 관계적인 것으로서 초월적 경험에 대한 동시대적 이해를 제시했다.

의식의 상태에 대한 연구

프로이트와 융의 연구는 개인 및 집단 무의식에 대한 이론을 발전시킴으로써 20세기 초반에 이미 '무의식'을 심리학의 의제로 올렸다. 정신역동적 사고 내에서 이는 의식의 의식적, 무의식적 상태 간에는 중간transition 상태가 있다고 가정되었다(예 : 1차, 2차, 3차 과정). 이러한 중간 또는 변성된 상태는 각기 다른 심리치료 모델에서 활용되었다(2.3장 참조). 1960년대에 매슬로, 아사지올리 등은 인간 의식의 지도에 '초super(또는 초월supra) 의식'을 추가했으며, 매슬로는 '절정 경험'이라는 개념으로 인간의 자기실현 — 몸과 마음의 완전한 잠재력 실현 — 이라는 새로운 심리치료적 목적을 고안했다.

신경과학자들은 각기 다른 상태에서 뇌의 '각성'에 대한 병행 연구를 수행했으며, 5가지의 주파수 스펙트럼 또는 뇌파 활동 대역을 규명했다.

1. 델타 대역은 생리적으로 깊은 수면과 연계된다(병리적으로 혼수상태와 연계됨).
2. 세타 대역은 깊은 내관(예 : 명상)의 상태나 얕은 수면과 관련된다.
3. 알파 대역은 이완 상태와 연계된다(보통 더 낮은 알파와 더 높은 알파로 나뉜다).
4. 베타 대역은 각성 상태의 주파수 대역으로, 의식적 활동과 인식을 알린다(보통 더 낮고 높은 베타1과 베타2로 나뉜다).
5. 감마 대역은 극단적이나 수월한 주의와 황홀경의 영역이다.

연구자들은 뇌 영상/정밀검사의 고급 기술(예 : 뇌전도검사EEG, 양전자 방출 단층촬영술PET)을 활용하여 서로 다른 상태의 뇌 활동에 대한 추가 정보를 수집했으며 이는 의식에 대한 신경현상학과 정신생리학으로 이어졌다.

지난 40년간 심리학자, 신경과학자와 심리치료사들은 정상적인, 깨어있는 상태(베타 대역 활동) 너머의 경험에 대한 접근을 가능하게 하는 이른바 '변성된 의식 상태ASC'를 연구했다. (세타, 알파, 감마 대역과 관련된) ASC는 약리적 자극(LSD나 실로사이빈 같은 환각제), 심리적 자극(예 : 자율긴장이완법, 명상, 트랜스 댄스[9], 과호흡법 등을 통한 감각 차단이나 과잉 자극), 또는 기법들의 조합에 의해 유도될 수 있다.

---

9 춤과 환기를 통해 ASC 상태에 이르는 것을 의미하며, 주로 치유에 활용되는 부족의 의식에 나타난다(역자 주).

ASC로 진입하는 것에 대한 이러한 지식은 음악 심리치료 내에서도 활용된다. 생리적으로 자극하는(에르고트로픽ergothrophic[10]) 유형은 그로프의 홀로트로픽[11] 호흡법으로 대표된다. 여기서는 과호흡과 강한 리듬이 있는 음악이 ASC를 유도하는 데 활용된다. 이완적인 내향적(트로포트로픽trophotropic[12]) 유형은 심상음악치료GIM로 대표된다. 여기서는 자율긴장이완법이나 다른 이완 기법들이 활용된다(Bonny, 1975/1999; 이 책의 3.2장도 참조). 음악은 그 자체로 ASC를 유도하고 자극할 수 있다.

윌버 – 분기점과 사분면

1970년대 이후부터 미국의 철학자 켄 윌버는 수많은 책과 논문을 저술했고 다른 저자들의 책에 서문을 작성했다. [이는 총 8권의 전집으로 재편집되었으며(Bonde, 2001 참조), 이후에 새롭게 출판되었다(예 : Wilber, 2006, 2007)]. 윌버는 보통 정신역동, 초월심리학 내에서 유명하며, 다소 논란의 여지가 있는 입장에 있다. 이 논쟁적인 입장은 동서양의 전통을 통합하고 과학적, 종교적 사고도 통합하려는 윌버의 강력한 욕망에 기인한다. 윌버는 현대 심리학과 철학에서 의심의 여지가 없는 중요한 인물이다. 윌버는 서양뿐만 아니라 동양의 심리학, 철학과 종교에 대한 집중적인 연구에 기반을 두어 심리학과 철학에 대한 과학적 담론에서 초개인적[13] 분야를 (재)통합하는 데 가장 많은 일을 수행한 학자 중 한 명이다(심리학에 대한 윌버의 출판물은 발달심리, 정신병리, 심리치료와 명상 실제를 아우른다).

윌버가 현재 진행 중인 작업의 잠정적 결과는 자신이 '통합심리학'(Wilber, 2000)이라 명명한 것으로 '온 사분면 온 수준All Quadrants, All Levels, AQAL' 모델에 도해적으로 요약되었다(그림 2.4.2.1 참조). 이는 인간의 마음과 의식 수준에 대한 가장 중요하고 (어느 정도) 잘 알려진 이론들의 종합이며, 5가지 기본적 수준, 물질(물리학), 생명(생물학), 심(심리학), 혼(신학)과 영(신비주의)에 대한 과학적 연구이다. 윌버는 (물질적인 것뿐만 아니라

---

[10] 교감신경이 긴장하면 에너지를 사용하여 운동 수행이나 운동 지속을 위한 지원태세를 갖추는데, 이를 에르고트로픽 상태라고 한다(역자 주).

[11] 유도되고 조절되는 과호흡을 통해 ASC 상태에 도달하도록 하는 방법으로, 전체 지향적 호흡법이라고도 한다(역자 주).

[12] 부교감신경이 긴장하면 맥박수와 혈압이 저하되고 다음 활동을 위한 에너지 축적상태가 되는데, 이를 트로포트로픽 상태라고 한다(역자 주).

[13] 이 책에서는 transpersonal을 '초월적'으로 번역하였으나 이 장에서는 개인을 강조한 윌버의 이론적 개념을 명확히 전달하고자 '초개인적'으로 번역하였다(역자 주).

비물질적인) 실재가 '대상'과 '과정들'로 만들어진 것이 아니라 동일한 수준이나 더 높은 수준에서 5수준 중 하나이자 다른 전체의 일부인 '홀론'으로 만들어졌다는 기본 전제를 주장하기 위해 '홀론holon'(과 그에 상응하는 '홀라키holarchie')이라는 개념을 발전시켰다.

전체성은 개인적이면서 생태적인 것으로 조망할 수 있다. 개인적 전체성은 정의되고 분화되는 방식이 어떤 것이든지, 인간을 구성하는 다양한 부분/전체(또는 홀론)로 이루어진다. 생태적 전체성은 인간이 살아가는 맥락(예 : 사회, 문화와 환경)을 구성하는 모든 부분/전체(또는 홀론)로 이루어진다(Bruscia, 2014a).

이 장에서는 윌버의 관념 세계라는 체제와 핵심 요소들의 개요를 설명하는 것만 가능하며 심리학에 대한 윌버의 정의가 좋은 출발점이 될 수 있다.

> 심리학은 인간의 의식과 행동의 현현에 대한 연구이다. 의식의 **기능**은 지각, 욕망, 의지와 행위를 포함한다. 의식의 **구조**는 일부 측면에서 무의식적일 수 있으며 심mind, 신body, 혼soul, 영spirit을 포함한다. 의식의 **상태**는 정상적 상태(예 : 깨어있기, 꿈꾸기, 잠자기)와 변성된 상태(예 : 비범한, 명상적인)를 포함한다. 의식의 **양상**은 심미적, 도덕적, 과학적 양식을 포함한다. 의식의 **발달**은 전-개인적인 것에서부터 개인적, 초개인적, 잠재의식적인 것을 거쳐 자의식적, 초의식적, 원자아에서 자아, 영에 이르기까지 전체 스펙트럼에 걸쳐있다. 의식의 **관계적, 행동적 측면**은 대상, 외부 세계, 가치와 지각의 공유라는 사회 문화적 세계와의 공통 상호작용을 지칭한다(Wilber, 2000, p. 433).

이 정의에 언급된 모든 개념과 범주는 음악치료의 이론 및 실제와 관련이 있으나, 여기에서는 윌버의 심리발달 이론, 윌버 자신이 의식의 발달 '분기점'에 대한 '스펙트럼 이론'이라 명명한 것과 관련된 정신병리 및 심리치료 모델에 초점을 둘 것이다.

발달은 하나가 아니라 다수의 과정이다. 윌버는 발달을 서로 상당히 독립적인 여러 병렬적 계통(또는 '지류') ― 인지적, 정서적, 도덕적, 대인관계적 등 ― 으로 이해한다. 한 사람이 한 영역(예 : 정서적, 공감적) 내의 높은 수준에 도달하였으나 다른 영역(예 : 인지적, 지적)에서 낮은 수준에 있는 것은 가능하며 매우 흔한 일이다.

각기 다른 영역은 원인적으로 연계되지 않으며, 한 영역 내의 발달이 다른 영역 내의 발달을 위해 필요할 수는 있으나, 충분한 것은 아니다. (어느 정도) 독립적인 단원으로서 계통을 이렇게 이해하는 것은 어떤 측면에서 다중 지능에 대한 하워드 가드너의 이론과 유사하며, 윌버는 발달에 대한 가드너의 관점과 연결되는 교육적 낙관주의를 공유한다.

발달은 분화이다 : 분기점과 스펙트럼 모델

윌버의 자기라는 개념은 다양한 발달의 파동, 지류, 수준과 상태의 균형을 잡고 통합하는 것에 책임이 있는 기능적 체계('네비게이터' 또는 '무게 중심')이다. 자기는 고유의 발달 시퀀스를 지니며, 윌버는 '나I'('근접 자기')와 '나의 속성Me'('원 자기')을 구분한다.

이론적 발판과 별개로 발달은 3단계로 기술될 수 있으며, 의식의 새로운 수준을 만날 때마다 자기는 이를 거친다.

- 동일시 또는 융합 (주체와 객체의 불분명한 합일 또는 공생)
- (주체와 객체의) 점진적 분화 또는 분리
- 통합 (분화에 대한 '성찰적' 의식)

이 3단계는 긴 발달 기간 중 단 1회의 시기만 포함한다. 한 시기가 끝나면 분화와 통합이 라는 새로운 의제와 함께 새로운 시기가 시작될 수 있다. 각 분기점의 9수준과 3하위 단계 의 조합은 주요 자기 병리의 27가지 유형을 제공하며, 이는 의식의 변용(Wilber, 2000, pp. 117~133)에 상세히 기술되었고, 그림 2.4.2.1에 설명되었다. 심리적 장애가 분화의 문제 와 연관된다는 것은 정신의학 내에서 잘 알려져 있다.

정신증적 장애는 신체 수준에서의 분화 장애와 관련이 있고, 자기애적 경계성 장애는 분화의 정서적 수준에서의 문제와, 신경증적 문제는 정신 수준에서의 문제와 관련이 있 다. 이는 윌버의 이론에서 분화의 처음 3수준 — 또는 '분기점' — 에 상응한다(윌버는 '표 석'이라는 은유를 활용하기도 한다, 2000, p. 467). 분기점 1~3에서처럼, 과정들과 문제 들은 분기점 4~6과 7~9에서 같은 원리를 따른다. 만일 (각기 다른 '발달의 의제' 안에서 자기와 타인 간 구별을 학습하는) 분화 과정이 성공적이지 않으면 병리적 문제가 발달할 수 있으며, 이는 그 수준이나 '의제'에 따라 섬세하게 조율된 처치를 필요로 할 수 있다.

전 – 개인적, 개인적, 초개인적 수준과 이에 상응하는 병리

윌버의 스펙트럼 모델은 3가지 기본적인 수준(또는 '파동')이 있으며, 각각은 3 하위 수준 또는 분기점으로 나뉜다. 각 수준에 상응하는 특징적인 병리가 있다.

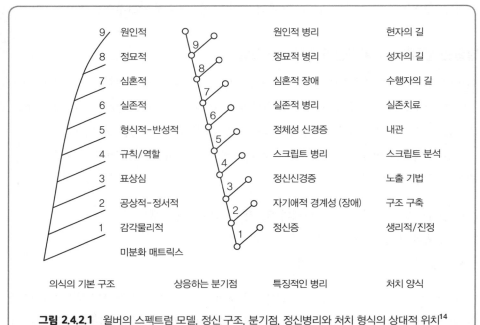

9 원인적	9	원인적 병리	현자의 길
8 정묘적	8	정묘적 병리	성자의 길
7 심혼적	7	심혼적 장애	수행자의 길
6 실존적	6	실존적 병리	실존치료
5 형식적-반성적	5	정체성 신경증	내관
4 규칙/역할	4	스크립트 병리	스크립트 분석
3 표상심	3	정신신경증	노출 기법
2 공상적-정서적	2	자기애적 경계성 (장애)	구조 구축
1 감각물리적	1	정신증	생리적/진정
미분화 매트릭스			
의식의 기본 구조	상응하는 분기점	특징적인 병리	처치 양식

그림 2.4.2.1 월버의 스펙트럼 모델. 정신 구조, 분기점, 정신병리와 처치 형식의 상대적 위치[14]
(Wilber, 1986, p. 132)

1. **전-개인적 수준**(분기점 1~3) : 감각-운동/정신증 — 정서적/자기애적 경계성 — 표상심(외부 세계의 심혼적 표상이 있는 의식)/정신신경증.
2. **개인적 수준**(분기점 4~6) : 규칙-역할/'생활 스크립트' 장애 — 형식적-반성적/정체성 신경증 — 실존적/실존적 장애.
3. **초개인적 수준**(분기점 7~9) : 정신적/정신적 장애 — 정묘적/정묘적 장애 — 원인적/원인적 장애.

이 체계적인 설명은 — 무엇보다도 — 각기 다른 심리치료 모델의 정확한 입장을 만드는 것을 가능하게 한다. 모델들은 하나 이상의 특정 수준과 관련이 있다. 따라서 지지적, 구조적 치료 모델은 분기점 2, 정신화 기반 치료는 분기점 2, 3과 관련이 있으며, 정신분석의

---

14 출처 : *Transformations of Consciousness: Conventional and Contemplative Perspectives On Development* by Ken Wilber, Jack Engler, and Daniel P. Brown. Copyright © 1986 by Ken Wilber. Reprinted by arrangement with The Permissions Company, LLC., on behalf of Shambhala Publications Inc., Boulder, Colorado, www.shambhala.com.

노출 과정은 분기점 3과 4, 교류 분석은 분기점 4, 실존적 심리치료는 분기점 5, 6과 관련
이 있다. 분기점 7~9는 서구의 심리치료 모델에서는 많이 언급되지 않았다. 이는 종교적,
영적, 초월적 전통 안에서 경험이 많고 숙련된 교수자와 영적 지도자들의 영역이었다.

   발달에 대한 윌버의 이론은 여러 면에서 비판을 받아 왔다. 일부 비평가들은 윌버의 이
론이 선형적이고 위계적이며 지나치게 단순하다고 본다. 특히 전-개인적 수준에 대한 이
론은 앞서 검토한 스턴, 트레바튼의 연구에서처럼 당대의 유아 연구에서 얻은 획기적인
지식을 포함하지 않음으로써, 유아의 의사소통 역량을 고려하지 않아서 비판을 받았다.
윌버의 답변은, 자신의 이론이 발달을 특정(정서적, 인지적, 도덕적 등) 영역에서 어느 정
도 병렬적으로 흐르는 상당히 독립적인 '파동'으로 볼 수 있음을 함축한다는 것이다. 성공
적인 부모-유아 상호작용은 분기점 1~3에서 건강한 조기의 분화로 이어질 것이다. 수준
과 영역 간에는 인과관계가 없다.

4 사분면

윌버는 자신의 책에서 각기 다른 수준이 있는 여러 모델을 활용한다. 이는 혼란스러울 수
있다. 이(와 각기 다른 모델들의 일관성)에 대한 윌버의 설명은 이러하다.

> 의식의 전반적인 스펙트럼은 **아트만 프로젝트**에 간략히 설명된 것처럼 거의 24가지 기
> 본적 수준을 포함한다(이는 **존재의 대원환**에 물질-심-신-혼-영으로 간단히 상술). 나
> 는 대개 이것을 9가지 또는 10가지 주요 수준으로 압축하고, 때로는 더 적게, 바로 제
> 시한 (베단타 철학에서 활용한 것과 본질적으로 동일한) 전통적인 5수준과, 때로는
> 3수준, 심, 신, 영(또는 총체적, 정묘적, 원인적)만 활용한다(Wilber, 2000, p. 11).

윌버의 책 중 일부만이 진정한 학문적 성취로 제시되었다(의식의 **변용**, 1986; 성, **생태**, 영
성, 1995; 감각과 **영혼의 만남**, 1998; 통합심리학, 2000). 최근의 3개 책에서 윌버는 자신의
─지금까지의─가장 광범위한 의식의 모델(또는 '형판')인 '사분면 모델'을 탐구하고 발
전시켰다(그림 2.4.2.2 참조).

   윌버는 이 모델을 발달과 의식에 대한 4가지의 서로 다른, 그러나 동등하게 중요한 관점
에 대한 도해적이고 이해하기 쉬운 조합으로 발전시켰다. 내측과 외측, 단수와 복수(나I,
그것It, 우리We, 그것들Its의 차원으로도 명명된다). 예를 들어, '우리' 사분면은 (가족에서
국가에 이르는) 집단이 공유하는 세계관의 발달 수준을 담고 있다. 중요한 점은 의식 수

	내부	외부
	좌상	우상
개체적	나(I) 의도적 (주관적)	그것(It) 행동적 (객관적)
집단적	우리(We) 문화적 (상호 주관적)	그것들(Its) 사회적 (상호 객관적)
	좌하	우하

그림 2.4.2.2 실재에 대해 동등하게 타당하며
비환원적인 4가지 관점을 나타내는 윌버의 사분면 모델[15]

준, 계통, 상태에 각각 이 4 사분면이 있다는 것이다.

'온 사분면, 온 수준, 온 계통, 온 상태^AQAL' 모델은 교육, 정치, 사업, 예술, 여성주의, 생태학 등에 보다 통합적인 접근의 가능성을 제기한다(Wilber, 2000, p. 4). AQAL 모델은 동서양 심리학의 다양한 발달 이론을 분류한 것이다. 이 모델의 상측 절반인 '북쪽'은 개체적 과정을 다루는 반면, 하측 절반인 '남쪽'은 집단적 과정을 다룬다. 좌측 절반인 '서쪽'은 의식의 내부, 주관적 과정을 다루며, 우측 절반인 '동쪽'은 물질과 물질의 외부, 객관적 과정을 다룬다. 사분면이 발달 수준과 결합되면, 모델은 그림 2.4.2.3처럼 보인다.

이는 '발달심리학'(윌버의 분기점에 대한 영역)이 좌상 사분면에 속하며, 상응하는 우상 사분면은 인간 유기체와 뇌의 발달을 나타냄을 의미한다. 좌하 사분면은 인간 사회와 가치 체계라는 문화적 발달의 근원이며, 우하 사분면은 사회적 발달과 사회에 관한 조직 체계를 나타낸다.

---

15 출처 : *Integral Spirituality* by Ken Wilber. Copyright © 2006 by Ken Wilber. Reprinted by arrangement with The Permissions Company LLC on behalf of Shambhala Publications Inc., Boulder, Colorado, www.shambhala.com.

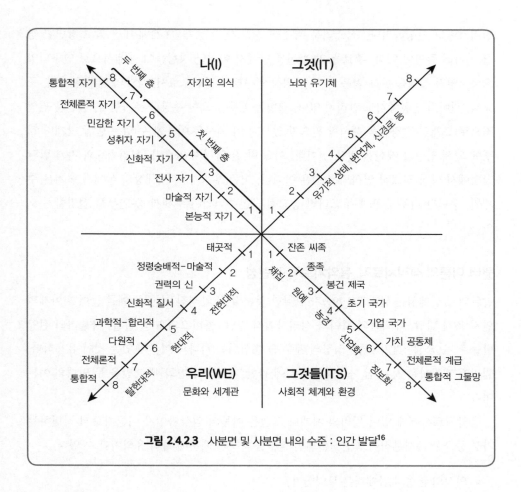

그림 2.4.2.3 사분면 및 사분면 내의 수준 : 인간 발달[16]

사분면 모델은 넓은 의미에서 치료 모델 간 구별에도 활용될 수 있다. 의학적 치료는 우상, 심리치료는 좌상, 환경치료와 재활 프로그램은 좌하와 우하 사분면이다.

초개인적 경험

윌버의 이론에서 중요한 점은 초개인적 경험이 발달의 어떤 수준에서도 일어날 수 있다는 것, 즉 어떤 인간도 초개인적 장에서 배제되지 않는다는 것이다. 인류의 문화적 역사에는

---

16 출처 : *Sex, Ecology, Spirituality* by Ken Wilber. Copyright © 1995, 2000 by Ken Wilber. Reprinted by arrangement with The Permissions Company LLC on behalf of Shambhala Publications Inc., Boulder, Colorado, www.shambhala.com.

신비스럽고 신성하거나, '성스러운'(루돌프 오토가 만든 개념) 것에 대한 짧고 강렬한 경험의 여러 증인이 있다. 주로 동양의 전통 안에서 이러한 경험들이 체계적으로 연구되었으나, (영적 실제를 통해 얻을 수 있는 명상적 상태나 경험으로서) 서양의 일부 철학적, 종교적, 신비적 전통에서도 알려져 있다. 윌버는 매우 중요한 주장을 추가한다. 인간은 필연적으로 초개인적 경험을 해석할 필요가 있으며 이 해석은 이용할 수 있는 발달 단계나 지평에 의해 영향과 제한을 받을 것이다. 이 또한 잘 알려져 있으나, 심리치료와 자기 발달 작업에서 항상 적절히 인식되는 것은 아니다. 이는 우리가 사는 세상의 삶에서 힘겨운 수 개월, 수년간 너무 슬프게 두드러진 종교적 근본주의의 수수께끼 중 일부를 설명할 수도 있다.

윌버 이론의 심리치료적, 음악치료적 관련성

발달의 관점에서는 클라크(1999)가 관찰한 것처럼 잘 알려진 이론들, 예를 들어 피아제의 인지 조작 발달, 에릭슨의 자아와 심리사회적 발달, 콜버그의 도덕 발달, 파울러의 신앙 발달로 기술되는 각기 다른 '성장의 계통'을 통합하는 하나의 이론이 있는 것이 유용하다. 윌버가 제공하는 것은 심, 신, 영의 본성에 관한 '지향의 일반화'에 기반을 둔 당대의 이론이다.

음악치료사에게 있어 윌버의 체계나 모델은 이들이 임상가이자 이론가로서 직면하는 가장 중요한 존재론적이고 인식론적인 질문을 다루기 때문에 특히 유의미할 수 있다.

- 의식의 본성과 잠재력은 무엇인가?
- 과학은 예술 및 종교와 통합될 수 있는가?
- 영성과 초개인적 영역을 어떻게 이해할 수 있는가?
- 진실은 항상 문화적으로 고려되는가?
- 위계는 항상 억압적이고 주변적인 것인가?
- 음악(하기)의 역할은 더 넓은 인식론적, 존재론적 체제 내에서 어떻게 기술될 수 있는가?

'자기의 고고학자'는 '전 스펙트럼 치료사'에 대한 윌버의 은유이다(Wilber, 2000, p. 541). 내담자는 치료에 문제들을 가져오며, 이러한 문제들은 하나 이상의 분기점에 속하는 것으로 규명될 수 있다. 따라서 치료사는 신체, 그림자, 페르소나, 자아, 실존적 자아, 혼, 영

—관련된다면—의 분화나 통합 문제를 다룰 수 있어야 하고, 내담자가 자기의 이러한 측면을 전체로서의 의식으로 가져오도록 도울 수 있어야 한다. 윌버 자신에 따르면, 이는 비교할 수 없거나 경쟁하는 패러다임 또는 가치 체계의 문제가 아니므로 절충주의가 아니다. 통합심리학은 인간 존재의 모든 측면과 형태를 다루는 고상하고 대담한 야망을 지니고 있다. 음악치료 문헌에서 윌버의 책을 인용한 것은 다음의 영역 중 하나로 나뉜다.

- 고전적 본질주의와 혼동하지 않고 일반적이고 비특정적인, 윌버의 존재론과 인식론 —보편적 통합주의—에 어느 정도 기울어짐을 언급하며, 음악치료에서 변용 과정에 대한 메타 이론적 이해의 중요성도 시사함(Bruscia, 2000, 2014a; Bunt, Burns & Turton, 2000; Kenny, 1989).
- 내담자의 경험 분석에서 분기점(또는 윌버의 의식의 스펙트럼 모델의 다른 버전)에 대한 특정한 인용, 내담자의 특정한 병리나 문제가 특정 발달 단계와 상관관계가 있을 수 있음을 시사함(Bruscia, 1991; Lewis, 1999; Rugenstein, 1996).
- 음악치료 맥락에서 윌버의 진화 이론(사분면 모델)에 대해 특정한 인용이나 상술을 함(Bruscia, 1998, 2014a).
- 치료에서 초개인적 경험에 대한 이해를 뒷받침하기 위해 윌버의 이론을 활용함(Abrams, 2002; Clark, 1999; Lewis, 1999).

윌버의 이론이 GIM 내에서 좋은 이론적 체제로 기능한다는 것과 여러 GIM 훈련 프로그램에서 읽기가 요구되는 것은 우연이 아니다. GIM에서 내담자의 경험은 매우 다양하여 정신역동, 인본주의-실존주의, 또는 융의 체제만으로는 충분하지 않다. GIM은 원형적일 뿐만 아니라 영적이며 초개인적인 경험(윌버의 분기점 7~9)을 포함하는 메타 이론이 필요하다. 이 영역 내의 심상은 개인적, 정신역동적 스펙트럼(분기점 4~6) 내의 심상과 매우 다르다(Bonny, 2001). 러겐스타인(1996)은 세션 내에서, 또한 세션들 사이에 내담자들의 심상 경험이 서로 다른 의식의 수준 사이를 '왔다 갔다 하는' 사례 예들을 기술했다.

브루샤는 윌버의 철학을 여러 방식으로 활용했다. 예를 들어, 브루샤는 자신의 '내담자의 음악적 경험을 설계하기 위한 6가지 기본 모델'의 기반을 윌버의 사분면 모델에 두었다(Bruscia, 1998). 이 모델은 1.3장에서 논의된다. 브루샤는 음악치료가 어떻게 '건강을 증진'시키고 개선시킬 수 있는지 논의할 때도 윌버를 인용한다. 건강은 '개인적, 생태적 전체성에 대한 한 사람의 잠재력을 최대한으로 발휘하는 과정'으로 정의된다(Bruscia,

2014a). 전체성과 이에 도달하는 방법에 대한 이후의 논의에서, 브루샤는 윌버의 홀론과 홀라키라는 개념을 활용한다. 부분과 전체 간 관계에 대한 다른 정의들보다 이를 더욱 통합적이고, 음악치료에 적용할 수 있는 것으로 보았기 때문이다. "웹스터 사전은 인간의 주요 부분을 심, 신, 영으로 제시하는 반면, 윌버는 인간을 대상(외적 홀론)과 주체(내적 홀론)로 나누고, 2가지 모두 영을 포함하는 것으로 보았다"(p. 208). 생태적 전체성도 마찬가지이다.

음악치료연구 제3판(Wheeler & Murphy, 2015)에서 헌트(2015)는 좌상 사분면과 관련된 것으로서 '1인칭 연구'를 설명하는 데 윌버의 사분면 모델을 활용한다.

에이브럼스(2002)는 자신의 연구에서 GIM 치료사들이 내담자의 초월적 경험을 이해하는 방법에 대한 이론적 체제로 윌버의 철학을 활용하였다. 에이브럼스는 음악치료 질적 연구 평가의 내재된 기반으로서 사분면 모델을 시사하기도 했다(Abrams, 2015; Abrams & Kasayka, 2005). 맥퍼란-스큐즈는 어린 음악치료 내담자를 위한 집단 프로그램이 8가지 다른 관점에서 평가될 수 있는 방법에 대한 면접 기반 연구에서 분석적 체제로 윌버의 사분면 모델을 활용했다(McFerran & Campbell, 2013). 본데(2011a, 2015)는 새로운 '영역'으로서의 보건 음악하기에 대한 기술적 '지도'의 영감으로 사분면 모델을 활용했다. 3.13장을 참조하라.

2.5 비유와 은유로서의 음악

라르스 올레 본데

음악의 의미에 대한 1.3장에서의 논의를 계속할 것이다. 우리는 이제 치료로서의 음악과 치료에서의 음악에 대한 2가지 중요한 접근, 비유로서의 음악과 은유로서의 음악을 제시한다. 물론 두 접근 모두 한계가 있다. 예를 들어, 두 접근은 음악의 속성에 대한 루드 모델에서의 4가지 수준이나 브루샤 모델에서의 6가지 경험의 유형을 모두 체계적으로 다루지 않는다(1.3장 참조). 비유와 은유로서의 음악에 대한 연구는 루드가 통사론적 수준과 의미론적 수준이라 명명한 것 간의 관계에 초점을 둔다. 브루샤 모델에서는 주로 주관적이고 심미적인 음악 경험을 지칭한다.

'은유'와 '비유'라는 개념은 2010년 이전까지 어떤 표준 음악 용어집이나 핸드북에도 포함되지 않았으며(예 : Decker-Voigt & Knill, 1996; Decker-Voigt, Weyman & Decker-Voigt, 2009), 옥스포드 음악치료 핸드북 색인에도 나와있지 않았다(Edwards, 2016). 그러나 두 단어 모두 최신 '사전'에 포함되었다(Kirkland, 2013). 간단한 정의 : 비유(보통 이형동질isomorphism이라고 함)는 관련이 없으나 공통의 특징이나 특질을 갖는 형태나 현상 간 유사성과 관련성을 기술한다(예 : 음악 형식과 생물학적 형태 간 유사성). 은유는 언어적 비교로 '~처럼'이 유사성을 확립하는 데 활용되지 않거나, 더 정확히는 덜 알려진 현상을 기술하기 위해 잘 알려진 현상의 특징이나 특질을 활용하는 것이다(예 : 교향곡이 하나의 세계라는 구스타프 말러의 **사도신경**).

은유는 연주와 밀접하게 관련되며(2.3.5장 참조), 많은 음악치료사가 (어느 정도 의식적인) 공리에 기반한 음악에 관해 이야기하고 서술하듯이 내담자 및 환자들과 의사소통하기 위해서 매일 은유를 활용한다. 내담자의 음악, 표현이나 경험은 내담자의 성격이나 병리와 밀접하게 관련된 비유이다. 더 넓은 의미에서도 음악은 인간의 사고방식, 감정, 상호작용과 비슷하다. 이는 능동적 음악치료의 즉흥연주와 수용적 음악치료의 감상 경험에서 표현된다.

　데이비드 얼드리지와 구드룬 얼드리지의 논문 중 하나는 그 제목이 '재즈와 같은 삶' (1999)이며, 데이비드 얼드리지는 음악과 인간의 신체, 마음과 정신 간 관계 및 음악 지각과 음악 수행 간 관계에 대한 특성 분석에서 유사한 비유나 은유를 흔히 활용했다. '수행으로서의 건강'(Aldridge, 1996, 20장)이라는 표제의 장에서 얼드리지는 창조적 행위(특히 음악 즉흥연주)가 어떻게 건강을 개선하거나 증진하느냐는 문제의 핵심 요소임을 시사한다. 따라서 데카르트의 고전적 좌우명인 '코기토, 에르고 숨Cogito, ergo sum(나는 생각한다, 그러므로 나는 존재한다)'은 '아고, 에르고 숨Ago, ergo sum(나는 연주한다, 그러므로 나는 존재한다)'으로 대체되어야 한다. 보다 넓은 관점에서 얼드리지는 개인의 정체성이 즉흥연주와 매우 유사한 방식의 역동적인 표현적 행위로 또는 인간은 작품이며, 작곡된 자기는 즉흥적 질서라는 은유적인 말로 이해되어야 함을 시사한다. 현상학, 신경과학, 음악심리학의 원리에 기반을 두어, 얼드리지는 음악의 과정과 인간이 포함되는 과정 간의 긴밀한 관련성을 강조한다. 음악의 지각은 패턴화된 주파수의 재생 시간이라는 행렬 안에서 인식되는 전체론적 전략을 필요로 한다. 사람들은 유사한 측면에서 시간 안에 패턴화된 주파수인 세계 내의 존재로 기술될 수 있다(Aldridge, 1996).

　스메이스터르스는 한편으로 음악적 과정과 표현적 속성 간 관련성에 관해, 다른 한편으로는 인간의 삶의 과정과 병리적 특성에 대해 광범위하게 서술했다. 스메이스터르스는 은유와 비유를 음악치료 이론의 2가지 새로운 모델로 특징지었다.

> 에이건(2005)에 의해 제안된 은유 이론은 라코프와 존슨의 도식 이론에 기반을 둔다. 이는 공간에서의 움직임 경험에 기반을 둔 은유와 상호 연계의 도움으로 음악적 경험과 느껴지는 경험 간 연계를 설명한다. 스메이스터르스가 제안한 비유 이론은 스턴의 활력 형태 이론과 다마지오의 핵심 자기 이론에 기반을 둔다. 비유는 핵심 자기 안에서 영향을 미치는 활력 형태와 악구 형태 간 이형동질의 도움으로 음악적 경험을 설명한다(Smeijsters, 2012, p. 227).

또한 스메이스터르스는 특수교육과 음악치료 간 교량을 구축하려는 의도로 음악치료의 일반적 이론으로서 종합적 비유 이론을 발전시켰다. 은유로서의 음악 이론은 신체 도식에 기반을 둔 음악 요소의 심리적 등가성을 기술하는 보다 협의적인 임상적 이론이다. 이는 음악치료에서 내담자의 경험이 은유를 통해 어떻게 표현되는지와 이러한 은유가 내담자의 자기 경험에 대한 정보로서 어떻게 치료적 적합성을 지니는지를 기술한다(Bonde, 2000, 2007; Jungaberle, 2007).

비유로서의 음악은 2.5.1장에 더 상세히 기술되었으며, 은유로서의 음악은 2.5.2장에 이어진다. 다음으로 치료적 음악의 분류와 4가지 바로크 음악 선곡에 대한 은유적 감상을 제시하는 장이 이어진다.

2.5.1 비유로서의 음악

네덜란드의 음악심리학자이자 음악치료 명예 교수인 헹크 스메이스터르스는 음악적 과정과 삶의 과정이 어떻게 관련되는지에 대한 문제를 집중적으로 다루어 왔으며, 비유에 대한 이론이 이 장에서 소개될 것이다(Smeijsters, 1998, 1999, 2005, 2012). 핵심 공리는 음악에 대한 심리적/심리치료적 지식과 치료적 지식은 상호 의존적이며, 음악치료사가 이를 통합함으로써 전문적 역량을 발달시킨다는 것이다. 스메이스터르스는 다음과 같이 서술한다.

> … 비유는 그 자체로 지칭하는 대상과 유사하다. 비유에는 기호와 대상 간 이원성이 없으므로 해석할 필요가 없다. 비유에는 항상 대상과의 유사성이 있으나, 이것이 구체적인 시각적 표상은 아니다. 비유가 있을 때 인간은 다른 행동으로, 다른 맥락에서, 다른 대상에 의해 자신의 존재를 표현하는 것과 동일한 방식으로 대상 안에서 자신의 존재를 표현한다. 예를 들어, 수줍음이 많은 사람의 음악 연주가 나타내는 부드러운 역동은 그 성격의 표현이다. 이는 언어적 의사소통에서 그 사람이 자신을 표현하는 방식과 비슷하다. 즉흥연주에서 피아노/피아니시모(여리게/매우 여리게)로 연주하는 것은 언어적 토의에서 전면에 나서지 않거나 전혀 이야기를 하지 않거나, 부드럽게 이야기하는 것과 비슷하다. 음악적 행동은 본래 언어적 행동이 아니기 때문에, 이는 '같으면서도 다르기'(Ansdell, 1995, p. 180) 때문에 비유로 명명된다(Smeijsters, 1998, p. 300).

예를 들어 만일 내담자가 주변 세계로부터 고립되었다고 (대화치료나 예술치료 같은) 치료적 과정에 참여하지 못하는 병리적 문제와 행동의 패턴 간에는 여러 비특정적 비유들이 있다. 스메이스터르스의 이론은 음악치료의 특정 비유들을 규명하는 단계를 설정한다. 이는 타당하고 유용한 표지 준거가 이러한 사양을 요구하기 때문이다. 스메이스터르스는 선율, 리듬, 템포, 셈여림, 음색, 형식, 상호작용과 같은 음악적 요소들을 인간의 행동과 상호작용에 대한 비음악적 요소의 특정한 상징적 등가물이라고 생각한다. 예를 들어, 자신의 감정을 표현할 수 없는 내담자는 템포, 리듬, 강약 등에서 어떤 주목할 만한 변화 없이 즉흥연주한다.

스메이스터르스는 ― 등가적인 비유를 제안하며 ― 심리적 과정에 상응하는 특정적인 음악적 과정이 내담자를 서서히 자유롭게 하고 발달을 향상시키며 새로운 삶의 질과 안녕감을 증진할 수 있다고 생각한다. 예를 들어, 경계의 문제로 분투하는 내담자가 집단에서 치료사 또는 다른 내담자의 기여와 자신의 음악을 구별하는 것을 학습할 때, 집단의 음악에서 명확히 규정된 역할을 찾거나 독주자라는 영역을 택하는 데 필요한 용기를 발달시킨다. 2.3장에서 여러 예들을 찾을 수 있다.

스메이스터르스는 '병리적-음악적 과정'과 '치료적-음악적 과정'이라는 이중 개념화를 만들었다. 이는 임상적 음악치료의 2가지 핵심 비유를 지칭한다. 스메이스터르스는 이러한 비유에 대한 종합적 경험과 지식이 음악치료가 명시되는 처치인지 아닌지 결정하는 것을 가능하게 만든다고 강조하며, 음악치료의 토대*Grundlagen der Musiktherapie* (1999)에서 음악치료의 2가지 임상적 핵심 영역 내 이론을 전개한다. 즉 1) 정신의학(조현병, 우울), 2) 특수교육(자폐, 발달 지연)이다. 비유의 매우 밀접한 관련성, 진단, 표지, 목적, 처치의 절차와 기법은 신중히 다루어진다.

스메이스터르스의 비유 이론은 모-아 의사소통에 대한 대니얼 스턴의 연구(2.3.3장)와 활력 역동, 역동 형태에 대한 이론에 기반을 둔다. 활력의 경험은 체화되는 것이며 비언어적이다. 이는 무엇이 전달되는가(내용)에 관한 것이 아니라, 어떻게 전달되는가(형식)에 관한 것이다. 의사소통의 이러한 측면은 유아에게 매우 중요하며 성인에게 이러한 '실험적 음역'은 보통 (어느 정도 온전하거나) 이후의 삶을 통해 발달되나 서구 문화에서는 전혀 중요성을 두지 않는다. 그러나 음악치료에서 활력 정서와 형태는 연령과 문제 영역에 관계없이, 내담자의 음악적 상호작용 경험의 중심에 있다. 스메이스터르스는 그 이유와 방법을 다음과 같이 설명한다.

인간은 악구의 활력 형태를 감상할 때 자신이 느끼는 시간적, 역동적, 운동적 활력 정서를 경험할 수 있다. 인간의 활력 정서와 악구의 활력 형태에 대한 등가성이 비유가 의미하는 것이다. 내적 경험의 활력 정서와 음악의 활력 형태가 동일한 변수에 의해 처리되기 때문에 등가성이 있다(Smeijsters, 2012, p. 230).

음악의 요소와 인간 존재의 실존적 주제와 특질 간 비유는 켄 브루샤(1987, 1994)의 **즉흥연주 진단평가 프로파일**IAPs의 핵심 구성이기도 하다(5.2장 참조). 임상 즉흥연주의 기술과 해석을 위해 이 방법을 개발할 때, 브루샤는 6가지 '프로파일'에 각각 특정한 감상 관점과 심리적 타당성을 부여할 수 있는 개념을 찾았다(Stige, 2000). 브루샤가 고안한 것은 다음과 같다.

- **현저성**salience (스펙트럼을 구성하는 5가지 척도 : 순응하는compliant, 준수하는 conforming, 참여하는attending, 통제하는controlling, 지배하는dominating)
- **통합**integration (스펙트럼 : 미분화된undifferentiated, 동기화된synchronised, 통합된 integrated, 분화된differentiated, 과분화된overdifferentiated)
- **가변성**variability (경직된rigid, 안정적인stable, 가변적인variable, 대조적인contrasting, 무작위의random)
- **긴장**tension (저긴장hypo-tense, 차분한calm, 주기적cyclic, 긴장한tense, 과긴장hyper-tense)
- **일치**congruence (관여하지 않는unengaged, 적절한congruent, 중심이 있는centred, 부적절한incongruent, 양극화된polarised)
- **자율성**autonomy (의존적dependent, 추종적following, 동반자partner, 주도적leader, 저항적 resister)

IAPs의 노르웨이어판 서문에서 브루샤(1994)는 이 방법이 정신분석적, 인본주의적인 실존적 이론에 기반을 두어 음악 요소와 즉흥연주의 과정이 어떻게 해석될 수 있는가에 대한 지침을 제공한다고 서술했다. IAPs는 2가지의 기본 가정에 기반을 둔 진단평가 도구이다.

- 즉흥연주된 음악은 즉흥연주자가 즉흥연주의 순간 그 자체의 지금−여기 세계뿐만 아니라, 인간의 생활 세계의 더 확장된 맥락에서의 '세계 내의 존재' 방식을 반영한 소리이다.
- 각 음악 요소들은 '세계 내의 존재'라는 특별한 측면을 표현하기 위해 보편적인 은유 −또는 어쩌면 원형−를 제공한다. 따라서 각 음악적 요소는 다른 요소들과 각기 다

른 표현적 의미에 있어 고유한 가능성의 범위를 가진다.

첫 번째 가정은 기본적으로 스메이스터르스의 비유 개념과 동일하며, 우리는 이를 정신역동적 음악치료의 공리로 간주한다. 두 번째 가정은 IAPs 방법에서 탐구되었으나, 여기서 우리는 정신분석적, 실존적 심리학의 기초에 대한 브루샤의 음악적 요소들의 은유적 해석에 대해 간략한 개관을 제공하고자 할 것이다(표 2.5.1.1).

브루샤는 의식에 대한 여러 가능하고 이용할 수 있는 관점 또는 양식으로서, 은유적 해석이나 심리적 비유를 고려한다. 임상가나 연구자가 관련될 때 이를 선택할 수 있다. '원형' 개념의 활용은 기술된 요소들이 보편적이거나 맥락 독립적인 개체로서 존재한다는 존재론적 주장으로 잘못 해석되어서는 안 된다. 브루샤에 따르면 '원형'은 내담자가 어떻게 '암시적 질서'를 경험하는지 기술하는 데 활용될 수 있는 것으로, 융에 입각한 구인이다 (1.3장 참조). 우리는 여러 음악치료사가 IAPs의 기본적 가정을 공유한다는 것과, 음악치료 이론에는 음악과 인간 존재 간 관계의 해석을 위해 이러한 유형의 구체적이고 상세한 제안이 필요하다는 것을 확신한다.

2.5.2 은유로서의 음악

"모든 세계는 무대이고, 모든 남녀는 단지 연기자일 뿐이다…" 셰익스피어의 연극 마지막 장에서 맥베스는 말한다. 이는 '~같은'이라는 전치사를 활용하지 않으면서 개별적이고 관련 없는 요소들의 비교나 동일시인 비유적/수사적 표현으로서 은유에 대한 고전적인 예이다.

최근까지 이러한 유형의 은유, 예를 들어 '눈은 영혼의 거울'이나 '음악은 감정의 언어'는 단순한 장식, 언어 치레나 수식으로 간주되었다. 아리스토텔레스는 은유에 회의적이었으며, 은유를 '부정적이고' 기만적인 것으로 간주했다. 이러한 이유로 은유는 어떤 인식론적 또는 논쟁적 가치를 부여받지 못했다. 수 세기 동안 은유는 시인, 극작가와 언어적 상상의 재능이 있는 다른 사람들에게 남겨졌다.

당대의 학자들은 은유에 대해 상당히 다른 이해를 가진다. 프랑스의 철학자 폴 리쾨르는 은유가 담론 안에서 어떻게 긴장을 조성하며, 이러한 방식으로 인지 전략의 발달에 기

표 2.5.1.1 정신분석적, 실존적 심리학에 기반을 둔 브루샤의 음악 요소에 대한 은유적 해석

변수	대표적 요소	~에 대한 은유	은유적 질문
형식	주제 : 개체에 대한 은유 존재 : 게슈탈트, 전체성의 은유 형식은 상호적 관계의 개체들로 구성된다(유사성/차이).	시간 내 존재	개체는 인식 가능한가? 이는 발달하는가? 어떻게? 균형이 잡혀있는가? 만일 아니라면, 왜? 동적인가, 정적인가?
짜임새	반주가 있는 선율 : 리더와의 협력에 대한 은유 오케스트라와 함께 하는 독주 : 개인 대 집단/커뮤니티에 대한 은유	공간 내 존재	협력, 경쟁이나 갈등이 특징인가? 리더가 있는가? 얼마나 많은 목소리가 참여하나? 집단화되어 있나?
음색	배음의 스펙트럼 : 개체의 정체성 음 형성 : 신체 영역과 관련됨 혼합 : 대조/대비 대 보완/상보성	공간 내 존재의 특질	누구인가, 무엇인가, 어떠한가? 소리는 어떻게 생성되는가? 신체의 어디로 진입하는가? 균형, 화음을 이루는가? 아니면 그 반대인가?
음량	힘 : 시간에 따라 공간을 주고받는 것에 대한 은유 강도 : 개체의 경험의 질에 대한 은유	시간 내 존재의 특질	설득력이 있는가? 작거나 클 때에도 현존하며 강렬한가? 나에게 시간과 공간을 남겨주는가?
박동/ 리듬, 박자와 템포	박동 : 안아주기와 지지하기(또는 하지 않음) 리듬 : 박동과 관련된 것으로서 개체의 독립성에 대한 은유 박자 : 조절 체계 템포 : 소재와 관련된 것으로서 개체의 유연성에 대한 은유	시간 내 생명 에너지의 조직체 (물리적/시간적 관계)	내가 그 발전을 따를 수 있는가? 내가 그 지지를 기대할 수 있는가? 유연한가? 자유로운가, 아니면 경직되었는가?
양식	선법/조성 : 중심이 있는 행렬에 속하는 기본 정서에 대한 은유 선법은 정서적 행렬, 본거지이다.	공간 내 생명 에너지의 조직체 (정서적/특별한 관계)	나에게 명확히 이야기하는가? 자유롭게, 분화된 방식으로 이야기하는가? 중심이 있는가, 아니면 혼란스러운(신뢰할 수 없는)가?
선율	선율은 (아리아와 같은) 특정한 모델 형태이다 : 정서가 구성되고 경험되는 것에 대한 은유 선율은 메시지를 전달하고, 감정을 완화한다.	자기에 대한 표현	나는 내게 말하는 것이 무엇인지 이해하는가? 내가 말하는 것이 무엇인지 이해하는가? 정확히 (어떤) 뉘앙스로 이야기하는가? '감정은 어떻게 느껴지는가?'(랭어)
화성	화성 : 선율의 색채, 방향/전개, 맥락 제공 협화/불협화 : 긴장 조성 및 해소 복잡성 : 선율적 표현의 분화	자기표현의 특정한 성격	무슨 일이 일어나는지 내가 이해하는가? 진부한가, 아니면 흥미진진한가? 도전이 되는가? 유기적인가? 복잡한가?

여하는지를 연구했다(Ricoeur, 1978; Bonde, 2004 참조). 당대의 인지의미론(언어의 인식론적 기능에 대한 연구)이라는 분야 내에서 은유는 신체 및 신체 도식의 발달과 밀접하게 관련된 인지의 기본 도구로 간주된다. 이는 세계 내의 존재에 대한 물리적 경험, 예를 들어 기쁨='위', 슬픔='아래'와 연계된다. 은유는 한 개인의 생활 세계의 이미지, 그 요소와 역동('만일 당신의 남편이 자동차라면, 어떤 자동차일까요?')에 기여하며, 주변 세계와 우리 자신을 더 잘 이해하도록 돕는다. 은유는 마음과 신체의 교량이 되며, 은유에 대한 이론은 정서와 인지에 대한 고전적 이원성을 초월한다. 이는 정서/신체, 이성/의식의 밀접한 관련성에 대한 문서 기록으로 당대의 신경과학에 의해 지지된다(Damasio, 1994, 1999; Johnson, 2007; Lakoff & Johnson, 1999; 이 책의 2.1장 참조). 심리적 관점에서, 은유는 삶의 한 영역에서 의미를 채택하고 이를 다른 영역으로 전이시킴으로써 우리의 생활 세계를 (재)창조하고 (재)해석하는 기회를 제공한다. 은유는 인간이 자신의 세계를 더 잘 포착하기 위해 활용하는 특정한 '구조의 전이'이다(Jensen, 2011).

같은 이유로 여러 심리치료사가 치료에서의 은유를 연구했다(Siegelman, 1990; Skårderud, 2007; Theilgaard, 1994). 이들은 심리치료사들이 인식과 통찰의 유의한 순간을 가능하게 하는 은유의 내재된 긴장과 모호함에 특별한 중요성을 부여한다. 은유는 '드러내는 동시에 숨기며' 특히 내담자의 개인적 상상과 언어에 기반하기 때문에 치료적 도구로서 은유를 매우 적합하게 만든다.

능동적 음악치료에서 은유는 즉흥연주와 즉흥연주가 어떻게 경험되었는지에 대한 언어적 대화에서 예를 들어 '마치 마녀의 가마솥 안에 있는 것 같았다', '시간과 공간을 넘어서는 느낌이었다', '선율이 내 심금을 울렸다' 등 폭넓게 활용된다. 이러한 은유에 대한 분석은 내담자가 그 음악을 어떻게 경험하는지뿐만 아니라, 내담자가 자기 스스로를 어떻게 경험하는지와 내담자가 음악치료에서 어떻게 수혜를 입을 수 있는지(또는 아닌지)도 매우 명확히 나타낸다.

융아베를레는 먼저 음악 고찰에 대한 분석을 통해, 다음으로는 음악의 치료적 경험에 대한 내담자의 언어화에 대한 분석을 통해 음악적 은유를 폭넓게 연구했다(Jungaberle, 2007). 고찰에서, '음악은 xyz이다'(예 : '음악은 공간이다', '음악은 풍경이다', '음악은 물이다')와 같은 일련의 핵심 은유가 규명되었다. 이러한 은유들은 내담자의 음악 경험에 대한 언어적 보고에서도 밝혀졌으나, 여러 새로운 핵심 은유(또는 융아베를레의 말로 '은유군family')를 담아서 훨씬 더 풍성했다.

  예를 들어, 하나의 군은 '음악은 내적 세계에 대해 접근하게 한다', 또는 '음악이 나를 감동시킨다'와 같은 하위 집단이 있는 '음악은 에너지이자 힘이다'이다. 또 다른 군은 '음악은 진실을 숨길 수 있다' 또는 '음악은 형언할 수 없는 것을 이해할 수 있게 만든다'와 같은 하위 범주가 있는 '음악은 언어이다'이다. 융아베를레는 '음악은 풍경이다' 군에 특별한 중요성을 부여하는데, 이는 음악의 공간성을 표현하기 때문이다. '모두를 위한 공간'이 있고, 대부분의 사람이 음악 안에서 '자신의 자리를 찾을' 수 있다. 이 연구에 기반하여 융아베를레는 '은유의 원' 이론을 고안했다. 우리가 생활 세계에서 음악 특정적 특질을 듣거나 투사할 때, 음악외적 구조가 음악 경험에 영향을 미친다는 것이다. 반대로 음악내적 구조(음악 경험)는 우리의 삶에 의미를 부여하는 음악으로부터 특질을 추출하거나 투사할 때 우리의 생활 경험에 영향을 미친다. 구조는 은유를 통해 양방향으로 전이된다. 따라서 은유는 즉흥연주 집단 음악치료의 내담자와 치료사에게 음악적 경험의 '지도'를 제공한다.

  은유는 수용적 음악치료에서도 중요한 역할을 수행한다. 심상음악치료[GIM](3.2장 참조)에서 내담자의 '음악 여행'은 보통 각기 다른 양식의 심상으로 구성된다(만일 내담자의 눈이 감겨있더라도 내담자는 '보고', '듣고', '냄새를 맡고', '맛을 보고', '느끼며', 음악과 '함께 움직인다'). 심상 경험은 언어적으로 보고되며, 치료사(은유적으로 '가이드')와의 대화에서 내담자의 내적 세계는 각기 다른 심상의 유형으로 부각되고 은유로서 언어적으로 보고된다. 예를 들어, 만일 치료사/가이드가 내담자/트래블러에게 시작 이미지로 '정원'을 제안하고 여행의 반주/동반자로 베토벤의 **황제 협주곡**(2악장)을 선택한다면, 내담자는 총천연색의 꽃이 있는 넓은 공원에서부터 불에 탄 풀과 죽은 배나무가 있는 작고 좁은 뒤뜰까지 어떤 모습의 정원도 경험할 수 있다. GIM 세션의 5단계는 보통 은유로서, 예를 들어 '음악 여행'으로 해석된다. 잰더스(2008)는 GIM 내담자가 은유로서 5단계에 대한 이해를 어떻게 표현했는지 연구했다.

  물론 은유는 해석을 불러오며, 해석은 오직 내담자만이 이미지나 은유의 진정한 의미를 안다는 원리에 기반을 둘 것이다. 대조적으로 초기 GIM에 어느 정도 영향을 미쳤던 독일의 심리치료사 한스카를 로이너는 내담자들의 의미에 대한 고전적인 정신분석적 해석에 기반을 두어, 특정한 유도 이미지를 진단적으로 활용했다. 이 입장은 GIM에서 적절하게 간주되지 않는다. GIM(과 다른 은유 기반 치료들)의 중대한 요소는 단일 세션 및 전체 치료적 과정을 통해서 은유가 어떻게 시간에 따라 형상화되고 변용되는가이다.

  상당한 양의 경험적 GIM 자료(주로 세션 전사본)에 기반하여 본데(2000, 2004, 2005,

2007)는 은유가 더 작거나 더 큰 내러티브 단위로 구성됨을 시사했으며, GIM에서의 은유적 사고의 3가지 수준을 규명했다. 이는 내러티브 이론을 감안할 때, 심리치료에 있어 심층적 함의를 지닌다.

1. 대략 하나 이상의 (내담자의) 핵심 은유들로 구성된 **내러티브 일화**. 구성은 보통 특정한 주인공의 유형과 관련된 특정한 구조적 패턴을 따른다. 예를 들어 피해자, 집행관, 관중, 유기된 아동.
2. (치료에서) 자아와 자기의 은유에 대한 **내러티브 구성**. 이러한 구성은 내담자의 개인적 목소리를 잘 들리게 만들고 심리적 입지를 명확하게 만든다. 예를 들어 내담자가 자신의 이야기에 책임을 지거나, 과감히 이야기의 주인공이 될 때.
3. 내담자의 심상과 은유가 있는 **전체 내러티브**는 (한 세션에서 또는 시간의 경과에 따라) 플롯이 있는 일관된 내러티브로 구성된다. 이 내러티브는 보통 신화나 동화와 유사하다. 예를 들어 '영웅의 여정'이나 '아모르와 프시케'의 플롯.

내러티브 일화는 보통 특정한 음악 선곡을 감상하는 동안 구성된다. 여기서 음악의 분위기와 강도가 내담자의 다중양식적 심상을 지지하고 자극한다. (모두 GIM 문헌에 나오는) '화산', '거대한 문어', '철옹성 같은 벽', '외다리 여인'과 같은 핵심 이미지들은 이러한 일화의 은유적 힘을 나타낸다. 구성—주인공으로서 내담자가 나오는 더 짧거나 긴 사건의 경과(무언가를 찾거나 문제를 해결하기 위해 무언가를 하는)—은 음악 안에서의 역동적인 변화에 의해, 또는 음악 선곡 간 전이 안에서 지지된다. 화산이 폭발할 것인가? 벽은 어느 정도 도움에 의해 뚫릴 것인가? 문어는 정복될 것인가? 외다리 여인은 어떻게 이동할 것인가? 전체 내러티브는 주인공의 운명에 대한 일관적인 이야기처럼 여러 장이나 막으로 전개된다. 돌이켜보면서 내담자와 치료사는 전반적인 플롯, 누가 또는 무엇이 이야기의 동인인가뿐만 아니라 핵심 은유, 내러티브 구성을 논의할 수 있다.

　물론 음악, 은유와 내러티브 간에는 인과관계가 없다. 내담자의 심상은 지시될 수 없으며, 지시되어서도 안 된다. 음악은 다수의 행동 유도성을 제공한다(DeNora, 2000). 그러나 음악 선곡은 어떤 (무작위) 종류의 이미지와 은유도 자극하거나 지지할 수 없다. 음악 요소와 은유적 잠재력의 관련성은 이어지는 장에서 논의된다.

2.5.3 음악의 심리적 기능 ─ 바로크 음악의
4가지 선곡에 대한 분류 체계와 은유적 감상

음악의 심리적 기능

1.2장에서 우리는 치료에서의 음악 적용의 3가지 수준을 소개했다. 보조적, 확장적, 심층적 수준(브루샤의 4가지 수준의 적용)이 그것이다. 여기서는 이전에 기술했던 비유와 은유로서의 음악에 대한 이론을 참고하여 은유적 감상 과정에서 음악 그 자체의 3가지 수준을 제안할 것이다.

통증 관리, 스트레스나 불안 완화와 심리치료라는 맥락에서 '음악'에 관해 이야기할 때 우리는 구체적이어야 한다. 모든 음악이 통증이나 스트레스 완화를 지지하는 잠재력이 있는 것은 아니며, 심리치료에서 음악이 활용될 때 그것을 구별해야 한다. 음악은 지지적, 탐색적, 재생적 등으로 명명될 수 있다. 그러나 만일 모차르트, 말러, 메시앙, 멘델스존이나 마일스 데이비스의 음악이 경험적, 존재적, 심미적 특질에 대한 것이 아니라 주로 의료적이나 심리치료적 잠재력에 기반을 두어 고려되어야 한다면 슬플 것이다. 음악은 각성시키거나, 최면적이거나, 불안을 유발하거나, 마음 치유 또는 흩어짐, 영감이나 영적 비전의 근원이 될 수 있으며, 내담자든 치료사든 감상자가 심층적인 실존적 질문에 대한 답을 찾을 수 있게 하는 마법의 거울과 같다(Stensæth & Bonde, 2011).

음악 경험과 인식에 대한 존재론적─심미적(비치료적), 심리적(심리치료적) 잠재력 간에는 어떤 명확한 구별도 만들어질 수 없다. 그 대안으로 우리는 치료적 목적과 맥락에 관련된 일반적인 음악 유형이나 기능을 규명하는 분류 체계인 '음악 분류 체계'를 제시할 것이다(Wärja & Bonde, 2014). 우리는 이를 '음악의 3가지 특정한 심리적 기능'이라고도 명명한다. 음악치료사의 전문적 자격 중 하나는 다음의 또는 이와 동등한 체계적 준거에 기반을 두어 즉흥연주되거나 작곡된 음악의 의료적, 사회적 또는 심리적 잠재력을 진단하고 평가하는 것이다.

분위기로 음악의 특질을 분류하려는 초기의 시도는 1930년대 후반에 미국의 음악심리학자 케이트 헤브너에 의해 발달되었다. 헤브너의 일명 '무드 휠mood wheel'(Hevner, 1936)은 음악으로 표현될 수 있고 감상자에 의해 인식될 수 있는 기분의 배열 모델이다. '무드 휠'은 '밝은'(3-4-5-6) 것과 '어두운'(7-8-1-2) 것으로 별개의 기분이 반대 방향으로 배열된(1-4, 2-5, 3-7, 4-8) 범주적 모델이다. 당대의 음악심리학에서 이는 기분과 정서가 전형적으로 정서가(행복한-슬픈) 및 각성(능동적-수동적)과 같은 차원 내에, 다차원적 공간에 상대적으로 위치한다는 차원적 모델로 간주되는 것이 더 보편적이다. 이후의 논의를 위해 2.1장의 '음악 감상과 정서'를 참조하라.

이 책의 초판 59쪽에서 '무드 휠'의 수정된 버전을 볼 수 있다. 대중음악의 전형적인 분위기를 포함시키기 위해서 6과 7 사이에 다음의 특질, 즉 활동적이고, 활기차고, 솔직하

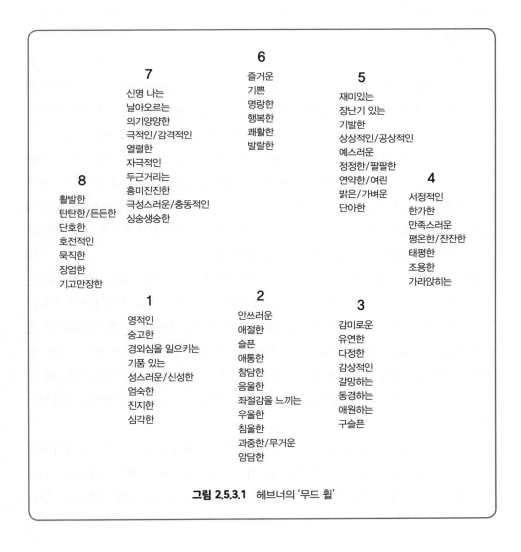

그림 2.5.3.1 헤브너의 '무드 휠'

고, 외향적이며, 격려하는 특질이 있는 새로운 범주가 삽입되었다. '무드 휠'은 심상음악치료 문헌에서 빈번하게 언급되며 그림 2.5.3.1에 기술된 분류 체계와 함께 활용될 수 있다.

트론달렌(2004)과 본데(2005)는 독립적으로 '음악적 강도 프로파일'이라는 개념을 개발했다. 작곡된 음악뿐만 아니라 즉흥연주는 낮은, 중간, 높은 강도로 경험될 수 있으며, 강도는 음악의 처음부터 끝까지 안정적이거나 중간 정도로 또는 고도로 가변적일 수 있다. 다수의 GIM 세션에서 활용된 음악 선곡에 대한 연구에 기반하여, 본데(2005, 2009)는 3가지의 원형적인 프로파일, 지지적, 지지적-도전적 혼합형, 도전적 프로파일을 규명했다. 베르야와 본데(2014)는 이후에 이 범주화를 각 주요 프로파일이 3가지의 하위 유형으로 나뉘는 분류 체계로 발전시켰다.

분류 체계는 서머(1995)에 의해 제안된 내담자 중심 범주화와 대조적으로 음악 중심적이다. 서머는 위니콧(1971)의 아이디어에 기반을 두어, **안아주기로서의 음악**과 **자극으로서의 음악**이라는 2가지 기본 개념을 처음 도입했다. 치료사는 치료적 과정에서 내담자의 '나다움'과 '나답지 않음'의 상태를 다루기에 '충분히 좋은' 음악을 찾아야 한다. 이후에, 서머(Wheeler, 1983에 기반을 둔 Summer, 2002)는 심리치료적 연속체로서 **지지적, 재교육적, 재구성적** 집단 음악과 심상치료라는 개념을 만들었으며 3가지 수준ー구조, 복잡성, 예측 가능성과 역동ー에 상응하는 음악의 예를 제공했다. 베르야와 본데의 분류 체계는 서머의 아이디어에 대한 음악 중심적 상술로 볼 수 있다. 표 2.5.3.1에서, 강도는 위에서 아래로 가중된다.

분류 체계는 여러 임상 연구에 영향을 미쳤다. 예를 들어, 특정한 내담자 집단과 치료적 과정의 요구를 일치시키고 거울반응을 하는 데 지지적 또는 혼합형 프로파일이 있는 음악이 활용되었다(Bonde, 2010; Hertrampf, 2017; Rudstam et al., 2017). 헤르트람프(2017)는 암 환자들을 대상으로 6회기에 걸쳐 집단 심상과 음악으로 작업했으며, 작업 단계(3~4회기)에 혼합형 프로파일이 있는 음악을 포함하는 과정을 계획했다.

분류 체계는 **뮤직 스타**로 명명된, 특별히 설계된 소프트웨어 및 하드웨어 체계를 위한 재생목록의 개발을 안내하기도 했다. 뮤직 스타에는 지지적인 음악만이 활용되나 3가지의 하위 범주, '지지적이고 안전한 장', '지지적이고 개방적인 장', '지지적이고 탐색적인 장'이 모두 활용된다. 음악 양식이나 장르와 관계없이, 갑작스러운 또는 주요한 음악적 놀람은 없다. 템포는 일정하고 보통 중간 정도로 느리며, 리듬은 규칙적이고 선율 및 화성 진행은 명확하고 예측 가능하다. 만일 음악이 환자에게 생소한 것이더라도 '친숙한 손길'이 있다. 이러한 장에서 음악의 목적은 내맡김과 위로를 허용하는 것이며, 은유적으로 말하자면 감상자가 '음악적 포용을 받아들이도록' 하는 것이다(Lund, Bonde & Bertelsen, 2016). 베르야는 **코르타 무시크레소르**Korta Musikresor(짧은 음악 여정)라 명명된 특별한 음악과 심상 방법을 개발했다. 여기서 내담자는 (개별적으로 또는 집단에서) 처음 3가지 하위 범주의 지지적인 음악만을 감상한다(Wärja, 2015; Wärja & Bonde, 2014).

표 2.5.3.1 GIM 레퍼토리의 예가 있는 치료적 음악의 분류법(Wärja & Bonde, 2014). 헤브너의 무드 휠을 참고한 무드 범주(본문 내용 참조).

지지적 음악

1. 지지적이고 안전함. 놀람이 전혀 없거나 거의 없는 위험성이 없고 예측 가능한 음악. 손을 잡고 당신을 부드럽게 이끌 것임. 음악 요소와 형식의 단순성, 아마도 독주 악기 또는 지지 악기 1~2가지. 밝은 분위기만 있음.
   예 : 스테판 닐슨 ─ 17번 **빌마스 테마**. 얀 요한손 ─ **반두라**.

2. 지지적이고 개방적임. 1~2가지의 '작은 놀람'으로 음악을 시작할 수 있음. 아마도 최소한 2가지 악기가 서로 다른 2가지 주제로 대화하는 기악 음악.
   예 : 스티브 도브로고스 ─ 미사곡과 실내악 13번 **안식처**. 벤뉘 안데르손스 오르케스테르 ─ 9번 **2층에서 들리는 노래**.

3. 지지적이고 탐색적임. 약간의 역동적인 긴장, 짜임새와 형태의 복잡성이 있는 음악. 내맡김에 대한 추가 지지를 제공하고, 차이의 탐색 가능성을 제공함. 크레센도/데크레센도(점점 세게/점점 여리게)와 아첼레란도/리타르단도(점점 빠르게/점점 느리게). 중간 정도의 화성적 긴장이 있음.
   예 : 시크릿 가든 ─ **파피용**. 베토벤 ─ **피아노 협주곡 5번** 아다지오.

지지적-도전적 혼합형 음악

4. 놀람과 대비가 있는 탐색적 장. 음악은 보통 선율, 화성과 특정한 악기의 짜임새에서의 뜻밖의 변화가 있는 생소한 음 풍경을 제시함. 사건의 음악적 경과에는 적어도 1가지 주요한 놀람이 포함되며, 중간 정도의 화성적 긴장이 있음.
   예 : 바흐 ─ **목동의 노래**. 레스피기 ─ **자니콜로**.

5. 탐색적이고 심화적인 장. 감상자를 잘 규정된 정서적 장, 특정한 분위기나 정서로 초대하며 비록 이것이 도전이 될 수 있더라도 감상자를 그곳에 머무르게 하는 음악임. 음악은 보통 단조나 선법 조성이며, 전형적으로 강렬하고 표현적인 선율로 '어두운' 분위기를 표현함.
   예 : 바흐 ─ **나의 주님**. 엘가 ─ **탄식**. 멘델스존 ─ **5번 교향곡** 안단테.

6. 탐색적이고 도전적인 장. 이 범주의 음악은 약간의 놀람과 대비를 제공하며, 보통 약간 높은 정도의 선율적 또는 화성적 긴장이 있음. 보통 작품이 차분하고 지지적인 성격/특질로 시작하고 끝나게 함으로써 균형을 얻음. 프로파일은 클라이맥스를 향한 움직임도 될 수 있음.
   예 : 바흐/스토코프스키 ─ **파사칼리아와 푸가 라단조**. 드뷔시 ─ **인어**. 브람스 ─ **바이올린 협주곡** 2악장. 로드리고 ─ **아란후에스 협주곡** 2악장.

표 2.5.3.1 GIM 레퍼토리의 예가 있는 치료적 음악의 분류법(Wärja & Bonde, 2014). 헤브너의 무드 휠을 참고한 무드 범주(본문 내용 참조). (계속)

도전적 음악

7. 서사적인 장. 음악은 보통 관련이 없는(또는 느슨하게 관련된) 음악적 아이디어의 시퀀스이며 다양한 분위기, 짜임새, 템포, 음색을 제시함. 아이디어/요소들은 상당히 상술되거나 훨씬 즉흥적일 수도 있음.
   예 : 바흐 ─ **토카타와 푸가 라단조**. 바그너 ─ **지크프리트의 장송 행진곡**. 코플랜드 ─ **애팔래치아의 봄** (발췌).

8. 탈바꿈의 장. 음악은 다양한 방식(모양, 음색, 셈여림, 템포)으로 상술된 하나 또는 몇 가지 유의한 아이디어가 특징이며, 심지어 첫 번째 형태와 매우 다른 것으로 변용됨.
   예 : 아이브스 ─ **대답 없는 질문**. 쇼스타코비치 ─ **5번 교향곡** (발췌).

9. 미스터리와 변용의 장. 이 범주의 음악은 일반화될 수 없음. 그러나 이는 보통 의식의 변용적이거나 신비스러운 상태를 기술, 표현 또는 촉진하기 위해 의도된 음악임. 템포는 보통 느리며, 분위기는 주로 어둡고 침울하거나 침통함.
   예 : 바흐 ─ **십자가에 못 박혀**. 라흐마니노프 ─ **죽음의 섬**. 구레츠키 ─ **3번 교향곡** 2악장. 말러 ─ **고별** (대지의 노래에서 발췌).

물론 분류 체계는 이론적 구성이며, 약간의 예가 독자가 아이디어에 대해 좀 더 명확한 이해를 얻는 것을 도울 수 있다. 우리는 바로크 시대(1600~1750)에 작곡된 음악 중 4가지 선곡에 초점을 두기로 했다. 바로크 음악에서 안정적으로 유지되는 하나의 음악적 요인 (변인)을 분리하는 것은 상당히 쉬운 반면, 다른 요인(변인)들은 변화한다는 주장이다. 그러나 우리는 원칙적으로 여기에 제시된 고려사항들이 양식, 장르, 기원(즉흥연주나 작곡)과 관계없이 음악의 정신역동적, 은유적 해석 내에서 타당성을 제시한다고 생각한다.

4가지 바로크 음악 선곡에 대한 은유적 감상

바로크 시대에 선호된 음악적 원리는 (**캐논, 그라운드, 샤콘느, 파사칼리아**와 어원이 같은 명칭으로) **고집 저음**basso ostinato이라 명명된다. 기본 아이디어는 캐논 **프레르 자크**Frère Jaques로 잘 알려져 있다(그러나 완전히 똑같지는 않다). 세 부분은 각각 동일하며, 일정한 시간 간격으로 도입된다. (말러의 **교향곡 1번** 3악장에서 첫 번째 악절은 정말 프레르 자크 캐논과 같으나 단조의 조성과 특별한 관현악적 색채로 이 단순한 캐논에 불안한, 거의 비현실적인 특질을 부여한다.) 전형적인 바로크 캐논이나 샤콘느에는 작품/악장의 처음부터 끝까지 변화하지 않고 반복되는 베이스 성부가 있다. 상성부는 특정한 시간 간격으로 서로를 모방하여 (어느 정도 프레르 자크와 같은) 작품의 주요 선율 소재를 제시한다. 이러한 유형의 작곡은 다음에 기술된다.

파헬벨 : 캐논 라장조(통주저음이 있는 4성부 현악) – 음악 예 1

베이스는 2마디에 걸쳐 독주로 오스티나토를 도입한다. 박자는 4/4이고, 오스티나토는 같은 길이(4분음표)의 8개 음으로 구성되어 으뜸음 d에서 시작하여 딸림음 a로 끝나는 새로운 라운드를 시작할 수 있다. 오스티나토는 변화 없이 계속해서 반복되는 반면, 현악 상성부들은 3성부 캐논을 전개한다. 제1바이올린은 (베이스처럼) 순차적인 선율 진행으로 2마디의 선율을 도입하고, 다음에는 제1바이올린이 새로운 악구로 나아가는 동안 제2바이올린이 동일한 선율로 시작한다. 2마디 후에 같은 절차에 따라 제3바이올린이 들어온다. 작품의 가장 눈길을 끄는 특성은 캐논 선율이 점점 더 생기 있고 다양해지는 반면, 오스티나토는 지속적이고 안정적인 '흔들림'으로 동일하게 남아있다는 것이다.

　(발달)심리학에서 이러한 작품에 적합한 비유를 찾는 것이 가능한가? 상호작용 원리에 대한 은유로서 이러한 캐논을 경험하는 것이 가능한가? 우리는 그렇다고 생각한다. 베이스는 그 자체로 어떤 '충분히 좋은' 아버지나 어머니가 자녀에게 행동하는 것처럼 한다. 이는 완벽한 '안아주는 환경'을 조성한다(Winnicott, 1971). 아동에게 어떤 일이 일어나든 안아주고 담아줄 것이다. 만일 파헬벨의 **캐논**을 감상한다면, 3성부의 '캐논 형식 성부'가 점점 더 생기 있고 '독립적인' 방식으로 전개되는 것을 명확히 알 수 있을 것이다. 성부들은 그 기지가 안전하고 예측 가능하기 때문에 정확히 '과감하게' 전개될 것이다. 이는 발달심리학자 마거릿 말러가 명명한 '연습 단계'에 대한 완벽한 은유이다. 여기서 아동은 주변 세계의 실험에서 차례로 그 자체를 검증하고 '탱크를 채우기' 위해 복귀하며 유의한 타인에 의해 확인되었다. 심상음악치료 내에서 수많은 내담자들의 경험이 파헬벨의 **캐논**이 '안아주는 음악', 심상의 세계에서의 오랜, 그리고 어쩌면 무서운 여정 후에 안전한 '도착'을 가능하게 하는 안전하고 예측 가능한 작품임을 확인했다. 이는 **지지적 강도 프로파일이 있는 음악**의 예이다(하위 집단 3 : 안전하고 탐색적인 장).

　이제 문제는, 오스티나토에 기반을 둔 모든 작품이 '안아주는' 특질을 가지고 있는가이다. 다른 선곡에 대한 면밀한 조사는 그렇지 않다는 것을 나타낼 것이다. 음악은 의미의 구성에 있어 특정한 역할을 수행하는 여러 요소의 다층위적 작품(또는 구성)이라는 것이 잠정적인 설명이다. 작품이 좀 더 복잡할 때, 오스티나토는 그 은유적 잠재력을 변화시킬 수 있다. 이는 요한 제바스티안 바흐가 오스티나토에 기반을 두어 작곡한 2곡을 면밀히 살펴봄으로써 명백해질 것이다.

요한 제바스티안 바흐 : 파사칼리아와 푸가 다단조, BWV 582 – 음악 예 2

[이 작품은 오르간을 위해 작곡되었으나 (그중에서도) 레오폴드 스토코프스키에 의해 관현악곡으로 편곡되었다.]

이 파사칼리아의 베이스 오스티나토는 파헬벨의 작품보다 두 배나 길고, 바흐의 작품보다 범위가 훨씬 더 넓다. 선율, 캐논 형식의 성부는 (관현악 편곡에서 강조된) 음색과 성격 안에서 계속 변화하며 파사칼리아에서만 많은 대비가 있다. 음악적 관점에서 이러한 오스티나토는 파헬벨의 작품에서만큼 예측 가능하고 안정적이지 않다. 만일 실제의 음이 똑같이 남아있더라도 길이, 리듬, 음색과 음량은 똑같지 않다. 오스티나토의 처음 절반은 푸가에서 ('선행' 주제dux theme로) 보존되며 푸가의 원리에 따라 모든 4성부에서 각각 들린다. 푸가 버전에서 오스티나토는 안정적이고 좀 더 외향적이며 강한 성격을 가진다. 전체적으로 볼 때 이는 장엄하고 상당히 압도적인 작품이다.

은유적으로 경험되는 오스티나토는 지시하는 목소리이다. 다른 성부가 어떤 말이나 행동을 하더라도 그 '지시'를 유지하며 이는 설득되거나 '달라지거나' '그 마음을 바꿀' 수 없다. 이는 지배적이고 가부장적인 목소리(아버지, 상관, 심지어 신)로 경험될 수 있으며, 파사칼리아를 진정한 심리적 도전으로 만든다. 다수의 용감한 GIM 내담자들이 이러한 적수, 지시적인 권위자나 초자아적 인물에 맞서 투쟁했다.

바흐의 **파사칼리아**는 **지지적–도전적 혼합형 강도 프로파일**이 있는 음악의 좋은 예이다 (하위 집단 6 : 탐색적이고 도전적인 장). 예는 오스티나토가 결코 지지적이고 차분한 것만이 아님을 명확히 한다. 우리는 바흐의 **미사곡 나단조**의 한 악장에서 세 번째이자 완전히 다른 유형의 오스티나토를 만난다.

요한 제바스티안 바흐 : 미사곡 나단조 중 '십자가에 못 박혀', BWV 232 – 음악 예 3

[다음의 분석은 오토 클렘페러가 지휘한 뉴필하모니아 오케스트라의 녹음(EMI : 7633642)과 느리고 엄숙한 낭만적 해석에 기반을 둔다.]

이 악장은 12차례 반복되는 마단조의 4마디 오스티나토에 기반을 둔다. 그 구체적인 특성 중 하나는 근음 e에서 딸림음 b까지 5개의 반음관계가 있는 하행의 반음계 선을 특징으로 한다. 바흐 작품의 상징적 의미에 대해 어느 정도의 지식이 있으면, 극도의 괴로움과 열정적인 신비의 표현으로서 이러한 반음계주의를 확인하는 것이 가능하다. 괴로움은 가사("그는 우리를 위해 십자가에 못 박혀…")뿐만 아니라 음악이 다양한 극단적 불협화음

을 드러내기 때문에 4성부로 부연된다. 4성부 간 내적으로 엄청난 긴장이 있으나 성악 성
부와 오스티나토 간에도 긴장이 있다. 성부들은 서로 '교차'한다. 바흐는 십자가형에 대한
'음화tone painting'를 작곡했다. 만일 감상자가 이를 순수한 음악으로서 경험하든 종교적인
연도로서 경험하든 은유적으로서 경험하든 상관없이, 이는 억압적 성격의 음악이다. 십자
가에서의 죽음은 불가피하며, 음악은 감상자를 단단히 붙잡는다. 이는 근엄한 아버지나
초자아의 목소리가 아니라 오히려 부조리, 죽음 또는 자아와 자기의 상실을 가져오는 피
할 수 없는 운명의 목소리다. 바흐는 이어지는 악장 "… **부활하시어**et ressurrexit … 그리고
죽음에서 부활하셨다."의 찬미와 기쁨에 대한 완전한 대비로 이러한 실존적 영점을 작곡
했다.

　　GIM 음악 프로그램 **죽음-거듭남**에서 **십자가에 못 박혀**는 생명/삶을 부여하는 여정의
전환점이자 새로운 시작을 향한 느린 상승이 이어지는, 그림자라는 상징적인 대지로의 하
강이다[말러의 **대지의 노래** 중 **고별**에서 (마지막 10분) 발췌]. 이 음악은 특별한 임상적(또
는 자기 경험적) 목적으로만 활용될 수 있으며, **도전적 강도 프로파일이 있는 음악**(하위 집
단 9 : 미스터리와 변용의 장)의 예이다.

　　베이스는 근음이다. 바로크 시대에 이른바 '계속 저음'은 표현적인 선율 성부가 좌우하
는 것에 따라 우주의 매우 조화로운 질서를 상징했다. 이는 다음의 예에 매우 명확히 나타
난다.

요한 제바스티안 바흐 : 아리아, 관현악 모음곡 제3번 라장조, BWV 1068 – 음악 예 4
이 베이스 성부는 거의 파헬벨의 오스티나토처럼 견고하고 안정적이다. 그러나 이는 오스
티나토라기보다 안정적이고 느린 장조나 단조의 2도로 (때로는 옥타브 도약이 있는) 지치
지 않고 앞으로 나아가는 '워킹 베이스'이다. 작품은 2악절(두 번째 부분은 첫 번째 부분보
다 2배로 길다)로 구성되며, 두 부분 모두 반복된다. 대부분의 감상자는 이 곡을 매우 이완
적이고 편안한 것으로 경험하는데, 이는 특히 템포가 — 느리고 지속적인 심장 박동 수인 —
분당 60비트에 가깝기 때문만은 아니다. 그러나 이것이 베이스의 차분한 진행과 상성부의
표현적 선율 악구 간의 현저한 대비, 긴장과 어떻게 관련되는가?

　　악장은 '아리아', '가사가 없는 노래'이다. 그러나 '가사'나 노래의 의미에 접근하는 것
은 가능하다. '음악적 정동'이라는 바로크 원칙은 제1바이올린으로(제2바이올린으로는
더 적은 정도로) 표현된 정서(정동)의 규명을 가능하게 만든다. 선율은 복잡하고, 불규칙

하며, 큰 선율 음정 간격과 '한탄하는' 악센트['조이프체르스Seufzers'(탄식하다)] 또는 선율과 베이스 간 화성적 긴장을 조성하는 계류음이 특징이다. 이는 고통의 상징이다. 당김음으로 된 리듬과 음량이 커지면서 힘겹게 상행하는 것이 특징인 선율 일화도 있다. 이는 열정의 상징이다. 전체적으로 들으면 열정적인 목소리는 갈망, 마음의 갈망을 표현한다.

이러한 방식으로 경험되고 해석된 바흐의 **아리아**는 고차원의 질서를 갈망하거나 추구하는 열정적인 인간의 음악적 표현이다. 이 (신성한) 질서는 베이스와 그에 반주되는 화성적 화음으로 (재)제시되며 인간의 고통, 열정, 갈망과 실수에 의해 방해받지 않고 엄숙한 진행으로 나아간다. 우리의 탈현대주의 시대에는 천상의 질서에 '안긴' 것으로서 인간을 이해하는 것이 흔치 않다. 그러나 '집으로 가는', '소속되는', '수용되는' 경험은 음악 감상을 통해 접할 수 있으며, 많은 GIM '트래블러'들은 바흐의 **아리아**를 통한 상상의 여정에서 이를 경험했다. 그러므로 음악은 **지지적 강도 프로파일이 있는 음악**(하위 집단 3)의 예로 확인된다.

다른 예

만일 당신이 웹사이트에서 4가지 음악 선곡을 감상한다면 파헬벨의 **캐논**과 바흐의 **아리아**가 통증 관리와 지지적 심리치료에 활용될 수 있음이 분명해질 것이다. 바흐의 다른 두 선곡은 이러한 목적에 적합하지 않을 것이다. 그러나 이 선곡의 잠재력은 심층 심리치료적, 실존적 또는 영적 과정에서 탐색될 수 있다.

만일 독자가 다른 오스티나토에 기반을 둔 악장과 4가지 선곡의 예들을 비교하고자 한다면, 몇 가지를 제안할 수 있다. 빠르고 즐거우며 안심시키는 오스티나토 악장의 예는 북스테후데의 칸타타 **여호와는 내 편이시라**의 마지막 곡 **할렐루야**다. 월튼의 모음곡 **헨리 5세** 중 **폴스타프의 죽음**은 같은 길이의 오스티나토에 기반하며, 선율적으로 파헬벨의 곡과 상당히 유사하다. 그러나 이는 단조의 조성이고 분위기가 매우 다르므로 이 훨씬 단순한 작품은 **혼합형 강도의 프로파일**에 해당된다. 바흐의 칸타타 BWV 12의 표제는 **눈물을 흘리며 탄식하고 근심하며 두려워하도다**이다. 이는 첫 후렴의 가사이기도 하며, **십자가에 못 박혀**와 동일한 음악에 기반을 둔다. 가사를 통해 우리는 음악에서 표현되는 통증과 고통의 뉘앙스에 대한 정보를 얻으며, 만일 그 해석이 많이 발전된 불협화음을 강조한다면 음악은 아마 도전적 프로파일보다는 혼합형 프로파일이 있는 음악으로서 기능할 것이다. **디도의 애가**, 퍼셀의 오페라 **디도와 아이네이아스**의 마지막 아리아인 **내가 대지에 묻힐 때**에 관해서도 거의 마찬가지로 이야기할 수 있다. 반음계적 하행 오스티나토가 있는 악장은 좀 더 가벼운 성격도 가질 수 있다. 이것의 예는 (퍼셀의 더 유명한 작품의 전신인) 블로의 오 페라 **비너스와 아도니스**의 기악곡 **그라운드**이다. 선율적으로 이 오스티나토는 **십자가에 못 박혀** 오스티나토에 매우 가까우나 3박자이며 템포가 비교적 빠르기 때문에 가슴 아픈 리듬과 더불어 이를 고상하면서도 가벼운 악장으로 만들어 지지적 강도 프로파일이 있는 음악에 해당한다.

록 그룹 프로콜 하럼은 바흐의 **아리아를 창백하다 못해 하얗게 질린 표정**A Whiter Shade of Pale(1967)이라는 곡에서 매우 다른 성격을 부여하여 재창조하였다. 물론 오스티나토 원리 가 클래식 전통 밖에서도, 예를 들어 블루스, 재즈, 록, 일렉트로니카에서도 활용되었다. '리프Riff'는 보통 오스티나토 대신에 활용되는 개념이다.

GIM에서 선정된 바로크 음악의 녹음은 모두 40년 이상 된 것이며, 전체 오케스트라나 상당한 대규모 현악기군을 위한 편곡으로, 연주는 1980년대까지 이러한 레퍼토리에서 지 배적이었던 낭만주의 양식의 녹음과 수행을 따른다. 당대의 바로크 연주는 그 시대 악기 의 활용과 바로크 수행 실제에 대한 학술적 연구에 기반을 두는 것을 포함하여 매우 다르 다. 그러나 이러한 탁월한 '시대' 녹음 중 다수를 GIM에서 활용할 수 없다. 이 녹음들은 내 담자가 놓아주고 음악 경험을 깊이 찾게 할 수 있는 낭만주의적 수행에 절대적으로 필요 한 '안아주는 특질'을 갖추지 못했기 때문이다.

결론

요약에서는 통증과 불안 관리, 심층 이완에 (헬렌 보니가 '진정 음악'이라고 명명한) 지지 적 심리치료에 적용될 수 있는 지지적 강도 프로파일이 있는 음악의 몇 가지 일반적인 특 성을 제시할 것이다.

- 중간의 또는 느린 템포(분당 60비트 이하나 더 느린 템포)
- (내담자의 호흡 및 박동과 일치하는) 안정적이고 예측 가능한 리듬
- 인식할 수 있는 선율이나 주제가 있는 단순한 구조(기악이나 성악)
- 급격한 불협화음, 갑작스러운 변화나 전조가 없는 단순하고 협화적인 화성
- 갑작스러운 변화나 대비가 없는 안정적인 셈여림

유사한 특성들이 그로케와 위그램(2007, p. 46), 그로케(2016, p. 687)에 의해 제시되었다.

비록 보니는 클래식 음악을 추천했을지라도 이러한 특성을 거의 모든 음악 양식이나 장르에서 찾을 수 있다는 것이 명백하다. 우리는 어떤 사람들이 이와 다르게 더 빠른 템포와 더 활동적인 리듬적 추동이 있는, 자극시키는 음악을 활용하여 이완과 안녕감을 성취한다는 것도 알고 있다. 기분의 수정이나 변용을 위해 음악을 선정할 때 2가지의 다른 원리들이 따를 수 있다.

1. **동질성의 원리**ISO principle에 따라 음악은 처음에 내담자의 기분에 일치하게 선정되어야 하며, 이후에 서서히 의도한 분위기의 음악으로 유도한다.
2. **보상 원리**Compensation principle에 따라 내담자의 기분과 대비되는 음악이 선정되어야 하며, 서서히 내담자의 기분을 (재)조율한다.

2가지 원리는 음악의 각기 다른 2가지 측면들과 관련될 수 있으므로 상호 배타적인 것이 아니다. 동질성의 원리는 무의식적인 수준에서 작용한다. 여기서 음악의 시퀀스는 감상자의 템포에 대한 신체적 감각(느리게/빠르게, 점점 빠르게/점점 느리게), 흥분과 진정, 긴장과 이완에 상응한다. 보상 원리는 정서적 수준에서 작용한다. 여기에는 음악에서 표현되는 분위기와 내담자의 기분, 정서 상태 간 복잡한 상호작용이 있다.

혼합형 또는 도전적 강도 프로파일이 있는 음악은 지지적 프로파일에 해당하는 음악과 동일한 방식으로 쉽게 특징지어질 수 없다. 음악이 그 자체로 좀 더 복잡한 것뿐만 아니라, 선정된 악장의 조합은 심리적으로 정통한 작품과 같다. 임상 실제의 3가지 수준 간에 명확한 구별을 만드는 것은 GIM 치료사 자격의 일환이다(30~45분 길이의 음악 프로그램과 원론적으로 제한이 없는 조합 잠재력을 활용). 이러한 전문성은 구조, 선율 소재, 화성 진행 등에 대한 전통적 음악 분석을 통해서 개발되는 것뿐만 아니라 자기 경험(확장된 의식 상태에서 들리는 음악)과 음악 시퀀스에 대한 현상학적 기술(전개되는 동안 감상자의 음악에 대한 경험에서 현저한 것) 및 개인적인 내담자의 심상에 기반을 둔 심상 잠재력을 통해서도 개발된다.

다시 말해서, GIM 치료사는 은유적 음악 감상에 있어 체계적으로 훈련된다. 그러나 은유로서 경험되는 음악은 전문가나 치료사의 특권만이 아니다. 마지막으로 은유를 활용하자면, 개방적이고 주의 깊은 감상은 음악의 거대한 실존적, 치료적 잠재력에 대한 완전한 이해로 향하는 천국의 문이라고 할 수 있다.

3

엄선된 음악치료
모델과 중재

3.1 국제적으로 잘 알려진
음악치료 모델에 대한 관점 — 서론

라르스 올레 본데, 그로 트론달렌

국제적인 음악치료에는 여러 방법, 학파, 모델, 절차, 기법과 음악치료를 실천하고 이해하는 각기 다른 방식들이 있다. 그러나 '모델'을 어떻게 '학파'나 '방법'과 다르게 정의할 것인가? 38개국이 기여한 초기의 광범위한 선집에서 마란토(1993)는 100개 이상의 다양한 기법을 포함하여, 미국에서만 14개의 모델 또는 학파를 확인했다. 비슷한 정보는 전자 저널인 **목소리들***Voices*에서 출간된 "이달의 국가" 연작에서 찾을 수 있다.[1] 이 장에서의 제시를 위해 모델들을 선정하기 전에, 일부 핵심 개념에 대한 이해라는 개요가 필요하다. 방법, 변화, 절차, 기법, 모델을 구성하는 것에 대한 브루샤의 정의는 요약한 것처럼 이론적 기술에서 용어를 이해하는 것과 연계된 출발점이다(Bruscia, 2014a, p. 128).

> **방법**method은 내담자가 치료적 목적을 위해 참여하는 음악 경험의 특별한 유형이다.
> **변형**variation은 방법이 이행되는 특별한 방식이다. **절차**procedure는 경험이나 방법에 내담자가 참여하도록 하기 위해 치료사가 하는 모든 것이다. **기법**technique은 치료사가 내담자의 즉각적 경험을 형성하기 위해 활용하는 어떤 절차 내의 한 단계이다. 또한 **모델**model은 특정한 원리에 기반을 둔 방법, 절차와 기법에 대한 체계적이고 고유한 접근이다.

일부 국가와 언어, 특히 유럽에서는 방법, 접근과 모델이라는 말 사이에 예리한 구별이 있는 것처럼 보이지 않으며, 이는 언어적 혼동과 의사소통의 도전을 초래할 수 있다. 예를 들어, 코헨(2018)은 4가지의 '고급 음악치료 실제의 방법'을 기술한다. 메리 프리슬리의 분

---

1 www.voices.no 참조. 연작의 연재는 2012년에 중단되었다.

석적 음악치료, 헬렌 보니의 심상음악치료, 노도프-로빈스 음악치료와 다이앤 오스틴의 성악심리치료가 그것이다. 브루샤의 개념으로 이는 모두 '모델'이다. 에드워즈(2016)는 예를 들어 여성주의 관점, 캐럴린 케니의 연주의 장, 인지학적 음악치료와 자원 지향 음악 치료를 포함하여 11가지의 '음악치료의 접근과 모델'을 선정했다. 에이건(2014)은 신경학 적 음악치료, 미학적 음악치료와 복잡성 기반 음악치료 등을 포함하여 그저 몇 가지 언급하 는 정도로 '모델과 지향'에 관해 저술한다. 에이건은 모델과 지향 간 구별을 명확히 한다.

> 나는 그것이 사고의 경향이기 때문에 **지향**orientations이라고 부른다. 그것은 현존하
> 는 음악치료 실제의 가치들을 설명하고 표현하며 기술하는 양식을 제안한다. 가치, 개
> 념, 명시적인 철학적 토대를 구성하고 이론적 구인을 포함하고 있지만 그것은 단순히
> **이론**theories으로 기술될 수 없다. 그것은 구체적 중재, 절차와 목적을 포함하고 있지
> 않기 때문에 **모델**이라는 용어는 적합하지 않을 것이다(Aigen, 2014, p. 223).

앞서 언급한 모델, 지향이나 접근 중 다수도 여기에 포함될 수 있었다[예 : 관계적 음악치료 (Trondalen, 2016)]. 그러나 이 장에서 기술하는 것은 신중하게 엄선된, 국제적으로 잘 알 려지고 인정받은 음악치료의 모델들이다.

1999년 워싱턴에서 열린 제9차 음악치료 국제대회에서는 '국제적으로 잘 알려진 5가지 음악치료 모델'을 공동 주제로 발표했다. 이 5가지 모델은 역사, 치료 이론, 실제, 연구, 훈 련 등 여러 다양한 관점에서 소개되고 설명되었으며, (헬렌 린커스트 보니가 개발한) **심상 음악치료**, (메리 프리슬리가 개발한) **분석적 음악치료**, (폴 노도프와 클라이브 로빈스가 개 발한) **노도프-로빈스 음악치료**, (롤란도 베넨손이 개발한) **베넨손 음악치료**와 (여러 사람 가운데서도 특히 클리퍼드 매드슨이 개발한) **행동주의 음악치료**가 포함되었다. 콘퍼런스 에는 창시자 중 네 사람이 참석하였고 메리 프리슬리만이 참석할 수 없었기에 요하네스 에 셴이 대리하였다. 앞서 언급한 모델 외에도 우리는 (에벤 루드가 시작한 초기의 발자취와 나 아가 브뤼뇰프 스티게, 게리 앤스텔과 많은 이들에 의해 상술된) **커뮤니티 음악치료**를 기술 한다. 이러한 접근은 이미 1980년대에 임상적, 이론적으로 제시되었으나(Ruud, 1980) 국 제적으로 인정받고 이론화된 모델이 된 것은 주로 지난 10년간의 일이었다.

에이건(2014)은 커뮤니티 음악치료를 '모델'이 아닌 13가지의 '지향' 중 하나로 이해한 다. 커뮤니티 음악치료가 특정한 임상적 중재(절차와 기법)를 규정하거나 정의하지 않기 때문이다. 우리는 자유 즉흥연주 치료에 대한 기술도 포함한다. 켄 브루샤, 토니 위그램,

아멜리아 올드필드처럼 국제적으로 잘 알려진 선구자들에 의해 지위가 높아진 줄리엣 앨빈 모델은 아직까지 영감의 원천이다.

엄선된 7가지 모델은 동일한 형태로 제시된다. 1) 문헌에서의 역사적 개요와 정의, 2) 세션 형태, 3) 임상적 적용, 4) 기록문헌, 5) 분류[임상 실제의 4가지 수준(보조적, 확장적, 심층적, 일차적)에 대한 브루샤(2014a, 제20장)의 분류를 활용]. 브루샤는 피아제학파의 동화와 조절, 적응을 활용하여 확장적 수준과 심층적 수준 간 기본적 차이를 기술한다.

> 확장적 실제와 심층적 실제 간 본질적 차이는 피아제학파의 조절(새로운 요구를 충족하기 위해 기존의 구조를 조정)과 동화(기존의 구조에 맞추기 위하여 새로운 요구를 조정)라는 용어로 가장 잘 기술될 수 있다. 확장적 양식으로서 활용될 때, 음악치료는 다른 치료 양식들의 목적을 조절함으로써 내담자의 요구를 음악의 체제로 동화시킨다. 심층적 또는 일차적 양식으로서 활용될 때, 음악치료는 내담자의 요구를 조절하기 위해서 다른 처치 양식의 목적을 그 자체로 동화시킨다(Bruscia, 2014a, p. 128).

7가지의 선정된 모델을 제시한 이후에는 모델의 경계를 초월하여 전 세계에서 활용되는 4가지 방법을 고찰하는 '음악치료의 방법'에 대한 절이 이어진다(3.9장). 즉 1) 즉흥연주, 2) 노래 만들기, 3) 치료적 목소리 작업, 4) 수용적 방법이다. 그다음으로 음악에 대한 생리적 반응에 대한 절이 이어지고(3.10장), 이론적인 것 외에 실제에서도 음악치료와 다른 것으로 정의되는 음악 의료에 대한 절이 이어진다(3.11장). 이 장은 음악과 치유에 대한 절(3.12장)과 마지막으로 '보건 음악하기'(3.13장)로 마무리된다. 이 마지막 절은 음악 경험이 어떻게 공중 보건 맥락에서도 활용될 수 있는지에 대한 넓은 이해를 제시한다. 거기에 제시된 분야의 기술적 모델에서는 음악치료가 구체적 특징이 있는 하위 분야이다. '지도'는 건강을 증진시키는 데 음악 경험이 활용되는 여러 다양한 영역을 포함한다.

3.2 보니 방법의 심상음악치료^{GIM}

라르스 올레 본데

역사적 개요와 정의

수용적 음악치료에서 가장 중요한 절차는 능동적인 음악 감상이다. 수용적 음악치료 내에는 여러 가지 모델과 절차가 있는데(Grocke & Wigram, 2007), 예를 들어 독일의 크리스토프 슈바베 박사에 의해 개발된 조정 음악치료가 있다(Schwabe, 1987; Wosch in Frohne-Hagemann, 2007). 그러나 국제적으로 가장 유명한 모델은 보니 방법의 심상음악치료이다(이하 GIM).

1960년대에 헬렌 린커스트 보니는 행동주의 전통의 음악치료사이자 연구자로서 훈련되었으나, 목사의 아내이자 음악가로서 수년간 목회 상담에서 일했던 배경은 보니를 다른 방향으로 이끌었다. 1970년대 초반에 보니는 미국 메릴랜드 정신의학연구센터에서 일했다. 그곳에서 보니는 LSD와 같이 환각을 초래하는 약물에 기반을 둔 알코올 중독자들과 말기 암 환자들의 실험적인 심리치료적 처치와 관련하여 활용한 음악을 선정했다. 이 작업은 판케 박사와 협력하여 저술했던 고전적 논문에 기술되어 있다(Bonny & Pahnke, 1972/2002). 1972년에 연구에서 LSD의 활용이 금지되었고, 보니는 서서히 약물을 사용하지 않는 심리치료적 모델을 개발했다. 심층적 이완은 의식의 변성된 상태로 이어졌으며, 각기 다른 이슈와 문제에 대해 심층적인 심리치료적 작업을 돕기 위해 차례로 연결된 짧은 클래식 음악의 선곡이 이어졌다. 동료이자 메릴랜드 센터의 LSD 기반 연구에서 공통의 출발점을 가졌던 헬렌 보니와 스타니슬라브 그로프가 이후에 음악 기반 또는 음악 조력 심리치료적 모델에서 보완적 방식을 발견했다는 것에 주목하는 것은 흥미로운 일이다. 그로프가 자신의 홀로트로픽 호흡법을 개발했을 때 '에르고트로픽' 방식으로 간 반면(Grof, 1988a, 1988b), 보니는 GIM을 개발했을 때 '트로포트로픽' 방식으로 갔다(Bonny, 2002).

LSD 기반 치료의 문제 중 하나는 내담자들이 세션 후에 자신의 매우 강력한 경험을 많이 기억하지 못한다는 것이며, GIM은 확장된 의식 상태[자연발생적 훈련(슐츠)이나 점진적 이완(야콥센)에 의해 촉진]와, 역동을 환기시키는 클래식 음악의 잠재력이라는 2가지의 비약물적 요소를 활용하는 절차로서 개발되었다. 마침내 보니는 5단계의 세션 형식과 일련의 음악 프로그램들을 개발했다. 세션 형식은 이후에 상세히 기술된다.

수년에 걸쳐 GIM은 유의하게 성장하였으며, 최근에는 전 세계적으로 실천되고 있다 (Bruscia & Grocke, 2002; Parker, 2010). 특히 GIM은 아시아와 유럽에서 인기가 상승하고 있다(Bonde, 2015; Papanikolaou & Beck, 2017). 필라델피아의 템플대학교에는 그 방법을 기술하는 역사적 자료들을 연구할 수 있는 보니 아카이브가 있다.

GIM의 공식 정의는 다음과 같다.

> 보니 방법의 심상음악치료는 헬렌 보니가 개발한 음악 중심적이고 의식 확장적인 치료이다. 보니 방법으로 훈련된 치료사들은 상상의 여정을 자극하는 클래식 음악 시퀀스를 선택한다. 이러한 방식으로 심상을 경험하는 것은 내담자의 안녕감에 정신적, 정서적, 신체적, 영적 측면의 통합을 촉진한다(Association of Music and Imagery, 2018; McKinney & Grocke, 2016 참조).

그러나 이러한 정의는 음악심리치료의 다른 모델을 지칭할 수도 있다. 보니에 따르면 "GIM은 음악 감상 중에 심상을 떠올리는 과정이다"(Bonny, 1990/2002, p. 101). 프랜시스 골드버그는 더 상술된 정의를 제안한다(Goldberg, 1995).

> GIM은 특별히 프로그램된 클래식 음악을 활용하여 내적 경험을 전개하며 역동을 생성하는 음악 심리치료의 심층 접근이다…. [이는] 인간 경험의 모든 측면, 심리적, 정서적, 신체적, 사회적, 영적, 집단적 무의식의 측면을 발현시키는 것을 허용하는 전체론적이며 인본주의적이고, 초월적인 경험이다(p. 114).

GIM에서는 내적 경험을 드러내는 역동성을 자극하고 유지하기 위해 특별히 **차례로 연결된 클래식 음악 프로그램**이 활용된다. 이러한 일대일 양식으로 세션을 수행하는 퍼실리테이터는 '돕는' 직군이라는 배경을 가지며 보니 방법으로 정식 훈련된다. 음악은 서양의 클래식 음악이며, 바로크 시대부터 20세기까지 기악과 성악을 모두 아우른다(Bonny, 1976). 프로그램 중 18가지가 보니에 의해 만들어졌고, 이는 흔히 '핵심 프로그램'으로 지칭된다.

1995~1996년에 켄 브루샤는 10개의 CD를 한 세트로 **상상을 위한 음악**을 만들었고 프로 그램에 대한 이야기, 자신의 개정판과 낙소스[2] 레코딩에 기반을 둔 새로운 모음집을 기술 하는 매뉴얼을 출판했다. 2014년에 브루샤는 **심상음악치료 프로그램의 디지털 편집물**을 만들었다(Bruscia, 2014b). 음악 프로그램의 수는 빠르게 늘어나고 있다. 2002년에는 활용 할 수 있는 66개의 프로그램이 있었고(Bruscia & Grocke, 2002), 2009년에는 100개가 넘었 다(Bonde, 2009). 클래식이 아닌 음악을 포함하는 새로운 프로그램들이 지속적으로 만들 어지고 있다.

음악 프로그램은 30~50분 정도의 길이이며, 전형적으로 3~8곡의 더 길거나 짧은 악장 또는 클래식 음악 유산의 단일곡으로 구성된다. 음악은 '무조건적 지지와 안전 기지의 경 험', '(사별로 인한) 애도로의 초대', '전이 의례 만들기'와 같은 다양한 실존적, 심리적(또 는 생리적) 요구와 관련된 경험들을 지지하고 생성하고 심화하기 위한 목적으로 차례로 연결된다. GIM은 이완, 시각화, 그리기, 언어적 대화를 음악 감상과 결합하고 다양한 의 식의 수준에서 경험을 허용한다. 음악 여행에서 내담자들은 자신의 삶의 측면들을 여러 양식의 **심상**(내적 그림, 신체의 경험, 감각, 느낌, 사고, '메시지', 기억과 순수이성적 경험) 으로서 경험하는 기회를 가진다(Goldberg, 2002; Grocke, 1999; Muller, 2014).

세션 : 절차와 기법

GIM 세션의 요소들은 소나타 형식의 악절, 제시부-발전부-재현부-종결부와 유사하다. 비유나 은유는 치료와 음악 (소나타) 형식의 역동 원리를 지칭하며, 이는 소재가 도입되 고 발전되며, 변용되고 통합되는 과정이다. 그러나 다음에서는 GIM에서 정상적으로 사 용되는 개념들을 5단계인 전주, 유도, 음악 여행, 복귀, 후주를 기술하는 데 활용할 것이다 (Bruscia, 2015a). 치료사의 중재는 제2부에서 개요를 간략히 설명한 이론에 상응하는 가 능한 태도와 지향의 스펙트럼 내에서 선택되고 기술될 수 있으며 이 스펙트럼은 다음의 글에 명시된다. 스펙트럼의 한 극단은 좀 더 인지적이며 다른 극단은 좀 더 직관적이다.

전주

이는 15~20분이 소요되며, 출발점으로서 내담자의 생활 세계와 자신의 문제에 대한 의식

---

2 세계적인 레코드 레이블이다(역자 주).

적인 경험을 갖는다. 전주에서 언어적 대화 중에 치료사는 내담자의 주의를 점차 외부 세계에서 내부 세계로 전환하고자 할 것이며 세션의 초점이 확인되어야 한다. 이를 염두에 두고 치료사는 음악 프로그램을 선택한다. 외부 세계에 대한 의식적 경험에서 내부 세계에 대한 좀 더 열린 인식으로의 전이는 내담자의 신체적 자세 변화로 기록된다. 내담자들은 매트 위에 누워 눈을 감는다. 치료사는 물리적으로 편안하고, 오디오 시스템을 완전히 통제하며, 내담자의 전신을 대략 살펴보는 것이 가능한 자세를 취한다. 음악 여행 중에 치료사는 내담자의 심상에 대한 내담자의 말을 받아 적는다. 세션이 끝났을 때 내담자는 이 전사본을 받고, 치료사는 사본을 보관한다.

유도

이는 2~7분 정도 지속되며, 좀 더 인지적인 A 입장을 선택할 수 있는 치료사는 태도의 스펙트럼 내에서 내담자의 의식적인 내러티브 요소들을 선정하거나, 좀 더 인본주의적인 B 입장을 선택할 수 있어 좀 더 정서적인 수준, '숨은 표현'의 수준을 신중하게 듣고 규명한다.

예 : 내담자는 자신의 일상적인 '외로움'의 감정에 대한 상세한 보고를 제공한다. A 입장에서, 치료사는 '게슈탈트'처럼 이완 및 유도 심상으로 형성될 수 있는 구체적인 상황에 초점을 두는 것을 선택할 수 있다. 예를 들어 "(스스로를 압박하지 말고) 당신의 몸 a… b… c… 부분의 근육을 할 수 있는 만큼 최대한 긴장시키세요. 그리고… 이완하세요… 차이를 느낍니다…"(음악 없이, 길이는 약 5분 정도). "이제 X(내담자가 자신의 삶에서 중요한 역할을 수행한 것으로 기술했던 사람)를 만나기 직전의 상황에 있는 당신을 상상합니다." 음악이 시작되고, 치료사가 질문한다. "당신에게 그 상황이 어떤가요?" B 입장에서, 치료사는 "아무도 당신을 잡고 있지 않습니다."와 같이 적절한 은유나 상응하는 심상을 선택할 수 있다. 유도는 이렇게 들릴 수 있다. "당신 몸의 a… b… c… 부분을 들어 올려 얼마나 가벼운지 또는 무거운지 느껴보세요." 음악이 시작되고, 치료사는 말할 수 있다. "당신이 a… b… c… 부분을 지탱하는 것을 음악이 돕도록 허용합니다. 당신이 자신의 몸을 지탱하는 것을 음악이 도울 수 있나요?"

　　유도의 목적은 자아 지배적인 것에서 의식의 더 깊은 수준으로의 전이를 촉진하고, 시간과 공간의 좀 더 유연한 경험에 내맡기는 것이다. 이러한 탐색적 시공간에서는 불안정성과 혼동을 피하기 위해 가능한 선택을 제한하여 초점을 두는 것이 필요하다. 초점은 '어둠 속 광부의 램프'로서 역할을 맡는다.

음악 여행

이 단계 동안에, 치료사는 내담자의 안내자이다. 유도에서 안내는 꽤 지시적일 수 있으며, 음악의 선곡도 치료사의 책임이다. 그러나 '음악 여행' 중에 치료사는 전적으로 비지시적인 태도를 취한다. 치료사와 내담자는 신뢰할 수 있는 동반자여야 하며, 내담자가 선택하고 과감히 가고자 하는 어떤 곳도 따라갈 것이다. 치료사/안내자의 과제는 '내담자가 경험을 기술하고 가까이하며 모든 영향을 느끼도록 돕는' 것이다(Grocke, 2005, p. 46). 내담자와 치료사는 내담자의 심상을 공유한다. 이는 다양한—시각적, 청각적, 후각적, 미각적, 촉각적—양식의 내적 경험으로 널리 이해된다. 기억과 정서도 심상의 개념에 포함된다. 내담자의 심상은 명확하거나 분산될 수 있으며, 빠르거나 느리게 변화하고 인격적이거나 비인격적이며, 앞뒤가 맞지 않거나 일관적일 수 있다. 모든 내담자는 구체적인 '여행의 양식'을 지니며, 심상과 음악에 대한 최적의 반응을 발달시키는 데 보통 몇 회기가 소요된다. 다시 말하지만, 치료사의 지향은 스펙트럼을 통해 예시될 수 있다.

예 : 좀 더 인지적인 입장에서, 치료사는 심상을 유발하는 구체적 자극으로서 음악을 활용한다. 음악은 내담자의 무의식이 그 내용을 투사할 수 있는 '투사막'이다. 치료사는 음악의 이미지 잠재력(작품과 프로그램)에 대해 가능한 한 많이 알고 싶어 한다.

좀 더 인본주의적–실존적인 입장에서, 치료사는 음악을 '협력치료사'나 심지어 '주 치료사'로 간주한다(Bruscia, 2015a). 음악과 심상의 복잡한 상호작용이 경험의 중심에 있다. 일부 GIM 치료사들은 음악을 음악의 신화적 구조가 작동하고 치료적 변화를 촉진하는 '에너지의 원형적 장'으로 여긴다.

어떤 지향을 가지고 있든, 치료사는 내담자가 음악 여행과 심상의 탐색에 참여하도록 최선을 다할 것이며 이는 초월적 경험으로 이어질 수도 있다. 음악 여행은 프로그램이나 치료사가 선택한 즉흥연주 음악, 내담자의 실제 심상과 과정에 따라 30~50분 정도 지속된다.

복귀

음악이 끝났을 때, 치료사가 내담자를 확장되지 않은 의식 상태로 다시 안내하는 복귀 단계이다. 복귀의 일환으로, 내담자는 음악 여행 중에 떠오른 중요한 경험과 이미지 중 눈에 띄는 것을 포착하여 '만다라' 같은 그리기(Kellogg, 1984)나 조각(찰흙 작업) 또는 자유 양식의 글쓰기(예 : 시)를 하도록 격려된다. 이 단계는 8~10분 정도 지속되며, 안내자는 보통 다음의 질문으로 시작할 것이다. "당신의 경험에서 가장 중요하게 떠오르는 것은 무엇인가요?"

후주

이는 짧은 대화(10~20분)이다. 예를 들어, 만다라 형태의 '가시적인' 경험은 구어의 대화에서 초점 역할을 맡는다. 치료사는 내담자가 그 경험을 일상의 생활과 세션의 초점에 연결하도록 돕는다.

예 : 좀 더 인지적인 입장에서, 치료사는 문제에 대한 새로운 통찰을 목적으로 내담자를 심상의 해석으로 안내할 것이다.

좀 더 인본주의적–실존적인 입장에서, 치료사는 음악과 심상 경험이 그 자체로 변용되는 것으로 여긴다. 치료사는 아마도 심상의 은유에 머물 것이며 내담자가 가장 중요한 부분을 더 탐색하도록 격려할 것이다.

치료사는 은유, 내러티브와 상징의 이론을 잘 알게 될 것이다(Bonde, 2000). 그러나 내담자의 경험에 대한 내담자 스스로의 해석이 권위 있는 것으로 인정된다.

임상적 적용

GIM은 수많은 임상 환경에서, 또한 다양한 대상군(신경전형적인 사람들의 자기 계발과 초월적 작업, 음악 치유, 훈련치료, 약물 중독, 학대, 신경증적 장애, 외상, 심장 문제나 암으로 고통받는 신체의학 분야의 내담자들, HIV와 다른 생명을 위협하는 질병을 가지고 살아가는 사람들 등)에게 활용된다.

다른 임상 대상군(예 : 정신의학과 환자나 말기돌봄 환자들)을 위해 형태의 수정이 발전되었으며, 다른 집단 형태도 흔히 활용된다(Bonde, 2010; Grocke & Moe, 2015; Muller, 2014; Summer, 2002). 응용 GIM은 꽤 빠르게 확장되고 있으며 음악과 심상의 짧은, 안내되지 않는 세션에서부터 상호 작용적인, 안내된 집단 세션에 이르는 범위를 가진 스펙트럼으로 기술될 수 있다(Grocke & Moe, 2015). 다음은 앞서 기술한 고전적인 개별 세션보다 덜 복잡한 중재의 전형적인 요소들이다.

- 세션은 더 짧을 수 있으며(3~20분 정도의 음악) 음악 감상은 안내되지 않을 수 있다.
- 음악과 중재는 탐색적이고 도전적이기보다 지지적일 수 있다.

- 클래식 음악 이외의 음악이 레퍼토리에 포함된다.
- 안내는 개인과 집단 모두에서 좀 더 지시적일 수 있다.

음악과 심상을 이용하는 치료적 작업에는 **금기**가 있을 수 있다. 만일 내담자가 환상과 현실을 구별하는 데 문제가 있거나 경계성 이슈, 정신적 장애가 있거나 또는 약물이나 약품에 중독되었다면 이러한 방법으로 유익을 얻지 못할 수도 있다.

음악과 심상Music and Imagery, MI 작업은 집단뿐만 아니라 개인에게도 활용된다. 집단 음악과 심상Group Music and Imagery, GrpMI 세션은 앞서 기술한 고전적인 개별 GIM 세션과 동일한 5단계를 따른다. 집단의 초점을 찾는 데 시간이 소요되어 전주가 훨씬 더 길고, 음악 여행이 더 짧으며(4~10분) 안내되지 않는다. 이 형태는 흔히 정신의학(Bonde, 2010; Bonde & Pedersen, 2015), 암 치료(Hertrampf, 2015; Wärja, 2015)에서 활용되며 외상(Rudstam et al., 2017), 섬유근육통(Torres, 2015)으로 고통받는 환자, 물질 중독 성인(Van Dort, 2015)에게도 활용된다.

다른 대중적인 집단 형태는 안내된 집단 음악 (환상) 여행으로 흔히 팀 형성과 교육 환경에서 활용된다. '이용 가능한' 매뉴얼이나 '스크립트'가 많이 있다. 한 예가 다음과 같이 제시되었다(Bonny & Savary, 1973; Bush, 1996; Grocke & Wigram, 2007).

안내된 유도의 예(Bush, 1996, p. 190) : **안전한 공간을 만듭니다.** (개별적으로 또한 집단에서도, 안내가 없는 개인적인 여정에서도 활용할 수 있다.) 이 유도는 당신이 두려움이나 불안을 느낄 때 유용합니다. 감각을 사로잡는 유도는 즉각적으로 몸/마음을 안쪽으로 이동하게 만드는 데 유용합니다. 당신에게 평안, 위로와 안전을 표현하는 말을 마음에 떠올리면서 시작합니다. 이제 현실이든 상상이든, 이것을 표현하는 공간을 만드는 것을 허용하세요. 이 장면이 느리게 떠오르도록 구체적인 것에 초점을 두고, 당신의 모든 감각으로 지각하는 시간을 갖는 것을 허용하세요. 이미지가 분명할 때, 색깔, 공간의 차원, 향, 촉각적 인상을 알아차리세요. 그것이 생생해지도록 합니다. 그 장소의 분위기를 당신 스스로가 감지하도록 허용하세요. 스스로를 그 장면에 투사합니다. 스스로 움직이고, 그 장소와 접촉하는 경험을 허용하세요. 당신은 꽃을 만지거나 냄새를 맡고 싶거나, 발끝을 통해 모래를 거르거나 달리거나 춤추거나 깡충깡충 뛰고 싶을 것입니다. 점점 더 이완되면, 여정에 대한 당신의 목표들을 떠올려보세요. 그것이 내적 자기에 대한 이미지나 질문으로 만들어지도록 허용하세요… 음악을 시작합니다.

그다음에 음악 여정이 이어진다. 부시는 예를 들어, 모차르트의 **클라리넷 협주곡** 2악장, 모차르트의 **플루트와 하프를 위한 협주곡** 2악장, 프랭크 브리지의 **애가**를 추천한다. 치료사는 복귀와 처리하는 대화를 안내한다. 개별적인 (가정에서의) 작업을 위해 부시는 다음의 단계를 고안한다(Bush, 1996, p. 192).

1. 여정의 초점을 공식화한다.
2. 음악을 선택한다.
3. 간단한 유도로 이완한다(그리고 스크립트를 읽는다).
4. 내적인 공간에서 트래블러가 된다.
5. 경험에 대한 간략한 설명을 작성한다.

스웨덴의 GIM 훈련가이자 연구자인 마르가레타 베르야는 '코르타 무시크레소르'(짧은 음악 여정)라 불리는 방법을 개발했다. 세션 형태는 거의 고전적이다. 그러나 음악 여정은 짧고(2~8분) 안내되지 않으며, 음악은 지지적이고, 보통 클래식이 아닌 다른 예술적 매체가 과정에 포함된다(Wärja, 2015).

기록문헌

GIM 문헌은 포괄적이다. 헬렌 보니의 논문 대부분이 보니의 학생이었던 리사 서머에 의해 편집된 단권으로 출판되었다(Bonny, 2002). 브루샤와 그로케(2002)에 의한 선집은 오늘날 실천되고 연구된 모델을 기술한다. 연구 문헌은 임상 사례 연구, 양적으로 수행된 과정과 효과에 대한 연구뿐만 아니라 질적, 혼합 방법, 설계를 다룬다(예 : Beck, 2012; Bonde, 2000, 2002, 2005, 2010, 2015; Grocke, 2010; Körlin & Wrangsjö, 2001; Maack, 2012; Moe, Roesen & Raben, 2000; Summer, 2009; Wrangsjö & Körlin, 1995). 수년에 걸쳐, GIM의 애호가들은 자신의 작업에서 은유와 내러티브에 대해 점점 더 집중했으며(Aksnes & Ruud, 2006, 2008; Bonde, 2000, 2004, 2007; Perilli, 2002; Ruud, 2003), 개인적 계발은 개인적 역량 강화와 연계를 맺게 되었다(Trondalen, 2009~2010, 2011). 연구는 GIM이 역생산적인 행동 패턴을 변화시키고 자기 이해를 높이며, 사람들이 문제를 해결하고 스트레스를 줄이도록 역량을 강화하고, 개인적인 창의적 자원들의 이용을 높일 수 있다는 것을 입증한다(예 : Abrams, 2002; Beck, 2012; Bruscia & Grocke, 2002; Grocke & Moe, 2015; Maack, 2012; Martin, 2007). 2010년, **목소리들**(제10권 3호)은 헬렌 보니의 삶과 업적에 헌정하는 온라인 기념호를 출간하였고,[3] 2017년 전자저널 **접근들**_Approaches_의 특별호에서는 그리스 아테네에서 열린 제12회 유럽 GIM 콘퍼런스에서의 논문에 기반을 두어 '유럽의 GIM'이라는 주제에 정진했다.

범주화

음악치료 모델에 대한 브루샤의 체계적 설명과 관련하여, GIM은 변용적 음악 심리치료로서 심층적 수준에 자리한다. GIM에서 '음악 경험은 치료적으로 변용적이며, 언어적 교류를 통해 얻은 어떤 통찰과도 관계없이 그 자체에서, 그 자체에 대해, 그 자체로 완전하기' 때문이다(Bruscia, 1998, p. 219).

---

3 이 특별호는 실제에 대한 관점, 보고서, 연구의 예 에세이, 이야기, GIM에 대한 막대한 연구 자료들과 연계된 Refshare 문서(RefWork 데이터베이스를 활용하는 공유 문서 네트워크 : 역자 주), 아카이브의 글과 처음 헬렌 보니가 했던 기조연설의 작성문 등을 비롯하여 모든 범주의 글을 포함한다. www.voices.no 참조.

3.3 분석 지향 음악치료^{AOM}

잉에 뉘고르 페데르센

역사적 개요와 정의

능동적 음악치료

분석 지향 음악치료Analytically Oriented Music Therapy, AOM는 현재 유럽에서 더 새롭게 발전된 메리 프리슬리의 분석적 음악치료Analytical Music Therapy, AM에 활용되는 용어이며, 노도프-로빈스 음악치료 전통과 마찬가지로 여러 유럽 국가에서 가장 폭넓게 활용되고 있는 능동적 음악치료 접근이다. 오늘날 AOM은 음악치료의 여러 다양한 임상 방법과 접근을 대표하는 견고한 기반에 해당한다. AOM에서 더 발전된 이러한 접근들은 여러 다른 방법들을 포함하므로 유럽에서의 일반적인 용어는 이제 간단히 '음악치료'이다.

내담자들은 임상적으로 준비된 음악 활동에 능동적으로 참여한다. 가장 흔한 활동은 즉흥연주이다. 즉흥연주는 조성적이거나 비조성적일 수 있으며 내담자의 음악적 표현이 창작되는 음악의 기반이다. 작곡된 음악 또는 노래/음악의 작곡도 치료의 일부가 될 수 있다. 모든 사례에 있어 그 초점은 음악적 산물의 심미적 특질에 있는 것이 아니라 내담자의 발전에 있다.

분석 지향 음악치료^{AOM}

분석적 음악치료(본래는 AMT, 여기서는 AM으로 지칭함)는 본래 1970년대 초반 영국의 전문 음악가이자 바이올린 연주자인 메리 프리슬리에 의해 정립되었다. 프리슬리는 다년간의 정신분석적 훈련을 통해 즉흥연주에서의 음악적, 예술적 표현과 치료사-환자 관계에 대한 심리치료적 이해를 결합하고자 하였다. 전기적 연구에서 해들리는 프리슬리의 생애사와 프리슬리가 개발한 치료적 접근 간 밀접한 관계를 제시한다(Hadley, 1998).

프리슬리는 AM을 다른 음악치료 교육 프로그램을 위한 혁신적이고 보완적인 훈련의

한 단원으로 정립하였다. 런던에 있는 길드홀 음악연극학교에서의 음악치료 교육이 전이 관계 및 음악치료사가 임상 환경에 현존하는 방식의 효과에 대한 지식을 제공하거나, 그에 중점을 두지 않았다고 느꼈기 때문이다. 프리슬리는 1970년대 다른 음악치료 프로그램에서도 이런 종류의 훈련을 발견하지 못했다. 보완적 단원은 일차적으로 치료적 매체로서의 음악 및 음악치료사들의 종합적인 경험적 훈련으로 구성된다(제6부 참조). 프리슬리는 AM을 간략하게 다음과 같이 정의한다.

> 분석적 음악치료는 음악치료사와 내담자가 즉흥연주한 음악의 분석에 입각한 상징적
> 사용에 널리 쓰였던 명칭이다. 이는 성장과 자기 지식의 향상으로 나아가는 길을 제공하
> 기 위해 내담자의 내적 삶을 탐구하는 창의적 도구로 활용된다(Priestley, 1994, p. 3).

메리 프리슬리는 주로 정신의학적 내담자들과의 작업, 개별 내담자들의 개인적 성장 작업에서 AM을 개발하였다. 프리슬리는 유아기의 외상적 경험을 드러내는 것과 재경험하는 것을 중요한 치유적 요인으로 여겼다. 프리슬리는 나아가 초기 관계 경험들의 재연을 위한 무대로서 즉흥연주의 활용을 심리치료적인 방법으로 발전시켰다. 오늘날 이 방법은 다양하고 폭넓은 내담자들에게 적용된다. (흔히 동화나 다른 이야기들과 결합되는) 음악의 상징적 활용은 약한 자아를 가진 아동 및 청소년들과의 치료에서 활용될 수 있다. 여기에서는 더 나은 통합과 더 강력한 자아상을 향한 비지시적 동작이 제안될 수 있다. 그러나 좀더 최근에 개발된 버전의 방법은 지금 여기의 관계에서 경직된 패턴의 동일시와 변용이 가장 중요한 치유적 요인으로 간주된다.

자신의 임상 경험에 기반을 두어 프리슬리는 음악치료에서 중요한 임상적 도구로서 공감과 역전이에 대한 이론을 발전시켰다. 프리슬리는 락커(1968)에게 영감을 받았고 역전이 반응을 다음과 같이 분류했다. 1) 고전적(치료사 자신의 무의식적이고, 억누르지 않은 정서), 2) 공감적(치료사는 내담자의 정서와 공명하며 내담자의 정서는 여전히 무의식적이거나 전의식적임), 3) 보완적(치료사가 환자의 삶에서 환자와 어려운 관계를 맺었던 사람과 유사한 입장을 취함). 프리슬리(1994, 2012)는 이러한 역전이 반응이 즉흥연주를 통해 어떻게 나타날 수 있는지, 또 이를 어떻게 의식할 수 있는지에 대한 수많은 임상적 예들을 기술했다. 프리슬리는 내담자의 갈등에 대한 따뜻한 동맹과 깊은 연민을 의식적으로 보장하지 않고서는 절대 전이 해석만 사용하지 않았다는 점에서 선구자였다. 오늘날 초기 관계 경험에 대한 동일시와 재연은 더 이상 주된 치유적 요인으로 보이지 않는다. 현재의

반복적이고, 보통 경직되거나 강박적인 관계 패턴의 동일시와 점진적 변용은 환자의 문제와 변화에 대한 소망에 있어 중요한 치유적 요인으로 간주된다.

다른 음악치료 훈련 프로그램을 위한 보완적 단원의 형태로 프리슬리에 의해 소개된 것과 같이, 음악치료사들의 경험적 훈련은 이후에 더 긴 음악치료 교육 프로그램으로 통합되었다. 이는 (요하네스 에셴이 책임자였던) 독일의 헤르데케에서 처음 수행되었으며, 이후에 덴마크 올보르대학교에서, 그다음에는 독일, 영국, 오스트리아, 벨기에, 네덜란드와 스칸디나비아의 교육 프로그램에서 — 수정된 형태로 — 점차 소개되었다.

한 예로 올보르대학교에서 석사학위를 받은 모든 음악치료사는 AOM에 기반을 둔 경험적 훈련을 거친다(다음 내용과 제6부 참조). 이 훈련은 5년의 음악치료 학/석사 전공 과정이 통합된 것이며(제6부 참조), 치료적 도구로서 음악을 활용하여 복잡한 심리적 이슈를 다루는 학생들의 자격을 검증한다(Lindvang, 2007, 2010, 2011, 2013, 2015; Lindvang & Bonde, 2012). 기본적인 아이디어는 음악치료사들이 '공명체resonator'로서 행동해야 하기 때문에 고도의 민감성을 개발해야만 한다는 것이다. 임상적 상황에서 음악치료사들은 내담자와의 상호작용에서 무슨 일이 일어났는지를 지각하고 이해하기 위해 자신의 감각과 정서적 민감성을 활용할 수 있어야만 한다(Langenberg, Aigen & Frommer, 1996). 그 훈련은 음악치료사들에게 즉흥연주 동안 그들 스스로를 정향할 수 있는 도구도 제공한다. 복잡한 심리적 문제들을 다루는 작업에서 이 훈련은 음악치료에서 동맹과 신뢰를 구축하는 데 있어 주요한 유의성을 지닌다. 예를 들어, 구어를 사용하지 않는 발달 장애인 같은 다른 내담자 집단과의 음악치료에서 이 훈련은 행위와 중재에 대한 근본적 이해를 제공한다(Kowski, 2002). 본래적 형태의 분석적 음악치료는 주로 미국에서, 맨 먼저 베네딕테 스카이비에 의해 수행되었다. 스카이비는 (바로 프리슬리가 했던 것처럼) 다른 음악치료 프로그램을 수강했던 학생들을 위해 AM 훈련을 추가로 제공한다.

분석 지향 음악치료AOM

덴마크를 포함한 유럽의 여러 국가에서 분석적 음악치료AM라는 용어는 더 이상 사용되지 않는다. 일부 더 긴 교육 프로그램의 발판으로 기능하는 음악치료사들의 경험적 훈련은 이제 분석 지향 음악치료AOM에 기반을 둔다. 이는 그 접근이 정신분석적 심리학이나 분석적 심리학의 이론뿐만 아니라 의사소통, 상호작용, 발달심리 및 성격의 심리사회적 요소에 관한 이론에도 기반하고 있음을 나타낸다. 이는 독일의 베를린 예술대학교, 함부르크 국립음악대학교 음악치료기관과 뮌스터 베스트팔렌 빌헬름대학교에서도 마찬가지이다(Cohen, 2018). 이와 유사하게 자신의 실제를 기술할 때 '분석 지향'이라는 용어를 사용하는 일부 음악치료사들은 프리슬리나 AM에서도 훈련되지 않았으며(예 : Austin, 2008), '분석적'이라는 용어는 융학파의 심리치료 전통을 기술할 때도 사용된다. AOM은 정신분석에 정의된 기법적 규칙에 기반을 두지 않는다(2.3.1장 참조). 그러나 분석적 음악치료에는 잘 정의된 임상적 용어가 있다(2.3.1장 참조). 이는 분석 지향 음악치료와 덴마크 및 다른 유럽 국가에서 흔히 사용되는 보다 일반적인 용어인 '음악치료'에 있어서도 의미가 있다.

　세 가지 정의 모두 진보progression를 기술할 때 3요소 — 음악치료사, 음악, 내담자 — 의 분석이 강조된다. 예를 들어 브루샤의 즉흥연주 진단평가 프로파일(Bruscia, 1987)은 발달의 특정한 측면이나 단계에 초점을 두고 즉흥연주에서 사용될 수 있으나, 전체로서 음악을 분석하는 것도 중요하다. 음악의 의미는 내담자의 음악 그 자체에만 있는 것이 아니라, 이 음악이 치료사의 음악에 어떻게 영향을 미치는지에도 있다. 다시 말해서, 관계와 전이 관계에 상당히 초점을 둔다. (즉흥연주된 음악의 상징적 사용이 행위자의 내적 삶을 표현한다는 프리슬리의 분석적 음악치료에 대한 본래적 정의에 기반을 둔) 많은 연구 프로젝트는 개인내적-심리적 과정뿐만 아니라 대인관계적 과정과 심리적 성장이 어떻게 가청적인 것이 되며, 음악적 소재로 이해되는지를 기술하고자 하였다.

세션 : 절차와 기법

언어를 사용할 수 있는 내담자와의 AOM에서 세션은 보통 치료사와 내담자가 언어적 대화로 만나면서 시작한다. 대화를 통해 치료사와 내담자는 즉흥연주의 초점이나 주제를 찾는다. 이 주제는 음악을 통해 탐색되며, 음악치료사는 내담자의 음악에 대해 음악적으로 지지적이거나 창의적이 될 수 있다. 또는 치료사가 즉흥연주 이전에 동의한 역할을 맡을 수 있다. 음악은 조성적으로나 비조성적으로 시작할 수 있으며, 여러 방향으로 움직일 수 있다. 보통 즉흥연주의 행위는 음악치료사뿐만 아니라 내담자에게도 음악적 표현 외에 주제나 문제에 관한 새로운 통찰을 나타내는 새로운 방식을 보여주는 약간 확장된 의식 상태를 일으킬 것이다. 때때로 음악은 강한 정서를 일으키기도 할 것이며, 여기에서 음악치료사는 정서가 지속되는 동안 공유된 음악 표현에 이러한 정서들을 담아주는 것이 매우 중요하다. 가끔 내담자는 혼자 연주하며 누군가 '듣기'를 바라거나, 음악치료사가 사전 작곡된 익숙한 음악 또는 즉흥연주된 '위안을 주는 음악'을 능동적으로 감상하는 내담자를 위해 연주하기를 바란다.

위안은 AOM의 중요한 부분이나, 만일 관계에서의 신뢰가 충분하다면 힘든 정서적 직면도 즉흥연주의 일부가 될 수 있다. 전형적으로 일부 내담자들은 자신의 분노를 다른 곳에서 보임으로써 다른 이들을 상처 입게 할 수 있음을 두려워하여 드럼 세트나 피아노로 자신의 분노를 연주하는 것이 덜 위험하다는 점을 알게 될 것이다. 음악에서 내담자들은 자신이 다른 이들을 상처 입게 하는 일 없이 스스로가 자신의 분노에서 에너지와 힘을 느끼는 것을 허용할 수 있다. 다시 말해서, 분노의 음악적 투사가 가능하다. 이는 누적된 분노나 불안을 다루는 데 있어 매우 중요한 전환점이 될 수 있다.

즉흥연주 이후에 (가능할 때) 언어적 반영이 있는 것은 AOM에서 매우 중요하다. 음악이 유발한 내적인 움직임이 내담자를 의식하게 하고 정서적, 인지적으로 담아주게 할 수 있기 때문이다. 프로이트 이론에 기반을 둔 고전적인 정신분석적 해석은 이러한 방식으로 사용되지 않으며, 그 방법은 AM과 다르다. 대개 세션의 초점이 가능한 한 많이 처리될 때 마지막 즉흥연주로 세션을 마친다.

음악이 내적 기분, 정서와 연상을 상징적으로 표현하는 데 사용되기에 철학적으로 AOM은 치료에서의 음악으로 정의될 수 있다. 그러나 흔히 음악은 즉흥연주 중에 그 자신의 삶을 '대신하여' 살아가기 시작할 것이므로, 내담자와 치료사가 의도했던 것과 다른 방향으로 움직이는 새롭고 예상하지 못한 소리, 음과 리듬이 발현된다. 그러므로 AOM은 보통 치료에서의 음악이자 치료로서의 음악이다.

음악치료사가 피아노와 타악기들을 연주하는 데 유연한 접근을 갖는 것은 중요하나, 현악기와 관악기 같은 다른 악기들도 유용할 수 있다. 프리슬리는 주제와 관련하여 음악을 구조화하는 다양한 기법을 기술했다.

이와 관련하여 주 악기와 피아노의 임상적 활용과 같은 대학교 수업은 음악치료 전공에서 매우 유용함을 나타냈다. 올보르대학교의 토니 위그램 교수는 이 AOM 중 다양한 음악치료 접근 내의 임상 작업을 지지하기 위한 음악 기술 수업을 개발했다(3.9.1장과 제6부 참조). 이 수업은 N-R 모델, 앨빈 모델, AM과 AOM의 일환인 자유 즉흥연주 음악을 만들기 위한 훈련의 중요한 부분이다.

연주 규칙

즉흥연주를 위한 초점이나 주제를 찾는 것을 연주 규칙(생성하기)이라 부른다. 문제의 속성에 따라 연주 규칙의 여러 다양한 범주가 활용된다. 단기 AOM에서는 보통 치료의 과정을 위한 일반적 연주 규칙(주제)뿐만 아니라 각각의 개별 세션을 위한 좀 더 구체적인 연주 규칙이 있다.

　　연주 규칙의 목적은 내담자가 구체적인 정서, 환상, 꿈, 신체 경험, 기억이나 상황을 음악적으로 표현하는 것이다. 연주 규칙은 직접적으로 음악이나 악기와도 연관될 수 있다. 특정한 음, 화음, 악기나 음악적 규칙이 심리적 초점에 대해 구조화, 거울반응, 또는 상징화할 수 있기 때문이다. 연주 규칙은 즉흥연주 동안 떠오르는 내적 심상과 정서적, 감각적 경험의 영감이자 닻의 역할을 한다.

　　즉흥연주가 연주 규칙과 많이 연계될수록 임상적 상황은 특별한 목적을 향해 지향될 것이라고 말할 수 있다. 연주 규칙은 음악치료사가, 또는 내담자와 음악치료사가 함께 규정한다.

　　이와 동시에, 즉흥연주의 속성은 예측할 수 없는 것이다. 만일 내담자가 자신이 표현하고자 하는 것에 대한 의식적인 의도를 가지고 연주를 시작했을지라도, 음악은 표현되는 것을 문득 깨달을 수 있고 변용시킬 수 있다. 그 자체의 이러한 변용이 처치의 일환이 되기 때문이다. AOM에서의 처치는 2가지 수준, 즉흥연주 중에는 비언어적, 전언어적인 수준에서, 언어적 성찰 중에는 좀 더 의식적인 수준에서 일어난다.

예

구체적 정서에 초점을 둔 연주 규칙의 예는 다음과 같을 수 있다. (예를 들어, 만일 내담자가 자신의 아버지에 대한 두려움을 표현하거나 내담자가 아버지의 기대에 부응할 수 있다고 느끼지 않는다면) '나는 아버지를 향한 나의 감정을 연주한다.'

　　특정한 신체 경험에 초점을 둔 연주 규칙의 예는 다음과 같을 수 있다. (예를 들어, 만일 내담자가 신경과민이나 긴장, 불편을 느낀다면) '나는 지금 내 뱃속에서 느끼는 것을 연주한다.'

　　보통 내담자는 중심잡기centring 연습을 하면서, 연주 규칙으로부터 즉흥연주를 준비할 것이다. 신체 경험에 초점을 둔 마지막 예에서 내담자는 눈을 감은 채 앉고, 자신의 몸에서, 구체적으로 자신의 뱃속에서 지금 여기 어떤 일이 일어나는지 인식하도록 스스로 감각을 느끼는 것을 허용하며, 그 후에 이러한 감각을 음악에서 표현하도록 요청받을 수 있다.

독백 형식과 대화 형식

AOM 세션은 내담자가 연주하고 음악치료사가 들은 후에 두 사람 모두 음악에 대해 언어적으로 성찰하는 독백의 형식을 취할 수 있다. 또는 음악치료사와 내담자가 함께 연주하고, 이후에 공동 즉흥연주에 대해 성찰하는 대화 형식이 활용될 수 있다. 첫 번째 접근에서 다루어지는 문제는 흔히 개인내적-심리적인 반면, 대화 형식에서는 타인과의 사회적 관계가 흔히 다루어질 것이다. 그러나 여기에서도 개인내적-심리적 이슈가 다루어질 수 있다. 음악치료사는 내담자의 음악에 일치시키거나 부연한다. 독백 접근에서 음악치료사의 역할은 주로 경청하기, 확언하기와 명료화하기이나 대화 접근에서 음악치료사의 역할은 다를 수 있다. 음악치료사는 지지하고, 부연하고, 비교하고, 중심잡고, 직면하고, 거울반응을 할 수 있다.

자원에 초점을 둔 음악치료로서의 AOM

대부분의 다른 음악치료 접근에서처럼 AOM은 내담자의 선천적 자기 치유 능력과 심리적 자원에 초점을 둔다. 이는 보통 내담자의 내적 삶의 부분들 가운데 익숙하지 않거나 수용되지 않은 부분에 대한 직면과 무조건적 수용을 통해 강화된다. 이러한 것이 역동적으로 관련되어 있다는 이해에서부터, 자기 치유 자원 외에 부정적 증상과 심리적 억제에도 초점을 둔다(Pedersen, 2014). 심리적 문제와 이슈에 대한 통합, 통찰과 변용을 다루는 목적은 내담자의 행동 가능성을 확장하고, 삶의 질뿐만 아니라 관계 역량도 개선하는 것이다.

최중증 장애가 있는 내담자 및 언어 사용이 없는 내담자들과 작업할 때, AOM은 매우 기본적인 수준에서 라포rapport와 의사소통을 이루는 데 활용될 수 있다(Kowski, 2002). 이는 공명체가 되는 치료사의 능력에 대한 요구를 강조한다. 이러한 사례에서 라포와 의사소통의 의미는 매우 광범위하게 정의되어야 하며, 발달 과정과 목적은 성장에 대한 내담자의 현실적 가능성에 따라 정의되어야 한다. 최근에 AOM은 음악과 의학에서도 발달되었다(Scheiby, 2010, 2013b).

AOM의 임상 경험은 내담자에게 있어 비언어적이고 유희적인 능동적 접근의 중요성을 명백히 나타낸다. 이 접근에서 즉흥연주는 임상 환경에서의 능동적 과정이므로, AOM이 정신의학 외에도 다른 임상적 영역, 임상적 환경의 종합적 처치 계획에서 보완적 심리치료이자 사회적 환경milieu치료로서 적용 가능한 하나의 이유가 된다.

기록문헌과 연구

AM은 미국에서 본래의 형태로 유지되었고 더욱 개선되었다. 스카이비는 프리슬리에게 영감을 받은 보충적 훈련 단원을 소개했으며, 학생 및 신경 재활 환자들과 함께 한 자신만의 AM 작업을 기록했다(Scheiby, 2010, 2013b). 필라델피아에 있는 템플대학교에는 그 방법을 기술하는 역사적 자료들을 연구할 수 있는 프리슬리 아카이브가 있다. 그곳에는 AM이나 AOM에 대한 연구로 정의되지 않은, AM에 기반을 둔 임상 실제와 이론을 기술하는 광범위한 문헌이 있다. 프리슬리는 여러 임상 사례들을 활용하여 AM을 기술했으며 (1975/2012, 1994), 에셴(2002)은 AM과 AOM의 여러 다양한 측면을 다루는 선집을 편집했다. 스카이비는 윌러의 음악치료 핸드북에 AM의 기본 아이디어들을 기록하고(Scheiby, 2015), 코헨은 자신의 책 음악치료 임상 실제의 심화 방법론(Cohen, 2018)에 AM을 기록했다. 올보르대학교의 음악치료 박사 과정에서는 만스(1998), 한니발(2001), 데바케르 (2005), 페데르센(2007a), 린방(2010), 스토름(2013) 등의 박사학위 논문이 AM/AOM에 근간을 둔 것으로 언급될 수 있다. AOM에 대한 연구는 예를 들어, 랑겐베르크 등(1996), 린방(2013)처럼 주로 질적 연구이다. 노도프-로빈스 음악치료(창조적 음악치료)와 분석적 음악치료에 대한 비교 분석, 방법의 창시자와 방법 그 자체 간의 관계에 대한 분석은 창시자의 삶과 그 방법에 대한 발달, 역전이 및 두 접근의 근본적인 철학적 전제에 대한 관점 간 관계에 초점을 두고 해들리(1998, 2001)에 의해 수행되었다.

이 방법의 임상 연구는 내담자뿐만 아니라 음악치료사를 위한 변용적인 변화의 원천으로서 상징적 즉흥연주에 초점을 둔다(Mahns, 2002; Pedersen, 2002a, Purdon, 2002; Scheiby, 2002). (대부분 사례 연구의 형식인) 처치의 유익한 효과에 대한 광범위한 임상 기록은 특히 랑겐베르크(1988), 브루샤(1998), 위그램과 데바케르(1999a, 1999b), 한니발(2001), 에셴(2002), 만스(2002), 페데르센(1998, 1999, 2002a, 2002b, 2002c, 2007a, 2007b, 2013a, 2013b, 2013c, 2014)과 스카이비(1999, 2002, 2005, 2013a)의 논문에서 찾을 수 있다. AOM에 관한 일련의 논문들은 음악치료에서의 음악. 유럽에서의 정신역동적 음악치료 : 임상적, 이론적, 연구 접근(De Backer & Sutton, 2014)에 포함되어 있다. 상호작용과 슈퍼비전 같은 훈련의 요소들은 에이건(2005), 스카이비(2013a)와 페데르센(2002b)에 의해 철저히 기록되었다. 페데르센과 스카이비는 상호치료intertherapy 모델의 개발을 기록했으며(Pedersen & Scheiby, 1999), 페데르센은 이러한 경험적 훈련 방법의 평가 형식을 기록했다(Pedersen, 2014).

범주화

음악치료 모델에 대한 브루샤의 체계적 설명(Bruscia, 1998)에서, AOM은 재교육적 목적 (행동적 변화, 목적 수정, 자기실현)을 가질 때 **심층적 수준**의 '통찰 음악치료'로서 자리하 며(p. 219), 재구성적 목적(내담자의 성격 구조에서의 심층 변화)을 가질 때 **일차적 수준**으로 배치된다. 이 분류는 오늘날에도 유효하다(Cohen, 2018).

3.4 노도프-로빈스 음악치료

라르스 올레 본데, 그로 트론달렌

역사적 개요와 정의

노도프-로빈스N-R 접근은 1950년대 이후 개발된 음악치료의 가장 유명한 즉흥연주 모델 중 하나이다. 미국의 작곡가이자 피아니스트인 폴 노도프와 영국에서 훈련받은 특수교육 자 클라이브 로빈스가 선구적으로 협력한 이 모델은 전 세계적으로 알려졌으며, 세계의 다양한 국가에서 교수되었다. 오늘날 이 모델은 노도프-로빈스로 지칭되나, 일부 국가와 일부 문헌에서는 '창조적 음악치료'로도 알려졌다(Nordoff & Robbins, 2007). 초반에는 경도에서부터 스펙트럼의 끝에 있는 고도에 이르기까지 학습 장애 아동을 대상으로 하였다 (Aigen, 1998). 1977년에 폴 노도프가 타계하고, 클라이브 로빈스는 자신의 두 번째 아내 캐럴 로빈스 및 다른 동료들과 함께 청각 장애 아동에 대한 새로운 초점을 포함하여 작업을 더 확장했다(Robbins & Robbins, 1998). 미국, 영국, 독일에서 N-R 모델로 훈련된 음악 치료사들은 신경 재활, 정신의학, 신체의학 치료, 완화치료와 같은 영역의 성인 내담자들을 아우르도록 임상 스펙트럼을 확장하였다.

모델을 개발한 초기에 노도프와 로빈스는 루돌프 슈타이너의 아이디어와 인본주의 심리학의 인지학 운동에 영향을 받았다(Lee & Houde, 2011, p. 46f.; Robbins, 2005). 그러나 노도프와 로빈스의 북과 타악기 사용은 이러한 체제 내에서 논란이 많은 것이었다. 노도프와 로빈스는 모든 인간의 내부, 모든 성격의 안에는 음악에 대한 선천적 반응성이 있고, 이는 '음악 아동' 또는 '음악 인간'에 도달할 수 있다는 아이디어를 발전시켰다. 중증 수준의 학습 장애와 신체 장애가 있음에도 불구하고 음악에 대한 잠재적으로 자연스러운 반응성과 자기표현, 의사소통을 가능하게 하는 음악의 힘을 믿었기에 장애가 있는 대상군에 대한 접근에서 이 아이디어는 매우 중요했다. 로빈스(2007)는 음악 중심이라는 이 모델의 핵심에 관해 다음과 같이 저술한다.

이러한 작업을 만들어낸 동기부여는 기본적으로 음악적인 것이었다. 이 작업은 음악 창작, 음악적 표현과 음악적 경험에 대한 애정에서 비롯되었다. 음악 만들기에 대한 노도프의 타고난 열정, 음악적 참여에서 자발적 의사소통의 힘에 대한 노도프의 직관적인 느낌, 노도프의 음악적 지식, 기술과 상당한 수준의 경험에서 생겨난 것이다. 노도프의 임상적 혁신이 갖는 치유의 즉시성에 대한 로빈스의 공감적 인식이 치료의 탄생을 지지하였고, 시행된 모든 방향으로의 발전을 적응적으로 육성했다. 작업은 슈타이너의 교육에서 유래된 것이 아니다(p. 65).

이후에 노도프와 로빈스는 자신들의 치료적 목적을 에이브러햄 매슬로의 인본주의적 개념과 관련지었으며, 노도프와 로빈스의 체제에는 자기실현을 향한 염원, 절정 경험 (Maslow, 1962), 특별한 창의적 재능을 발전시키는 것이 포함된다. 내담자와의 관계는 따뜻한, 우호적인 접근에서 만들어졌고(아동을 그 자체로서 수용하고, 아동의 감정을 인정하고, 반영하고 존중하며, 아동이 선택하는 것을 허용하는), 아동에게 자율성을 부여하는 비지시적 접근이며, 치료사의 역할은 따르기와 촉진하기이다. 동시에 아동의 (때로는 경직된) 행동 패턴과 애착은 음악적 관계 내에서 직면되고 도전될 수 있다. 이는 N-R 치료 초기에 기록된 예에서 두드러지는 특징이다(Aigen, 1998). 좀 더 도전적인 접근에 대한 상황적 요구가 있어 보다 지시적인 치료사 역할이 필요한 경우가 아니라면, 아동의 발달은 비지시적 태도에 기반을 두어 자율성을 향해 자극되며, 치료사의 일차적인 역할은 새로운 패턴을 발달시키도록 아동을 따라가고 지지하며 자극하는 것이다. 모든 상황에서 N-R 모델의 핵심은 성장과 발달의 매체로서 음악 그 자체에 대한 신념이다. 더불어 모든 인간은 어떤 장애, 질환, 외상이나 정신건강 문제에 당면하든 음악에 반응하는 능력을 가지므로 자신의 삶의 질을 높이고 치유를 증진할 수 있다는 공리를 이용한다(Etkin, 1999).

세션 : 절차와 기법

노도프-로빈스의 작업 양식은 독특하고, 보통 쉽게 알아볼 수 있다. 아주 초기부터 음악이 경험의 중심에 위치하며, 내담자의 음악적 반응은 세션에서 치료사들의 작업 및 이후의 비디오 기록에 대한 분석과 해석의 주요한 자료가 된다. 치료사들은 대개 고도로 숙련된 음악가들이다. 화음 악기에 대한 풍성한 유연성과 가변성이 치료사의 작업 양식에 있어 중심이 되기 때문이다. 훈련하는 중에 음악치료사들은 즉흥연주된 음악 만들기에서 피아노 또는 기타의 정교한 활용을 발달시킨다. 개별치료에서 내담자들은 전통적으로 자신의 목소리 사용에 대한 강한 격려와 함께 자신들의 음악적 자료, 주로 심벌과 드럼에 대한 제한적인 채널을 제공받는다. 오늘날 특히 집단 작업에서는 다른 악기, 음률 악기, 리드 혼, 관악기와 다양한 현악기 등이 수반된다. 이 악기들은 연주하는 것과 괜찮은 소리를 내는 것이 꽤 쉽기 때문이다.

대부분의 개별 작업에서 노도프-로빈스 치료사들은 (가능하다면) 전통적으로 한 쌍으로 작업했다. 한 사람이 피아노에서 음악적 관계를 만드는 동안, 다른 치료사는 아동의 반응과 참여를 촉진했다. 이 작업 모델은 피아니스트이자 치료사였던 폴 노도프와 치료사를 지원하는 클라이브 로빈스가 있던 노도프-로빈스 협력의 초기에서부터 유래되었다. 오늘날 대부분의 N-R 음악치료사들은 개별적으로 작업한다(Tsiris, 개인 서신, 2018). 이 모델의 음악적 양식에서 또 다른 기둥은 폴 노도프의 조성적으로 만들어진 작품들이다. 노도프는 즉흥연주의 독특한 양식을 개발했으며, 이는 **아동을 위한 놀이 동요** 전 2권으로 변용되었다(현재 여러 언어로 이용 가능하다). 현대의 N-R 치료사들은 이러한 양식으로 내담자가 들어서는 순간부터 떠날 때까지 창조적으로 즉흥연주하고, 치료실에서 생생한 음악적 분위기를 만든다. 이 예들은 게리 앤스델의 **삶을 위한 음악**에 첨부된 CD에서 들을 수 있다(Ansdell, 1995).

N-R 음악치료에서, 접근은 **치료로서의 음악**이라는 개념적 체제 내에서 발현된다. 음악은 치료적 촉매를 제공하며 이를 통해 변화가 일어날 것이다. 관계 그 자체는 음악 **안에서** 만들어진다. 치료사들은 자신의 치료에서 각기 다른 단계를 통해 작업한다. "아동을 음악적으로 만나라… 음악적 반응을 유발하라… 음악적 기술, 표현적 자유, 상호 반응성을 발달시켜라"(Bruscia, 1987, p. 45).

이 모델 내에서, 치료에서 일어나는 것에 대한 기술과 특성화를 촉진하고 궁극적 진보에 대한 진단평가를 가능하게 하는 분석 모델이 개발되었다. 이 모델은 몇 가지 평정 척도를 포함한다.

- 13가지 반응 범주
- 내담자/치료사 관계
- 음악적 의사소통
- 음악적 반응 척도 : 악기/리듬 및 목소리 반응

임상적 적용

노도프와 로빈스는 (여러 언어로 번역된 가사가 있는) 음악적인 놀이 동요의 활용(예 : Nordoff & Robbins, 1966, 1969)에서부터 순수한 즉흥연주에 이르기까지, 음악치료에서 음악이 어떻게 활용될 수 있는지에 대한 중요한 관점을 제공했다. 예는 다음 내용을 포함한다. 즉흥연주 양식은 음악적 관습으로부터 자유로워야 하며 유연해야 한다. 음정은 선율에서 활용될 때 중요하게 여겨지며 다양한 감정을 나타낸다. 3화음과 화음은 특별한 방식으로 활용될 수 있으며, 즉흥연주된 음악은 오르가눔, 이국적 음계(일본, 중동), 스페인 이디엄 및 양식적 체제와 같은 '음악적 원형'을 포함해야 한다(Robbins & Robbins, 1998).

치료사는 보통 음악적 틀을 제공한다. 음악적 틀은 흔히 명확한 리듬과 박동을 만들고, 특히 일어나고 있는 경험에 초점을 맞추기 위해서 어떤 일이 일어나는 동안 내담자가 하는 것에 관한 가창으로 만들어진다. 내담자에 의해 목소리나 악기로 만들어지는 어떤 음악적 표현은 음악적 틀로 흡수되며 격려된다.

창조적 음악치료의 임상적 적용은 광범위하고 다양한 방식으로 소개되었다. 노도프-로빈스 모델 과정, 특히 뉴욕, 런던, 시드니와 독일의 비텐/헤르데케의 졸업생은 신경 재활, 정신의학과 말기 질환 영역의 성인 환자들과의 작업을 위한 접근을 다각화한다. 이 모델은 연구와 적용의 확장을 통해 크게 발전하였다(Aigen, 1991, 1996, 1998, 2005, 2014; Ansdell, 1995, 1996, 1997, 2014; Brown, 1999; Guerrero et al., 2014; Lee, 1996, 2000; Neugebauer & Aldridge, 1998; Næss & Ruud, 2008; Pavlicevic, 1995, 1997; Pavlicevic & Trevarthen, 1994; Schmid, 2005; Spiro, Tsiris & Pavlicevic, 2014; Tsiris, 2013; Tsiris, Spiro & Pavlicevic, 2017). **음악치료 관점의 특별호(2014)**는 N-R 치료의 최근 발전을 다루었다. 스트리터(1999b)는 이 모델에 대한 비평을 내놓았다.

기록문헌

이 음악치료 모델은 무슨 일이 일어나며, 치료가 어떻게 진보되고 있는지를 분석하는 방법도 발전시켰다. 앞서 언급한 바와 같이 몇 가지 평정 척도들이 만들어졌고 13가지 반응의 범주, 아동-치료사 관계, 음악적 의사소통성, 음악적 반응 척도(기악의 리듬반응, 가창반응)가 포함된다.

지금까지 사례 연구는 노도프-로빈스 전통에서 일하는 치료사들이 자신의 작업을 기록하는 가장 전형적인 방식이었다(예 : Aigen, 2002, 2005; Etkin, 1999; Howat, 1995). 몇 가지 초기 N-R 사례들이 에이건에 의해 기록되고 논의되었다(Aigen, 1998). 자료들은 보통 '이야기', 치료의 과정과 진보에 대한 내러티브 기술로서 제시되었다. 호왓(1995)은 엘리자베스라 불린 10세의 어린 자폐 소녀와 함께 했던 개별 작업에 대해 길고 상세한 설명을 제시했다. 이는 5년에 걸쳐 100회기 이상을 기록한 것이다. 때로는 간략하고, 때로는 상세한 내러티브 기술은 주로 세션에서 엘리자베스의 음악적 행동에 초점을 두었고, 엘리자베스의 연주에 나타난 정서적 표현의 여러 예와 해석을 가지고 어떻게 연주했는지를 설명한다. 치료의 음악적 과정에 대한 맥락을 제공하기 위해 생활 사건들도 포함되었다.

엣킨(1999)은 정서적으로, 신체적으로, 사회적으로 학대받고 결핍된, 다누라 불린 아동과 함께 한 치료의 시기를 기술했다. 엣킨은 다누가 첫 번째 진단평가 세션 동안 연주했던 방식을 기술한 다음, 치료의 단계에서 사례 연구에 착수했다. 초기 작업-노래와 이야기의 출현-노출-종결. '징슈필Singspiel' 또는 '슈프레히게장Sprechgesang'이라 불린 즉흥연주 방법이 치료 세션의 특징이었으며, 이 전통의 다른 사례 연구에서 전형적인 것보다 유의하게 많은 언어적 자료가 있었다. 이 예에서 노도프-로빈스의 본래 개념적 모델이 강력하고 근거가 있는 훈련의 기반을 제공하는 반면, 개별 치료사들은 자신의 주요 접근에서 벗어나 방법과 기법을 발전시키는 것이 분명하다. 피아노 기반 즉흥연주가 여전히 토대를 형성하나 미국의 댄 곰리에 의해 기타 기반 즉흥연주가 발전되었고, 뉴욕의 일부 대상군에게 문화적으로 좀 더 효과적인 재즈와 블루스 즉흥연주 양식은 앨런 터리에 의해 발전되었으며, 캐나다의 콜린 리에 의해 정의된 심미적 음악치료는 특히 N-R 음악치료의 초기 기반으로부터 발현되었다.

N-R 전통에서 가장 유명한 초기 사례 가운데 하나인 '에드워드'는 이 모델의 역동적인 폭을 잘 설명한다. 맨 처음 세션에서 에드워드와 두 치료사 간의 극적인 만남은 **북유럽 음악치료 저널(1998~1999)**에서 일련의 분석 주제였다. 각기 다른 배경의 음악치료사와 연구자들은 이 매혹적인 사례가 여러 관점에서 어떻게 이해되고 탐구되는지에 대해 논의했다.

노도프와 로빈스는 덴마크와 노르웨이에서도 가르쳤으며, 두 국가의 치료사들이 노도프와 로빈스의 작업 양식을 따르는 반면, 다른 이들은 특정한 임상적 대상군을 대상으로 좀 더 일반적인 수준에서 노도프와 로빈스의 개념을 흡수했다. 그들 중에는 청각 장애 아동과 작업했던 덴마크의 음악치료사 클라우스 방[4], 주로 발달 장애인과 작업해 왔던 노르웨이의 음악치료사 톰 네스가 있다(Næss, 1989; Stensæth & Næss, 2013).

　　노도프-로빈스 음악치료는 세월의 검증을 견뎠다. 이는 이 접근을 활용하는 음악치료사의 수가 증가하는 것과 N-R 음악치료에 기반한 사례 연구들의 광범위한 출판에서 알아볼 수 있다. 폴 노도프와 클라이브 로빈스, 캐럴 로빈스에 의해 아주 중요한 몇 가지 저술이 출판되었다(Nordoff & Robbins, 1971, 1971/1983, 1977; Robbins & Robbins, 1980, 1998). 책에 수록된 사례 연구에 대한 광범위한 문헌도 있다(예 : Aigen, 1996; Ansdell, 1995; Bruscia, 1991; Pavlicevic, 1997; Wigram & De Backer, 1999a 참조).

범주화

브루샤의 음악치료 모델에 대한 체계적 설명(Bruscia, 1998)에서, 노도프-로빈스 음악치료는 '발달적 음악치료'나 **심층적 수준**에서의 '치유에서의 음악치료' 또는 '변용적 음악심리치료'로서 자리한다(pp. 189, 210, 219). 치료적 목적이 음악적 과정 그 자체를 통한 성격의 변용이기 때문이다.

---

4 www.clausbang.com 참조.

3.5 베넨손 음악치료

라르스 올레 본데, 그로 트론달렌

역사적 개요와 정의

정신의학자, 음악가이자 작곡가인 롤란도 베넨손은 1966년 아르헨티나 부에노스아이레스에 최초의 음악치료 훈련 과정을 설립했다. 이후 수십 년 동안 베넨손은 남미뿐만 아니라 남유럽의 여러 국가에서 훈련 과정 개발 및 전문적인 협회에 참여했다(Wagner, 2007). 베넨손의 모델은 남미의 국가들과 스페인, 이탈리아에 주로 알려졌고 실천되고 있다. 이론적으로 이 모델은 정신분석과 사이코드라마를 포함한 다양한 심리적, 심리치료적 이론들로부터 영감을 받은 절충적 모델이다. 베넨손의 글 중 일부는 영어로 이용할 수 있다(Benenzon, 1982, 1997, 2007). 이 모델에 대한 최신 정의는 제시된 마지막 참고문헌에서 찾을 수 있다.

> 이 음악치료 모델의 목적은 내담자의 창의적 에너지가 사람들 간 의사소통의 열린 채널로 향하는 것을 가능하게 하는 것이며, 이 과정은 관계와 연계를 만드는 능력에 의존한다. 음악치료에서 이러한 연계성은 비언어적 맥락 내에서 발달된다(Benenzon, 2007, p. 149).

핵심 개념은 '음악적 소리 정체성ISO'이다. ISO 원리는 본래 알출러(1948/2001)에 의해 내적 심리 상태와 외적 소리 표현 간 교차양식적 유사성으로 정의되었다. 베넨손은 ISO를 개인에게 속하고 개인을 특징짓는 소리 에너지, 음향과 동작의 무한한 합으로 이해한다. ISO는 인간의 정체성을 구성한다. "환자의 정신적 시간은 치료사가 실행하는 소리 및 음악적 시간과 일치해야 한다"(Benenzon, 1981, p. 33). 음악에 의해 활성화될 수 있는 이 개별적인 에너지 장의 다른 측면은 4가지 하위 개념, 즉 보편적 ISO, 문화적 ISO, 보완적 또는 집단 ISO, 게슈탈트 ISO로 기술된다. 치료사뿐만 아니라 환자, 인간에게 있어 기본적인 것은 개인을 특징짓는 소리 특성의 역동적인 모자이크인 게슈탈트 ISO이다. 보완적 ISO는 예를 들어, 음악치료 세션에서처럼 '구체적인 상황에 의해 유도되는 게슈탈트 ISO의 순간적인 변동'이다. 집단 ISO는 집단의 사회적 체계, 치료 집단이나 음악 앙상블 내에서 정립되는 데 시간이 필요하다. 음악치료 집단에서 이는 각 환자의 정체성을 역동적으로 합성한 것이다. 집단 ISO는 하위 문화 또는 집단과의 역동적인 교류에서 언제나 문화적 ISO의 일부이고, 그에 의해 영향을 받으며 그레베에 의해 '상대적인 문화적 동질성의 커뮤니티에 적합한 소리 정체성'으로 정의되었다. 정신병적 아동과 함께 한 자신의 작업에서 베넨손은 보편적 ISO라는 개념을 발전시켰다. "모든 인간을 특징짓거나 구별하는 소리 정체성… 심장 박동의 특정한 형질, 들이쉬고 내쉬는 소리, 출산 중 어머니의 목소리와 신생아의 첫날 등을 포함하는"(Grebe. Benenzon, 1981, p. 36). 이 개념과 노도프-로빈스의 '음악 아동'이라는 개념 간에는 흥미로운 유사점과 차이점이 있다.

　정신분석과 사이코드라마에서 베넨손은 중간 대상과 통합 대상이라는 2가지의 다른 중요한 이론적 개념을 도입한다. 악기와 소리는 중간 대상이라는 기능을 가질 수 있으나 말하자면 꼭두각시와 달리 그들은 자신만의 삶을 가지며, 음악치료사는 환자와 함께 어떤 악기와 소리가 게슈탈트 ISO와 최적으로 공명하는지를 탐색할 수 있으므로 통합적 기능을 가질 수 있다. 악기는 다소 두드러질 수 있으므로, 집단을 선도하는 악기가 별개의 게슈탈트 ISO와 집단 및 문화적 ISO를 연계할 수 있다.

세션 : 절차와 기법

베넨손의 음악치료 매뉴얼에서는 3가지 세션 단계, 즉 1) 워밍업과 카타르시스, 2) 지각과 관찰, 3) 반향적인 대화가 기술되었다.

　첫 번째 단계의 목적은 스트레스를 해소하는 것이며(베넨손에게 이는 '카타르시스'와 동등하다), 주로 선정된 악기를 이용한 리듬적 연주를 통해 수행된다. 두 번째 단계는 "치료사가 환자의 보완적 ISO에 대한 가설을 밝히거나 상술하는 그 순간으로 제한된다"(ibid., p. 70). 치료사의 개인적 ISO 반영에 기반을 두어 의사소통 채널이 열리고, 세 번째 단계가 펼쳐진다. 베넨손은 각 단계의 길이는 예측할 수 없으며, 소리 대화가 일어날 것이라는 보장이 없다는 점을 분명히 한다.

임상적 적용

매우 초기부터 베넨손은 구체적인 임상 영역에 집중하였다. (유아기 정신병으로 정의된) 자폐, 식물인간 상태(혼수상태)와 고혈압이 우세한 상태 등이다. 베넨손에 따르면 자폐인의 주요 문제는 ["자궁 밖에 사는 태아의 정신적 체계와 같은"(1981, p. 88)] 고립이다. 중간 대상으로서 음악은 주로 ISO 원리들을 활용하여 양자적dyadic 작업에 환자가 참여하도록 자폐인과 치료사 간 의사소통을 가능하게 할 수 있다.

기록문헌

베넨손의 저서는 대부분 스페인어로 출판되었으나, 자폐 스펙트럼 내의 아동을 위한 음악치료에 대한 책은 영어, 포르투갈어와 이탈리아어로 번역되었다. 베넨손 모델은 디프랑코에 의해 위그램, 페데르센과 본데(2002)의 이탈리아어판에 기술되었다.

범주화

브루샤의 음악치료 모델에 대한 체계적 설명(Bruscia, 1998)에 베넨손 음악치료는 등장하지 않는다. 베넨손 자신도 이 모델을 독립적으로 활용할 수 있는 심리치료(예 : 보완적 또는 심화) 또는 의학적 처치에 부속적인(예 : 지지적인) 것으로 기술한다.

3.6 인지행동적 음악치료

라르스 올레 본데, 그로 트론달렌, 토니 위그램

역사적 개요와 정의

매우 초기부터 현대의 음악치료는 행동주의 이론과 긴밀하게 관련되었다(Ruud, 1980). 제2차 세계대전에 참전한 미국 상이군인들과의 치료적 작업은 행동주의 원리에 기반을 두었고, 행동주의 음악치료BMT는 아마도 미국 음악치료 교육의 가장 영향력 있는 이론적 기준일 것이다(Bunt, 1994). 이 모델은 다음과 같이 정의된다. '적절한 행동을 증가시키거나 수정하며, 부적절한 행동을 소거하기 위한 유관 강화나 자극으로서 음악의 사용'(Bruscia, 1998; Standley & Whipple, 2003, pp. 106~107 참조).

행동주의 음악치료의 선구자 중 한 사람은 클리퍼드 매드슨이었다. 일찍이 매드슨은 1966년에 밴스 코터와 함께 BMT를 응용행동분석의 조력을 얻은 인지행동 수정이라고 기술하는 논문을 작성한다. 1981년에 매드슨은 음악치료 : 지적 장애인을 위한 행동 안내서를 출판했고 이후 문헌에 기여하였다(Madsen, Madsen & Madsen, 2009). 현대의 인지행동적 과학 기반 처치 모델로서 음악치료에 대한 이해에 공헌한 또 다른 자연과학 전통의 연구자는 마이클 타우트였다(Davis, Gfeller & Thaut, 1999; Leins, Spintge & Thaut, 2010; Thaut, 1990, 2005; Thaut & Hoemberg, 2014).

매드슨, 코터와 매드슨(1966)은 음악을 1) 단서, 2) 시간 구조이자 신체 동작 구조, 3) 주의의 초점, 4) 보상으로서 활용한 인지행동적 수정의 한 형태로 BMT를 기술하였다. 음악은 조건화를 통해 행동을 수정하는 데 활용되며, 결과는 응용행동분석에 의해 측정될 수 있다. 치료적 과정은 자극-반응 패러다임에 기반하며, 종속 변인으로서 음악은 통제되어야 한다. 이는 환자의 처치에서 흔히 특정한 음악, 예를 들어 녹음된 음악이 즉흥연주보다 선호되는 이유를 설명한다.

세션 : 절차와 기법

BMT에서는 행동의 여러 유형 즉 생리적, 운동적, 심리적, 사회적, 정서적, 인지적, 지각적, 자율신경계의 행동이 조작된다. 환자의 표적 행동과 관련하여 예를 들어, 주의 지속 시간을 늘리기 위해 환자가 선호하는 음악 자극이 제공되거나 철회될 수 있다.

가장 순수한 형태의 음악 조력 강화는 미숙아를 대상으로 한 스탠들리의 연구에 활용된다(Standley, 1995). 음악은 빨기를 자극하기 위해 활용되었으며 영아들이 빨기를 중단했을 때 음악이 철회되었다. 스탠들리는 빨기 시간, 체중 증가와 영아의 건강에 대한 음악 자극의 긍정적 효과를 기록했다.

세션 형식은 인지적 또는 행동적 수정 목적에 따라 다르나, 항상 견고한 구조와 엄격한 프로토콜을 지닌다. 음악 자극에 대한 예측성과 통제가 필요하다. 음악 활동에의 참여가 자극으로서 활용될 때, 활동 간에는 주어진 관계가 있다. 예를 들어, 수단으로서의 가창, 연주나 춤추기가 있고 사회적 참여 증가, 신체적 활동 증가, 의사소통 개선, 인지적 처리 발달, 주의와 집중의 증가, 즐거움과 자기표현, 반사회적 또는 자기 손상적 행동의 감소나 소거와 같은 비음악적 목적과 목표가 있다.

BMT는 **치료에서의 음악**에 대한 좋은 예이다. 음악이 비음악적 행동에 대한 강화 자극으로서 역할을 맡기 때문이다. 음악과 음악 활동은 인지적이고 행동적인 변화를 성취하기 위한 수단이다.

임상적 적용

인지행동적 음악치료는 발달 장애가 있는 아동과 청소년, 노인 대상군과 정신의학 환자를 포함하여 다양한 임상적 대상군에게 활용된다. 그러나 대부분의 환자는 생리적 문제가 있으며, 신체의학 환자 집단에 속한다. 한 예로 미숙아들이 언급되며 파킨슨병과 자폐가 있는 사람들은 다른 전형적인 환자 집단이다. 힐리아드(2001)는 인지행동적 음악치료를 섭식 장애 환자에게 적합한 처치로 제안했다. 모에(2011)는 물질 사용 장애가 있는 정신의학과 입원환자들을 위해 인지치료, 집단 음악과 심상을 결합하였으며, 하크보르트와 동료들(2015)은 법의학적 정신의학과 환자들을 위한 분노 관리 프로그램에 인지적 원리를 활용했다. 신경 재활은 현재 음악치료의 주요 분야이며, 마이클 타우트는 인지행동적 음악치료의 원리에 기반을 둔 '신경학적 음악치료'의 구체적인 훈련을 개발하였다(Thaut & Hoemberg, 2014).

기록문헌

BMT는 초기부터 자연과학의 철저한 표준과 절차에 기반을 두었으며, 반복 검증과 표준화의 가능성을 보장하여 과학 커뮤니티의 인정을 받았다. 연구는 어떤 유형의 음악이 특정한 치료적 목표와 처치 목표를 증진할 것인지를 정의하는 데 활용되어 왔다. 타우트는 박동이 있고 리듬감이 있는 음악이 파킨슨병 환자들의 양호한 걷기 패턴을 증진할 수 있다는 것을 나타냈다. 사실 리듬은 그 자체로 보행 훈련에서 보다 효과적일 수 있으며, 메트로놈은 바른 자극을 만들어내기에 충분할 수 있다(Thaut & Abiru, 2010). 더 느린 템포의 음악은 노인이 움직이거나 춤추는 것을 촉진하는 데 활용된다.

응용행동분석은 BMT 치료사나 연구자가 음악 의료나 음악치료 중재의 시간에 따른 효과를 측정하는 것을 허용한다. 예를 들어, 환자가 선호하는 음악이나 활동을 활용하여 음악치료가 있거나 없는 시기 동안 표적화된, 규정된 반사회적 행동의 수가 측정될 수 있다. 반전 설계와 다중 기초선을 활용하여 연구자들은 비중재 기간과 비교할 때 시간에 따른 음악 중재의 효과를 평가할 수 있다.

인지행동적 음악치료의 연구는 자연과학의 전통적 표준을 충족하며, 당대의 가장 저명한 대표자인 마이클 타우트는 이러한 음악치료의 유형을 진정한 유일의 과학적 치료로 간주한다(Thaut, 2000, 2005).

범주화

브루샤의 음악치료 모델에 대한 체계적 설명(Bruscia, 1998, p. 184)에서, BMT는 **확장적 수준**의 '양자적 임상 실제'로 자리한다. 이 모델은 증상과 (부적응적이거나 부적절한) 행동을 구체적으로 다루는 제한점과 목적을 가지며, 내담자의 성격 또는 일반적인 발달을 대상으로는 그보다 더 낮은 수준으로 작업하기 때문이다.

3.7 커뮤니티 음악치료

그로 트론달렌, 라르스 올레 본데

역사적 개요와 정의

커뮤니티 음악(치료)이라는 용어는 1960년대 이후 미국의 문헌에서 활용되었으며, 수십 년간 커뮤니티 지향의 실제가 있었다. 그러나 오늘날의 커뮤니티 음악치료는 커뮤니티 환경에서의 음악치료와 다르며 그 이상이다(Stige, 2010). 최근 커뮤니티 음악치료의 발현에 대한 초기의 흔적은 에벤 루드의 몇몇 초기 출판물에서 발견된다. 루드는 음악치료를 다른 치료 이론과 연결할 뿐만 아니라(Ruud, 1980), 예를 들어 장애인의 **음악에 대한 권리**(이 책에서 강조 표시함)(Ruud, 1990)를 강조하기도 한다. 이와 같이 문화적으로, 사회적으로 참여하는 실제 — 맥락 내의 상황 활동으로서의 음악 — 는 스티게가 이론적으로 심도 있게 상술하였다(2002, 2003; Stige & Aarø, 2012).

커뮤니티 음악치료에 대한 국제적인 학술적 담론은 체계 이론, 인류학, 사회학, 커뮤니티 심리학, 음악학 같은 분야의 이론과 관련된 상대적으로 새로운 현상이다(예 : Ansdell, 1997, 2001; DeNora, 2000; Small, 1998). 커뮤니티 음악치료라는 운동은 더 넓은 맥락에서 배제와 통합이라는 기제를 다루며, 임상적/전문적 또는 시설화된 환경에서의 보다 전통적인 임상적 실제 환경에서의 사례로서, 좀 더 사회적으로 참여하는 실제를 필요로 한다(Ruud, 2004; Stige, 2010). 커뮤니티 음악치료는 2000년 이후 "커뮤니티 환경에서의 음악치료라는 개념을 넘어서며, '커뮤니티**로서의**' 음악치료와 '커뮤니티 발전**을 위한**' 음악치료를 포용한다"(Stige et al., 2010, p. 10). 이는 개인적, 사회적 안녕감(역량 강화)의 음악적 육성과 관련된 심리사회적-문화적 모델을 지향하여 사회에서의 음악과 건강이라는 문제 및 가능성에 직접적으로 참여하는 것을 목적으로 한다. 따라서 이는 음악이 개인과 커뮤니티의 유익을 위해 자원들을 동원하고 협력적 음악하기를 통해 치료적 경험과 변화의 과정을 어떻게 유도하고 전유하는지와 관련이 있다(Rolvsjord, 2010). 커뮤니티 음악치료에는 공통적인 정의가 없다. 앤스델은 커뮤니티 음악치료가 '패러다임의 변화'임을 시사했다(Ansdell, 2002, 첫 단락).

　스티게는 커뮤니티 음악치료가 사회 전반에서, 또한 음악에 대한 학문적인 담론에서 변화에 대한 사회문화적 과정에 입각한 '문화적 비평'으로 작동할 수 있음을 시사하며, 우리가 음악치료를 학문, 직군이자 실제로 논의해야 함을 시사한다(Stige, 2003, p. 11). 논의가 지속되는 동안에(Ansdell, 2002; Garred, 2004; Kenny & Stige, 2002; Stige, 2002) 루드는 '커뮤니티 음악치료가 체계적 관점 내 수행 기반 음악치료의 성찰적 활용'임을 시사했다(Ruud, 2004, p. 33). 반면 스티게는 더 광범위한 입장을 취했다.

> 전문적 실제의 영역으로서 커뮤니티 음악치료는 커뮤니티에서의 상황적 보건 음악하기이다. 이는 내담자와 치료사 간 협력이라는 계획된 과정으로서 참여적 접근을 통해 사회문화적이고 공동체적인 변화의 증진에 특별한 초점을 둔다. 여기서 수행된 관계의 생태로서의 음악은 비임상적이고 통합적인 환경에서 활용된다(Stige, 2003, p. 454).

그러나 커뮤니티 음악치료의 정의는 여전히 논쟁의 주제이다(Ansdell & Stige, 2016; Stige et al., 2010; Stige & Aarø, 2012). 스티게와 아뢰는 커뮤니티 음악치료의 핵심 특질을 표집하기 위해 두문자어 'PREPARE'를 만들었다. 이는 참여적–자원 지향적–생태적–수행적–활동가적–성찰적–윤리 주도적이라는 뜻을 담고 있다(Ansdell & Stige, 2016).

　커뮤니티 음악치료는 현대 사회에서 음악적 참여와 사회적 통합, 자원에 대한 공평한 이용, 건강과 안녕감을 위한 협력적 노력을 장려한다(Stige & Aarø, 2012).

　최근의 커뮤니티 음악치료 운동은 브루샤가 '생태적' 음악치료로 정의했던 것에 포함된다(1998, 2014). 유사한 견해가 오스고르의 '사회적 환경' 음악치료의 중심에도 나타난다(Aasgaard, 2002, 2004).

세션 : 절차와 기법

커뮤니티 음악치료에는 공통의 정립된 절차나 기법이 없다. 이는 실제로 중요한 점이며, 에이건(2014)이 커뮤니티 음악치료를 모델이 아닌 지향이라 지칭한 이유이다. 커뮤니티 음악치료 세션은 사람들이 정기적으로 음악에 참여하는 구체적인 보통의 일상 맥락 및 실제와 관련이 있다. 따라서 모든 단일한 환경은 개인, 집단이나 커뮤니티 수준 모두에서 음악이 그 변용의 힘을 드러낼 수 있는 맥락에 맞게 조정된 절차를 필요로 한다. 이는 커뮤니티 음악치료가 보통 참여자들과 동행하고, 커뮤니티 가창이나 연주를 촉진하는 커뮤니티 음악가들의 그것과 유사한 방식으로 일한다는 것을 의미한다(DeNora, 2000; Stige & Aarø, 2012; Stige et al., 2010). 주된 차이는 커뮤니티 음악치료사가 건강 문제가 있는 참여자들의 요구와 잠재력을 출발점으로 삼는다는 점이다. 루드(2012)는 커뮤니티 음악가와 커뮤니티 음악치료사, '보건 음악가' 간의 유사점과 차이점에 관해 논의한다. 스튜어트 우드(2006)가 '형태'라고 지칭한 것의 일부가 이러한 동인들 간 공유되나 음악치료사만이 그 모두 — 개별 음악치료, 집단 음악치료, 워크숍, 앙상블(합창단, 밴드)에 의한 콘서트 여행, 공연 프로젝트 교습, 특별한 행사를 위한 음악 — 를 다룰 수 있다(Ansdell & Stige, 2016).

임상적 적용

커뮤니티 음악치료는 늘 어떤 방식으로든 건강, 인간 발달, 사회적 변화, 응집력과 관련되어 보이며, 음악치료와 일상생활에서의 음악(과 건강) 간 문화적이고 사회적인 연계를 만들어내는 것을 목적으로 집단에서 주변화된 개인 또는 좀 더 일반적인 수준에서 커뮤니티에 잠재력을 제공할 수 있다. 대상군은 임상적이거나 비임상적이거나 이 2가지가 혼합된 것일 수 있다. 예를 들어 정신건강 서비스의 이용자들(Ansdell & DeNora, 2016), 과거 또는 현재의 교도소 수감자들(Tuastad & O'Grady, 2013; Tuastad & Stige, 2014), 위험행동이 있는 아동과 청소년(McFerran & Rickson, 2014), 정신적, 신체적 장애가 있는 사람들(Kleive & Stige, 1988) 등이다. 정신건강 맥락에서 커뮤니티 음악치료는 보통 이론과 실제에 있어 회복 모델과 밀접하게 관련된다(Solli, 2014, 2015; Solli & Rolvsjord, 2015; Solli, Rolvsjord & Borg, 2013).

기록문헌

커뮤니티 음악치료 실제에 대한 광범위한 문헌이 있다. 초기의 한 예는 1980년대 중반 노르웨이에 있었던 음악 안에서, 음악을 통한 커뮤니티 통합에 대한 프로젝트이다(Kleive & Stige, 1988). 그러나 지난 10년간 커뮤니티 음악치료의 다양한 예에 대한 광범위한 출판이 있었다. 이 예들은 여성 성인들이 자신의 정체성을 범죄자 밴드 구성원에서 **음악** 밴드 구성원으로 재형성한 것(예 : Nielsen, 1996), 남아프리카의 맥락에서 젊은이들과 함께 한 프로젝트인 **삶을 위한 음악**이 사회적 활동주의로서 음악치료를 탐색하고(Pavlicevic,

2010), 2005년 이후부터 계속 앤스델과 데노라가 첼시 커뮤니티 음악치료 프로젝트에서 정신건강 문제가 있는 사람들을 '어떻게 음악이 돕는지'에 대한 '3폭 제단화' 또는 3면 작품(SMART 프로젝트)을 작업한 것 등을 포함한다(Ansdell, 2014; Ansdell & DeNora, 2016; DeNora, 2013; Stige et al., 2010). 광범위한 이론적 지향에서 몇 가지의 국가적 맥락이 탐구되고 논의되었으며 출간되었으나, 이러한 맥락들은 항상 **보건 음악하기**에 초점을 둔다(Stige, 2002; 이 책의 3.13장 참조). 이는 개인적 경험과 가능한 음악적 커뮤니티의 생성 간 관계와 관련된 것이기 때문이다(Aigen, 2005, 2014; Ansdell, DeNora & Wilson, 2016; Kenny & Stige, 2002; Pavlicevic & Ansdell, 2004; Stige, 2002; Stige et al., 2010).

범주화

브루샤의 음악치료 모델에 대한 체계적 설명(Bruscia, 2014a)에서, 커뮤니티 음악치료는 '생태적 실제'로 명명되며 **심층적 수준**에서 시사된다. 이 수준은 생태적 목적과 가치들을 내담자의 음악치료로 흡수하거나, 커뮤니티 작업과 전통적 치료 형식을 결합한다. 이와 같은 접근은 목적과 과정이 실제의 여러 영역에 걸쳐 확장될 때 개인이나 커뮤니티에 중대하고 영속적인 변화로 이어질 수도 있다(Bruscia, 2014a).

3.8 자유 즉흥연주 치료 ─ 앨빈 모델

토니 위그램

역사적 개요와 정의

줄리엣 앨빈은 음악치료의 선구자이며, 1950년과 1980년 사이에 즉흥연주 음악치료의 기초 모델을 개발했다. 앨빈은 국제적으로 유명한 콘서트 첼리스트였으며 파블로 카잘스와 함께 수학하였다. 앨빈은 치료적 매체로서 음악의 효과도 굳게 믿었다. 음악치료에 대한 앨빈 자신의 정의는 다음과 같다. "신체적, 정신적 또는 정서적 장애로 고통받는 성인과 아동의 처치, 재활, 교육, 훈련에서 음악을 통제하여 활용하는 것"(1975, p. 15).

1959년에 앨빈은 영국음악치료협회를 창립했고, 이후 1968년 런던에 있는 길드홀 음악연극학교에 음악치료 대학원 과정을 창설했다. 유럽, 미국과 일본을 널리 여행하는 동안 앨빈은 대학교 수준에서 음악치료 과정을 개설하도록 초청받았으나 잠재적인 음악치료사로서 고도로 훈련되고 경험이 있는 음악가들의 중요성을 단호히 믿었기에, 학문적 지식보다는 음악적 훈련과 기술이 강조되는 음악전문학교에서 자신의 과정을 시작하기로 했다. 길드홀의 프로그램은 아직도 운영되고 있으며(현재는 프로그램을 인증하는 요크대학교와 협력하고 있다), 토니 위그램(덴마크), 레슬리 번트(영국)와 헬렌 오델밀러(영국)를 포함한 사람들이 앨빈의 과정을 졸업했고, 다른 훈련 과정에서 앨빈의 방법을 발전시켰다. 메리 프리슬리(영국)도 줄리엣 앨빈과 함께 훈련받았으며 계속해서 분석적 음악치료를 창립했다(3.3장 참조). 다수의 치료사와 음악치료의 교육자들이 앨빈의 방법에 영향을 받았으며, 자유 즉흥연주 치료에 대한 앨빈의 모델은 아직도 임상 실제에서 교수되고 활용된다(Alvin, 1975, 1976, 1978).

앨빈은 정신의학과에서 일했으며 자폐적, 정신적, 신체적으로 장애가 있는 이들을 포함한 아동들과의 작업에 집중했다. 앨빈은 음악이 무의식적인 측면들을 드러내는 힘을 가지고 있으므로 프로이트의 분석적 개념이 음악치료의 발달을 뒷받침한다고 주장하였다.

'프로이트학파'가 되어 이러한 주요 개념을 믿을 것을 요구하지는 않았으나 앨빈의 이론은 주요 진술("음악은 인류의 창작품이므로, 인간은 자신이 만든 음악에서 스스로를 본다.")을 기반으로 했다. 이러한 아이디어는 자유 표현을 위한 잠재적 공간으로서 음악에 대한 앨빈의 지각과 함께 발전하였다. 앨빈은 20세기 음악에 가장 중요한 영향을 미친 단일 인물 중 하나로 스트라빈스키를 인용했다. 스트라빈스키의 작품이 화성, 선율, 리듬과 형식의 측면에서 '음악적 규칙'을 파괴했으며 이전에 금기시했던 불협화적이고 무조성적인 범위를 경험하도록 허용했기 때문이다. 이는 내담자와 치료사가 음악적 규칙 없이 즉흥연주할 수 있으며, 음악이 인간의 특질과 성격의 표현이 될 수 있는, 앨빈의 자유 즉흥연주 치료의 발달을 위한 문을 열었다. 이를 통해 치료적 이슈가 다루어질 수 있다.

앨빈은 1982년에 타계했고, 영국의 음악치료는 보건 및 사회 체계 내에서 규제되는 직군이 되어갔다. 이론적인 것과 임상적인 수준에서 앨빈의 공헌은 음악치료의 가치를 높이고, 영국에서 음악치료 훈련과 임상 실제의 중심에 음악적 기술과 역량을 두는 과정을 시작하는 기반이 되었다. 앨빈은 아마도 가장 절충적이고 영감을 주는 가장 초기의 선구자 중 한 사람으로 역사에 남을 것이다.

세션 : 절차와 기법

앨빈의 방법은 음악적이며 다음의 원리에 기반을 둔다.

- 내담자의 모든 치료적 작업은 감상이나 음악 만들기를 중심으로 한다.
- 모든 상상할 수 있는 종류의 음악 활동이 활용될 수 있다.
- 즉흥연주는 사전 작곡된 음악 또는 쓰이지 않은 소리나 음악을 사용하여 완전히 자유로운 방식으로 활용된다.
- 다양한 방식으로 악기를 소리 내거나 조직되지 않은 목소리를 활용하여 음악적 주제를 만드는 것은 대단한 자유를 허용한다.
- 자유 즉흥연주는 어떤 음악적 능력이나 훈련을 요구하지 않으며, 음악적 준거에 따라 평가되지 않는다.
- 내담자에 의해 요청된 것이 아니라면 치료사는 즉흥연주할 때 어떤 음악적 규칙, 제한, 방향이나 지침을 부여하지 않는다. 내담자는 박동, 박자, 리듬 패턴, 음계, 조성 중심, 선율적 주제나 화성적 틀을 자유롭게 만들거나 만들지 않는다.

미국에 있는 주요 학교들이 좀 더 행동적으로 지향된 치료에서 관습적인, 사전 작곡된 음악을 활용했기에 이는 1960년대 음악치료에서 혁신적인 개념이었다. 노도프와 로빈스의 음악이 좀 더 관습적이고 구조화되었으며, 분석적 이론이 노도프와 로빈스의 방법에 내재되어 있지 않았음에도 불구하고 폴 노도프와 클라이브 로빈스의 모델만(3.4장 참조) 이에 근접했다.

앨빈은 내담자와 음악의 관계를 발달시키는 것의 중요성에 관해 가르쳤다. 특히 자폐와 발달 장애가 있는 사람들과의 작업에서, 앨빈은 악기와 내담자의 관계가 일차적인 초기의 치료적 관계라고 제안했다. 앨빈에 따르면, 악기는 내담자가 투사한 부정적인 감정 컨테이너가 될 수 있으며, '안전한 중간 대상'을 나타낸다. 그 후 내담자는 치료사의 악기에 끌리게 되고, 함께 만든 음악에 자신의 감정을 집중하며 관계를 형성하게 된다. 이러한 과정을 거친 이후에 내담자와 치료사 간 관계 발달이 직접적으로 일어나므로 치료의 목표, 치료의 과정, 치료의 성공적인 결과와 관련된 앨빈의 개념들은 음악적 관계에서 시작하고 발달한다. 이는 1950년대와 1960년대 심리치료적 평가 기준에서 음악치료의 이론과 이해에 대한 중대하고 독특한 공헌이며, 전 세계 음악치료의 선도적인 인물들에 의해 계승되고 발전되었다.

심리치료적이고 이론적인 관점에서 앨빈은 치료사와 내담자가 동일한 수준에서 음악적 경험을 공유하고, 음악적 상황을 동등하게 통제하는 '동등한 항term 관계'라는 개념 내에서 작업했다. 이는 개념으로서 매우 중요하며, 치료적 접근의 놀라운 효과와 함께 작업했던 내담자들의 잠재력과 강점을 끌어내는 앨빈의 성공에 관해 많은 것을 설명한다. 자폐적, 부적응적이고 신체적으로 장애가 있는 아동들은 공감적이고 민감한 음악적 틀을 제안하는 앨빈의 접근에 열렬히 반응했다.

임상적 적용

앨빈은 다양한 상황에서 다양한 접근을 활용하는 잠재력을 제안했으며 이러한 '절충적 모델'은 약간의 논란을 일으켰다. 앨빈은 주로 인본주의적이고 발달적인 관점에서 작업했으며, 자신의 여러 사례에 역량에 있어 근본적 변화를 나타내는 내담자들의 행동 변화를 자주 기술했다. 정신의학 분야에서 일할 때 앨빈은 좀 더 분석적인 관점에서 내담자들에게 접근했다.

앨빈은 치료사의 악기가 의사소통 및 상호작용의 주요한 수단이라고 믿었다. 앨빈 스스로가 자신의 첼로를 활용할 때 '공감적 즉흥연주'라는 방법을 채택했다. 이는 내담자의 존재 방식, 기분과 성격에 대한 통찰과 이해를 얻는 것, 이후 자신의 첼로 즉흥연주를 통해 이를 다시 성찰하는 것과 관련된다. 이는 '내담자를 위한 연주'이므로 양식에 있어 수용적이다. 또한 치료사들은 이러한 방법을 통해 안전하고 비위협적인 방식으로 내담자의 감상 반응에 따라 자신의 연주를 조정하여 내담자에게 스스로를 소개할 수도 있다.

기록문헌

앨빈은 자신의 주요 저서와 여러 임상적 논문에 음악치료에 대한 개념과 아이디어를 광범위하게 저술했다. 앨빈의 저서는 다음과 같다. **음악치료**(1975), **장애 아동을 위한 음악치료**(1976), **자폐 아동을 위한 음악치료**(1978). 아마도 앨빈의 이론, 방법, 임상적 접근과 진단 평가 및 평가의 방법에 대한 가장 유용한 개관은 브루샤의 **음악치료의 즉흥연주 모델**(1987) 3과(3장)에서 찾을 수 있을 것이다. 앨빈은 음악치료에서 음악의 심리치료적 기능에 관해 알고 이해하는 것뿐만 아니라, 생리적 효과를 이해하는 것의 중요성을 강조했다. 앨빈은 음악의 심리적 효과와 신체적 효과를 연계할 필요가 있으며, 이러한 아이디어를 설명하기 위해 원시 문화에서의 마녀 의사와 주술사의 예를 활용했다.

　음악치료사들은 음악치료 내에서 음악의 영향력을 완전히 파악하기 위해 인간의 생리학 및 신체가 음악과 소리에 반응하는 방식을 이해하는 것이 필요하다. 앨빈은 자유 즉흥연주 치료 내에서 음악치료에 대한 이해를 위해 몇 가지 중요한 개념을 정의했다.

- 음악의 분석적 개념
- 음악의 심리적 기능
- 음악의 생리적 기능
- 집단 음악치료에서 음악의 기능

앨빈은 감상반응, 악기반응과 목소리반응을 포함하여 음악 및 음악치료의 효과를 평가하기 위한 기술적 접근을 고안했다.

범주화

앨빈의 방법은 브루샤의 개관에 포함되지 않았다. 그러나 음악치료사의 역할에 대한 앨빈의 개념은 **확장적 또는 일차적** 치료의 수준에 자리한다. 임상적 작업에서 앨빈은 병원과

병동에서는 다학문적 팀의 일원으로 일했으나, 개인 임상에서는 주 치료사로서 개별 내담
자들과도 함께 일했다.

3.9 음악치료의 방법

스티네 린달 야콥센, 라르스 올레 본데

음악치료사들은 임상 실제에서 다양한 방식으로 음악의 속성들을 활용하고 적용한다. 보통 접근이나 방법은 처치의 목적과 내담자의 개별적, 개인적이고 임상적인 요구와 관련하여 선택된다. 동시에 고려해야 하는 측면과 요인들이 있기 때문에 동일한 치료의 과정 내에서 여러 방법을 활용하는 것은 드문 일이 아니다. 여러 방법에 기반한 교수 자료와 서적들은 음악치료 모델과 관계없이 여러 국가와 모델에 걸쳐 구체적 방법과 특징들을 포함하여 출간되었다. 이 장에서는 즉흥연주, 노래 만들기와 치료적 목소리 작업을 포함하는 주요한 능동적 방법뿐만 아니라 엄선된 수용적 방법을 자세히 살펴본다.

3.9.1 즉흥연주 기반 방법

음악치료 내의 즉흥연주 기반 방법은 여러 국가 및 음악치료 모델과는 관계없이 다양한 형태로 발전되었다. 특히 노도프–로빈스(3.4장), 분석 지향 음악치료(3.3장)와 앨빈의 자유 즉흥연주 방법(3.8장)은 모두 우리의 역사에 뚜렷하게 영향을 미쳤다. 마찬가지로 브루샤(1987, 2015b)도 음악치료 내의 즉흥연주에 대한 기본적 이해에 공헌하였다. 콜린 리와 마크 하우드는 음악치료 및 음악 교육에 모두 적합한 장르 지향 즉흥연주 실제를 철저히 기술하였다(Lee & Houde, 2011). 리 등(2011)은 작곡, 오케스트라 악기로 즉흥연주하기, 세계 양식의 주제, 동시대 양식의 주제, 수용적 주제, 상호작용의 수준과 음정 탐색을 검토하는 치료 환경에서의 음악 만들기를 위한 혁신적 아이디어를 음악치료사들에게 제공하고자 한다. 이러한 형식과 적용에서 공통적인 것은 내담자와의 지금 여기 상호작용 및 상호작용에서 능동적인 역할을 수행하는 개별적 요구, 특성, 개인적 역사와 가치에 초점을 두는 것이다.

2004년에 토니 위그램은 음악치료 모델과 관계없이 즉흥연주 기법에 대한 첫 번째 방법 중심 서적을 출간했으며, 이는 음악적이고 임상적인 즉흥연주 기법에 초점을 두었다. 이 책은 다른 악기들과 환경을 살펴본 이후의 출간물들과 대조적으로 피아노를 활용한 즉흥연주 기법을 주로 다루었음에도 불구하고, 상세한 기법적 설명과 설명적인 오디오 예가 수록되어 음악치료 문헌 내에서 유일무이하다(Gardstrom, 2007; Oldfield et al., 2015). 그러나 위그램(2004)에 의해 철저히 기술된 기법들은 다른 악기로의 기법 전이를 가능하게 한다. 책의 전반부는 임상적 적용에 초점을 두지 않고 독자들에게 즉흥연주를 소개한다. 음악 연주에 대한 관습적인 방식을 버리면서도 여전히 새로운, 창의적이고 유연한 방식으로 잘 알려진 장르와 양식의 활용을 강조한다. 책의 후반부는 임상적 방법과 중재에 초점을 맞추었으며, 이는 나아가 기본적 방법과 심화된 방법으로 나뉜다.

기본적인 임상 기법

임상적 환경에 적용되는 기본적인 즉흥연주 기법의 대부분은 내담자 및 내담자의 음악에 대한 공감적 지지와 인정을 중심에 둔다. 이는 내담자의 음악 전체에 대한 거울반응하기, 모방이나 복사하기를 통해 이루어질 수 있다. 음악치료사는 거의 공생의 음악적 관계나 상호작용에서 내담자를 분명하게 긍정하고 인정할 필요가 있을 때 보통 지지적 중재를 선택한다. 내담자는 이를 꽤 대립적인, 심지어 불쾌하거나 거들먹거리는 것으로서 경험할 수 있으므로 기법은 중재의 적합성에 대한 지속적인 평가 및 주의와 더불어 적용되어야 한다.

내담자에게 지지와 인정을 제공하는 다른 좀 더 유연한 방식은 치료사의 음악을 내담자의 음악 일부나 전체에 일치시키는 것이다. 여기서 치료사의 음악은 내담자의 음악과 동일한 형식, 양식이나 특질을 지닌다. 일치시키기에서 내담자의 음악과 치료사의 음악을 구별하는 것이 가능해야 하며, 내담자는 무조건적인 긍정적 주의를 제공받는다. 음악치료사는 심지어 내담자의 음악에서 더 멀어질 수 있으나, 그럼에도 불구하고 내담자가 즉흥연주에 정서적으로 반영되어 음악의 표현을 바꾸도록 초대하지 않고 인정과 지지를 제공한다. 여기에서 초점은 음악적 변수나 요소에 대한 것이 아니라, 기분과 분위기에 대한 것이다. 여기서 내담자의 기분과 상태가 음악치료사에 의해 인정되거나 이해되었기 때문에 치료사의 음악은 꽤 다를 수 있으며, 새로운 표현으로 내담자에게 다시 반영된다. 때때로 내담자의 표현은 매우 혼란스럽거나 구조화되지 않아서 치료사조차도 일치시키거나 모방하는 것을 거의 불가능하게 만든다. 여기서 음악치료사는 보통 좀 더 담아주기, 기반잡기 등 필요한 요소들을 제안할 수 있는 기법을 적용한다.

기본적인 기법으로서 즉흥연주는 내담자와의 환담이나 대화를 형성하고자 할 때 적용될 수 있다. 이는 명확한 차례 주고받기를 통해 또는 좀 더 자유 유동적인 대화에서 음악치료사가 음악적 초대, 명확한 음악적 종결이나 음악적 휴지와 같은 단서나 신호를 통해 자연스럽게 발전시키거나 시작함으로써 이루어질 수 있다. 여기서 내담자는 그 간극을 메우도록 초대된다.

심화된 임상 기법

여러 심화된 즉흥연주 기법의 목적은 보통 내담자를 창의성 향상 또는 내담자의 음악 변화와 발전으로 초대하는 것이다. 보통 치료는 우선 구체적인 문제나 도전에 관계없이, 일반적으로 사람이나 삶을 주변 세계와 관련하거나 다루는 데 있어 대안적인 방식을 찾는 것을 중심에 둔다. 음악치료에서 즉흥연주 기법의 이면에 있는 기본적인 아이디어는 세계와 상호작용하는 대안적인 방식을 탐색하고, 발견하고, 창조하고, 평가하는 안전한 방식을 제공하는 것이다. 때로 내담자들은 어떤 구체적 표현이나 어쩌면 구체적인 노래 또는 악구에 대단히 고착되거나 그 안에 갇힌 것처럼 보인다. 그 표현을 풀기 위해서 음악치료사는 처음에 일치시키기를 통해 내담자의 표현을 확장하는 기법들을 활용하고, 그다음에는 천천히 음악을 확장하고 변화시킴으로써 내담자를 '유혹'하거나 내담자가 스스로를 표현하는 다른 방식을 시도하도록 초대한다.

내담자의 음악을 중심으로 장르와 양식이 명확한 형식을 만들거나, 내담자가 의지할 수 있고, 자신의 연주를 발전시키는 데 활용할 수 있는 지속적인 박동을 그저 활용하는 것은 음악적 틀을 만드는 데 꽤 효과적일 수 있다. 특히 내담자가 새로운 독립적 표현을 찾거나, 내담자가 음악치료사의 명백한 지지와 창의적 초대 없이 실제로 대처할 수 있을 때 많은 음악치료사가 반주 기법도 사용한다. 음악치료사는 꽤 의식적으로 내담자의 음악이나 내담자와 치료사 간 음악적 상호작용에 전환이나 변화가 필요할 때 이행을 활용한다. 이행은 유혹적이고 이산적일 수 있으나, 음악에서 오래된 또는 이미 알려진 요소들과 중복되는 새로운 요소들로 구성될 수도 있고, 아니면 이후에 어떤 일이 일어날 수 있는 곳에서 멈춤을 초대하는 소위 **림보**limbo 이행이라 불리는 음악을 구성할 수 있다(Wigram, 2004).

집단 즉흥연주

음악치료사가 더 많은 내담자와 함께 연주할 때 초점은 보통 기본적 즉흥연주 기법과 심화된 즉흥연주 기법을 동시에 결합하는 것이다. 집단은 지지와 인정을 필요로 하나, 음악적 틀과 대화 초대를 통해 결합하거나 연계되는 도움도 필요하다. 집단 즉흥연주의 초점은 사회적 기술을 발달시키는 데 있을 수 있고, 보통 연주 규칙은 명확한 차례 교대하기 활동이나 협력 경험을 통해 이러한 초점을 충족하는 데 적용된다. 여기서 집단 구성원들은 작게, 크게 또는 다 같이 작게 연주하기와 같은 단순한 연주 규칙이나 과제를 해결하거나 완수하기 위해서 서로에게 주의를 기울이거나 귀 기울여야 한다. 집단과 개별 음악치료 처치와 사회적 또는 정서적 목적에 모두 적합하고 적절한 여러 다양한 연주 규칙이 있다. 실제로 치료사의 상상만이 한계이다.

대니얼 스턴(2010a)은 위그램(2004)의 일치시키기 개념에 대해 구체적으로 이야기하고, 이를 "치료사와 아동 간 관계, 전승transmisson, 의사소통의 매우 많은 부분에 대한 기반이 되는" 정서 조율의 형태로 기술한다(p. 94). 스턴은 일치시키기를 부모-자녀 상호작용과 연결하고, 이 기법을 정서적 의사소통의 본질적인 것으로 기술한다(Stern, 2010a, p. 94). "음악은 그것[정서 조율]에 뛰어나다." 스턴은 이러한 형태의 상호 주관성이 두 사람이 확장할 수 있는 만남의 형태이기 때문에, 성공적인 치료에서 가장 필요한 측면이라는 것에 주목한다(Stern, 2010a). 이후의 출판물(Stern, 2010b)에서 스턴은 이를 관계가 변화하고 상호 주관성의 더 심층적인 형태로 나아가는 만남의 순간이라 지칭한다. 내담자나 아동 상태의 정서적 특질을 일치시키기 위해 정서 조율에서 주제의 변화가 중요하며, 여기서 부모나 음악치료사는 움직임, 힘, 공간, 방향, 시간과 같은 각기 다른 정서 조율 기제와 활력 형태를 활용한다(Stern, 2010b). 위그램의 기법과 스턴의 용어 간 가능한 대응은 표 3.9.1.1에 제시되었다.

3.9.2 노래 만들기

음악치료사들은 치료의 다소 일상적이거나 상시적인 부분으로서 항상 잘 알려진 노래, 틀이 있는 노래와 노래 만들기를 적용해 왔다. 2005년에 펠리시티 베이커와 토니 위그램은

표 3.9.1.1 임상적 목적에 의해 범주화된 임상적 즉흥연주 기법

임상적 즉흥연주 기법	임상적 목적
일치시키기|matching	내담자를 지지하고 인정하기 위해
기반잡기|grounding	내담자에게 기반을 제공하기 위해
안아주기|holding	내담자의 음악적이고 정서적인 표현을 담아주기 위해
틀 만들기|framing	창의성과 표현을 초대하기 위해
동행|accompaniment	내담자의 독립적인 음악적 표현을 지지하기 위해
이행|transition	내담자가 표현을 다양하게 하고 확장하도록 초대하기 위해

구체적인 음악치료 모델 및 접근과는 관계없이 노래 만들기에 대한 첫 번째 방법과 기법 서적을 출판했다. 이 책은 개별 음악치료사에 의해 제시된 11가지 다양한 기법을 포함하고 있으며, 마지막 장은 노래 만들기 기법 내의 여러 접근, 변화와 관점에서의 차이점과 유사점을 살펴보려는 편집자들에 의해 저술되었다.

이후의 출판물에서 베이커(2015)는 치료적 과정에서 활용된 노래 만들기의 동시대적 방법과 모델에 대한 종합적 검토를 제공하며, 환경적이고 사회문화적인 개별 및 집단 환경을 모두 포함하여 다양한 심리적 지향과 안녕감 지향 내에서 노래 만들기가 어떻게 이해되고 실천되는지를 살펴본다. 오스그르와 에뢰(2016)는 임상 실제에서 노래 만들기 기법에 대한 개관을 지침 및 여러 예와 함께 제공한다.

노래는 안전감과 지지감을 제공할 수 있으며 내담자를 자극하고 진정시킬 수 있다. 노래는 무의식적인 또는 탐색되지 않은 사고와 연계하여 내담자가 자신의 삶에 대해 성찰하는 것을 도울 수 있으며, 정서를 음악으로 전이하도록 도울 수 있다. 노래의 구조적 속성은 내담자가 인지적, 신체적, 의사소통 기술을 강화하는 것을 도울 수 있고, 집단 환경에서 노래는 내담자가 커뮤니티, 신뢰, 소속감을 형성하는 것을 도울 수 있다. 노래는 내담자들 간 또는 치료사와 내담자 간 관계도 돕고 강화할 수 있다.

노래 만들기는 내담자의 심리적, 생리적, 정서적, 사회적, 영적 요구나 의사소통 요구가 충족될 수 있는 과정에서 내담자와 함께 노래를 만드는 것이다. 치료적 가치는 내담자가 자신만의 노래를 만들고, 연주 또는 녹음하는 것으로 구성된다. 음악치료사는 이 과정의 퍼실리테이터이며 내담자가 자신의 사고와 정서를 어느 정도 반영하는 표현을 찾도록 돕

는다. 그러므로 초점은 과정과 산물 모두에 있다. 그 자체로서 산물은 예를 들어, 진정한 자기표현에 기인하여 다른 이들이 접할 수 있게 된 자신감의 향상이라는 측면에서 치료적 가치를 가질 수 있다. 음악치료 환경에서 노래 만들기를 적용하는 여러 방식이 있으나 주로 그 기법은 가사 창작과 선율 창작 또는 작곡으로 나뉠 수 있다.

가사 창작

어떤 내담자는 자발적으로 시나 짧은 내러티브 형태로 가사를 만들기도 하지만 대부분의 내담자는 적절한 초점이나 적절한 단어를 찾는 데 지원을 필요로 한다. 치료사는 가능한 주제에 대해 브레인스토밍을 제안할 수 있고, 내담자의 도전이나 내러티브와 관련된 단어를 제안할 수 있다. 목록에서 단어를 선택하거나 알려진 곡의 가사 일부를 활용하는 것도 가능하다. 때때로 가사는 음악치료사가 만든 어느 정도 알려진 음악적 틀 위에 내담자가 자발적으로 노래를 하거나, 랩 또는 이야기를 하면서 발현될 수 있다. 보통 음악치료사의 전문적 기술은 단편적 단어와 주제가 의미 있는 노래 가사로 함께 통합되어야 할 때 활용된다. 노래 가사는 운율을 맞출 필요가 없으며, 내담자가 집에서 가사를 만들도록 할 수도 있다. 흔히 활용되는 또 다른 기법은 **노래 패러디**로, 새로운 가사의 리듬적이고 운율적인 기반으로서 잘 알려진 가사를 활용하는 것이다. 이는 생일과 결혼 같은 대규모 가족 행사를 위한 개인적인 노래를 만들 때 사용할 수 있는 기법이다.

작곡 – 선율 창작

노래에서 음악은 기존의 선율이나 내담자에 의해 만들어진 것일 수 있으나, 보통 음악치료사는 과정의 이 부분에서 조력을 제공한다. 선율과 화성은 내담자 또는 치료사에 의해 부분적으로나 전체적으로 즉흥연주될 수 있다. 아마도 음악치료사들은 내담자가 즉흥연주할 수 있는 화성적 틀을 창작하거나, 내담자에 의해 수용될 수 있는 선율의 악구와 가능한 화음을 모두 제안하거나 제안하지 않을 것이다. 내담자에게는 가사와 음악을 창작하기 위해 각기 다른 정도의 구조와 지원이 필요하며, 노래 만들기 기법이 (여러) 음악치료 모델 및 방법과 쉽게 비교될 수 있는 것일지라도 2가지의 노래 만들기 과정이 비슷하지는 않다.

펠리시티 베이커는 후천적 뇌 손상과 제한적인 의사소통 기술을 가진 사람들이 자신만의 노래를 통해 스스로를 표현할 수 있는 동시에 심리적, 생리적 기술을 훈련할 수 있는 기법을 개발했다. 노래 만들기 기법은 음악치료사가 각기 다른 문장을 제공하면 내담자가 이후에 몸짓이나 가능한 구어적 반응으로 이를 승인하거나 일축하는 것을 중심에 둔다. 보통 글이 먼저 만들어지나 기억하기 쉬운 짧은 노래를 창작하는 것이 중요하다. 마찬가지로 보통 내담자는 집중 지속 시간에 어려움이 있으므로 음악은 단순하고 반복되는 특징이 있다. 베이커는 단순한 노래의 호소적 특성을 과소평가하지 않아야 한다고 지적한다. 내담자의 노래는 노래의 의미 있고 일관적인 내용, 반복, 새로운 아이디어의 발전과 내담자의 어휘 개선을 살펴봄으로써 내담자들의 역량 변화와 향상을 평가하는 데도 활용될 수 있다(Baker, 2005).

또한 베이커가 개발한 좀 더 자유로운 방식은 온라인으로 노래 만들기이다. 연구들은 경도 자폐가 있는 청소년들이 방에서 자신 옆에 음악치료사가 앉아있는 것보다 온라인으로 음악치료사와 노래 만들기에 좀 더 참여적이고 능동적이었음을 나타낸다. 베이커는 이것이 의사소통 수단으로서 인터넷에 대한 청소년들의 친숙함과 자신감 때문일 수 있으며, 청소년들은 웹 의사소통의 전형적인 거리감을 선호할 수 있다고 지적한다(Baker et al., 2009).

또한 란디 롤브쇼르는 성인 정신건강과 정신의학적 도전 내에서 자신의 자원 지향 접근에 노래 만들기를 적용했다. 여기서 초점은 내담자가 자신의 역량과 음악적 자원을 인정하고 활용하며, 일반적으로 치료에서 음악의 자원을 활용하도록 내담자의 강점을 다루는 것이다. 롤브쇼르는 정서를 표현하고 의사소통하며, 정서를 다루고, 새로운 통찰을 얻으며, 정체성과 자신감을 강화하는 방식으로 노래 만들기를 본다. 내담자는 노래를 통해 음악치료사에게 인정받고 이해되었다고 느낄 수 있으며, 때로 이러한 내담자 집단에게는 구어 대화보다 노래를 통해 의사소통하는 것이 더 쉽다(Rolvsjord, 2001, 2013).

노르웨이에 있는 소아과 병동에서 다년간 임상 실제의 경험이 있는 트뤼그베 오스고르는 다양한 노래 만들기 기법을 개발했으며, 개별 내담자의 요구 및 병원 환경의 요구에 대한 유연성과 적응의 중요성을 강조한다. 이는 입원 아동이 자신만의 노래를 창작하고 부르도록 동기를 부여할 완전히 다른 접근일 수 있다. 일부는 특정한 리듬에 흥미를 가질 수 있으며, 다른 이들은 자신의 자율성을 강화하고 모든 결정을 내리는 데 초점을 둔다. 어떤 아동은 행복한 희망의 노래를 만들고 싶어 하는 반면, 다른 아동들은 슬픈 상실의 노래를 만들고 싶어 한다. 음악치료사는 이러한 요구에 적응할 수 있고 아동의 감정을 이해하고 해석하기 위해 노력해야 한다. 오스고르는 특히 노래를 연주함에 있어 노래 만들기 과정에 병원 환경을 포함하는 것을 선호한다. 아동들은 자신감을 강화하고 아동과 가족 간 통일감을 형성하며, 병동에서 삶의 향유라는 문화를 만들기 위해 다른 아동과 부모들 앞에서 자신의 노래를 부르도록 격려된다. 그렇지 않으면 슬픔, 고통과 서러움의 감정이 부담될 수 있다. 노래를 녹음하는 것은 예를 들어 병원 밖의 친구들과 의사소통하는 데 활용되는 것처럼, 할 수 있는 한 그들을 살아있게 할 수 있다. 친구들은 자신만의 노래로 반응하는 것을 선택할 수 있다(Aasgaard, 2002, 2004; Aasgaard & Ærø, 2011).

3.9.3 치료적 목소리 작업

인간의 목소리는 우리가 이용할 수 있는 가장 개인적이고 사적인 도구이며, 임상가와 연구자 모두 목소리가 자기 또는 인간으로서 우리가 누구인지와 밀접하게 연계되어 있다는 것에 동의하는 것으로 보인다. 노래 만들기나 즉흥연주 기법에서처럼 목소리를 사용하는 것도 모든 연령 집단에 걸쳐 다양한 내담자의 요구와 치료적 목적을 충족하기 위해 적용될 수 있다. 치료적 목소리 작업 내에서 미국의 선구자인 다이앤 오스틴은 자신의 작업 기반을 정신분석적, 분석적 이론에 둔다(Austin, 2008). 펠리시티 베이커와 실카 율리그그(2011)는 치료적 목소리 작업을 두 방향으로 나누었다. 이는 공명하는 외적 표현에 내적인 깊이를 부여하는 데 초점을 둔 정신역동적 접근과 훈련, 목소리의 기능성과 다른 정신적, 신체적 과정의 훈련, 재활, 유지에 초점을 둔 의학적 접근으로 이루어진다. 치료적 목소리 작업에 사용된 기법들은 자유롭게 노래하기에서부터 자신의 특정한 측면을 노래하기, 사전 작곡된 가사의 악구를 노래하기에 이르기까지 다양한 정도의 구조로 광범위하다. 음악치료사나 내담자가 혼자 노래하는 것일 수도 있으며, 모든 집단은 악기를 동반하거나 동반하지 않을 수도 있다. 그러나 음악치료사의 역할, 음악치료사의 목소리 역할, 내담자의 목소리와 관련된 어떤 공통적인 특성은 존재하는 것으로 보인다.

　내담자가 자신의 목소리를 사용하는 것은 꽤 도전적일 수 있으며, 치료사는 보통 내담자가 목소리 작업 활동에 뛰어들 만큼 충분히 용감하도록 안전감을 만들고자 노력해야 한다. 신뢰를 만드는 하나의 방법은 역할 모델이 되어 내담자에게 어떻게 목소리가 활용되는지 보여주거나, 악기와 음악적 틀을 통해 음악적 지지를 제공하는 것이다. 또한 음악치료사는 내담자의 목소리 표현을 부드럽게 확장할 수 있는 노래와 목소리 연습을 선택하는 것에 초점을 둘 수 있다. 치료사는 목소리 표현을 구어적으로 처리하는 가능성도 촉진하며 이는 통찰, 발달과 긍정적 변화를 증진할 수 있다.

음악치료사의 목소리는 모방하기, 기반잡기, 일치시키기 또는 담아주기 등 즉흥연주 기법을 적용함으로써 내담자에게 지지적이 될 수 있다(3.9.1장 참조). 부모와 영아 간 초기 비언어적 상호작용과 가능한 심리적 병행성이 이러한 중재 형태의 요인이 될 수 있으며, 보통 내담자에게 상당히 효과적이고 양육적이다. 동시에 음악치료사는 내담자의 목소리 표현에 적응함으로써 내담자를 참여시킬 수 있고 대화에 초대할 수 있으며, 적절한 때 내담자를 서서히 새로운 방향으로 안내한다(다시 말하지만 이는 즉흥연주의 이행 기법과 비교할 만하다. 3.9.1장 참조). 목소리 표현을 통해서 내담자는 비명 지르기, 옹알거리기나 한숨 쉬기로 좌절과 공격성 같은 억압된 정서를 표현할 수 있다. 보통 목소리는 자기와 자기표현 간 연계로 기능하나 치료사들은 목소리의 기능성 (재)형성하기나 유지하기(또는 2가지 모두)에도 초점을 둔다.

즉흥연주, 노래 만들기와 치료적 목소리 작업 같은 능동적 음악치료 중재 방법은 모두 동일한 초석과 동일한 기본적 아이디어에 기초한다. 음악치료사와 내담자 간 지금 여기 상호작용에서 내담자의 자기표현이나 관계하는 방식이 활성화되며, 내담자는 음악적 상호작용을 통해, 또한 음악치료사의 지지를 통해 대안을 시도하고 표현을 발달시키며 개인의 가능성, 한계와 잠재력을 경험하거나 깨닫게 되는 것이 가능해진다.

산네 스토름(2013, 2017)은 자신의 정신역동적 목소리 작업 접근에서 초점을 두는 목소리 작업이 어떻게 고착된 에너지를 자유롭게 하고 새로운 통찰을 생성하며, 개인적 발달의 육성을 도울 수 있는지 기술한다. 스토름에 따르면, 목소리는 인간이 만들 수 있는 다양한 음성적 소리를 모두 포함하나 단지 하나의 요소가 아니다. 만일 내담자가 말의 의미 대신 음성적 소리에 초점을 둘 수 있다면 내담자의 심리적 상태에 관해 알려줄 수 있는 독립적인 개별적 표현이 출현한다. 일상생활의 대화에서 무의식적으로 인간의 심리적 상태를 해석할 때 말의 음색, 리듬, 선율, 목소리의 크기는 모두 능동적인 변수이다. 우울증이 있는 사람들과의 작업에서 스토름은 음성적 소리와 신체, 정신역동적 동작, 특정한 경청 태도로 목소리와 신체에 귀를 기울이는 것에 초점을 두었다. 음악치료사와 함께 내담자는 자신의 목소리를 듣고 신체에서 목소리가 어떻게 느껴지는지, 그 후에 출현하는 감각, 정서와 사고를 성찰한다. 이 방법은 글리산도 움직임, 핵심 음 가창, 자유 목소리 즉흥연주를 포함하여 기반잡기, 호흡과 목소리 연습 같은 구체적인 기법들을 포함한다. 이러한 기법들은 내담자의 상태를 평가하기 위해 음색, 리듬, 선율과 음량을 살펴보고 단순한 연습

들을 분석하는 스토름이 개발한 목소리 진단평가 도구의 일부이기도 하다(Storm, 2018;
이 책의 5.2장도 참조).

3.9.4 수용적 방법

음악 감상은 고대부터 치료적 목적으로 적용되어 왔다(1.1장 참조). 음악 감상은 세계에
서 가장 흔한 실천이며, 감상에는 맞거나 틀린 방식이 없으나 다양한 접근이 있다(Bonde,
2011b). 3.2장은 가장 널리 퍼지고 심화된 수용적 음악치료 모델 중 하나인 심상음악치
료GIM에 초점을 두었으나 음악 감상은 여러 연령 집단, 임상적 진단과 이론적 배경에 걸쳐
다양한 내담자의 요구와 치료적 목적을 충족시키기 위해 다양한 방식으로 적용될 수 있
다. 데니스 그로케와 토니 위그램(2007)은 다양한 범위의 기법과 중재를 제시한 종합적 방
법론 서적을 출간했다. 이 책은 환경, 절차, 레퍼토리 제안에 대한 기술을 모두 포함하여
다음의 절에서 구조화된다.

- 아동, 청소년을 위한 이완과 음악 감상(신체의학적·정신의학적 병원, 완화 의료와
  학교)
- 성인을 위한 수용적 방법과 유도(병원과 완화 의료)
- 음악, 시각화와 심상(집단/개별 — 안내된/안내되지 않은)
- 노래 가사 토의, 회상 및 인생 회고
- 지각적 감상과 음악 감상(개별/집단, 지적 장애)
- 수용적 음악치료와 예술 매체(그리기와 내러티브)
- 진동음향적 치료 및 수용적 음악치료
- 음악과 동작

분명히 음악치료에는 내담자 개인의 요구와 관련하여 음악 감상으로 작업하는 여러 방식
이 있으나 흔히 음악치료사들은 소규모 또는 대규모 집단으로 작업한다.

감상 집단

감상 집단은 여러 다양한 교수적, 치료적 맥락 내에서 적용된다. 예를 들어, 난민 집단과 작업할 때 참여자들은 고국의 음악 녹음을 가져와 집단을 위해 음악을 연주할 수 있으며 음악과 연계된 전통, 역사와 정서를 설명할 수 있다. 목적은 언어 기술을 강화하고 현재의 또는 새로운 국가로의 통합을 지원하는 것일 수 있으나 이러한 활동은 구성적이고 자원 지향적인 방법으로 참여자들의 건강한 부분에 초점을 두는 방식으로 활용될 수 있다. 개인의 음악 선택 및 그와 연계된 역사에 대한 깊은 존중은 음악 감상 집단에서 흔히 발달할 것이다(4.6.1장 참조).

청소년 및 성인 정신건강 분야에서 감상 집단은 환자들에게 개방된 또는 폐쇄된 환경에서 제공된다. 참여자들은 참여자나 음악치료사가 엄선한 음악을 듣고 이에 관해 이야기한다(Lund & Fønsbo, 2011). 여기서 목적은, 예를 들어 정서적 경험을 언어화하고, 정체성을 다루는 음악의 잠재력을 증진하며 집단에서의 통일감과 연대감을 강화하는 것이 될 수 있다. 토르벤 모에가 정신의학 병동에서 물질 중독을 다룬 자신의 작업에 기술한 것과 같이, 다중양식적 심상을 다루는 것도 감상 집단 활동의 일환이 될 수 있다(Moe, 2007).

룬드와 푄스보(2011)는 덴마크의 정신의학에 적용된 수용적 집단 음악치료의 유형을 연구했으며 다양한 결합으로 특정한 유형을 만드는 요소들을 밝혔다. 이는 (1) (환자나 치료사에 의해 엄선된) 음악 감상, (2) 언어적 대화, (3) 이완, (4) 미술 작품, (5) 심상, (6) 즉흥 연주를 포함한다.

리사 서머(2002)는 집단 구성원 간 상호작용이 있거나 없는 감상 집단들을 좀 더 일반적으로 구별한다. 상호작용이 없는 집단은 실제로 집단치료가 아니나, '집단 환경에서의 개별 작업'으로 이해될 수 있다. 역동적 집단 작업은 집단 구성원이 상호작용하고 치료 목적으로 활용될 수 있는 강력한 집단의 역동을 활성화하는 것이다. 각 수준의 심리치료적 분류에 기반하여(Wolberg, 1977), 서머(2002)는 상호 작용적 집단 형태인 '집단 음악과 심상GrpMI'의 개발을 기술한다(Grocke & Wigram, 2007, p. 139; Grocke & Moe, 2015도 참조). 여기서 개별 참여자의 요구와 구체적인 임상적 맥락은 다음의 3수준, 1) 지지적, 2) 재교육적, 3) 재구성적 중 하나로 정리된다. 다음과 같이 간략히 기술된 3가지 수준은 참여자, 치료사, 환경, 음악의 선택과 관련하여 각기 다른 요구사항을 지닌다.

1. **지지적 수준** : 치료사에 대해, 서로에 대해, 음악과 심상과 관련하여 안전하다고 느

끼는 참여자의 감각은 본질적이다. 특히 취약하고 자아가 약한 내담자가 음악에 참여하고 경험을 감히 공유하기 위해서는 신뢰가 필요하다. 중재는 참여자들이 자신감과 소속감을 강화할 수 있는 긍정적 경험에 참여하는 것을 의미한다. 이는 다양한 음악 장르와 양식에 기반을 둔 짧고 단순하며 구조화된 음악에 의해 자극되고 지지되는 긍정적인 심미적 경험들을 통해 일어날 수 있다(Bonde & Pedersen, 2015; Grocke & Moe, 2015; Pedersen & Bonde, 2013; Summer, 2002에서 예들을 찾을 수 있다). 치료사는 집단을 '유지'해야 하고, 자아 발달을 증진할 수 있는 긍정적 경험들을 촉진하고 강화해야 한다.

2. **재교육적 수준** : 이 수준에서 참여자들은 좀 더 강화되고 발달된 자아를 지니며, 집단 음악치료의 목적은 새로운 통찰과 향상된 자기 인식을 통해 변화를 지지하는 것이다. 신뢰는 여전히 발달과 변화를 위한 전제조건이나, 이 수준에서의 초점은 내담자를 위한 자원뿐만 아니라 덜 적합한, 고질적인 패턴과 정서적 반응 같은 도전들도 포함할 수 있다. 더 안전한 집단은 갈등 소재에 좀 더 초점을 둘 수 있다. 적용된 음악은 여전히 단순하고 심미적인 호소력이 있으나 더 길고 더 많은 변화를 담을 수 있다(분류 범주들은 2.5.3장 참조, 다른 예들은 Grocke & Moe, 2015; Summer, 2002에서 찾을 수 있다). 치료사의 중요한 과제는 참여자가 심상과 갈등 소재 간 연계를 이해하도록 돕는 것이다. 이는 참여자들이 서로의 경험에 대해 언급하고 피드백을 제공할 때 일어날 수 있다.

3. **재구성적 수준** : 이 수준은 참여자들의 강한 자아와 도전되는 것에 대한 준비를 필요로 하기에 신체의학과 병동이나 정신의학과 병동에서 작업할 때는 거의 가능하지 않다. 목적은 개인적 변화와 성장이고 궁극적으로는 초월적인 변화이다. 따라서 환경은 보통 변화와 자기 계발에 명확한 초점을 둔다. 치료사, 집단과 음악에서의 도전에 관한 잠재적으로 높은 수준의 수용 및 높은 정도의 상호작용이 있다. 이 수준에서의 음악은 좀 더 복잡하고 다양할 수 있으며 브람스와 말러의 교향곡 같은, 약 10~12분 길이의 클래식 음악이 흔히 사용된다(2.5.3장의 분류 범주 2).

3가지 수준은 본데와 페데르센에 의해 덴마크의 맥락에서 정신의학과 외래환자들을 대상으로 한 GrpMI로 논의되고 예시되었다(Bonde, 2011b; Bonde & Pedersen, 2015; Pedersen & Bonde, 2013).

3.10 음악에 대한 생리적 반응

토니 위그램, 라르스 올레 본데

"음악이 사랑을 살찌우는 음식이라면, 계속해다오." 잘 알려진 셰익스피어의 대사는 우리에게 음악이 사람들의 정서적 삶에서 차지하는 위치, 특히 그 미묘하고 강력한 심리적 효과에 대해 이야기한다. 또한 우리는 음악치료에서 심층적인 심리적 수준에 도달하기 위해 음악이 제공하는 틀을 볼 수 있다. 그러나 음악치료의 유명한 선구자 중 하나인 줄리엣 앨빈은 우리가 음악에 대한 신체적 효과를 결코 무시해서는 안 된다고 말한 적이 있다. 앨빈은 음악이 어떻게 신체에 영향을 미치는지 이해하기 위해서 생리학을 연구하는 것이 필수적이며, 이러한 측면이 흔히 무시되었다고 느꼈다. 이것이 '낭만적'이지 않고 음악치료에서 좀 더 중요한 심리적, 심리치료적 과정들과 연관되어 보이지 않았기 때문이다. 그러나 음악의 정서적 효과는 그에 상응하는 신체적 효과 없이는 있을 수 없으며, 소리의 모든 신체적 효과는 필연적으로 심리적 반응을 유발한다. 영국의 선도적인 음악심리학자인 존 슬로보다(2005)가 언급한, 연상을 통해 '닭살'반응을 유발하는 'DTPOTA 효과(내 사랑, 우리 노래가 다시 연주되고 있어요Darling, They're Playing Our Tune Again)'가 좋은 예이며, 기억과 연상을 회상하는 음악의 효과는 매우 강력하다.

앞서 음악이 어떻게 생리적으로 영향을 미치는가에 대한 연구에는 음악치료사들보다 심리학자와 내과의들이 좀 더 매료되었다. 여러 광범위한 조사와 꽤 상세한 연구들이 수행되었다. 최근 들어서 음악치료사들은 뇌가 어떻게 음악을 지각하고 처리하는가와 음악이 어떻게 인간에게 생리적으로 영향을 미치는가에 대한 문제에 관여했다. 심리학자든 음악치료사든 의사든 간에, 음악과 소리에 대한 신체적 효과를 살펴본 이들이 조사 연구에서 얻은 흥미로운 결과는 음악이 영향을 미치는 방식을 포함했다.

- 심박수
- 혈압

- 호흡
- 체온
- 피부전도도(각성 수준)
- 뇌파(뇌전도검사)

만일 음악 경험이 대부분 개별적이더라도, 음악 감상의 생리적 효과에 대한 연구에서 '자극시키는 음악'과 '이완시키는 음악'을 구별하는 것은 타당하다.

자극시키는 음악은 신체 에너지를 향상시키고 신체적인 행위를 유도하며, 심박수와 혈압을 증가시키는 경향이 있는 반면, 진정시키거나 **이완시키는 음악**은 심박수와 혈압을 감소시키고 각성 수준을 완화하며, 일반적으로 개인을 차분하게 한다. 일부 연구자들은 심박수, 혈압과 불안 간 연관을 밝히고자 했으나, 심박수와 혈압이 변화하는 것에는 여러 이유가 있으며 비록 그 변화가 불안을 증가시키거나 완화시키는 것과 관련이 있더라도, 개인차는 어떤 특정한 음악 작품도 이러한 변수들을 보편적으로 완화시키거나 증가시킬 것이라는 점을 정립하기 어렵게 만든다.

한 예로 대학 수준의 음악 감상회에서 베토벤의 **5번 교향곡** 1악장을 감상하는 동안 구성원 22명의 심박수 변화를 기록했던 랜드레스와 랜드레스(1974)의 고전적인 연구가 있다. 이 음악 감상 실험의 도중과 전후에 6주 동안 심박수를 측정한 결과, 연구자들은 음악의 다양한 부분에서 유의한 변화(빈맥과 서맥)를 발견했다. 그러나 감상자의 심박수에 대해서는 일관적으로 신뢰할 만한 효과가 없었다.

음악에서의 개인적인 호불호는 그 효과가 다양할 것을 의미한다. 예를 들어, 음악 기반의 개별화 이완 훈련MBIRT을 개발하기 위해 바이오피드백 방법을 활용할 때, 새퍼스톤(1989)은 1960년대의 히피 하위 문화에 동화된 환자가 록 음악에 좀 더 이완할 가능성이 높은 반면, 다른 환자는 인도의 시타르 음악에 이완할 가능성이 높다는 점을 밝혔다.

따라서 음악의 신체적 효과를 고려할 때, 자극이나 이완에 영향을 미칠 수 있는 음악의 요소들을 살펴보는 것이 좀 더 중요하다. 위그램(2001; Grocke & Wigram, 2007)은 음악 내 예측 가능성이라는 측면에서 한 음악 작품이 이와 같은 효과를 지니는 데 영향을 미치는 변수들을 정의했다. 만일 음악의 요소가 안정적이고 예측 가능하다면 대상자들은 이완하는 경향이 있을 것인 반면, 음악의 요소들이 시간에 따라 유의하게 변화하여 대상자들이 갑작스럽고 예측할 수 없는 변화를 겪는다면 대상자들은 더 높은 수준의 각성과 자극을 유지할 것이다.

자극시키는 음악의 잠재적 요소는 다음과 같다.

- 예측할 수 없는 템포의 변화
- 음량, 리듬, 음색, 음고, 화성의 예측할 수 없거나 갑작스러운 변화
- 음악의 짜임새에서의 폭넓은 변화
- 예상치 못한 불협화음
- 예상치 못한 강세
- 거친 음색
- 느슨한 구조와 음악의 불분명한 형식
- 갑작스러운 점점 빠르게, 점점 느리게, 점점 세게, 점점 약하게
- 예상치 못한 음악의 멈춤

이완시키는 음악의 잠재적 요소는 다음과 같다.

- 안정적인 템포
- 음량, 리듬, 음색, 음고, 화성에서의 안정성 또는 점진적인 변화만 있음
- 일관된 짜임새
- 예측할 수 있는 화성적 전조
- 적절한 종지
- 예측할 수 있는 선율 선
- 소재의 반복
- 단순한 구조와 명확한 형식
- 부드러운 음색
- 강세가 거의 없음

임상적 즉흥연주에 활용되는 음악적 기술을 발달시키면서 음악치료 학생들과 자격이 있는 임상가들은 이러한 요소들이 어떻게 균형을 이룰 수 있고, 환자들을 참여시키고 돕는 데 매우 민감하고 미묘한 방식으로 활용될 수 있는지를 배운다. 일부 내담자들, 예를 들어 세계가 혼란스럽고 단절된 정신병적 장해가 있는 사람들에게는 예측할 수 있는 음악의 안정감과 안전감이 필요하다. 다른 이들, 예를 들어 자폐, 학습 장애, 불안 신경증이 있는 환

자들은 예측할 수 없는 세계에 대처하는 능력을 발달시키는 것이 필요하며, 이는 예측할 수 없는 음악적 경험에 대한 적응성을 발달시키는 것에서 시작될 수 있다. 그러므로 음악의 이러한 요소는 수용적 음악치료의 효과들을 결정할 수 있고, 내담자와의 능동적인 음악 만들기에서 중요한 역할도 수행할 수 있다.

　　최근의 많은 조사 연구는 음악이 신체에 어떻게 영향을 미치는지 살펴보았으나, 현재의 맥락에서 우리는 단지 몇 가지만을 언급할 수 있다. 선도적인 음악 신경과학자들 중 일부가 고찰 논문을 출판했다. 알텐뮐러와 슐라우크(2012)는 음악의 잠재적인 보건 효과에 대한 생리적 기반의 요약을 제시한다. 퀼슈와 슈테게만(2012)은 음악이 어떻게 면역 체계에 영향을 미치는지와, 음악하기가 어떻게 건강을 증진하는 사회적 기능과 관련되는지에 초점을 둔다. 퀼슈(2013)는 7Cs라는, 음악의 7가지 구체적인 사회적 기능을 밝혔다. "개인은 함께 연주할 때 다른 개인과 **만남**contact을 갖는다. 개인은 사회적 **인지**cognition에 참여하며, **협력 공감**co-pathy(공감의 사회적 기능)에 참여한다. 개인은 **의사소통**communicate하고, 자신의 행위를 **협응**coordinate하며, 서로 **협조**cooperate한다. 이는 사회적 **응집**cohesion을 높이는 것으로 이어진다." 크로이츠와 동료들(2012)은 음악이 스트레스와 안녕감을 생리적으로 추동하는 생체표지자에 미치는 영향에 대한 연구들을 검토했다. 웨스트와 아이언슨(2008)은 건강과 안녕감에 대한 음악의 영향을 연구하는 데 활용된 연구 방법과 설계를 기술하고, 광범위한 문화적 관점에서 음악치료의 임상 실제와 기본적인 연구들을 연계하기에 적합한 여러('음악-신체-마음') 이론을 제시한다.

　　클라크, 베이커와 테일러(2014)의 메타 이론은 동작, 훈련, 신체 활동에 미치는 음악의 영향에 대한 연구 기반 이론들의 고찰과 비교를 토대로 정립되었으며, 음악치료에 있어 이 이론들의 적절성은 신경 재활, 스포츠 훈련 맥락과 청각 자극의 운동적 처리에 대한 연구를 토대로 한다. 연구자들은 고찰된 이론들에서 2가지의 일관된 주제를 규명했다. 즉 1) 생리적 각성을 일으키는 음악의 능력, 2) 긍정적인 주관적 경험과의 결합이다. 다시 말해서, 만일 음악이 적절하고 유쾌한 것으로 경험된다면, 이는 좀 더 심층적인 훈련과 수행, 좀 더 활발한 참여와 좀 더 정확한 움직임 패턴 같은 신체적 활동 증가를 자극하고 지원할 수 있다. 이 메타 이론은 특히 인지행동적 패러다임 내에서 일하는 음악치료사들에게 적절하다. 클라크, 베이커와 테일러는 음악이 어떻게 다른 내담자 집단의 신체적 활동을 자극할 수 있는지에 대한 여러 연구를 출간했다.

　　스웨덴의 의사, 음악가이자 공중 보건 연구자인 퇴레스 테오렐은 **음악적 경험의 심리적**

건강 효과 : 음악 건강 과학에서의 이론, 연구와 성찰(Theorell, 2014)이라는 제목의 책을 출간했다. 테오렐은 자신의 연구를 포함한 여러 연구 고찰에 기반하여 '스트레스와 음악', '음악 감상의 생리적 효과', '가창 중에 신체에서는 어떤 일이 일어나는가'와 '음악가의 건강'이라는 주제들을 다룬다. 최근 논문에서 테오렐(2018)은 음악이 어떻게 그 자체를 생물학적으로 바꾸는지, 또한 이에 대한 지식이 어떻게 음악치료뿐만 아니라 공중 보건 이니셔티브를 알리는 데 활용되는지를 설명한다.

진동음향적, 진동촉각적 치료

음악이 구체적으로 신체적 처치로서 활용되었던 영역 중 하나는 '진동음향' 형태의 치료이다. 음악은 환자가 앉거나 누워있는 의자, 매트리스나 침대에 내장된 스피커를 통해 재생된다. 따라서 환자는 음악이 만드는 진동을 직접적으로 경험한다. 이는 음악치료의 수용적 형태이며 그럼에도 불구하고 여전히 내담자-치료사 관계를 수반한다. 유럽에서는 노르웨이의 올라브 실레, 핀란드의 페트리 레히코이넨, 덴마크와 영국의 토니 위그램이 진동음향치료의 주요 선구자들이었다. 여러 진동음향, 진동촉각 장치들이 미국과 일본에서 개발되었다. 그러나 영국에서는 30~70Hz 사이의 박동이 있는 사인파형 저주파음을 이완시키는 음악과 적절히 결합하여 활용하는 것이 처치에 포함되었다(Lehikoinen, 1988, 1989; Skille, 1982a, 1982b, 1989a, 1989b, 1992; Skille & Wigram, 1995; Skille, Wigram & Weekes, 1989; Wigram, 1991a, 1992a, 1993, 1996b, 1997a, 1997b, 1997c, 1997d, 1997e 참조). 위그램과 딜레오(1997)는 진동음향 연구의 집합체이다.

　다년간의 실험과 처치 세션에 걸쳐 축적된 일화적인 결과는 통계적으로 유의하다기보다 유용하고 안내적인 것으로 볼 수 있다. 비록 수행된 연구들이 거의 반복 검증되지 않았을지라도, 2편의 박사학위 논문을 포함하여 진동음향학 연구에 대한 어느 정도의 객관적인 연구들이 있었다(Chesky, 1992; Wigram, 1996b). 그러나 이 '처치'에 대한 폭넓은 임상적 적용이 있었으며 다수의 결과가 긍정적이었다.

　취합된 보고들은 5가지의 주요 임상적/병리적 영역으로 분류된다.

- 통증 장애
- 근육 상태
- 폐의 장애

- 일반적인 신체적 병
- 심리적 장애

이러한 5가지 임상 영역 내에서 진동음향 처치에 대한 개관은 이 책의 초판에서 확인할 수 있다(Wigram, Pedersen & Bonde, 2002).

2013년 핀란드 이위베스퀼레에는 2명의 선구자인 실레와 레히코이넨의 이름을 따서 명명한 진동음향치료의 훈련, 처치와 연구를 위한 북유럽 센터인 '진동음향치료와 연구를 위한 실레-레히코이넨 센터VIBRAC'가 개설되었다. 센터의 연구자 중 2명이 진동음향치료의 발달과 현재의 상황에 대한 개관 논문을 출판했다(Punkanen & Ala-Ruona, 2012). 학술지 음악과 의학은 2017년에 진동음향학에 대한 특별호를 출판했다.

3.11 음악 의료와 음악치료

라르스 올레 본데

때로 '의료에서의 음악'이나 '음악의학'이라고도 불리는 음악 의료는 의료 전문가들이 환자의 상태나 의료 관리를 개선하기 위해서 사전 작곡된 음악이나 라이브 음악을 활용하는 것이다. 음악 의료는 여러 의료 상태와 절차들을 지향하는 신체의학 병원이나 정신의학 병원 내의 다양한 환경에서 예를 들어, 주사 중재나 전기경련치료ECT와 같은 처치를 강화하거나 촉진하고 재활을 돕는 데 채택된다. 음악은 의학적, 치의학적, 또는 응급의학적 처치 도중과 전후 환자의 신체적, 정신적 또는 정서적 상태에 영향을 미치는 데 활용된다 (Bruscia, 1998; Dileo, 1999; Schou, 2007). 음악은 사운드 체계, 보통의 또는 특별히 구성된 확성기, 헤드폰, '음악 베개'나 mp3 플레이어, 특별한 어플(앱)이나 스마트폰으로 구동되는 블루투스 기기를 통해서 재생된다. 환자들은 병동이나 개인 병실에서 음악을 들을 수 있다(Lund, Bonde & Bertelsen, 2016). 대개 이와 같은 절차에 수반되는 음악을 통해 정립되는 치료적 관계는 없다. 패러다임의 관점에서, 음악 의료는 인지행동 지향 중재 모델로 보일 수 있다.

음악 의료와 음악치료의 기본적인 차이는 음악 의료가 자극-반응 패러다임에 기반을 둔 반면, 후자는 관계적이며 항상 음악, 환자, 치료사라는 3요소를 포함한다는 것이다. 이와 같은 음악치료적 **관계**는 진단평가, 처치, 평가도 포함한다. 음악 의료는 간호사 또는 의료진 중 다른 구성원에 의해 가장 흔히 시행된다. 활용된 음악은 음악치료사에 의해 엄선되거나 개발될 수 있으나 이것이 가장 흔한 사례는 아니다. 대부분의 음악 의료 프로토콜은 의사, 간호사나 음악심리학자들에 의해 발달되었으며, 보통 음악은 의학이나 치료적 훈련을 받았을 수도 있고 아닐 수도 있는 음악가 또는 작곡가들에 의해 작곡된다. 음악치료에서의 음악 경험은 항상 대인관계적이고 상호 음악적인 치료적 관계에 내재되어 있다. 두 실제 간 차이는 그림 3.11.1에 설명된다.

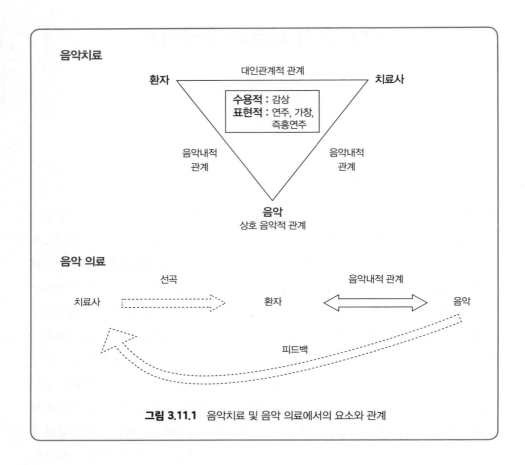

그림 3.11.1 음악치료 및 음악 의료에서의 요소와 관계

음악 의료는 북미의 병원 처치와 관리에 매우 잘 정립되었으나 다른 대륙에서는 아직 갈 길이 멀다. 완화 의료를 제외하고 음악치료는 전 세계적으로 신체의학 의료에는 훨씬 덜 포함된다. 그러나 2가지 실제 모두 효과적이라는 근거가 있다. 딜레오와 브래트(2005)는 183편의 통제 연구에 기반을 두어 11가지 의료 영역에서 2가지 실제의 치료적 효과를 조사했다. 연구자들의 결론은 1) 두 실제 모두 11영역 중 10영역에서 유의한 효과를 나타냈다는 것, 2) 대부분의 영역에서 음악치료 효과는 음악 의료 효과의 거의 2배였다는 것이다(Cohen의 *d*로 측정한 효과 크기). 음악 중재에 대한 최근의 '코크란 리뷰'(Bradt & Dileo, 2014)에 따르면, 2가지의 중재 유형을 비교하는 것이 불가능했기에 주된 결론은 음악 의료와 음악치료가 모두 효과적이며, 신체의학적 관리의 보완적 실제로 기능할 수 있다는 것이다. 동일한 결론은 16편의 코크란 리뷰와 음악치료 및 음악 의료 중재의 효과에 대한

통제 연구를 대상으로 한 5편의 다른 메타 리뷰를 포함하는 일본의 대규모 리뷰에서 확인할 수 있다(Kamioka et al., 2014, p. 727).

> 체계적 고찰에 대한 이 종합적 요약은 MT 처치가 조현병 또는 심각한 정신 장애에서의 보편적이고 사회적인 기능, 파킨슨병의 보행 및 관련 활동, 우울 증상과 수면의 질을 개선했음을 나타낸다. MT는 다른 질병의 개선에 잠재력을 가질 수 있으나 현재는 충분한 근거가 없다. 가장 중요한 것은 다른 어떤 연구에서도 역효과나 해로운 현상이 나타나지 않았다는 것이며, MT는 거의 모든 환자가 잘 견뎠다는 것이다.

이러한 인용에서 'MT'는 음악치료뿐만 아니라 음악 의료도 다루며, 아마도 신체의학 영역의 범위 내에서 그 효과를 별도로 연구하여 충분한 근거를 얻기까지는 수년이 걸릴 것이다. 브로와 동료들은 최근에 암 치료에서의 음악 중재(대부분의 사례가 음악 의료)에 대한 체계적 고찰과 메타 분석을 출판했다(Bro et al., 2017). 이들의 결론은 지금까지의 메타 리뷰에서 매우 전형적이다. "음악은 능동적 처치 중인 암 환자들의 불안, 통증을 완화하고 기분을 개선하는 도구가 될 수 있다. 그러나 이제까지 수행된 연구들의 방법론적 제한점이 확고한 결론을 막는다."

의료 분야에서 음악의 적용은 최근 들어 좀 더 명확해지고 정확해졌다. 2곳의 국제 단체가 있는데, 더 오래된 단체는 '국제 의료에서의 음악 협회ISMM'로 1982년에 창립되었으며, 주로 의료 임상가 외에 간호사, 심리학자, 음악치료사도 포함하고 있다. 좀 더 최근의 단체는 '국제 음악과 의학 협회IAMM'로 2008년에 창립되었으며, 2009년부터 간학문적 과학저널인 **음악과 의학**을 책임지고 있다. 편집인은 ISMM의 창립자이기도 한 독일의 선구자 랄프 슈핀트게와 뉴욕에 있는 마운트 시나이 베스 이스라엘 병원 음악치료 클리닉을 이끄는 조앤 로위이다.

음악치료는 다양한 방식으로 환자들의 의료적 처치와 관련될 수 있다(Dileo, 1999; Maranto, 1993).

- 의료적 처치의 지원으로서(예 : 신장 투석 중 음악 감상 활용)
- 의료적 처치와 동등한 파트너로서(예 : 호흡기 장애의 처치로 약물과 병행하는 가창 활용)
- 의료적 상태에 대한 주요 중재로서(예 : 통증을 직접적으로 억제하는 음악 감상 활용)

이러한 3가지 수준은 브루샤의 '실제의 수준'(3.1장)에 상응한다. 의료 분야 내에서 브루샤(2014a)는 불안과 통증 완화에 초점을 두는 단기의 지지적 중재인 '의료에서의 음악치료'와 보완적 수준에서 더 오랜 시간 동안 더 광범위한 목적으로 제공되는 총체적 처치인 '의료적 음악치료'를 구분한다.

의학적, 치의학적 임상가들은 예를 들어, 대기실의 배경 이완제로서 사전 녹음된 음악, 어떤 경우에는 특별히 작곡된 음악을 활용하나 이는 처치 과정에서의 구체적인 음악 활용과 명백히 구별되어야 한다. 이는 치료적 목적이 있을 수도 있고 없을 수도 있는 다양한 상황에서 녹음된 음악을 활용하는 것을 고려할 때 중요하다. 그뿐만 아니라, 이러한 방식으로 음악을 활용하는 기관이나 부서에서 의도했든 의도하지 않았든 이는 치료적 효과가 있을 수도 있고 없을 수도 있으며, 그들이 이를 인식할 수도 인식하지 못할 수도 있다.

외과의들(특히 미국의 외과의들)의 수술 중 수술실에 배경 음악이 있는 것은 상례가 되었다. 음악은 수술팀을 이완시키고 도움이 되는 분위기를 제공할 수 있으며, 마취된 환자를 위해 의도된 것은 아니다. 그러나 외과적 절차, 특히 환자가 의식이 있고 척추 마취 상태인 수술에서의 음악 활용에 대한 일부 연구가 있다(Spintge, 2012; Spintge & Droh, 1992). 슈핀트게는 환자를 고통스럽게 하는 괴로움, 불안과 통증을 완화하기 위해 의료적, 외과적 절차에서 '불안을 가라앉히는 음악' 활용을 기술한다. 심리학적 관점에서 슈핀트게의 연구는 특히 외과적 절차 이전 준비 단계에서 불안을 유의하게 감소시키고, 순응도를 개선하였다고 보고하였다. 생리적 측정을 통해 슈핀트게는 수술 중 특히 일반 마취가 아닌 다른 마취 양식의 절차에서 약물의 필요가 유의하게 감소되었다고 보고하였다.

슈핀트게는 자신이 '이완시키는 음악'으로 기술한 음악과 '불안을 가라앉히는 음악'으로 기술한 음악의 요소 간 차이를 정의하기 위해서, 자신이 활용했던 음악적 요소들을 살펴보았다. 불안을 완화시키는 효과가 있을 것으로 예측했던 음악을 적절히 선정하기 위해서, 슈핀트게는 이완시키는 음악과 구별되는 '불안을 가라앉히는 음악'의 몇 가지 구체적 변수들을 제안했다(표 3.11.1 참조).

3.10장에는 이완시키는 음악 대 자극시키는 음악에 대한 관련 비교가 있다. 그로케와 위그램(2007, p. 46)은 음악 요소들의 변화가 어떻게 이완시키고 진정시키는 효과 또는 움직임이나 심상을 자극하는 효과가 있는지에 대해 상세히 기술한다. 모든 음악적 변수, 즉 템포, 음량, 셈여림, 음색, 화성, 선율, 리듬과 형식은 변화할 수 있다. 만일 이러한 변수들이 안정적이고 반복적이며 예측 가능하다면 변수들은 자율신경계와 맥박, 호흡, 심박, 뇌

표 3.11.1 불안을 가라앉히는 음악과 비교한 이완시키는 음악의 음악적 변수

음악적 요소	이완시키는 음악	불안을 가라앉히는 음악
주파수	600~900 Hz	20~10,000 Hz
셈여림	셈여림에서의 적은 변화	셈여림에서의 적은 변화
선율	규칙적인, 지속적인	규칙적인, 지속적인
템포	분당 60~80비트	분당 50~70비트
리듬	일관적인 : 적은 대조	유동적인 : 대조 없음

파와 같은 생리적 과정에 영향을 미칠 것이다. 각성은 하향 조절될 수 있다. 그러나 환자의 개인적인 음악적 선호가 중요하다. 환자는 음악이 이용 가능하고 적절하다는 것을 알아야 한다. 예를 들어 만일 음악 양식이 익숙하지 않거나 매력적이지 않기 때문에 신체적 또는 심리적 불편을 조성한다면 음악은 이완시키는 효과를 지니지 못할 것이다. 이는 이완이나 각성의 하향 조절을 위해 만들어진 재생목록/앱에는 다양한 음악 양식이 포함되어야 함을 의미하며, 모든 선곡은 여전히 슈핀트게, 그로케와 위그램이 밝힌 요구들을 충족해야 한다(Lund, Bonde & Bertelsen, 2016).

음악 의료의 여러 예와 조사 연구들이 이 책의 초판에 제시되었다(Wigram et al., 2002, pp. 145~147). ISMM은 수많은 선도적 연구를 포함하는 음악과 의학이라는 제목으로 3편의 콘퍼런스 보고서를 출판했다(1992, 1996, 2000). 2009년부터 IAMM의 음악과 의학 저널은 종종 간학문적 팀에 의한 다수의 논문을 출판했다. 홈페이지에는 저널에서 다루는 다음의 주제들을 목록으로 제시한다.

무통과 음악 진정 – 뇌 음악 접근 – 암 치료 관리 : 능동적, 수용적 음악 접근 – 심장학과 리듬 – 건강과 질병에서의 임상 즉흥연주 – 치매, 뇌졸중과 음악 기억 – 환경적 ICU 음악 – 영아 자극 – 통합적 음악 의료 – 음악가의 의료적 상태와 처치 – 의료적 민족음악학 – 의료적 음악 심리치료 – 기분 장애와 음악심리 – 의료에서의 음악과 문화 – 음악 보건과 안녕감 – 전이의 음악 : NICU, 호스피스에서 말기돌봄 – 수술에서의 음악 : 수술 전과 수술 후 – 외상 반응과 부상에서의 음악 – 신경적 음악 접근 – 통증과 완화 의료적 음악 전략 – 심리사회적 음악 중재 – 호흡기의 음악 진행 : 천식, CF, COPD – 심신 의학에서의 노래, 소리와 공명 – 스트레스 반응과 음악 이완 – 의료에서의 진동과 토닝

신경과 전문의와 음악치료사(Schneck & Berger, 2006)는 음악적이고 신체적인 요소와 과정 간 유사성이라는 이론(동형성)을 고안했다. 예를 들어, 리듬은 시간에 따른 (음악적 또는 생리학적) 진행의 주기적 조직이다. 이러한 이론은 의료적 맥락에서 음악 중재의 효과를 설명하는 것을 도울 수 있다. 음악치료사와 의사(West & Ironson, 2008)는 음악이 건강과 안녕감에 미치는 효과에 대한 연구들의 고찰(변인과 설계)에 협력하였다. 이 논문의 특별한 점은 음악의 효과라는 문제를 더 크고 문화적인 맥락에서 본다는 것이다. 음악 의료는 치유의 동인으로서 음악의 보편적인 잠재력에 대한 중립적인 개념이 아니다. 특정한 문화 및 음악과 건강에 대한 이해는 항상 중요한 역할을 수행한다.

　　간호사 울리카 닐손은 스웨덴 음악 의료 연구의 선구자이며, 다양한 의료적 절차에 적용된 음악 감상의 이완 효과를 기록하는 수많은 통제 연구들을 출판했다(개관에 대해서는 Nilsson, 2008 참조). 덴마크에서 작곡가 닐스 아이에는 생리학자 라르스 헤슬레트와 병원을 위한 구체적인 음악 개념, 뮤지큐어MusiCure를 만들기 위해 함께 일했다. 이는 본래 수술 후 환자들을 위한 회복실에 유익한 소리 환경을 만드는 것이 목적이었다(Schou, 2007; Thorgaard et al., 2005). 그러나 뮤지큐어는 다수의 다른 맥락, 예를 들어 퇴역군인과 정신건강 문제가 있는 환자들의 수면 지원과 이완에 효과적인 것으로 기록되었다. 뮤지큐어의 표본은 이완 연구에서 다른 이들, 예를 들어 심장 수술 환자를 위한 카린 쇼우의 음악으로 안내된 이완GRM 연구에서도 재생목록으로 활용되었다(Schou, 2007, 2008; 이 책의 4.5.2장 참조). 쇼우는 참여자들이 4가지 양식 중에서 하나를 선택하도록 제안했으며, 그 경향은 분명했다. 1) 이지 리스닝(60%), 2) 클래식 음악(25%), 3) 뮤지큐어(13%), 4) 재즈(2%). 룬드, 본데와 베르텔센(2016)은 정신의학과 입원환자들이 진정과 이완을 도울 수 있는 음악을 찾도록 설계된 특별한 앱 '뮤직 스타'의 개발에 대해 보고한다. 뮤지큐어는 다양한 양식의 재생목록 시리즈에 포함되며 모든 곡은 2.5.3장에 제시된 지지적인 음악의 분류 체계에 따라 만들어졌다.

　　특별히 개발된 재생목록의 활용은 1) 환자 자신의 음악이나 선호하는 음악과, 2) 전문가가 엄선하거나 (뮤지큐어와 같이) 특별히 작곡된 음악에 대한 대안으로 음악 의료에서 매우 새로운 경향이다. 쇼트와 아헌(2008)은 호주의 병원에 있는 응급의학과 환자들을 대상으로 (뮤지큐어를 포함하는) 재생목록의 활용을 기술하였다. 이들은 분류 체계에 대한 전문적 지식과 음악적 변수의 복잡한 상호작용뿐만 아니라 개인적 선호에 기반하여 환자들에게 정보에 입각한 선택권을 주기 위해 재생목록의 활용에 대한 전문적, 윤리적 논쟁을 제시한다.

음악 의료에서는 실제와 역량을 명확히 할 필요가 있다. 여러 연구가 음악 의료와 음악치료 간 차이를 구별하지 않았고, 이것이 부적절한 혼란을 만들 수 있기 때문이다(Bonde & Robinson, 2017; Gold et al., 2011). 의료진, 음악치료사, 음악가 등 여러 대리인이 병원에서 음악을 활용하며 모두가 중요한 기여를 하고 있다. 딜레오(2013)는 음악치료, 음악의료, 공연 예술 의료 등 자신이 앞서 3가지 범주로 분류한 음악 의료 내의 실제를 규명하는 모델을 제안했다(Dileo, 1999). 딜레오는 음악과 의학(2009~2013)에 실린 논문들의 내용 분석에 기반을 두어 음악과 의료의 접점이 특징인 4가지 범주로 개정된 분류를 제안했다.

1. 음악가들의 처치(a. 의료진에 의한, b. 음악치료사에 의한)
2. 의료 및 보건 교육에서의 음악(a. 의료 인문학에서, b. 의료 교육에서, c. 보건 교육에서)
3. 의료 환자와 스태프들을 위한 음악 실제
    3a. 음악가에 의한(a1. 환경적 음악 실제, a2. 기분 전환이 되는 음악 실제)
    3b. 의료진에 의한(b1. 음악 의료, b2. 환자들을 위한 음악 공연, b3. 의료적 절차 중 개인적 활용)
    3c. 음악치료사에 의한, 의료 환자들과 함께 하는 음악치료
4. 기초 연구(예 : 음악 신경과학, 음악에 대한 생리적 반응)

딜레오는 앞으로 실제가 더 발전되고, 이 분야의 연구와 실제의 성장을 반영하는 새로운 범주들이 필요할 것으로 기대한다.

요약

신체의학적 병원 외에 정신의학적 병원에서의 음악 중재에 대한 인정과 이행이 국제적으로 증가하고 있다. 이는 여러 다양한 의료적 맥락에서 음악 감상의 효과를 기록하는 수많은 연구에 기반을 두는 것이다. 불안과 통증을 완화하는 음악 중재에 초점이 두어졌으며, 음악은 병원에 입원한 환자들의 다른 유익한 생리적 또는 심리적 효과를 유발하기 위해서도 체계적으로 활용될 수 있다. 병원에서 음악치료가 이행될 때 특별한 요구가 있는 환자들이나 보기 드물게 높은 수준의 불안이나 각성이 있는 환자들에게 특별한, 개별화된 시행 처치도 가능하다. 이는 일부 메타 분석에서 음악치료가 음악 의료보다 더 큰 효과를 가지는 이유에 대한 설명이 될 수 있다(Dileo & Bradt, 2005).

음악 의료에서 연구는 구체적 변인에 초점을 두었으며, 우세한 설계는 실험적이고 보통 무작위 통제 시험이었다. 근거는 체계적이고 통제된 데이터 수집 및 객관적 분석에 기반하며, 흔히 고급 통계 절차를 수반한다. 기본적으로 음악치료와 음악 의료는 각기 다른 패러다임에 속해있으나 간학문적 협력이 주류를 이루었다. 음악치료사들은 재생목록과 음악 감상 절차들을 개발하고 병원, 일상의 일과에서 스태프들이 이를 활용하여 특별한 요구를 지닌 병원 환자들에게 개별적으로 작업할 수 있도록 훈련한다. 또한 환경milieu치료사로서 이들은 소리, 음악, 눈물과 웃음으로 병원의 전 영역을 채울 수 있다.

3.12 음악과 치유

라르스 올레 본데

음악은 문명화가 시작된 이래 치유 목적으로 활용되어 왔다. 고전적인 그리스 음악철학 (1.1장 참조)부터 소리 진동이나 음악 치유에 기반을 둔 여러 최신의 치유 실제에 이르기까지 직접적인 계통이 있다. 음악 치유와 음악치료 간 결정적인 차이는 존재론적인 것이다. 이는 다음의 질문에 답할 때 명백해진다. 음악의 치유력은 어디에서 오는가? (치유) 변화를 증진하는 것은 무엇인가?

이 책의 앞 절에서 기술했던 음악치료의 다양한 모델과 방법에 있어서, 치료적 변화는 역동적 3요소, 내담자–치료사–음악(경험)에 의해 증진된다. 치유 실제에서 변화하는 동인은 '음악에서 에너지의 보편적인 형태와, 그 요소들인 소리와 진동'이다(Bruscia, 2014a, p. 226). 같은 이유로 음악 치유는 보통 종교나 자연 숭배를 배경으로 하는 영적 실천이나 의례, 절차에 대한 경향과 연계된다. 기본적인 아이디어는 우주의 모든 것이 진동이라는 것이다. 어떤 진동은 신체에서 느낄 수 있고, 어떤 진동은 보거나 들을 수 있는 반면, 다른 진동은 확장된 의식 상태에서만 지각될 수 있다. 살아있는 신체의 진동은 조화로운 균형을 이루거나 벗어날 수 있으며, 저해된 인간의 내적 균형(또는 개인과 우주 간의 균형)이 소리 및 음악으로 복원될 수 있다.

브루샤는 (음악이 중요한 역할을 수행할 때, 음악치료의 한 형태로 간주되는) **소리 치유**와 **음악 치유**를 구분한다. 브루샤는 다음과 같이 서술한다.

> **소리 치유**는 음악이나 음악 요소(예 : 리듬, 선율, 화음)와 결합한 진동의 주파수나 소리 형태를 활용하여 치유를 증진하는 것이다. 음악 없이 소리만 활용하는 것을 **소리 진동 치유**라고 하는 반면, **음악 소리 치유**는 음악 경험과 음악에 내재된 보편적인 에너지 형태를 활용하여 신체, 마음, 정신을 치유하는 것이다(Bruscia, 2014a, p. 564).

다시 말해서, 그 차이는 음악의 심미적 차원에 대한 이해와 대인관계적 의사소통의 수단

으로서 음악의 문제이다. 한편으로는 진동음향치료와 진동촉각치료 같은 생리적 방법
(3.10장)과 소리 치유, 다른 한편으로는 자기 계발과 영적인 목적을 위한 음악 치유와 심
상음악치료 같은 음악치료를 명확히 구별하기가 어렵다는 것은 명백하다(3.2장과 4.7장).
이 전통의 공통분모는 음악이 치료로서, 또는 치유의 동인으로서 활용된다는 것이다. 차
이는 주로 인간과 음악에 대한 이해, 치료적 관계(내담자-치료사-음악)의 잠재력에 대한
이해, 그리고 무엇보다 음악 경험의 치유 잠재력에 대한 이해에 있다. 개별 내담자(자기
치유의 잠재력)의 작업과 치료적 관계에 대한 것이든 보편적, 집단적 작업이든 아마도 신
성한 힘은 외적으로 치료를 향할 것이다.

　진동, 소리와 음악 치유 내에는 여러 다양한 절차, 변형, 기법이 있다(Campbell, 1991,
1997; Gardner-Gordon, 1993; Halpern, 1985; Hamel, 1979; McClellan, 1988 참조;
Bruscia, 2014a에 제시된 개관 참조). 우리는 국제적으로 흔한 몇 가지 실제만을 언급할 것
이다(Bruscia, 1998, 20장 이후). 음악 치유 이론과 실제에 대한 비평적 논의는 '뉴에이지'
문헌에서 찾을 수 있다. 서머(1996)를 참조하라.

소리 치유 내의 절차

신체와 목소리 작업

이 절차들은 신체, 마음과 정신의 한계를 없애려는 목적으로 하는 과정에서 개별 내담자
의 목소리를 자유롭게 설정하는 호흡, 신체와 목소리 연습, 기법들의 활용을 포함한다.
예 : 로이 하트 극단의 음성 축조 원리(Storm, 2007, 2013)와 영국의 치료사 폴 뉴엄의 '치
료적 목소리 작업'(Newham, 1993, 1998).

사운드 볼, 공gong과 배음

이 개념은 목소리의 활용과 고대 동양의 '악기', 그 기본음, 진동 및 감상자의 공명과 균형
감을 증진하는 배음의 풍성한 스펙트럼들을 다룬다. 고대의 악기들은 보통 명상, 그레고
리안 성가, 배음 챈트하기와 결합되어 활용된다. 예 : 마이클 베터, 데이비드 히키스와 화
음 합창단, 이고르 레즈니코프(Moreno, 1988 참조).

토닝

이는 내담자 또는 치료사의 목소리가 생성하는 소리와 음의 의식적 지속을 활용하는 기법

으로 내부를, 신체를 또는 외부를 지향한다. 이는 예를 들어, 가사나 선율이 없이 다른 목소리, 협화음, 리듬이나 입 모양을 활용하여 구체적인 음을 찾고 지속하며 탐색하는 것에 대한 문제일 수도 있다. 목적은 내담자가 자신의 고유한 '개인적인 음'이나 '기본음', 신체 조직에서의 세포 변화, 통증 완화 또는 에너지 센터나 차크라의 활성화를 찾는 것일 수 있다. 집단 작업에서 토닝은 집단의 역동과 에너지의 조율을 이루는 강력한 기법이 될 수 있다(Gardner-Gordon, 1993; Garfield, 1987; Myskja, 1999 참조).

일현금의 활용 또는 다른 고대의 치유 절차

1.1장에서 일현금은 피타고라스의 실험에 활용된 악기로 기술되었다. 오늘날 일현금은 8도와 5도로 현을 조율하고, 침대나 의자 모양 또는 내담자의 신체(가슴이나 등)에 직접적으로 놓일 수 있는 모바일 장치('신체 탐부라'[5])로 음체sound bodies 위에 장착하는 다양한 버전으로 활용된다. (목소리 즉흥연주가 수반될 수 있는) 소리는 귀 외에 신체로도 경험된다. 이러한 소리 마사지의 효과는 다양한 임상적 맥락에서 과학적으로 연구되었다(Teut et al., 2014; Tucek, 2005, 2007).

크로우와 스코블(1996, 음악치료 관점의 특별호에서)은 소리 치유의 분야를 6영역으로 나누었다.

- 자기 생성적 소리(토닝, 배음 챈트, 차크라 소리)
- 신체로 소리 투사(사이메틱 치료, 레이디오닉스, 소리굽쇠)
- 신체를 소리 내기('사이렌 기법', 배음의 투사, 공명적 신체운동학, 생음향학 체계, 저주파 소리)
- 감상 테크놀로지(청각과 소리 지각의 개선을 위해, 예 : 토마티스 모델)
- 치유 작곡(치유곡, 연주곡과 특별한 민속음악), '치료적 목소리 작업'(Newham), 피타고라스 조율 음악, '드럼 연주하기'(Flatischler, 1992; Hart, 1990), '동조화'(Clayton, Sager & Will, 2005; Rider, 1997; Saperston, 1995), 헤미싱크HemiSync, 싱잉볼singing bowls과 공gong 같은 특별한 악기, 특별히 작곡된 치유 음악(예 : Halpern, Kay Gardner)

---

5 인도의 민속악기로 4현을 튕겨 연주하는 발현악기이다(역자 주).

- 소리 환경/진동촉각 기기['환경 음악', '소리 환경', 소마트론, 여러 유형의 진동촉각 설비(Chesky & Michel, 1991; Standley, 1991; Wigram & Dileo, 1997)]

크로우와 스코블은 음악치료와 소리 치유가 소리와 음악으로 모든 형식의 치유를 다루는 연속선의 두 극단으로 간주됨을 시사했다.

음악 치유 내의 기법

음악 의례

음악 의례의 활용은 보통 기존의 (종교적, 사회적, 문화적) 커뮤니티에 속하며, 치유 목적을 위해 특별히 설계된다. 의례(들)는 이미 존재할 수 있으나 구체적인 집단 목적을 위해 만들어지고 발전될 수 있다(Kenny, 1982).

주술적 음악 여행

이러한 고대의 치유 전통은 모든 대륙의 외딴 지역에서 존속되었으며 현대 서구 문화에서 살아가는 사람들의 요구와 문제를 충족하기 위해 수정된 동시대적 부활을 보였다(Harner, 1990). 주술사('음악치료사')는 북과 방울, 노래와 찬송을 활용하여 자신과 내담자를 확장된 의식 상태로 이끌어 치유의 힘과 영spirit에 접근할 수 있게 한다. 무속신앙과 음악치료 간 관계는 여러 음악치료사에 의해 연구되었다(Cissoko, 1995; Gattino, 2008; Kenny, 1982; Kovach, 1985). 여러 음악치료사가 고대 문화에서 치유를 위한 음악의 활용에 대한 견고한 인류학적 지식을 가지고 있으며, 특히 서구 사회에서 생활이 빈곤한 현대의 인간을 위한 의례의 잠재력을 알고 있다. 무속신앙과 의례의 잠재력에 대한 이러한 지식은 음악치료사가 연주와 상호작용의 치료적 장을 조성하고 발전시킬 때 의식적으로 활용된다(Aigen, 2014; Kenny, 1982, 1989, 2006; Moreno, 1988; Winn, Crowe & Moreno, 1989).

확장된 의식 상태

무속신앙뿐만 아니라 심상음악치료(3.2장)에서 확장된 의식 상태ASC는 중요한 역할을 수행한다. 소리와 음악은 ASC를 촉진하고 증진하며 강화하고 심화할 수 있다. 또한 이는 (음악이 있거나 없는) 명상적 상태와 과정으로도 잘 알려져 있다. 음악이 지지하는 ASC의 치유와 변용의 잠재력은 고대 때부터 비서구권의 건강철학에서 인정되었으나, 최근에 서구의 보건 의료에서만 (어느 정도) 수용되었다(Brummel-Smith, 2008). 얼드리지와 파흐너

(2006)는 음악치료와 다른 유형의 음악 치유에서 음악과 ASC의 활용을 기술하고 설명하는 장이 있는 비교문화적 서적을 편저했다.

음악과 자기 계발에 대한 다수의 책은 특별히 동양의 음악 치유 전통에 기반을 두거나 이를 언급하고 있으며, 보통 차크라 체계(인간의 신체와 마음을 통합하는 진동 체계)는 다양한 유형의 음악과 운동의 분류 기반으로 활용된다(Gardner-Gordon, 1993; Hamel, 1979; Perrett, 1999). 또한 음악과 소리의 변용시키는 잠재력에 대한 이해에 있어 서구의 영적인 영향력을 찾을 수 있다(Pontvik, 1996; Steiner, 1983; Tame, 1984).

음악 치유와 음악치료

여러 음악치료학자가 소리 또는 음악 치유와 음악치료 간 관계에 대해 논의했다(Aigen, 2014; Bruscia, 2014a; Kenny, 1982, 2006; Stige, 2002; Summer, 1996). 서머(1996)는 '뉴에이지' 문화와 음악의 치유력에 대한 낭만적이고 비과학적인 아이디어들에 대한 초기 비평가였다. 서머는 다음과 같이 서술한다.

> 뉴에이지 음악 치유자로 가장 잘 기술되는 이러한 임상가들은 명확성과 논리가 결여된 철학을 만들었다. 이는 신화와 전설에서 벗어나 과학이 어떻게 진보하는지를 패러디하여 '사실'로 변환되었다. 뉴에이지 음악 치유에 대한 기반과 공리는 그 분야의 임상가들이 어쩌면 부지불식간에 사실로 믿고 동의한 소망과 환상에 기반하고 있다. 이러한 동의는 치유자들의 명백한 선의에 의해 보호된다(Summer, 1996, p. 7).

덴마크의 음악민족학자 린드(2008)는 레이키Reiki 치유에서 음악의 역할을 포함하여, 코펜하겐의 치유 환경을 연구했다. 이러한 유형의 연구는 **의료적 민족음악학**이라고 불리는 '교차 학문적' 연구 분야에 속한다(Koen et al., 2008). 이제부터 좀 더 상세히 기술되는 이 분야의 의식, 음악과 의료 간 관계는 그 복잡한 문화적 맥락에서 연구된다. 문화적으로 민감한 접근뿐만 아니라 비판적인 접근도 필요하다. 한편으로 고대의 단일문화적이나 다문화적인 마법적이고 신비한 전통에 뿌리를 둔 음악 치유는 현대의 과학적이고, 근거에 기반을 둔 음악치료와 기본적으로 다르다는 것이 명백하다. 반면에 비서구권 문화의 음악치료사들은 자신의 국가적 또는 지역적 맥락에서 치유 문화와 관련을 맺고 대응해야 하며, 서구 세계의 음악치료사들은 난민과 이민자(4.6.1장 참조) 같은 비서구권 문화에서 온 내담자나 환자들과 작업할 때 음악, 치료, 건강의 상호작용에 관한 다른 패러다임에 대응해야만 한다. 고대의 치유 문화에서 비롯되고 이와 관련이 있는 일부 개념, 예를 들어 여기에 기술된 '의례', '리미널리티'와 '커뮤니타스'는 현대의 음악치료 이론 및 실제와도 관련이 있다.

음악치료 학술지 **목소리들**은 2012년까지 모든 대륙의 음악치료사들이 특정한 국가에서 자신이 발전시켰던 전통을 기술하는 "이달의 국가"라는 논문 연작을 출판했다. 이 논문에서는 아프리카 국가들뿐만 아니라 동양의 음악치료도 전통적인 음악 치유 실제와 가정을 마땅히 연관시키고 이에 대응한다는 — 그리고 어쩌면 통합할 수 있다는 — 것이 명확해졌다. 몽골(Chamberlain, 2009)과 나이지리아(Olayinka, 2012)의 보고가 좋은 예이다.

조셉 모레노(1988, 1999)는 **음악 사이코드라마**의 창시자로 음악치료 실제에 대한 영감의 살아있는 원천이자 관련이 있는 근원으로서 치유 문화에 주목하며, 음악 치유를 구체적인 교차 학문적 분야로 옹호한다. 캐럴린 케니(2006)는 전통 문화의 (어떤 정도로 변용시키는) 신화와 의례를 포함하는 학문에 대한 이론적 이해를 발달시킨 아마도 최초의 음악치료학자일 것이다. 에이건(2014)은 당대의 음악치료와 전통적인 음악 치유의 형식 간 관계에 대한 종합적 논의를 제시하고, 현대의 실제에서 공통 특성과 이를 인정하는 잠재력을 지적한다.

케니(1982, 2006)는 매우 일찍 **의례**ritual로서 음악치료라는 아이디어를 발전시켰다. 의례가 희박해진 서구권의 문화에서 음악치료 세션이 (예 : 특정한 노래가 있는) 표준화된 시작과 마침같이 뚜렷한 의례적 요소를 가지는 것이나 의례 또는 전례liturgy의 단계와 거의 비슷하게 뚜렷한 이행이 있다는 것은 다수의 내담자에게 유용하다. 케니가 말한 것처럼 많은 내담자가 변화에 저항하는데 이는 심리치료에서 가장 큰 문제 중 하나이다. 내담자가 과정에 내맡기고, 원래 위로가 되었지만 더 이상 적절하지 않은 오래된 애착이나 의사소통의 패턴을 떠나보내는 것은 어려우나 꼭 필요한 일이다. 이와 같은 과정은 거의 **죽음-재탄생** 의례이다. 음악치료에서 또 다른 공통적인 의례 요소는 **영웅의 여정**이다. 한 세션[예를 들어 이 특정한 의례 경험을 촉진하기 위해 설계된 음악 프로그램으로 하는 GIM 세션(3.2장)]이나 전체 치료 과정은 내담자가 의례 변용으로 경험할 수 있다. **변용**transformation이라는 개념은 치유 및 치료에서 관련된 과정의 중립 분모로서 실제로 활용될 수 있다.

리미널리티liminality는 전이와 변용의 과정을 기술하고 설명하기 위해 사용되는 또 다른 공통 개념이다. 전이 의례에서 주인공은 존재의 상태나 의식의 상태 간 중간의 단계에서 많은 시간을 보낸다(Ruud, 1998). 이는 주인공이 낡고 안전한 패턴들이 녹아있는 이러한 강렬한 리미널 상태를 견딜 수 있는 변화의 조건이며 보통 다른 사람, 예를 들어 또래 집단의 구성원이나 치료사와 이러한 경험을 공유하는 것이 매우 유용하다.

루드(1998)는 인류학자 빅터 터너의 **커뮤니타스**communitas라는 개념을 커뮤니티와 소속의 강렬한 경험을 특징짓는 관련 용어로 지칭한다. 이는 (전이) 의례의 핵심이며, 음악에 의해 촉진되거나 부연될 수 있다. 이 개념은 특히 커뮤니티 음악치료에서의 집단 음악치료 과정을 기술하는 데에도 활용된다(3.7장 참조).

에이건(2014)은 음악치료와 음악 치유가 반드시 양극단은 아니라고 결론짓는다. 그러나 치료사가 전통을 통합하는 것은 매우 부담이 크다.

> 음악치료에서 신화와 의례의 힘에 접근할 수 있고 이것이 리미널리티와 커뮤니타스를 정립하는 데 활용될 수 있다는 것을 수용하는 것은 무속신앙에서와 같이 좀 더 원시적인 음악 활용과의 연계를 제공한다. 이러한 방식이 현대의 세계관 포기를 요구하지는 않는다(Aigen, 2014, p. 144).

의료적 민족음악학(Berman, 2015; Koen et al., 2008)은 신경과학, 역사적이고 체계적인 음악학, 민족음악학, 음악심리학과 치료 분야 내에서 연구자들과 임상가들에 의해 발달된 새로운 교차 학문적 학문이다. 민속음악학자들(예 : Blacking, 1973)은 비서구 문화에서 음악이 어떻게 독립적인 심미적 현상이 아니라 사회적 교환, 종교적 의식, 치유를 포함하는 더 큰 문화적 복합체의 요소였는지 오랫동안 기술하고 설명했다.

> 거의 한 세기에 걸친 음악과 치유에 대한 민족음악학 연구는 전문화된 음악의 문화적으로 다양한 실제가 치료를 위한 도구로서 어떻게 기능하는지뿐만 아니라, 사람을 질환이나 질병에서 건강과 항상성으로 변환하는 방식인 치유나 회복의 수단으로서 음악이 가장 흔히 실천되었음을 나타낸다. 이러한 전문화된 음악은 거의 항상 영적이거나 종교적인 존재론과, 의례 또는 의식의 실제에서 발현된다(Koen et al., 2008, p. 6).

반투어 '**옹고마**ngoma'는 (윌버가 '**홀론**'이라고 부른) 더 큰 전체의 통합된 부분으로서 음악하기의 좋은 예이다. 드럼 연주하기, 춤추기, 노래와 악기 연주는 **커뮤니타스**나 생리적, 심리적 치유의 무대를 만든다. 스와힐리어 '**쿠체자**kucheza'는 기본적 의미가 이와 동일하다.

음악 치유가 신의 선물이나 초자연적인 힘과 관련된 과정으로 이해되는 존재론적 문제는 의료적 민족음악학에서 철저히 논의된다. 음악 치유가 어떻게 작동하는지를 이해하기 위해서 과학적, 의료적, 사회적, 인본적 관점이 활용된다. 양자물리학은 음악 실제를 더 넓은 의미에서 공명의 현상으로 이해하기 위해 활용될 수 있다(제1부 참조). 플라세보(와 노세보) 효과에 대한 의료적, 인본주의적 이론은 음악 치유 이론의 정신적-사회적-문화적 기반으로 작용할 수 있다.

　　로즈먼(2008)은 2가지의 안내적인 연구 문제를 도출한다. 1) (의례적으로 적용되는 다른 감각 자극과 결합된) 음악이 질환에서 건강으로 변용을 일으킬 수 있는가? 2) 관련된 사람이 어떻게 이와 같은 변용을 경험하며 문화적, 민속학적, 생의학적 패러다임 내에서 이는 어떻게 이해될 수 있는가? 로즈먼은 인도네시아 열대우림의 테미아족으로부터 음악 치유의 모범적 사례를 제시한다. 한 남성은 자신의 죽은 형제를 애도하는 것과 관련하여 자신의 목소리를 잃고 심각한 호흡 문제를 치료받는다. 로즈먼은 그 사례를 기술하고 이해하기 위해 4가지 관점을 포함하는 연구 절차를 제안한다. 즉 음악적(음악적 진동과 구조에 초점을 둠), 사회문화적(문화에서의 의례의 의미에 초점을 둠), 수행적(치유 의례의 육체적-신체적 배치와 수행에 초점을 둠), 마지막으로 생의학적(실제적이고 측정 가능한 생리학적 변용 효과에 초점을 둠) 절차이다. 다학문적 대화가 보장되는 당대 (서구의) 음악치료에서 유사한 관점이 채택될 수 있다.

3.13 보건 음악하기 ― 음악과 건강 : 마지막 논의

라르스 올레 본데

음악 치료 이론과 모델은 루드(1980)가 일찍이 언급했던 것과 같이 심리학 이론 및 패러다임의 발달과 밀접한 관련이 있다. 심리학에서 행동주의의 '물결'은 근대 음악치료의 첫 번째 임상 모델의 이론적 기반이었으며(Madsen, Cotter & Madsen, 1966), 이 전통은 '음악 효과'의 신경과학적 근거에 크게 의존하는 현대의 인지행동적 모델로 발달되었다(Hallam, 2015; Schneck & Berger, 2006; Thaut, 2010; 이 책의 3.6장 참조). 정신분석은 20세기 초반부터 '대화치료'의 일환으로 음악과 음악 경험을 탐구하는 전통(Bonde, 2009; Naas, 1971)을 가졌으며, 융학파의 분석적 심리학이라는 전통도 음악 및 음악치료와 어느 정도 관련성을 지녔다(Lawes, 2017; Marshman, 2003; Short, Gibb & Holmes, 2011; Ward, 2002; Wärja, 1994).

그러나 음악치료의 분석적 전통은 특히 공헌자인 메리 프리슬리와 더불어 매우 늦게 (1970년대) 발달되었다. 정신역동적 사고와 매우 밀접한 관련이 있는 선구자로서 베넨손을 드는 것도 가능하다. 프리슬리의 분석적 음악치료는 지난 35년 동안 느리게 발현되어, 변화의 주요 동인으로서 치료적 관계에 초점을 두고 좀 더 절충적인 역동적 전통으로 발달하였다. 이는 '분석 지향 음악치료'라는 명칭에 반영된다(3.3장 참조). 앨빈의 자유 즉흥 연주 치료(3.8장)도 분석적 사고의 영향을 받았다.

심리학의 제3의, 인본주의적, 실존주의적 물결은 노도프 로빈스 음악치료와 보니 방법의 심상음악치료GIM에 모두 반영되며 후자는 제4의, 초월적 물결(3.2장, 3.4장 참조)의 영향도 받는다. GIM은 (보통 윌버의 '통합적' 개념을 활용하여 지칭하는) 통합적 기반을 향해 진화한 반면, 노도프－로빈스 전통은 가장 최신의 '모델'인 커뮤니티 음악치료CMT에도 강하게 영향을 미쳤다. 긍정심리학, 회복 이론과 새로운 음악학이 CMT에 미치는 영향은 명백하다(3.7장 참조).

　　다시 말해서 여기에 제시된 모든 국제적인 음악치료 모델은 학문적 심리학의 발달('물결')과 어느 정도 관련이 있다. 이는 모두 21세기 사람들의 건강에 대한 요구를 충족하기 위해 여전히 존속되며 발전하고 있다. 그러나 이 모든 모델과 여러 다른 모델도 마찬가지로 음악치료는 훨씬 광범위한 분야인 '음악과 보건' 내에서 특별한 전통과 절차로 간주될 수 있다(Bonde, 2011a; DeNora, 2007; Stige, 2003, 2012).

이론적 체제 : 보건 음악하기

　　'음악과 보건'이라는 분야는 일상생활에서 음악의 비전문적인 치료적 활용에서부터 (DeNora, 2000) 앞서 제시된 음악 의료와 음악치료의 고도로 전문화된 절차에 이르기까지 광범위한 스펙트럼의 활동과 경험을 다룬다. 본데(2011a)는 특히 스티게가 이론적으로 개발한 **보건 음악하기**health musicking라는 개념에 영감을 받아 이 분야의 '지도'를 개발했다(Stige, 2002, 2003, 2012; Stige & Aarø, 2012). 스티게는 스몰의 **음악하기**musicking라는 개념("연주, 감상, 리허설, 또는 작곡과 같은 음악 수행을 포함하거나 이와 관련된 어떤 활동")에 영감을 받았고(Small, 1998, p. 9), 스티게는 보건 음악하기를 "음악 실천의 무대, 의제, 동인, 활동과 산물이라는 보건 행동 지원성의 평가와 전유"로 정의했다(2012, p. 192).

　　바트라브덴, 트뤼탈과 데노라(2007)에 따르면 보건 음악하기는 회복탄력성, 대처와 회복에 기여하고 증진하는 반면, 본데(2011a)는 이를 4가지의 주요 목표와 관련짓는다. 즉 1) 정체성의 형성과 발달, 2) 커뮤니티와 가치의 발달, 3) 개인을 지지하고 돕기 위한 음악과 소리의 비전문적 활용과 전문적 활용, 4) 음악적으로 설계된 환경의 공유와 생성이다. 이는 켄 윌버(2.4.2장 참조)에게 영감을 받은 사분면 모델에 반영되어 있다. 여기에서는 다양한 장소, 의제, 동인, 활동과 산물들이 4가지 목표와 관련된다(그림 3.13.1).

　　본데(2011a)는 각 사분면 내의 몇 가지 경험적 예들을 제시한다. 사례 연구 외에도 무작위 통제 시험을 포함하는 임상적 음악치료의 구체적 분야에 속하지 않는 기존의 근거 대부분은 합창 가창이라는 건강의 유익을 다룬다(Koelsch, 2013, 2015; Theorell, 2014). 클리프트와 핸콕스(2010)는 이러한 유익을 설명하는 4가지의 구체적 요인을 밝혔다. 즉 1) 긍정적인 정서의 경험, 2) 초점화된 주의, 3) 심호흡, 4) 사회적 지지이다. 발스네스 (2018)는 합창 가창에 대한 최근 연구들을 건강 증진으로 요약한다. 더 광범위한 역학 연구들은 문화적 활동 참여와 건강 간 연관성에 대한 좀 더 일반적인 통찰을 제공한다

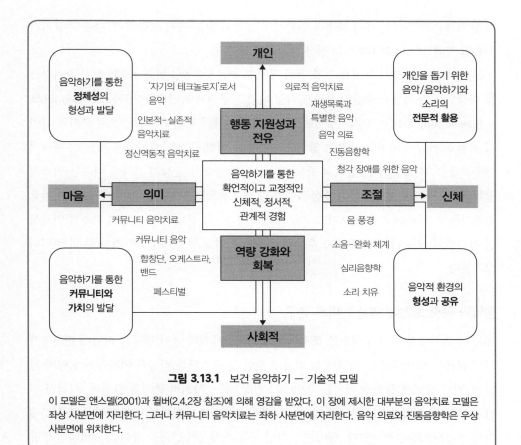

그림 3.13.1 보건 음악하기 — 기술적 모델

이 모델은 앤스델(2001)과 월버(2.4.2장 참조)에 의해 영감을 받았다. 이 장에 제시한 대부분의 음악치료 모델은 좌상 사분면에 자리한다. 그러나 커뮤니티 음악치료는 좌하 사분면에 자리한다. 음악 의료와 진동음향학은 우상 사분면에 위치한다.

(Theorell & Kreutz, 2012). 예를 들어, 콘란(2001)은 스웨덴에서 코호트 연구ULF를 수행했다. 여기에서는 문화적 활동 참여와 관련하여 25~74세의 남성과 여성 10,609명이 자신의 건강에 관해 인터뷰를 수행했다. 생존과 관련하여 참여자들은 14년(1982~1996) 동안 추적되었다. 연구자들은 영화관, 콘서트, 박물관이나 미술 전시에 더 자주 방문했던 응답자들과 비교하여 전혀 방문하지 않거나 거의 방문하지 않았던 응답자들의 사망 위험이 더 높다는 것을 발견했다. 정기적인 콘서트 방문은 그 자체로 유의하게 생존을 예측했으나, 정기적인 음악 만들기의 장점은 없었다. 50,000명 이상의 응답자를 대상으로 한 노르웨이의 HUNT 연구에서도 유사한 패턴이 관찰되었다(Cuypers et al., 2012; Løkken et al., 2018). 여러 수용적, 창의적 문화 활동과 자기 평정식 건강, 우울, 불안, 삶의 만족 사이에

서 통계적으로 유의한 젠더 특정적 연관성이 발견되었다. 다시 말하지만, 능동적 참여가 수용적 경험보다 더 유익하다는 점은 발견되지 않았다.

문화적 참여와 자기 보고식 건강 간의 긍정적 연관성은 6년 넘게 4차례 성인 참여자들을 대상으로 한 격년의 종단적 폴란드 가구 패널 연구에서 확인되었다(Węziak-Białowolska & Białowolski, 2016). 그러나 정적이고 **인과적인** 관계가 확인되지 않았으며 문화적 참여가 신체적 건강에 미치는 긍정적 영향을 확증하는 어떤 근거도 발견되지 않았다. 따라서 연구자들은 "후속 연구는 창의적 활동에의 능동적 참여가 건강의 결과에 미치는 인과적 영향을 조사해야만 하며, 이는 수동적 참여와 대조적으로 영향력이 있을 것"(p. 1)이라고 결론짓는다. 다음에 기술된 덴마크 연구는 횡단적이므로 음악과 건강 간의 관련적 연계성만 확립할 수 있으나, 수동적이고 수용적인 참여 외에도 능동적 음악하기를 좀 더 면밀히 살펴본다.

음악과 공중 보건에 대한 덴마크 연구

2013년 덴마크의 건강과 이환율 조사에는 일상생활에서의 음악 행동과 신념에 관한 8가지의 질문이 포함되었다. 이 조사는 덴마크 성인 인구 집단의 건강과 이환율의 상태와 경향 및 건강 상태에 영향을 미치는 요인(예 : 건강 행동, 사회적 관계와 환경적, 직업적 건강의 위험)을 기술하려는 목적으로 1987년부터 국립공중보건협회(덴마크 남부대학교)에 의해 정기적으로 수행되었다. 덴마크의 시민 등록 체계에서 덴마크 성인 25,000명의 무작위 표본이 추출되었으며, 선발된 모든 개인에게서 배경 정보를 획득하였다. 선발된 각 참여자에게 조사의 목적과 내용을 간략하게 기술하는 설문지와 소개장이 우편으로 발송되었으며, 14,265명(참여율 : 57%)이 설문에 답하였다.

모든 응답자는 아마추어 또는 전문가로서 자발적으로 합창단에서 노래하거나 밴드, 오케스트라나 음악 앙상블에서 악기를 연주한 적이 있는지에 대한 질문을 받았다. 답변에 기반을 두어, 5가지의 응답자 집단이 생성되었다. 즉 활동 중인 전문 음악가, 활동 중이 아닌 전문 음악가, 활동 중인 아마추어 음악가, 활동 중이 아닌 아마추어 음악가, 비음악가이다. 응답자들은 일상생활에서 다음 중 하나 또는 몇 가지 목적으로 음악을 활용했는지에 대한 질문도 받았다. 이완을 위해, 에너지를 얻기 위해, 어떤 기분이 되기 위해 또는 기분을 바꾸기 위해, 감정을 표현하거나 탐색하기 위해, 인간으로서 자신을 알기 위해, 집중의 수단으로서, 일상생활에서 특별히 어떤 것을 위해 음악을 활용하지 않음 등이다. 설문지는 "라이브 음악 공연에 얼마나 자주 참여하는가"라는 질문도 포함했으며, 응답자들은 음악 활동과 음악 경험이 건강을 유지하는 데 도움이 된다고 믿는지에 대한 질문을 받았다. 아동기의 음악에 관한 질문도 포함되었다. 통계 분석에서 음악 질문에 대한 응답들은 등록 시 얻은 정보(배경 변인)와 지난 2주 동안의 자기 보고식 건강 행동, 증상, 통증이나 불편, 예를 들어 알코올 섭취, (대마초를 포함하는) 흡연과 상관이 있었다. 여기에 그 연구의 결과를 상세히 제시하는 것은 불가능하다(Ekholm & Bonde, 2018; Ekholm, Juel & Bonde, 2015, 2016에서 찾을 수 있음). 그러나 이 장의 맥락과 관련된 일부 결과는 제시될 수 있다.

- 연구는 응답자들의 다수가 자신의 일상생활에서 다양한 목적으로 음악을 활용한다는 것을 나타낸다. 이완과 기분/에너지 조절이 가장 두드러진다(표 3.13.1).
- 응답자 중 다수가 적어도 1년에 1회 라이브 콘서트에 참석했고 연령에 따라 유병률이 감소되었다(그림 3.13.2).
- 라이브 콘서트에 참석하는 것과 좋은 건강을 보고하는 것 사이에는 유의한 연관성이 기록되었다. 게다가 라이브 콘서트에 전혀 참석하지 않거나 거의 참석하지 않은 이들을 포함하는 응답자의 다수가 음악을 건강의 자원이라고 믿었다(그림 3.13.3).

표 3.13.1 연령에 따른 일상생활에서의 음악 활용(백분율)

	16~24세	25~44세	45~64세	65~79세	80세 이상	전체
이완을 위해	85.2	69.6	62.1	52.5	41.5	65.2
에너지를 얻기 위해(예 : 운동 수행을 개선하기 위해)	72.2	55.4	30.3	18.4	11.6	41.2
어떤 기분이 되기 위해 또는 기분을 바꾸기 위해	74.1	60.4	42.0	31.6	24.8	49.8
감정을 표현하거나 탐색하기 위해	40.0	22.7	14.2	9.8	5.6	19.4
인간으로서 자신을 알기 위해	19.0	10.8	7.3	6.4	5.6	9.9
집중의 수단으로서	46.1	26.3	15.3	10.1	7.2	21.9
일상생활에서 특별히 어떤 것을 위해 음악을 활용하지 않음	3.6	12.7	23.9	31.6	43.3	19.7

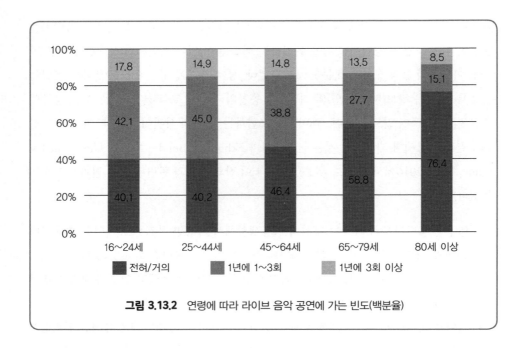

그림 3.13.2 연령에 따라 라이브 음악 공연에 가는 빈도(백분율)

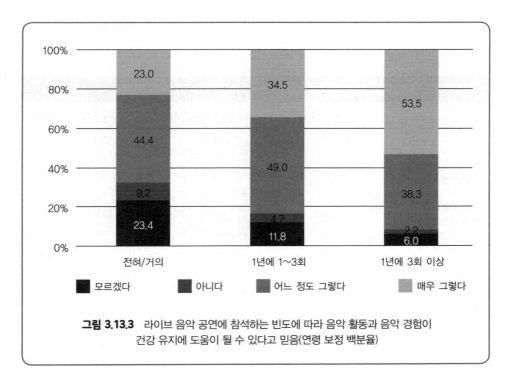

그림 3.13.3 라이브 음악 공연에 참석하는 빈도에 따라 음악 활동과 음악 경험이
건강 유지에 도움이 될 수 있다고 믿음(연령 보정 백분율)

이러한 결과는 앞서 언급한 문화적 참여가 건강에 미치는 영향력에 대한 역학 연구, 예를 들어 스웨덴 ULF 연구, 노르웨이 HUNT 연구와 일맥상통한다. 그러나 덴마크의 연구는 덴마크에서 처음으로, 어쩌면 국제적으로도 처음으로 능동적 음악하기와 건강 사이의 연관성을 면밀히 살펴보았다. 이는 앞서 언급한 것과 같이 음악과의 관계에 기반을 두어 응답자들을 5집단, 비음악가(65.5%), 활동 중인 대 활동 중이 아닌 아마추어 음악가(3.6/28.0%)와 활동 중인 대 활동 중이 아닌 전문 음악가(1.5/1.5%)로 나누어 시행하였다.

- 연구는 활동 중인 전문 음악가들이 비음악가들보다 다양한 건강 문제와 불편(예 : 수면 문제, 이명)으로 고생한다는 것을 기록했다. 그뿐만 아니라, 활동 중인 전문 음악가들은 여러 건강의 위험 행동(예 : 폭음, 대마초 사용)을 보고할 가능성이 더 컸다. 역설적으로, 활동 중인 전문 음악가들은 비음악가들보다 더 높게 지각된 스트레스를 가질 가능성이 크더라도, 자기 평정식 건강을 '훌륭한', '매우 좋은', 또는 '좋은'으로 보고했다. 데이터는 음악 양식이나 음악 활동의 유형이 건강 행동이나 자기 평정식 건강에 미치는 영향에 대한 해석을 허용할 만큼 충분히 상세하지 않았다(예 : 고전음악 합창단에서 가창 또는 록밴드에서 연주). 그러나 이전의 미국 연구들에서는 어떤 특정한 음악 장르와 양식(록, 메탈, 일렉트로닉, 힙합, 랩)이 질병률 증가에 대한 예측인자로 밝혀졌다(Bellis et al., 2012; Kenny & Asher, 2016).

  4가지 유형의 음악가는 모두 비음악가보다 자기 보고식 건강이 더 좋음을 나타냈으며, 활동 중인 아마추어 음악가들은 대마초 사용을 제외한 모든 변인에서 다른 모든 집단보다 더욱 건강한 행동을 하는 경향이 있었다. 활동 중이 아닌 아마추어 음악가들은 건강의 일부 이점을 유지하는 것으로 보였다. 그러나 활동 중이 아닌 아마추어 음악가들은 비음악가들보다 비만일 가능성이 더 컸다.

- 또한 연구는 아동기의 음악/부모의 지지와 취미나 직업으로서 음악에 대한 나중의 관심 간 연관성을 기록했다(Bonde, Ekholm & Juel, 2018). 이 연관성은 취학 전 기관, 공립학교, 음악학교의 음악 교육 이니셔티브들을 위한 출발점(의제)으로 선택될 수 있다. 건강 자원으로서 음악에 관해 아동을 교육하는 것은 조기에 시작되어야 하며 연령 특정적인 방식으로 설계되어야 한다(Hallam, 2010, 2015).

  이러한 결과들은 문화적 활동의 능동적 참여에 대한 추가적 이점을 발견하지 못한 문화적 참여 연구들과 다소 모순되는 것이다. 연구 결과는 ─특히 아마추어들의─

능동적 음악하기의 특정한 건강 잠재력을 가리키며, 이를 바탕으로 연구자들은 공중
보건 이니셔티브에 대한 몇 가지 권고를 도출했다(Ekholm & Bonde, 2018). 예방적
이고 재활적인 음악 활동과 경험(능동적인 것뿐만 아니라 수용적인, 소규모 감상 집
단에서부터 커뮤니티 합창단까지)은 예를 들어 45세 이상의 남성, 좀 더 일반적으로
65세 이상의 시민 등 특별한 표적 집단을 위해 매우 쉽게, 또한 적은 비용으로 설계될
수 있다.

맺음말

이 책의 제3부에서 우리는 몇 가지의 국제적인 주요 음악치료 지향과 모델, 그 이론적 기
반 및 **음악과 건강** 또는 **보건 음악하기**라는 광범위한 분야에 대한 몇 가지 실용적 접근을
다루었다. 음악치료는 보통 훈련된 치료사가 음악 경험과 이를 통해 발전하는 관계를 활
용하여 건강을 증진하도록 내담자를 돕는 중재로 정의된다. 어떤 접근들은 음악치료의 자
격을 갖춘 것으로 인정되지 않으나 음악 의료로 기술되는 방식으로 건강 관련 목적을 위
해 음악을 활용한다. 음악치료의 정수는 **음악을 통해 정립되는** 치료적 **관계**이며, 이는 실
제로 상호작용적이다. 관계적 맥락—음악 경험(음악하기), 치료적이거나 광범위한 사회적
관계와 환경에서의 특정한 참여자들의 (표현적인 것뿐만 아니라 수용적인) 상호작용이 모
델 간에 논의되고, 비교되었다.

　　요약하자면 표현적, 수용적 음악하기는 해석의 다층적인 틀 내에서 현재의 심미적 참여
를 통해 다양한 맥락과 다양한 수준에서의 경험을 허용한다. 이와 같은 음악적 관계는 조
율과 역량 강화에 기반하여 음악하기를 통한 확언적, 교정적, 정서적, 관계적 경험을 지지
한다. 음악치료는 음악과 건강 또는 보건 음악하기라는 더 큰 분야 안에서 특정한 건강 증
진의 실천으로 정의된다.

4

음악치료
임상 실제

4.1 음악치료의 의뢰 준거와 임상 실제 — 서론

토니 위그램, 안네 메테 라스무센, 스티네 린달 야콥센

언어 장애나 지연이 있는 내담자는 보통 언어치료를 받는다. 내담자가 뇌성마비나 다른 신체 장애가 있는 경우에는 물리치료도 권고된다. 심각한 정서적 외상이 있는 경우에는 심리 상담이나 심리치료가 처방될 수 있으며, 조현병이나 양극성 장애와 같은 정신 질환이 있는 경우에는 보통 약물을 포함한 정신의학적 치료를 받게 된다. 그렇다면 내담자는 언제 음악치료에 의뢰되며, 왜 의뢰될까?

음악치료는 신체적 또는 정신적 한계나 정서적 문제로 인해 타인과의 의사소통에 어려움이 있는 사람들에게 유용하다. 또한 음악치료는 내담자의 고립에 대응하고 공동체 의식을 확립하며 상호작용을 증진하고 성장을 촉진하기 위해 정서적 긴장을 조절하는 것과도 관련이 있다. 물론 음악치료는 신체 재활이나 인지 자극에도 유용할 수 있다. 음악치료의 의뢰 준거는 보통 관련된 임상 영역에 따라 정확히 규정되며, 간학문적 팀 내의 논의에서 또는 임상적 분야 내 특정 기관의 스태프들과의 논의에서 만들어진다(Smeijsters, 1999; Waldon & Gattino, 2018). 예를 들어, 자폐 범주성 장애의 경우 의뢰 준거는 장애와 직접적으로 관련될 것이다. 규정된 준거는 병리학적 지표와 명확히 연관되며 음악치료의 작업 목표가 될 수 있는 자폐의 모든 측면을 포함할 것이다.

음악치료의 준거는 국가마다 크게 다르지만, 음악치료 의뢰를 위한 형식적인 체제를 확립하기 위한 국제적인 노력, 예를 들어 국가적 처치 지침에서 음악치료 권고, 국가법으로의 음악치료사 자격 승인, 다른 보건 의료 직군들과 유사한 보조금 제도를 통한 노력 등이 있다.

음악치료가 충족하는 의뢰 준거와 요구

자폐 스펙트럼에 속하는 내담자의 경우 의뢰 준거는, 예를 들어 다음의 목록을 활용하여

음악치료가 다룰 수 있는 어려움을 규정할 수 있다.

- 언어적인 것뿐 아니라 비언어적, 사회적 상호작용의 어려움
- 의사소통에 대한 이해나 동기부여 결여
- 활동과 놀이에서의 경직되고 반복적인 패턴
- 타인과의 관계 부족 또는 결여
- 소리에 대한 과민성
- 타인과의 공유 경험에서의 관심이나 능력의 결여
- 변화 대처의 심각한 어려움
- 경험에서 학습하는 능력의 명백한 결여
- 정서적 호혜성과 공감 결여
- 낮은 자존감

예상되는 중재의 길이

또 다른 중요한 측면은 음악치료 중재의 예상되는 길이이다. 모든 처치에서 진보와 발달을 성취하는 데 필요한 세션의 회기 수와, 앞서 설명한 요구를 충족하는 데 장기적인 효과가 있을지를 예측하는 것은 어려울 수 있다. 최근에 비용 편익 분석과 근거 기반 처치에 대한 정치적인 초점이 커지고 있다. 다시 말해서 처치가 그 비용에 대비하여 얼마나 효과적인지에 관한 문제이다. 이는 음악치료사가 음악치료를 시작하고, 아마도 지속하기 전에 진단평가, 처치, 지속적인 평가에 있어 명확히 규정된 체제를 제공해야 함을 의미한다. 이는 진단평가에 대한 과학적 문헌에 기록된 결과뿐만 아니라 특정 내담자군을 대상으로 한 단기적, 장기적 치료에 대한 기준으로 지지될 수 있다. 그러므로 음악치료에 대한 지표는 치료 결과에 대해 명확히 도출된 기대와 밀접한 관련이 있다. 이러한 기대는 동일한 전문적 기반에서 도출되어야 한다(5.2장도 참조).

음악치료 의뢰에서 제안되는 처치 계획과 진단평가 기간

1. 초기 진단평가 — 약 3회기
2. 첫 번째 처치 기간 — 약 10회기
3. 중간 평가
4. 두 번째 처치 기간 — 요구와 연장 가능성에 따라 약 10회기

5. 치료에 대한 최종 평가

2~3회기의 초기 기저선 진단평가는 내담자의 잠재력과 음악치료의 적절성을 모두 진단평가할 수 있는 중요한 단계이다. 이러한 기저선 진단평가의 필요성은 영국의 위그램과 보슈(2007), 올드필드(2006a, 2006b), 이탈리아의 디프랑코(1999), 독일의 슈마허와 칼벳크루파(2007) 등 경험 있는 임상가들이 명확히 기술하고 있다. 게다가 음악치료 진단평가에 관한 최근의 출판물에서 국제 음악치료 진단평가 컨소시엄은 초기 진단평가를 어떻게 수행할 것인지와 무엇을 고려할 것인지에 대해 일반적인 안내를 제공한다(Gattino, Jacobsen & Storm, 2018).

의뢰 준거

치료 과정과 잠정적인 결과에 대한 중간 평가가 있어야 하며, 필요한 경우 더 긴 치료 기간의 필요를 기록해야 한다. 우리는 유의하고 실질적인 결과를 확인하는 데 수개월이 걸릴 수 있다는 것을 알고 있다. 다음 처치 기간의 길이는 중간 평가에 의해 결정된다. 다른 임상 분야의 여러 사례 연구가 시간에 따른 효과를 기록한다. 끝으로, 과정과 성취된 결과에 대한 상세한 기록문헌이 있는 최종 평가가 있어야 한다.

치료의 기한, 예를 들어 4~6개월을 명시한 다음 그 결과를 보고하는 것은 매우 중요하다. 결과는 의뢰 준거, 내담자의 요구와 도출된 기대를 직접적으로 나타내야 한다. 만일 이것이 철저히 이루어진다면 음악치료사의 신용이 강화되고 치료의 지속에 대한 권고도 지지될 수 있다. 이를 위한 가장 효과적이고 윤리적인 방법은 잘 기록된 진단평가 방법이나 다른 측정 방법을 활용하여 치료 중재의 질과 진실성을 보장하는 것이다(Waldon & Gattino, 2018). 5.2장에 음악치료 진단평가 도구 모음이 제시될 예정이다.

여기에서는 임상가와 연구자들이 처치의 근거를 포함하여 엄선된 임상 영역에서의 음악치료 처치를 소개할 것이다. 임상 영역의 선정은 덴마크의 경험에 기반을 두므로 대부분의 사례에서도 특정한 덴마크의 조건에 따른다. 그러나 이러한 임상 영역은 국제적 문헌에서 다루는 것에 충분히 상응한다.

4.2 정신의학적 내담자를 위한 음악치료

이 책의 '정신의학적 음악치료'라는 용어는 2가지의 주요 영역, 병원 정신의학과 사회/커뮤니티 정신의학의 음악치료를 지칭한다. 병원 정신의학의 주요 목표가 진단평가assess하고, 의학적으로 진단diagnose하며 처치를 시작하는 것이기에 이 2가지 영역과 기관의 유형에 따라 활용되는 음악치료 접근은 상이하다. 사회/커뮤니티 정신의학의 주요 목표는 도움을 제공하고 자조와 회복(심리적 문제에도 불구하고, 완전하거나 부분적인 회복과 삶의 질을 향한 과정)을 지지하는 것이고, 이로써 개인이 직장뿐만 아니라 사회적 상황을 보다 나은 방식으로 관리할 수 있다. 음악치료사는 이러한 2가지 기능을 모두 이행하도록 훈련되는 경우가 가장 흔하며, 이는 다음의 2개 장에 나타날 것이다.

4.2.1 병원 정신의학에서의 성인을 위한 음악치료

잉에 뉘고르 페데르센, 닐스 한니발, 라르스 올레 본데

소개

음악치료는 덴마크와 여러 다른 국가의 병원 정신의학에서 수십 년 동안 활용되어 왔다. 여기에는 치료적 목적의 음악 활동뿐만 아니라 좀 더 장기적이고 통찰 지향적인 개별 및 집단 음악치료가 포함된다. 이러한 접근은 모두 병원에서 제공되는 서비스의 일환이며, 음악치료는 음악치료사가 고용된 정신병원에서 개인의 종합적인 처치 계획의 일환으로 선택될 수 있다. 음악치료의 2가지 주요 접근이 있다.

- 능동적 또는 표현적 음악치료. 이는 즉흥연주, 음악적 수행, 가창, 노래 만들기와 음악에 따른 동작을 포함한다.

- 수용적 음악치료. 이는 음악치료사나 환자가 선정한 녹음된 음악을 감상하거나, 환자가 만든 녹음된 음악을 감상하거나, 내적 심상을 유도하기 위해 선정한 클래식 음악을 감상하는 것일 수 있다(제3부 참조).

병원 정신의학에서 음악치료사는 처치팀의 일원으로 일한다. 환자들은 보통 정신의학자, 심리학자나 다른 전문가들에 의해 음악치료로 의뢰되며, 집단 또는 개별 음악치료는 보통 짧은 시험 기간(진단평가)으로 시작한다. 만일 환자가 음악치료에서 유익을 얻으려면 환자는 다음을 할 수 있어야 한다.

- 정기적으로 치료에 참석할 것
- 언어적으로 또는 음악적으로 성찰할 것
- (궁극적으로) 치료의 목적을 규정하거나, 치료사가 제안한 목적에 대한 의견을 가질 것
- 치료 동맹을 맺거나, 이와 같은 동맹을 맺는 어려움을 대상으로 작업하는 것을 바랄 것
- 정신병적 재발이나 증상 악화의 위험이 있는 것으로 간주되지 않을 것

음악치료에 참여하기 위해 악기를 연주하거나 노래를 잘할 필요는 없다. 환자는 소리와 음악을 통해 스스로를 개인적으로, 상징적으로 표현하는 데 의미를 갖는 것으로 충분하다.

정신의학적 음악치료의 선구자

유럽에서는 영국에서 정신분석학 기반 정신의학적 처치(2.3.1장 참조)로서의 음악치료가 음악치료사이자 음악가인 메리 프리슬리가 런던의 여러 병원에 채용되었던 1970년대 초반에 시작되었다.

프리슬리는 줄리엣 앨빈의 즉흥연주 방법의 요소들을 기반으로 하여 정신분석적 관점에서 작업하고 심리적 증상을 이해하였다. 프리슬리는 이러한 증상이 유아기의 외상 경험에서 기인한다고 믿었다. 프리슬리는 두 명의 동료와 협력하여 다양한 기술을 시도함으로써 성인 정신의학 환자들과의 작업을 통해 자신의 음악치료 기법을 개발했다. 프리슬리는 이 시험을 '상호치료intertherapy'라 지칭했다. 프리슬리의 동료 집단은 환자들과의 치료에 이 기법을 활용하기 전에 환자, 치료사, 슈퍼바이저의 역할을 번갈아 시도했다. 프리슬리는 1970년대의 음악치료에 대한 정신분석 및 정신역동적 이론의 영향을 기술한 최초의 음악치료사였다(2.3.1장 참조).

프리슬리는 (1970년대와 1980년대에) 자신의 접근을 **분석적 음악치료**라 지칭했으나, **탐색적 음악치료**가 좀 더 적합한 용어인지 숙고했다. 여러 국가에서 분석적 음악치료라는 용어는 처음에 **분석 지향 음악치료**라는 용어로 대체되었다(3.3장 참조). 오늘날 음악을 활용하는 대부분의 처치는 정신의학 외에 다른 영역에서도 간단히 음악치료라고 불린다. 유럽의 음악치료는 다른 내담자 집단을 대상으로 활용되는 여러 다른 응용 이론에 대한 견고한 기반을 형성하는 이론적인 정신역동적 이해를 지닌다(2.3.1장과 3.3장 참조). 그러나 병원 정신의학에서 특정한 내담자 집단에 활용하는 용어에는 변화가 있어서 정신화 기반(Hannibal & Schwantes, 2017), 인지적(Lund, 2012), 수정된 GIM 음악치료(Bonde & Pedersen, 2015; Brink-Jensen, 2015; Moe, 2001)와 같은 보충적 기술이 일상의 실제에 활용된다(3.2장 참조).

오늘날에도 여전히 적용되고 있는, 프리슬리가 활용한 특징적 방법은 즉흥연주를 구조화하기 위해 연주 규칙/표제나, '기존의 것'을 활용하는 것이다. 이는 즉흥연주를 시작하기 전에 치료사 또는 치료사와 내담자에 의해 정립된다. 프리슬리는 유아기의 외상 경험을 드러내고 재경험하는 것을 과정의 치유 요인으로 고려했다. 여기서 음악이 기억을 촉진하고 현재 순간의 정서와 상상을 유도함으로써 중요한 역할을 수행한다. 이러한 방식으로 음악은 환자와 치료사 간 실제 관계와 역전이 관계에서 이전의 외상을 실현하고 들을 수 있게 만든다. 그러므로 프리슬리는 초기 관계 경험을 재연하는 장소를 만드는 특정한 심리치료 방법으로서 즉흥연주의 활용을 발전시켰다.

또한 프리슬리는 (Racker, 1968에서 영감을 얻어) 중요한 임상적 개념으로서 공감과 역전이, 공감적 역전이(E-역전이)와 보완적 역전이(C-역전이)로 나타나는 용어의 구별된 정의를 개발했다. 프리슬리는 치료사가 동의하는 깊은 공감(E-역전이) 없이는 대립적 C-역전이가 유용하지 않다는 것을 알고 있었다(Priestley, 1975, 1994; 이 책의 2.3.1장과 3.3장 참조).

프리슬리 모델의 또 다른 특징은 즉흥연주와 언어적 성찰이 번갈아 나타난다는 것이다. 치료사는 즉흥연주에서 관계 맺는 방식으로 훈련된 주관성을 활용한다(2.3.1장 참조).

병원 정신의학 음악치료의 최신 발달

오늘날 병원 정신의학의 주된 초점은 치료사-환자 관계를 통한 지금 여기 관점의 관계 경험에 대한 것이며 이 과정을 통해 발현되는 초기 기억만이 치료에 능동적으로 통합된다.

전통적인 전이 해석은 오늘날 사용되지 않는다. 대신에 전이의 개념은 관계적 관점에서 볼 수 있으며, 여기서 두 파트너는 모두 발달하는 순환적 전이관계에 기여한다.

즉흥연주에서 훈련된 주관성이라는 태도는 중립성과 절제 같은 고전적인 기법적 분석 규칙을 대체한다(2.3.1장 참조). 명료화, 정신화, 직면은 고전적 정신분석에서처럼 해석보다는 언어적 성찰에 활용된다. 전문적 공감이라는 기본적 태도와 환자의 상황에 대한 치료사의 개입은 분석적 음악치료에서 이어져온 것이나 지속성, 정신화, 가능한 통찰에 대한 환자의 경험은 음악치료의 주요 목적으로 보인다. 치료 과정의 목적은 초기 외상을 확인하는 것이 아니나, 치료사와 환자 간 지금 여기 관계에서 발생하는 것이 무엇이든지 따르며, 발생하는 것이 무엇이든 가능한 새로운 이해를 위해 적절한 타이밍에 함께 살펴본다. 그러므로 치료 과정은 치료사와 환자 관계의 지금 여기 과정과 더불어 유동적이다(덴마크에서는 이를 과정 지향 음악치료process-oriented music therapy, PROM라 지칭한다). 오델밀러(2014), 데바케르와 서튼(2014)도 참조하라. 정신건강 분야에서 발달된 또 다른 접근은 자원 지향 음악치료이다(Rolvsjord, 2010).

음악치료사의 자격

병원 정신의학에서 음악치료를 실천하기 위해 치료사는 음악치료 석사학위를 취득해야 한다. 학문과 음악 과목뿐만 아니라 심리치료 훈련이 통합된 요소인 석사 과정은 이러한 맥락에서 매우 유용하다. 덴마크대학교 음악치료 과정의 일환인 실용적 심리치료 훈련은 자아심리학, 대상관계 이론, 애착 이론, 자기심리학, 정신화 기반 처치 이론뿐만 아니라, 초월심리학에 기원을 둔 최신의 관계적 정신분석 이론을 기반으로 한다(2.2장, 2.3장, 2.4장 참조).

이 훈련은 음악치료사가 치료사-환자 관계에서 현존하는 방식에 대한 음악치료사의 인식뿐만 아니라 지속적인 관계 과정에 미치는 영향을 제고한다. 조현병 환자와 정신병 환자를 대상으로 음악치료사가 증상과 개인 자원을 다룰 때는 '전문적 공감'을 활용할 수 있는지가 특히 중요하다. 이는 치료사의 공감적 인정과, 음악 이중주에서 친밀감과 거리감에 대한 환자의 요구에 대한 치료사의 인식을 통해 지속적으로 보고 들음으로써 환자가 자기를 발달시키고 강화하도록 돕는 것에 초점을 맞추기 때문에 중요하다(2.3.1장 참조). 만일 성격 장애나 경계성 장애가 있는 개인을 대상으로 작업한다면, 음악치료사는 정신화를 훈련받아야 한다. 여기서 음악치료사는 환자가 자신의 내적 삶의 (감각적, 정서적) 측면들을 인식하고 타인의 내적 삶과 이를 구별할 수 있는지, 환자가 치료사와 자신의 관계를 인지적으로 성찰할 수 있는지에도 초점을 두면서 환자의 발달 과정을 따를 수 있어야 한다. 환자의 각성 조절은 이 과정의 중요한 부분이다. 표명된 불안 장애가 있는 환자를 대상으로 작업할 때 음악치료사는 적절한 타이밍에 전문적 공감을 활용하고, 도전하거나 직면할 수 있어야 한다. 이러한 방식으로 체념과 동기부여에 관한 환자의 양가성을 담아주는 것이다.

음악치료 처치

한 예로 덴마크의 병원 정신의학에서는 다음의 음악치료 처치 선택지를 이용할 수 있다. 이러한 선택지 대부분은 다른 유럽 국가의 병원 정신의학에서도 이용 가능할 것이다.

- (개방, 부분 개방, 폐쇄) **음악 감상 집단** 주로 폐쇄 병동이나 안정 병동에 있는 환자를 대상으로 한다. 집단의 구조는 환자의 정서적, 정신적 상태에 따라 조정된다. 음악치료사와 환자는 감상을 위해 집단에 음악을 가져오고, 음악을 가져온 사람뿐만 아니라 집단의 다른 구성원들에게 그 음악이 어떤 의미인지에 대한 대화가 이루어진다. 음악치료사는 안전한 분위기를 조성할 책임이 있다. 일부 구성원들이 그 음악을 좋아하지 않는 사례에서 그 음악을 가져왔던 환자가 자신의 정체성이 평가절하된다고 느낄 수도 있기 때문이다(Lund & Fønsbo, 2011).
- 정신병과 조현병 스펙트럼이 있는 혼합 집단을 위한 **치료적 노래 워크숍** 집단은 신체상, 호흡, 목소리 인식, 목소리 표현으로 작업한다. 노래는 집단의 개인적 자원을 활용하여 창작된다. 구성원들의 삶의 상황에 대한 노래 워크숍의 의의에 관한 치료적 대화가 이루어진다.
- 집단에서의 **치료적 음악 만들기** 여기서 집단은 모두가 참여할 수 있는 노래와 음악 작품의 쉬운 편곡을 연주한다. 음악은 작품, 특정 집단의 소망과 강점에 따라 선택된다. 음악 연주 사이에 집단의 경험에 관한 대화가 이루어진다.
- **집단의 음악 감상** 음악 감상과 내적 심상. 이는 고기능 수준의 외래환자, 불안 장애가 있고 기능에 대한 전반적 진단평가 점수가 40점 이상인 경우에 제공된다(이 장의 후반부 참조).
- 의학적 진단을 받은 모두를 위한 **개별 음악치료**(이 장 후반부의 상세한 기술 참조).

각기 다른 내담자군을 대상으로 한 음악치료의 연구와 실제

조현병 환자를 위한 음악치료

조현병 환자를 위한 음악치료는 유럽의 여러 국가에서 20년 이상 존속해 왔다. 이는 집단 음악치료 외에 개별 음악치료, 수용적 음악치료 외에 능동적 음악치료도 포함한다. 이 처치는 국제적 근거에 기반을 둔다. 3편의 코크란 리뷰(Geretsegger et al., 2017; Gold et al., 2005; Mössler et al., 2011)는 표준 처치만을 활용한 것과 비교하여 표준 처치에 결합한 음악치료의 활용이 유의하게 유익하다는 결과를 나타냈다. 음악치료는 정서적, 사회적 위축, 만남을 정립하는 능력의 감소, 제한된 표현성 같은 음성 증상을 완화하는 데 특별히 효과적인 것으로 나타났다. 이러한 결과들은 집단 음악치료와 개별 음악치료를 모두 활용하는 조현병 진단을 받은 입원환자를 대상으로 얻은 것이다. 조현병으로 고생하는 환자를 포함하여, 정신의학과의 급성 입원환자에 관해 유사한 결과가 있는 체계적 고찰이 수행되었다(Carr, Odell-Miller & Priebe, 2013).

음성 증상에 대한 집단 음악치료의 유의한 효과는 심리사회적 지향의 주관적 경험과 동기부여 향상, 타인과의 만남 및 의사소통에 대한 환자의 자기 평가를 통해서도 나타났다(Ulrich, Houtmans & Gold, 2007). 이러한 결과들이 이전의 결과에 부합하기 때문에, 연구 집단은 음악치료가 음성 증상을 완화하여 사회적 상호작용 능력을 향상시킨다고 결론 내렸다. 이러한 결과들은 조현병이 있는 사람들이 병원에서 퇴원한 후 사회에 적응하도록 더 잘 준비시킬 수 있다. 의료적 직군에서도 음성 증상에 만족스러운 영향을 미치는 약물을 아직 발견하지 못했기에 이것이 중요한 결과라는 점에 주목한다(Pedersen, 2012; Simonsen et al., 2001).

조현병, 우울, 물질 남용으로 진단을 받은 144명의 성인 환자에 대한 국제적 연구에서는 자원 지향 음악치료 모델에 기반을 둔 음악치료를 3개월간 격주로 받은 후에 음성 증상이 개선되고 기능이 향상된 것을 나타냈다(Gold et al., 2013).

이 결과는 처치에 대한 참석과 중도 포기 수준을 나타내는 모든 시도와 일치한다. 처치 참석률은 높고(90%), 중도 포기율은 낮다(11~17%)(Hannibal, 2005; Hannibal et al., 2011, 2012b). 음악치료에서 치료적 동맹의 수준을 검증하기 위한 도구(Helping Alliance questionnaire-II)를 타당화하는 최근의 연구에서 45명에게 HAq-II가 제공되었고 31명이 응답했으며, 동맹률은 60퍼센트로 높게 나타났다. 이 결과는 정신병적 진단이 있는 환자나 비정신병적 진단이 있는 환자 간, 젠더 간에도 차이를 나타내지 않았으며 45명 중 1명의 환자만이 중도 포기했음을 나타낸다(Hannibal et al., 2017). 이 분야 내 음악치료에서 동맹의 수준과 질에 대해 살펴보기 위해서는 향후 동맹 구축에 대한 보다 엄격한 연구가 필요하다.

그러나 유익한 효과는 처치의 길이에 따라 다르다. 골드 등(2009)에 따르면 조현병을 포함하여 중증 정신 질환이 있는 개인을 대상으로 치료가 16~51회기에 걸쳐 지속되었을 때 더 크고 장기적인 개선 효과를 나타낸 반면, 3~10회기는 더 작고 단기적인 긍정적 변화를 나타냈다.

집단 음악치료가 조현병이 있는 사람의 음성 증상에 미치는 영향은 치료적 음악 만들기와 노래 만들기(Carr, 2014; Jensen, 2011) 또는 음악 감상 집단(Lund & Fønsbo, 2011)을 활용하는 여러 음악치료사에 의해 기술되었다. 감상 집단에서 음악은 음악치료사나 환자 자신에 의해 선택되며 음악 감상 후에 음악을 선택한 사람에게 그 음악이 무엇을 의미하는지뿐만 아니라 집단의 다른 구성원들에게 그 음악의 의미와 음악이 미치는 영향력은 무엇인지에 관한 대화가 있다. 이는 환자들에게 자신의 생애사 대신 자신이 선택한 음악을 통해 의사소통하고 스스로를 소개할 기회를 부여한다. 전자는 조현병이 있는 사람에게는 어려울 수 있다(Pedersen, 2012).

치료적 음악 만들기와 노래 만들기를 활용하는 집단 음악치료의 유익에 관한 설문지에서 환자들의 응답은, 환자가 집단을 안전한 장소로 보고 집단에서 커뮤니티와 연대감을 경험할 수 있기에 2가지 방법 모두 사회적 참여와 지금 여기에서 현존 감각을 증진한다는 것을 명확히 나타낸다. 설문지에서 환자들은 "나 스스로에 관해 잊을 수 있었다", "좀 더 잘 집중할 수 있다", "그 음악은 나의 자살 사고를 사라지게 만든다", 또는 "음악이 오가고 모든 것이 하나가 될 때가 최고"라는 말을 했다(Jensen, 2011).

음악이 손상된 주의와 의사소통 능력에 미치는 긍정적인 영향이 기록된 박사학위 논문에서, 모에(2001)는 조현병이 있는 개인이 집단에서 음악 감상에 참여함으로써 주의력을 유지하고 내적 심상에 접근하는 능력을 향상시킬 수 있음을 나타냈다. 여기서 초점은 감상 중 내적 심상과 경험에 있다. 이러한 경험들은 복원 효과를 가진 것으로 이후에 나타났다(Moe, 2001).

조현병이 있는 사람을 대상으로 한 개별 음악치료에 대한 또 다른 박사학위 논문에서, 데바케르(2005)는 이러한 환자들이 의사소통 기술의 결여뿐만 아니라, 자신의 위축 경향도 극복할 수 있다는 것을 나타냈다. 구체적으로 이러한 것은 음악과의 어떤 명백한 연계가 없이 음악치료사와 자동적으로 단조롭게 연주하기에서부터 의도적으로 연주하기와 선율적이고 리듬적인 음악적 형식으로의 발전에 기여하기를 향하는 그들의 움직임에서 나타났다. 치료의 초기 세션에서 음악치료사는 환자가 연주하는 자동적인 방식에 자신의 연주 방식을 일치시켰고 다음에는 환자가 변화를 따르는 것을 허용할 수 있는 템포로 서서히 변화시켰다.

조현병 환자의 사회적 고립을 막고 음성 증상을 완화하는 데 부합하는 또 다른 음악치료 접근은 옌센(1999), 린방(1998, 2005), 존(1995)에 의해 기록되었다. 연구자들은 개별 음악치료에서 음악 만들기 공유의 친밀감과 거리감에 관한 음악치료사의 타이밍을 구체적으로 다룬다. 음악치료사는 한계에서 변화로, 환자의 음악에 대한 배경 조성으로, 좀 더 자동적인 연주하기로 4단계를 통해 변화한다. 예를 들어, 음악치료사는 음악치료의 첫 번째 세션에서 환자의 연주를 의식적으로 거울반응하고, 모방할 수 있다. 이는 타인(음악치료사)과 연주하는 동안 고립된 세계에 머물 수 있는 환자에게 안전한 환경을 생성한다. 그 다음 환자의 음악은 여전히 환자의 음악적 표현으로 정의되지만, 음악치료사는 음악에 좀 더 다양한 구조, 예를 들어 환자의 음악에 뚜렷한 리듬이나 화성적 배경을 도입함으로써 환자의 연주를 서서히 보완할 수 있다. 이러한 방식으로 환자는 자신의 음악적 표현을 변화시키기 시작하는 데 지지를 받을 수 있다. 세 번째 단계에서 음악치료사는 환자가 따르도록 요구하지 않으면서 좀 더 도전적이거나 도발하는 음악을 연주할 수 있고 대비를 만들 수 있으며, 환자의 음악에서 자신의 음악을 분리할 수 있다. 이는 네 번째 단계를 가능하게 만들며, 여기서 두 사람은 함께 새로운 것을 창작하고 상호작용에서 유연성을 더 발달시키는 데 기여한다. 이는 자율적이고 창의적인 음악 창작의 공유를 가능하게 할 것이므로 이 4단계가 개별 환자에 의해 조정되는 타이밍으로 전개되는 것이 중요하다.

개별 음악치료에서 시간이 지나면서 반복되는 단순한 리듬 훈련은 집중과 기억을 향상시키고 이인증에 대응할 수 있다(Pedersen, 1999). 음악치료의 목표는 환자가 자신의 목소리로 리듬을 강조하는 동시에 리듬 패턴에 따라 신체 움직임을 수행함으로써 단순한 리듬 패턴을 유지할 수 있게 되는 것이다. 조현병이 있는 사람을 대상으로 하는 음악치료의 상세 기술(Pedersen, 1999)에서 환자는 전문 드럼 연주자가 비현실적인 환상에서 벗어나 혼자 연주할 뿐만 아니라 음악치료사와 함께 연주할 수 있는 간단한 리듬 패턴을 통해 지금 여기에서, 스스로를 유지하고 표현할 수 있음을 깨닫는 것으로 입장을 바꾼다(Pedersen, 1999). 이는 환자에게 닻을 부여하고, 내적인 정신적 공간에 대한 새로운 인식을 발현시킨다. 동시에 '나는 존재한다. 나는 인지할 수 있는 리듬 패턴을 유지 반복하며, 스스로를 들을 수 있다'는 성장의 경험을 만든다. 이는 조현병이 있는 사람들의 흔한 일반적 증상인 이인증에 대응한다(Pedersen, 2012, pp. 53~54).

개별 음악치료 방법은 의식적으로 역전이 ─ 조현병이 있는 사람들과의 참 만남에서 음악치료사가 경험하는 감각과 정서 ─ 를 활용하는 음악치료사의 능력이 음악의 특질과 결합하기 때문에 효과적이다. 의식적으로 경험되는 감각과 정서가 즉흥연주를 통해 유발되고 변용될 수 있기 때문이다(De Backer, 2005; Jensen, 1999; Lindvang, 1998, 2005; Odell-Miller, 2007; Pedersen, 2007a).

우울증 환자를 위한 음악치료

우울증depression[1]은 많은 사람에게 영향을 미친다. 전체 여성의 15~25퍼센트, 전체 남성의 7~12퍼센트가 심각도에 따라 6~12개월 동안 우울증으로 고생하게 될 것으로 추정된다. 우울로 고통받는 사람들의 다수가 재발을 경험한다. 우울증 환자의 50퍼센트는 불안, 강박 장애나 물질 남용과 같은 다른 장애도 동반한다(Poulsen, Munk-Jørgensen & Bolwig, 2007).

조현병의 사례와 마찬가지로 우울증이 있는 사람들을 위한 음악치료에도 근거가 있다. 2008년 마라토스와 동료들의 코크란 리뷰에 긍정적 결과가 있었으며, 이는 2017년 코크란 리뷰에서 확인되었다(Aalbers et al., 2017). 2009년 골드와 동료들의 메타 분석은 우울 증상과 기능에 명백한 용량-반응 관계가 있음을 나타낸다. 즉, 세션의 회기 수가 증가할수록 더 큰 유익을 부여한다는 것이다. 마지막으로 2011년 에르킬레와 동료들의 무작위 통제 시험 연구는 음악치료의 결과로 우울 증상이 완화될 수 있고 환자의 기능이 개선될 수 있음을 기록한다. 우울 증상의 완화를 성취하는 것이 중요하며, 에르킬레와 동료들의 연구에서는 3개월 후에 효과가 나타났다. 음악치료를 받는 환자들은 음악치료를 받지 않는 통제군과 비교하여 유의하게 불안이 적었으며, 우울 증상이 적었고 기능 수준도 유의하게 더 좋았다. 연구 참여자들은 정신병적 증상이 없는 경도, 중등도, 고도의 우울증 환자 79명이었다. 음악치료는 우울증의 모든 수준에 효과적인 것으로 나타났다. 우울증 환

---

1 흔히 우울증으로 번역되나 이는 비임상적 우울을 뜻하는 일반적인 표현이며, 학술적으로는 우울 장애로 표기된다. 이 책에서는 이에 대한 구분이 없이 사용되었다(역자 주).

자들은 매우 취약하므로 환자들의 정서적 내성을 고려하는 처치가 중요하고, 과도한 스트레스를 유발하지 않는 것이 중요하다. 음악치료는 전통적으로 처치하기 어려운 것으로 보이는 환자 집단에 적용될 수 있으며, 이러한 사실은 조현병이나 성격 장애 환자들을 위한 음악치료의 중도 포기율이 낮다는 것으로 지지된다(Hannibal et al., 2012b).

우울증 환자의 처치는 부분적으로는 환자의 우울 증상을 완화하는 것이고, 부분적으로는 재발을 방지하며 최종적으로는 대처 기술, 즉 스트레스를 다루는 새롭고 더 나은 전략을 개발하는 것이 목적이 될 수 있다. 사회적으로 위축되는 경향이 있고 활동 수준이 낮은 우울증 환자에게는 타인과 상호작용하는 환자의 능력 향상뿐만 아니라 사회적 고립과 정서적 불편을 감소시키는 것이 중요한 목적이다. 환자의 주요 목적은 우울증으로 이어질 수 있는 취약성을 관리하고 완화할 수 있는 것이다. 음악치료는 증상의 경감, 예방, 변화라는 3가지 차원에 초점을 두고, 이러한 목표를 향해 작업한다.

연구는 음악 감상이 우리를 신경학적으로, 호르몬적으로 활성화시킴을 나타낸다. 2013년에 알루리와 동료들은 음악 감상이 인지 기능의 저하와 향상뿐만 아니라 뇌의 청각 영역과 운동 영역을 활성화시킴을 나타냈다. 매키니와 동료들은 1995년 연구에서 음악 감상이 신경호르몬의 수준에서도 나타날 수 있음을 보여주었다. 매키니와 동료들은 수용적 음악치료 방법인 심상음악치료GIM를 활용한 중재 8주 이후에 통제군과 비교하여 내담자 기분의 질적 변화 외에도 신경호르몬인 β-엔돌핀의 혈장 수준에서 측정 가능한 변화가 있다는 것을 밝혔다. 그러므로 치료적 맥락의 음악 감상은 기분 변화의 증진 외에 특정한 신경호르몬의 수준에도 영향을 미칠 수 있다. 음악은 정서를 활성화시키고 내적 심상과 감각을 유도할 수 있으며, 이는 측정 가능할 뿐만 아니라 경험되는 변화로 이어진다(Bonde, 2009). 심리적 수준에서 우울증 환자는 보통 자신의 상태 때문에 세계에 다가가지 못한다. 수용적 방법은 환자에게 닿을 수 있고 치료적 과정을 시작하도록 도울 수 있다. 이러한 환자들은 예를 들어, 슬픔의 감정과 같은 정서 조절에 도움을 필요로 할 수도 있다. 음악 감상은 위로의 요인이 될 수 있다. 이러한 방식으로 수용적 음악치료 방법은 개인의 인지적, 심리운동적 활동의 수준을 높일 뿐만 아니라 감소시킬 수도 있다.

우울증이 있는 개인은 사회적으로 위축되는 경향이 있으므로 음악의 의사소통적 잠재력이 필수적이다. 음악을 통한 의사소통은 사람들이 연주와 함께 오갈 때 일어날 수 있으나, 능동적 즉흥연주 음악치료의 한 차원으로서 항상 존재하기도 한다. 우울증 환자는 보통 자신의 내적 상태에 대해 다른 사람과 직접적인 언어적 의사소통이 불가능하다

(Gabbard, 2000). 우울증 환자들은 보통 다른 사람이 자신을 이해할 수 있다고 믿지 않거나 기대하지 않는다. 또는 자신의 개인적 사고와 정서를 공유하고 싶어 하지 않는다. 이들의 내적 세계는 일반적으로 부정적인 사고, 체념, 슬픔 등에 의해 지배된다. 우울증이 있는 사람은 다가가는 능력을 잃고, 자신의 상황에 관해 이야기하는 것을 보통 수치스럽고 부정적이며 압도되는 것으로 경험한다. 개방성과 언어화는 이런 의미에서 우울의 가장 큰 적이다(ibid.). 자기를 표현하고 의사소통하는 능력은 치료적 진보에 불가피한 조건이며 이는 능동적 음악치료에서 정확히 가능하다.

　　음악은 행위이기도 하다. 음악과 음악적 표현은 더 크거나 더 작은 정도의 활동을 필요로 한다. 스스로를 언어적으로 표현하는 문제가 있는 우울증 환자들에게 음악은 의사소통의 채널이 될 수 있다. 능동적 연주로 사람은 정서, 기분, 감각에 접근할 수 있으며 그 이후에 음악으로 전환할 수 있다. 치료의 첫 번째 세션에서는 가장 작은 소리조차 대처할 수 없는 것처럼 보일 수 있으나, 이는 심리적 개방의 시작이 될 수도 있다. 목소리 작업에 초점을 둔 음악치료가 우울증이 있는 개인에게 유익할 수 있음을 나타내는 새로운 연구도 수행되었다. 이는 목소리의 활성화가 목소리를 내는 것과 연관된 다른 신체 기능도 활성화시키기 때문이다(Storm, 2013).

　　요약하면 음악치료는 우울 증상과 불안을 완화시키고 기능 수준을 개선함으로써 우울증 환자들을 도울 수 있다. 이는 개별 또는 집단 대화와 결합되어 수용적 음악치료 방법 외에도 능동적 음악치료 방법을 통해 수행될 수 있다. 앞서 언급한 연구에 따르면 음악치료의 중도 포기 수준은 낮고, 내성 수준은 높으며, 유익은 유의하다.

성격 장애 환자를 위한 음악치료

덴마크 성인 인구 집단의 10퍼센트 이상이 성격 장애의 의학적 진단 기준을 충족하는 것으로 추정된다(Simonsen & Møhl, 2010). 경계성 진단을 받은 인구 집단의 비율은 0.7~2.7퍼센트(유병률)이다. 유전과 환경적 영향은 모두 성격 장애의 발달에 일조한다. 심리사회적 조건과 밀접한 관계의 질이 특별히 중요한 역할을 수행한다. 성격 장애라는 용어는 공통적으로 구체적 특징을 가지는 다양한 정신적 상태를 기술한다. 환자는 다음의 영역, 지각과 태도, 정서성, 충동 통제와 대인관계 중 최소 2가지 영역에서 문화적으로 수용되거나 예측되는 것에서 일탈하는 성격 특성을 나타낸다. 행동은 경직되고 부적절하며, 보통 자기 또는 타인에게 해롭다. 성격 장애의 10가지 다른 유형이 ICD-10 진단 체계에 기술되어 있다(WHO, 1992). 그러므로 임상적 이해는 보통 매우 다양하다. 그러나 대부분의 성격 장애 환자에게는 어떤 공통적인 기제가 있다. 성격 장애 환자들은 공허감을 경험한다. 이 들은 자신의 감정에 쉽게 압도되며, 이들에게 있어 타인을 신뢰하는 것은 어렵고 애착 양 식은 양가적이거나 완전히 결여되어 있다. 정서적으로 각성되었을 때 정신화하는 것은 이 들에게 어렵다(다시 말해서, 자기 스스로와 주변에 대한 지각은 실제로 일어나고 있는 것 보다 자동적이고 일반화된 도식에 의해 극단적인 정도로 지배된다). 이들의 관계는 약하 고 타인의 의도와 행동에 대한 오해와 오해석에 취약하다. 이는 치료적 환경에서도 그러 하다.

1990년대 중반 이후로, 덴마크에서는 병원뿐만 아니라 사회 정신의학과 시설에서 음악 치료를 받는 환자의 40퍼센트가 성격 장애 환자들이었다(Hannibal et al., 2012b). 이 내담 자 집단을 대상으로 한 음악치료가 어떻게 더 나은 삶의 질과 더 적은 음성 증상에 기여했 는지에 대해 잘 기술한 여러 예가 있다. 이 장 후반부의 사례 기술은 음악치료를 통해 환자 가 성취할 수 있는 대단한 유익을 나타낸다. 박사 논문(Hannibal, 2001)에는 환자가 치료 에서 얻은 자신의 유익을 기록한 2가지의 추가적 사례 예가 있다. 2003년부터 2010년까 지 올보르 정신의학과 병원(현재 올보르대학병원 정신의학과)에서는 집단 음악치료가 성 격 장애 외래환자들을 위한 처치 계획의 일환이었다. 104명의 환자가 심층 심리치료 외에 음악치료를 받았으며, 이 환자 중 다수에게 음악치료는 중요하고 유익하며 특별한 처치였 다(Hannibal, 2008; Hannibal et al., 2011). 우울증이나 조현병 환자들을 위한 음악치료와 비교하여 이 내담자 집단을 대상으로 하는 음악치료의 효과를 기록할 수 있는 연구의 필 요는 여전하다. 그러나 음악치료의 중도 포기율은 이 집단에서도 상대적으로 낮게 나타났 으며(Hannibal et al., 2012b), 이는 긍정적인 치료 동맹의 지표일 수 있다. 치료 동맹을 통 한 관계 형성은 이 내담자 집단에게 중요한 이슈이며, 정기적이고 안정적인 참석은 긍정 적인 결과이다. 참여자가 4명뿐인 소규모 예비 연구에서 참여자들은 각각 40시간의 음악 치료를 받았으며 긍정적 결과를 나타냈다(Hannibal et al., 2018).

성격 장애 환자들의 처치와 예후에 대한 관점은 지난 10년간 처치에 거의 저항적인 것 으로 내담자 집단을 보는 것에서부터 현실적인 가능성으로 처치를 보는 것까지, 급격히 변화했다. 이러한 새로운 태도는 음악치료를 포함하는 덴마크의 외래환자 처치의 존재로 도 설명될 수 있다(Petersen et al., 2008). 처치에 대한 태도의 변화는 영국에서, 특히 포나 기와 베이트먼이 개발한 정신화 기반 처치MBT의 발현 때문이다(Bateman & Fonagy, 2006,

2010; 이 책의 2.3.2장 참조).

요약하면, 광범위한 이론적 기초를 기반으로 하는 처치에 대한 접근이 개발된 것이다. 정신역동적 이론, 애착 이론, 신경심리학이 모두 이 접근으로 통합되었다. 치료의 초점은 '지금 여기'로 변화되었고, 행동(명시적 지식)뿐만 아니라 이해(암시적 지식)가 중시되었다. 환자가 내면에서 타인을 보고 지각하며, 외부에서 스스로를 보고 지각하는 자신의 능력(정신화)을 개선하도록 환자를 돕는 것에 관심이 주어진다. 최종적으로 치료사의 역할은, 치료사가 환자의 사고와 정서를 분석하고 해석하는 것보다 환자들이 스스로 자신의 이해를 구축하고 형성하는 것을 돕는 데 초점을 두는 것으로 변화한다.

연구는 임상 즉흥연주가 암시적인 관계적 패턴을 다루는 중재임을 나타낸다(대니얼 스턴에 대한 2.3.3장 참조). 이러한 패턴은 인간으로서 우리가 타인과 관계 맺는 방식이며 보통 자동적이고, 의식적으로 일어나지 않는다. 암시적인 관계적 패턴은 인간의 애착 양식과도 관련된다. 이는 만일 한 사람이 타인에 대한 애착에 매우 회피적이라면 음악적 상호작용에서도 명백할 것임을 의미한다. 여기서 그 사람은 친분과 친밀감을 회피할 것이다. 만일 한 사람이 의존적인 애착 양식을 가진다면 자신의 음악을 타인의 음악에 따라 조정하고 따르고자 할 것이다. 이러한 관점에서 음악은 관찰하기 어려운 가시적 패턴을 만들 수 있고, 치료사와 환자는 환자의 애착 양식에 도전하지 않고 관계를 구축하기 시작할 수 있다(Pedersen, 2014).

성격 장애가 있는 개인은 회피적이거나 양가적인 형태의 불안정한 애착을 가진다는 이론적 근거와 연구 근거가 있다(Jørgensen, 2006). 음악치료를 통해 그들은 자신이 타인과 '어떻게' 관계 맺는지에 대해 작업할 수 있으나 다른 도전들도 있다. 무엇보다도 음악 활동은 불안과 불안정감을 활성화할 수 있다. 음악이 치료적으로 다루어질 수 있는 정서들을 활성화할 수 있는 것과 같은 이유로, 이는 암시적인 애착 패턴이 촉발되었을 때 높은 각성 수준에서 불안을 활성화할 수 있다. 즉흥연주에서의 각기 다른 상호작용 패턴이 스트렐로브와 린드네르(2016)에 의해 기술되었다. 높은 각성은 정신화하는 능력을 감소시키는 것이 문제이다. 이러한 환자들은 심각한 방임이나 학대를 경험하므로 타인을 신뢰하고 그 주변에서 안전한 기본적 능력이 매우 취약하거나 결여되어 있다. 이러한 불편한 정서를 느끼는 것으로부터 스스로를 보호하기 위해서 환자들은 보통 친밀한 관계로 진입하는 것을 회피한다. 특히 이러한 환자들을 대상으로 하는 심리치료의 초기 단계에서는 강렬한 정서적 반응을 견딜 만한 수준으로 유지하는 것이 지속적인 도전이다. 만일 스트레스가 너무 크면 이러한 환자들이 치료를 중단하거나, 스스로를 해치거나 자살을 시도할 위험이 있다.

또 다른 도전은 성격 장애 환자들이 보통 목적론적 사고라 지칭되는 것으로 고통받는다는 것이다(Bateman & Fonagy, 2007). 목적론적 사고는 목적이 있는 행위만을 실재로 지각한다는 의미다. 행위 이면의 의도에 대한 인식이 없는 것이다. 만일 누군가 정신적 불편을 경험하면 자해와 같은 행위가 불편을 경감시키는 것으로 보일 것이며, 타인의 매우 구체적인 행위들만 도우려는 시도로 지각될 것이다. 다른 사람으로부터의 양육적인 관심은 그 자체로 유용해 보이지 않는다. 다른 사람으로부터의 이해를 완전히 충족해도 환자가 더 나아졌다고 느끼게 만들지는 않는다. 이러한 관점에서 음악치료는 예를 들어, "저는 불안하고 우울해요. 그런데 당신은 제가 드럼을 연주하기를 원하나요?"와 같이 구체적인 도움과 매우 먼 것처럼 보일 수 있다. 음악치료는 아직도 상대적으로 새로운 처치 방법이므로 여러 환자에게 생소하고 낯설기도 하다. 생소한 것이기에 잠재적으로 통제할 수 없는 모든 것은 불안을 유발하고, 쉽게 위협으로 지각될 수 있다. 그래서 음악치료 방법은 개별 환자의 양식에 따라 조정되어야만 한다.

임상적 경험은 만일 앞서 언급한 조건들이 충족되고 명시적으로도, 암시적으로도 환자의 정신화 능력 유지 및 강화에 지속적인 초점을 둔다면 모든 음악치료 방법이 이러한 내담자 집단에 활용될 수 있음을 나타낸다.

성격 장애 환자를 대상으로 한 음악치료에 관한 처치와 연구에 대한 상세한 정보는 한니발 등(2012a), 한니발(2013), 한니발과 슈완테스(2017)를 참조하라.

불안 장애 환자를 위한 집단 음악치료

불안 장애 환자(일반 정신의학과)를 대상으로 하는 집단 음악치료에서, 음악치료 클리닉은 치유적 요인으로서 음악 감상을 통한 내적 심상의 촉진에 초점을 둔 처치를 발달시켰다. 제공되는 음악치료는 집단 음악치료, 음악 감상과 내적 심상이라 지칭되는 GIM 방법(3.2장 참조)이다. 치료는 최대 6명의 환자로 구성된 비공개 집단에서 일어나고, 이들은 다음 집단으로 이어지는 선택지를 두고, 10~12회 만난다. 집단은 세션에서 공통의 초점(작업 주제)을 초래할 수 있는 대화로 시작한다. 그다음에 음악치료사는 이러한 초점에 일치하고, 도전이 되는 음악 작품(5~12분 길이)을 선택한다. (앉거나 누워서 하는) 이완 유도 후에 집단 구성원들은 눈을 감고 음악을 감상한다. 음악을 감상한 후 집단 구성원들은 감상 중에 자신이 가졌던 내적 경험을 반영하는 그림을 그렸고, 스스로를 언어적으로 다시 표현한다. 그다음에 집단은 다시 원형으로 만나며 자신들의 경험을 관련짓는다. 각 집단 구성원은 자신의 그림을 제시하고 다른 사람들에게 그것이 자신에게 의미하는 바를 이야기한다. 다른 집단 구성원들은 각 구성원의 그림에 피드백을 제공한다. 음악치료사는 대화를 요약하고 이전의 진술 및 이전 세션의 소재 등과 관련지으며 각각의 개별 환자가 겪는 과정과 이 과정이 택할 수 있는 방향에 대한 개방적이고 알고 싶어 하는 태도를 가정한다. 집단치료의 여러 결과는 연구 보고서에도 기록되었다. 여기에는 환자의 이러한 과정에서 매우 도전적인 음악이 수행하는 역할에 대한 분석도 기록되었다(Bonde, 2011b; Bonde & Pedersen, 2015).

이전의 경험들은 여러 사례에서 비생산적인 정신병, 사회적 주지화, 충동, 정서 표현에 어려움이 있는 환자들과 유익한 작업 동맹, 음악치료 환경과 목적에 관해 협력하기 위한 환자의 동기부여와 관련된 동맹을 구축하는 것이 가능함을 시사한다. 대개 향후 치료에서 다룰 수 있는 적절한 심리적 이슈를 확인하는 것이 가능하다. 처치의 효과는 다른 어떤 것보다도 높은 성찰성과 진정성의 정도이다.

생산적인 정신병이 있는 환자들 중 자폐적 특성이 매우 현저한 환자들이나 과대망상 또는 자기 비하가 있는 환자들과 음악치료를 활용하여 작업 동맹을 구축하는 것은 특히 유익하다. 이러한 사례에서는 동맹을 구축하거나 상호작용에 들락거리는 것과 같은 주제가 치료의 초점이 될 수 있다. 상당수의 사례에서 이는 환자들이 음악치료가 있든 없든 자신의 처치 계획을 지속하도록 동기부여하는 데 도움이 되었다.

아동 청소년 정신의학에서의 음악치료

지난 20년 동안 덴마크의 아동 청소년 정신의학에는 음악치료를 이행하기 위한 여러 이니셔티브가 있었다. 예를 들어, 덴마크 오덴세대학병원의 청소년 정신의학과에서 홀크와 외스테르가드는 음악치료 프로젝트를 위해 주 승인 기금을 받았다.

이 프로젝트는 청소년들이 자신의 정신적 상태의 심각도 수준에 관계없이 치료에 정기적으로 참석했고, 스스로를 표현하는 데 관심이 있었으며 프로젝트를 통해 서로, 또한 가까운 스태프와의 사회적 상호작용이 증가되었음을 나타냈다(Nissen et al., 1995).

덴마크 오르후스에 있는 아동 청소년 정신의학과 병원(현재는 아동 청소년 정신의학 센터)에서 이르겐스몰레르는 민간 승인 기금을 받는 2년 단위 프로젝트에서 음악치료사로 일했다. 이 프로젝트에서 음악치료사는 음악치료 진단평가와 유아를 대상으로 한 개별 세션으로 작업했다(Irgens-Møller, 1998a, 1998b). 개별 세션의 목적은 정서적 이슈를 다루는 것에서부터 의사소통과 사회적 기술의 발달, 충동 조절과 자존감의 증가에 이르기까지 다양했다. 아동 중 절반은 아동의 중요한 문제들과 관련하여 가시적인 긍정적 발달을 보였고 사례의 절반에서는 음악치료 세션에서의 관찰이 아동에 관한 새로운 정보에 기여했다.

덴마크 슬라겔세에 있는 아동 청소년 정신의학 센터의 음악치료사 카린 탐보우르 마리고르는 수년간(2005~2011년) 일했으며, 자신의 음악치료 실제에 인지치료에서 영감을 얻은 음악치료 진단평가 방법을 적용했다.

마지막으로 올보르 정신의학과 병원(현재는 올보르대학병원 정신의학과)의 음악치료 클리닉은 아동 청소년 정신의학과 병동과 5년 동안 협력했다. 여기에서 홀크는 전반적 발달 장애, 식욕부진증, 강박 장애나 우울증이 있는 9~13세의 여러 입원환자를 대상으로 음악치료 진단평가와 단기 치료를 수행했다. 음악치료의 주요 목적은 병원에 입원한 시기에 아동의 사회적 의사소통 능력뿐만 아니라 상상적인 정서적 공감 역량을 규명하고 발달시키는 것이다. 이러한 목적을 위해서 홀크는 규정된 목적과 관련된 음악적 상호작용에 초점을 둔 일련의 음악치료 '연주 규칙'(Holck, 2008a, 2009)을 기술하고 만들었다.

연주 규칙은 다음과 같이 범주화될 수 있다.

- 음악 연주 규칙
- 참조적 연주 규칙
- 음악적 상호작용 중 언어화를 지지하는 연주 규칙
- 음악적 상호작용 후 언어화와 성찰을 지지하는 연주 규칙

각 범주에 대해서 홀크(2008a)는 각기 다른 연주 규칙의 예를 제시하고, 연주 규칙이 어떻게 활용되는지를 짧은 사례와 함께 설명했다.

이 모든 다양한 프로젝트와 입장에서 음악치료는 다른 스태프 구성원들에게 매우 긍정적으로 여겨졌다. 올보르 정신의학과 병원의 음악치료에 대한 내부 평가 보고서에서 내과 과장, 부서장, 부부서장과 심리학자들은 모두 다음과 같이 진단평가했다.

음악치료는 아동에 대한 전체적인 그림에 유용한 정보로 기여한다. 그러므로 음악치료에서의 관찰은 의학적 진단 작업을 지원하거나 보충할 수 있다. 그뿐만 아니라 음악치료는 보통 전체적 이해에 미묘한 차이를 부여하고, 덜 언어적이고 더 음악적이며 유

희적인 상황에서 아동이 무엇을 할 수 있는지를 나타낸다. 이는 사회적, 정서적 기술 뿐만 아니라 이를 반영하는 능력에 관한 사례이다(Holck, 2008a, p. 21).

맺음말

음악치료 처치 외에도 음악치료사는 정기적으로 의뢰 회의와 처치팀 회의에 참석하며, 관련이 있는 경우 개별 환자의 내과의 및 연락 담당자와 지속적인 대화를 가진다. 또한 음악치료사들은 다른 정신의학과 동료들에게 음악치료와 음악치료가 어떻게 적용되는지에 대해 교육하며, 병원에서 편성한 각종 과정, 프로젝트 데이와 강의에 참여한다. 정신의학에서 음악치료사의 작업 중 중요한 부분은 자신의 작업에 대한 발표와 기록문헌이다.

덴마크에는 1995년부터 올보르대학교와 올보르대학병원의 통합 클리닉인 정신의학과가 존재했으며, 이 클리닉 ─음악치료 클리닉, 처치와 연구를 위한 센터─ 은 1998년부터 2011년까지 연간 간행물인 정신의학에서의 음악치료를 만들었다. 이 간행물에는 음악치료 실제의 각기 다른 측면에 대한 사례 발표와 이론 논문들이 게재되었으며 처음에는 덴마크, 나중에는 스칸디나비아 정신의학과의 음악치료사들이 저술했다. 처음에 서적 형태로 나왔던 간행물은 2012년부터 2017년 사이에 덴마크어로 된 전자저널 정신의학에서의 음악치료 온라인판MIPO으로 전환되었다.[2]

사례와 환자 내러티브

(41세의) 남성 환자가 정신의학과 병원의 심리치료에 의뢰되었다. 의뢰 회의 중에 그 환자는 음악치료 형태의 심리치료를 받아야 하는 것으로 결정되었다. 그는 '성격 장애/성격 구조의 장애'라는 진단으로 의뢰되었다. 이는 WAIS, 루리아의 10단어 검사, 로르샤흐 검사를 활용한 평가 후의 결론이었다.

성격적 특성은 주지화, 강박 행동, 자신의 정서와 거의 접촉이 없다는 것이었다. 환자는 2년간 주 1회 외래환자로 1시간의 음악치료 세션에 참석했다. 치료의 목적은 환자가 자기 자신 및 타인, 주로 여성과 더 나은 만남을 정립하도록 작업하는 것이었다. 부분적인 목적은 경계와 자율성을 대상으로 작업함으로써 미래의 고용 가능성을 명확히 하여 환자를 지지하는 것이었다. 다음은 사례에서 발췌한 것으로 www.jkp.com/voucher 링크에서 코드 GAUREXY를 활용하여 (이메일로 가입 후) 들을 수 있는 음악 예 3~8을 통해 설명된다.

----

2   http://journals.aau.dk/index.php/MIPO에서 이용 가능하다.

예 3 : 치료사와 환자 모두 피아노(별개의 피아노)로 즉흥연주를 하다

발췌본은 첫 번째 음악치료 세션에서 나온 것이다. 환자는 악기를 선택하도록 요청받았다(그는 음악치료실에 있는 두 대의 피아노 중 하나를 선택한다). 그는 한 음을 연주하며 그 음에 주의 깊게 귀 기울이고, 그 음이 그를 다음 음으로 이끌게 하도록 요청받는다. 다시 말해서, 그는 그 음이 어떻게 소리 나야 하는지에 대한 자신의 선입견에 초점을 두는 대신, 그 음의 소리에 주의를 향하도록(그 소리에 존재하게 되도록) 요청받는다. 환자는 (중간 음역을 피하여) 고음역과 저음역에서 연주를 번갈아 하며, 점차 감상에 좀 더 몰두하게 되는 것처럼 보이고 들린다(그는 소리에 스스로 푹 빠진다). 음악치료사는 전체 즉흥연주 동안 간단한 반복되는 음을 반주로 연주한다(피아노 중간 음역의 한 음). 치료사와 환자의 음이 함께 합쳐져 내면에 초점을 두고 귀 기울이도록 그들을 초대하는 화음을 만들어내고, 환자의 신체 언어는 즉흥연주에 강한 집중을 나타낸다. 음악치료사는 음악에서 환자와 치료사 간 의도적 만남을 꽤 많이 듣는다. 즉흥연주에 이어진 대화에서 음악의 녹음을 들은 후에, 환자는 치료사의 음악을 거의 듣지 못했음을 표현한다. 그러나 그는 어딘가 음악적 중심에 다가가는 감각을 가졌다. 그는 스스로가 자신의 음악 안에 존재하고 인식하게 되도록 허용하기 위해 자신이 이 중심을 필요로 한다는 것을 알았다.

이 사례의 환자는 추후 분석과 연구를 위해 이 예들을 활용하도록 허가했다. 4년 후 클리닉에 초대되었을 때, 그는 환자와 치료사 간 만남에 초점을 두도록 요청받았다. 그는 만남에 대한 자신의 해석을 1에서 10점 척도로 점수 매기도록 요청받았다. 여기서 1점은 만남이 없음을 의미했고, 10점은 매우 친밀한 만남을 의미했다. 이 예의 음악은 9점으로 매겨졌다. 이는 치료를 통해 환자의 지각이 유의하게 변화하였으며, 이것이 오래 지속되는 변화였음을 나타낸다.

예 4 : 치료사는 드럼을 연주하고 환자는 피아노를 연주하다

이 예는 14회기에서 발췌하였다. 환자는 음악에서 자신의 초조를 유발하고, 치료사가 초점이나 구명줄로서 행동을 취하기를 요청한다. 그동안 환자는 더 많은 공간을 차지하는 것을 허용하고, 음악에 좀 더 공격적인 에너지를 허용하여 경계에 도전한다.

예 5 : 치료사와 환자 모두 목소리로 즉흥연주하다

이 예는 32회기에서 발췌하였다. 오랫동안 꿈을 꾸지 않았던 환자는 매우 강렬한 꿈을 꾸기 시작했다. 환자는 보통 최근의 꿈과 관련지으며 음악치료 세션을 시작한다. 그는 세션 사이에는 수채화도 그린다. 그는 이 그림들을 가져와서 세션 중에 이에 관한 말을 몇 마디 한다. 마지막으로 그는 일기를 쓴다. 이는 그가 음악치료사에게 주고자 하는 것으로, 음악치료사는 세션 사이에 일기를 읽는다. 수채화와 일기는 주로 환자 자신에 의해 언급된다. 이 세션에서 환자는 꿈과 관련짓는다. 꿈에서 그는 무언가를 찾아 이리저리 뛰어다닌다. 그는 철조망으로 와서 그 위로 기어오른다. 반대편에는 얼어붙은 호수가 있고 호수의 중간에는 얼음 덩어리가 너무 얇아서 그것을 통해 석화된 성게를 볼 수 있다. 그는 그 성게가 살아나야 할 필요가 있는 자신의 일부라고 말한다. 음악치료사와 환자는 자신의 목소리를 활용하여 그 성게의 특질을 표현하는 데 동의한다. 환자가 자신의 목소리로 즉흥연주를 시도하는 것은 이번이 처음이다. 치료사는 환자의 음고와 표현성에 일치시키고자 한다. 즉흥연주의 끝을 향할 무렵 목소리에는 아주 작은 비브라토에서 훨씬 많은 비브라토에 이르는 움직임이 있다. 이는 '얼어붙었던 것이 녹기 시작하는 것'으로 이해될 수 있다. 치료사는 공감적으로 일치시키고, 환자의 표현으로 환자를 지지한다.

예 6 : 치료사와 환자 모두 목소리로 즉흥연주하다

이 예는 42회기에서 발췌하였다. 환자는 이제 목소리 즉흥연주에 훨씬 더 익숙해졌다. 세션 전날 밤에 환자는 검은 표범에 대한 꿈을 꾸었고, 이는 그와 치료사가 함께 목소리로 표현하고자 하는 상징이다. 이는 환자가 더 낮은 목소리를 활용하도록 만들고, 그는 이를 남성적인 것의 표현으로서 경험한다. 그는 더 낮은 음고를 활용할 때 자기 스스로를 들리게 하는 것과 '혼자 서는' 것이 훨씬 더 쉽다는 것도 알게 된다. 이는 그에게 이 사례에서 자신이 한 것처럼, 강렬하고 '원시적으로' 스스로를 표현하는 자신감을 부여한다. 치료사는 환자의 표현에 일치시키고, 자신의 소리를 통해 환자가 목소리 즉흥연주에서 자신만의 경계를 탐색하도록 격려한다.

예 7 : 환자가 혼자 목소리로 즉흥연주하다

이 예는 44회기에서 발췌하였다. 여기서 환자는 '밝은', 그리고 '어두운' (높고 낮은) 소리를 모두 담은 통합된 목소리를 활용한다. 환자는 스스로를 표현하는 데 좀 더 자신감을 느끼며, 매우 독립적으로 표현할 수 있다. 그는 자신의 여성적인 면과 남성적인 면을 좀 더 활발하게 나타내며, 그것이 더 통합되었다고 느낀다.

예 8 : 치료사와 환자 모두 목소리와 피아노로 즉흥연주하다

이 예는 마지막 세션인 57회기에서 발췌하였다. 치료사와 환자는 음악의 흐름 안에서 자유롭게 연주한다. 그들 모두 새로운 아이디어로 음악에 기여하고, 그 순간의 음악에 그들 스스로를 몰두하게 한다. 규정된 역할은 없다. 치료사는 공동 즉흥연주에 영감을 받음으로써 환자의 연주를 지지하고, 부연하거나 반주에 관한 생각을 하지 않고 스스로를 표현하거나, 자신의 고유한 아이디어를 연주하는 것에 부담이 없다. 음악은 이전 회기에서 표현되었던 여러 요소를 요약한다. 치료사와 환자가 동시에 피아노를 연주하면서 목소리로 즉흥연주한 것은 이번이 처음이다.

　　환자는 언제 치료를 종결할지에 대해 스스로 결정을 내렸다. 그는 자신이 이제 세상으로 나갈 준비가 되었고, 음악치료에서의 경험을 활용하여 자신의 힘을 시도할 준비가 되었다고 느꼈다. 요청에 의해 음악치료가 끝난 3년 후, 같은 환자가 다음의 환자 내러티브를 저술했다. 내러티브에서 보았던 것처럼, 음악은 환자가 더 광범위한 자기감과 더 큰 개인적 자유를 성취하도록 도왔다. 치료의 시작에서 규정했던 목적과 관련해서 환자는 좀 더 유연하면서도 명확한 경계와 더 큰 정도의 자율성을 발달시켰다. 이러한 방식으로 그는 자신과의 만남 및 여성을 포함한 타인과의 만남을 개선한다. 음악치료가 종료된 후 얼마 지나지 않아 환자는 완전히 회복되었다.

환자가 음악치료에서 경험한 내적 과정들을 설명하기 위해 우리는 그의 허가를 얻어 7장의 수채화를 포함시켰다. 7장의 그림은 환자가 음악치료에 가져왔던 63장의 수채화 모음에서 선정한 것이다(다음 쪽의 그림 참조).

환자 내러티브

내가 음악치료에 참여하게 된 배경(1994년 9월~1996년 5월)은 매우 긴 기간의 질환과 유치원 교사로서의 휴직이었다. 이 직업은 점점 더 나의 신경을 건드렸고, 너무 많은 사람과 새로운 인상 및 관계를 맺어야 했기에 점점 더 스트레스를 받았으며, 긴장하고 혼란스러웠다. 결국 나는 완전히 균형감을 잃었고, 그 결과 수행의 과정에서 내가 무엇을 하고 있었는지를 계속해서 잊었다. 기본적인 심리검사는 이 직업이 나에게 적합한 것이 아님을 확인하였다. 이에 기반을 두어 내가 주 1회 개별 음악치료의 형태로 심리치료를 시작하는 것이 제안되었다(그리고 나는 수용했다).

첫 세션에 도착했을 때 나는 약간 긴장했었다. 나는 음악치료가 무엇인지 잘 몰랐고 전에 음악치료에 대해 들어본 적이 없었다. 내가 매우 음악적이지 않은 가정에서 자라기도 했고, 학교에서의 경험은 노래를 부르지 않거나 음이 맞지 않게 노래했다는 이유로 머리를 맞은 것처럼 제한적이었다. 내가 음악에서 나만의 공간을 찾을 수 있을 것 같다는 느낌을 받기 시작한 것은 어느 정도, 대략 반년이라는 시간이 흐른 이후였다. 초기에 내가 끌렸던 것은 피아노, 매우 낮은 음에서 매우 높은 음까지 많은 건반이 있는 피아노였다. 처음에 나는 대부분 어두운, 서러운, 구슬픈 소리에 끌렸고 이후에 더 밝고 더 높은 음들이 나타났다. 처음에 그 음들은 서로 정반대였다. 이후에 그 음들은 서로 관계 맺기 시작했고, 함께 연주하며 서로를 넘나들면서 춤을 추었다. 나는 음악에 공간이 있다는 것을 점점 더 많이 경험했으며, 동시에 나의 일상생활은 점점 더 많이 슬프고, 불안으로 가득차 보였다.

치료를 받은 지 한참 만에 나는 내 목소리를 악기로 사용하기 시작했다. 여기서 특히 나는 돌파구를 느꼈다. 어려운 것이었으나, 나의 가장 깊은 감정을 접하고 이와 직접적인 만남을 부여하기도 했다.

이 직후에 꿈들이 줄줄이 쏟아졌다. 꿈을 꾸는 대로 나는 긴 꿈의 순서들, 내가 LSD를 하던 시기의 꿈부터 쫓기는 존재에 대한 꿈, 이상한 생물과 악어, 표범, 뱀 등의 동물들이 있는 꿈들을 적어놓았다. 이 기간 동안에 많은 일이 일어났다. 나는 괜찮은, 새롭고 흥미로운 방식으로 세상에 홀로 있는 소년이 된 것처럼, 다시 아이가 된 것처럼 느꼈다. 나는 내가 있는 곳이 어디이고 원하는 것이 무엇인지 좀 더 의식하기 시작했다. 서너 달 후에 나는 치료를 끝내기로 결정을 내렸고 이것이 마무리되었다고 느꼈다. 이제 다시 세상에 나가서 나의 힘을 시험할 때가 온 것이었다.

음악을 중단한 지 이제 3년이 조금 넘었다. 그 이후로 꽤 많은 일이 일어났다. 나는 내가 꽤 많이 달라졌다는 것을 느낀다. 어떤 점에서 나는 여전히 같은 사람이다. 그러나 동시에 나는 오늘 훨씬 더 '스스로를 채울 수' 있을 것 같은 느낌이 있다. 이전에 나는 대기실에 앉아서 내가 슬픈, 외롭고 오해받는 '황야의 이리'처럼 느껴졌고 다른 사람들과 함께 있을 때 나는 보통 무리 속에 받아들여진 스파이처럼 느꼈다. 나는

그림 4.2.1.1　어린 소년이 멀리 있는
어머니상에 손을 뻗는다.
가운데 있는 남자는 현실의 관찰자로
여기서 가장 중요한 대상이다.

그림 4.2.1.2　꿈에서 얼음 밑에 나타났던
석화된 성게가 여기서 어떤 얼굴이 되었다.
아직 수면 아래에 있다.

그림 4.2.1.3 얼굴이 이제 수면 위로 움직였다. 이는 다른 사람들과의 관계에서 불안을 만든다.

그림 4.2.1.4 형언할 수 없는 불안이 떨쳐지고, 이는 악마와 뱀이 나오는 꿈과 환상에서 드러난다.

그림 4.2.1.5　악마가 자라고 있다.
이는 위험한 것이자 중요한 것으로도
경험될 수 있으며, 에너지의 원천으로
인정되지 않는다.

그림 4.2.1.6　이제 여성적인 면과
남성적인 면 사이에 더 나은 균형이
있는 것으로 보인다.

그림 4.2.1.7 나는 이제 훨씬 어려졌지만 훨씬 더 통합된 것을 느낀다.

여전히 '황야의 이리'다. 그러나 이제 조용한, 사색하는 이리 말고, 훨씬 더 자유롭고 자발적이며 능동적이고 쾌활한 황야의 이리이다. 나는 이제 함께 어울리고 기쁨을 소리치는 이리이다. 나는 나 자신의 요구를 훨씬 더 잘 의식하게 되었고, 타인을 다치게 하는 것에 대한 두려움은 뒷전으로 사라졌다. 내가 가지곤 했던 아침의 위기, 하루 종일 지속될 수도 있고 임박한 재앙이 숨어있다고 느꼈던 위기는 어느 정도 사라졌다. 음악치료는 공식적으로 종료되었으나 나는 아직도 음악치료가 진행 중인 것으로 느낀다. 내가 음악 안에서 수행했던 모든 실험, 음, 주제들을 나는 이제 다른 사람들과의 각기 다른 만남에서 활용하고, 이는 나에게 자유라는 엄청난 느낌을 선사한다. 자유는 내가 그에 맞추어 연주할 수 있는 다양한 조성과 상황을 다루는 여러 다양한 방식으로 이해되었다. 나는 아직도 깊은 내면에서, 내가 바로 지금 어떻게 느끼는지 의식하게 되기 위해 목소리 연습을 한다. 이는 나에게 만들어지는 불편과 긴장을 이완하는 좋은 도구이다.

4.2.2 사회 정신의학에서의 음악치료

널스 한니발, 잉에 뉘고르 페데르센, 트리네 헤스트베크

사회 정신의학에서의 음악치료는 금세기 초부터 유럽의 여러 국가에 존재했다. 내담자 집단은 (당분간) 입원하지 않는 사람들과, 자신의 집이나 주거 (복지) 시설에 거주하는 사람들로 구성된다. 사회 정신의학 접근에서 목적은 '심리사회적 재활'이다. 여기에는 정신적으로 취약한 사람들과 심리사회적 장애가 있는 사람들의 회복을 돕고 독립적인 생활을 가능하게 하는 전문적 지원이 포함된다(Danish Social Agency, 2014).

'지원'은 자기의 삶에 대한 통제를 확보하고 타인과의 관계를 구축하며 직업을 얻거나 교육을 받는 것과 같은 영역을 다루는 광범위한 용어다. 덴마크와 다른 여러 국가의 사회 정신의학은 회복에 기반을 둔다. 이는 그 목적이 정신의학적 의미로 완전히 치유되는 것이 아니라 정신적 문제에도 불구하고 개인이 좋은 삶의 질을 가질 수 있는 과정을 위한 지원을 받는 것과, 자신의 생활 상황에 대해 완전히 또는 부분적으로 통제를 얻을 수 있는 것을 의미한다. 그러므로 지원은 개별적으로 적용되어야 하며, 일상생활에 대한 대처를 향상시키는 데 기여해야 한다. 간단히 말해서 개인은 가능한 한 독립적으로 생활을 관리할 수 있도록 자조를 위한 도움을 받아야 한다. 사회 정신의학과 병원 정신의학의 주요한 차이는 전자가 자원, 재활, 역량 강화에 초점을 두고, 후자는 진단평가, 의학적 진단, 처치에 초점을 둔다는 것이다. 게다가 사회 정신의학에서는 개인이 보통 외부 전문가에 의한 처치로 의뢰되지 않는 반면 병원 정신의학에서의 처치는 대개 정신의학자에 의해 처방된다. 이는 사회 정신의학에서는 자기 의뢰가 어느 정도 가능하다는 것을 의미한다.

사회 정신의학에서 음악치료사는 정신역동적 접근(3.3장 참조)과 커뮤니티 음악치료 접근(3.7장 참조)을 활용할 수 있다. 전통적인 정신역동적 음악치료 접근으로 개별치료와 집단치료가 모두 제공되며 예를 들어 즉흥연주, 노래 만들기, 음악 생애사(3.9장 참조)와 같이 매우 다양한 능동적, 수용적 음악치료 방법이 활용된다. 관계적 치료를 통해서 치료사는 재발을 예방하고 자원을 개발하며, 좀 더 독립적인 삶을 살도록 개인을 돕는다. 골드 등(2005)과 골드 등(2013)은 처치에 대한 동기부여가 낮은 내담자를 대상으로 한 자원 지향 개별 음악치료 연구에서 3개월의 음악치료 이후 부정적 증상이 감소하고 기능 수준이 유의하게 개선되었음을 나타냈다. 이러한 연구 결과들은 골드와 동료들이 조현병이 있는

사람들과 정동 장애가 있는 사람들에 대해 수행했던 메타 분석 결과들과 일치한다. 메타 분석은 처치의 길이와 그 효과 간 명백한 관계('용량-반응 관계')를 기록했다(Gold et al., 2009). 제공되는 세션이 많을수록 처치 효과는 더 커진다. 이는 음악치료가 보통 장기적으로 고려되는 사회 정신의학에서 특히 중요하다.

커뮤니티 음악치료 접근(3.7장 참조)은 몇 가지 중요한 점에서 전통적인 역동적 음악치료와 다르다. 여기서 치료사는 환자를 다루는 누군가로서 동일한 방식으로 정의되지 않고, 오히려 성장과 발달을 위한 퍼실리테이터로 정의된다. 취약한 사람들을 통합하고 활성화시키고 동기부여하는 수단으로 음악을 활용하는 것에 초점을 둔다. 참여하고 '수행'하는 개인으로서 사회적, 상호작용적, 표현적, 창의적이 되도록 하는 것이다. 여기서 자원의 측면이 중요하고 역할, 참여, 방향 등이 능동적으로 다루어지므로 개인이 좀 더 참여적이고 능동적이 되며, 집단의 동등한 구성원이 되는 경험을 할 수 있다. 커뮤니티 음악치료는 대개 집단으로 수행된다. 예를 들어 합창 가창, 내담자 밴드, 연극 프로젝트나 유사한 활동 등의 방법이 있으며, 보통 관객을 위한 수행은 프로젝트가 끝날 때 이루어진다. 뤼달 (2011)은 이를 다음과 같은 방식으로 표현한다. 커뮤니티 음악치료는 사회 정신의학에서 참여자들의 다수가 경험하는 주변화와 배제에 대응할 수 있다. "커뮤니티 음악치료는 집단이 함께 숙달을 이루는 방식을 통해 초래되는 사회적 통합, 정체성과 자원에 관한 것이다"(ibid., p. 132). 커뮤니티 음악치료의 참여자는 환자나 내담자로 정의되는 것이 아니라 오히려 참여자, 기여자나 창의적이고 표현적인 개인으로 정의된다. 다양한 음악 매체의 처리는 참여, 커뮤니티, 상호작용, 대처를 기르며 행위 및 스스로 표현하기의 새로운 방식을 시도하는 좋은 체제를 만든다.

2009~2010년에 19명의 참여자를 대상으로 수행된 오르후스 지방자치단체의 사회 정신의학 음악치료에 관한 소규모 이용자 설문조사에는 개별 음악치료 외에도 집단 음악치료가 제공된 것에 대한 긍정적 반응이 있었다(Jensen, 2011). 참여자들에게 음악치료는 지지적이고 성장 지향적인 예방적 중재였다. 참여자들은 설문조사에서 자신의 증상이었던 스트레스가 줄고, 집중과 같은 인지 기능이 개선되었다고 보고했다. 참여자들은 자존감과 사회적 역량도 향상되었음을 밝혔다.

연구는 사회 정신의학에서 분석 지향 음악치료와 커뮤니티 음악치료라는 2가지 병렬적 접근 사이를 오가는 것의 중요성도 설명한다. 이는 음악치료사로서 자신의 역할에 대해 인식하고 각기 다른 맥락에서의 관계에 초점을 두는 것을 필요로 한다. 두 접근 사이를 오표 **4.2.2.1** 사회 정신의학에서 음악치료사에 의해 제공되는 1년 과정의 서비스(Jensen, 2011, p. 118)

음악치료 서비스	참여자 수
개별 음악치료 : 412회기	27
사회복지사와 협력하는 개방 음악 집단 : 각 2시간, 48회기	15
네트워크 내 청소년 집단 : 3시간, 2회기	6
성인 특수교육센터 집단 : 각 3시간, 15회기	5
커뮤니티 음악치료 : 21개의 각기 다른 문화 행사	>100

가는 것은 이용자와 치료사 간 관계에도 영향을 미치며 실용적인 것 등도 수반한다. 커뮤니티 음악치료는 더 넓은 맥락에서 제공된다. 역할에 대한 인식은 역할과 기능에서의 이러한 변화를 관리할 수 있는 전제조건으로 보이며 이는 음악치료사 훈련의 기본적인 부분이다.

음악치료의 활동 분야 범위는 연구 기간 동안 옌센의 음악치료 서비스에 대한 개관을 나타낸 표 4.2.2.1에서 볼 수 있다.

이 장을 요약하면, 동일한 보고서에 나타난 이용자 추천의 글 형식은 다음과 같다(Jensen, 2011, p. 125).

사례

참여자는 42세의 여성으로 불안, 우울, 사회 공포증을 진단받았다. 그녀는 자신의 상황을 다음과 같은 방식으로 기술한다.

> 나의 절망은 너무 강렬해서 연쇄적으로 이어지던 나의 생각을 헤집어놓았다. 약물은 어느 정도 도움이 되었으나 내가 빠졌던 상황에서 벗어나는 것이 필요했다. 사회복지사가 나를 음악치료로 데려갔다. 처음에만 그랬고 이후에는 내가 스스로 거기에 갔다. 사람들뿐만 아니라 시끄러운 소음이 나에게는 위협이었으며, 동시에 내가 주변에서 일어나는 모든 것을 보고 들을 수 있는데도 불구하고 마치 꿈속에서 걷는 듯했다. 나는 일상적인 대화에서조차 집중하는 것이 힘들었고 무력감을 느꼈기에 (그곳에) 도착했을 때 매우 긴장했었다(ibid., p. 125).

음악치료의 첫 번째 세션에 대해 이야기하면서 그녀는 자신이 박을 유지할 수 없었으나, 연주한 것이 좋았다고 말했다. 그러나 이는 그녀에게 어떤 의미도 아니었다. 음악치료사는 그녀와 음악적으로 상호작용했다. "(그것은) 자유 즉흥연주였고 늘 의사소통적이었다. 우호적이고 편안한 느낌이었으며, 정말 현존하는 감각을 내게 부여했다"(ibid., p. 125).

여성은 다양한 타악기를 연주하라는 초대를 수용했고, 이는 겁먹은 것에서 유희적인 게임으로 변화되었다. 여기서 음악은 한 악기에서 다른 악기로 넘어갔다. 음악치료사는 '여기에서는 잘못된 것이 없음'을 명확히 했다. 여성은 이를 마음으로 받아들였으며, 완전히 현존하게 되고 좀 더 실제를 느낀다는 것에 엄청난 기쁨을 경험했다. 이러한 경험은 여성이 이전의 음악적 경험을 활용하기 시작했을 때 강화되었다. 그녀는 어렸을 때 음악을 연주했었고 음악치료에서 그들은 이제 자유롭게 즉흥연주와 악보 연주를 오갈 수 있었다. 이는 그녀에게 더 많은 자존감을 부여하였고 다른 사람들과의 만남에도 영향을 미쳤다. 그녀는 이러한 만남을 다루는 것이 좀 더 쉬워졌다고 기술한다. 결론적으로 그녀는 말한다.

> 보통 불안하거나 슬플 때 나는 이제 스스로를 가창으로 위로할 수 있다. 이전에는 좌절했을 때 횡설수설 이야기하면서 돌아다녔다. 이제 나는 그것을 노래로 만들 수 있다. 이는 상황을 훨씬 나아지게 만든다. 음악은 걱정하는, 겁먹은 느낌을 신뢰의 느낌으로 변환시킨다. 그런 다음에 나의 생각은 대개 같은 방식으로 흘러가고, 모든 것을 다루기가 더 쉬워진다(ibid., p. 125).

이 예는 이 여성이 어떻게 자신의 성격의 새로운 면이나 잊었던 면을 접하는지와, 이것이 그녀에게 더 나은 삶의 질을 제공하면서 사회적으로뿐만 아니라 개인적으로 그녀의 상황을 개선하도록 돕는지도 설명한다. 사회 정신의학에서의 음악치료가 어떻게 개인이 내적 자원을 재발견하는 것을 도울 수 있는지는 또 다른 음악치료 참여자의 이 마지막 진술에서도 설명된다.

> 내가 거기에(음악치료에) 있을 때 나는 정신의학과 병동, 지방자치단체, 정신의학자들은 한편으로 밀어두고 그저 존재할 수 있다. 스스로를 다시 찾을 수 있다. 불안이 있고 목소리들을 들을 때, 나는 음악치료에 가고 나의 내면에 있는 능력과 특질들을 활용한다. 이것이 내 생활에 의미를 부여한다. 이전의 경험들이 더 명확해진다. 나는 그 경험에 의지할 수 있다. 내가 의식하지 못했고 찾을 것으로 기대하지 않았던 능력들이 나에게 있다(Jacobsen & Hannibal, 2012, pp. 41~42).

4.3 발달 장애인을 위한 음악치료

발달 장애 아동, 청소년과 성인을 위한 음악치료는 생활 연령, 발달 연령, 생애 단계의 측면에서 다양한 개인을 포함한다. 그러므로 치료에는 정체성과 자기 인식 강화뿐만 아니라 각성 조절, 주의 개선, 사회-의사소통적 상호작용, 관계적, 정서적 요구와 같은 다양한 목적과 목표가 있다. 이어지는 4.3.1장은 아동에 관해, 4.3.2장은 청소년과 성인에 관해 발달 장애인을 위한 음악치료의 다양한 목적과 접근을 다룬다. 최신 발달심리학(2.3.3~3.13장 참조)은 초기 발달 단계와 관련된 상호작용의 형태를 다루는 기반인 반면, 후기 발달 단계를 다루는 치료는 정체성, 자기 인식, 자아존중감 강화에 초점을 둔다.

이 영역의 아동, 청소년, 성인 음악치료 간에는 상당수 자연스럽게 중복되는 부분이 있으므로 물리치료사와 작업치료사 같은 다른 전문가들과의 간학문적 협력은 아동 음악치료에서도 물론 중요하고 보편적이지만 반복을 피하기 위해서 성인에 대한 절에서 기술된다. 놀이와 유머의 활용은 아동에 대한 절에서 기술되지만 유머는 성인을 대상으로 한 음악치료에서도 당연히 중요하다. 그러므로 이 두 절을 연속해서 읽는 것이 좋다.

4.3.1 발달 장애 아동을 위한 음악치료

울라 홀크

소개

자폐 범주성 장애 아동을 포함하여 신체적, 지적 장애 아동을 위한 음악치료에는 오랜 전통이 있다. 가장 오래된 사례 기술은 1940년대이며 1950년대, 1960년대와 1970년대를 거쳐 각기 다른 교육적 배경과 국적의 선구자들이 음악 활동과 자신의 전문 지식을 결합했다(Hooper et al., 2008a, 2008b). 오늘날 이 영역의 음악치료는 전형적으로 주의, 각성 조절, 정서 조율, 사회-의사소통적 상호작용, 정체성, 자기 인식에 초점을 두는 신경심리학과 발달심리학에 기초를 둔다.

요구와 처치 목적

발달 장애 아동들은 선천적으로 또는 생애 초기에 발생한 신경학적 또는 유전적 손상과 이상으로 인해 신체적 또는 정신적 기능에 실질적이고 영구적인 손상을 입는다. 어떤 상태는 신경학적 검사를 통해 발견될 수 있고, 다른 상태는 아동의 관찰과 검사를 통해 진단된다. 구어 사용이 없고 중복 장애가 있어 모든 생활 기능에 조력이 필요한 아동에서부터 일반적인 기능 제한과 수년의 발달 지연이 있는 아동, 뇌성마비가 있는 아동, 고도의 감각 결손이나 운동 장애가 있는 아동, 선천적 대사 이상이 있는 아동이나 자폐 범주성 장애 같은 전반적 발달 장애를 포함하여 정신적/정서적 발달 장애가 있는 아동에 이르기까지 의학적 진단과 장애는 매우 광범위하다(WHO, 2016).

일반적으로 발달 장애 아동은 인지적, 의사소통적, 운동적, 정서적, 사회적 어려움을 지닌다. 그러나 이 문제들의 속성과 이들 간 균형은 아동의 생활을 통해 현저히 변화할 수 있다. 선천적 상태는 보통 아동이 타인과 사회적으로 상호작용하는 것을 어렵게 만들 수 있다. 이는 위축 또는 행동화 경향과 같은 불안정감과 행동 문제를 증가시킬 수 있다. 그러므로 불안 장애는 신체 장애 및 발달 장애 아동에게 흔하다(Davis, Saeed & Antonacci, 2008).

음악치료 의뢰. 발달 장애 아동의 요구는 매우 다양하기 때문에 음악치료의 목적은 아동마다 상당히 달라질 수 있다. 그러나 발달 장애 아동은 일반적으로 주의, 사회적 기술, 의사소통의 초기 형태나 구어적 의사소통을 개선하기 위해 또는 정서적, 관계적 어려움 때문에 음악치료에 의뢰된다(Keith, 2013; Schwartz, 2013; Wheeler, 2013). 아동의 요구에 따라서 개인의 요구에 초점을 두는 개별 음악치료로 의뢰될 수 있고 집단과의 공유에 대한 자신감, 감상, 차례 주고받기와 음악적 전체의 일부가 되기 같은 사회적 기술에 초점을 두는 소집단 음악치료에 의뢰될 수 있다.

음악치료

주의 및 각성 조절

음악, 노래나 악기들의 몇 가지 소리는 주변 환경에 주의를 향하거나 유지하는 데 큰 어려움을 지닌 아동에게도 호기심을 유발할 수 있다. 그러나 발달 장애 아동은 쉽게 과잉 자극되거나 과소 자극될 수 있으며, 보통 이 두 상태 사이를 빠르게 오간다(Schwartz, 2013; Wheeler & Stultz, 2008). 그러므로 능동적 즉흥연주 방법이 보통 활용되는데, 여기서 음악치료사는 아동의 각성 변화에 지속적으로 일치시킬 수 있거나(2.3.4장 참조) 긴장과 이완을 만드는 음악의 능력을 활용하여 각성의 수준을 높게 또는 낮게 조절할 수 있다. 처음 호기심이 유발되었다면 그다음 단계는 아동의 주의를 음악치료사와 함께 하는 음악적 상호작용으로 돌리는 것이다(Wheeler & Stultz, 2008).

고도의 신체적 기능 제한으로 인해 보통의 악기를 조작할 수 없는 아동(뿐만 아니라 청소년, 성인)을 위해 몇 가지 정보통신기술 기반 특수 악기들이 최근에 개발되었다. 이 악기들은 개별 이용자를 위해 설계될 수 있고 '소리 내기' 쉽게 만들어졌다(Stensæth, 2014; Wheeler, 2013). 시각적, 촉각적 측면이 보통 이 특수 악기들의 중요한 부분이므로 고도의 감각 장애 아동도 악기를 보고 만져보도록 동기부여되며, 자신의 동작과 시각적 또는 청각적 효과 간 연관성을 점차 알게 될 것이다. 보통의 악기와 마찬가지로 특수 악기를 활용할 때에도 (특수 악기의) 색다른 소리나 시각적 효과에 '매몰되지' 않도록 아동의 유발된 주의가 음악치료사와의 상호작용을 향해 전환되는 것이 중요하다(Polen, 2013; Stensæth, 2014).

역동적 시퀀스와 정서적 조율

음악은 시간의 경과에 따라 흐르며, 시간과 소리 간 연계는 인간의 주의를 사로잡고 유지시킬 수 있으므로 짧거나 긴 시간 동안 집중할 수 있다. 음악치료에서는 아동의 주의를 포착하고, 이를 클라이맥스까지 유지할 수 있는 긴장과 이완의 패턴으로 아동과 함께 짧은 음악 시퀀스를 창작할 수 있다. 아동이 예측의 징후를 나타내기 시작하자마자 음악치료사가 이 짧은 음악적/역동적 시퀀스에 아동의 예측을 빗나가게 '속이는' 약간의 유머를 더하는 것, 예를 들어 클라이맥스 직전에 갑자기 음악을 멈추어 두 사람 모두 웃음을 터뜨리도록 하는 것이 가능하다(Holck, 2004a; Holck & Jacobsen, 2017). 스턴(1985, 2000)에 따르면 시간적 예측에 대한 유희적인 속임수는 영아가 처음 '유머'로 지각할 수 있는 것 중 하나이며, 발달 장애 아동을 대상으로 한 음악치료에서 유머러스한 음악적/역동적 시퀀스는 아동과 치료사 간 관계를 정립하는 데 중요한 부분을 수행한다(Stensæth, 2017; Trevarthen & Burford, 1995).

　　음악치료는 즐거움과 동기부여를 야기할 수 있으나 음악은 좌절, 분노, 슬픔이나 서러움에 대한 아동의 감정을 표현하고 조율하는 데도 활용될 수 있다(Wigram, 2004). 음악치료사는 아동의 활력 형태와 표현성의 역동에 일치시킬 수 있다(Stern, 2010b; Wigram, 2004). 이는 정서 조율뿐만 아니라 점진적인 목적이 있는 오조율을 가능하게 하므로 아동은 자신이 느끼는 슬픔이나 분노의 감정 속에서 자신을 보이고 들리게 하는 경험뿐만 아니라 이러한 정서를 다루도록 돕는 것을 타인과 함께 경험할 수 있다(의도적 오조율에 대해서는 2.3.4장 참조).

의사소통 – 초기 수준

유아와의 초기 상호작용은 공통적으로 리듬감 있는 박동과 짧은 발화의 반복이 특징이다. 이는 영아가 참여하는 것을 더 용이하게 만든다(2.3.4장 참조). 음악치료에서 이러한 특질들은 초기 의사소통과 유사한 형태의 상호작용을 제공하는 방식으로 확장될 수 있고, 동시에 좀 더 연령에 적합한 표현을 할 수 있다(Holck, 2004b). 예를 들어, 안정적인 음악의 박동이 있는 반복적인 화음 진행은 구조를 만들 수 있고, 그 안에서 짧은 음성이나 악기 소리로 모방하고 확장하며 연주하는 것이 가능하다. 이러한 방식으로 상호작용의 형태는 더욱 명확해질 수 있으며, 그 외에 이 아동들이 상호작용에 참여하는 것을 어렵게 만들 수 있는 어려움을 상쇄하는 것이 가능하다. 때때로 안정된 박동이 있는 음악적 상호작용은 반응 시간을 현저히 감소시키거나 반응 시간의 소실을 없앨 수 있다.

　　대부분의 아동은 음악치료사가 자신의 연주 방식이나 역동적인 표현성을 모방하고 있음을 알게 되면 더욱 관심을 가지고 반응한다(Hintz, 2013; Keith, 2013; Mössler et al., 2017). 음악에서 예를 들어 음고, 리듬에서의 작은 변화를 모방과 결합하는 것은 상대적으로 용이하므로 음악치료사는 일반적인 수준에서 아동의 이니셔티브를 모방하는 동시에 좀 더 상세한 수준에서 이를 변화시킬 수 있다(Wigram, 2004). 서서히 짧은 유희적인 모방적 대화나 차례 주고받기 게임이 발현된다. 여기서 아동과 음악치료사는 교대로 시작하고 상대방의 아이디어를 따른다(Holck, 2004b; Polen, 2013). 이러한 방식으로 작은 '상호작용 주제', 다시 말해서 세션마다 반복되고 다양해지는 인식 가능한 음악적 상호작용의 패턴이 발현될 수 있다(Holck, 2004a). 인식, 형태 생성과 초기 수준의 의도적(비언어적) 의사소통은 보통 이러한 과정에서 밀접한 관련이 있다.

의사소통 – 언어적 수준

의사소통의 초기 형태를 음악적으로 강화하는 것은 언어적 소리 또는 노래의 짧은 시퀀스가 있는 놀이로 발전될 수 있다. 발달 연령이 약 1세이며 에이길이라 불리는 30개월 소년의 사례에서는 형태가 없는, 끝없는 소리('이이이이이이이')에서 마지막 음에 강세가 있는 작은 리듬 모티브의 생성('이이-이이-이이')으로의 발전이 있었으며, 다시 거기서 언어적 소리 모방과 변형('디이-다-디시', '우-우-우우', '오-오-오오')이 있는 상호적 놀이로 발전했다. 이는 '안녕-안녕-안녕'과 '아니야-아니야-아니야'와 같은 말이 있는 놀이로 옮겨갔는데, 소년은 여기에 악의 없는 주장으로 점차 의미론적 의미를 부여했다(Holck, 2002, p. 353 ─ 이 책 저자의 번역).

> 에이길 : '아니야-아니야-아니야'
> 음악치료사 : '맞아-맞아-맞아'
> 에이길 : '아니야, 아니야, 아니야아아'

음악치료사는 익숙한 (아동의) 노래를 활용할 수 있고, 아동이 각 줄의 마지막 단어를 노래하는 것에 대한 기대도 나타낼 수 있다. 치료사가 상황에 맞는 가사를 즉흥하고 "네가 운전할 거야… 자동차!"에서처럼 아동이 마지막 단어를 노래하도록 기다리는 것도 가능하다.

정체성과 자기 인식

발달 연령이 2~3세 또는 그 이상인 아동에게 음악치료는 자기표현의 내러티브-언어적 형태를 결합한 음악치료 방법을 통해 정체감과 자기 인식을 발달시키는 기회를 제공할 수 있다. 이는 음악 이야기, 아동의 아이디어와 가사를 활용한 노래 만들기, 음악 역할놀이, 정체성과 정서에 초점을 둔 연주 규칙을 통해 수행될 수 있다(Keith, 2013). 연주 규칙은 예를 들어, '밤에 숲속에서', '분주한 도시에서'와 같이 분위기에 기반을 둘 수도 있고, '우리가 다툴 때', '네가 나를 이길 때', '네가 나를 기다릴 때'와 같이 역할놀이를 제안할 수도 있다. 이러한 예들은 비교적 구체적인 상황을 제시하고 있으나, 이는 아동의 문제에 대한 은유로 활용될 수 있다(Hintz, 2013; Keith, 2013; Wigram, 2004). 연주 규칙은 예를 들어,

친근하면서도 위험한 곰이나 용에 관한 노래 이야기의 공동 작곡(Irgens-Møller, 1998a)을 통해서도 다루어질 수 있으며, 치료 중인 아동과 유사한 상황의 다른 아동이나 인물에 관한 병행 이야기를 창작(Irgens-Møller & Bjerg, 2004)함으로써 다루어질 수도 있다. 요점은 아동이 자신의 생애담에서 일관성을 만들며, 자신의 방식으로 이야기를 말할 수 있다는 것이다(Polen, 2013).

정체성과 수행

가끔 음악치료의 목적이라는 관점에서 다른 사람을 위해 가창이나 연주를 하거나 음악치료에 타인을 초대함으로써 아동이 타인에게 자기를 드러내는 데 자신감을 얻도록 돕는 것은 의미가 있다. 통합유치원에 다녔던 뇌성마비가 있는 4세 소녀 피아의 사례에서 음악치료의 목표는 피아의 자존감을 강화하는 것이었다. 피아는 전동 휠체어를 사용했고 목소리가 매우 여렸기 때문에 피아의 말을 알아들을 수 있는 사람이 별로 없었다. 따라서 피아는 다른 아동들과 자발적 상호작용을 거의 하지 않았다. 예를 들어, 마이크를 사용한 가창을 통해 자존감에 초점을 둔 개별 음악치료에 참여한 후 피아는 서서히 친구들을 위해, 친구들과 함께 노래하기 위해 음악치료에 다른 아동 몇몇을 초대할 수 있었다. 이는 다른 아동들이 피아를 다른 관점에서 보게 만들었고, 피아는 곧 집단의 일원으로서 자발적 게임에 초대되었다(Holck, 2008b).

자문과 안내

여러 음악치료사가 음악치료 실제의 일환으로 부모나 전문가들을 위한 안내와 훈련을 제공한다(Jacobsen & Thompson, 2016; Jónsdóttir, 2011; Oldfield, 2016; Schwartz, 2013). 이는 사람 목소리의 '음악적' 특질에 대한 인식, 상호작용에서의 미세 휴지micro-pause 또는 그 외에 쉽게 간과될 수 있는 아동의 작은 이니셔티브에 대한 인식과 인정을 포함할 수 있다. 이러한 실제에 대한 자신의 연구에서 라르센(2012)은 다음을 구별하였다.

- 관찰에 대한 안내 : 부모나 전문가는 아동과 작업하는 음악치료사를 관찰한다.
- 음악적 안내 : 부모나 전문가는 음악치료에 참여하므로 음악적 상호작용을 직접 체험한다.
- 언어적 안내 : 음악치료사와 부모나 전문가는 때로 음악치료의 영상 녹화 자료를 통해 아동과 음악치료사 간 상호작용에 대해 논의한다.

최근에 가정 기반 음악치료 내의 '음악적 안내'에서는 음악치료의 참여 때문에 자녀의 의사소통적, 사회적 기술에 대한 부모의 지각이 개선되었음을 나타냈다(Thompson, 2012; Yang, 2016).

진단평가

발달 장애 아동을 위한 여러 진단평가[3] 도구들이 개발되었음에도 불구하고 임상 실제에서 표준 도구가 활용되는 것은 소수에 불과하다(Carpente, 2014; Eslava-Mejía, 2017; Hintz, 2013; Keith, 2013; Schwartz, 2013; Wheeler, 2013; Wigram, 2007a). 요엘이라는 소년에게 나타난 자폐 정도에 관한 임상 음악치료 진단평가의 구체적인 예는 5.2.1장을 참조하라.

사례

마르틴은 유아 자폐 진단을 받은 6세 소년이다. 게다가 마르틴은 일반적인 발달 지연이 있다. 마르틴은 유치원에 다니며 일부 시간에는 보조 교사의 도움을 받는다. 마르틴은 다른 아동들과 사회적으로 상호작용하고 자신의 주위에서 일어나는 일을 이해하며 주변에 맞게 스스로를 조율하는 것이 어렵다. 마르틴은 2년 동안 개별 음악치료에 참여했고, 보통 마르틴의 보조 교사인 클라라가 동행했다(Skrudland, 2012a, 2012b).

음악치료에서 마르틴과 음악치료사는 예를 들어, 별도의 피아노로 연주하기, 함께 드럼 연주하기, 함께 노래 이야기 작곡하기 등 두 사람이 반복적으로 활용하는 간단한 레퍼토리들을 만들었다. 때때로 마르틴과 음악치료사는 드럼 연주에 맞춰 움직이거나 서로 다른 방식으로 걷고, 마침내 함께 '발레'도 한다.

피아노에서의 즉흥연주는 간단한 즉흥연주 시퀀스와 결합된 익숙한 모티브의 반복으로 이루어진다. 보통 마르틴이 시작하고 다음에 음악치료사가 마르틴의 음 일부를 모방하며, 음악에 구조를 부여하는 안정적인 리듬 배경을 만든다. 마르틴은 보통 치료사의 리듬을 따르고 연주하면서 박자에 맞게 몸을 움직인다. 치료사가 음악에 선율의 짧은 단편들을 추가한다. 마르틴은 때로 치료사가 연주한 선율의 단편에 나오는 음과 거의 동일한 수의 음을 한 손가락으로 연주하며 '모방한다'. 만일 마르틴의 음악에 짧은 모티브가 나타나면 치료사는 그것을 모방하고, 마르틴은 연주를 계속하면서 치료사를 잠시 바라보는 것으로 반응한다.

클라라는 보통 유치원에서 마르틴과 함께할 때 음악치료에서의 요소들을 활용한다. 클라라는 특히 마르틴의 행동을 의사소통으로 보는 음악치료사의 방식과, 즉흥연주에서 마르틴의 의사소통적 발달이 전개

---

3 가능하고 잰다는 의미의 '사정평가'로 번역될 수 있으나 문헌에서 흔히 '진단평가'로 번역되므로 본문에서도 진단평가로 표기하였고, 구별이 필요한 경우 진단(diagnosis) 또는 의학적 진단으로 번역하였다. 학술적 개념으로 진단(assessment)과 평가(evaluation)는 구분되는 개념이나 원문에 구분되지 않은 경우는 그대로 표기하였다(역자 주).

되는 것, 들을 수 있게 되고 반응할 수 있게 되며 발신자의 소리를 인식하게 되는 것 등에 영감을 받았다.

예를 들어, 가족 구성원들 바로 앞에서 마르틴이 많이 소리치던 시기가 있다. 음악치료에서 마르틴은 큰 소리로 연주하며 소리가 너무 크다고 자신에게 말하는 클라라를 바라본다. 그러자 음악치료사는 두 사람이 클라라를 위해 연주할 수 있고, 소리가 너무 크지 않은지 보기 위해 클라라의 표정을 살펴보기로 마르틴과 타협한다. 마르틴은 드럼과 클라라에 번갈아 초점을 두며 클라라의 표정에 따라 자신의 연주를 조정한다. 이는 다른 사람의 표정을 읽는 매우 유익한 훈련이며 클라라는 이후 마르틴의 부모와 이에 대해 소통한다.

마르틴은 언어를 점점 더 활용하기 시작한다. 어느 날 마르틴은 봉고 드럼을 줄 세우며, 갑자기 "염소 3형제 같다."라고 말한다. 그 후에 치료사와 마르틴은 마르틴이 염소 3형제인 척하고, 치료사가 트롤과 내레이터인 척한다. 마르틴은 이야기와 자신의 역할에 몰두하고 게임이 끝날 때쯤 '골디락스와 곰 3마리' 동화를 떠올려 다음 시간에 놀이하기로 합의한다. 그 후에 음악치료사와 클라라는 유치원에서 마르틴과 함께할 때, 다른 아동이 함께하는 것이 가능하다면 클라라가 역할놀이를 어떻게 활용할 수 있을지 논의한다(Skrudland, 2012a, 2012b 참조).

이론적 관점

의사소통적 음악성

2.3.4장에 나타난 것처럼, 영아는 선천적인 의사소통적 음악성 때문에 초기 상호작용에 참여하는 능력을 가지고 태어난다(Malloch & Trevarthen, 2009). 즉흥연주 음악치료에서는 아동의 생활 연령에 따라 좀 더 연령에 적합한 표현성과 초기 상호작용의 요소를 모두 담아주는 방식으로 상호작용의 초기 형태를 확장하는 것이 가능하다(Holck, 2004b). 이러한 방식으로 발달 장애 아동은 상호작용에 초대되어 기본적 상호작용 역량을 지각하고 발달시킬 수 있다(McFerran & Shoemark, 2013; Stensæth, 2017).

활력의 형태 일치시키기

스턴(2010b)이 활력의 형태라고 명명한 행위에서 정서적 특질을 지각하는 능력은 언어적 인식 훨씬 이전에 발달한다(2.3.3~3.13장 참조). 음악치료의 즉흥연주적 속성 때문에, 아동의 각성 수준과 정서적 상태에 따라 지속적으로 음악을 조율하는 것이 가능하므로 아동은 타인에 의해 보이고 들리는 것을 경험한다(Geretsegger et al., 2015; Mössler et al., 2017; Schwartz, 2013).

관계와 애착

트레바튼과 버포드(1995)는 발달 장애 아동을 위한 음악치료가 발달 장애 아동이 대개 참여하기 힘든 유머러스한 원-내러티브 시퀀스에 참여할 기회를 제공하기 때문에 이를 강조한다. 안정 애착은 긍정적 관계 경험을 필요로 하며, 이는 근본적으로 아동의 신호를 지각하는 성인의 능력에 의존하므로 정서의 조절을 돕는다(Hart, 2008). 이러한 관점에서 아동의 비언어적 의사소통에 대한 인식을 높이고, 아동의 의사소통적 레퍼토리를 늘리기 위해 부모와 전문가들이 이제 음악치료에 점점 더 참여하는 것은 바람직하다(Jacobsen & Thomson, 2017; Oldfield, 2016; Schwartz, 2013; Yang, 2016).

상호작용 주제

중증 발달 장애 아동을 대상으로 한 음악치료에서는 간단한, 반복적인 상호작용 패턴이 보통 발현된다. 홀크는 자신의 박사 연구에서 이를 '상호작용 주제'로 정의하였다(Holck, 2002, 2004a). 치료의 초기 세션에서 아동과 접점을 찾거나 아동의 반응을 포착하는 것은 어려울 것이나, 음악치료사가 보통 아동의 특이한 표현을 모방하고 그에 맞는 음악적 구조를 만들 때 아동은 전형적으로 더욱 강한 관심과 반응을 나타낼 것이다. 서서히, 인식할 수 있는 음악적 단위(예 : 리듬 모티브나 중단)가 발달할 것이고, 이는 표현적 변화를 지각하거나 생성하는 아동의 능력에 따라 반복될 수 있고 달라질 수 있다. 구조가 그 자체로 단순할 수 있으나, 상호작용 주제는 아동과 음악치료사 간 공동 창작이므로 매우 개인적인 양식이 특징이다. 이러한 방식으로 상호작용 주제는 음악적, 상호작용적, 또는 상호 주관적 수준에서 두 사람이 함께 기여하고, 그들 간의 예측을 만든 (암시적) 상호작용 공유의 역사를 입증한다. 따라서 예측된 것에서의 편차는 다른 부분으로 지각될 수 있으며, 이는 아동의 상호 주관적 발달의 수준에 따라 유머, 긴장/이완, 놀람, 놀림, 좌절, 혐오 등의 지각을 가능하게 만든다. 기본적으로 상호작용 주제는 음악치료사가 그렇게 지각하는 방식으로, 아동이 사회적으로 행동하는 것을 더욱 용이하게 만든다. 결과적으로 음악치료사의 반응이 아동의 이니셔티브에 더 잘 일치될 수 있으므로 이를 이해하는 아동의 이해 가능성이 높아진다. 이러한 방식으로 상호작용 주제는 두 파트너가 상대방의 행위를 의미 있는 것으로 지각하고 이해하는 것을 용이하게 만드는 상호작용의 공통 구조를 마련한다. 이는 상호작용이 연쇄적으로 이어지도록 돕는 사회적 또는 정서적 단서를 장려한다(Holck, 2004a).

놀이와 의사소통

고도의 기능 제한이 있는 아동의 언어 발달에 대한 화용적 이해에서는 의사소통의 목적 자체를 이해할 수 있도록 아동에게 의사소통 기능을 명확히 하는 것을 강조한다. 여기서 유희적인 접근이 강조되는데 이는 모든 상호작용 파트너에게 가장 효과적이고 재미있는 접근으로 나타났기 때문이다(Schuler, Prizant & Wetherby, 1997). 음악치료에서는 행위, 상호작용, 놀이 간 밀접한 관계가 있다(Stensæth, 2017; 이 책의 2.3.5장도 참조). 예를 들어, 상호작용 주제를 통한 공동 협력에서 유희적인 시퀀스가 발현된다. 여기서 아동의 발달 연령에 따라 예측과 의도로 놀이하는 것이 가능하며, 서서히 소리와 언어적 놀이로의 이동이 가능하다(Holck, 2004a).

음악과 상징적 내러티브

아동이 정체성과 자기 인식 발달을 도움에 있어 음악치료는 음악적으로 또는 역할놀이로 상연되는 언어적-상징적 내러티브뿐만 아니라, 음악적 내러티브(예 : 음악적 예측에 대한 유머러스한 속임수)를 제공할 수 있다. 이러한 방식으로, 아동은 연령에 적합한 방식으로 의식적 성찰을 할 수 없더라도 삶에서의 힘든 경험이나 정서를 다루고 살필 수 있다. 노래 만들기도 다른 사람을 위한 수행이라는 선택지가 있는 하나의 가능성이다. 언어가 있든 없든 음악은 아동에게 있어 개인적인 의미를 지닐 수 있다(Irgens-Møller, 1998a; Keith, 2013; Schwartz, 2013).

음악치료사

반응과 의사소통의 패턴을 이해하는 것이 힘들 수 있는 아동과 관계를 형성하는 것은 아동의 문제에 대한 통찰, 간학문적 지식, 즉흥연주를 활용한 비언어적 상호작용에 대한 철저한 훈련을 필요로 한다(McFerran & Shoemark, 2013; Wigram, 2004). 발달 연령이 낮은 아동들과의 작업에서는 친밀감과 거리감 간 균형에 대해 인식하는 것이 특히 중요하다(Irgens-Møller & Bjerg, 2004). 그러므로 음악치료 실제는 음악치료사들이 — 본인을 포함하여 — 어려운 정서적 반응을 관리하고 음악적 표현을 활용하여 스스로를 조율할 수 있도록 철저한 훈련과 교육을 필요로 한다(Holck, 2010; Kolar-Borsky & Holck, 2014; Pedersen, 2014; Richards, 2009).

근거

예를 들어 행동 장애, 발달 장애, 또는 전반적 발달 장애 아동과 청소년 총 188명을 대
상으로 한 11편의 음악치료 효과 연구 비교(메타 분석)는 음악치료가 아동의 발달 및 행
동 장애에 유의한 효과가 있음을 나타낸다(Gold, Voracek & Wigram, 2004). 이후에 다
양한 중증 장애가 있는 아동과 청소년을 대상으로 한 음악치료에서 45편의 연구 비교
(1999~2009)는 음악치료가 일반적으로 아동의 주의, 눈맞춤, 음성화, 모방, 차례 주고받
기 개선에 도움이 된다는 것을 나타낸다(Brown & Jellison, 2012). 특히 주의 기술은 각기
다른 영역의 음악치료에 대한 일반적 결과인 것으로 보이며(Eslava-Mejía, 2017 참조), 이
는 즐거운 상호작용을 만드는 능력과 밀접하게 연계된다(Elefant, 2002; Gretsegger et al.,
2014; Metell, 2015; Thompson & McFerran, 2015).

엘레판트(2002)는 레트 증후군이 있는 여아들을 위한 음악치료를 다룬 박사 연구에서
주의와 재미가 음악치료 상호작용 중에 어떻게 만들어지는지를 명확히 나타낸다. 레트 증
후군은 자율신경계의 중앙 통제에 영향을 미치는 신경 발달 장애로, 의사를 표현하는 다
른 능력 중 특히 중증 운동 및 의사소통 장애를 야기한다(Bergström-Isacsson et al., 2013,
2014). 7건의 사례에서 엘레판트는 여아들에게 동요를 불러주다 갑자기 멈추거나 우스운
소리를 내는 놀람의 음악적-역동적 순간들이 어떻게 웃음을 유발하는지를 나타냈다. 첫
세션에서 여아들은 음악적-역동적 놀람 바로 직후에 웃었으나, 치료가 진행되면서 노래
에서 놀람의 순간 바로 전에 키득거리기 시작했으며('놀람'에 대한 예측), 그 순간이 왔을
때 크게 웃었다(Elefant, 2002). 이러한 음악적-역동적 유머는 주의를 개선시키고, 여아들
이 어떤 노래를 선호하는지 나타내는 동기부여를 향상시켰다(의도적 의사소통). 치료 종
료 후 3개월이 지난 시점에서도 여아들은 여전히 선택하는 인지 능력을 보유했다.

기쁨의 증가도 자폐 범주성 장애에 대한 최신 코크란 리뷰의 주요 결과 중 하나이다
(Geretsegger et al., 2014). 자폐 범주성 장애 아동 총 165명을 대상으로 한 10편의 연구가
분석에 포함되었으며 일반화된 사회적 상호작용 기술, 비일반화되고 비언어적인 의사소
통 기술, 시작 행동, 사회적-정서적 호혜성, 기쁨, 부모-자녀 관계의 질에 대한 즉흥연주
음악치료의 효과는 보통에서 큰 수준을 나타냈다. 언어적 의사소통 기술과 사회적 적응에
대해서 분석은 작음에서 보통의 효과 크기를 나타냈다.

이러한 매우 긍정적인 결과들은 음악치료가 자폐의 심각도를 완화할 수 있음을 나타내
지만 즉흥연주 음악치료에 대한 대규모 무작위 통제 시험은 주요 결과로 자폐 진단 관찰

일정Autism Diagnostic Observation Schedule, ADOS에 근거한 증상의 심각도에서 효과를 나타내지 않았다(Bieleninik et al., 2017a). 따라서 자폐 증상은 다양한 처치의 형태와 무관하게 시간의 경과에 따라 매우 안정적인 것으로 나타나므로, 향후 연구는 삶의 질과 적응 기능을 확보하는 결과에 초점을 두어야 한다(Bieleninik et al., 2017b).

비슷한 맥락에서 한 국제적 연구는 자폐 범주성 장애 아동을 위한 음악치료에서 즉흥연주 접근의 핵심 원리에 관한 합의를 도출한 바 있다(Geretsegger et al., 2015). 음악을 통한 시간 내에 아동과 연결되는 가능성은 음악적, 정서적인 조율과 동기화의 순간을 허용하므로 연구는 아동의 발달 수준에 의해 안내된 관계 기반 접근이 어떻게 음악치료의 고유한 본질적 원리 중 하나인지에 주목한다. 그러므로 음악치료의 효과는 치료사가 자폐 범주성 장애 아동의 발달적, 관계적 역량에 일치하도록 관리할 때 증가하는 것으로 나타났다(Mössler et al., 2017).

요약

발달 장애 아동을 위한 음악치료는 이 분야에서 가장 오래된 작업 영역 중 하나이다. 음악치료는 여러 기관에서, 개별적으로나 집단에서 간학문적 팀으로 부모와 아동의 일상생활에서 중요한 사람들을 위한 안내 및 통합과 더불어 최종적으로 수행을 활용하여 실천되었다. 기본적인 사회−의사소통적 어려움이 있는 아동에게 있어 음악치료는 초기 상호작용 형태의 음악적 확장을 통해 긍정적 발달을 지지할 수 있다. 발달 연령이 더 높은 아동에게 있어 음악치료는 음악적 역할 놀이, 노래 이야기, 병행 이야기 등을 통해 정체성, 정서, 긍정적 관계 경험을 다루는 발판을 제공할 수 있다. 발달 장애 아동, 특히 자폐 범주성 장애 아동을 위한 음악치료의 효과에 대한 연구 근거가 일부 있다.

4.3.2 발달 장애 청소년과 성인을 위한 음악치료

울라 홀크

소개

발달 장애 청소년과 성인을 위한 음악치료에는 오랜 전통이 있다. 1950년대, 1960년대와

1970년대를 거쳐 각기 다른 국적과 학문적 배경의 선구자들은 대규모의 중앙화된 기관이나 특수학교에서 전문 지식과 음악치료 활동을 결합했다(Hooper et al., 2008a, 2008b). 오늘날 이 분야의 음악치료 실제는 신경심리학과 발달심리학에 기반하며, 정체성과 자기 인식뿐만 아니라 기본적 의사소통과 정서적, 관계적 상호작용에 초점을 둔다.

요구와 처치 목적

처치 목적은 대개 발달 장애나 기능 제한이 있는 사람을 지원하는 일반적 목적에 기반을 둔다. 이러한 기능 제한은 선천적인 것, 또는 초기에 입은 신경학적 또는 유전적 손상과 이상에 의해 초래될 수 있다(WHO, 2016). 이러한 상태 중 일부는 신경학적 검사를 통해 발견될 수 있고, 다른 상태는 검사와 관찰을 통해 진단될 수 있다. 진단의 범위는 광범위하므로—보통 여러 진단이 동시에 있으므로—기능의 수준도 광범위하게 다를 수 있다. 어떤 사람들은 모든 기본적 요구를 충족하는 데 도움을 필요로 할 수 있고, 다른 사람들은 안내와 지지, 어쩌면 공동생활 가정이나 지원센터와의 협력으로 관리할 수 있다.

심각도의 수준과 관계없이 모든 발달 장애인은 인지적, 언어적, 운동적, 사회적 어려움을 지닌다. 게다가 정서적, 행동적 문제뿐만 아니라 보통 주의와 집중에 어려움을 지닐 것이다. 결정적으로 몇몇은 발달 장애 외에도, 예를 들어 불안이나 우울 등의 정신의학적 장애를 지닌다(Davis et al., 2008). 의사소통에서의 어려움은 아마도 중증 발달 장애인에게 가장 크고 심각한 문제일 것이다(Møller, 2004; Watson, 2016). 다른 사람들은 발달 장애인의 신체 언어, 표정이나 음성화 이면의 의미와 정서를 이해하는 데 어려움을 겪을 수 있고 이는 고립이나 자해 행동과 같은 방어적 반응 패턴으로 이어질 수 있다(Rojahn et al., 2008). 의사소통은 모든 사회적 활동의 조건이며 안전감, 자기 가치감, 자신감과 우정의 조건이기도 하다. 그러므로 의사소통이 가능한 사회적 상황을 조성하는 것을 포함하여 서로 의사소통을 할 수 있는 방식을 찾는 것은 매우 중요하다(Lee & McFerran, 2012; Watson, 2016).

기능적 제한과 심각도가 매우 다양하기 때문에 음악치료로 의뢰되는 이유도 보통 다르다. 개별 음악치료에서는 일반적으로 기본적인 개인의 의사소통적, 관계적, 정서적 요구에 전형적으로 초점으로 둘 것이나, 집단 음악치료는 집단의 일원이 됨을 통해 사회적 요구를 충족하는 데 초점을 둘 수 있다.

일부 발달 장애인에게 다른 사람을 위한 음악의 수행은 자신의 정체감을 강화하는 매우 효과적인 방식이 될 수 있다(Polen, 2013; Stensæth & Næss, 2013). 이러한 사례에서 음악 치료사의 역할은 개별 집단 구성원이 더 큰 음악적, 사회적 전체의 일원이 되도록 돕는 것이 될 것이다.

음악치료

고도의 신체적, 정신적 기능 제한이 있는 사람들을 위한 음악치료는 발달 장애 아동을 위해 기술했던 것과 상당 부분 동일한 접근과 방법을 취할 것이다. 주요 초점은 주의와 각성 조절, 역동적 시퀀스와 정서 조율, 초기 수준의 의사소통이다(4.3.1장 참조). 그러나 동시에 발달 장애인들은 훨씬 많은—좋고 나쁜—삶의 경험을 지니고 있다. 새로운 이니셔티브와 관련하여 몸에 깊이 밴 방어적 반응 패턴의 위험이 훨씬 크며, 예를 들어 집단 가창, 텔레비전과 오디오 플레이어 사용 등의 광범위한 음악적 이력도 훨씬 폭넓고 다양하다. 개인의 주의를 유발하기 위해서 음악치료사는 보통 매우 기본적인 각성 자극으로 시작할 것이다(4.3.1장 참조). 그러나 관심, 동기부여, 이해, 신뢰가 이루어질 때 이제까지 보이지 않은 음악적 능력이 발현되면서 실제로 일어날 수 있는 일은 놀라울 수 있다.

사례

'로베르트'는 언어를 사용하지 않는 30대의 젊은 남성이었다. 로베르트는 이상적으로 작은 머리(소두증), 뇌전증과 시각 장애가 있으며 보행에 도움이 필요했다. 로베르트는 하루의 대부분을 텔레비전 앞에서 반수면 상태로 누워있는 습관이 있었고, 첫 번째 음악치료 세션에서도 음악치료실에 반수면 상태로 누워있었다. 얼마 후 로베르트는 음악치료사의 노래를 조금 따라 부르기 시작했다. 9주 후 로베르트는 뜻밖에 선율의 한 부분을 허밍하기 시작했다. 음악치료사인 헬렌은 로베르트의 이름을 노래함으로써 응답했고 대화가 발전되었다.

> 처음으로 로베르트는 '동참'하거나 '따라 부르는' 것이 아니라 의사소통적, 상호작용적 대화에서의 선율을 창작하고 공유하였다. 로베르트는 두 사람이 함께 가창한 조성의 딸림음(5도)의 낮은 베이스음을 유지하고 뒤이어 헬렌의 선율 위에 생동감 있는 데스캔트[4]를 즉흥연주하면서 정교하게 조율된 음고와 리듬감을 나타냈다. 로베르트는 말은 사용하지 않았으나 마-마, 바-바, 다-다-다 같은 소리를 반복했다(Darnley-Smith & Patey, 2003, pp. 95~96).

---

4 주선율보다 높게 부르는 선율을 의미한다(역자 주).

진단평가 - 희미한 반응에서 대화로

희미한, 거의 알아차리기 어려운 희미한 반응에서 목소리나 악기의 대화로의 발전은 보통 덴마크의 음악치료사 안네 스텐 묄러르가 '만남의 5가지 수준'이라 지칭한 진단평가 도구에서 밝힌 일련의 단계를 따른다. 발달 장애 아동, 청소년, 성인을 대상으로 한 30년간의 음악치료 임상 실제에 기반을 둔 묄러르의 진단평가 도구는 음악치료에서의 만남과 의사소통 발달의 초기 수준을 기술한다. 만남의 5가지 수준에 대한 일반적인 기술은 여기에 이어진다(각 수준에 대한 좀 더 상세한 기술은 Wheeler, 2013 참조).

묄러르의 만남의 5가지 수준

- **만남의 수준 1** : 음악치료사는 가끔 그들과 내담자 간 만남을 감지한다. 이 수준에서 내담자와 음악치료사 간 연계는 매우 취약하다(거의 보이지 않거나 들리지 않는다). 주요 목적은 충분한 신뢰를 조성하여 내담자가 자신의 주의를 공동 주의의 장으로 향하는 것이 충분히 안전하다고 느끼는 것이다.

- **만남의 수준 2** : 음악치료사는 만남을 보고 듣는다. 이 수준에서는 음악치료사가 내담자를 향해 지시하는 소리와 음악에 대한 뚜렷한 반응이 있다. 주요 목적은 내담자의 의사소통에 대한 음악치료사의 반응 소리를 들음으로써 내담자가 자신의 의사소통에 대해 인식하도록 만드는 것이다.

- **만남의 수준 3** : 내담자는 의식적으로 소리를 만들고 자신의 목소리를 활용하거나 손뼉치기, 발 구르기 등 만남을 통제한다. 이는 타인의 주의를 끄는 의도가 있는 사회적 행위이다. 주요 목적은 각기 다른 상호작용을 통제할 수 있게 되는 경험으로 의사소통에 대한 내담자의 인식을 높이는 것이다.

- **만남의 수준 4** : 만남은 대화의 형태로 일어난다. 내담자는 이제 음악치료사와의 상호작용을 의식한다. 내담자는 내 차례-네 차례 같은 의사소통의 기본 규칙을 이해하기 시작한다. 음악에서 이러한 통찰은 내담자와 치료사가 교대로 소리를 내고 듣는 상호작용 안에서 시도될 수 있다. 주요 목적은 상호적 의사소통으로 내담자의 경험을 강화하는 것이다.

- **만남의 수준 5** : 음악치료사와 내담자가 자유롭게 즉흥연주된 음악 안에서 의사소통한다. 이 수준은 묄러르가 작업했던 내담자군이 거의 도달하지 못했으므로 더 이상 상술되지 않았다(Møller. Wheeler, 2013에서 인용).

정체성과 자기 인식

한 사람과의 의사소통이 어려울 때, 음악치료사는 그 사람이 의사소통하는 것이 무엇이든 그에 일치시키고 부연하여 그들이 통합됨을 느끼고 정체감과 자기 인식을 발달시킬 수 있게 하는 것이 중요하다(Lee & McFerran, 2012; Wheeler, 2013). 장애의 정도에 따라 언어는 이러한 과정의 일부가 될 수 있으나 의사소통의 다른 양식에 신중하게 조율되어야 한다. 한 인터뷰에서 덴마크의 음악치료사 리스 칼센은 일반적으로 "나는 내담자들에게 소음을 많이 만드는 것을 피하고자 가능한 한 적게 말하거나 설명 없이 짧은 문장으로 말한다. 그러나 내담자들이 하고 있는 것을 부연하기 위해서, 예를 들어 신체 언어, 표정, 음악 등을 활용한다"(Karlsen. Breivik & Smalbro, 2009, 부록 1, p. 7에서 인용)라고 강조한다. 칼센은 한 젊은 남성의 사례에서 음악적-언어적 확장이 결합된 예를 설명한다. 이 남성은 정신 장애 외에도 근위축증을 동반하고 있어 의사소통이 훨씬 어려웠다. 그러나 그가 전자 피아노에서 연주할 때 소리를 높여 연주를 더 크게 만들 수 있다. "'맙소사. 소리가 크네요.' 내가 그 사람에게 말하자, '그래요. 크네요.' 그가 말한다. 그는 한 번도 시끄러울 수 있던 적이 없었다. 그 소년은, 그렇지 않은가? 그가 이제 큰 소리를 낼 수 있고 그것이 그를 정말 행복하게 만든다는 것을 생각해보라"(Karlsen. Breivik & Smalbro, 2009, 부록 1, p. 7에서 인용).

집단 음악치료

집단과 함께 하는 음악치료에서 주요 목적은 음악적 표현을 통해 집단 구성원 간의 의사소통을 개선하고 구성원들에게 자신의 성격과 감정의 측면을 공유하고 표현하는 기회를 제공하며 이니셔티브를 택하고 음악적 상호작용을 주도하고, 마지막으로 음악적 상호작용에서 자발성과 활력을 증진하는 것이다(Polen, 2013; Stige & Aarø, 2012; Watson, 2016). 이는 "(a) 음악의 특질을 보장하기 위해서 각 개별 구성원의 기여가 필요하다, (b) 구성원들은 집단 안에서 자신의 자리를 찾고, 타인을 위한 공간을 만드는 데서 의미를 발견한다, (c) 역동적인 시퀀스, 즉 음악에는 긴장의 조성과 이완이 있다."라는 것을 분명히 함으로써 수행된다(Muff, 1994, p. 20).

   집단 음악치료는 보통 이미 서로를 알고 있는 사람들, 같은 시설의 거주자나 같은 학교 또는 주간보호센터의 참여자 등을 대상으로 한다. 이러한 방식으로 음악치료는 집단의 사회적 분위기를 개선하는 데 추가적 차원을 더한다. 기존의 집단 역동에 초점을 둠으로써 음악치료는 집단 구성원 간의 공격성을 완화시키고 포용력을 증가시킬 수 있다(Wigram, 1988).

(음악적) 정체성과 수행

발달 장애인과 함께 하는 작업에서 음악치료사는 보통 음악 집단이나 밴드를 만들고 함께 작업하는 데 포함된다. 주민과 스태프로 구성된 이 밴드들은 그들만의 음악 페스티벌, 노래 콘테스트, 카페 순회나 다른 국가로의 투어 등 그들만의 커뮤니티를 가지고 있다 (Polen, 2013; Stensæth & Næss, 2013).

포프와 콤파그니는 1994년부터 존재했던 덴마크의 밴드이다. 밴드는 여러 장의 CD를 발표했고 장애인 밴드를 위한 멜로디 그랑프리(노래 콘테스트)에서 5회 수상했으며, 일본을 포함한 여러 국가에서 공연했다. 음악치료사이자 2014년까지 이 밴드의 리더였던 페르 무프에 따르면 음악치료 접근은 상대적으로 높은 수준의 음악성을 부여한다. 각 개인의 음악적 강점을 통합하는 동시에 음악적 상호작용을 활용한 집단 과정으로 역동적 작업이 가능했기 때문이다(Muff, 1994). 포프와 콤파그니에서 함께 한 연주는 구성원들에게 큰 즐거움과 집단 정체성을 부여한다. 2002년 발표한 CD **인생이여 영원하라**Længe leve live[5]의 표지에 구성원들은 이렇게 서술한다. "가끔 우리의 연습일은 거의 야생의 '로큰롤 파티'로 변해요. 또 '로큰롤'이 바로 우리가 가장 좋아하는 연주거든요. 우리가 또 좋아하는 일은 다른 사람들을 위해 연주하는 거고, 우리는 보통 파티나 축제에서 연주해요."

또 다른 음악적 접근을 활용하여 아이슬란드의 음악치료사인 발게르뒤르 욘스도티르는 1997년부터 '비외들뤼코르 톤스토뷔 발게르다르'를 이끌고 있다. 비외들뤼코르에는 오랜 시간 동안 울려 퍼져 음악에 평화롭고 몽환적인 특질을 부여하는 종 같은 악기인 스즈키 핸드 차임을 연주하는 12명의 구성원이 있다.[6] 비외들뤼코르는 (2012년과 2017년에) 2장의 CD를 발표했다. 이들은 아이슬란드와 해외의 다양한 지역의 콘서트에서 공연하며 교회 예식과 미술 페스티벌에서 보통 전문 특별초대 독주자나 실내악 집단과 협연한다. 욘스도티르에 따르면 구성원들은 자신의 음악성을 발전시키며 새롭고 부담이 큰 음악을 배우고 타인을 위해 공연하려는 열망이 크다. 구성원들은 자신의 특별함과 자신들

---

5 www.youtube.com/watch?v=bhVobTo9kF8 참조.

6 https://tonstofan.is/myndbond 참조.

이 이제까지 해온 것, 아이슬란드에서 받은 존경과 명예를 자랑스럽게 여긴다. 구성원 모두는 아동이었을 때 개별 음악치료에 참여하였으며, 성인이 되어서도 비외들뤼코르에서 음악치료를 지속하고 있다. 비외들뤼코르에의 참여는 사회화를 향상시키고 자기 확신과 중요성에 대한 감각, 초점 주의 및 지구력, 운동적 힘과 기술의 발달을 돕는다. 게다가 비외들뤼코르는 "우리의 창의성, 정서적 안녕감과 영성을 육성했다"(Jónsdóttir, 개인 서신, 2018).

간학문적 협력

전문 스태프는 보통 발달 장애인에게 있어 매우 중요한 역할을 수행한다. 여러 사례에서 전문적인 스태프들은—특히 부모님이 돌아가신 고령의 개인에게 있어—주요 기능을 담당한다. 그러므로 음악치료에서의 경험과 학습을 다른 상황으로 전이시키는 것을 가능하게 만들기 위해서 음악치료사가 돌봄제공자[7]에게 의사소통적 발달에 관해 알리는 것은 중요하다(Lee & McFerran, 2012; Wheeler, 2013).

또한 음악치료사는 보통 교사와 돌봄제공자를 통해 직접적으로나 간접적으로 물리치료사, 작업치료사와 함께 일한다. 발달 장애인은 신체적 역량을 유지하는 것이 필요하고, 물리치료사는 특정한 운동의 어려움에 대해 음악치료사에게 조언할 수 있다(Wigram, 1988). 그러나 많은 발달 장애인에게 있어 훈련은 보통 내가 해야 한다고 남들이 생각하는 것(!)을 의미하며, 고통스럽고 무의미하게 느껴질 수 있다(Eide, 2008). 여기서 집단의 역동과 템포에 따라 조율된 라이브 음악과 동작의 결합은 동작을 재미있게 만들고 동기를 부여할 수 있다(Muff, 1994).

2건의 사례

모방, 차례 주고받기, 자기표현

'악셀'은 43세이다. 악셀은 휠체어를 이용하고 표현 언어는 없으나 들은 것을 많이 이해한다. 악셀은 소리를 조금 내지만 의사소통에 소리를 활용하지는 않는다. 악셀은 격주로 음악치료에 참여한다(Møller, 2004).

피아노는 첫날부터 악셀을 매료시켰다. 악셀은 집에서 피아노에 익숙했고, 자신이 연주하고 싶은 첫 번째 악기로 피아노를 지목한다. 악셀이 음악치료사와 동시에 피아노를 연주하고 싶어 하지 않았기 때문

---

7 caregiver는 흔히 유아에게 '주 양육자' 또는 '보호자'로, 노인이나 환자에게 '간병인'의 의미로 사용되나 본문에서는 활동 보조, 요양 보호 등을 제공하는 전문 스태프를 의미하므로 '돌봄제공자'로 번역하였다(역자 주).

에 악셀과 음악치료사는 차례를 주고받으며 피아노를 연주한다. 잠시 후 두 사람은 음악치료사가 피아노 옆에 배치한 케틀드럼과 종을 활용하기 시작한다. 악셀은 음악치료사가 연주하는 방식을 모방하고 다른 연주 방식으로 주도하기 시작한다. "악셀은 약 45분 정도 우리가 연주할 동안 100퍼센트 현존하고 주의를 기울인다. 마치 이 대화가 충분치 않은 듯하다"(Møller, 2004, p. 32).

어느 날 악셀의 돌봄제공자가 악셀이 가장 좋아하는 음악인 이탈리아의 테너 안드레아 보첼리의 CD를 가져온다. 음악치료사가 특정 트랙을 재생할 때 악셀이 갑자기 노래―가성의 가창, 흔히 노래의 음과 일치되는 높은 선율의 음―를 부르기 시작한다. 악셀의 목소리에는 이러한 방식으로 드러낼 것이라고 내가 전혀 생각하지 못했던 에너지와 민감성이 있었다. 마치 악셀이 자신의 목소리를 가지고 자신의 몸 밖으로 스스로를 들어올리고, 노래로 방을 채우는 듯했다(Møller, 2004, p. 33).

노래 만들기와 정체성

두 번째 사례는 중등도 뇌성마비가 있고 5~6세 아동의 표현 언어 발달을 보이는 10대 소녀와 함께 한 음악치료에서 발췌한 것이다. 소녀는 12세에 갑작스럽게 시설에 배치되었고, 힘든 가정 배경을 가졌다. 소녀는 자존감이 낮고 자신이 누구인지에 대한 확신이 없으며 '가상 인물의 정체성을 차용하는' 경향이 있었다. 소녀는 음악을 즐기며 근육 경직에도 불구하고 한 옥타브 범위에서 가창할 수 있다. 그러므로 음악치료에서 소녀와 음악치료사는 친숙한 노래 가창으로 시작한다(Irgens-Møller, 2004).

어떤 시점에서 음악치료사는 소녀에게 자신의 노래를 작곡할 것을 제안했으나 소녀가 거부한다. 그러자 음악치료사는 소녀에게 사진 앨범을 가져올 것을 제안하고, 소녀가 사진에 대해 이야기하는 동안 음악치료사는 가장 중요한 언급들을 받아 적는다. 음악치료사가 나중에 소녀에게 이 언급들을 읽어주었을 때 소녀는 감동했고, 그다음 주까지 두 사람은 음악치료사가 적은 기록에서 4곡의 노래를 작곡한다. 노래 중 2곡은 소녀 자신에 관한 것이고, 1곡은 소녀의 어머니, 1곡은 소녀의 아버지에 관한 것이다. 가사는 할 수 있는 한 소녀의 말과 표현을 사용했으나 가창하기 쉽게 만드는 방식으로 창작했다. 소녀는 자신의 노래들을 자랑스럽게 여기며 그 노래들을 계속해서 부른다. 소녀와 음악치료사는 11곡을 더 작곡하고 가족들이 받을 CD를 녹음한다. CD는 가족과 스태프들의 감탄 대상이 되고, 소녀의 자존감과 가족 내 지위는 현저히 높아진다. 이 노래들로 소녀는 "자신의 개인사를 마음에 담고, 가상 인물들과 동일시하기를 멈추었다"(Irgens-Møller, 2004, p. 13).

이론적 관점

상호작용의 초기 형태

영아와 부모 간 초기 상호작용의 기본 요소들은 특히 중증 발달 장애인들의 사회적, 의사소통적 기술을 향상시키는 데 활용될 수 있다. 예를 들어, 거울반응하기와 유관반응은 얼굴을 바라보고, 상호작용과 공동 초점에 관여하는 경향을 자극한다(Samuel et al., 2008).

음악치료에는 2.3.4장과 4.3.1장에 나타난 것과 같이 음악적으로 확장될 수 있는 초기 상호작용의 몇 가지 요소가 있다.

의사소통

언어 습득에 대한 화용주의 이론에 따르면, 의도적 의사소통의 발달은 특정한 맥락 내에서 의사소통의 기능을 명확히 함으로써 지지될 수 있으므로 의사소통의 의도를 이해하는 것이 가능하다. 목적은 의사소통이 가능하다는 것과 의사소통을 하는 이유가 있다는 것을 개인이 경험하는 것이다(Schuler et al., 1997). 특히 의도적 의사소통은 발달 장애인이 자신이 좋아하는 것과 관련해서 선택하도록 동기부여될 때 강화된다(Cannella, O'Reilly & Lancioni, 2005). 여기서 음악과 노래가 강력한 동기부여 요인임을 나타냈으며 이러한 이유로 음악치료는 효과적인 방식으로 활용된다(Elefant, 2002; Lee & McFerran, 2012; Wigram, 1988).

정서적으로 충족되기

자신의 주변을 이해할 수 없으며 자신도 남에게 이해될 수 없다는 좌절감은 고통과 분노의 느낌을 만들고, 보통 이러한 좌절감은 상황을 더욱 악화시키는 행동으로 이어진다(Cannella et al., 2005; Rojahn et al., 2008). 인정받고 (누군가) 들어주며, 이해되고 정서적으로 충족되어야 하는 것은 인간의 기본 요구이며, 음악은 기쁨과 행복만큼이나 분노, 서러움, 두려움을 '허용'하는 것을 가능하게 만드는 매체이다(Hoyle & McKinney, 2015; Wigram, 2007b).

> 힘들고 때로는 고통스러운 정서를 표현하는 것은 부정적인 것이 아니다. 긍정적인 정서적 경험처럼 필요하고 건강한 것이다. 우리는 치료가 건강의 요구를 충족하는지에 대해 자주 논의한다. 자, 당신의 좌절감과 분노에 귀 기울이고 반응할 누군가가 있다는 것도 건강의 요구이며, 신체적 처치만큼이나 건강한 과정이다(Wigram, 2007b, p. ix).

음악적 정체성과 건강 수행

인간에게 있어 음악의 의미에 대한 화용적 관점에서, 음악적 상호작용은 집단에서의 소속감과 이해를 만들기 때문에 가치와 정체성 형성에 기여한다(Ruud, 2013a; Stige & Aarø, 2012). 음악에 대한 이러한 관점을 자신의 생활에서 행동할 수 있는 것, 즉 건강의 수행을 보건에 대한 폭넓은 이해에 더하는 것은 발달 장애인이 어떻게 음악 수행을 통해 '건강 수행'에 직접 접근할 수 있는지를 나타낸 마지막 절과 명확한 연계가 있다. 동시에 음악은 보통 발달 장애인에 대한 사람들의 정형화된 관점을 변화시키는 방식으로 사회적, 문화적 상황에 참여하고 진일보하는 것을 가능하게 만든다. 그렇게 함으로써 음악치료의 목적에 윤리적 관점과 사회에 관한 관점을 더한다(Stige & Aarø, 2012; 이 책의 3.7장, 3.13장도 참조).

음악치료사

고르지 못한 발달 프로파일과 학습된 방어적 반응 패턴이 있으면 의사소통의 시도를 오해하거나 놓칠 위험이 상당히 크며 고립을 초래할 가능성도 훨씬 더 높아진다. 그러므로 음악치료사는 각 개인의 표현적 잠재력과 문제에 대한 통찰을 가지며, 다학문적 지식과 즉흥연주를 통한 비언어적 상호작용에 대한 철저한 훈련도 받아야 한다(McFerran & Shoemark, 2013; Polen, 2013). 뮐레르(2004)가 강조한 것처럼 이들의 성공에 대한 경험은 전적으로 다른 사람들의 손에 달려있다. 그러므로 치료사들은 주의, 유머, 차분함, 현존, 친밀감 등과 관련하여 치료사의 역할을 신속히 감지하고 자신이 하고자 하는 대로 할 타당한 이유가 있다. 따라서 음악치료 실제는 철저한 치료적 훈련과 교육을 필요로 하기에 음악치료사들은 자신과 타인의 정서 및 힘든 정서적 반응을 관리하고, 음악적 표현을 활용하여 자신을 조율할 수 있어야 한다(Holck, 2010; Richards 2009; Watson, 2016; 이 책의 6부 참조).

근거

대부분의 발달 장애인에게 있어 각성 조절과 주의 기술은 이슈가 된다(2.3.4장 참조). 음악은 각성에 영향을 미치고, 발달 장애인을 진정시키거나 자극하는 여러 상황에서 활용된다(Hooper, 2010). 베리스트룀이삭손은 자신의 박사 연구에서, 음악을 감상하는 동안 레트 증후군이 있는 사람들의 뇌간 활동에 대한 신경학적 측정을 수행했다. 4.3.1장에서 언급한 것처럼 레트 증후군은 신경 발달 장애이며, 자율신경계의 중앙 통제에 영향을 미쳐 무엇보다 각성 조절 능력을 제한한다. 연구에서 레트 증후군이 있는 29명의 개인(6~40세 연령)은 부모와 돌봄제공자가 선택한 CD에서 음악을 감상했다. 그 음악이 대개 응원이나 진정 효과가 있었기 때문이었다. 그러나 표정에 대한 신경학적 측정과 분석은, 자발적으로 인식의 즐거움을 이끌어냈던 그 음악이 몇 분 뒤에 참여자들에게 스트레스 경험을 초래함을 나타냈다. 참여자들의 각성 조절 능력이 결여되었기 때문이다(Bergström-Isacsson et al., 2013, 2014).

미성숙한 뇌간 기능은 레트 증후군이 있는 사람들에게만 국한된 문제가 아니므로 베리 스트룀이삭손의 결과는 음악과 관련하여 특정한 장애의 신경학적 측면에 대한 지식과 결합된 의식적 선택의 중요성을 강조한다. 음악은 모두가 활용하는 강력한 매체이다. 즉흥 연주 음악치료에 관해 특징적인 점은 음악치료사가 개인의 표정과 신체 언어를 관찰함으로써 긴장의 수준을 지속적으로 조율하고 조절할 수 있다는 것이다. 이는 음악치료의 효과를 이해함에 있어 중요한 개념이며(Mössler et al., 2017; Stern, 2010b; Wigram, 2004), 음악치료의 결과로 발달 장애인의 의사소통 기술이 향상되었음을 나타낸 다수의 사례 연구에서도 설명된다(Hooper et al., 2008a, 2008b).

자폐 또는 발달 지연으로 진단된 9명의 고기능 청소년과 함께 한 2014년 연구에서 파시알리, 라가세와 펜은 단 8회기의 집단 음악치료 결과로 주의 통제/전환 및 선택 주의 측정에 대해 긍정적 경향과 향상을 나타냈다. 통제 연구에서 맥도널드, 오도넬과 데이비스(1999)는 음악 타악기 워크숍에 참여한 19명의 중등도 장애 집단에서 주의 초점과 같은 기본적 의사소통 기술에 대해 유의한 향상을 나타냈다. 이는 초기 상호작용의 형태―리듬감 있는 박동과 집단에서의 상호 타이밍―에 대한 음악적 확장과 기본적 의사소통 기술의 발달 간 연계에 주목한다(2.3.4장 참조).

최고도의 장애가 있는 사람들에게 있어 긍정적 선택 상황은 주의를 증대시킴으로써 의도적 소통을 증가시킨다(Cannella et al., 2005). 중증 중복 장애가 있는 5명의 여성(IQ 20 이하)과 함께 한 개별 음악치료에 대한 연구에서 리와 맥퍼란(2012)은 여성들이 10회기의 음악치료를 거치면서 서서히 노래에 대한 선호를 나타내고, 노래에 대한 의도적 선택을 하며 의사소통 기술을 향상시킬 수 있었음을 밝혔다. 선택은 한 세션에서 다음 세션까지 일관적이었고 의도적인 신체 동작, 표정, 음성화를 통해 표현되었다.

이러한 결과는 발달 장애인들이 적합한 중재와 전략이 제공될 때 비언어적 의사소통 기술을 향상시킬 수 있다는 것을 나타낸다. 발달 장애인들의 특정한 의사소통의 도전들 때문에 세심한 의사소통 파트너들과의 긍정적 관계는 성공에 있어 매우 중요하다. 맥퍼란과 슈마크(2013)는 음악을 통한 의미 있는 관계에 따른 결정적인 것으로서 음악적 참여의 4가지 원리를 다음과 같이 나타낸다. 음악치료사는 귀 기울인다. 음악치료사는 구조에 대한 책임을 진다. 사람으로부터의 자발적인 시작(행동)이 있다. 관계는 시간이 지남에 따라 형성된다.

요약

발달 장애 청소년 및 성인과 함께 하는 음악치료에는 오랜 전통이 있다. 개인과 함께 하는 음악치료는 기본적인 개인의 의사소통적, 관계적, 정서적 요구에 초점을 두는 반면, 집단 음악치료는 집단의 일원이 되는 사회적 요구도 충족시킨다. 어떤 사람들에게는 타인을 위한 수행이 정체감을 형성하는 강력한 방식이 될 수 있다. 일반적으로 음악은 진정시키고 자극시키기 위해 활용될 수 있으나, 연구는 특정한 장애의 신경학적 측면에 대한 지식과 결합된 의식적인 음악 선곡의 중요성을 나타낸다. 음악치료에서는 개인의 요구에 따라 음악을 통한 긴장의 수준을 조율하고 조절하는 것이 가능하며, 연구는 음악치료의 결과로 전-의도적 또는 의도적 의사소통뿐만 아니라 주의력과 참여도 향상됨을 나타낸다.

4.4 후천성 신경학적 상태인 사람을 위한 음악치료

이 절은 뇌의 손상이나 질병으로 유발된 신경학적 질환에 대한 광범위한 건강 관련 관점과 생물심리사회적 관점을 제공한다. 그러나 4.4.1장은 임상적 관점을 제시하는 것이 아니라 넓은 의미에서의 건강한 노화와 예방에 대한 관점을 포함하며, 여기서 음악이 수행하는 역할을 함께 제시한다. 4.4.2장과 4.4.3장에서 우리는 음악치료가 2가지의 주요 영역, 후천성 뇌 손상을 입은 사람들과 치매인[8]에게 각각 어떻게 적용되는지 기술한다. 이 2가지의 임상 영역은 실제 예, 음악 활용에 대한 이론적 관점, 연구의 개관과 함께 제시된다.

4.4.1 건강하고 활동적인 노화 : 예방으로서의 음악

한네 메테 리데르

소개

4부의 다른 장들이 각기 다른 내담자군을 위한 처치로서의 음악치료를 다루고 있으나, 이장은 처치에 관한 것이 아니라 광범위한 관점에서의 예방에 관해 다룬다. 따라서 이 장의 초점은 음악이 어떻게 장기적 예방에 활용되고, 건강한 노화에 기여할 수 있는지에 있다. 다행스럽게도 나이가 들어간다는 것은 질병이 아니며, 연령은 진단이 아니다. 그러나 노화 과정은 보통 신경계, 감각 지각과 주의 기능에서의 변화를 가져오기 때문에 이 장은 음

---

8 보통 '치매 환자'라는 표현을 사용하지만 저자가 본문에서 언급하듯이 질병에 초점을 두지 않기 위해서 여기에서는 '치매인'으로 번역하였다(역자 주).

악이 어떻게 연령 관련 문제들을 완화하고, 건강하고 활동적인 노화에 기여하는 데 활용될 수 있는지에 관한 것이다.

노화

나이 들어간다는 것은 보통 연약함, 질병, 직장 생활에서의 배제에 대한 예측과 연관된다. 노화 방지 치료와 젊음 유지를 위한 자조 서적에서는 보통 노화를 '피하는 것이 불가능할 때 숨겨야 하는 상태'로, 또한 노인을 고비용의 사회적 부담으로 과장되게 기술하여 곡해한다. 노년기 저하에 대한 이러한 관점은 축적된 경험과 통찰이 더 깊은 통찰로 이어질 수 있고, 삶의 새로운 측면을 탐구하는 것이 가능한 특권으로서의 노화에 대한 관점과 대조적이다. 예를 들어, 발달심리학자 에릭 에릭슨은 긴 생애의 경험을 가진 사람들이 어떻게 이러한 결실을 얻으며, 즐거움과 만족을 가지고 삶을 돌아볼 수 있는지에 대해 기술했다. "나이 든다는 것은 대단한 특권이다. 이는 회상 속에 떠올리는 긴 생애에 대한 피드백을 허락한다"(Erickson, 1997, p. 128).

에릭슨은 출생에서 죽음까지의 전 생애와 노년기 및 노년학 분야를 모두 다룬 발달심리학자 중 한 명이다. 노년학은 생애 후기 및 건강, 감각 지각, 인지, 행동, 정체성과 관련하여 나이 들어간다는 것과 연관된 과정, 노화가 어떻게 이해되고 경험되는지에 관한 학문이다. 최초의 노년학자 중 한 명인 스탠리 홀(1922)은 그 시대의 일반적인 관점이 그러했듯이 노년기를 질병과 세상을 떠나는 것에만 결부시키는 것이 아니라, 노화에 대한 긍정적 관점을 제시했다. 에릭슨처럼, 홀은 존재에 대한 감사와 더불어 새롭고 풍요로운 관점에서 인생을 보는 기회로 노화를 기술했다. 이는 물론 항상 가능하지 않으며, 노인이 삶의 도전들과 연약함을 직면하는 것에 대처할 수 있게 되는 것을 필요로 한다.

전 세계적으로 평균 수명이 증가하고 있는 동시에 출생률은 하락하고 있다. 따라서 전체 인구 집단에서 노년층의 비율은 점점 더 큰 비중을 차지할 것이다(WHO, 2015). 이러한 증가는 공중 보건 비용에 영향을 미칠 것으로 예측되며, 세계보건기구WHO가 2002년에 활동적 노화를 위한 정책을 수립하도록 이끌었다. 정책의 목적은 증가하는 노인 비중에 따르는 요구에 부응하고, 노년층의 신체적 건강에 초점을 두는 것뿐만 아니라 정신적 건강과 사회 활동의 참여를 보장하는 것이다. 세계보건기구의 후속 조치는 건강한 노화 및 노년 친화적 환경에 초점을 둔다. 이러한 세계적 이니셔티브와 함께, 문제는 허약 노인과 만성 질환 노인으로 구성된 인구 집단의 비중이 나머지 노인 인구 집단에 비례하여 증가할 것인지 아니면 예방과 보건 의료의 발달로 그 비중이 감소할 것인지이다.

노령 인구 집단을 부담으로 보는 것과 대조적으로 65~74세의 덴마크인들은 흔히 일부 정치인들이 지칭하는 '꿈의 소비자'로 기술된다. 이들은 건강하고 기동성이 있으며, 부유하고 휴가와 여가에 열심히 돈을 소비하기 때문이다. 덴마크에서는 이 집단에 대한 보건 의료 및 약물 비용도 하락했다(DST, 2012). 만일 이것이, 삶의 질이 더 높은 몇 해가 좀 더 주어짐을 나타내는 것이라면, 성인들에게 있어 연령 구성적 사회보다는 연령 통합적 사회에서 노년기에 건강하고 활동적이며 의미 있는 생활을 유지하는 것을 가능하게 만드는 요소가 무엇인지 규정하는 것이 중요하다. 연령 구성적 사회에서는 학습과 교육이 생애의 첫 단계에 일어나는 것으로 국한되며, 성인은 노인이 될 때까지 사회의 수레바퀴가 계속해서 돌아가도록 일하는 매우 긴 생애 단계가 이어져 수동적인 존재로 은퇴할 수 있다(Petersen, 2006). 연령 통합적 사회에서는 교육, 노동, 여가 간 급격한 분리가 전 생애에 걸친 의무, 노동, 교육, 여가의 통합으로 대체되며 이는 커뮤니티의 고령층 구성원에게도 해당된다.

허약 노인과 인지예비력

노년기의 가장 심각한 위험 요인 중 하나는 치매이다. 치매는 뇌의 변화와 뇌 조직의 퇴화를 증가시킨다. 특히 초조 증상을 나타내는 치매인의 돌봄 비용이 증가될 것이다(4.4.3장에 기술됨). 치매와 초조는 소진, 스트레스, 삶의 질 저하와 같이 막대한 개인적 비용을 수반하며 가족과 스태프에게도 영향을 미친다(Brown et al., 2012; Cohen-Mansfield & Libin, 2004; SelbÆk, Kirkevold & Engedal, 2007).

수동성과 비활동성은 치매의 발병 위험을 증가시킨다(Robertson, 2013). 풍요롭고 활동적인 생활은 치매를 예방할 수는 없으나 증상의 발현을 명백히 지연시킨다. 이는 의미 있는 일에 관여함으로써 자극된 뇌의 기제가 전 생애에 걸쳐 작업 기억에 영향을 미치고 뇌를 변화시키는 방식으로 설명된다. 생애 초기의 학습과 자극은 뇌 특정 영역의 용량 증가로 측정되는 인지예비력 형태로 회복탄력성을 부여한다(Robertson, 2013). 인지 자극은 교육, 복잡한 작업 기능, 여가 활동을 통해 일어나며, 무엇보다도 사회적 상호작용을 통해 일어난다. 이러한 자극은 뇌세포의 복잡한 의사소통 체계에서 새로운 신경 경로의 생성과 지각적 처리를 촉진하여 신경 퇴화의 보상을 가능하게 만든다. 인지예비력은 교육, 지능지수IQ, 정신적 활동 그 자체에 관한 문제 외에도 우리가 이러한 능력을 어떻게 활용하는

지와 우리가 주변, 특히 사회적 관계를 통해 어떻게 영향을 주고받는지에 대한 것이기도 하다.

그러므로 인지예비력은 우리에게 제시된 활동에서 수동적으로 습득된 지식에 관한 것이 아니라 창의적인 해결에 도전하고 이를 요구하는, 어떤 일에 진정한 관심을 가지고 능동적으로 스스로를 참여시키는 것에 관한 것이다. 이러한 이해가 있으면 활동적 노화는 특정한 연령의 사람이 어떤 대가를 치르더라도 자리에서 일어나 활동적이어야 함을 의미하는 것이 아니라, 개인의 사적인 관심과 선호에서 구성된 개입을 의미하는 것이다. 만일 한 사람이 인생 전반에 걸쳐 특정한 활동이나 명분에 끌려 참여하도록 길러졌다면, 아마도 치매나 다른 감퇴로 인지 기능이 저하될 때 끌어낼 예비력이 있을 것이다. 음악에의 개입은 이 점에서 적절하다.

예방적 보건 의료와 건강 증진

음악이라는 주제로 돌아가기에 앞서 노화와 신경 질환에 대한 본문에 노화가 적합한 주제인지 의문을 제기하는 것이 중요하다. 예방이나 예방법은 경고나 금지와 쉽게 연관되며, 전형적으로 질병 지향적이다. 예방의학에는 측정의 3가지 수준이 있다(Leavell & Clark, 1965).

- 1차적 수준 : 질병을 방지하는 것
- 2차적 수준 : 초기 단계의 처치와 의학적 진단
- 3차적 수준 : 처치와 재활, 여기서 초점은 기능 재생과 질병 관련 합병증 완화에 있음

덴마크 보건청(DHA, 2005)의 보고에 따르면, 이 3가지 수준은 질병 지향 접근을 나타내며 건강과 질병이 양분되지 않는 접근으로 대체되어야 한다. 그렇다면 우리는 질환에 대처하고 소망과 목적을 향해 노력하며, 사회적 역할과 기능을 이행할 수 있는 역량으로서 건강을 이해할 수 있다. 그러므로 질병의 예방 대신에 건강을 증진하는 것에 대해 이야기할 수 있게 된다. 이는 건강을 성취하기 위해 개인적 기술을 발달시키는 것을 의미하는 것뿐만 아니라, 건강을 위한 지지적 환경을 조성하고 보건, 보건 증진 정책 외에도 보건 서비스의 새로운 방향을 위해 부분적 노력을 강화하는 것을 의미한다(DHA, 2005). 그러므로 예방이 원치 않는 상태와 과정을 방지하는 것을 의미한다면, 건강 증진은 원하는 상태와 과정을 성취하는 것을 의미한다. 따라서 건강은 일상생활을 위한 사회적, 개인적, 실존

적, 신체적 자원으로 볼 수 있으며, 이른바 건강생성론적 이해에서의 일관성 감각을 수반한다. 일관성 감각은 삶을 의미 있고 이해할 수 있으며 관리할 수 있는 것으로서 경험하는 것을 의미한다(Antonovsky, 1996; DHA, 2005).

예를 들어, 비만과 제2형 당뇨의 조기 예방은 나중에 약물이나 수술을 불필요하게 만든다. 그러므로 활동적 노화를 보장하는 건강 증진은 이동성 저하와 조기 시설화를 예방하고, 건강과 삶의 질을 증진시키며 치매의 발병을 지연시키는 데 기여할 것으로 예측된다. 건강 증진은 아동기부터 통합되는 것이 이상적이며 질병 관련 측면에 협의적으로 초점을 두는 것이 아니라, 광범위한 관점에서 정신건강 유지를 포함해야 한다.

WHO에 따르면, 정신건강을 보장하고 신경정신의학적 질병을 예방하기 위한 지출은 세계 시민 1명당 연간 1.6유로로 미만이며, 저소득 국가에서는 0.20유로로 미만이다(WHO, 2011). 사회경제적 관점에서 보면 정신적으로 건강한 시민은 가치가 크기에 투자할 가치가 있다. 그러나 정신건강은 경제에 대한 문제가 아니며, 반드시 공적 자금에 의존할 필요는 없다. 경제적 이익에 의해서가 아닌, 시민의 이익에 의해 좌우되는 풍요롭고 통합적인 문화생활은 높은 수준의 정신건강을 보장하는 사회 관계망을 구축할 것이다(Theorell & Kreutz, 2012). 그러나 일부 시민 집단의 정신건강을 보장하기 위해, 예를 들어 취약 집단의 문화적 이니셔티브에 대한 지원과 장기적 표적 예방 조치 등을 위해 정치적 이니셔티브와 공적 자금이 필요할 수 있다. 이와 관련해서도 음악이 역할을 수행할 수 있다.

음악과 노화

앞서 기술한 것처럼 인지예비력은 도전적인 일에 ― 진정한 관심을 가지고 ― 활동적으로 참여하는 것에 관한 것이다. 그러므로 음악이 인지예비력 발달과 노화에 어떤 영향을 미칠 수 있는지 탐색하는 것은 적절하다. 2개 국어에 능통한 사람은 평균 인구 집단과 비교하여 치매 발병 전 무증상 기간이 최소 4년 이상이며, 이는 인지예비력을 통한 보상으로 설명된다(Craik, Bialystok & Freedman, 2010). 언어에 대한 도전과 음악이 어떻게 뇌를 강화할 수 있는지에 관해서는 연구가 더 많이 필요하나, 연구는 아동기부터 음악적 훈련을 받은 사람들이 뇌의 구조와 기능에서 변화를 보인다는 것을 나타냈다(Bialystok, Craik & Luk, 2012; Elbert et al., 1995; Schellenberg, 2004). 이러한 변화는 성인기에도 유지되며, 다른 설명 중에서도 뇌간에서 소리에 대해 좀 더 강력한 반응을 보였음을 나타냈다(Juslin & Västfjäll, 2008).

우리의 음악적 선호는 일생에 걸쳐 변화하나(제1부 참조), 우리가 특정한 음악과 관계를 맺는 방식에는 여전히 일관성이 있는 것으로 보인다. 그러므로 노인은 비록 시간이 흐름에 따라 이 음악이 일상생활에서 다른 기능과 용도를 가지더라도 자신이 초기 성인기에 감상했던 음악을 특히 선호한다(Bonde, 2009; Gembris, 2008). 삶의 특정 시기의 어떤 음악에 대한 애호는 노년기까지 이어지는 사례나, 당대의 음악에 흥미를 잃는 것과도 어느 정도는 관련이 있다(Gembris, 2008). 한 연구는 60~80세의 성인이 일반적으로 크고 시끄러운 음악을 즐기지 않으며 느린 템포의 음악을 좋아한다는 것을 나타낸다(Gembris, 2008). 이는 노년에 동반되는 감각 지각의 변화 때문일 수 있다. 노년층의 음악 활용은 완전히 정체되거나 좀 더 집중적인 것으로 기술된다(Butterton, 2004). 그러나 일반적으로 음악에의 정서적 참여는 이전보다 더 커지며 음악은 이전의 기억들을 불러일으키고, 한 사람의 생애사를 결부시키는 데 필수적인 것으로 조망된다(Gembris, 2008). 음악은 이전의 중요한 사회적 관계들을 포착하고 유지하는 평생의 동반자 역할을 맡는다고 언급된다. 인생에서의 어떤 시기나 정서적으로 강렬한 이전의 경험들과 연관되어 있기 때문이다(Baird & Samson, 2013). 이 외에도 여러 노인이 이완하거나 기분을 조절하기 위해 일상생활의 일환으로 음악을 활용한다(Gembris, 2008).

인지예비력과 사회적 관계에 있어 중요한 것 외에도 음악과 합창은 건강과 안녕감에 영향을 미친다(Clift & Hancox, 2010; Davidson & Fedele, 2011; Hallam et al., 2013). 이는 신경호르몬 코르티솔(Beck et al., 2000; Kreutz et al., 2004) 수치, 심장 리듬의 동기화(Vickhoff et al., 2013) 같은 생리적 반응에서의 긍정적 변화로 볼 수 있으며, 사회적 관계 및 합창 단원 간 형성된 공동체 의식과 사회적 관계(Schrok, 2009)와 관련된 긍정적 변화로 볼 수 있다. 음악을 통한 개인의 경험은 정서적 확산 과정을 통해 유도되는 정서적이고도 동기부여적인 무언가와 연관되기 때문에 매우 강력할 수 있다(Lundqvist et al., 2009). 음악이 건강에 미치는 긍정적 효과는 음악적 경험 내에서, 그로 인해 만들어진 긍정적인 사회적 커뮤니티 안에서, 우리가 약간의 기쁨이라는 도취감으로 보상받는다는 사실로 설명된다. 이러한 도취감은 도파민과 같은 신경전달물질의 분비에 의해 야기되며, 몸 전체에 안녕감의 느낌을 확산시킨다(Altenmüller & Schlaug, 2012).

음악 애호가나 음악이 포함된 활동(합창단에서의 가창, 콘서트 관람, 오케스트라 연주, 음반 수집이나 포크댄스 추기)을 즐기는 사람들에게 이러한 활동은 활동적 노화를 보장하는 데 명백히 기여한다. 건강한 노화에 대한 기여 요인으로서 사회적 참여와 동기부여, 활동적이고 의미 있는 여가 활동을 지목하는 연구의 수는 충분하다(Hallam et al., 2013). 이러한 활동에서 음악이 정확히 어떤 역할을 하는지에 대해서 우리는 여전히 너무 적게 알고 있으므로 이 주제에 대한 후속 연구들이 필요하다. 특히 상업적 음악의 광범위한 활용에서 본 것처럼, 음악 감상은 대부분 사람들의 일상생활의 일환이므로 노인에 대한 음악 감상의 영향을 연구할 필요가 있다(Theorell & Kreutz, 2012). 2012년에 처음으로 덴마크인들과 음악의 관계 및 음악에의 참여가 덴마크 건강 검진 설문(3.13장 참조)에 포함되었다. 따라서 앞으로 평생의 음악 향유가 건강과 활동적 노화, 즉 건강 증진에 미치는 영향뿐만 아니라 건강에 미치는 음악의 영향에 대한 지식을 좀 더 많이 전달할 것으로 예측된다. 동시에 우리는 시간의 경과에 따라 나이 들어간다는 것은 쇠약과 소실을 야기하므로 신경계, 감각계, 주의 기능이 변화된다는 것을 알고 있다. 청각과 시각에 대한 노년기의 어려움, 동시에 너무 많은 자극을 처리하는 데 있어서의 어려움, 주의 유지와 동작의 통제 및 협응에서의 어려움에도 불구하고, 예를 들어 신경 재활 영역에서와 같은 여러 연구는 음악이 ㅡ 다른 자극과 달리 ㅡ 기쁨, 매력, 사회적 응집의 원천임을 나타낸다. 이러한 방식으로 음악은 전 생애에 걸쳐 우리의 정체성과 동행할 수 있다.

건강 증진을 위한 음악치료

마지막 절에서 우리는 음악이 건강에 긍정적 영향을 미친다는 것을 알게 되었다. 그러나 우리는 이러한 효과를 제공하는 것이 무엇인지 정확히 알지 못한다. 이는 공동체 의식, 심호흡, 음고의 주파수, 리듬의 동시성, 유쾌한 신체 감각, 정서적 참여, 다른 가창자로부터의 바이러스에 노출된 이후 항체 생성, 또는 다른 요인들일 수 있다. 우리는 악기 연주가 우리의 뇌를 변화시킨다는 것을 알고 있으나, 인지 기능과 인지예비력에 영향을 미치는지에 관해서는 충분히 알지 못한다(Gebauer & Vuust, 2014). 어떤 사례에서 음악은 사회적 응집과 대인관계를 향상시키는 매우 유용한 매체이다(Koelsch & Stegemann, 2012; Malloch & Trevarthen, 2009).

3.13장에서 설명한 바와 같이 음악과 건강 간 관계에 대한 관심이 증가하고 있으며, 이는 '보건 음악하기'라는 체제에서 기술된 각기 다른 음악치료 모델의 발표(Trondalen & Bonde, 2012)뿐만 아니라 노르웨이의 음악과 건강 연구센터(CREMAH, 2018)의 웹사이트에도 기술되어 있다. 건강은 생애 전반에 걸친 문화 활동에서 구성된다는 폭넓은 문화적 관점에서, 음악의 활용은 문화 중심 음악치료(Stige, 2002), 또는 커뮤니티 음악치료

(Stige et al., 2010; 이 책의 3.7장 참조)에 제시된 커뮤니티 음악치료 관점에서 성찰된다.

　미국에서는 뉴욕대학교 인지신경학센터의 심리사회적 연구와 지원 프로그램 대표인 메리 미틀먼 교수가 동료들과 함께 치매인과 돌봄제공자를 위한 합창단을 창단했다. 센터의 웹사이트에 게시된 동영상 클립(The Unforgettables, 2018)에서 돌봄제공자들은 치매인들이 어떻게 음악에 참여하는지 보는 것이 그들에게 얼마나 기쁨을 주는지와, 다른 돌봄제공자들과 네트워크의 일원이 될 때 얼마나 힘이 되는지에 대해 이야기한다. 영국에는 시니어 합창단이라는 광범위한 전통이 있으며, 영국 알츠하이머협회가 뇌를 위한 합창단을 다수 조직했던 것처럼(Hara, 2011), 잉글랜드 남서부에는 '당신의 삶을 위해 노래하라' 프로젝트를 통해 50개 이상의 노래 가창자 클럽이 창설되었다(Clift, 2012). 노르웨이 예술협의회와 사회보건부는 활동적인 시니어 생활에 초점을 두고 다수의 예술 및 보건 프로젝트를 지원했다(Baklien & Carlsson, 2000). 평가 보고서 '우리와 함께 노래해요'는 노래를 연습하여 요양원에서 수행하는 은퇴한 시민 집단들을 기술한다. 보고서는 가창이나 춤으로 문화적인 일을 수행할 기회를 가졌던 이용자들에게 문화의 의미가 가장 강력히 경험된다는 것으로 마무리된다. 이용자 역할과 수행자 역할은 상호 간 이행되며, 두 역할 모두 이 경험을 더욱 강력한 것으로 만든다(Baklien & Carlsson, 2000, p. 131).

　음악치료적인 전문 배경이 시니어 합창이나 시니어 댄스와 같은 건강 증진 활동을 시작하는 데 필수적인 것은 아니다. 그러나 신경인지적인 어려움이 있는 사람들을 위한 활동이 참여자의 심리사회적 요구와 관련된 것인지 확인하기 위해서 보통 음악치료 전문가의 참여가 필요하다. 음악치료사는 예를 들어, 우울증이나 사회적 고립을 예방하기 위해 특정한 활동이나 상호작용에 대한 조언을 제공할 수 있고, 한 사람을 일정 기간 동안 음악치료에 의뢰하는 것을 제안할 수도 있다. 이 목적은 기술의 공유를 통합하는 것이어야 한다. 음악치료사의 접근은 무엇보다도 안전하고 사회적인 환경에서 부드럽고 존중을 표하는 방식으로 상실, 사별의 슬픔, 불안과 같은 어려운 이슈들을 다룰 기회를 제공하는 것이다. 이와 같은 상호작용이 일상생활에서 의미 있는 역할을 수행하는 사람들과 함께 일어나고, 전문적인 관리와 슈퍼비전하에서 안전한 사회 관계망의 통합된 일부로 일어나는 것이 중요하다. 이와 같은 간접적인 음악치료의 실제는 여전히 공공 의료 체계 밖에 있는 취약 집단의 활동적 노화와 정신적으로 건강한 노화를 보장하는 데 기여할 수 있으며, 이들이 한 사람의 삶을 의미 있고 이해할 수 있으며 관리할 수 있는 것으로 경험하는 것은 필요일 뿐만이 아니라 권리이기도 하다.

요약

노화 그 자체는 질병이 아니고 질병의 원인도 아니며, 노년에는 건강하고 활동적이며 의미 있는 삶을 유지할 수 있는 좋은 기회들이 있다. 그러나 병과 질병은 나이와 함께 증가하며, 이와 더불어 건강 증진에 관한 지식과 근거를 전달하는 연구 및 길고 의미 있는 삶을 보장하는 방법에 대한 연구의 필요가 따른다. 음악은 활동으로 포함되거나 활동 그 자체가 될 수 있으며, 그렇게 함으로써 의미 있고 활동적인 노화에 기여할 수 있다. 폭넓은 사회경제적 관점에서 볼 때 유아기의 음악 통합은 유익한 것으로 보인다. 이는 개인이 인생 전반에 걸쳐 활동적이고, 공동-창의적인 역할을 맡는 풍요롭고 필수적인 문화생활을 국가가 보장해야 함을 의미한다. 문화적 활동과 음악은 출생에서 죽음에 이르기까지, 모두에게 풍부한 기회와 더불어 지원되어야 한다. 만일 이것이 개인의 참여에 기반을 둔다면 우리는 삶의 질을 향상시킬 뿐만 아니라, 인지예비력을 발달시키는 추가적 원천을 가질 수 있을 것이다. 이는 개인에게 의미 있고, 베풀며 건강하고 활동적인 삶을 살 수 있는 몇 해를 좀 더 선사할 수 있을 것이다.

4.4.2 후천성 뇌 손상을 입은 성인을 위한 음악치료

쇠렌 베스테르 할, 한네 메테 리데르

배경

성인기에 후천성 뇌 손상을 초래하는 가장 흔한 원인은 외적 원인(두개 외상)과 내적 원인(뇌졸중)의 2가지 범주로 나뉜다. 더 드물게 나타나는 원인은 감염, 종양, 중독 또는 산소 결핍이다. 후천성 뇌 손상은 이동운동 체계의 장애나 언어 또는 기억과 같은 인지 기능 장애를 초래할 수 있다. 게다가 성격과 행동에서의 변화, 손상된 판단, 우울 및 피로, 과민성, 스트레스 민감성이 뒤따를 수 있다. 뇌 손상이 개인에게 미칠 영향에는 여러 요인이 기여하기 때문에 손상된 뇌 영역을 식별하는 것만으로 뇌 손상의 일반적 결과를 규명하는 것은 불가능하다. 최적의 재활은 개인 및 개인의 생활 상황에 대한 완전한 평가를 필요로 하며, 치료사와 스태프들은 광범위한 간학문적 협력 내에서 작업해야 한다.

각각의 뇌 손상이 독특하다는 사실에도 불구하고(이는 획일화된 표준 처치를 불가능하게 만든다), 재활의 3가지 일반적 단계가 확인되었다. 1단계는 입원 직전의 시간과 병원에서의 응급 의료를 포함한다. 2단계는 입원 중 병원에서의 재활이며, 3단계는 병원에서 퇴원한 이후의 재활로 이루어진다. 일상적 실제에서는 장기적 재활과 유지를 다루기 위해 4단계를 추가하는 것이 적절한 것으로 밝혀졌다(DHA, 2011).

미국의 음악과 신경과학 교수인 마이클 타우트(2005)는 후천성 뇌 손상 이후의 재활에서 음악 활동의 활용을 독특한 것으로 기술했다. 타우트는 음악이 모든 수준에서 표현적일 뿐만 아니라 인상적으로 작용한다고 설명한다. 창의적 음악 활동은 잠재적으로 뇌의 여러 영역을 동시적으로 활성화하며 새로운 신경 회로 생성을 돕는다. 이는 동시에 활성화된 뇌세포가 어떻게 서로 간 연계를 생성하는지 기술한 도널드 헵의 이론에 부합하는 것이다(Hebb, 1949). 능동적 음악 연주와 감상이 악기에 대한 신체적, 시각적 지각에서부터 소리에 대한 정신적 구조화와 처리, 음의 정서적 효과, 음파에 대한 신체적 감각, 연주에 수반되는 신체적 동작에 이르기까지 인지 기능을 담당하는 뇌 영역을 활성화하기 때문에 새로운 신경 회로가 생성된다. 이 외에도 기억 측면이 있다(Thaut, 2005). 경험과 감각에서 오는 이러한 복잡성 때문에 후천성 뇌 손상을 입은 사람들과 함께 음악을 활용하는 것에는 여러 관점이 있다.

2017년의 코크란 리뷰에는 총 775명의 참여자들을 대상으로 한 29건의 시험이 메타 분석에 포함되었다. 연구자들은 이에 기반하여 '음악 중재'가 뇌졸중 이후의 보행, 상지 기능, 의사소통 결과, 삶의 질에 유익할 수 있다는 결론을 내렸다(Magee et al., 2017, p. 3). 결과가 고무적임에도 불구하고 연구자들은 좀 더 양질의 무작위 통제 시험을 필요로 한다. 방법 중 하나인 리듬 청각 자극은 보행 기능에 유의한 효과를 나타냈다. 이는 2011년에 덴마크 보건청이 (이전의 코크란 리뷰에 기반하여) 재활 2, 3, 4단계 전반에 걸쳐 집중 보행 훈련, 체력 훈련, 리듬 청각 자극을 권고하는 원인이 되었다(DHA, 2011).

음악치료 의뢰

후천성 뇌 손상을 입은 사람들의 음악치료 의뢰는 대부분 다음과 같은 요구에 기반을 둔다.

- 특정한 기술이나 기능의 훈련 — 언어, 운동 기술, 협응/타이밍, 집중, 기억, 호흡, 통증 관리
- 소속감, 사회적 참여, 즐거움, 유머와 놀이 외에도 사회적 상호작용 및 만남

- 새로운 생활 상황과 관련된 실존적 주제 다루기
- 이전의 정체성, 정서, 심리사회적 요구, 친밀한 관계들에 있어 현재 상황과 관련된 갈등 다루기

마지막으로 의뢰는 의식, 주의력, 지남력, 주도성, 사회적 기술, 비언어적/준언어적 의사소통, 기분 등의 수준에 대한 체계적 진단평가의 목적으로 이루어질 수 있다. 덴마크의 경우 1, 2단계(급성환자 치료 및 입원)에서 음악치료 의뢰는 매우 드물게 일어날 것이며 전형적으로 3, 4단계에서 일어난다.

집단 음악 활동

중증 뇌 손상을 입은 사람은 사회적 활동에 참여하는 데 문제를 나타낼 수 있다. 이들에게는 여러 감각 자극을 처리하고 관련짓는 것, 사회적 규준을 따르는 것, 동시에 한 사람 이상과 관계 맺는 것이 힘들 수 있다. 이러한 이유로 음악치료사는 이러한 도전들을 다루고, 각 참여자가 자신의 방식대로 심리사회적 요구를 충족하는 것을 허용하는 환경 조성을 위해 집단 음악치료나 다른 집단 음악 활동을 제공할 것이다.

커뮤니티 가창은 보통 활동센터(4단계 서비스)나 재활 병동(2, 3단계)에서 사회적 상호작용을 형성하는 데 활용된다. 후천성 뇌 손상을 입은 여러 개인이 잠들지 않고 깨어서 집중하는 데 어려움이 있으므로, 커뮤니티 가창은 이들에게 많은 요구를 하지 않으면서 동기부여하는 방식으로 참여자가 '깨어서' 주의를 유지하는 목표를 가지고 편성된다. 가창 외에도 커뮤니티는 예를 들어 춤, 음악 감상으로 활성화될 수 있다.

사례

다음의 예에 기술된 비르기테는 사회적 활동에 참여하는 것이 힘들다. 자신의 동작과 반응을 집단 내 다른 참여자들의 동작과 반응에 맞출 수 없기 때문이다. 이는 비르기테가 위축되어 따라갈 수 없다는 것을 의미한다. 그러나 비르기테가 가창 집단에 참여할 때 음악은 비르기테의 주의를 깨우고 지속시킨다.

비르기테는 유아기 때부터 수차례의 중증 간질성 발작으로 고통받았다. 비르기테의 언어와 운동 기술은 손상되지 않았으나 반응 시간이 매우 느리며, 거의 몽롱하게 사는 것으로 보인다. 가창 집단에서 비르기테는 수차례의 소발작에도 불구하고, 능동적으로 참여한다. 비르기테는 '스위치가 꺼진' 것처럼 보이는 짧

은 결신 발작에서 다시 복귀하여 리듬에 맞춰 손뼉치기와 가창을 계속한다. 비르기테는 음악의 흐름으로 빠르게 복귀한다. 비르기테의 각성 상태는 음악과 춤에 참여할 때 확실히 더 높다. 안전을 위해 헬멧을 쓰는 것을 기억하고 부기우기에 뛰어들 때 비르기테의 눈은 기쁨으로 빛난다(Frommelt, 2010).

비르기테의 예에서처럼, 음악은 각성을 조절하고 '사로잡을' 수 있다. 다음 예에서 이사벨라는 커뮤니티 가창에 참여한다. 여기서 가창이나 춤은 공통의 음악적 표현 안에서 참여자들이 시작하고 유지하도록 조절을 촉진한다. 합창단에서의 집단 표현을 위해 활용되는 것 외에도 음악은 공동 음악적 의사소통에서의 개인적 표현을 위해서도 활용된다.

이사벨라는 혈전이 생긴 이후 고도의 표현성 실어증[9]과 중등도의 수용성 실어증[10]을 겪고 있다. 이사벨라의 언어 장애는 이사벨라의 모국어가 덴마크어가 아니라는 사실 때문에 더욱 복잡하다. 이사벨라는 사회적으로 경험하는 고립의 결과로 우울해 보인다. 실어증이 있는 사람들을 위한 집단에서 카주가 소개된다. 카주로 소리를 내는 것은 바람을 부는 것보다는 목소리 활용을 수반하며, 소리는 악기에 의해 증폭된다. 이사벨라는 망설이지 않는다. 이사벨라는 그 소리로 연주하고, 이는 집단의 나머지를 향한다. 집단은 이사벨라를 활력과 강렬함이 있는 완전히 다른 여성으로 본다. 이사벨라는 언어의 한계에서 벗어나 스스로를 표현하며 사회적 의사소통에 능동적으로 기여한다. 이사벨라는 자신의 목소리를 찾았고 고립에서 벗어났다!(Frommelt, 2010).

이사벨라는 공통 박이나 조성이 반드시 필요하지 않고, 각 사람이 자신만의 개별적인 소리로 음악적 표현에 참여하는 공동 즉흥연주에서 스스로를 표현하는 자신만의 방식을 찾는다. 즉흥연주는 소리로 연주하는 것이며, 서로를 따르거나 멈추고 방향을 바꾸는 것이다. 즉흥연주는 이사벨라가 활력과 강렬함으로 집단과 함께하는 공간을 제공한다. 이사벨라는 집단이 늘 보던 것이 아닌 자신의 또 다른 면을 나타낸다.

집단 음악치료

센터나 병원 병동에서 보통 공개 활동으로서 집단 활동이 제공될 때, 집단 음악치료는 재활 요구와 관련하여 각자의 동반자가 있는 것이 유익할 것으로 진단평가되는 참여자들에게 제공된다. 예를 들어, 기억 훈련이 필요하다면 활동은 참여자들이 자신의 심상을 기억하는 것에 대한 작업이 있는 '수정된 심상음악치료^{GIM}'(3.2장 참조)가 될 수 있다(Thostrup

---

9 브로카 실어증으로도 알려져 있다(역자 주).

10 베르니케 실어증으로도 알려져 있다(역자 주).

& Moe, 1995, 1999). 활동은 집단 감상도 될 수 있다. 여기서 참여자들은 다른 집단 구성원들을 위해 녹음된 음악 작품을 선택하고 재생한다.

벤뉘는 혈전이 생긴 이후 고도의 표현성 실어증이 있으나 다른 인지 기능은 손상되지 않았다. 벤뉘는 음악치료사가 말하는 것을 모두 이해하나 어떤 말도 할 수 없다. 벤뉘는 후천성 뇌 손상을 입은 다른 남성 5명과 함께 집단에 참여하는데, 여기서 이들 모두는 어느 정도 언어 사용이 가능하다. 집단에서 음악 감상은 자신이 삶을 책임지고 관리했던 때의 경험을 기억하도록 시간을 되돌리는 '타임머신'의 역할을 맡는다. 자신이 누구인지를 기억하고 정체성을 확인하며, 동시에 장기 기억을 훈련하는 것은 경이롭다.

오늘은 벤뉘가 음악을 가져올 차례이고, 벤뉘는 덴마크의 팝송 **발렌 발보리**Hvalen Hvalborg를 가져왔다. 집단은 음악을 감상하고 벤뉘가 '예', 또는 '아니요'로 대답하는 명료화 질문을 한다. '예'를 의미할 때 벤뉘는 온몸으로 열심히 고개를 끄덕이며, 집단이 자신의 '아니요'를 명확히 이해하도록 만든다. 벤뉘는 자신의 어머니 이름이 노래에 나오는 발보리였음을 밝히고, 자신이 어머니에 대해 어떻게 느꼈고 어머니가 자신에게 어떤 의미였는지 의사소통할 수 있다.

음악의 분위기는 언어가 그렇게 하지 못했을 때 타인과 공유하기 힘든 것들에 대한 의미와 감정을 전달한다(Frommelt, 2010).

타인과 음악을 '공유하는' 것은 상처받기 쉬운 상황이며, 집단에서 참여자들은 보통 무엇이 '좋은' 음악인지에 대해 각기 다른 의견이 있음을 경험하게 될 것이다. **발렌 발보리**(Shu-bi-dua, 1976)의 가사는 유머러스하고 우울하며, 조성이 장조임에도 불구하고 우울하고 슬픈 분위기를 강조하는 단조의 병행화음들이 많다. 이러한 방식으로 앞서 제시된 벤뉘의 어머니에 관한 이야기에는 여러 층위가 있다. 이는 벤뉘를 위해 존재하며, 벤뉘는 말없이 집단과 의사소통한다. 벤뉘에게 있어 음악은 정서와 기분을 뇌 손상 이전의 시간에서 현재 상황으로 가져온다. 이 외에도 다음의 테이스 사례에서처럼, 음악은 자기 이해를 제공하며, 사람이 결정을 내리고 앞날을 생각하도록 돕는 여정의 출발점으로 기능할 수 있다.

테이스는 오토바이 사고 이후 외상성 손상을 입었다. 자신의 삶을 주도하고 구조화하는 능력이 손상되었으나 테이스는 자신이 입은 손상을 인식하고 이에 도전할 수 있다. 감상 집단에서 테이스가 더 도어스의 **사람들은 이상해**People are Strange를 재생할 때, 타인과 사회적으로 상호작용하는 자신의 어려움에 관해 이야기하는 대화가 시작된다.

이 세션에서 집단은 베토벤의 **피아노 협주곡 5번** 2악장을 감상한다. 음악은 테이스를 내적 여정으로 보낸다. 거기서 테이스는 오래된 '가족의 집' 주변을 걷는 자신을 발견한다. 나중에 테이스는 자신이 있다고 생각한 것보다 더 큰 가족이 있다는 느낌이 들었고, 가족과 함께 편안함을 느낀다고 기술한다. 테이스는 용감해지는 것이 득이 된다고 말한다. 자신이 주도성을 가질 때 사람들이 자신을 향해 절반 이상 다가

올 것이 분명해진다. 테이스에게 있어 집단의 다른 사람들이 자신의 고군분투를 지켜보는 것과, 자신의 승리를 그들과 공유할 수 있다는 것은 매우 중요하다. 심지어 테이스가 집단에 참여한 것도 변화의 발로이다(Frommelt, 2010).

벤뉘, 테이스의 사례는 집단 구성원들이 음악을 감상하고 이와 관련짓는 수용적 음악치료의 예이다. 음악치료는 악기로 하는 능동적 즉흥연주로, 사전 작곡된 음악을 함께 연주하거나 신체적 운동, 춤, 동작이 결합된 것으로도 일어날 수 있다.

개별 음악치료

개별 치료에서 치료사는 후천성 뇌 손상을 입은 사람에게 전적으로 주의를 집중하고 의사소통할 수 있다. 음악치료사 크리스 뤼케고르(2005a)는 자신이 어떻게 6세 피에를 안내하여, 피에가 음악에서 능동적 역할을 수행할 수 있었는지 기술한다.

피에는 5세에 심장마비 후 중증 뇌 손상을 입은 결과 뇌성마비, 시각 상실, 언어 손실이 있다. 뇌성마비에도 불구하고 피에의 다리는 튼튼하며, 다리의 동작도 비교적 통제된다. 작업치료사와 함께 작업하여 피에의 다리 앞에 드럼을 두고, 음악치료사는 피에와 함께 음악을 만든다. "피에는 재빨리 게임에 동참하며, 나는 피에가 나와 동기화되어 움직임을 느낀다"(Lykkegaard, 2005b, p. 13). 음악치료 세션 이전에 피에는 긴장되고 좌절스러운 목소리를 냈으나, 세션 이후에 피에는 확실히 이완되고 주의를 기울인다.

그러므로 치료사는 협응, 타이밍, 집중과 관계가 있는 기본적 기능의 조절에 대한 책임을 맡는다. 피에가 작업치료사에 의해 신체적으로 안내되는 동안 음악은 피에가 리듬적으로, 조성적으로 따르도록 안내한다. 비록 이 예는 아동에 관한 것이나 4단계의 성인에게 필요한 신체 유지 훈련에 상응하는 점이 분명히 있으며, 여기서도 음악은 계속해서 운동하기 위한 동기부여에 대단히 중요할 수 있다.

의학적 최소 의식 상태의 사람

다음의 예는 마지막 예에서처럼 신체적으로보다는 언어적으로 안내하기 위해 음악을 활용하는 것에 관한 것이다. 음악치료 세션은 25세인 말레네가 자신의 부모님과 함께 거주하는 집에서 이루어졌다. 말레네는 돌계단에서 낙상한 후 중증 뇌 손상 때문에 24시간 가정 간호를 받는다. 말레네는 최소 의식 상태로 진단되었으나 처음에 가정한 것보다는 의식이 있는 것으로 보인다. 중증 뇌 손상은 말레네의 전신에 확연한 경직과 마비를 초래한다. 말레네는 실명 상태이고 혼자 걷거나 앉을 수 없으며, 머리를 지탱할 수 없고 위 삽관에 의존한다. 말레네는 언어 사용, 음성 사용, 표정이 없다. 그러나 말레네는 눈을 깜빡일수 있으며, 질문을 했을 때 —아마도 일종의 '예'로— 자발적으로 눈을 깜빡인다. 말레네는 동작을 개선하기 위해 집중적으로 훈련받으며 의사소통의 여러 다양한 방식을 시도한다. 말레네는 청력이 양호하고, 왼손과 팔 일부의 기동성도 비교적 양호하다. 오른손의 기동성은 막 시작되었으며, 손가락의 소근육 운동 기술은 양호하다.

말레네는 경련과 통증 때문에 밤새 깨어있었다. 말레네는 매우 신경이 날카롭고 불편해 보인다. 나는 말레네의 무릎 위에 알토 수금lyre을 놓았고 말레네는 바로 왼손으로 수금을 잡는다. 말레네가 수금으로 낮은 음을 연주하고 나는 허밍으로 되받는다. 이렇게 한 후 나는 "지금 연주하고 있네요."라고 노래하며, 말레네의 이름을 노래한다. 나는 계속 허밍을 하다가 우리가 함께하고 있는 것에 관해 노래한다. 예를 들어, "당신의 음이네요, 당신의 노래예요, 들을 수 있어요. 당신이 연주하고, 내게 이야기하네요." 말레네는 이제 더 크게 연주하고, 손톱으로 현을 쳐서 쇳소리를 낸다. 나는 노래한다. "그 소리 멋지네요, 좋아요, 당신의 소리예요, 이게 당신이에요."

우리가 연주를 계속하는 동안 나는 말한다. "힘든 밤을 보냈다는 걸, 통증이 있다는 걸 알아요. 그게 이음으로 표현하려는 것인가요? 우리 같이 연주할까요?" 말레네는 눈을 여러 번 깜빡이고 쇳소리를 더 많이 내며 연주한다. 역동은 더욱 높아지고 리듬은 격렬해진다. 나는 노래한다. "분노를 연주하는 건, 소리나는 음에서 에너지를 느끼는 건 좋은 거예요, 아, 오, 아… 분노를 연주하세요, 소리를 내요, 더 크게 내고, 음에서 에너지를 느껴요, 와오 와." 나는 '쇳소리를 더 내어' 노래하여 내 목소리를 말레네가 내는 소리에 일치시킨다. 우리는 이 음을 중심으로 몇 분간 즉흥연주를 하며 이따금 알토 수금의 위아래로 반음계적 움직임을 동반한다. 말레네가 음을 바꿀 때마다 그에 대해 언급한다.

말레네는 이제 더 느린 템포로 조용하게 연주한다. 말레네의 손톱은 더 이상 현을 치지 않고 말레네는 그저 손가락의 끝부분으로 연주한다. 나는 노래한다. "이제 부드럽고 느리게 연주하네요. 우리는 느리게 연주하면서 그냥 음을 즐기는 거예요, 아아아-아." 그다음에 나는 이야기한다. "편안해진 걸 볼 수 있네요. 얼굴에 만족감이 나타나는 것 같아요. 속으로 미소 짓는 것 같아요…." 나는 다시 노래로 전환하여 부른다. "당신과 함께 연주하고 노래하는 게 좋아요. 당신이 좀 더 편안해질 수 있을 것 같아요. 내가 당신을 듣는다는 걸 당신도 느낄 수 있을 것 같아요. 또 당신은 자기에게 중요한 것을 내게 말해주었어요, 아, 오, 아…."

우리의 연주와 노래는 더 느린 템포로 잦아든다. 말레네는 이완으로 해석될 수 있는 심호흡을 한다. 나는 말레네의 심호흡에 대해 언급하고 이를 거울반응한다. 잠시 후에 음악은 새로운 음으로 다시 격렬해지고 말레네는 양손을 번갈아 사용한다(Exner, 2010).

율리에 엑스네르는 말레네의 음악치료사 역할에서 자신이 어떻게 바깥 세계를 향한 말레네의 '화자'가 되는 감각을 경험했는지 기술한다. 율리에는 친밀한 의사소통적 관계를 느낀다. 그 관계에서 율리에는 말레네가 연주하는 음들을 통해 말레네와 이야기하고, 말레네에게 말하며, 말레네를 위해 말한다. 율리에는 말레네의 반응에 주의를 기울였으며, 말레네의 연주와 일치시키고 자신의 해석을 말로 표현하면서 이를 노래함으로써 확장했다. 율리에는 말레네에게 자신이 말레네의 의사소통을 듣고 이해함을 나타내는 방식으로, 말레네가 계속해서 의사소통을 하도록 격려한다. 율리에는 말레네가 의사소통을 하고 있음을 나타내는 반응을 관찰하고, 말레네가 자기를 표현할 기회를 제공한다. 이러한 방식으로 율리에는 말레네의 의사소통을 강화한다. 이는 치료사와 함께 하는 동시적인 의사소통이자, 말레네가 자기를 표현하는 것과 동일한 방식으로 반응함으로써 치료사가 차례 주고받기를 강화하는 의사소통에 해당한다. 예를 들어, 율리에는 자신의 목소리를 좀 더 쉿소리로 만들거나, 말레네의 심호흡에 '응답'함으로써 이를 수행한다. 말레네는 의사소통의 템포, 음고, 음량, 셈여림의 강도를 지시하는 리더이다. 이는 말레네에게 관계의 능동적인 일부가 될 기회를 부여한다. 그동안 음악치료사는 말레네의 의사소통에 음악성과 정서적 색채를 더한다.

후천성 뇌 손상을 입은 사람을 위한 음악치료의 근거

언어 의사소통 훈련

음악과 언어는 2개의 매우 다른 의사소통 체계이나 여전히 많은 구조적, 표현적 특성을 공통적으로 가지고 있다(Bonde, 2009). 연구는 언어 재활에서 리듬이 특히 중요함을 나타낸다(Jungblut et al., 2012). 말더듬증이나 실어증(말 장애)에도 불구하고 개인이 다른 상황에서 발음할 수 없었던 단어를 노래할 수 있다는 것은 잘 알려진 현상이다(Hurkmans et al., 2012). 이와 같은 관찰들은 발화 훈련에서 음악적 요소를 활용하도록 임상가와 연구자를 이끌었으며, 후천성 뇌 손상을 입은 사람의 발화를 위한 목소리와 가창 훈련의 효과에 대한 근거도 있다(ibid.).

선율과 리듬은 발화 산출을 증가시키거나 발화 유창성을 높이기 위해 실어증이 있는 사람들의 훈련에 포함된다. 이와 관련하여 가장 잘 기록된 중재 방법은 선율 억양 치료 Melodic Intonation Therapy, MIT이다(Albert, Sparks & Helm, 1973). MIT에서는 한 손으로 박을 두드리는 동안 단순화되고 과장된 운율(발화 선율)을 활용한다(Schaefer et al., 2006). MIT 방법은 치료사가 짧은 악구를 허밍하고 실어증이 있는 사람이 리듬을 두드리는 것에서 시작하여 두 사람 모두 가창하는 것으로 발전한 후 실어증이 있는 사람이 혼자 노래를 가창하며, 마지막으로 자연스러운 발화 운율을 되찾기 위해 가창을 통합하는 4단계로 이루어진다. 여러 연구는 실어증에 대한 MIT의 유망한 결과를 나타낸다(Conklyn et al., 2012; Morrow-Odom & Swann, 2013; Schlaug et al., 2007; Vines, Norton & Schlaug, 2009; Wilson, Parsons & Reutens, 2006). 그러나 측정 가능한 효과가 나타나기 전까지 최소 30회기의 일간 세션이 필요하다.

다수의 음악치료 발화 훈련 방법이 MIT의 원리에 기반하여 발전되었다. 예를 들어, 수정된 선율 억양 치료MMIT(Baker, 2000; Conklyn et al., 2012)와 가창 억양 운율 호흡 리듬 연습 즉흥연주Singen Intonation Prosodie Atmung Rhytmusübungen Improvationen, SIPARI(Jungblut, 2005)가 그 예이다. MIT에서처럼 MMIT는 음악적 구조 내에서의 문장 반복에 기반을 두지만 선율적 시퀀스에도 강조를 둔다(Baker, 2000). SIPARI 방법은 억양, 운율, 호흡(독일어로 Atmung), 리듬, 즉흥연주에 초점을 둔 연습으로, 익숙한 노래 가창을 함께 활용한다(Jungblut, 2005). 정상 발화 훈련에서 MIT의 효과는 가창 및 왼손으로 두드리기를 통한 우반구의 활성화로 설명된다. 이는 조음을 위한 감각운동과 전운동피질의 활성화로 이어진다(Schlaug, Marchina & Norton, 2008).

다른 인지 훈련 유형

음악치료는 후천성 뇌 손상을 입은 사람들의 기억, 청각 및 시각 집중/주의, 일상의 절차와 지남력 훈련에서 활용된다. 음악치료 중재는 후천성 뇌 손상의 심각도(혼수상태에서 식물인간 상태, 최소 의식 상태에서 완전 의식 상태까지)와 목적에 따라 매우 다양하다.

손상 이전에 환자가 선호하던 음악을 감상하는 것은 초조 증상을 완화시키고, 외상성 뇌 손상을 입은 사람들의 외상 후 기억 상실 단계에서 지남력을 개선시킨다(Baker, 2001). 게다가 음악 감상은 인지 기능(언어적 기억과 초점 주의)과 유머(Särkämö et al., 2008)에 긍정적으로 영향을 미친다. 또 다른 수용적 음악치료 방법 — 심상음악치료GIM — 은 후천성 뇌 손상을 입은 사람들의 기억과 상상력을 훈련하는 덴마크의 한 예비 연구에서 활용되었다(Thostrup & Moe, 1995, 1999). 연구 참여자들은 매주 자신의 음악적으로 안내된 심상 경험을 기억하고 다시 이야기해야 했다. 12~13주 후에 여러 참여자가 일화적 기억, 장기 기억, 집중력, 경험을 기술하는 능력이 개선된 것으로 나타났고 보고되었다(Thostrup & Moe, 1999). 또 다른 감상 기반 중재는 음악적 주의 훈련 프로그램Musical

Attention Training Programe, MATP이다. 감상자는 음악에서 특정한 소리가 들릴 때 이를 식별하고 신호를 보이도록 요구받았다. 3편의 연구가 MATP의 효과를 살펴보았고 이 방법이 선택적 주의에 긍정적인 영향을 미친다는 것을 밝혔다(Knox & Jutai, 1996; Knox et al., 2003; Wit et al., 1994). 노래 가사는 옷 입기 절차를 기억하는 데 어려움이 있는 후천성 뇌 손상을 입은 사람들을 안내하기 위해 긍정적 결과로 활용되었다(Gervin, 1991).

신체 훈련

신체 재활과 관련된 음악치료는 음악에 따른 신체 동작이나 악기 연주를 통한 신체 훈련으로 이루어진다. 가장 잘 기록된 방법은 보행 훈련에 활용되는 리듬 청각 자극Rhythmic Auditory Stimulation, RAS(Thaut, 2005)이다. RAS에서 (때로 메트로놈에 의해 지원되는) 강한 박이 있는 음악이 환자의 보행 속도와 동기화된다. 그다음에 템포는 서서히 빨라진다. 슈나이더와 동료들(2007)이 활용한 다른 방법은 전자드럼 세트로 선율을 배우는 것(여기서 드럼 소리는 음으로 대체됨)이 뇌졸중 환자의 동작 기능 재활에 유익한 효과가 있음을 나타낸다.

또 다른 연구에서 피아노 연습은 손가락 소근육 운동 기술을 훈련하는 데 활용되었다. 연구는 후천성 뇌 손상을 입은 성인들을 대상으로 한 12회의 피아노 연습 세션 후에 타이밍, 속도 균일성, 템포의 안정성, 타건의 정확성, 두 건반 타건의 동기화에 대해 유의한 효과를 나타냈다(Moon, 2007).

정서적/심리적 대처

후천성 뇌 손상을 입은 개인에게 있어 '정상의' 생활에서 뇌 손상을 입은 생활로의 전이는 대단한 정서적 도전이 될 수 있다. 이와 관련해서 음악은 심리적, 정서적 상태를 표현하고 공유하며 조절하는 고유한 채널(Scheiby, 1999)로 기술된다. 음악치료는 급격히 변화하는 기분으로 인해 어려움을 겪는 사람이 일종의 통제나 통찰을 얻는 것을 목적으로 뇌 손상 이후 정서적 자각의 과정을 촉진할 수 있고, 기분과 정서를 표현할 공간을 제공할 수 있다.

활용되는 음악치료 방법에는 즉흥연주, 대화, 노래 만들기, 음악 감상, RAS, 익숙한 노래 가창이 포함될 수 있다.

외상성 뇌 손상을 입은 32명의 사람들에 의해 작성된 82곡의 노래 가사에 대한 현상학적 연구는 참여자들이 음악치료 과정 동안에 작업했던 심리적 주제에 대한 통찰을 제공한다(Baker, Kennelly & Tamplin, 2005). 노래의 가장 중요한 주제들은 다음과 같다(ibid., p. 117).

- 미래에 대한 염려
- 자기 성찰
- 기억
- (자기에게) 중요한 사람들에 대한 성찰
- 메시지
- 역경에 대한 표현
- 심상
- 영성

후천성 뇌 손상을 입은 사람들을 위한 분석적 음악치료(3.3장 참조)는 사례 보고에 기술된 바 있으며(Durham, 2002; Scheiby, 1999, 2002), 스카이비(2002)는 이 작업에서 몇 가지 정서적, 심리적 주제들을 밝힌다.

- 비록 내 신체의 일부가 상실되었더라도, 나는 나로서 충분하다고 믿기
- 주도성을 가지고 책임감을 나타내기
- 통제력을 가지고 행사하기
- 음악에서의 연합과 분리에 대한 느낌
- 의미 없게 느껴지는 것에서 의미 찾기
- 정서적 표현, 동일시, 해방, 통합, 공유

사회적 상호작용

대부분의 사례에서, 이 분야의 연구자들이 아마도 신경 재활에 있어 가장 큰 도전은 심리사회적 상호작용이라고 밝힐 정도로 뇌 손상을 입는 것은 타인과 상호작용하고 의사소통하는 능력에 영향을 미친다(Aldridge, 2005; Morton & Wehman, 1995). 이러한 이유로 후천성 뇌 손상을 입은 사람들을 대상으로 하는 음악치료사들도 음악치료에 참여함으로써 얻게 되는 사회적 유익을 매우 중요하게 여긴다.

할(2012)이 수행한 덴마크의 한 연구는 음악 만들기와 즉흥연주로 이루어진 20회의 주간 집단 음악치료 세션이 의사소통 기술에 효과적임을 나타낸다. 미국의 한 연구에서, 바커와 브렁크(1991)는 집단 음악치료 참여자들의 의사소통, 사회적 행동, 신체적 기술 외에도 개인적 이슈를 다루는 능력을 진단평가하였다. 바커와 브렁크는 환자들이 자신의 작업

에 더욱 참여하게 되고 개인적 이슈에 관한 의사소통이 더욱 개선됨을 밝혔다. 참여자 중 다수가 집단의 수동적 역할에서 좀 더 능동적인 사회적 참여(의 역할)로 변화하였다.

요약

후천성 뇌 손상을 입은 성인을 위한 음악치료는 개인의 요구 중 어떤 요구인가에 따라 여러 접근이 적용될 수 있는 영역이다. 사회적, 대인관계적 상호작용, 정서적/심리적 대처, 신체적, 인지적, 의사소통적 기술의 기능적 훈련에 대한 광범위한 요구가 존재한다. 이는 임상 분야를 발전시키고 간학문적 협력을 증가시키며, 음악 훈련과 음악치료의 효과에 대한 연구 외에도 최상의 실제에 대한 근본적 기제를 탐색하는 연구에 대한 막대한 가능성을 초래한다. 음악에 대한 신경과학 연구는 급속히 발전하고 있으나, 음악치료 실제에 대한 이 장에 포함되지 않는다. 그러나 뇌 영상, 뇌 스캔 기법과 생체표지자에서 얻은 지식은 새롭고 중요한 통찰을 가져온다. 그러므로 뇌의 가소성과 사람들이 음악으로부터 어떻게 영향을 받는가(2.1장 참조)에 대한 이해에 있어서 이 영역의 발달은 뇌 손상의 모든 4가지 단계에 음악의 활용을 확장하는 잠재력이 있다. 우리는 이것이 후천성 뇌 손상을 입은 성인들의 훈련과 재활에 음악이 어떻게 포함되는지에 영향을 미칠 것으로 기대한다.

4.4.3 치매인을 위한 음악치료

한네 메테 리데르

안데르스는 자신의 모자를 정말 좋아한다. 그것은 따뜻하고 부드러우며 폭신한 털모자이다. 안데르스는 옷을 다 차려입었으나 모자를 쓴 채로 다시 침대 안으로 기어 들어갔고, 담요로 둘러싸고 있다. 나는 안데르스의 침대 옆에 있는 안락의자에 앉아 우리가 항상 음악치료 세션을 시작할 때 부르는 노래를 부른다. 노래가 끝나자마자 침대에서 '고마워요'를 노래하는 소리가 들리고 이어서 안데르스는 돌아보지 않고 '환영해요'를 노래한다.

안데르스는 자신의 손목시계를 자주 본다. 우리의 세 번째 노래가 끝난 뒤, 안데르스는 침대 옆에 앉아서 화음 부분을 아름답게 노래한다. 안데르스가 자신의 시계를 본다. "제 시계가 12시 10분 전이라는데, 맞아요?" 나는 안데르스에게 맞서지 않고 이렇게 대답한다. "제 생각에는… (내 시계를 본다) … 음, 10시 15분 전이네요." 안데르스는 놀라서 대답한다. "오, 그러니까 10시 15분 전이군요. 네… [시계를 자세히 보며] 그게 저 아래 긴 바늘 위에 있지도 않은데요"(Ridder, 2013).

치매

세계 알츠하이머 보고서(2015)에 따르면, 2015년에 4,680만 명의 사람들이 치매와 함께 살아가고 이 숫자는 20년마다 거의 2배로 증가할 것이 예상되며, 저소득 및 중소득 국가에서 더 많이 증가할 것으로 예상된다(Alzheimer's Disease International, 2015). 전체 치매 인구 중 80퍼센트는 세계 20대 부국에 살고 있다. 치매는 나이의 결과로 오는 것이 아니지만 나이가 들면 늘어난다. 한 예로 치매의 발생률은 연령에 따라 6년마다 2배로 증가한다. 이는 치매의 비용 증가로 이어지는 것으로 보인다. 2010년에 전 세계적 비용은 미화 6,040억 달러였다. 이 숫자는 5년 동안 35퍼센트 증가하여 2015년에 미화 8,180억 달러에 이르렀다(Alzheimer's Disease International, 2015). 그러므로 의학적 처치와 더불어 광범위한 전문적 전략이 필요하다. 학문적, 실용적, 음악적, 의사소통적 역량이 있는 음악치료사는 처치와 활동을 통해 간학문적 인간 중심 학문에 기여할 수 있다.

치매는 진행성이 있는 증후군이며, 여러 다른 질병을 포함한다. 국제적 진단 체계인 ICD-10(1992)과 DSM-5(American Psychiatric Association, 2013)에 의하면 치매나 중증 신경인지 장애를 진단하는 기본 준거 중 하나는 장기간에 걸친 기억 기능의 저하와 인지적 감퇴이다. 어떤 사람들에게 있어 이는 자신이 방금 말하거나 한 것을 기억하는 능력의 상실을 의미하며, 다른 사람들에게 있어 이는 계획하거나 결정을 내릴 수 없게 됨을 의미한다. 앞서 나오는 안데르스에게 치매는 다른 증상들 중에서 감각 자극을 이해하고 해석할 수 없게 되는 것과 공간 지남력의 결여, 예를 들어 몇 시인지 더 이상 판독할 수 없게 됨을 의미한다. 음악치료는 이와 같은 일차적 치매 증상의 완화를 목적으로 하는 것이 아니라, 이차적 증상을 겨냥한다. 이러한 증상은 치매에 대한 인간 중심 접근에 따르면, 인간의 기본적인 심리사회적 요구가 충족되지 않을 때 발현되므로 이러한 요구들과 의사소통하려고 시도한다. 이 접근은 다음 절에 기술된다.

치매에 대한 진단적, 의학적 진단평가는 대개 노인의학과, 정신의학과, 또는 전문화된 기억 클리닉에서 일반의에 의해 시행된다. 세계 알츠하이머 보고서(2015)에 따르면 처치와 지원은 고사하고 진단을 받는 사람들은 극소수이다. 고소득 국가에서는 치매인 가운데 절반 정도만이 진단을 받았으며, 저소득 및 중소득 국가에서 진단받은 사람의 비율은 20퍼센트 미만으로 떨어진다. 공인된 음악치료사들은 아동과 청소년의 진단적 진단평가에 좋은 결과로 기여했으며(5.2장 참조), 노르웨이에는 간학문적 진단평가 서비스에서 음악치료의 활용에 대한 성공적인 예들이 있다(Knardal & Hunninen, 2016). 이와 별개로 음악치료는 치매인의 진단평가 및 선별 절차에 아직 체계적으로 통합되지 못한 것으로 보인다.

치매 간호에 대한 인간 중심 접근

치매 연구자 톰 킷우드(1997)는 사회적 집단의 일원이 되는 것과 다른 사람들에 의해 충족되고 이해되는 느낌을 기본적인 인간의 요구로 기술하였다. 중증 치매인을 포함하여 모든 사람은 비록 자신이 이러한 요구를 스스로 돌볼 수 없고 사회적 상황을 관리하는 데 어려움이 있더라도, 자신이 사회적 집단에 소속되었다는 것을 느낄 필요가 있다. 이러한 분열schism은 치매의 가장 큰 도전 중 하나이며, 음악치료 연구자 데이비드 얼드리지(2005)는 **신경학적 퇴행 질환**이라는 일반적 용어 대신에 **대화적**dialogical **퇴행 질환**이라는 용어로 치매를 기술하였다. 우리는 분명 뇌세포가 퇴화하고 광범위한 신경학적 손상으로 이어진다는 것을 알고 있으나, 가장 심각한 결과는 이와 같은 인지적 감퇴가 아니라 다른 사람들과의 대화에 참여하는 능력의 상실이다. 격식이 없는 대화, 접촉, 함께 무엇인가를 하는 것이나 어느 수준의 상호적 이해로 보이든 간에 대화는 한 사람이 집단에 소속됨을 느끼는 데 필요하다. 이러한 이해를 치매 간호에 통합하는 것은 각 사람이 개인으로 평가되고 다루어지는 접근을 요구하며, 사회적 환경은 긍정적이고 치매인에 대한 관점을 통합한다(Brooker, 2006). 치매에 대한 인간 중심 접근에서는 사회적 관계와 유대감을 어떻게 보장할 것인가에 대한 강조와 더불어 치매라는 질병이 아닌, 사람에 초점을 둔다.

집단의 일원이 되는 요구에 초점을 두는 것 외에도 인간 중심 접근은 어떻게 우리가 인간으로서 타인에 애착을 가질 필요가 있고 보살핌을 받는다고 느끼며, 우리라는 사람으로 존재하고, 우리를 사로잡는 어떤 것을 가지는가에 대한 것이다. 이러한 요구들은 모두 사랑하고 사랑받는 것에 관한 것들이다. 킷우드는 이를 기본적인 인간의 심리사회적 요구 ― 애착, 편안함, 정체성, 주체성, 포용 ― 라 명명하고, 이 5가지 모두는 사랑에 대한 핵심 요구에 포함된다(Kitwood, 1999).

긍정적 상호작용

킷우드의 인간 중심 모델에서 치매인의 기본적인 심리사회적 요구를 충족시키는 방식을 찾는 것이 돌봄제공자의 역할이다. 이는 돌봄제공자들이 치매인과의 관계에서 스스로를 이용할 수 있게 하는 방식을 필요로 한다. 관계는 일련의 긍정적 상호작용을 통해서 치매인과 만남으로써 구축된다. 자신의 연구에 기반하여 킷우드는 인식, 협력, 놀이와 같은 치매 간호에서 가장 중요한 상호작용 12가지를 제시하였다. 이는 전문적인 돌봄제공자들이 자신의 업무에서 활용하도록 훈련되어야 하는 도구들이다. 킷우드는 상호작용 중 3가지 즉 촉진하기, 인정하기, 안아주기를 심리치료적인 것으로 기술했다. 전체 12가지의 긍정적 상호작용은 비언어적 수준에서 일어날 수 있으며, 음악치료 실제와 밀접하게 관련된다. 촉진하기, 인정하기, 안아주기는 음악치료에 특히 중요하므로 여기에 더 상세히 기술된다.

촉진하기

킷우드는 촉진하기란 간단히 한 사람이 스스로 할 수 없는 것을 하도록 돕는 것을 의미한다고 설명한다. 돌봄제공자나 치료사는 치매인을 위해 '대신하거나' 일을 하는 것보다 그들에게 무엇을 하는 것이 필요한지 정확하게 알고 그 이상을 넘어서지 않아야 치매인이 수행을 계속할 수 있다. 만일 한 사람이 먹기가 힘들다면 돌봄제공자는 그 사람에게 먹여주기보다는 입 쪽으로 포크를 향하게 함으로써 돕는다. 심리치료의 맥락에서 촉진하기란 치료사가 심리적으로뿐만 아니라 신체적으로, 예를 들어 의미 있는 사회적 상호작용에 참여하는 요구와 같이, 다른 방식으로 충족되지 않는 심리사회적 요구의 충족이 가능한 환경을 조성하는 것을 의미한다. 이러한 방식으로 환경을 조성하는 것은 치료사의 과제이다. 집중하는 것이 힘든 사람들을 위해서 치료사는 방해가 되는 모든 요소를 구조화하고 조절하며 인식할 필요가 있다. 스스로를 언어적으로 표현하는 것이 힘든 사람들을 위해서 치료사는 다른 방식으로 표현을 촉진한다.

인정하기

인정하기는 어떤 것에 대한 타당성을 확인하는 행위로, 이러한 맥락에서 의사소통의 표면을 보기보다 한 사람이 표현하는 기본적 요구에 가치를 두는 것을 의미한다. 다른 사람의 의사소통을 인정하는 것은 표현된 것에 대한 이해에서의 공감을 필요로 한다. "문제의 핵심은 한 사람의 정서와 감정이라는 실재를 인정하는 것과 감정 수준에 대한 반응을 제공하는 것이다"(Kitwood, 1997, p. 91). 만일 한 치매인이 지속적으로 같은 행위를 반복한다면(특정인 찾기나 물건 숨기기), 인정하기를 활용한 상호작용은 그 자체로서 행동을 지향하기보다 행동 이면의 정서적 상태와 일치될 것이다. 충족되지 못한 요구가 행위 이면에 있을 수 있으며, 인정하기는 이러한 요구를 확인하고 요구를 충족하기 위해 준비하고자 시도하는 것이다. 인정하기는 대니얼 스턴의 개념인 정서 조율(2010b)과 유사하며, 인정하기와 정서 조율은 모두 사람에 대한 단순한 모방이 아니라 정서적 상태에 대한 공감적 조율이다. 이는 행위뿐만 아니라 그 사람의 주관적 경험을 공유하려는 시도이다.

안아주기

도널드 위니콧(1971)은 초기 발달 단계에서, 어머니가 자신의 자녀와 신체적, 심리적으로 함께 있는 방식을 기술하기 위해 '안아주기'라는 용어를 활용했다. 킷우드는 안아주기를 '안전한 심리적 공간'을 제공하는 행위로 기술했다(1997, p. 91). 게다가 안아주기는 취약성이 노출되는 것을 허용하고 숨겨진 외상과 갈등을 끌어낼 수 있는 컨테이너를 제공하는 것에 관한 것이기도 하다.

치매가 더 진행될수록 인간 중심 접근에 따라 상호작용하는 역량이 있는 돌봄제공자가 더욱 필요하다. 돌봄제공자는 자신이 만남이나 반응을 어떻게 시작하는지와, 주어진 상황에서 치매인을 만나는 데 적합한 긍정적 상호작용이 어떤 것인지를 알고 있어야 한다. 일반적으로 간호에 대한 이러한 접근은 간학문적이며 음악치료사는 의사소통, 활동과 치료에서의 음악 활용에 대한 특정한 역량으로 전체론적 치매 간호 프로그램의 중요한 파트너가 될 수 있다.

덴마크의 치매인을 위한 음악치료

덴마크에는 치매에 대한 영역에서 음악치료를 활용한 오랜 전통이 있으며, 이는 특히 1970년대 전반에 걸쳐 여러 전문가에게 음악의 활용을 가르치고 노인 간호에서의 음악에 관한 책들을 출간했던 선구자 쉰뇌베 프리스의 덕분이다(Friis, 1987). 음악 교사와 음악가가 되는 전문 음악학교 학위가 있는 프리스는 독일, 스위스, 영국에서 음악치료 훈련을 계속했으며, 프리스의 업적 때문에 국가 전역의 요양원에는 이제 상근직 스태프의 일원으로 공인된 음악치료사를 두게 되었다.

프리스의 책 이후로 치매 간호에서의 음악치료는 수많은 덴마크어 서적에 기술되었다(Laursen, 2014; Laursen & Bertelsen, 2011; Madsen, 2000; Ridder, 2005; Stige & Ridder, 2016). 게다가 올보르대학교에 있는 온라인 정보 포럼(문서 기록 및 연구 센터)은 음악치료 및 치매에 관한 정보와, 스칸디나비아의 동료들에 의해 엄선된 자료 외에도 임상 실제에 대한 논문, 비디오, 다큐멘터리, 텔레비전 프로그램, 국제적 연구, 학사 및 석박사 논문의 링크를 제공한다(Cedomus, 2013). 덴마크 국가보건복지위원회는 음악치료 방법에 대한 광범위한 정보를 수집했으며, 위원회의 웹사이트는 정보, 실제 예와 연구에 대한 참고문헌을 제공한다(Socialstyrelsen, 2018).

덴마크음악치료협회 산하에 조직된 음악치료사 전국 네트워크는 연 2회 만남을 가지며, 음악치료사라는 직업에서 중요한 부분은 음악치료사의 역량이 다음과 같이 활용되는 간학문적 집단의 일원이 되는 것임을 강조한다.

- 음악 활동 편성하기
- 점차 다른 스태프가 대신하게 될 활동이나 일과 주도하기
- 돌봄제공자 지도 감독하기
- 의사소통 역량 교육하기
- 신경정신의학적 증상에 대해 의료적 처치와 연계하거나, 이를 대체하여 음악치료 세션 수행하기

음악치료 의뢰

치매인 중 다수는 자신의 집에 거주하며, 질병의 경과에 따라 주간보호센터에서 활동이 제공되므로 음악치료도 제공된다. 중등도에서 고도의 치매인은 대개 신체의학적 돌봄이 가능한 요양원, 정신건강 주거시설의 전문 치매 병동이나 노인 정신의학과 병동에 거주한다. 우울, 감정의 둔마, 언어적, 신체적 초조, 망상, 환각과 같은 신경정신의학적 증상을 나타내는 치매인의 경우 음악치료 의뢰는 전형적으로 비언어적 수준에서의 의사소통, 초조 완화 및 예방, 사회적 고립 감소, 긍정적이고 무조건적인 상호작용을 통한 자극, 마지막으로 음악 활동을 통한 긍정적 경험 유지를 다룰 필요에 따라 동기부여될 것이다.

왜 음악치료인가?

중증 치매인조차도 노래하고 휘파람을 불고 박을 유지하며 춤을 추거나 노래 가사를 기억할 수 있다는 것은 잘 알려진 현상이다(Sacks, 2007 참조). 그러나 질병의 진행 중 어느 시점에는 명시적인 음악적 기억이 손상되고(Baird & Samson, 2009), 악기를 연주하는 능력이 사라질 것이며(Budson, 2009), 예를 들어 의미 치매인은 자신이 매우 잘 아는 노

래의 제목을 기억할 수 없게 될 것이다(Johnson et al., 2011). 일반적으로 치매인은 새로운 노래보다 오래된 노래에 대해 더 나은 재인을 나타내기는 하나(Samson, Dellacherie & Platel, 2009) 음조에 맞게 노래하고 새롭게 학습한 선율에도 반응할 수 있다(Johnson et al., 2011). 알츠하이머병이 있는 음악가의 경우 암시적 음악 기억과 그에 의한 악기 연주 능력이 보존될 수 있다(Baird & Samson, 2009). 측두엽과 편도체에 손상을 입은 사람들은 비언어적인 방식으로 음악에 정서적으로 반응할 수 있게 될 것이다(Dellacherie et al., 2011). 파킨슨병이 있는 사람들의 경우 청각적 음악 신호를 활용한 훈련 프로그램에 참여한 후 운동 능력과 균형이 개선된다(Clair, Lyons & Hamburg, 2012).

음악에 관련된 능력이 다른 인지 능력보다 더 오래 손상되지 않아 보인다는 사실에 대한 설명은 알츠하이머병의 병리가 암시적인 음악 기억에 관련된 뇌 영역에 전형적으로 영향을 미치지 않는다는 것이다(Baird & Samson, 2009). 음악 기억에 있어 가장 결정적인 역할을 수행하는 뇌 구조는 미측 전대상회 피질과 복측 전보조운동 영역이다. 이 동일한 영역은 알츠하이머병에 비교적 손상을 입지 않으므로 놀라운 음악 기억의 보존이 설명된다(Jacobsen et al., 2015).

음악은 정서, 보상, 의사 결정과 연관된 뇌 영역을 활성화한다. 펙과 동료들(2016)에 따르면, 음악은 변연계 및 부변연계 구조에서와 손상된 뇌 영역에서의 활동을 위아래로 조절하는 능력을 가질 수 있다. 이는 알츠하이머병이 있는 사람들의 인지 기능을 개선함에 있어 중요한 역할을 수행할 수 있다(Peck et al., 2016). 심지어 일화 기억이 계속해서 악화될 때도 음악은 기억을 향상함에 있어 역할을 수행할 수 있다. 이는 음악이 정서적 처리를 강화하고 각성 수준을 조절하는 방식으로 일어날 수 있다. 상호 연계된 뇌 영역의 특정 네트워크 체계인 디폴트 모드 네트워크Default Mode Network, DMN는 우리가 휴식 상태이지만 각성되어 있고 기민할 때 활성화된다. DMN은 기억에 강하게 관련되며, "음악 중재를 표적으로 하는 중요한 뇌 네트워크이다"(Peck et al., 2016, p. 955). 음악이 이 네트워크에 참여하는 것을 도울 때 기억 기능은 추가적인 보너스로 강화된다. 이는 치매에서 중요하다.

치매인의 경우 음악이 정서적 처리와 기억을 강화하고 각성을 조절하는 방식은 초점 두기와 일관성 및 의미 생성을 가능하게 만든다. 게다가 음악은 그 사람이 집단의 일원이라는 감정을 허용할 수 있고, 이러한 방식으로 기본적인 심리사회적 요구를 충족시킬 수 있다. 음악치료에서 치료사는 긍정적 상호작용, 특히 인정하기, 촉진하기와 안아주기를 통해서 사회심리적 요구를 충족시키기 위해 치매인에게 어떻게 음악을 적용하는지에 대해 인식한다(Ridder, 2007, 2011a). 결과는 치매의 이차적 증상 완화이므로 신경정신의학적 증상이 감소된다(Pedersen et al., 2017; Ridder et al., 2013; van der Steen et al., 2017).

음악치료 방법

안데르스는 외향적이고 능동적인 삶을 살아왔으나 은퇴 이후 점점 더 위축되고 거리를 두게 되며 혼란스러워졌다. 안데르스는 이제 자신이 이해하지 못하거나 하고 싶지 않은 것이 있을 때 공격성을 나타낸다. 주거 시설에서 안데르스는 커뮤니티 활동에 참여하지 않는다. 만일 누군가가 자신을 빼고 서로 이야기를 하면, 안데르스는 그들이 자신에 관해 이야기한다고 생각한다. 안데르스는 자신의 동료 거주자들을 이해할 수 없다는 것에 화가 난다. 때때로 안데르스는 너무 화가 나서 거주자들을 발로 찬다. 그래서 안데르스는 대부분 스태프들과만 함께 있다. 스태프들은 다른 사람들에게서 안데르스를 차단하여 보호한다(Ridder, 2013).

안데르스처럼 치매인 중 다수는 집단의 조건에 따라 다른 사람들과 함께 지내는 것이 힘들다. 치매인은 자신이 관리할 수 있는 상황이 필요하며 쉽게 과잉 자극된다. 그러나 여전히 소속감을 느끼고 인정받으며, 정체성을 감지할 필요가 있음을 강조하는 것이 중요하다(Kitwood, 1997; Ridder, 2011b). 치매로 인해 타인과 그들의 의도를 이해하는 것이 점점 더 힘들어지기 때문에 타인과의 상호작용이 어려워진다. 따라서 사회적 집단의 참여가 가능한 환경을 조성하는 것이 필요하다.

치매인을 대상으로 한 임상적 음악의 활용에 대한 문헌 고찰에서 19가지의 각기 다른 음악 활동과 음악치료 중재가 규명되었다(Ridder, 2005). 이는 포크댄스, 진동음향치료, 음악 감상, 음악치료적 돌봄과 같은 중재들을 포함하며, 이 중재들은 의사소통, 이완, 인지적, 신체적, 사회적 자극과 행동 조절을 촉진하기 위해 활용되거나 진단평가에 포함된다. 모든 중재에 대해 상술하는 것은 이 장의 범위에서 벗어나므로 이어지는 내용은 음악치료에 대한 심리사회적, 인간 중심 접근을 기술하기 위해서 개별 음악치료와 집단 음악치료에 초점을 둔다.

커뮤니티 가창과 집단 음악치료

우정, 양질의 사회적 관계, 강력한 지지적 네트워크는 가정, 직장, 커뮤니티에서 건강을 개선시킨다. 사회적 지지와 양질의 사회적 관계는 건강에 중요하게 기여한다. 의사

> 소통과 상호 간의 의무라는 사회적 네트워크에의 소속은 사람들이 돌봄받고 사랑받으
> 며, 존중되고 소중해짐을 느끼게 만든다. 이는 건강에 대한 매우 강력한 보호 효과를
> 지닌다(WHO, 2003, p. 22).

이 인용에 따르면 양질의 사회적 관계는 건강에 있어 중요하다. 관계와 사회적 네트워크
는 공동 음악 활동을 통해서 구축될 수 있다. "가창, 음악 감상, 춤추기가 대화의 문을 열
때, 이는 하나 또는 그 이상의 사람들과 관계를 형성하는 가능성도 함께 연다. 커뮤니티 가
창은 집단의 응집력과 집단에 대한 소속감을 증진하는 것으로 보인다"(Kvamme, 2006, p.
165).

　안전감은 사회적으로 연계됨을 느끼는 데 중요한 조건이다. 지남력과 기억의 문제 때문
에, 이로 인해 야기되는 혼란과 방황의 느낌 때문에 일상의 생활 상황이 점점 더 어려워질
때 음악 활동은 재인과 안전감을 육성할 수 있다. 매번 동일한 방식으로 음악 활동을 수행
하는 것은 안전감을 가져오며, (우리가 **생일 축하 노래**를 부를 때처럼) 특정한 상황에서 동
일한 노래를 활용하는 것은 상황에 특정한 의미를 부여할 수 있다. 다음 예에서 잘 알려진
노래가 한 사람에 대한 기억을 불러일으켰고, 이는 모든 참여자에게 이 노래가 말로 표현
하기 어려운 의미와 이해를 전달했음을 의미했다.

커피 운반 카트가 복도를 따라 내려가는 동안 나는 이미 테이블 위에 노래책들을 나누어놓았다. 내가 모
든 참여자를 볼 수 있도록 피아노가 배치되었고, 나는 피아노로 선율적인 작품을 연주하여 방 안의 소음
을 덮어보려고 한다. 몇몇 가족 구성원들은 이미 착석했으며, 곧 거주자들과 스태프들이 합류하고 커피가
제공된다. 나는 첫 번째 곡을 제안하고 이어서 계절에 관한 노래를 제안한다. 우리는 매주 금요일 오후를
이런 방식으로 시작한다.

　이번 금요일의 분위기는 저조하고, 평소처럼 쾌활하지 않다. 대부분의 가족 구성원들이 잉아가 그 자
리에 없다는 것에 영향을 받는 것으로 보인다. 잉아는 헌신적으로 매주 금요일 오후에 프란스를 방문하기
위해 왔었다. 잉아는 주중의 다른 날에도 많이 왔었지만 금요일의 가창은 거의 빠지지 않았다. 몇 년 전에
프란스는 노래를 따라 부르고, 휘파람으로 선율을 불었다. 그러나 프란스는 점점 자신의 손이나 발로 리
듬을 치면서 듣기만 했다. 프란스의 마지막 해에 잉아는 노래를 따라 가창하는 동안 프란스가 커피 마시
는 것을 돕고 음식을 먹여주었다. 보통 '**서로를 보아요**Titte til hinanden'를 제안하는 사람은 잉아가 아니었
지만 우리는 모두 그 노래가 프란스의 노래라는 것을 알았기 때문에 자주 제안하였고, 보통 노래하는 동
안 추가적인 관심이 프란스를 향했다.

　몇 곡을 더 한 후에 나는 **서로를 보아요**를 제안한다. 경쾌한 곡이었지만 빠른 템포가 분위기와 맞지 않
아서 나는 거의 자장가처럼 느린 템포로 연주한다. 단지 몇 사람만이 구절을 노래하거나 허밍했지만 많은

사람이 후렴구를 노래했으며, 일부는 노래하면서 허공을 응시했다. 분위기는 강렬하다. 우리는 병동에서의 커뮤니티 가창의 일원이었고, 우리가 그리워할 두 사람에게 작별을 고하는 동시에 우리 자신의 연약함에 대한 확신을 느끼며 현재 순간과, 함께라는 것이 중요함을 다시 떠올린다(Ridder, 1999).

이 예에서 요양원에서의 주간 가창은 거주자, 가족 구성원, 스태프 간의 관계 형성 및 커뮤니티라는 감정의 형성을 돕는다. 커뮤니티 가창은 집단의 정서와 감정을 암시적으로 담아주고 처리하는 것이 가능할 수 있다. 보통 가족 구성원이 현재 거주하는 시설에서는 방문하는 가족 구성원이 일상생활에 참여하기 힘들다. 게다가 거주자들은 보통 장소와 커뮤니티의 일부에 애착을 느끼기 힘들다. 음악치료사가 안전하고 친숙한 환경을 조성하는 커뮤니티 가창이라는 정립된 전통으로 인해, 모든 참여자가 소속된 커뮤니티가 형성된다.

음악치료사의 역할은 안아주기와 인정하기를 통해 집단의 정서와 기분을 담아주는 동시에 친숙함과 안전을 촉진하는 음악 활동을 위한 환경을 조성하는 것이다. 보통 음악은 말의 모호함에 구애받지 않고, 다수의 개인이 동시에 감정을 표현하는 독특한 기회를 제공한다. 이는 음악치료사가 자신의 역할을 인식하고, 집단의 기본적 요구를 충족시키기 위해 공감적으로 현존하는 것을 필요로 한다.

집단 활동은 힘든 정서를 표현하는 것 이상으로 활용될 수 있다. 쉰뇌베 프리스는 우리가 창의적이고 유희적이 되어야 함을 잊어서는 안 된다는 것을 상기시킨다. "어떤 사람들은 놀이를 멈춘다. 나이를 먹기 때문이다. 다른 사람들은 나이를 먹는다. 놀이를 멈추기 때문이다"(Friis, 1987, p. 138). 헬가에게 있어 유희적 요소는 음악치료사 스벤드 에그가 거실에서 피아노를 연주할 때 몇 가지의 즐거운 댄스 스텝으로 표현된다.

> 헬가는 보통 집단과 거리를 유지하지만 그 음악을 들을 때면 자신의 보행 보조기를 우리 방향으로 움직인다. 헬가는 늘 좋은 기억을 되돌려주는 **하얀 다리 아래서**Under den hvide bro를 듣고 싶어 하며, 98세의 헬가는 몇 발짝 춤춘다(Eeg, 2001, p. 7).

커뮤니티 가창이나 합창단 활동에서 음악은 만남의 지점(Stige, 2008), 즉 개인 간, 개인과 사회 간, 커뮤니티의 각기 다른 집단 간, 문화적 형식 간, 끝으로 다른 직군 간의 만남을 위한 장소로 이해될 수 있다. 음악치료사는 지휘자처럼 음악이 어떻게 들리는지 인식하고 참여자들의 수행에 대한 요구, 참여자들의 능력에 따라 정확히 조정된 요구를 반영하여 참여자들을 도전시킬 수 있다. 그러나 주요 목적은 집단의 사회적 관계를 발전시키고 강화하는 데 일반적으로 음악을 활용하는 것이다. 합창단 활동에서 이러한 응집력은 정서를 표현하는 음악의 능력 때문에 합창의 결속으로 명명되기도 한다(Schrock, 2009). 이는 음악치료사가 초점을 두어야 하는 측면들이나 특정 환경에 따른다. 이 또한 집단 음악치료의 사례로, 악기의 활용이 경험의 공유를 가능하게 만든다.

치매인 5명으로 이루어진 집단은 스태프와 함께 주간 음악치료에 참여했다. 이 5명은 노인 병동의 환자들이었고, 더 이상 언어 사용이 없거나 매우 적었다. 환자들은 고립되었고, 병동의 다른 환자들과 관계를 맺는 데 큰 어려움을 나타냈다. 첫 번째 세션에서 우리는 환자들에게 친숙한 것으로 스태프들이 알고 있는 노래들을 불렀다. 참여자 중 둘은 가끔 일어나서 주변을 쉼 없이 돌아다녔다. 참여자들은 내가 노래 반주에 활용한 만돌린을 호기심을 가지고 바라보았다. 참여자들의 호기심은 내게 다음 세션에 악기들을 가져오려는 충동을 주었다. 기관에는 몇 가지 작은 금속 타악기와 래틀 악기가 있었으므로 나는 소리, 소재, 크기에 대한 감각 스펙트럼을 확장하기 위해 드럼들을 가져왔다. 동물 가죽으로 된 2개의 아프리카 드럼과 역시 동물 가죽으로 된 2개의 남미 클레이 드럼이 있었다. 이들은 핸드 드럼으로, 여러 사람이 말렛으로 연주하면 주의가 산만해짐을 감안한 의식적인 선택이었다.

나는 드럼과 래틀을 의자로 만든 원의 가운데 바닥에 놓았다. 집단이 도착하자마자 참여자들은 악기 쪽으로 걸어가서 악기를 들고 가죽을 만져보거나 조심스럽게 몇 박을 쳤다. 마지막에 도착한 여성은 래틀을 제공하자 거부했으나 자신의 옆 사람이 가지고 있는 드럼을 힐끗 보았다. 요청하지 않았는데도 이 사람은 드럼을 그녀를 향해 돌렸고 그래서 두 사람은 악기를 공유했다. 그녀는 그에게 짧게 미소 지었고 우리가 가창을 시작했을 때 드럼의 가죽을 치기 시작했다. 그 두 사람은 남은 세션 동안 드럼을 공유했다.

지난 세션에서처럼 참여자들은 노래를 따라 불렀으나, 목소리가 더 커졌고 때때로 노래의 마지막 음에 드럼을 세게 치는 것과 같은 작은 음악적 농담들이 있었다. 더군다나 그 농담들은 웃음과 더불어 화답하는 드럼 박으로 이해되었다(Holck 1993).

개별 음악치료

개별 음악치료에서는 긍정적 상호작용, 특히 촉진하기, 인정하기, 안아주기를 통해 그 사람의 심리사회적 요구를 충족시키는 것이 가능하다. 치매인과의 관계는 치료적 환경의 틀을 만드는 것 외에도 각성 조절에 초점을 둔다. 덴마크어로 이는 3R로 축약된다. 틀 만들기framing(덴마크어로 ramme), 조절하기regulating, 관계 맺기relating.

한스는 알츠하이머병으로 진단되었고 언어가 점점 소실되고 있다. 한스는 방금 자신의 빗이나 지갑을 어디에 두었는지 기억할 수 없고 가장 가까운 가족을 알아볼 수 없다. 보통 한스는 (자신이 물건을 스스로 숨긴 후에) 물건들이 사라지는 것에 짜증을 내고 화를 내며, 스태프와 동료 거주자들에게서 본 이해할 수 없는 행동에도 화를 낸다. 이러한 시기에 음악치료가 매일 약 20분 동안 열린다. 세션이 시작되기 전에 내가 방문을 두드리면 한스가 나와서 문을 연다. 한스는 의아한 표정으로 나를 보고, 분명히 나를 알아보지 못하지만 내가 와서 노래하도록 초대하자 기꺼이 동참한다. 우리가 음악치료실로 함께 걸어가는 동안 나는 허밍을 하고, 방에 들어서면 우리는 서로 소파에 나란히 앉는다. 그러고 나서 일상적인 환영 노래로 시작하고, 자연스러운 의례로 내가 '안녕하세요'를 부르면 우리는 악수를 한다. 나는 노래 중간에 한스의 이름을 몇 번 반복하고 우리가 할 것에 관해 노래한다. 내가 노래의 첫 줄을 부르자마자 한스는 크고 환하게 웃는다. 한스가 노래를 재인하는 것이 분명하다. 한스는 내 눈을 바라보며 선율에 맞춰 고개를 끄덕이고, 내 손을 잡고서 노래에 맞춰 잡은 손을 위아래로 움직인다(Ridder, 2013).

틀 만들기

한스는 음악치료사를 알아보지 못하고 음악치료가 무엇에 관한 것인지 기억하지 못한다. 그러나 몇 가지 비언어적 신호들의 도움으로 한스는 무슨 일이 일어날지 인식한다. 한스는 음악치료에 대한 기억도 없고 기대도 없으나, 음악치료실에 들어서서 악기를 바라보고 음악치료사와 함께 앉아서 이전에 같은 상황에서 여러 번 들었던 노래를 들으면, 충분한 신호가 같은 방향을 가리킨다. 한스는 이를 인식하게 되고 이해하게 된다. 인식이 형성되면 기억의 흔적이 되살아난다. 한스는 이러한 이해나 기대를 언어화할 수 없으나 한스가 음악치료에 임하는 방식, 표정, 참여는 긍정적인 인식을 대변한다. 이러한 인식은 명확한 구조와 높은 예측 가능성으로 구성된, 빈번하고 짧은 음악치료 세션에서 형성된 것이다. 환영 노래로 한스는 감각 정보를 받으나, 이는 노래라는 형식으로 제공되어 언어적 정보처럼 침습적이거나 부담이 크지 않다. 동시에 그 노래는 명확한 출발 신호이다.

특정한 노래로 시작하는 것처럼 치료는 매번 상호작용을 위한 명확한 구조를 알리는 동일한 헤어짐의 노래로 마치며, 이는 세션의 연속성을 간접적으로 알린다. 치료사와 치매인 간 관계적 패턴은 하루아침에 발현되는 것이 아니며 "다수의 호혜적 상호작용에서 형성된다"(Hart, 2006, p. 19). 이러한 상호 간의 상호작용에서는 결국 상황과 서로에 대한 기대가 발현될 것이다. 한스의 사례에서는 한스의 인지적 장애 때문에 기대를 형성하는 과정이 어려우므로 인식 가능성과 안전감 보장이 치료사의 과제이다. 이는 상호 간의 상호작용에 대한 기대 형성을 가능하게 만든다.

> 촉진하기를 통해서 새로운 행위 도식, 특히 관계적 유형의 행위 도식이 형성되며 이는 이후 다른 관계적 맥락으로 전이된다(Kitwood, 1997, p. 98).

이 예에서의 음악은 긍정적 상호작용을 만들기 위한 치료사의 촉진하기 활용의 일부이다. 치료사는 상호 간의 상호작용을 위한 환경의 틀을 만들기 위해 음악을 활용하고, 자신의 의도와 행동을 알린다. 동시에 음악은 치료사와 한스가 함께 할 수 있는 것이 된다. 긍정적 기대를 만들기 위해서 치료사가 그 사람과 함께 공명하고, 기쁨을 향유하는 어떤 것을 제공할 수 있는 것이 중요하다. 음악 만들기는 여기서 안전을 형성하는 기반이 된다. 세션을 시작할 때 음악은 주로 치료사가 노래하거나 연주하는 수용적 형태로 활용된다. 음악은 다음을 위해서 환자를 '부르는' 신호 또는 단서이다.

- 인지 기능의 손실을 보상하기 위해
- 개인적 자원에 초점을 두고 작업하기 위해
- 부담이 크지 않게 도전이 되는 상호 간의 상호작용을 위한 환경을 조성하기 위해(그 사람이 쉬고 있지만 각성하고 기민하도록)

음악치료의 구조는 다른 상황의 유사한 관계적 맥락으로 전이될 수 있다. 킷우드(1997)에 따르면 촉진하기는 치매인에게 달리 가능하지 않았을 사회적 활동에 동참하는 기회를 제공한다.

조절하기

음악치료 환경의 틀 만들기 외에도 조절은 치매인의 치료에 중요하다. 영아는 일찍이 생후 2개월이 되면 자기 진정 및 자기 조절 체계가 발달하기 시작하여, 성숙하게 되면 충동을 억제하고 스스로를 진정시키며 특정한 과제에 주의와 집중을 유지할 수도 있게 된다. 정서 조절과 성격 형성을 연구한 쇼어는 주 양육자에 대한 아동의 애착이 아동의 자기 조절 및 스트레스 관리 능력에 어떻게 직접적인 영향을 미치는지에 대해 기술했다. 따라서 쇼어는 주 양육자를 심리생물학적 조절자라 지칭하며(Schore, 2009; Hart & Schwartz, 2008도 참조), 이는 영아의 미성숙한 신경계가 어떻게 성숙하는지에 있어 중요한 요인이다. 다양한 이유로 사람이 치매를 앓게 되면 이러한 자기 진정 체계가 손상된다. 원인은 뇌 뉴런의 소실, 백질의 소실이나 전달물질의 불균형일 수 있다. 이는 신경계가 미성숙함을 의미하는 것이 아니라 치매로 인한 손상이 점점 더 증가한다는 것이다. 쇼어의 용어는 그 사람의 심리생물학적 조절자가 되는 가족 구성원, 스태프, 치료사에게 전이될 수 있다. 이는 각성 조절에 있어 양육자의 역할을 보여주는 다음 로사의 예에 나타난다.

치매인은 보통 과잉 자극에 대해 낮은 임계치를 가지며, 이는 신체가 쉽게 높은 각성 상태에 도달하는 원인이 된다. 높은 각성 상태에 있는 사람들은 전형적으로 교감신경계가 활성화되며 심장 박동이 빠르다. 이 사람들의 주의는 보통 선택적일 것인데, 예를 들어 지각된 위협에 있어 유의하지 않은 다른 것을 알아차리지 못하고 '위험'에 초점을 두게 된다. 과잉 각성된 사람은 본능에 의해 좌우되며 진정하는 것이 매우 어려움을 알게 될 것이다. 마침내 진정하게 되면 이는 보통 신체적 탈진이나 체념 때문이다. 그러나 체념과 낮은 각성 상태에서 사람은 위축되고, 주변이나 자신의 요구에 주의를 기울이지 않는다. 이는 공허감과 허무함을 유발한다(Ridder, 2011a 참조).

로사는 음악치료가 시작되면 매우 초조해진다. 로사는 가슴 앞에 두 손을 꼭 모아 쥐고 음악치료실 안을 거닌다. 나는 소파에 앉아서 환영 노래를 부른 후 계속해서 노래한다(**내 드레스를 보세요**Se min kjole). 나는 로사의 템포를 '끌어' 내리기 위해 로사의 보폭보다 더 느린 템포로 내려간다. 내 음고는 내가 말하는 목소리에 거의 가깝고, 어쩌면 약간 더 낮을 것이다. 새로운 노래로 로사를 방해하지 않기 위해서 나는 같은 노래를 계속한다. 선율은 단순하고 점점 내 호흡이 더 들리도록 해서, 내 목소리에는 숨소리가 더 섞인다. 로사는 문 앞에 멈춰 서서 나를 등지고 서있다. 그 구절이 끝났을 때 나는 가창을 멈추었고 아주 조용하다. 잠시 후에 로사가 돌아서고, 나는 부드럽고 포근하며 계절에 잘 맞는 **포도밭을 비추네**Det lysner over agres felt를 가창하기 시작한다. 로사는 나를 향해 걸어온다. 로사는 잠시 동안 내 앞에 선다. 나는 로사의 시선에 화답하며 마치 겁먹은 아이를 더 이상 겁주지 않으려는 것처럼 노래한다. 로사는 아주 조용히 내 옆에 앉고 나는 계속 노래한다. 얼마 되지 않아 로사는 소파에 등을 기댄다(Ridder, 2013).

위의 예에서 음악치료사는 박, 템포, 음고, 선율을 의식적으로 작업한다. 이 외에도 치료사는 화성, 셈여림, 음색, 형식을 의식적으로 활용하여 다양한 조절하기 요소들로 작업한다. 자신의 목소리, 신체 자세, 동작, 호흡을 활용하고 내담자의 반응에 주의를 기울임으로써 치료사는 각성 조절을 활용한다. 치료사는 치매인을 진정시키는 데 초점을 둔다. 반대 상황의 경우, 낮은 각성 상태의 내담자를 대상으로 자극시키는 음악 요소들이 점차 추가될 것이다. 치료사가 내담자의 템포나 음고에 가까운 템포나 음고로 시작하여, 그다음에 내담자를 원하는 방향으로 '당기는' 이 과정은 음악치료 이론에 동조화로 기술된다(Rider, 1997; Schneck & Berger, 2006).

관계 맺기

음악치료사 오리 맥더못은 자신의 박사 논문을 다음 대화로 시작한다(McDermott, 2014).

페기 : 여보세요…! 여보세요…! 여보세요…!

간호사 에스더 : 페기, 왜 그렇게 고함을 질러요?

페기 : 그래야 사람들이 내가 아직 여기 있다는 걸 알지요.

치매 간호에 대한 인간 중심 접근에 따르면 도전적 행동[11]은 의사소통적 행동과 충족되지 않은 사회심리적 요구를 표현하려는 시도로 간주된다. 따라서 페기의 고함은 비이성적 행동이라기보다 관심과 사회적 상호작용의 필요에 대한 외침으로 보인다. 다음의 예에서, 음악치료사는 소리 지르기와 테이블 두드리기를 '경직된 감정'을 표현하는 시도로 이해한다.

리스는 87세이며 중증 치매가 있다. 리스는 갈수록 더 초조해지고, 불평과 고함이 점점 더 잦아져서 개별 음악치료를 제공받는다. 리스는 보통 상상의 인물에게 이야기하거나 소리를 지를 때 테이블을 두드린다. 리스는 처리되지 않은 트라우마로 고통받는 사람이며, 이제 삶의 마지막 단계에서 마음의 평화에 대한 요구가 절실한 사람으로 기술된다. 리스는 두 자녀를 (하나는 아이였을 때) 잃었고, 가정 폭력의 희생자로 알려졌다. (1개월 동안의) 첫 9회기의 음악치료 세션에서 목적은 리스와 관계를 정립하는 것이다. 이후에 우리는 직접적인 개인적 만남의 짧은 순간으로 작업할 수 있으나, 리스가 안전감을 느끼고 음악에서의 완전히 다른 역동을 다룰 수 있다는 것을 내가 확신할 때까지는 아니다.

드럼으로 내가 리스의 고함 소리와 테이블을 치는 리듬에 일치시킬 때 우리 사이에 만남이 일어난다. 이러한 방식으로 작업을 계속하는 것을 허용하는 이러한 순간에 만남은 긍정적이다. 나는 순응하는 방식과 좀 더 지배적인 방식의 연주 사이를 오가고, 그 둘 사이에 변화를 준다. 나는 가창 외에 음성적 소리와 다른 소리도 활용한다. 리스가 이완되고 안전감을 느끼는, 잘 알려진 노래에 기반하여 소리 지르기와 두드리기를 시작하면 나는 각기 다른 방식으로 음악의 역동을 활용한다. 이러한 방식으로 나는 리스의 표현과 정서를 포용한다. 리스가 언어적으로 나와 만남을 갖자마자, 나는 좀 더 부드럽게 연주하여 리스가 자신의 방식대로 대화에 참여하는 동시에 내가 만드는 소리들의 통제 안에 있게 한다. 이는 리스가 자신의 경직된 감정 일부를 행동화하는 것을 가능하게 한다. 목적은 안전하고 조심스러운 관계에서 일어나는 이러한 상징적 행위들을 통해 해소감과 마음의 평화를 좀 더 제공하는 것이다(Eeg, 2001, p. 12).

(영어 번역을 위해 약간 개정된 이 예에서) 음악치료사는 상호작용 인정하기를 활용한다. 그는 치매인의 의사소통을 인정하고 리스를 인정하며, 리스가 의사소통하고자 하는 것을 이해하고자 한다. 다수의 부정적 정서는 다루기 힘들 수 있기 때문에 리스와의 관계에서 너무 압도적이지 않도록 주의한다. 치료사는 자신이 리스의 남편과 연관될 수 있는 부정적 정서를 표현하는 것을 감지한다. 이는 리스의 생애사 정보에 기반을 둔 해석이다. 그

---

[11] 흔히 문제 행동이나 부적응 행동 등의 표현으로 이해되며, 자기와 타인에게 해를 끼치거나 건강과 안전에 위협이 될 수 있는 행동을 의미한다(역자 주).

러나 치료사는 리스에 대한 이러한 해석을 언어화하지 않고 리스의 정서적 표현에 초점을 둔다. 이는 그가 상호작용 안아주기를 활용하여 부정적 정서를 담아줄 수 있어야 함을 의미하기도 한다. 음악치료사는 개인이 이 삶을 떠나기 전에 마음의 평화를 찾을 필요가 있다는 것을 전제로 작업하고 있다. 사실 리스는 거의 매일의 세션과 함께 2개월 후에 세상을 떠났다. 마음의 평화에 이르는 것은 한 사람이 힘든 실존적 정서를 담아주는 방식을 의미하기도 한다. 만일 한 사람이 삶의 어려움을 받아들이는 법을 배운다면 그 첫걸음은 타인이 어려운 정서를 담아줄 수 있음을 경험하는 것일 수 있다.

가족 구성원과 스태프의 포함

관계적으로 작업하는 것은 개인의 현재 삶뿐만 아니라 생애사, 즉 과거와 현재 모두에 대한 견고한 지식을 필요로 한다. 따라서 음악치료 세션은 내담자의 삶의 맥락에서 돌봄제공자, 즉 전문 스태프 및 가족 구성원과의 긴밀한 협력으로 이루어져야 한다. 음악치료 종결 후에는 돌봄제공자들이 어떻게 일상생활의 긍정적 상호작용에서 음악을 활용할 수 있는지 조언받는 것이 중요하다. 치매가 있으며, 자신의 남편 오베와 함께 집에 거주하여 가정 기반 음악치료의 대상인 울라에 대한 다음 예에서처럼 돌봄제공자들도 직접적으로 치료에 포함될 수 있다.

두 번째 세션에서 울라는 처음으로 노래 부르기를 주도한다. 울라가 노래책에서 **모든 작은 꽃들**Alle de små blomster을 발견하고 노래를 부르기 시작할 때까지는 불과 몇 초밖에 걸리지 않았다. 다음의 세션에서 이런 일은 점점 더 자주 일어난다. 때때로 울라의 목소리는 몇 줄을 부른 후에 잦아들고 다른 때는 더 오래 노래를 따라 부른다. 네 번째 세션에서 울라는 처음으로 전체 노래 가사를 다 부른다. 다섯 번째 세션에서 울라는 분명하고 또렷한 목소리로 헤어짐의 노래를 부르기 시작한다.

울라는 어떤 노래를 부르고 싶은지 언어적으로 표현할 수 없고, 오베는 스스로 말한 것처럼 음악에 관심이 없었기 때문에 울라가 좋아하는 노래들을 모른다. 열 번째 세션에서 내가 **내가 사는 한**Så længe jeg lever을 부를 때 울라가 오베를 바라보고 미소 짓는다. 같은 세션의 후반부에 내가 **당신은 하늘의 새와 함께인가요**Er du dus med himlens fugle를 부르고 손 흔들기에 대한 가사에 이르자, 울라가 한 손으로 오베에게 손을 흔든다.

오베는 내게 주간 세션을 고대한다고 이야기한다. 최근에 오베와 울라는 음악을 함께 감상하기 시작했다. 오베는 가까운 친척들이 울라와 함께 더 많이 노래하기 시작한 상황에 관해서도 이야기한다. 13회기에서 나는 이를 경험한다. 내가 도착했을 때, 어머니와 딸이 앨범에 있는 사진들을 보고 있다. 앨범 외에도 보고 있는 사진과 관련된 스카우트 노래들이 있는 노래책도 있다(Rasmussen, 2007).

가족 구성원과 치매인 간 긍정적 경험의 지지하기와 촉진하기는 보통 갈등이 제거되었다고 느껴지는 상황이나 치매인이 점점 더 거리감을 느끼는 상황에서 이들의 관계 강화를 도울 수 있다. 라스무센은 자신의 석사 논문(2007)에서 음악치료사가 치매인의 가족이 치매 증상을 고려하고 새로운 방식으로 함께 시간을 보내는 것을 장려할 수 있다고 결론 내렸다. 이는 음악 회상으로 수행되는데, 음악 회상이란 음악 감상 또는 가창 중에 함께 의미 있는 일화들을 회상하는 것을 의미한다.

음악치료사는 스태프도 치료에 포함시킬 수 있다. 음악치료사 아스트리드 파보리 야콥센에 따르면, 이는 음악적 수행 그 자체보다 음악이 활용되는 동안 현존하는 것에 초점을 두고 간학문적 대화의 조언이나 안내로서 이루어질 수 있다. 스태프는 내담자의 자원에 초점을 두고 의사소통에서 음악적 요소를 활용하도록 음악치료사에 의해 훈련될 수도 있다(Jacobsen, 2008, p. 5). 올보르대학교에서 진행 중인 연구는 치매인, 돌봄제공자, 음악치료사 간 간학문적 협력, 기술 공유, 간접적 음악치료 실제를 탐구한다.[12]

기록문헌과 연구

2011~2012년에, 임상가와 연구자들 간 긴밀한 협력으로 덴마크/노르웨이의 연구가 수행되었다. 참여자들—42명의 돌봄 시설 거주 치매인—에게 6주 동안 매주 2회기의 음악치료 세션이 제공되었다. 평균적으로 참여자들은 30분 동안 10회기에 참여하였다. 표준 치료와 비교하여 초조, 분열성이 완화되고 약물을 통한 예방이 규명되었다(Ridder et al., 2013). 이 연구의 결과는 치매인을 위한 음악 중재에 대한 코크란 리뷰에서 확인되지 않았다(van der Steen et al., 2017). 리뷰에는 주거형 돌봄 시설에 거주하는 총 620명의 참여자를 대상으로 한 11개국의 연구 17편이 포함되었다. 7편의 연구에서 음악치료사에 의한 중재가 수행되었다. 연구자들은 "5회기 이상의 음악 기반 치료적 중재가 아마도 치매인의 우울 증상을 완화시켰으나, 초조나 공격성에 대한 효과는 적거나 없다."라고 결론 내렸다(ibid., p. 2). 연구자들은 정서적 안녕감, 삶의 질, 행동 문제, 인지, 불안과 사회적 행동에 대해 작은 효과를 시사했다. 그러나 이를 검증하기 위해서는 연구가 더 많이 필요하다.

같은 기간에 치매를 위한 음악 중재에 대한 2편의 다른 체계적 고찰이 출판되었으며, 초

---

12 www.pami.aau.dk 참조.

조 증상에 관한 긍정적 결과가 있었다. 노르웨이 연구 집단은 치매의 초조 증상에 대한 음악의 효과에 대해 메타 분석을 수행했으며 57편의 연구를 확인하였고, 12편의 연구가 분석에 포함되었다. 결과는 '치매의 초조 증상에 대한 음악적 중재의 임상적, 통계적으로 강한 효과'를 지지한다(Perdersen et al., 2017, p. 1). 다른 메타 분석에서 중국 연구팀은 34편의 연구를 확인하고 '파괴적 행동과 불안을 처치하는 음악치료의 활용을 지지하는 긍정적 근거'를 밝혔다(Zhang et al., 2017, p. 9). 연구팀은 인지 기능, 우울, 삶의 질에 대한 긍정적 경향도 밝혔다.

마지막으로 유럽의 연구자 집단은 치매의 행동적, 심리적 증상behavioural and psychological symptoms of dementia, BPSD 처치를 위한 비약물적 중재의 체계적 고찰에 대해 체계적 고찰을 수행했다. 문헌에서 연구자 집단은 비약물적 중재에 대한 다음의 범주를 대상으로 한 38편의 체계적 고찰을 확인했다. 1) 감각 자극(예 : 아로마테라피, 마사지/접촉 치료, 광선치료), 2) 인지/정서 지향(예 : 인지 자극, 스누젤렌, 음악/춤 치료, 회상치료, 인정치료), 3) 행동 관리, 4) 기타 요법(운동, 동물 보조 치료, 환경 기반 중재). 연구자들은 음악치료가 초조 완화(p < 0.003)와 불안 감소(p < 0.002)에 효과적임을 밝혔다. 동일한 유형의 중재가 어떻게 정의되고 적용되는지는 변동이 컸고, 대부분 보통의 표본 크기였다. 그럼에도 불구하고 전반적인 결론은 '음악치료와 행동 관리 기법이 BPSD 완화에 효과적'이라는 것이다(Abraha et al., 2017, p. 1).

음악치료가 국가적 수준에서 보건 지침에 권고되기 위해서는 체계적 고찰과 메타 분석이 필요하므로 무작위 통제 시험이 더 많이 필요하다. 그러나 견고한 이론적 체제에 적용되는 최상의 임상 실제를 개발할 필요도 있다. 이는 치매인에게 음악이 작용하는 방식과, 이것이 상호 간 상호작용 외에도 일상생활에 어떻게 적용되는지에 대한 지식을 확장하기 위해서 다양한 연구 방법을 필요로 한다.

요약

음악은 건강 증진에 중요한 역할을 수행하며 인간을 신체적, 정서적, 사회적으로 참여시키는 힘을 가지고 있다. 치매가 진행된 사람들에게 있어 음악은 향유와 주의 전환의 수단일 뿐만 아니라, 때로 자기를 표현하며 이해하고 이해되는 느낌을 경험하는 유일한 방식이기도 하다. 음악치료는 일상적 관리에서, 활동에서, 처치 양식으로 활용될 수 있으며 그 기능은 치매와 인간성에 대한 인간 중심 접근으로 설명될 수 있다. 진행되는 인지적 저하 및 감각 처리의 고군분투로 인해 긍정적 상호작용이 특히 관련이 있다. 인정하기, 안아주기, 촉진하기와 같은 긍정적 상호작용은 치매의 이해에 있어 널리 인정된 접근으로 음악치료사가 어떻게 작업하는지 설명하고 나타낼 수 있다.

    음악은 다양한 방식으로 상황에 적용될 수 있고, 다양한 수준에서 기능할 수 있다. 무엇보다도 환경의 틀을 만듦으로써, 음악은 안전감을 조성하는 방식으로 활용될 수 있다. 둘째, 음악은 치매인의 각성 수준을 조절하도록 기능할 수 있다. 셋째, 음악은 상호적으로 참여하고 경험을 공유하는 방식으로 기능할 수 있다. 방대한 양의 설득력 있는 연구들이 음악치료를 치매에서의 우울을 예방하고 초조를 완화할 수 있는 효과적인 중재법으로 지목한다. 그러나 더 많은 연구—음악치료 실제 및 음악적 상호작용을 형성하는 관계적 미시 과정을 탐구하는 연구—도 필요하다.

4.5 신체의학적 질환이 있는 사람을 위한 음악치료

신체의학적 병원, 재활센터, 호스피스에서의 음악 의료 및 음악치료의 활용은 지난 수십 년간 국제적으로 증가해 왔다. 이 절에서는 신체의학적 질환이 있는 사람들을 위한 광범위한 음악 중재를 기술하며 예시한다. 4.5.1장에서는 생명을 위협하는 질병이 있는 아동을 위한 능동적, 수용적 음악치료의 활용이 기술된다. 소아의학에서의 음악치료는 고통스러운 절차들로부터 아동의 주의를 전환시키는 데 활용되고, 보통 스트레스가 심하고 질병에 초점을 둔 삶에 정상성과 창의성이라는 개인적 공간을 조성하는 데 활용된다. 예를 들어, 심장병이나 암 처치 또는 재활 이후의 성인 환자는 여러 유형의 음악 중재에서 유의한 혜택을 얻을 수 있다. 이는 4.5.2장에 제시되어 있으며 특히 수용적 방법, 즉 고통이나 불안을 완화하거나, 상실감이나 미래에 대한 걱정의 심리치료적 처리를 위한 음악 감상의 활용이 기술된다. 통증 완화에서 실존적 치료에 이르기까지, 임종 환자에 대한 완화 처치에 활용되는 음악치료의 여러 방식이 4.5.3장에 기술된다.

4.5.1 소아의학에서의 음악치료

일란 산피, 라르스 올레 본데

소개

이 장은 병원에서 처치되는 신체의학적 질환이 있는 아동과 청소년을 위한 음악치료, 다시 말해서 소아의학 맥락에서의 음악치료를 기술한다. 소아의학은 아동의 질병과 처치를 다루는 의학적 전문 분야이다. 이는 다양한 선천성, 급성, 만성 질환뿐만 아니라, 예를 들어 청소년 류머티스 관절염, 암, 심장병과 같은 응급 상황도 포함한다. 소아의학 전공은 조산아에서 18세 청소년에 이르기까지 폭넓은 연령대와 다수의 발달 단계가 특징이다.

소아의학에서의 음악치료에 대한 몇 가지 국제적인 소개가 있다(Bradt, 2013; Edwards & Kennelly, 2016; Lathom-Radocy, 2014; Robb, 2003; Shoemark & Dearn, 2016; Shoemark et al., 2018). 의료적 환경에서 청소년과 작업할 때의 특별한 도전들은 로위가 제시한다 (Loewy, 2013).

요구와 처치 목적

소아의학과 병동에서 음악치료사의 작업은 몇 가지 중요한 방식에 있어 다른 영역의 음악 치료 실제와 다르다. 이는 특히 연령과 발달 단계, 더 높은 비율의 외래환자, 단기 처치 외 에도 다양한 질병과 문제들에 따른 큰 변동이 존재하며, 이는 결과적으로 음악치료의 다 양한 치료 목적에 반영된다. 이는 개별 아동과 함께 하는 음악치료사의 작업에 영향을 미 치며, 치료가 보통 한 회기에서 수 회기에 이르는 단기 치료이기 때문에 특별한 도전을 제 기한다. 음악치료사는 보통 아동과 안전하고 좋은 관계를 형성할 시간이 매우 적다. 게다 가 음악치료의 처치 목적은 보통 후속 조치의 가능성이 짧은 단기로 설정된다.

음악치료는, 예를 들어 조산아 외에도 화상, 심장병 아동과 같은 다양한 소아의학과 부전공 분야에도 활용된다(Nöcker-Ribeaupierre, 2013; Robb, 2003; Shoemark, 2013; Whitehead-Pelaux, 2013). 여러 음악치료사가 주로 소아암 아동, 청소년과 함께 일하거나 여기에 기술된 의료적 절차 지원 영역에서 일한다(Dun, 2011; Ghetti, 2013). 음악치료는 지지적이고 자원 지향적이며, 보통 아동의 가족이 포함된다. 일반적인 치료 목적은 다음 과 같다. 입원, 처치, 의료적 절차에 대처하는 아동 지원, 불안과 통증 완화, 사회적 상호 작용 구축 및 강화, 사회적 고립에 대응, 삶의 질 향상, 발달의 이정표 지원 등이다(Bradt, 2013). 일부 국가에서는 음악치료로의 의뢰가 표준화되어 있으나 여러 국가에서는 여전 히 그렇지 않으며 병원 병동과 협력하여 부모, 아동, 스태프나 음악치료사의 평가와 요청 을 통해 의뢰가 일어난다(Sanfi, 2006).

음악치료

소아암 아동

소아암 아동과 청소년은 질병 특정적인 여러 문제가 있다. 암과 암 처치는 아동뿐만 아 니라 가족에게 심각한 신체적, 사회적, 심리적, 실존적 영향을 미친다(Dun, 2011; O' Callaghan & Jordan, 2011; Reid, 2016). 이러한 아동 중 다수가 보통 방사선치료, 수술과 결합한 화학치료로 처치된다. 처치는 집중적이며, 전형적으로 6개월에서 2년 반까지 지속되고 셀 수 없는 입원이 수반된다. 이는 아동과 가족의 정상적인 일상생활의 삶에 중대한 상실을 수반한다. 이뿐만 아니라, 예를 들어 약화된 면역 체계, 피로, 탈모 외에도 구역감과 구토 같은 심각한 부작용이 있다. 약화된 면역 체계로 인한 전염 위험을 최소화하기 위해 또래들과의 사회적 상호작용이 제한된다.

음악치료는 이러한 문제들과 특히 아동의 심리적, 사회적 요구를 다룬다. 이러한 요구들은 음악치료 이면의 이론적 접근에 따라 각기 다른 방식으로 충족된다. 이들의 예는 다음과 같다.

- **환경적 음악치료**는 개방 집단에서 일어나며 병동의 모두가 원한다면 참여할 수 있다 (예: 환아, 환아의 가족, 스태프). 이러한 환경에서 음악치료의 목적은 음악적 경험과 활동을 통해 병원 수속과 입원에 관한 환경뿐만 아니라 병동의 작업 환경을 개선하는 것이다(Aasgaard, 1999). 게다가 음악치료는 공동체 의식을 강화하고 사회적 고립에 대응하며, 아동에게 환자로서의 역할에서 벗어나는 대신 음악가, 지휘자나 작곡가로서 보고 들을 수 있는 기회를 제공하는 것을 목적으로 한다. 이 음악치료 접근은 보통 가창, 악기 연주, 노래 즉흥연주, 상호작용적 음악 연주, 아동과 성인이 참여하여 병동을 통과하는 음악 퍼레이드와 같은 각기 다른 음악적 활동을 수반한다.
- **개별 음악치료**는 능동적 방법 외에 수용적 방법도 포함한다. 이는 보통 아동의 병실에서 수행되며 아동의 가족도 참여할 수 있다. 주요 목적은 질병, 처치, 입원의 결과에 대처하는 아동의 능력을 지지하고, 아동이 정서뿐만 아니라 강점과 정체성을 표현하고 처리하도록 도우며, 아동의 삶의 질을 향상시키고 고통을 완화시키며, 아동의 창의성, 상상, 놀이를 자극하고 지원한다(Dun, 2011; Reid, 2016; Robb, 2003). 음악치료는 다른 무엇보다도 가창과 악기 연주, (CD나 비디오 제작이 있거나 없는) 노래 만들기와 연속적인 음악 감상으로 안내된 이완을 수반할 수 있다.
- **음악과 심상**MI과 **심상음악치료**GIM는 이러한 맥락에서 청소년을 위한 개별 치료로 활용되는 수용적 방법이다. 이러한 '안내된 음악 여정'의 목적은 청소년의 개인적 자원을 강화하고, 개인적이고 자유로운 공간을 조성하며 정서 조절, 처리, 치유를 촉진하고 화학치료의 부작용(예: 구역감과 구토)을 줄이고 대처하며, 청소년의 기분과 삶의 질을 향상시키는 것이다.

- **특별히 설계된 음악 내러티브**는 음악 의료와 상상적 내러티브의 결합으로 정의될 수 있으며 화학치료를 받는 7~17세의 소아암 아동을 위해 개발되었다(Bradt, 2013; Sanfi, 2012a; Shoemark & Dearn, 2016). 음악 내러티브는 배경으로 녹음된 음악과 함께 음악치료사 또는 아동의 부모가 낭독하는 동안 아동은 이완되고, 확장된 의식 상태로 귀를 기울인다. 이러한 음악 내러티브의 목적은 아동이 쾌적한 신체 감각과 경험, 주의 전환, 각성 조절, 수면 유도, 통증, 구역감, 구토 같은 화학치료의 부작용 완화에 대해 상기하고 유지하도록 지원하는 것이다. 아동의 부모가 내러티브를 읽을 때 그 목적은, 더 나아가 아동의 안전감에 초점을 두고 가족이 함께 시간을 향유하는 것을 허용하면서 자녀-부모 관계를 지지하는 것이다. 상상적인 이야기들은 아동이 질병과 처치의 부작용에 대한 자신의 고군분투를 상징적 내러티브와 음악적 방식으로 처리하는 것을 도울 수 있다.

의료적 절차 지원으로서의 음악치료

이 음악치료 접근은 개별적이고 간학문적이다. 문제의 절차에 따라 스태프의 작업 과정이 계획되고 조정된다. 이 방법은 의료적 절차 전후와 도중에 활용되는 수용적, 능동적 음악적 경험을 모두 포함한다. 음악치료의 목적은 절차에 대처하도록 아동을 지원하고 불안과 통증에 대한 아동의 경험을 완화시키며, 스태프와 협력하는 아동의 능력을 향상시키고, 의료적 절차 시간의 길이를 축소하며, 반복되는 고통스러운 의료적 절차가 초래하는 외상에 대응하는 것이다(Bradt, 2013; Ghetti, 2012; Sanfi, 2012b; Walworth, 2005).

흔히 활용되는 음악치료 방법

이 분야에서 가장 흔히 활용되는 음악치료 방법에 대해 간략히 개요를 설명한다(Dileo, 1999; Dun, 2011; Reid, 2016).

능동적 방법

- 사전 작곡된 노래 연주와 가창
- 노래와 기악곡 즉흥연주
- CD나 뮤직비디오 제작(아이패드/태블릿)이 동반되거나 동반되지 않는 노래 만들기
- 콘서트/공연
- 음악 퍼레이드

수용적 방법

- 음악 감상에 따른 이완
- 음악으로 안내된 이완과 심상
- 내적 심상에 초점을 둔 안내된 음악 감상
- 특별히 설계된 음악 내러티브

음악과 의료

- 특별히 설계된 음악 내러티브
- 아동과 청소년을 위한 플레이리스트

사례

사례 1

A는 백혈병이 있는 3세 남아이다. 음악치료가 소아의학과의 종양학 병동에 도입되었을 때 A는 수개월 동안 화학치료를 받았다. A의 부모는 우리에게 A가 때로 화학치료의 부작용뿐만 아니라 극적인 기분 변화를 나타낸다고 말한다. 4~5개월의 기간 동안 A는 보통 외래환자 및 입원환자를 위해 병동에서 제공되는 음악치료에 참여한다. A는 병실에서의 개별 음악치료와, 자신의 부모나 형제자매가 보통 개방 집단에 참여하는 주간 환경적 음악치료 활동을 모두 매우 즐긴다. 점차 A는 집단의 사회적 상호작용에서의 참여에 좀 더 능동적이 되고 자신감을 갖게 된다. 약 5개월의 참여 후 A의 부모는 음악치료의 혜택을 회상하며 다음과 같이 기술한다.

> 음악치료는 A와 우리에게 정말로 많은 것을 의미했다. 우리가 매우 속상했던 초기에 이는 무엇인가 함께 하는 것을 좋게 느껴지게 했고, 또한 음악이 작은 오아시스를 만들었기 때문에 우리는 A가 암에 걸렸다는 것 외에 다른 것에 대해서 생각할 수 있었다. A는 음악에 관심이 있었고, 음악이 있을 때 침대에서 간절히 일어나고자 했다는 것을 우리가 볼 수 있었다는 것도 우리에게 큰 의미였다.
>
> 　음악치료는 A의 일상생활의 밝은 부분이었고, 음악은 A가 침대에서 일어나 움직이기 시작하도록 여러 차례 도왔다. A가 정말로 아프다고 느끼거나 매우 나쁜 기분일 때, '뮤직맨'과 뮤직맨의 음악은 A를 일으킬 수 있던 유일한 것이었다! A가 격렬한 울음과 공격성으로 극적인 기분 변화를 겪던 상황에 음악치료사는 A의 방으로 와서 연주하고 가창함으로써 기분 조절을 돕기도 했다.

게다가 부모는 A가 집에서 음악치료사에 관한 이야기를 많이 하고 자주 악기를 연주한다고 말한다.

사례 2

이 예는 안내된 이완과 음악 감상이 어떻게 약리적인 통증 완화의 보충제로서 역할을 맡을 수 있는지를 설명한다. B는 15세 여아이다. B는 불치의 암에 걸려 완화 처치를 받는다. 음악치료사가 병실에 올 때 악성 종양 때문에 심한 등 통증이 있으며 B는 불안한 기색이 역력하다. 따라서 의사들은 B에게 다량의 모르핀을 투여했고, 이는 B를 나른하고 멍하게 만든다. 음악치료 세션은 약 25분간 진행되며, 피곤하고 불안한 상태로 침대에 누워있는 B의 병실에서 이루어진다. 매우 가라앉은 기분을 띄우기 위해 음악치료사는 질병과 관련되지 않은 다양한 주제에 관해 이야기하기 시작한다. 예를 들어, B가 사랑하는 개에 관한 이야기는 기분을 더 밝게 만든다. 다음에 음악치료사는 이완 연습으로 B를 안내한다. B가 눈을 감고 침대에 있는 동안 음악치료사는 B가 근사하고 안전한 장소에 대해 생각하고, 좀 더 깊이 평화롭게 호흡하도록 돕는다. 그다음에 그들은 스피커가 있는 휴대용 스테레오로 재생되는 쇼스타코비치의 **피아노 협주곡 2번** 2악장(6분 39초)을 감상한다. 이 슬프지만 차분하고 섬세한 음들을 감상하며, B는 차분해지고 점점 더 이완된다. 동시에 가라앉은 분위기는 점차 깊은 평온함과 차분함으로 대체된다. 작품이 끝날 무렵에 B는 잠이 든다. B의 어머니와 상의한 후 음악치료사는 B를 깨우지 않고 세션을 마치기로 한다. 어머니는 음악치료사에게 감사하며 자신의 딸이 이러한 수용적, 음악적 경험을 즐겼다고 말한다. 그날 늦게 B는 그것이 멋진 경험이었으며, 음악이 매우 이완적이었다고 말한다(Sanfi, 2012a, pp. 107~108).

사례 3

올보르대학병원 303b 병동에 있는 식당의 한 장면이다. 이곳은 그 자체로 아동의 관심을 끌고 탐색에 대한 아동의 흥미를 유발하는 다양한 악기들이 넉넉한, 모든 것이 갖추어진 음악치료실로 만들기 위해 일시적으로 재정비되었다. 해당 사례의 출처가 된 세션의 주제는 차례 주고받기이며, 주제는 돌아가며 차례대로 진행되고 즉흥연주를 끝낼 사람이 누구인지에 대해 합의하는 것을 포함한다. 참여자는 9세 소아암 환자인 라세와 12세인 라세의 형 프레데리크이다.

> 음악치료사 : 누가 즉흥연주를 끝낼지에 대해 합의하기가 어려웠어요?
> 라세 : 네, 우리 둘 다 마지막 말을 하고 싶었기 때문에, 계속 연주했어요.

이 예는 다른 보통의 형제자매가 그런 것처럼 두 형제는 누가 비언어적 음악적 상호작용을 좌우할 것인지와 같이 어떻게 서로 경쟁하는지를 설명한다. 이 예는 가족 내에서 아픈 자녀가 어떻게 매우 큰 관심을 받고 귀 기울이는 대상이 되는지, 때로는 그들의 형제자매에게 향해야 할 보이고 들리는 요구의 비용이 어떻게 아픈 자녀에게 가는지에 대해서도 설명한다(Sørensen, 2010).

이론적 관점

앞의 사례는 음악치료가 아동의 능동적 참여를 통해 병원 수속과 입원에 관한 병동 환경을 변화시킬 수 있음을 나타낸다. 음악치료, 개별 음악치료 외에도 집단 음악치료는 사회적 고립에 대응할 수 있고, 부모와 형제자매를 포함하여 공동체 의식을 강화시킬 수 있으며, 아동이 개인적 자원을 표현하는 것과 역할의 레퍼토리를 넓히는 것을 도울 수 있다. 음악치료에서 아동은 꼭 필요한 개인적 공간을 가질 수 있으며, 아픈 사람으로서의 역할에서 벗어나는 대신에 작곡가, 지휘자, 음악가, 가수나 작사가 겸 작곡가가 되는 기회를 가질 수 있다(Aasgaard, 2002; Leinebø & Aasgaard, 2016). 이러한 사례에서 음악치료는 주로 실용적 수준(1.3장; Bonde, 2011a)으로 기능한다. 여기서 효과가 있는 것은 음악적 상호작용이다.

그러나 음악치료는 신체적 수준에서 아동의 상태를 개선하는 데 기여할 수도 있다(Bonde, 2011a). 특히 특별히 작곡된, 엄선된 또는 편곡된 음악은 뇌의 통증 자극 처리에 영향을 미치거나 주의와 집중을 유지하면서 시공간에 대한 아동의 경험을 변화시킬 수 있는 효과적인 전환 전략으로 기능할 수 있다. 게다가 음악은 자극시킬 뿐만 아니라 진정시킬 수 있다. ISO 원리와 잔잔한 음악적 변수가 있는 음악('불안을 가라앉히는 음악'. 3.11장 참조)을 활용하여, 아동의 호흡을 안정화시킬 수 있다. 춤추기, 악기 연주, 다른 음악 활동도 아동을 신체적으로 활성화시킬 수 있다.

의미론적 수준에서(1.3장; Bonde, 2011a), 음악 감상 중의 음악 내러티브와 심상은 아동이 혼란, 혼돈, 불안, 불안정감을 경험할 때 의미와 일관성을 조성할 수 있다.

근거

소아의학적 음악치료는 여러 서구 국가에 잘 정립되었으며, 음악치료 및 의료에서 음악의 효과를 기록한 여러 조사 연구들이 있다(Bradt, 2013; Dileo & Bradt, 2005; Hilliard, 2006; Klassen et al., 2008; O'Callaghan & Jordan, 2011; Robb et al., 2007; Standley & Whipple, 2003; van der Heijden et al., 2015; Walworth, 2005). 스칸디나비아에서 음악치료는 비교적 생소하고 노르웨이에서만 소아의학의 처치로 비교적 잘 정립되었으나 이는 이미 철저한 조사 연구의 대상이 되었다. 주사 시술 중에 절차적 지원으로서 음악치료뿐만 아니라, 여기에 기술될 화학치료의 부작용에 대응하는 데 활용되는 특별히 설계된 음악 내러티브와 GIM에 대한 연구가 수행되었다.

후자에 대한 것으로 산피(2007, 2012a)는 화학치료를 받는 소아암 아동(7~17세)의 신체적, 심리적, 사회적 요구를 충족하도록 특별히 설계된 일련의 음악 심상 내러티브를 개발했다. 이 음악 개념은 특별히 작곡된 (고전과 영화에서 영감을 받은) 음악 자연 소리와 심상 내러티브가 따르는 예비 이완 연습으로 구성된다. 심상 내러티브는 음악치료사나 아동의 부모가 번갈아 음악에 따라 낭독한다. 2편의 기초-예비 연구에서 산피(2012a)는 화학치료 처치에 대한 음악 내러티브의 타당성과 임상적 유의성을 조사했다. 산피는 반구조화된 면접과 시각상사척도VAS 사전/사후 측정을 활용하여 음악 내러티브가 건강을 증진하는 특질, 이완을 유도하고 처치와 입원으로부터 쾌적한 자유 공간을 제공하며 구역감과 통증을 완화시키는 특질을 가졌고, 아동과 부모에게 가치 있는 경험의 공유를 제공하였음을 밝혔다. 이 연구에 기반을 두어 산피는 이후에 좀 더 유사한 음악 내러티브를 개발했고, 좀 더 체계적인 조사를 하기 위해 최근 대규모 스칸디나비아의 연구 프로젝트를 시작했다. 이 연구 프로젝트는 화학치료의 3~5과정에서 산피의 음악적 개념의 효과를 평가하는 것에 목적이 있다.

본데와 쇠렌센은 2007년부터 2009년에 올보르대학병원에 있는 아동 종양학과 병동에서 6주 동안 4회에 걸쳐 개방 집단에서 주간 음악치료를 활용한 연구를 설계했다. 입원 아동은 그날 자신의 신체적, 정서적 상태에 따라 참여할 수 있으며, 처치를 마친 아동과 퇴원한 아동도 참여할 수 있다. 형제자매와 부모도 환영받았다. 그 프로젝트는 이러한 개방 집단이 아동들에게 다양한 방식으로 참여 기회를 제공했으며, 치료의 초점을 '환아'에게 철저히 초점을 두는 것처럼 보이는 가족에서 '건강한 아동'에 두는 것으로, 새로운 역동을 만들 수 있음을 나타냈다(Sørensen, 2010). 노르웨이 음악치료사 트뤼그베 오스고르(2002)는 소아암 아동에게 노래 만들기를 활용한 개별 음악치료에서 동일한 창의적 개방 효과를 기록했다.

한 무작위 연구에서 우글라 등(2016)은 음악치료, 표현적 음악치료 외에도 수용적 음악치료가 동종 조혈모세포 이식 후의 아동과 청소년에게 적합한 치료 형태인지, 음악치료의 효과가 생리적, 심리적 변수에서 모두 측정될 수 있는지를 탐색했다. 결과는 음악치료 집단이 통제 집단과 비교하여 저녁 심박수가 유의하게 현저히 감소한 것으로 나타났다(p<0.001). 아침부터 저녁까지의 포화 수준이나 혈압에서의 변화에는 유의한 결과가 없었다. 결과는 음악치료가 스트레스 수준을 완화시킬 수 있으므로, 나중에 외상 후 스트레스 장애가 발생할 위험을 잠재적으로 낮출 수 있음을 나타낸다. 마찬가지로 로브 등(2014)은 모세포 이식을 받고 있는 113명의 아동에게 치료용 뮤직비디오 제작의 형태로 음악치료에 대한 다지점 무작위 통제 시험을 했다. 음악치료 중재는 3주 동안 6회의 개별 세션으로 구성되었으며, 오디오북을 받은 저용량 통제 집단과 비교되었다. 결과는 대처, 사회적 통

합, 가족 환경이 유의하게 개선된 것을 나타냈다. 이어서 로브 등(2007)은 이전의 다지점 무작위 통제 시험 연구에서 대처에 대한 능동적 음악치료의 효과도 조사했으며 소아암 아동의 대처 관련 행동의 개선을 밝혔다.

2012년에 산피는 단일 주사 시술 동안의 절차적 지원으로서 음악치료의 효과를 연구했다. 참여자는 (1~10세의) 아동 41명으로, 말초 정맥 카테터(정맥 내 점적)를 삽입했으며 한 차례 또는 수차례 바늘에 찔리는 것을 수반한다. 이 무작위 통제 연구에서 아동들은 무작위로 음악이나 통제 집단으로 나뉘었다. 통제 집단의 아동들과 반대로 음악 집단의 아동들은 주사 시술 전후와 도중에 음악치료를 받았다. 연구는 음악치료를 받은 집단의 아동이 일반적으로 시술에 더 잘 대처하는 것을 나타냈다. 구체적으로 2가지의 통계적으로 유의한 결과가 있었다. 음악치료를 받은 아동은 더 낮은 불안 점수를 나타냈고, 시술을 수행하는 의사가 필요로 하는 시간이 상당히 짧아졌다. 게다가 그 연구는 음악치료를 받은 아동의 통증 점수가 더 낮았고, 의료적 절차가 수행되는 동안 스태프들과 더 잘 협력하였음을 시사한다.

광범위한 국제적 연구를 살펴보고 이 연구의 연장선상에서 클라센 등(2008)은 의료적 절차에 참여하는 아동의 통증과 불안에 대한 음악 중재의 효과를 메타 분석하였다. 1,513명의 참여자가 포함된 19편의 무작위 통제 연구를 기반으로, 연구자는 통증과 불안 완화의 측면에서 유의한, 작거나 중간 크기의 효과를 밝혔다. 마찬가지로 월워스(2005)도 아동을 포함하는 음악치료–조력 절차에 대한 비용 효과 분석을 수행했다. 166건의 의료적 절차에 기반을 두어 월워스는 음악치료가 진정의 필요를 없애고 절차에 걸리는 시간을 단축했으며, 절차에 임하는 직원의 수가 감소했음을 밝혔다. 이 연구의 연장선상에서 반 데르 헤이덴 등(2015)은 소아의학과 수술에서 음악 의료와 음악치료에 대한 메타 분석을 했으며 수술 후 통증, 불안, 괴로움이 유의하게 감소하였음을 밝혔다. 마지막으로 조산아와 음악 중재에 대해서는 더 많은 메타 분석이 이루어졌다. 음악치료에 관한 가장 최근의 종합적 연구에서 비엘레니닉, 헤티와 골드(2016)는 호흡률과 모성 불안에 대해 유의한 큰 효과를 밝혔다.

요약

요약하면 소아의학에서의 음악치료는 국제적으로 다양한 정도로 발달되고 정립되었다. 음악치료는 항상 개별 아동의 요구에 기반하며 광범위한 처치 목적, 특히 심리적, 사회적 목적을 아우른다. 이러한 목적에 기반을 두어 음악치료는 다양한 능동적, 수용적 방법을 활용하여 개별적으로 또는 개방 집단에서 보통 아동의 가족을 통합하여 사회적 환경치료로서 수행된다. 문헌은 이론, 임상 실제, 지침뿐만 아니라 효과 측면의 근거로 구성된다.

4.5.2 신체의학적 질환이 있는 성인을 위한 음악치료

카린 쇼우, 라르스 올레 본데

소개

19세기에 플로렌스 나이팅게일은 어떻게 소음과 음악이 각각 환자 처치의 일환이 될 수 있는지를 고려하면서 치유 목적을 위한 음악의 활용에 이목을 집중시켰다. 나이팅게일은 불필요한 소음이 환자에게 해를 끼칠 수 있으며, 날카롭거나 갑작스러운 소음은 일정한 소음 수준보다 더 해롭다고 지적했다(Nightingale, 1995). 이는 감시 체계, 경보, 전화, 스태프들 간 높은 수준의 활동을 특징으로 하는 기술적 환경인 오늘날의 병원 환경과도 여전히 관련이 있다(Schou, 2008).

최근 몇 년 동안 의료 환경에서의 음악 활용은 의료적 문제와 관련된 처치와 재활 외에도 예방 면에서 국제적으로 증가했다. 독일에서는 마취 중 음악의 영향에 대한 연구가 지난 20~30년 동안 현저히 증가했다(Spintge, 1985~1986, 2012; Spintge & Droh, 1983, 1992). 미국에서는 특히 수술 중에 음악이 자주 재생된다. 꼭 환자를 위한 것이라기보다 수술을 집도하는 전문가들을 위한 것이 더 크다(3.11장 참조).

지난 10~15년 동안 신체의학적 질환과 관련한 음악 활용이 증가했다. 음악은 처치와 관련된 다양한 상황에서 활용되며 수술과 관련하여 수술 전후와 도중에, 특히 고통스럽거나 불편한 시술 중 음악의 효과에 대한 여러 국제적인 간호 연구들이 있다. 예를 들어 음악은 물리치료, 신체 마사지와 함께 활용된다. 음악은 치과의, 내과의, 심리학자, 척추 지압사의 대기실에서 활용된다. 여기서 음악은 보통 배경으로서의 역할을 맡으며 다소 무작위로 선정될 수 있다. 일부 병원에서는 외래환자 진료 중에, 예를 들어 혈관성형술과 관련하거나 심장 수술 중에 음악이 재생된다. 다른 병원들은 회복실이나 중환자실, 심장병 환자와 다른 환자들의 재활에 음악을 활용한다. 3.11장에서는 이 모든 종류의 음악 의료의 변동에 대해 기술한다.

음악치료사는 이러한 목적들을 위한 음악 선정에 점점 더 개입하는데, 이는 특히 신중하게 선정되고 결합된 음악이 통증과 불안을 완화시킬 수 있으며, 고혈압에 유익한 효과가 있다는 사실에 대한 기록문헌이 점점 더 증가하기 때문이다(Short & Ahern, 2008). 음악치료는 암 외에도 심장이나 폐 질환이 있는 사람들이 경험하는 문제, 예를 들어 개인 임상에서 음악치료사가 처치하는 불안 및 통증과 관련이 있다.

구체적인 진단평가 방법

음악치료는 신체의학적 질환이 있는 환자에게 각기 다른 방식으로 활용될 수 있다. 통증이나 불안의 경험으로부터 환자의 주의를 전환시키는 데 활용되기도 한다. 음악은 경보, 전화, 측정 도구와 같이 환경적 소음을 차폐하는 배경이나 소리 환경으로 활용할 수 있다. 음악은 '질병이 있고' 낯선 환경에서 환자를 편안하게 하고 정상적으로 보이는 어떤 것을 환자에게 제공할 수 있다. 음악과 음악치료가 불안 및 통증 완화에 대한 환자의 요구를 충족시키고 환자들의 기분을 나아지게 할 수 있는지, 어떤 방식으로 충족시킬 수 있는지를 진단평가하는 데 각기 다른 진단평가 방법이 활용된다.

불안과 관련하여 혈압과 심장 리듬 같은 생리적 변수를 측정하는 것이 적절하다. 그러나 이들은 보통 심장 수술 직후의 초기 재활 중에 베타 차단제와 외부 심박 조율기를 이용하여 의료적으로 통제된다(Schou, 2008). 불안과 기분 같은 심리적 변인은 심장과 암 환자를 위한 표준 처치의 일환으로 추적 관찰되지 않으므로, 음악치료를 고려할 때 불안과 같은 심리적 요인들을 진단평가하는 것이 특히 유의미하다.

간호 인력들은 이미 환자가 자신의 통증 경험을 보고하는 시각상사척도VAS를 활용하고 있다. 10센티미터 길이 가로선 위의 양쪽 눈금 끝에 '통증을 느끼지 않는다', '심각한, 지속적인 통증이 있다'와 같은 문구가 있으며, 환자는 내장형 마커로 자신의 경험을 표시한다. VAS는 환자의 통증 외에도 불안에 대한 주관적 경험을 진단평가하는 간단한 도구이다(Schou, 2008).

게다가 웨일스공과대학교의 기분 형용사 체크리스트(긴장된 각성)는 '우울한(저조한 쾌락의 분위기) 기분과 불안한(고도로 긴장된 각성) 기분 상태' 사이를 구별하기 위한 도구이다(Matthews, Jones & Chamberlain, 1990, p. 39). 이 하위 척도는 타당화되고 신뢰할 수 있는 불안의 척도이다. 긴장된 각성의 하위 척도는 8개의 형용사로 구성된다. 높은 수준의 각성(긴장된 각성)을 기술하는 4개의 '긍정적' 형용사(불안한, 초조한, 긴장한, 과민한)와 낮은 수준의 각성을 나타내는 4개의 '부정적' 형용사(차분한, 편안한, 이완된, 침착한)가 있다. 환자는 각 형용사가 자신의 현재 기분과 일치하는지 질문을 받고, '매우 그렇다'에서 '절대 그렇지 않다'까지 범위의 4점 리커트 척도에서 자신의 기분에 가장 일치하는 답에 동그라미를 그려 응답한다(Schou, 2008).

기분을 진단평가하는 타당화 도구는 기분 척도 프로파일POMS(McNair, Lorr & Doppleman, 1992)로, 음악치료 연구에 흔히 활용된다(Schou, 2008). POMS는 6가지 '기분 요인'(긴장-불안, 우울-낙담, 분노-적대감, 활력-활동, 피로-무력, 혼돈-당황)으로 구성되어 있으며 정서 상태를 측정하는 65개 문항이 있다.

개정판이자 단축판에서 POMS-37(Shacham, 1983; Zachariae, 개인 서신)은 문항이 37개로 축소된다. 이는 이 도구를 스트레스가 심한 상황(예: 입원)에 있는 사람들과 아마도 동시에 통증으로 고생하는 사람들에게 적합한 것으로 만든다.

환자가 불안할 뿐만 아니라 우울의 위험에 있는 상황에서 병원 불안 우울 척도HADS는 널리 활용되는 진단평가 도구이다. 8개의 불안 관련 문항과 8개의 우울 관련 문항으로 구성되었다. 이는 환자가 4점 리커트 척도를 활용하여 진단평가한다. HADS는 음악치료 처치와 관련하여 누구보다 본데(2005)의 연구에서 활용되었다.

암 환자를 대상으로 한 수용적 음악치료에 대한 연구(Bonde, 2005)에서는 안토놉스키의 일관성 감각SOC에 대한 건강생성론적 설문지(Antonovsky, 1987)가 흔히 활용된다. 7점 리커트 척도에는 자신의 삶에 대한 응답자의 의미성, 관리 용이성, 이해 가능성에 대한 경험을 측정하는 데 사용되는 29개(단축형 양식에는 11개)의 문항이 있다. 응답자는 '신뢰했던 사람들에게 실망했다'나 '양가적 사고와 감정을 가지고 있다'와 같은 문항에 대한 자신의 관점을 '절대 아니다'에서 '거의 항상 그렇다'에 이르기까지 표시한다.

부인과 암 환자의 음악과 심상의 효과에 대한 최근의 연구(Hertrampf, 2017; Wärja, 2018)에서는 삶의 질을 측정하기 위한 다른 설문지, 예를 들어 바슬러(Hertrampf, 2017)를 활용한 반면, 베르야(2018)는 스톡홀름 카롤린스카 연구소의 연구자들이 개발한 타당화된 설문지와 특정 질문들이 고유하게 결합된 것을 활용했다.

진단, 요구와 처치 목적

진단

심혈관계 질환이 있는 채로 살아가는 사람들이 꽤 많은 반면, 1995년 이후 심혈관계 질환으로 인해 초래된 사망자의 수는 감소되었다.[13] 덴마크 심장협회는 심장병 사망률에 있어 이러한 극적인 감소를 설명한다.

- 질병의 절반 이상이 예방 프로그램 때문이며, 이는 인구 집단의 흡연 감소, 혈압 강하, 콜레스테롤 수준 감소로 이어졌다.
- 질병 감소의 대략 절반은 심장마비, 협심증, 심부전 처치의 개선뿐만 아니라 심장마비 이후의 예방적 의료 처치 때문이다.[14]

심혈관 질환으로 입원한 환자 처치에 대한 재정적 비용은 막대하며, 여기에는 입원과 수술에 대한 즉각적 비용 외에 심장에 대한 처방 약물도 포함된다. 심장병이 초래하는 고통의 형태에 있어 인적 비용은 말할 것도 없다.

심장병은 동맥경화 때문에 혈관성형술이나 우회술이 필요한 매우 다양한 심혈관 질환을 포함한다. 심장판막 질환은 하나 이상의 심장판막을 수선하거나 교체하는 수술로 치료된다. 지난 몇 년 동안에 수술적 절차가 개선되어 이전보다 현저히 덜 침습적이므로, 통증과 감염의 위험뿐만 아니라 재활에 필요한 시간이 감소된다. 심혈관 질환의 발병 위험은 상대적으로 고혈압이 지속되는 것과 더불어 증가한다(Benson, 1975/2000). 이러한 유형의 심장병 증상으로는 숨참, 구역감, 실신, 피로 또는 가슴 통증 등이 있다(Andreasen et al., 2003).

또한 매년 새로운 암 사례가 많이 발생한다. 남성에게는 전립선암이 가장 흔한 암이고, 여성에게 유방암이 가장 흔하며, 두 젠더 모두 그다음으로 흔한 암이 폐암이다. 여러 종류의 암이 있으며 그중 일부는 매우 희귀하다. 신규 사례 수가 증가하고 있다. 이는 주로 인구 집단의 증가와 기대 수명의 연장 때문이며, 암 환자의 절반 이상이 65세 이상이다. 환자의 절반 이상이 진단 이후 5년 동안 생존하나, 생존율은 암의 종류에 따라 꽤 다양하다. 전형적인 처치는 수술 또는 화학치료나 방사선치료이다. 대부분의 암 환자는(덴마크에서

---

13 https://www.heart.org/en/news/2018/05/01/heart-disease-death-rate-continues-to-drop 참조.

14 https://hjerteforeningen.dk/alt-om-dit-hjerte/noegletal 참조.

는 약 75%) 보완적 처치나 대안적 처치도 찾는다. 재활의 선택지는 국가마다 다양하다. 치유적 처치가 더 이상 선택지가 아닐 때 환자는 자신의 집, 병원이나 호스피스에서 완화 처치를 제공받는다(4.5.3장 참조).

요구

심장 수술과 관련된 음악의 활용에 관한 문헌은 불안, 통제력 상실, 통증에 대한 두려움이 심장 수술을 앞둔 환자들의 전형적 반응이라는 것을 명확히 기술한다. 게다가 수술 이후 휴식과 이완이 매우 중요하다는 것을 강조했다(Linow, 2005). 심혈관 질환 및 심장판막 질환 환자는 심장이 이미 위독한 상태이기 때문에 불안을 경험할 때 특히 위험하다(Barnason, Zimmerman & Nieveen, 1995; White, 1992). 폐 질환과 호흡 곤란 환자들은 유사한 문제로 고군분투를 초래하는 것 외에도 죽음에 대한 극심한 공포가 있다. 암에 걸린 경우 앞서 언급한 문제는 차치하더라도, 보통 자신이 걸린 특정한 유형의 암과 관련된 어려움을 겪는다. 예를 들어 변화된 자아상, 수치감, 부인과 암 및 전립선암과 관련된 성적인 문제 등이다.

　사람들이 특정한 심장병과 암같이 잠재적으로 생명을 위협하는 심각한 질병을 앓을 때, 이는 신체뿐만 아니라 자아상, 정체성, 직장 생활, 사회적 관계에도 영향을 미친다. 삶에 대한 의미와 그 안에서의 의미에 의문이 생기고 가치들이 재평가되며 실존적, 영적인 이슈들이 중요해진다. 불안을 완화시키는 효과적인 방식은 사람들이 정서를 억압하는 대신에, 정서를 표현하고 담아주도록 돕는 것임에 대한 근거가 증가하고 있다(Spiegal, 1991). 그러므로 신체의학적 질환이 있는 성인에게는 여기에 기술된 바와 같이 이러한 정서들을 담아주고 처리하는 데 있어 도움을 얻을 기회가 주어져야 한다.

처치 목적

환자의 (심장) 수술이나 암 처치 전후에 불안이 만연하다는 전제에 기반하여 음악 의료 외에도 음악치료를 도입하는 것은 유용하다. 불안의 생리적 징후는 심박수, 표재성 호흡, 근육 긴장의 증가이다. 심호흡과 체계적 이완을 유도함으로써 성인의 불안을 완화시키는 것이 가능하며(Robb, 2000), 심장 환자에게도 가능하다(Schou, 2008).

　심장 및 암 환자를 대상으로 하는 음악치료의 목적은 처치 단계에서 질병 및 수술적 절차(Schou, 2008)나 화학치료/방사선치료와 관련된 불안을 완화시키기 위해 신체를 진정 및 이완시키는 것이다. 추가적인 목적은, 심장 및 암 환자가 수술 이후 6개월 동안 우울 고

위험군이라는 것을 연구들이 나타내듯이 환자에게 신체의학적 질환과 관련된 정서들을 처리할 기회를 제공하는 것이다. 만일 불안과 같은 정서가 처리되지 않고 남아있다면 위험이 증가한다(Spindler & Pedersen, 2005). 롭은 환자가 이완 및 불안 관리를 위해 음악 감상을 어떻게 활용하는지에 대해 직접적인 교육을 받도록 권고한다. 주의의 초점을 개선하고, 호흡 같은 신체적 반응을 구조화하기 위한 음악 감상의 활용은 자연스럽게 일어나는 것으로 보이지 않기 때문이다(Robb, 2000, pp. 17~18).

이는 주의를 개선하고 호흡을 구조화하기 위해 어떤 음악치료 방법을 활용할 것인지에 대한 질문으로 이어짐으로써, 내담자가 이완하는 것을 돕고 불안을 완화시키는 동시에 다른 어려운 이슈들을 다루는 기회를 제공한다.

음악치료

병원에서는 보호자를 동반하거나 동반하지 않는 음악 감상과 같은 수용적 방법이 보통 활용되지만, 음악으로 안내된 이완Guided Relaxation with Music, GRM, 심상음악치료, 또는 유사한 수용적 방법들(3.2장 참조)도 활용될 수 있다.

사전 녹음된 음악과 사전 작곡된 음악, 아마도 특별히 작곡된 음악 감상은 덴마크 보건 의료에서 가장 흔한 음악 중재이며, 음악치료사의 현존을 필요로 하지 않아 음악 의료로 범주화된다(3.11장 참조). 여기서 음악은 의료적 처치 또는 다른 유형의 처치를 보충하거나 지원하는 역할을 맡는다. 그러나 음악 감상은 심장 환자들을 대상으로 한 덴마크의 음악치료 연구(Schou, 2008)에 나타난 것처럼 보호자와 함께 이루어질 수 있다. GRM 외에도 보호자를 동반한 음악 감상에서 환자/내담자는 각기 다른 음악 장르(이지리스닝, 클래식 음악, 특별히 작곡된, 라이트 재즈)로 진정시키는 음악이 있는 4가지 프로그램을 선택할 수 있다. 음악은 음악치료사가 엄선하고 편집한다. 음악 감상 중에 환자는 그들이 소망하는 것처럼 휴식하고 이완할 수 있으며, 그동안 보호자는 환자와의 치료적 대화에 참여하지 않고 병실에 앉아있는다. 이러한 방법으로 음악은 치료적 효과를 나타낼 수 있다. GRM에서 치료사의 역할은 음악이 재생되는 동안 환자를 신체적 이완으로 안내하는 것이다. 환자는 치료사의 목소리와 음악에 동시에 귀 기울인다. 가능하다면 목소리와 안내는 음악과 환자의 호흡에 따라 조율된다. 음악치료사와 환자 간 관계는 이러한 음악치료 방법의 중요한 부분이다. GRM은 본래 실제 치료적 대화 없이 환자의 이완에 대한 요구를 충족하기 위해 개발되었으나, 음악과 치료사의 안내는 환자의 불안을 담아주도록 돕는 것이 가능하며, 진정 효과를 가질 수 있는 어떤 것을 제공한다.

심상음악치료GIM(3.2장 참조)는 암과 심장 환자를 위한 병원 처치 중에 활용되나(Burns, 2002; Short, 2002, 2003; Short et al., 2012), 성인 암 환자의 재활에도 활용된다(Bonde, 2005). 여기서 치료적 관계가 가장 중요하며, 음악치료사는 GIM에서 활용되는 엄선된 클래식 음악으로 구성된 특별한 프로그램에 따라 내담자의 내적 여정에서 안내자이자 동반자, 지지자로서 역할을 맡는다. 3.2장에 기술된 대로 세션이 이어지나 음악과 심상(Hertrampf, 2017), 짧은 음악 여정KMR(Wärja, 2010, 2018 참조)도 암 환자의 재활에 활용할 수 있다.

사례

카렌 마르그레테는 자신이 58세일 때 유방암으로 진단되었으며, 얼마 지나지 않아 수술을 받았다. 카렌은 수술 이후 음악치료 연구 프로젝트(Bonde, 2005)에 참여하기는 했으나 인터뷰에서 스스로를 '음악적 비문해자'로 기술했다. 그러나 카렌은 병원에서 매우 특별한 경험을 했다. 수술 전날 저녁 카렌은 불안했고, 다른 환자로부터 기타리스트 카레 노르게의 CD를 빌렸다. CD는 카렌이 이완하도록 도왔기 때문에, 카렌은 수술 중에 CD를 재생해달라고 요청했고 스태프는 확실히 카렌이 이어폰으로 CD를 들을 수 있도록 했다. 전신 마취로 수술을 받던 중에 카렌의 심박수가 갑자기 극적으로, 설명할 수 없게 떨어졌다. 스태프가 CD 재생이 끝났다는 것을 발견했고 처음부터 CD를 다시 재생했을 때 심박수 측정은 다시 정상을 나타냈다. 카렌 마르그레테는 이를 수술 이후 자신의 삶에서 음악이 더 큰 역할을 수행해야 한다는 징후로 보았다. 3개월의 프로젝트에서 중부 유틀란드 출신이자 농부의 아내인 카렌은 GIM 음악에 매우 반응적인 것으로 나타났으며, 가정과 병원에서 심상과 음악적 경험을 능동적으로 활용하여 자기와 암 진단을 받은 자신의 삶을 화해시키고 풍요로운 내적 삶을 탐색할 수 있었다. 프로젝트 종료 이후 1개월 반 만의 인터뷰에서 카렌은 GIM이 아마도 자신의 삶에서 가장 대단한 경험까지는 아니었을지라도 어쨌든 삶의 후반에서 가장 중요한 경험이라고 말했다.

이론적 관점

불안에 대한 중재로서 음악을 활용하는 이론적 기반은 자율신경계를 통해 이완을 증진하는 음악의 능력을 잘 기록한 것이다(Cooke, Chaboyer & Hiratos, 2005). 이완과 불안은 서로 영향을 미치고 면역 체계에도 영향을 미친다(Zachariae, 1997). 잘 기능하는 면역 체계는 환자의 회복과 감염 퇴치에 있어 매우 중요한 요인이다(Schou, 2008).

음악이 우리에게 영향을 미치는 하나의 독특한 방식은 동조화—리듬의 생리적인 동기화—라는 현상이다. 이는 '의식적으로나 무의식적으로 인간 유기체가 리듬적인 에너지의 지시에 내맡길 때 일어나는 것'을 기술하는 개념이며(Bonde, 2009, p. 66), 이 사례에서는 음악을 의미한다. 본데는 이를 은유로 기술한다. "신체는 외부 자극에 반응하고 적응한다. 이는 당신이 기차에 탈 때 특정한 속도에서 특정한 방향으로 스스로를 이끌도록 두는 것과 동일한 방식이다"(ibid.).

다시 말해서, 음악은 혈압, 맥박, 심박수, 호흡과 같은 생리적 체계에 대한 추동과 지시체계로서 기능할 수 있다. 음악은 심리적, 치료적 과정과 상호작용하는 생리적 효과를 지닌다. 이들은 밀접하게 연계되어 있으며 본데(2009)가 강조한 것처럼 육체적, 신체적 효과에 상응하지 않는 음악의 정서적 효과는 없고 "소리의 모든 물리적 측면은 불가피하게 심리적 반응을 초래할 것이다"(Bonde, 2009, p. 68). 지난 수년간 의료에서의 음악에 대한 여러 연구는 각성, 즉 '흥분의 수준'과 같은 생리적 체계에 음악이 어떻게 영향을 미치는지에 대한 지식에 기여했다(Bonde, 2009). 음악의 생리적 효과는 명확하지 않고, 정확하게 예측될 수 없기 때문에(3.10장 참조) 어떤 음악 요소들이 음악이 자극시키는 효과나 진정시키는 효과가 있는지에 영향을 미치는지 고려하는 것이 중요하다(Bonde, 2009; Schou, 2008). 여기서 우리는 음악에 진정시키는 효과를 부여할 것으로 예상되는 가장 중요한 변수(Grocke & Wigram, 2007; Wigram, 2004에 의해 정의된 것과 같이) 중에 ― 템포, 음량, 리듬 외에도 형식에 ― 예측 가능성과 안정성이 있다고 언급할 것이다. 예를 들어, 심장 환자 대상의 음악치료에서 이러한 고려사항들은 잠재적으로 스트레스와 불안을 완화할 수 있도록 진정시키는 음악을 엄선하고 편집하는 기반이 된다. 암 환자의 재활에는 음악적 변수에 훨씬 큰 변동이 있는 음악이 필요하다.

역사적으로 치료로서 음악의 가장 수용된 활용은 불안, 긴장, 스트레스 완화를 목적으로 한 것이었다(Taylor, 1997). 이에 대한 이론적 기반은 자율신경계에 대한 음악의 직접적 영향이다(Evans, 2002). 이러한 이유로 음악은 불안으로부터 주의를 전환할 수 있고 이완을 증가시키며, 이러한 방식으로 통증도 완화할 수 있다(Good et al., 1999). 수술 이후 회복기 환자들의 음악 감상 경험에 대한 연구(McCaffrey & Good, 2000)에서는 음악의 기능에 관한 3가지의 주제가 규명되었다.

1. 불편한 상황에서의 위로와 돌봄
2. 낯선 환경에서의 익숙함
3. 두려움, 통증, 불안으로부터 주의 전환

음악이 위로와 진정으로 기능할 수 있다는 사실은 특히 병원 환경에서의 환자 처치 및 수술 전후 단계나 다른 불쾌한 시술 단계와 관련이 있다(Schou, 2008).

　　맥카프리와 굿은 환자가 익숙한 음악을 감상할 때 특히 감상이 효과적이며, 음악 감상의 효과에 대한 음악적 선호의 유의성을 명심하는 것이 중요하다고 강조한다(Bonde, 2009; Lund, Bonde & Bertelsen, 2016; Short & Ahern, 2008). 환자에게 음악을 선곡하도록 하는 것은 통제감을 부여할 수 있으며, 환자는 음악치료를 통해 불안과 통증 완화를 경험할 수 있다(Cowan, 1991). 음악 의료와 의료적 환경에서의 음악은 환자가 자신의 심장병 또는 암 질환과 관련된 통증과 불안에 대한 경험을 관리하는 하나의 방식을 제공할 수 있다(Schou, 2008).

근거

심박수, 혈압과 같이 앞서 언급한 몇 가지 생리적 측면은 심장 수술 전후 표준 처치의 일환으로 의료적으로(예 : 베타 차단제나 외부 심박조율기로) 조절될 수 있다. 관상동맥 심장병(심장동맥에 플라크[15]가 축적된 것) 환자들의 스트레스와 불안 완화를 위한 음악 활용에 대한 연구들의 코크란 리뷰(Bradt & Dileo, 2009)에는 총 1,461명의 참여자를 대상으로 한 23편의 무작위 통제 연구들이 포함되었다. 이 메타 분석의 결과는 음악 감상이 이러한 환자군의 혈압과 심박수에 대해 유익한 영향을 미칠 수 있으며, 음악이 심근 경색(심장마비) 환자들의 불안을 완화하는 데 효과적인 것으로 나타났다. 게다가 메타 분석은 음악 감상이 아마도 통증과 호흡수를 감소시킬 수 있으나 효과 크기가 작다는 것을 나타냈다. 연구자들은 음악 감상이 관상동맥 심장병 환자의 혈압, 심박수, 불안, 통증에 대해 유익한 영향을 미칠 수 있다고 결론지었다. 포함된 연구 중 다수가 사전 녹음된 음악에 대한 음악 감상의 효과를 조사했으며, 연구자들은 음악을 동반한 처치에 음악치료사가 직접적으로 관여하는 음악치료에 대한 연구가 더 많이 필요함을 시사한다.

　　지금까지 심장 환자들을 대상으로 무작위 통제 연구 1편이 수행되었으며, 이 연구에서는 환자가 음악을 감상하고 안내된 이완을 받는 중에 음악치료사가 현존했다(Schou, 2008). 이 연구는 GRM을 받은 참여자가 수술 전후로 입원 중에 (안내된 이완 없이) 보호

---

15 동맥 내벽에 축적되는 지방 침착물 등을 지칭한다(역자 주).

자와 함께 음악을 감상하거나 (음악 감상 없이) 혼자 휴식했던 환자보다 자신의 이완 상태에 좀 더 만족했음을 나타낸다.

통증 완화를 위한 음악 연구에 대한 코크란 리뷰에서 세페다 등(2006)은 총 3,663명의 참여자를 대상으로 한 51편의 연구를 고찰했다. 결과는 음악이 통증 강도를 완화시킬 수 있고 오피오이드(모르핀) 통증 완화제의 필요를 제한할 수 있었으나, 효과 크기는 작은 정도에 불과했음을 나타냈다. 그러므로 통증 완화와 관련된 음악 감상/의료에서의 음악의 효과에 대한 실질적인 기록문헌은 없다. 연구자들은 이러한 긍정적 효과들이 아주 적으므로 통증 완화에 대한 음악의 임상적 관련성은 여전히 불명확하다고 결론짓는다. 이 영역에 대한 연구가 더 많이 필요하다.

'**암 환자의 심리적, 신체적 결과 개선을 위한 음악 중재**'(Bradt et al., 2016) 연구에 대한 최신 코크란 리뷰에는 총 51편의 의료에서의 음악과 (총 3,231명의 참여자가 있는) 음악치료 연구가 포함된다. 메타 분석의 결과는 음악 중재가 암 환자의 불안, 통증, 피로, 삶의 질에 대해 유익한 효과가 있음을 나타낸다. 음악은 심박수, 호흡수, 혈압에도 작은 크기의 긍정적 효과가 있을 수 있다. 그러나 다수의 연구에 나타난 편향의 고위험 때문에 결과는 신중하게 해석되어야 한다.

헤르트람프와 베르야(2017)는 유방암 또는 부인과 암이 있는 여성의 심리적 결과에 대한 (음악치료를 포함한) 창조적 예술치료와 (음악 의료를 포함한) 예술 의료의 효과를 보고하는 21편의 통제 연구를 고찰했다. 이는 예술 기반 중재가 표적 대상군의 불안, 통증, 괴로움과 같은 심리적 결과 개선에 효과적일 수 있음을 시사한다.

매키니와 호닉(2017)은 일련의 심상음악치료 세션(보니 방법. 3.2장 참조)이 성인의 긍정적 건강 결과를 증진할 수 있다는 근거를 찾았다. 매키니와 호닉은 암, 류머티스 관절염, 본태성 고혈압을 포함한 다양한 집단을 대상으로 한 8편의 무작위 연구와 비무작위 연구를 고찰하였다. 연속된 GIM 세션이 생리적 건강과 심리적 건강을 모두 개선시킬 수 있다는 유망한 근거가 있다.

요약

심장병, 암과 같은 신체의학적 질환이 있는 성인을 위한 음악 중재(예 : 보호자를 동반하거나 동반하지 않은 음악 감상, 안내된 이완을 동반한 음악 감상, 음악과 심상, 심상음악치료)는 주로 수용적이며, 중재가 치료적 관계를 포함하는지 아닌지에 따라 음악 의료나 음악치료로 범주화될 수 있다. 음악치료사는 환자의 요구를 고려하고 진정시키거나 자극시키는 음악의 잠재력에 기반하여 음악을 엄선하고 편집한다. 음악 중재는 음악이 사람들에게 심리적으로뿐만 아니라 생리적으로 영향을 미친다는 사실에 기반을 둔다. 이러한 중재는 진정 효과와 위안 효과를 가질 수 있으며, 통증과 불안으로부터 주의를 전환시킬 수 있고, 환자들의 질병 및 처치와 연관된 불안과 같은 정서를 처리하는 기회를 제공할 수 있다. 더 많은 연구가 필요하기는 하나 음악 중재는 병원 처치 이후의 재활과 외래환자의 후속 처치에 적절한 것처럼 병원에서의 보충적, 보완적 처치로서 임상적으로 적절하다는 것이 잘 기록되어 있다.

4.5.3 완화 의료에서의 음악치료

라르스 올레 본데

소개

현대 호스피스 운동의 창시자인 시슬리 손더스는 심각한 질환이 있는 환자들의 요구를 4가지 문구로 요약했다. '나와 함께 있어 주세요, 나를 도와주세요, 내게 귀를 기울여주세요, 나를 기억해주세요.' 이러한 정신으로 달고르와 야콥센(2011, p. 12)은 인본주의적 완화 의료를 '자율성, 존중, 존엄성, 개방성, 사전 동의, 개별성과 같은 가치와 개념이 핵심 측면인 환자 중심 접근'으로 기술한다. 전문성 계발에 특화된 간호사 리타 닐센(2006)은 12명의 호스피스 환자와의 인터뷰를 통해 말기 환자의 요구에 관한 7가지 주제, 즉 생애사, 정체성, 종교적 소속, 종교적 대처, 시간과 관계 맺기, 자기 자신과 신, 삶의 의미 및 환경으로서의 호스피스를 규명했다. 유사하게, 영적 돌봄은 스태프가 (환자의 생애사, 신념 및 소망에 대해) 경청하기, (증상뿐만 아니라 영적 이슈에 대해) 질문하기, (환자가 자신의 삶과 실천에 대한 관점을 가지고 그들 스스로가 될 수 있도록) 지지하기, (시간과 주의를 기울이고 평화와 공간을 조성하며) 현존하기, (존중, 존엄성, 온화함을 가지고) 육체적 돌봄을 제공함으로써 이루어질 수 있다. 음악치료사는 이러한 모든 종류의 생리적, 심리적, 영적 돌봄을 수행하거나 돌봄에 참여할 수 있다.

진단평가

호스피스나 완화 병원 병동의 환자를 대상으로 하는 음악치료에 대한 형식적 의뢰 절차는 대개 없다. 만일 음악치료사가 고용된다면, 모든 환자나 선정된 환자들이 실제 진단평가 없이 음악치료를 받을 것이다. 설문지와 기타 도구들이 활용될 수 있으나, 보통 호스피스 환자들은 매우 쇠약하므로 환자들에게 (표준화된) 설문지를 전부 작성하도록 요청하는 것이 윤리적으로 정당화될 수 없을 것이다(Bode & Bonde, 2011). 만일 임상적 진단평가가 필요하거나 음악치료의 효과가 측정되어야 한다면 보통 VAS 척도가 가장 적합하다. 미국의 음악치료사 블로다르치크(2007)는 환자의 영적 안녕감을 구체적으로 다루는 설문지를 만들었으며, 삶의 질은 보통 짧고 표준화된 도식인 WHO-QOL-단축형을 활용하여 측정된다.

요구와 처치 목적

이 임상 영역에는 생명을 위협하는 질병이 있는 말기 단계의 환자들이 포함된다. 여기에서는 치유적 처치가 더 이상 가능하지 않으므로 처치는 환자를 안심시키고 통증을 완화하는 것을 목적으로 한다. 완화 의료는 보통 죽음이 임박한 것에 크게 영향을 받는 환자의 가족도 고려해야 한다. 다수의 환자는 여전히 자신의 집에 거주하며 가까운 병원, 통증 클리닉이나 유사한 시설에서 온 스태프들의 도움을 받는다. 다른 사람들은 완화 병동에 입원하는 반면, 호스피스에 입원하는 환자들은 소수이다.

세계보건기구WHO가 국제적으로 인정하는 완화 의료의 목적은 "통증과 다른 문제, 신체적, 심리사회적, 영적 문제들의 조기 식별과 흠잡을 데 없는 진단평가 및 처치의 도움으로 고통 예방과 완화를 통해, 생명을 위협하는 질환 및 관련 문제들에 직면하는 환자와 환자 가족들의 삶의 질을 개선하는 것이다"(Connor & Bermedo, 2014, p. 5).

완화의료는 환자를 위해 통증과 불편한 증상의 완화에 중점을 둘 뿐 아니라, 삶의 질과 보통 심한 상실 및 비통한 경험에 고군분투하는 환자의 가족 지지에도 초점을 둔다. 성인 환자는 모든 연령과 사회적 계층에 존재하며, 환자의 가족은 0~100세이고 신체적 장애나 정신적 장애와 관련된 특별한 요구를 지닌 경우도 있다. 처치는 명백히 생물심리사회적이므로 본래 간학문적이다. 완화 의료를 받는 대부분의 환자는 암에 걸렸으나 여러 다른 생명을 위협하는 질환, 예를 들어 신경퇴행성 질병도 있다.

신체적인 것뿐만 아니라 정신적, 심리적인 강점은 — 요구와 마찬가지로 — 생명을 위협하는 질환이 있는 사람마다 매우 다양하다. 따라서 음악치료사의 작업은 물리치료사에 의한 이완 또는 마사지와 음악을 결합하여 전형적으로 활용하는 통증 완화에서부터 전환과 회상, 심리치료에 이르기까지 다양하다. 이는 개별 치료와 관계적 치료, 예를 들어 커플이나 가족 치료를 모두 포함한다.

음악치료

음악치료사는 완화 의료에서 매우 다양한 방법을 활용한다(Bode & Bonde, 2011). 수용적 방법, 즉 음악 감상에 기반을 둔 방법은 익숙한 노래의 감상과 토의에서부터 녹음된 음악이나 라이브 음악을 활용하여 환자의 음악 생애사(회상)를 도상화하는 것, 음악과 심상(GIM이나 KMR이나 다른 짧은, 안내되지 않은 '음악 여정'. 3.2장 참조)으로 작업하는 것에 이르기까지 다양하다. 여기서 환자는 치료사가 선정한 음악에 따라 내적 심상을 경험한다. 능동적 방법은 환자가 가창, 연주나 즉흥연주에 참여하는 것이며 노래 만들기나 작곡은 환자 스스로 자신이 체험한 삶과 화해하고 처리하는 방식이 될 수 있다. 방법들은 결합될 수도 있다. 예를 들어, 음악은 명상, 동작, 마사지, 그리기, 채색하기 등과 함께 활용된다.

오켈리와 코프먼(2007)은 음악이 유익한 영향을 미치는 6개의 일반 영역, 신체적, 정서적, 영적, 창의적, 사회적, 환경적 영역을 규명했다. 만일 앞서 언급한 음악치료 방법들을 효과 측면에서 이러한 일반 영역과 관련짓는다면 다음의 요지를 만들 수 있다.

- 신체적 수준에서, 말기 환자를 위한 음악치료는 환자의 요구에 따라 기악이나 성악 음악의 리듬적 조정을 통해 환자의 호흡(빠른 표재성 호흡에서 더 느리고, 더 깊고, 덜 고통스러운 호흡으로)을 직접적으로 개선하거나 지원하는 데 활용될 수 있다(Bode & Bonde, 2011; Freeman et al., 2006). 통증, 구역감이나 호흡 곤란(숨참)과 같은 각기 다른 증상으로부터의 이완, 완화, 전환은 환자의 선호에 맞게 조정된 음악에 따라 안내된 신체적 이완을 통해, 또는 음악과 심상 작업을 통해 성취될 수 있다(Bonde, 2001). 섬망으로 야기되는 운동 심박도 이러한 방식으로 완화할 수 있으며, 환자는 손더스가 '총체적 고통'이라 지칭했던 것을 관리하는 방식을 제공받을 수 있다.
- 정서적 수준에서, '음악 여정'은 심리치료와 불안 완화에도 활용될 수 있으며 긍정적이고 구성적인 내적 심상의 접근을 허용할 수 있다.

- 상징적 언어로서, 음악은 실존적이고 영적인 주제와 경험에 대한 문을 여는 열쇠가 될 수 있다.
- 노래와 음악은 구체적일 뿐만 아니라 은유적인 수준에서, 생애담 주제와 갈등을 다루는 데 유용한 도구들이다. 예를 들어, 창의적 노래 만들기에서는 이와 동시에 환자의 '건강한 면'이 재활성화되고 확장될 수 있다.
- 가족 구성원을 죽어가는 환자의 과정에 능동적인 참여자로서뿐만 아니라 목격자로 포함시키는 것이 가능하며, 가족 구성원 간 언어적 의사소통뿐만 아니라 비언어적 의사소통을 촉진하는 데 음악이 활용된다.
- 마지막으로 병동에서의 라이브 음악은, 예를 들어 음악치료사가 휴게실에서 연주할 때 효과적인 사회적 환경치료의 한 형태가 될 수 있다(Aasgaard, 1999). 또한 좀 더 장기적인 외래환자의 처치에서, 또 환자가 좀 더 에너지가 있는 완화 가정 의료에서는 보통 이전에 기술한 4가지 수준, 즉 신체적, 언어-통사적, 언어-의미적, 화용적-상호작용적 현상으로서 음악적 경험으로 작업하는 것이 가능하다. 이러한 사례는 카드린(2007)에 의해 기술된다. 오캘러헌(2008)은 '슬픈 자장가'라는 용어를 활용하여 자장가의 지지적이고, 담아주는 특질과 애가의 표현적 해소가 결합된 음악치료의 순간을 기술한다. 이와 같은 강렬한 순간은 죽어가는 환자뿐만 아니라 환자의 가족에게 대단히 중요할 수 있다.

사례

호스피스(올보르에 있는 카밀리아네르고덴)에 고용된 최초의 덴마크인 음악치료사인 마리안네 보데는 환자 얀과 함께 한 자신의 작업에 대해 이야기한다(Bode & Bonde, 2011).

얀은 60대 초반으로 1년 반 동안 투병하였고 여러 차례 입원했었다. 얀은 증상의 완화를 위해 호스피스에 입원했다. 얀은 꽤 심한 통증이 있었으나 그것을 드러내고 싶지 않아 했다. 얀은 그저 자신의 집과 정원으로 다시 돌아가기를 기다리고 있다. 호스피스에서 보낸 첫 주에 얀은 통증에서 벗어날 수 있도록 약물을 조정하는 데 시간을 보냈다. 얀은 물리치료도 받는다. 두 번째 주에 얀의 담당 간호사가 내게 얀은 여전히 통증이 심하며, 이완 음악이 있는 CD를 감상하기 시작했다고 이야기한다. 우리는 곰곰이 생각한 끝에 내가 얀의 방으로 가서 얀에게 호스피스에서의 음악치료 서비스에 대해 이야기할 것을 함께 결정한다. 얀은 아내가 '이완에 관한 것들'은 자신보다 더 잘 이해하기 때문에, 아내가 그곳에 있는 오후에 내가 다시 오기를 바란다고 대답한다. 얀의 아내와 함께, 우리는 얀이 음악치료가 자신의 통증을 완화시킬 수 있는지 알아보도록 결정한다.

1~2회기 : 처음 2회는 얀이 짧은 이완 프로그램만을 원한다. "프로그램을 좀 짧게 만들 수 있나요?"가 얀의 의견이다. 나는 안내된 이완을 짧게 만들어 호흡에만 초점을 두게 한다. 이 다음에 3~6분 정도 음악을 재생한다. 얀은 자신이 이완되고 있음을 느낄 수 있다. 2회기 이후 얀은 음악치료를 원래 길이로 시도할 것을 결정한다.

3~4회기 : 이제 나는 이완 프로그램을 원래 길이로 활용하며, 음악은 2회 모두 약 8분 동안 재생된다. 3회기에 얀은 영상화imaging를 시작하고 안내된 이완 중에 온기를 느낀다. 4회기에 얀은 불안, 염려 등 자신의 병에 대한 감정들과 만난다. 얀은 주말 방문으로 집에 가는데, 이를 고대하고 있으나 두렵기도 하다. 얀은 좀 더 개방적이 되었고 슬픔의 감정을 표현할 수 있게 되었다. 얀은 4회기에서 참지 않고 스스로 우는 것을 허용한다. 얀은 여전히 자신의 삶에 대한 장기적인 목적을 가지고 있으나, 이는 자신의 신체적 상태와 조화를 이루지 못한다.

5~7회기 : 그 주말이 지나고 나서 얀이 바라는 것처럼, 주 후반에 얀이 퇴원할 것이 결정되었다. 얀은 그 결정에 행복했으나 자신이 할 수 있는 한 음악치료에서 많은 것을 얻기를 바란다. 5회기에 얀은 이완 단계로 깊이 들어갔으며, 자신의 병과 죽음에 대한 관점에서의 내적 변화를 감지한다. 얀은 이 중요한 경험에 대해 감사를 전하기 위해 자발적으로 자신의 손을 내민다. 6회기에 얀은 음악치료에서의 동일한 평화를 경험하지 않았으며, 치료의 효과는 동일하지 않으나 좀 더 피상적이라고 느낀다. 7회기에 얀은 다시 이완으로 깊이 들어가 내적 힘을 찾는다. 얀은 자신이 세울 수 있는 어떤 것이 있으며, 자신에게 남은 시간을 즐길 것이라고 이야기한다. 얀의 목적은 더 이상 장기적인 것이 아니다. 얀은 그저 자신에게 남은 시간을 향유하고자 한다.

4회기와 7회기 이후에 나는 얀이 집에 가기 위해 대기하는 동안 1시간가량 대화를 나누었다. 얀 자신의 말에 따르면 이러한 대화들은 음악치료의 긍정적 경험을 강화하는 것을 도왔다. 얀은 집에 간 지 1주일 만에 사망했다. 아내에 따르면, 얀은 집에 있을 때 통증 때문에 음악치료 기법들도 활용했다. 얀은 음악 감상을 시작했고 밝게 빛나는 공간의 심상을 경험할 수 있었다. 얀의 아내에 따르면, 음악치료는 얀이 이전에 이야기할 준비가 되지 않았던 것, 자신의 죽음 이전에 남아있는 시간에 대해 두 사람 간의 대화를 시작하도록 도왔다.

요약하면, 얀에게 음악치료는 얀 스스로 자신의 삶과, 자신이 할 시간이 없었던 것들과 화해하도록 도왔다. 이러한 방식으로 얀은 일종의 개인적 성장을 경험했다. 죽어가는 사람에게 있어 개인적 성장은 "죽어가는 사람이… 죽음에 스스로를 준비시키기 위해… 겪을 수 있는… 발달 과정… 희망과 영성의 차원이 존재해야 한다."로 정의될 수 있다(Bode, 2001). 음악치료는 얀이 죽음을 준비하도록 도왔다. 얀은 자신에게 남겨진 시간에 대해 처음에는 나와, 다음에는 자신의 아내와 이야기할 수 있었다. 얀은 자신의 삶을 의식적으로 숙고했고 자신의 병에 대한 더 큰 수용을 이루었다. 살기와 경험하기 같은 것에 대한 얀의 목적은 현실적인 것이 되었고, 자신에게 남아있는 시간 동안 의식적으로 살게 되면서 얀은 내적 평화와 명료함을 찾았다.

이론적 관점

한 인터뷰 연구에서 오켈리와 코프먼(2007)은 이전에 언급한 것과 같이 음악치료가 유익한 효과를 나타냈던 6가지의 일반 영역, 신체적, 정서적, 영적, 창조적, 사회적, 환경적 영역을 규명했다. 일부 변동이 있으나, 이는 기존의 모든 문헌에서 언급된 것과 동일한 영역들이다. 이론적으로 이러한 영역에서의 음악치료 효과는 1.3장(Bonde, 2011a)에 나타난 것처럼, 사람들에게 있어 음악의 유의성과 사람들에게 미치는 효과에 관한 4가지 수준과 관련될 수 있다. 생리적 수준에서, 음악은 완화 의료에서의 환자 이완을 돕는다. 음악은 호흡을 조절할 수 있고 통증 완화를 제공할 수 있다. 구어–통사론적('문법적') 수준에서, 환자가 평생에 걸쳐 사랑했던 음악적 양식과 장르로 '음악은 이해할 수 있게 이야기한다.' 구어–의미론적('내용') 수준에서, 음악은 환자에게 이야기하고 메시지를 전달하거나 기분과 정서를 유발한다. 이는 보통 심상, 기억, 연상을 수반한다. 화용적인('상호작용적') 수준에서, 음악은 치료사, 가족, 스태프 등과의 유대감이라는 감정을 촉진할 수 있다. 많은 사람은 음악이 그들을 영적인 공간, 즉 아름다움과 완벽한 조화가 균형을 이루거나 통증과 고통을 대신하는 공간으로 데려갈 수 있다는 것을 알게 된다(Gabrielsson, 2008 참조).

근거

완화 의료에서의 음악치료에 관한 국제적인 문헌은 30년 이상 존재했다. 당연히 이 문헌 중 다수의 문헌이 사례 연구(Cadrin, 2007; Erdonmez, 1994; Laursen, 2009; Wylie & Blom, 1986), 서론과 개관(Aldridge, 1999; Dileo & Loewy, 2005; Munro, 1984), 기록문헌 보고(Hartley et al., 2000)의 형식을 취하지만 경험적 연구 문헌도 존재한다. 지난 10년 동안 특히 미국에서 효과 연구들이 꽤 많이 수행되었다. 오늘날 완화 의료에서 음악치료의 입지는 오캘러헌(2011)의 논문에 제시되어 있다(생명을 위협하는 질병이 있는 아동과 소아의학의 음악치료는 4.5.1장에서 다루어진다).

　생명을 위협하는 질환이 있는 사람에 대한 연구는 높은 윤리적 표준을 요구하며, 통제 집단에 대한 무작위 통제 시험 필요조건은 특히 까다로울 수 있다. 그러나 다수의 연구를 수행하는 것이 가능했다. 오캘러헌(2009)은 30년 이상 종양학과의 음악치료와 완화 음악치료에 대한 양적, 인본주의적 연구 외에도 양적, 과학적 연구들을 체계적으로 고찰했다. 1983년 이후 총 61편의 연구가 포함되었다. 첫 번째 무작위 통제 시험 연구는 라이브 음악이 환자의 불안과 신체적 불편을 유의하게 감소시켰음을 나타냈다(Bailey, 1983). 80명의 참여자를 대상으로 한 무작위 통제 시험 연구에서 힐리어드(2003a)는 2~3회의 음악치료 세션을 받은 환자의 삶의 질에 대한 유의한 향상을 밝혔다. 세션 수와 더불어 참여자들의 삶의 질이 높아진 반면, 통제 집단의 삶의 질은 시간의 경과에 따라 낮아졌다. 힐리어드 (2003b)는 환자의 의료 기록에 대한 연구도 수행하여 음악치료 세션을 더 많이 받은 환자들이 통제 집단보다 더 오래 살았다는 것을 밝혔다. 경험된 통증, 이완, 일반적 안녕감과 같은 변인에 대한 음악치료의 긍정적 효과도 통계적으로 유의미하게 나타났다(Hilliard, 2005a, 2005b, 2005c). 혼톰슨과 그로케(2008)는 호주의 무작위 통제 시험 연구에서 음악치료가 참여자의 경험된 불안, 통증, 어지럼증에 유의한 유익 효과를 가졌음을 기록했다. 응우옌(2003)은 힐리어드와 혼톰슨과 일치되게 2회기의 음악치료가 참여자들의 삶의 질 경험에 유의한 유익 효과를 가졌음을 밝혔다. 음악치료 단일 회기도 통계적으로 유의미한 효과가 있을 수 있다. 이는 완화 의료 환자 200명 중 절반이 통제된 호흡, 안전한 장소에 대한 시각화, 라이브 음악(오션드럼과 하프)에 초점을 둔 이완 연습으로 집단 음악치료를 받은 연구(Gutgsell et al., 2013)에서 살펴볼 수 있다. 실험 집단의 환자들은 통증 경험의 유의한 감소를 보고했다.

영적 안녕감에 대한 음악치료의 가능한 효과도 연구되었다. 소규모 무작위 통제 시험 연구에서 블로다르치크(2007)는 자기 보고식 설문지로 측정된 참여자의 영적 안녕감에 유의한 향상을 나타냈다. 리(2005)는 라이브 음악치료가 엄선된 사전 녹음 음악보다 참여자의 통증 경험을 좀 더 효과적으로 유의하게 완화시켰음을 밝혔다.

보통 현상학적 방법이나 민족지학적 방법을 활용하는 질적 연구는 환자가 어떻게 음악치료를 경험하는지 상세히 기록하며, 능동적 음악 만들기나 음악 감상이 환자의 정서적, 사회적, 실존적 상태 외에도 자아존중감에 긍정적 영향을 미친다는 것을 나타낸다. 렌츠 등(2005, 2013)은 251명의 참여자를 대상으로 광범위한 질적 연구를 수행했다. 참여자의 절반 이상이 음악을 통해 '전체성 감각, 개인적 통합, 내적 평화, 존재의 확장된 방식'을 경험했음을 보고했다(Renz et al., 2005, p. 964). 다른 결과 범주들은 '장기간 또는 단기간에 걸친 통증 완화', '신체적 불편함 완화', '호흡 문제의 완화(이에 따른 불안 완화)', '질환의 수용 외에도 안녕감에 대한 변성된 감정', '삶과 죽음에 대한 태도의 변화', '신성에 대한 새로운 또는 변성된 관계'이다.

또한 환자의 가족 구성원들은 만남이나 정서적 의사소통이 개선되었음을 밝혔고, 스태프들 간 연구는 환자와 그 가족의 긍정적 경험이 다른 직군의 대표자들에 의해 크게 입증되었음을 나타낸다는 것이 기록되었다(O'Kelly & Koffman, 2007).

코크란 리뷰(Bradt & Dileo, 2011)에서는 말기 환자들을 위한 음악의 효과가 구체적으로 다루어졌다. 총 175명의 참여자를 대상으로 한 5편의 연구가 통합 준거를 충족했다. 각기 다른 측정 변인이 있는 연구가 너무 소수였기 때문에 가장 빈번하게 활용되는 효과의 측정치인 통증, 불안 또는 우울에 대한 음악치료의 명백한 유익 효과를 정립하는 것은 불가능했다. 연구자들은 "제한된 수의 연구에 말기 돌봄을 받는 사람들의 삶의 질에 대한 음악치료의 혜택이 있을 수 있음을 시사한다. 그러나 그 결과는 편향 위험이 매우 높은 연구들에서 기인한 것이다. 연구가 더 많이 필요하다."라고 결론지었다(Bradt & Dileo, 2011, p. 2).

메타 분석의 결과가 제한적인 주요 이유는 (오캘러헌도 지적했듯이) 참여 환자의 수가 적을 뿐만 아니라 세션 수도 매우 적기(대개 1~2회기) 때문이다. 이는 처치의 현실과 그에 따른 이 영역의 연구에 대한 까다로운 조건을 반영한다. 환자들은 매우 쇠약하며(호스피스에 있는 덴마크 환자의 평균 체류 기간은 현재 2~3주이다), 더 긴 치료의 과정은 매우 드물다.

요약

완화 의료에서의 음악치료에는 가정이나 특별한 병원 병동 또는 호스피스에서 생명을 위협하는 질환과 복잡한 증상이 있는 사람들의 처치가 포함된다. 메타 분석은 음악치료가 이러한 사람들의 삶의 질과 영적 안녕감에 유익한 효과를 미칠 수 있음을 나타낸다. 질적연구는 환자의 정서적, 사회적, 실존적 안녕감 외에도 자존감과 관련하여 능동적 음악 만들기와 음악 감상이 수행할 수 있는 역할을 기록한다. 연구는 호스피스에 있는 가족과 병원 스태프들이 음악치료가 정서적 개방성뿐만 아니라 환자에 대한 자신들의 관계도 개선한다는 것을 알게 되었으며, 음악치료는 신체적, 심리적, 실존적, 정신적, 사회적 등 여러 수준에서 환자의 요구를 충족할 수 있다고 기록했다.

4.6 심리사회적 문제가 있는
사람들을 위한 음악치료

이 절은 사회적 문제와 건강 문제가 있으며, 사회에서 최적으로 기능하지 않고 자신의 일상생활을 관리하는 데 도움이 필요한 사람들의 집단에 초점을 둔다. 이들 중 일부만이, 예를 들어 난민 중 외상 후 스트레스 장애PTSD 또는 직무 관련 스트레스 등 실제로 진단을 받았으나, 이들은 공공 기관으로부터의 지원과 무관하게 자신의 일상생활을 스스로 관리하려는 공통의 목적을 가지고 있다. 난민(4.6.1장), 위기 가족(4.6.2장), 위기 아동 및 청소년(4.6.4장)이 보통 특정 공공 기관의 서비스를 받는 반면 스트레스가 심한 사람들(4.6.3장)은 보통 병가 중이거나 자택에 머무른다.

이러한 집단을 대상으로 하는 음악치료는 수용적, 능동적 방법을 모두 포함하며, 이들이 점차 자신의 일상생활을 (다시) 독립적으로 관리할 수 있도록 개인의 신체적, 심리적 자원을 발견하고 강화하는 것, 대처 전략과 자존감을 개선하는 것, 사회적, 정서적 역량을 훈련하는 것에 초점을 둔다. 그 과정에서 처리되어야 할 필요가 있는 어려운 정서적 소재가 있을 수 있고, 개별 음악치료사의 접근과 내담자의 정신화 능력에 따라 이는 다소 명시적으로 수행될 수 있다.

4.6.1 난민을 위한 음악치료

볼레테 다니엘스 베크

소개

음악치료사들은 외상을 입은 난민을 위한 공립 망명 센터와 클리닉 외에도 사설 단체에 채용된다. 이러한 2가지 유형의 입장 외에도 상당수의 음악치료사가 개인사업자인 자문위원 또는 학교, 정신의학 클리닉과 기관에서 일하며 난민이나 그 자녀들을 위한 음악치료 세션을 제공한다.

요구와 처치 목적

난민은 전쟁과 박해 때문에 자국에서 대거 도피한다. 세계의 4,500만 난민 중 20퍼센트가 산업화된 국가에 머물고, 나머지는 (자국 내에서 고향을 잃게 되거나 인접 국가인) 개발도상국에 머무른다(United Nations High Commissioner for Refugees, 2011).

난민은 흔히 자신의 출신국에서 겪었던 것과 비행하는 동안에 겪었던 극심하고 충격적인 경험에 의해 외상을 입는다. 난민들은 전쟁 행위, 박해와 수감을 경험하고 강제수용소에 머무르며 고문을 당하고, 고문, 강간, 다른 신체적 학대를 목격했을 수 있다. 자국에서의 도피는 예를 들어 가족, 친구, 가정, 직장, 모국과 정체감, 일관성 같은 커다란 상실을 의미한다. 이에 더하여 망명 신청자로서, 불확실하고 스트레스가 심한 생활과 망명 생활은 다수의 난민에게 있어 정신건강의 악화를 의미한다.

전쟁에 영향을 입은 난민들에게서 우울, 불안과 PTSD의 유병률은 20퍼센트 또는 그 이상으로 추정된다(Bogic, Njoku & Priebe, 2015). PTSD의 전형적 증상은 스트레스 수준이 만성적으로 높아지는 것으로 불안, 수면 문제, 악몽, 집중력과 기억력 저하, 소리에 대한 민감성과 빈번한 분노를 초래하며, 이는 가족 일상생활의 일부가 되는 것을 어렵게 만든다. 다른 증상은 플래시백(외상성 사건의 갑작스러운 재경험)으로, 매우 강렬하여 지금 여기에서 일어나는 실제 진행 중인 사건으로 경험될 수 있다. 플래시백이 본래 외상과 유사한 특정 상황과 경험에 의해 촉발될 수 있기에 회피 행동이 흔히 활용될 수 있으며, 이는 사회적 위축과 고립으로 이어질 수 있다. 다수의 난민은 절망감, 기억력, 학습 문제 같은 인지적 장애와 만성 통증으로도 고통받는다.

외상을 입은 난민의 자녀들은 이차적 외상을 입을 수 있다. 이는 자녀들이 부모의 미해결된 외상반응을 짊어지거나 실행하는 것을 의미한다. 부모의 외상 때문에 자녀들은 흔히 자신이 필요로 하는 안전과 지지 없이 지내야만 하는 대신에 보통 가족의 일상생활을 함께 유지해야 하는 책임을 가진다. 동반자가 없는 어린 난민은 보통 외상반응뿐만 아니라 행동화 문제, 학습 장애가 있으며 힘든 정서에 대처하는 능력의 결여 때문에 때로 자해 행동을 한다.

PTSD와 다른 합병증 외에도 생활 상황과 망명 생활의 조건은 보통 난민의 정신적, 신체적 상태에 영향을 미친다. 경제적 문제, 새로운 언어 학습의 어려움, 새로운 문화에서 행동하는 방법, 사회 관계망을 만드는 방법, 일자리를 찾는 문제, 어디에도 속하지 않는다는 느낌은 모두 사회적 고립과 외상화의 정도를 높이는 요인들이다.

음악치료는 외상을 극복하거나 가족, 아동과 청소년을 지원하는 방식으로 점점 더 많이 제공된다. 외상을 입은 난민들은 보통 사회복지 서비스나 음악치료사가 고용된 망명센터 또는 구호 단체를 통해 직접적으로 음악치료에 의뢰된다. 아동과 청소년들은 보통 학교를 통해 의뢰된다.

음악치료사들은 다양한 문화, 다양한 연령의 난민과 함께 작업한다. 음악치료사들은 유아, 학령기 아동, 동반자가 없는 청소년, 성인과 노인 집단뿐만 아니라 개별 외상치료를 시행한다. 보통 음악치료는 간학문적 처치 계획 또는 협력의 일부이다.

음악치료 처치의 목적은 언어, 문화적 차이, 경계를 넘어 라포와 공동체 의식 형성, 난민의 사회적 역량과 관계망 (재)형성 및 확장과 같은 것일 수 있다. 치료적 관계에서의 목적은 신뢰와 자존감의 재형성 또는 정립, 스트레스, 불안, 수면 문제에 대응하기, 외상 극복, 희망 불어넣기, 난민 자신의 자원에 기반을 둔 새로운 긍정적인 삶의 내러티브 만들기이다. 공동의 음악 경험이나 표현을 통해 음악치료사는 난민 자신이 짊어지고 있는 통증과 외상의 양을 인지할 수 있는 누군가를 경험할 수 있을 뿐만 아니라, 생존을 가능하게 만들었던 힘을 살펴볼 수 있는 관계를 만들고자 한다. 제공되는 처치는 불안, 스트레스, 플래시백, 악몽에 대처하는 방법뿐만 아니라 PTSD의 심리 교육을 포함한다.

음악치료

음악치료사들은 다양한 이론과 방법, 예를 들어 정신역동적 이론, 정신화, 내러티브 접근, 외상 이론, 신체 심리치료 이론에 실제 기반을 둔다. 외상을 입은 난민과의 관계 형성에 있어 중요한 전제는 난민의 출신국에 대한 기본 지식 — 정치적 역사, 사회적 관습, 종교적 전통, 음악 양식 — 이다. 난민과 치료사는 보통 조정될 필요가 있는 각기 다른 기대를 가질 것이므로 치료에 대한 다른 문화권의 태도에 대해 아는 것도 중요하다.

고문, 인종 청소나 전체주의 체제에서의 생활을 경험하는 것은 자신과 같은 인류에 대한 난민의 기본적 신뢰를 무너뜨린다. 음악치료사는 비침습적인 방식으로, 공감적으로 의사소통할 수 있다. 이는 신뢰를 재형성하는 것과 고립 및 외로움에 대응하는 것을 도울 수 있다. 다수의 난민은 다른 이에게 자신이 경험한 것(예 : 고문이나 강간)에 대해 이야기할 때 수치심을 느끼거나, 자신의 정보가 자신에 반해 활용될 수 있다는 것에 두려움을 느낄 수 있다(Skårderud, 2001).

음악치료사들은 난민과 일할 때 보통 능동적, 수용적 방법을 결합한다. 때로는 그리기, 채색하기 및 음악에 맞춘 신체 동작이 치료에 포함될 것이다.

능동적 음악치료

간단한 '연주 규칙'이나 기존의 것을 활용하여 악기와 목소리로 하는 즉흥연주는 라포 및 관계를 형성한다. 공동의 즉흥연주를 통해서 내담자는 자신의 삶에 관한 구체적인 것들을 드러내지 않고도 정서와 사고를 표현할 수 있으며, 과거에 대한 기억을 포함하는 지금-여기에서의 상황을 다룰 수 있다. 일부 사례에서는 난민 고유의 문화에서 온 악기가 활용될 수 있어서 난민들이 음악의 소리와 표현성을 동일시할 수 있었다(Orth et al., 2004). 플래시백을 방지하기 위해서 명확한 구조(명확한 시작과 끝)가 있는 짧은 즉흥연주가 자주 활용된다. 악기를 선택하는 자유, 자기를 음악적으로 표현하며 음악에 맞춰 움직이는 것이 가능할 뿐만 아니라, 참여하거나 중단하는 것에 대한 선택권을 갖는 것은 난민들에게 자기 스스로를 우선으로 하는 선택과 영향력을 갖는 경험을 제공할 수 있다. 이러한 방식으로 역량 강화와 통제의 느낌이 강화된다. 이는 외상화의 중요한 요소인 무력감과 영향력 결여에 대응하는 것이다.

음악치료사들은 신체적, 정서적 힘, 긍정적 기억, 긍정적 기분, 믿음과 희망의 순간, 힘과 의미를 부여하는 내적 심상, 라포와 유대감의 순간 등의 내적 자원들을 끌어내어 작업하기도 한다. 이러한 내적 자원의 경험은 외상의 동일시나 외상에 갇힌 느낌에 대응하는 것일 수 있고, 대처 전략 및 자기 조절의 중요한 초점이 될 수 있다.

비언어적 의사소통 및 신뢰와 대처 기술의 형성을 통해 음악치료사는 외상 내러티브를 다루는 것이 가능한 환경을 조성한다. 서서히 외상 경험의 단편들은 음악을 통해 외부로 전달될 수 있으며, 치료사에 의해 지지되고 동반된다. 이 과정에서 난민은 안전한 환경에서 비통함, 분노, 죄책감과 수치심과 같은 정서를 접하고 표현하며, 음악치료사는 음악 만들기와 즉흥연주를 통해 이러한 정서를 인지하고 정서에 참여하며, 내담자의 정서 표현을 담아주고 각성의 수준을 조정한다. 이는 난민의 경험이 동일하지 않음에도 불구하고 내담자와 치료사가 경험을 공유함을 의미한다(Trondalen, 2008). 이 정서적 경험의 공유는 치료실에서 언어화되고 탐색될 수 있다. 이러한 방식으로 외상 내러티브는 난민을 압도하지 않고, 여러 복잡한 정서를 담아주는 방식으로 이야기될 수 있다. 집단 음악치료에서 음악 게임, 리듬과 비트 연습, 동작 연습과 만남 연습은 에너지와 활동, 신체 의식과 집단 구성원 간 상호작용을 자극하기 위해 활용된다. 음악 활동은 국적과 언어의 장벽을 넘어 공유될 수 있다. 다양한 악기에 대한 집단 즉흥연주는 공동 주의, 의사소통과 표현성을 만드는 데 활용된다.

　각기 다른 국가에서 온 노인 난민을 위한 집단 프로그램의 한 예에서 참여자들은 개별 집단 구성원들이 제안했던 말에 기반을 두어 미리 결정했던 짧은 이야기를 즉흥연주한다. 이야기가 즉흥연주를 위한 구조를 만들어내므로 분명한 초점이 있다(Beck, 2008). 공동 즉흥연주의 또 다른 유형은 각기 다른 리듬, 아첼레란도(점점 빠르게)와 리타르단도(점점 느리게)에 기반을 둘 수 있다. 만일 소리나 이명에 상당히 민감한 참여자가 있다면 내담자들은 작은 악기를 연주하거나 조용히 연주할 수 있다. 가족치료에서는 짧은 내러티브들을 가지고 작업한 음악치료사의 예가 있다. 예를 들어, 아동과 함께 하는 즉흥연주를 위한 출발점으로 '내가 슬퍼하는 것, 내가 행복해하는 것, 내가 미래에 바라는 것'과 아동들이 자신의 소망에 관한 노래를 작곡할 수 있는 '소망 나무'가 만들어질 수 있다(Mørch, 2004). 아동이나 청소년 집단과 작업할 때 집단 활동은 아동의 주의력, 표현성, 주도 능력, 교대 능력, 다른 사람의 주도에 따르는 능력과 같은 사회적 기술들을 개선하는 데 활용될 수 있다(Mumm, 2013, 2017).

　18~35세의 외상을 입은 난민과 함께 하는 음악치료 집단에서 난민 중 몇몇은 동반자가 없이 그 국가에 홀로 도착했고 집단은 과거, 현재와 미래를 연결하고자 함께 노래 만들기를 수행하는 작업을 했다. 노래 중 한 곡의 가사는 다음과 같다(Larsen & Lindstrøm, 2013, p. 10).

> 내가 어렸을 때, 내 가족들과 함께 사는 것이 좋았어.
> 엄마와 아빠는 나를 사랑했어… 나는 걱정 없이 놀 수 있었어…
> 나는 꽃의 씨앗처럼 피어나는 미래를 꿈꿔,
> 총과 전쟁이 없는 모두를 위한 공간이 충분한 곳.
> 과거의 그림자와 걱정들은 모두 배경으로 바뀌어…
> 나는 교육을 받고 싶어…
> 또 아무 걱정 없이 놀이하고 웃는 행복한 아이들을 경험하고 싶어.

수용적 음악치료

수용적 방법 중 하나는 심상음악치료GIM의 수정된 형태인 음악과 내적 심상으로(3.2장 참조), 난민들이 의자에 앉아서 1곡의 음악을 감상하는 것이다(Beck, 2007; Beck et al., 2017; Kutarna, 2002). 난민들은 눈을 뜨고 있거나 감고 있는 것을 선택할 수 있고, 음악이 내적 심상, 정서와 신체 감각을 환기하도록 지도된다. 보통 활용되는 초점은 '당신에게 좋은 느낌을 주는 안전한 장소'를 선택하거나 찾는 것이다. 음악 감상에 대한 도입으로 음악치료사는 난민이 자신의 신체를 이완하거나 기반잡기grounding의 느낌을 의식하도록 안내할 수 있다. 만일 내담자가 이완하는 동안 플래시백을 많이 겪는다면, 음악치료사는 대신에 내담자가 신체의 힘과 가벼운 근육의 긴장을 인식하도록 안내할 수 있다. 음악 감상 중에 대화가 있기 때문에 치료사는 내적 경험의 흐름을 따라갈 수 있다. 만일 음악이 외상 경험을 재자극한다면, 난민은 자신의 상상을 활용하여 경험했던 사건을 변화시키는 방식을 찾도록 격려될 수 있다(예 : 내적인 이미지를 상상의 막으로 옮기고, 더 이상 두렵지 않을 정도로 상상의 막을 충분히 멀리 옮긴다). 내담자는 예를 들어, 안전한 장소와 같은 긍정적 경험에 주의를 기울이거나, 그 경험에서 떠나도록 안내될 수도 있다. 음악 감상 이후에 난민들은 만다라를 그리고 음악치료사와 경험에 관해 이야기한다.

만일 적절한 작품을 찾는 것이 가능하다면 내담자의 모국에서 온 음악이 활용될 수 있다. 음악치료사가 익숙하지 않은 문화와 언어의 음악을 활용하기 전에 통역사와 함께 가사의 의미를 확인하는 것이 중요하며, 음악과 연관된 특정한 문화적 규범(예 : 특정한 민족 집단에 속한 음악)이나 특정한 상황에 속한 경험(예 : 장례식을 위한 음악)이 될 수도 있으므로 음악을 활용하기 전에 난민과 음악 작품/노래와의 관계를 확인하는 것도 중요하다. 난민의 출신국에서 온 음악은 기억을 환기할 수 있고 정체감을 강화하는 것 외에 애도 과정의 일부가 될 수도 있다. 난민에게 익숙하지 않은 음악은 때로 더 큰 정도로 문화 변용acculturation 과정을 지지할 수 있다. 난민들은 좀 더 자유롭게 연상할 수 있고 새롭고 오랜 기억들과 '안전한 장소'를 연결할 수 있다.

음악 감상은 (가족을 포함하여) 집단에서뿐만 아니라 개별적으로 활용되며 모든 종류의 음악이 감상된다. 이는 평화, 성찰의 느낌을 가져올 수 있고 긍정적 정서나 기억을 접할 수 있을 뿐만 아니라 통증이나 불안을 완화시키거나 전환할 수 있다(Badstue, 2006; Jespersen & Vuust, 2012).

해리 경향이 있는 (참을 수 없는 경험에서 분리되는) 난민의 경우 음악에 맞춘 호흡 연습('음악 호흡', Körlin, 2010)이나 음악에 맞춘 신체 연습이 더욱 유용할 수 있다. 내담자가 지쳐서 연주하거나 능동적일 에너지가 없는 사례가 있을 수 있다. 음악치료사는 내담자를 위해 노래하거나 연주할 수 있다. 이러한 방식으로 음악치료사는 내담자를 위한 인식과 보살핌을 표현할 수 있고 음악으로 안아주기와 담아주기를 조성할 수 있다. 음악과 음악이 환기한 정서에 관한 대화는 경험을 처리하고 정체성을 형성하는 기반이 될 수 있다.

사례 : 이라크의 52세 남성

우리가 하킴이라고 부를 내담자는 (수차례의 취소와 함께) 1년 동안 개별 음악치료를 받는다. 통역사가 모든 세션에 동석한다. 하킴은 자신의 아내, 두 아들과 함께 8년 동안 덴마크에서 살았다. 하킴도 하킴의 아내도 일하고 있지 않았다. 자신의 모국에서 정치 활동가였던 하킴은 수감되었고 4차례나 고문을 당했다. 하킴은 PTSD, 불면증, 두통과 목, 등, 다리의 통증으로 고생한다. 하킴은 아직도 발각되어 재수감되는 것을 두려워한다. 하킴은 종교인 이슬람교 외에 기독교에도 큰 관심을 가지고 있으며 자신의 삶에 관한 이야기를 하는 데 종교적 이야기와 사진을 활용한다. 하킴은 사진가로 일했었고 자신과 가족, 모국의 자연을 담은 사진을 가지고 있다. 하킴은 악기 연주나 가창을 감당할 수 없다. 첫 번째 음악치료 세션에서 우리는 하킴이 사진을 선택하고, 사진을 볼 때 떠오르는 생각들을 이야기하도록 한다. 이후의 세션에서 하킴은 선곡된 음악을 감상하고 신체의 감각을 인식하며, 자신의 다리와 팔의 힘을 느끼고 음악이 내적 심상을 불러일으키는 것을 허용하도록 안내된다.

7회기에, 하킴은 레일라 포로우하르가 노래한 (루미의 시) '네이를 들어라[16]를 감상한다. 가수는 플루트가 우리에게 어떻게 슬픔과 이별을 상기시킬 수 있는지에 대해 노래하고, 상실을 경험한 사람들을 위한 동반자가 될 수 있는지 노래한다. 집단 중 한 사람이 노래하는 동안 그 목소리는 하킴이 남부 이라크의 늪지에서 게릴라로 배를 타고 항해했던 것을 생각하게 만든다. 하킴은 갈대밭, 모기, 굶주림, 군용 헬리콥터와 폭격의 공포, 빵과 생선의 맛을 기억한다. 하킴이 기억하는 가장 중요한 것은 집단에서의 연대이다. "우리는 대의명분을 위해 싸우고 있었다." 그 모든 것의 목적을 기억하는 것은 하킴을 안도하게 만든다. 하킴은 악몽을 자주 꾸었고 밤에는 거의 잘 엄두를 내지 못했다. 8회기에 하킴은 '힘'이라는 단어에 초점을 두고 파헬벨의 캐논 라장조를 감상한다. 하킴은 영화 황금광시대에 나오는 벼랑 끝에 있는 불안정한 집[17]에 있는 채플린에 대한 내적 이미지를 본다. 이는 하킴으로 하여금 악몽에서 벗어나기 위해 안간힘을 쓰는 자신의 고군분투를 생각하게 만든다. '만일 당신이 잠들면 그들이 올 것이다.' 우리가 하킴에게 채플린과 연관된 것이 무엇인지 물었을 때 하킴은 ㅡ 자신이 숭배했던 아랍의 영화배우와 같이, 또한 하킴 그 자신과 같이 ㅡ 채플린은 영웅이었다고 말한다. 하킴은 고문받는 동안 그 어떤 말도 하지 않았다. 하킴은

---

16 'Ney'라고도 표기하며, 이란의 전통 리드 플루트를 지칭한다(역자 주).
17 시소처럼 왔다 갔다 움직이는 집을 의미한다(역자 주).

이것에 어떤 자부심을 느끼며 고문을 견디기 위해서 머릿속으로 저항의 노래를 불렀다고 말한다. 우리는 하킴에게 자신의 몸 안에서, 가슴과 배에서 자부심을 느끼는 곳이 있는지 묻는다. 음악치료에서 하킴은 자신이 꾸었던 악몽들을 다룬다. 하킴은 자신이 쓰레기를 버리러 밖으로 나가자 고양이가 울부짖으며 쓰레기통에서 자신에게 뛰어들었던 꿈을 꾼 후에 심장이 크게 뛰면서 땀에 젖은 채 일어났다. 우리는 덴마크에서의 생활에 관해, 또한 하킴이 여전히 아주 갑작스럽게 일어나는 무서운 경험과 플래시백에 쫓기는지에 관해 이야기한다. 우리는 꿈을 위해 새로운 결말을 만들었고 하킴은 진정한다.

하킴은 이제 이라크가 매우 달라졌고, 자신이 갈망하던 시간이 끝났다는 것을 알면서도 이라크에서의 자신의 삶과 귀국에 대한 자신의 꿈을 주로 이야기한다. 마지막 치료 세션의 초점은 하킴이 덴마크를 받아들이고 자신의 집으로 만드는 것을 돕는 것이다. 이는 하킴에게 고통스러운 것이며 매우 힘든 일이었다. 그 꿈이 또한 하킴이 살아남도록 도왔기 때문이다. 마지막 세션에서 하킴은 아마도 자신이 돌아갈 수 없을 것이라고 말한다. 평가에서 하킴은 서술한다. "나는 내 삶에서 평화를 찾기를 바란다. 세계에는 평화가 있을 것이다. 나는 평화가 오기를 바란다." 하킴 자신에 따르면 음악치료의 가장 중요한 부분은 치료사와 자신의 관계였고, 그 관계는 음악을 통해 치료사와 자신이 함께 경험한 것에서 만들어졌다.

이론적 관점

외상을 입은 난민과 함께 작업하는 데 중요한 5가지의 다른 주제가 있다. 라포와 희망감 형성, 스트레스 조절, 사회적 역량 형성, 외상 극복, 문화 변용이다.

외상을 입은 난민의 스트레스 체계는 역기능적이다. 가장 작은 소리에 투쟁 도피 반응이라는 생존 징후가 나타나는 놀람의 상태가 지속되며, 동시에 신체는 통증을 느끼지 않기 위해서 '폐쇄'된다. 난민의 내적 상태는 음악적 상호작용을 통해서 조율되고, 공감적 반응을 제공하는 치료사와의 관계에 의해 조절될 수 있다. 각성의 조절은 신경계를 진정시키는, 신중히 조정된 템포와 강도의 음악 감상을 통해서도 이루어질 수 있다(Porges, 2010). 시간이 지나면 난민은 자신의 삶에 이완과 활동이라는 자연스러운 주기를 통합하기 시작할 수 있다. 조율된 음악적 상호작용의 신체적 경험은 정신생물학적 자기 조절의 촉진을 돕는다(Osborne, 2009).

참여에의 초대와 즉흥연주로 제공되는 상호작용은 무엇보다도 스턴(1985/2000; 이 책의 2.3.3장 참조)이 기술한 것처럼 아동과 양육자 간 전언어적인 체화된 형태의 초기 의사소통을 활성화한다. 난민이 중요한 가치를 주고받을 수 있다는 것을 경험하면서 이는 자원, 연주와 자존감에 대한 직접적 접근을 제공한다. 이를 기술하는 또 다른 방식은 음악의 공감적 만남이 상호적인 공감적 만남 과정에 기여하는 뇌의 거울 뉴런을 활성화한다는 것이다(2.1장 참조). 음악적 상호작용을 통해서 성인 외에 아동도 사회적 기술을 훈련하여 타인과 함께하는 동반 상승 효과, 공시성, 조화를 경험할 수 있다(Osborne, 2011).

함께 음악 연주하기는 외상화의 정도를 완화하고 조절하는 것으로 나타났다. 다수의 사례에서 외상 기억은 절차적 기억에 저장되며(Körlin, 2010), 언어적 대화를 통해 접근하는 것이 매우 어렵다. 음악 감상과 즉흥연주를 통해서, 외상의 단편들은 상징화되고 변용될 수 있으며 내적 자원(긍정적인 내적 심상)과 외상의 단편들 간 진자와 같이 움직이는 접근이 있다.

난민과의 작업에서 음악의 문화적 차원은 특별한 중요성을 지닌다. 자신의 음악에 관해서는 전문가로서 난민의 역할이 정체감을 강화하는 것을 돕고, 비탄과 상실을 처리하는 것을 지원할 수 있기 때문이다(Ruud, 2013b). 망명국의 음악으로 하는 긍정적 경험은 통합과 언어 학습을 위한 동기부여를 촉진할 수 있다(Kjølberg, 2007). 음악치료사와 난민이 대부분 다른 문화적 배경을 가질 것이므로 치료적 모임은 문화초월적 모임이기도 하다. 이는 난민이 치료에서 다루는 주제에 대한 측면에서 의미의 구성을 공유하고, 치료사와 내담자 간 세계관의 만남이 난민에게 현재와 과거의 경험을 재해석할 수 있는 기회를 제공하는 역동적 과정을 포함한다(Sturm, Baubet & Moro, 2010). 음악과 음악 만들기라는 개념이 매우 다른 문화적 표현 양식에 기반을 둘 수 있으므로 음악적 만남은 문화적 규범의 협상을 수반하기도 한다(Day, Jones & Baker, 2004).

근거

특히 난민과 함께 하는 음악치료에 실제 보고서 형식의 기록문헌 양이 증가하고 있다. 존재하는 극소수의 양적 연구들은 모두 음악치료가 증상(PTSD, 불안, 우울과 과잉 행동)을 완화시키고 수면의 질과 삶의 질을 높이며, 사회적 역량을 개선할 수 있음을 시사한다.

16명의 성인 난민을 포함한 덴마크의 실행 가능성 연구는 외상에 초점을 둔 음악과 심상 16회기 후 PTSD 증상, 수면의 질, 안녕감, 사회적 기능에서 큰 효과 크기의 유의한 변화를 나타냈다(Beck et al., 2017). 언어적 심리치료와 외상에 초점을 둔 음악과 심상을 비교하는 무작위 시험이 진행 중이며, 여기에는 PTSD가 있는 70명의 성인 난민이 포함된다(Beck et al., 2018). 또 다른 덴마크의 예비 연구는 수면의 질 개선에 있어 음악 감상의 유익한 효과를 나타냈다. (닐스 아이에의) 뮤지큐어 음악과 감상 베개를 함께 사용한 난민은 3주 동안 매일 밤 음악을 감상하지 않은 통제 집단보다 더 나은 수면의 질을 나타냈다

(Jespersen & Vuust, 2012).

　박사 과정 프로젝트에서 핀란드의 음악치료사 사미 알란네는 세계의 다양한 곳에서 고문당한 남성 생존자들을 대상으로 한 장기 치료의 3가지 과정을 분석했다(Alanne, 2010). 활용된 음악치료 방법은 안내된 심상과 투사적 음악 감상이다(치료사는 내담자가 감상하고, 묘사하고, 연상할 음악을 선정한다). 세션 전체의 통계적 분석을 통해 알란네는 음악치료가 외상에 관한 인식을 증가시키고 정서 표현과 언어화를 지지했음을 밝혔다. 음악은 긍정적인 내적 심상과 경험에도 접근하도록 하고 조절을 증진했으며, 진정 효과가 있었다.

　학교의 난민 아동을 대상으로 한 음악치료의 양적 연구들은 기분과 행동에 효과가 있음을 시사한다. 자신의 박사학위 논문에서, 최미환은 컬럼비아대학교에서 18명의 어린 북한 난민 집단을 연구했다(Choi, 2010). 청소년 절반이 음악치료를 받았고, 다른 절반은 미술 수업을 받았다. 25회기 후 연구자는 집단이 음악치료를 시작했을 때보다 우울과 절망감이 훨씬 낮아졌을 뿐만 아니라 미술 집단의 우울이 덜한 반면, 자존감이나 불안에는 효과가 없었음을 밝혔다. 학생들은 음악치료가 안전한 방식으로 자신의 부정적 자아상을 변화시키고 스트레스, 상실감, 외로움에 대처하는 것을 도왔다고 말했다. 새로 도착한 평균 연령 14세의 아프리카 난민 아동 31명을 대상으로 한 호주의 음악치료 연구에서도 음악치료를 받지 않은 기간과 비교해서 음악치료 중재를 받는 기간 동안의 우울과 수동성, 과잉 행동성과 공격성이 유의하게 감소되었다(Baker, 2005; Baker & Jones, 2006). 마쉬(2012)는 호주에 새로 도착한 난민 아동을 대상으로 학교에서 수행한 수많은 음악치료 중재들을 연구했다. 가장 중요한 결과는 음악치료가 학교 외에도 커뮤니티에 대한 아동의 소속감을 개선하고, 인터넷을 통해 세계적인 음악 커뮤니티를 형성하도록 아동들을 도왔다는 것이다.

　질적 연구는 음악치료가, 내담자가 언어화하는 것이 불가능한 이슈들을 다루는 데 도움이 될 수 있음을 시사한다. 딕슨은 선택적 함구증을 가진 어린 여성 난민을 대상으로 한 음악치료 과정을 기술했다(Dixon, 2002). 아동들은 서서히 음악을 통해 자신이 대개 말로 할 수 없었던 정서와 문제들을 표현할 수 있었다. 이러한 변화는 창의적인 음악 중재 때문에 가능했다. 딕슨은 전쟁 외상과 다른 경험들이 인간의 만남과 상호작용의 역량에 영향을 미칠 때 음악치료가 유익한 처치가 됨을 밝혔다. 타일러(2002)는 특수학교에 다녔던 정서 장애가 있고 공격적인 소년 파블로와 함께 한 18개월의 음악치료 과정을 기술했다. 파블로는 자신의 아버지가 심하게 다치고 고문당하는 것을 보았다. 파블로의 아버지는 현재 정신의학적 처치를 받고 있다. 파블로는 2명의 치료사에 의해 노도프-로빈스 치료를 받았다. 파블로에게 (부모와 같은) 최적의 안아주기를 제공하기 위해서 치료사의 젠더[18]는 각 한 사람씩 구성되었다.

파블로는 자신의 상상 놀이에서 무서운 주제들을 다룰 때 악기, 즉흥 가창과 익숙한 노래의 일부를 치료사와 함께 활용했는데 무엇보다도 파블로는 상황을 재연했다. 파블로가 치료를 받는 동안 파블로의 부모는 이혼했고, 곧 있을 학교의 변화에 대한 파블로의 반응은 폭력적이었다. 불행히도 새로운 학교에서 음악치료는 불가능했으나, 음악치료가 지속되는 동안 정신병의 경계에 있던 파블로에게 치료는 자신이 필요로 했던 지지를 받을 수 있는 안전 기지를 제공했다. 오스카르손(2016)은 전반적 거부 증후군이 있는 난민 아동이 음악 활동 및 음악치료와 가족 체계의 동원을 통해 어떻게 인식을 되찾고 정상 기능으로 복귀할 수 있는지를 기술했다.

커뮤니티 음악치료는 난민에게 활용되었으며, 영국의 난민 집단에서 모-아 간 결속 강화(Edwards, Scahill & Phelan, 2007)와 베를린의 고문 생존자들을 위한 치료센터에서 효과적임을 나타냈다(Zharinova-Sanderson, 2004).

자신의 박사학위 질적 연구에서 로알스네스(2017)는 동반자가 없는 미성년자 집단과 함께 한 커뮤니티 음악치료가 대처, 정서적 변화 및 자신의 모국과 망명국 모두에 대한 소속감을 증진했음을 밝혔다. 음악치료는 예를 들어, 방글라데시에 있는 아동과 여성을 위한 난민 캠프(Bolger & Ruud, 2012), 레바논에 있는 팔레스타인 난민 캠프에서 음악치료사와 음악 교사가 종교적이고 정치적인 집단을 아우르는 프로젝트를 조직하는 등 국제적 발전에 있어 문화적이고 심리사회적인 프로그램을 위한 도구로 활용되었고, 음악은 난민 캠프에 있는 아동과 청소년의 건강과 성장 외에도 자존감과 정체감을 강화하는 데 활용되었다(Storsve, Westby & Ruud, 2010).

다수의 난민이 아직도 자국의 국경 내에 거주하고 있으나, 분쟁과 전쟁으로 인해 자신의 집을 잃었기 때문에 국경을 넘은 난민과 같은 증상으로 고통을 받는다. 가족과 함께 가자 지구의 이스라엘 정착촌에서 피신한 3~5세 아동 난민 집단을 대상으로 한 음악치료 사례 연구에서 펠센스타인(2013)은 '뿌리 뽑기와 다시 심기' 모델에 기반을 둔 음악치료가 아동이 자신의 상실과 충격 경험에 대해 표현하고, 개인적인 신체적, 정서적 통제감을 되

_____

18 사회적 성을 의미하며, 생물학적 성(sex)과 구별하기 위해 본문에서 '젠더'로 표기하였다(역자 주).

찾고, 집단에서뿐만 아니라 개인적으로 힘을 기르고, 이주로부터의 경험을 다루고 회복탄력성을 형성하는 것을 도왔음을 밝혔다. 연구의 결과는 '안전한 장소' 연습이 아동들의 잃어버린 집을 상기시켰기 때문에 재외상화의 효과를 지녔음을 밝혔다. 아동과 함께 하는 치료는 아동의 가족 및 전체 피난민 집단과의 작업으로 통합된다.

노르웨이에서 난민 자녀 및 망명자들과 함께 진행 중인 박사 과정 프로젝트에서, 엥에는 집단 음악치료의 보건 잠재력을 연구하고 있다(Enge, 2013).

요약

외상을 입은 망명자, 난민, 난민 자녀와 함께 하는 음악치료는 보통 공립 치료센터와 구호단체에서 이루어진다. 이러한 집단과 함께 하는 음악치료는 PTSD와 외상화 과정에서 입은 다른 문제들을 제한하고 치료하는 것이 목적이다. 가장 일반적인 처치 방법은 음악 감상, 음악과 심상, 목소리와 동작을 동반한 즉흥연주이나, 연령 집단과 처치 목적에 따라 방법에는 많은 변동이 있다. 난민과 함께 하는 음악치료는 언어 장벽, 신뢰 부족, 사회적 고립에도 불구하고 라포와 의사소통을 촉진할 수 있다. 게다가 음악치료는 조심스러운 방식으로 외상을 풀어주는 데 활용될 수 있다. 아동과 청소년은 공동 음악 만들기를 통해 사회적 역량을 성취하는 데 도움을 받을 수 있다. 이 영역에 대한 연구는 제한적이나 연구들은 수면의 질, 기분과 사회적 역량 외에도 PTSD 증상에 관한 대처 전략의 향상, 외상에 대한 더 많은 지식과 인식, 정서 표현, 스트레스 감소에도 개선이 있음을 시사한다.

4.6.2 가족치료에서의 음악치료

스티네 린달 야콥센

소개

지난 10~15년 동안 임상적으로뿐만 아니라 연구에서도 가족을 대상으로 하는 음악치료에 대한 초점이 증가하고 있었다. 음악치료사와 신체 장애 또는 정신 장애 아동의 부모들은 음악치료에서 부모의 참여가 치료의 효과와 일상생활로의 전이를 증가시킨다는 것을 깨달았다. 아동의 긍정적 발달은 일상생활로 통합되며 음악치료실의 벽 안에 머무르지 않는다. 또한 임상적 경험은 부모-자녀 상호작용이 비언어적인 음악적 의사소통을 통해 어떻게 강화될 수 있는지를 나타냈으며, 이는 다른 문제를 가지고 있는 가족의 사례에서도 마찬가지였다.

요구와 처치 목적

자녀가 신체적, 정신적 장애를 지녔을 때 그 가족의 상호작용은 보통 더 나빠진다. 자녀가 심각한 의사소통의 어려움을 가졌을 수 있기 때문에 부모가 아동을 이해하는 것이 어려울 수 있다. 부모는 보통 스트레스, 어쩌면 우울로 인해 고생하고 이는 아동의 일반적 발달을 위한 최적의 조건이 아니다(Gottfried, 2016; Thompson, 2016). 만일 아동이 자폐 범주 내에서 진단을 받는다면, 가족 내 상호작용은 특히 호혜적인 사회적 상호작용과 언어적, 비언어적 의사소통의 측면에서 어려울 수 있다(Holck, 2011). 아동의 어려움 때문에 이러한 가족은 지방자치단체 또는 지역의 기관을 통해 음악치료에 의뢰될 수 있으나 처치를 위한 주된 목표는 보통 부모와 자녀 간 의사소통을 강화하는 것이다. 음악치료사는 보통 부모와 아동 간 상호작용 및 의사소통을 탐색하기 전에 아동의 특정한 어려움을 진단평가하는 데서 시작할 것이다(Doak, 2013; Jacobsen, 2017). 어려운 사회적 배경을 가진 취약한 가족들이 유사한 문제들을 가지나 여기서 보통 부모는, 예를 들어 정신 질환, 물질 중독이나 정신적 불안정 같은 부모 자신의 문제 때문에 자녀를 이해하고, 자녀의 요구를 충분히 충족시키는 데 어려움을 겪는다. 아동의 발달은 부정적으로 영향을 받으며 부모-자녀 상호작용과 아동의 발달 간 부정적 하향 곡선이 형성된다(Killén, 2010). 여기서 아동의 요구에 대한 사회 당국의 염려가 보통 가족치료 시설로 의뢰되는 이유이며, 음악치료는 비록 매우 자주는 아닐지라도 가족에게 제공된다. 이러한 사례라면 음악치료사들은 가족 구성원 간 상호작용, 부모의 강점, 아동의 요구를 진단평가하는 것에서 시작한다. 이 이후에 간학문적 팀에서 종합적인 처치 계획이 상술된다(Jacobsen, 2016; Rogers, 2013).

언급된 문제들과 무관하게 모든 가족은 의사소통 기술을 연습하고, 부모와 자녀 간 애착을 개선하며 건강한 발달을 위한 아동의 기회를 증진하려는 요구를 가질 수 있다. 보통 사회적 문제가 심한 부모들, 사회적으로 취약한 가족은 음악치료가 아동의 의사소통과 요구에 초점을 둠으로써 부모가 필수적 양육 역량을 훈련하는 것을 도울 수 있다(Schwartz, 2013). 음악치료는 아동의 의사소통을 부연하고, 아동의 요구가 좀 더 잘 보이도록 만들 수 있기 때문에 부모가 좀 더 적합한 의사소통의 방식을 찾는 것이 더 쉬워진다. 이러한 방식을 통해 아동은 건강한 방식으로 발달하는 더 나은 기회를 얻게 되며 자녀와 부모 간 애착이 촉진될 수 있다(Jacobsen & Killén, 2015; Jacobsen, McKinney & Holck, 2014). 신체적 장애나 정신적 장애가 있는 아동의 가족에게 음악치료는 부모가 자녀를 이해하고 의사소통하는 것을 도우며, 아동의 사회적, 의사소통적 어려움에도 불구하고 부모가 자녀를 이해하고 의사소통하는 새로운 방식을 제공할 수 있다. 동시에 음악치료는 아동이 사회적, 의사소통적 기술을 훈련하는 것을 도울 수 있으며, 이러한 방식으로 부모와 자녀 간 의사소통도 개선될 수 있다(Gottfried, 2016; Thompson, 2016; Williams et al., 2012).

음악치료

가족치료의 전통은 1950년대 이래로 많은 변화를 겪어왔으며 여러 접근과 치료 모델이 발현되고 발전되었다. 이 분야의 초기 선구자들은 가족과 가족 구조에 이론적인 초점을 두었으나, 그 이후로 이론의 역할은 변화하였다. 이론들은 더 이상 '객관적인 현실'을 설명하려 하지 않는 대신에 몇 가지 대안적인 설명이나 관점을 제공한다. '최적의' 또는 '바른' 접근은 없으나 오히려 많은 유용한 접근이 있으며, 가족의 맥락과 요구에 따라 가족치료사는 보통 특정한 가족과 상황에 맞게 방법을 조정한다(Carlson, Sperry & Lewis, 2005).

가족을 위한 특정한 음악치료 모델은 없으나 각기 다른 임상적 맥락, 교육적 배경과 국적을 아우르는 공통적 특징이 여전히 꽤 많다(Jacobsen & Thompson, 2016). 가족과 함께 작업할 때 자녀뿐만 아니라 부모의 자원과 잠재력에도 초점을 두는 가족 중심 접근이 흔히 활용된다. 목적은 가족을 역량 강화하는 것이고 부모와 강력한 동맹을 맺는 것이다. 가족은 보통 지지를 필요로 하고, 가족치료는 이를 매우 직면하기 때문이다. 음악치료사의 역할은 우선적으로 부모와 자녀 간 관계와 의사소통을 촉진하는 것이나 역할 모델로 기능하기도 하며, 특히 가족이 지지와 인식에 대한 요구가 더 커지는 치료의 초반에 안내하는 역할을 한다.

음악은 가족이 연주를 재발견하는 것을 돕는 데 사용된다. 상호작용이 연주를 통해 자연스럽게 또한 자발적으로 발현되기 때문이며(2.3.5장 참조), 음악이 부모뿐만 아니라 아동에게 동기를 부여하고 주의를 강화하기 때문이다. 모든 가족 구성원이 편안하고 자유로움을 느끼며 집중력, 차례 주고받기, 모방과 조율이 강화될 수 있도록 가족이 새로운 상호작용 방식과 패턴을 시도할 수 있는 음악적 환경이 만들어진다. 활력과 정서 조율의 형태에 초점을 둔 초기의 모-아 상호작용은 특히 음악을 통해 재연될 수 있다(Johns, 2012;

Trolldalen, 1997; Trondalen & Skårderud, 2007). 음악을 통해 음악치료사들이 역할 모델과 퍼실리테이터가 되어 변화와 통합을 이루는 것도 가능해진다(Jacobsen & Thompson, 2016).

가족을 위한 음악치료는 대부분 보통 즉흥연주 방법에 기반을 둔다. 의사소통 기술을 발달시키고 상호작용과 관계를 강화하는 것이 주된 초점이기 때문이다(3.9.1장 참조). 즉흥연주를 이해하기 위한 다른 이론적 체제, 또는 아마도 인지행동적 접근이나 분석적 음악치료와 같은 몇 가지 다른 체제의 조합이 있을 수도 있다(3.6장과 3.3장 참조). 때로 이러한 가족의 아동은 상당한 정도의 외현화 문제를 나타내며, 음악적 게임과 연습에서 행위와 결과에 대한 명확한 규칙을 세우는 것이 불가피할 수 있다. 동시에 가족 패턴은 매우 복잡하여 특히 부모와 자녀 간 애착이 불안정하다면 저항, 전이, 역전이에 대한 이해가 가족의 음악적 의사소통과 가족 역동에 대한 접근 및 해석에 있어 유용할 수 있다(Jacobsen & Thompson, 2016).

상호작용에 초점을 두기 때문에 즉흥연주의 방법은 확실한 선택이다. 수용적 방법은 가족에게 공통의 초점이나 공유 경험을 제공하는 데 활용되며, 자연스럽게 여러 음악치료사가 가족과의 작업에서 익숙한 노래와 활동 노래들을 활용한다. 즉흥연주와 노래가 서로의 음악적 표현성에 대한 상호적 인식과 이해 가능성을 만들기에 공동의 음악적 행위는 부모-자녀 관계를 강화하는 데 활용된다(Jacobsen, 2013).

사례 : 어머니와 아들

도르테는 아들 야코브와 단둘이 산다. 도르테는 어려움이 많이 있으나 야코브에게 좋은 삶을 주기 위해 자신이 할 수 있는 것을 모두 다 했다. 그러나 도르테의 정서적, 사회적 자원은 충분하지 않았고 야코브는 잘 지내지 못했다. 야코브의 선생님들은 야코브가 학교에서 문제가 있을 때 보통 도르테에게 연락한다. 야코브는 집중하는 것이 어렵고 다른 아동들과 잘 어울리지 못해 힘든 시기를 보내고 있다. 도르테는 세상 그 무엇보다 야코브를 사랑하고 야코브가 자신과 가깝고, 어머니의 사랑을 느끼기만을 바란다. 그러나 도르테와 야코브는 자주 서로의 좋은 의도를 오해한다. 이는 두 사람 모두에게 고통스러우며 좌절감을 만들어낸다. 도르테와 야코브는 잘 지내지 못한다. 이것은 야코브에게 매우 고통스러워서 하향 곡선이 만들어질 수도 있다. 오해가 관계를 와해시키고, 야코브가 최적으로 발달하는 것을 방해하는 것이다. 야코브는 심지어 좀 더 수동적으로 또는 공격적으로 반응하기 시작한다. 이는 도르테가 야코브와 의사소통하고, 가능한 한 최적의 삶을 제공하는 것을 심지어 더 어렵게 만든다.

지자체 당국의 압박 이후에 도르테는 가족치료 시설에 등록하는 것에 동의한다. 초기 단계에서 도르테와 야코브는 음악치료 진단평가 세션에 참여한다. 이 세션에서 가족의 의사소통 패턴과 도르테의 역량이 관찰되고 평가된다. 처음에 가족은 음악치료사를 2차례 만나고, 함께 음악 만드는 것을 즐긴다. 이는 가족의 오래된 갈등에서 자유로운 것이며, 그렇게 되도록 하기 위해서 원만한 언어적 대화가 필수적인 것은 아니다. 야코브는 특히 도르테에게 영향을 미치는 연주에 참여했으며, 잠시 동안 도르테와 야코브는 자신들의 문제와 어려움을 잊는다. 가족은 한 사람씩 교대로 연주하거나 함께 미소 지으며 자유롭게 연주함으로써 작은 비언어적 협조 연습을 한다. 그러나 도르테는 치료가 서로와 함께 하는 자신들의 상호작용을 평가하는 데 활용된다는 것을 알고 있다. 음악치료사는 부모-자녀 상호작용과 도르테의 부모 역량을 진단평가한다. 치료사는 의사소통의 어려움과 상호작용 패턴을 진단평가하기 위해 악기들을 가지고 구체적인 연습을 활용하고, 간학문적 팀의 동료들과 협력하여 음악치료 상호작용 방법에 기반하여 가족을 진단평가한다. 초점과 이슈에 관해 음악치료사와 함께 하는 긍정적 경험과 원만한 대화는 이어지는 음악치료 10회기의 출발점이 된다.

4개월 후 도르테와 야코브가 음악치료에 참여하는 동안 도르테는 자신의 문제와 어려움을 좀 더 잘 인식하게 되었으며, 야코브와 의사소통하는 새로운 방식을 시도하는 데 음악치료를 활용하였다. 역할 모델이 됨으로써 음악치료사는 야코브와의 관계를 '떠맡지' 않고 모자간의 더 나은 관계를 촉진했다. 음악이 세 사람 모두가 동시에 의사소통하는 것을 가능하게 만들었기 때문이다.

음악치료 진단평가 방법을 활용하여, 음악치료사는 가족이 서로 의사소통하는 능력이 어떻게 개선되었는지를 나타냈다. 가족은 듣는 것이 더 나아졌고 이끄는 것뿐만 아니라 서로를 따라가는 것을 더 잘하게 되었다. 음악치료에서의 구체적인 훈련과 긴밀한 간학문적 팀워크를 통해서 가족은 자신들이 배운 것을 일상생활로 전이할 수 있었다. 도르테는 야코브와 자신의 의사소통에서 좀 더 명확해지는 방식을 배웠고, 자신이 음악치료에서 했던 것처럼 가족이 어떤 활동을 할지 결정하고 솔선하는 방법을 배웠다. 두 사람 모두 일상생활을 관리하는 데 있어 새로운 역량을 가졌고, 스태프들은 도르테가 스트레스를 덜 받고, 야코브를 이해하고 읽는 데 있어 더 나아졌다고 기술하였다. 아직 해결해야 하는 일들이 있지만 도르테는 자신의 일상생활을 재개할 준비가 되었다고 느낀다. 도르테는 자신이 야코브에게 좋은 삶을 줄 수 있다고 믿기 시작했으며 자신의 잠재력을 성장시키고 발달시키는 능력이라는 중요한 특질을 성취했다.

근거

가족을 대상으로 하는 음악치료에 대한 연구에는 오랜 전통이 없으나 지난 10~15년 동안 이 분야의 연구는 좀 더 국제적으로 정립되었다. 덴마크의 한 연구는 부모 역량뿐만 아니라 부모-자녀 상호작용에 초점을 두고 음악치료가 가족의 의사소통을 진단평가하고 개선하는 데 활용될 수 있는지에 관한 문제들을 다루었다. 부모-자녀 상호작용 진단평가APCI라 불리는 진단평가 도구가 개발되었다(Jacobsen, 2012; Jacobsen & Killén, 2015). 진단평가 도구는 검사 개발을 위한 최신의 요건을 충족하고 개발되었으므로 양호한 심리측정적 속성들을 가지고 있다(Jacobsen, 2018; Jacobsen & McKinney, 2015). 효과에 대한 후속 연구는 무작위 통제 시험 연구로 음악치료가 어떻게 부모-자녀 간 조율과 명확한 의사소통을 개선하고, 부모의 스트레스를 감소시키며, 자녀를 이해하는 부모의 능력을 향상시킬 수 있는지를 나타냈다(Jacobsen, McKinney & Holck, 2014). 다른 무작위 통제 시험 연구는 사회적 연주와 상호작용에 참여하는 능력에 있어서 아동과 유아에 대한 음악치료의 긍정적 효과를 나타낸다. 부모는 자녀와 함께 하는 연주에 좀 더 긍정적으로 참여하게 되고, 좀 더 구성적으로 상호작용하게 되며 부모와 자녀 간 관계가 음악치료를 통해 개선된다(Cassidy, 2015; Jacobsen & Thompson, 2016). 더 나아가 북유럽의 연구들은 음악치료가 어떻게 부모에서 자녀까지 긍정적 인식을 지원할 수 있는지, 더 나은 의사소통에 관해 가족을 지원하고 상담하는지, 신체적인 음악적 경험을 통해 태어나지 않은 자녀와 예비 어머니들의 관계를 개선할 수 있는지를 밝혔다(de Labbé, 2012; Frisk, 1998; Larsen, 2011; Trolldalen, 1997).

　　호주에서 몇몇 음악치료 프로그램은 가족 음악치료에만 기반을 두고 발전되었다. 부모들과 다양한 문제와 장애를 지닌 0~5세의 자녀들이 집단 음악치료 활동에 참여한다. 이러한 프로그램의 효과는 여러 연구에 기록되었으며 부모-자녀 상호작용이 개선되고, 부모 만족도가 높아졌으며, 양육 기술이 더 나아지고 자녀의 사회적 기술이 개선되었음을 나타낸다(Abad & Barrett, 2016; Teggelove, 2016).

요약

가족을 대상으로 하는 음악치료는 국제적으로 새로운 분야이다. 이는 연구뿐만 아니라 임상적 환경에서도 아직 발전하고 있다. 가족 구성원 간 음악적 상호작용은 상호적인 차례 주고받기와 같은 사회적 역량 훈련에 초점을 두고 연주와 사회적 상호작용을 촉진한다. 이와 관련하여, 부모와 자녀들은 음악 활동에서 비언어적 특질을 활용하여 초기 형태의 의사소통을 재발견할 수 있고, 여기에서 부모는 아동의 표현성과 정서 상태를 인식하고 조율할 수 있다.

　　음악치료 연구는 가족을 대상으로 하는 음악치료가 유의한 긍정적 효과를 가질 수 있음을 나타냈다. 무작위 통제 시험 연구들은 사회적 연주에 참여하는 아동의 능력 외에도 자녀에 대한 부모의 개입이 음악치료를 통해 어떻게 개선될 수 있는지를 살펴보고 기록하였다. 부모-자녀 상호작용과 애착은 음악치료를 통해 강화된다. 이는 비언어적 의사소통, 상호적 조율, 부모가 스트레스를 덜 받고 자녀를 이해하는 능력이 향상되는 것으로 좀 더 명확히 나타날 수 있다. 자폐 아동의 사례에서 연구는 가족의 사회적 상호작용과 부모-자녀 애착이 음악치료를 통해 강화됨을 나타낸다.

4.6.3 스트레스가 심한 사람을 위한 음악치료

볼레테 다니엘스 베크

소개

스트레스는 스트레스원의 누적에 대한 생리적, 심리적 반응으로 정의될 수 있으며, 다양한 영역에서 음악치료 처치의 초점이었다. 정신의학과에서 일하는 음악치료사들에게 있어 성인, 아동, 청소년을 위한 특별한 주간 프로그램에서 스트레스의 이완과 조절은 치료가 스트레스 처치로서 필수적으로 의뢰되지 않더라도 치료의 중요한 부분이었다.

지난 10~15년 동안 직무 관련 스트레스의 처치에 참여한 소수의 음악치료사가 있었다. 이는 주로 개인 임상에서 일어났으며 고용주가 지불한 사례도 일부 있었다. 소수의 음악치료사는 스태프들의 슈퍼비전하에 작업하며 워크숍을 수행한다. 워크숍에서는 스트레스 예방을 위한 음악 감상과 음악치료 방법들이 활용되었다.

요구와 처치 목적

스트레스는 정보와 지식 사회의 새로운 대유행병 중 하나이다. 직무 관련 스트레스와 소진으로 인한 근로자의 질환은 공공 부문 외에 민간에서도 증가하는 문제이다(Chartered Institute of Personnel and Development, 2011; Willert et al., 2009). 스트레스로 인한 병가는 사회에 큰 경제적 부담을 초래하며, 무단 결근, 질병 보상, 건강 비용과 조기 연금은 유럽, 미국, 호주 국내총생산GDP의 1~3퍼센트에 달하는 비용에 이른다(European Agency for Safety and Health at Work, 2014). 노동 시장에서의 조기 배제는 보통 스트레스, 불안, 우울과 같은 관련 조건 때문이다. 2007년 덴마크의 한 보고서는 1년 이상 질환을 앓은 사람 중에서 20퍼센트만이 정상적인 직장 생활로 복귀할 것임을 나타냈다. 나머지는 장애 수당이나 조기 퇴직 수당을 받게 될 것이며, 아니면 장애로 인해 근로자에게 공적으로 지원되는 일자리에 적응하게 될 것이다(Vilhelmsen, 2007). 불합리한 근로 조건으로 야기되는 스트레스성 신경쇠약은 꼭 정신적으로나 심리적으로 취약한 개인에게 일어나는 것만이 아니라 건강한 개인에게도 일어날 수 있으며, 다수의 근로자가 취약한 리더십이 가장 큰 스트레스 요인임을 알았다는 점에 주목할 가치가 있다(Ammitzbøll, 2010). 보통 한 사람의 사생활과 직장 생활에서의 스트레스가 결합되어 질환을 초래하는 것이다. 사생활에서의 스트레스 요인은 관계의 결별, 아동이나 청소년의 문제 행동, 사랑하는 사람의 생명을 위협하는 질병 등이 될 수 있다.

스트레스는 본래 외부의 (스트레스성) 자극에 의해 야기되는 생리적 증후군으로 정의되었다(Selye, 1936, 1956). 스트레스에 대한 좀 더 새로운 관점은 '신항상성' 이론으로, 여기서 고려되는 것은 스트레스 누적('신항상성 부하')이다(McEwen & Stellar, 1993). 세 번째 이론은 생리적 스트레스의 결정적인 요인으로서 스트레스 요인에 대한 개인의 진단평가를 살펴보는 반면, 직무 관련 스트레스는 근로자와 직장 간 상호작용에서 일어나는 현상으로 볼 수 있다는 것이다.

> 심리적 스트레스는 개인과 환경 간의 특별한 관계이며 자신의 자원에 부담이 되거나 이를 넘어서 자신의 안녕감을 위험하게 하는 것으로 평가된다(Lazarus & Folkman, 1984, p. 19).

ICD-10 진단 체계에는 직무 스트레스와 관련된 몇 가지의 진단이 있다. Z56.2~7에는 실직에 대한 위협, 스트레스가 심한 근로 일정, 취약한 근로 조건, 상사 및 동료들과의 불화 및 명시되지 않은 직무 관련 스트레스가 나열되어 있다. Z73.3은 비특이적 스트레스와 관련되고 Z73.0은 소진과 관련된다. DSM-5에서 관련 진단은 '직업 문제'이다(적응 장애 하의 V62.2). 진단은 스트레스원의 발현 이후 적어도 3개월 이내에 증상이 나타나야 하며, 작업 능력 및 사회적 기능의 유의한 장해가 있다. 스트레스 진단은 다른 정신 장애가 반응을 유발할 수 있거나 사랑하는 사람의 상실 이후 급성 애도반응이 있는 경우에는 주어지지 않는다. 스트레스원이 중단되거나 사라지면 증상은 보통 6개월 이후에 감소되어야 한다.

스트레스 진단과 관련된 문제 중 한 가지는 언급된 진단 중 특정 증상에 대한 기술이 없다는 것이며, 또 다른 문제는 스트레스가 '바쁜 것'에서 장애 질병에 이르기까지 넓은 범위의 정의를 가진 흔한 용어가 되었다는 것이다. 다양한 의학적 스트레스 전문가들에 따르면, 만성적 스트레스의 전형적 증상은 빠른 심박, 호흡 곤란, 근육통이나 긴장, 불면증, 식욕 부진, 과도한 과민성, 집중력과 기억력의 문제, 탈진, 불안, 낮은 자존감, 결근, 사회적 상황에서의 위축(Doctare, 2000; Netterstrøm, 2007)과 같은 것이 될 수 있다. 고혈압, 수면 장애, 알러지반응, 잦은 감염은 스트레스의 흔한 결과이며, 만성적 스트레스는 보통 불안과 우울로 이어진다.

스트레스의 정도를 측정하기 위해서 보편적인 건강과 삶의 질에 대한 자기 평가식 설문지가 보통 사용된다. 자신의 스트레스 수준에 대한 개인의 인식을 측정하는 데 보통 활용되는 설문지는 지각된 스트레스 척도PSS이다(Cohen, Kamarck & Mermelstein, 1983). 덴마크의 공중 보건 연구 '당신은 어떻게 느끼나요?'의 5,821명의 건강한 근로자들로 구성된 하위 집단에서 연구자들은 '지각된 스트레스' 점수가 15점보다 낮은 경우에 스트레스 관련 질환의 위험이 유의하게 증가하였음을 밝혔다(척도는 0에서 40점까지이다)(Larsen & Kellenberger, 2008).

다른 스트레스 측정은 매슬락 소진 측정 도구MBI처럼 소진과 관련된 척도에 초점을 둔다(Maslach, Jackson & Leiter, 2016).

직장에서 병가 중인 스트레스가 심한 사람들을 위한 음악치료 처치의 목적은 이완, 평온과 휴식을 증진함으로써 스트레스 증상을 줄이고, 심리적 문제들을 다루는 기회를 만들며 새로운 대처 전략을 연습하는 것이다. 음악치료는 예를 들어, 유능감, 긍정적 기억, 희망, 기쁨, 힘의 경험 등의 내적 자원을 이용하는 것을 돕는다. 일부 음악치료 접근은 스트레스의 외적, 내적 원인, 예를 들어 어떤 외적 스트레스원이 존재하는지, 내담자가 어떻게 스트레스원을 관리했는지 등을 알아내고자 한다. 여기에서는 예를 들어, 충분히 훌륭하기 위해서 모든 것이 완벽해야만 한다거나 자기 자신을 옹호하는 것이 허용되지 않는다는 등 고질적인 태도를 재구성하는 것이 중요할 수 있다. 음악치료 과정에서 내담자는 스트레스 문제 및 직장 동료들과 관련된 정서를 경험하고 표현하도록 도움을 받으며, 내적 자원을 발견하여 직장에 복귀하도록(또는 새로운 일을 찾도록) 동기를 부여받는다. 음악치료를 통해서 내담자는 스트레스성 경험 및 이와 연관된 정서들을 직면하는 것을 지향하도록 노력할 뿐만 아니라 미래의 스트레스를 피하기 위해서 새로운 대처 전략, 태도, 습관을 발견하도록 노력한다.

만일 음악치료사들이 직장에서 스트레스 예방을 위해 작업한다면 목적은 다음과 같은 것이 될 수 있다. 즉 이완하기, 지금-여기에 머무르기에 능숙해지기, 자신의 감정을 진지하게 받아들이기, 요구를 표현하기, 좀 더 명확하게 의사소통하기, 동료들 간 협력을 개선하기, 직장의 분위기를 개선하기, 갈등 해결, 자기 보살핌 및 상호적 지지를 증진하기, 변화를 격려하기, 직장의 목적과 가치를 명확히 하기 등이다.

음악치료

능동적, 수용적 음악치료는 모두 잠재적으로 스트레스를 완화하고 스트레스 관리에 도움이 될 수 있다(Yehuda, 2011). 현대의 스트레스 연구는 보통 생리적, 심리적, 사회적 요인들을 고려하고자 한다. 스트레스 조건을 변화시키기 위해서 3가지가 모두 다루어질 필요가 있는 것으로 보이기 때문이다(Zachariae, 2003). 음악치료는 다중양식적 치료이다. 즉 생리적, 정서적, 인지적, 사회적, 실존적 문제들을 다룬다는 것이다. 또한 이는 음악치료를 스트레스 및 여러 수준에서 일어나는 증상을 다루기에 적합한 접근으로 만든다.

심상음악치료GIM 및 음악과 내적 심상(개별 또는 집단), 집단에서의 음악에 따른 이완은 스트레스 관리와 스트레스 치료에 있어 덴마크에서 가장 많이 활용되는 방법들이다. 안정적인 치료적 관계는 음악 감상, 내적 심상 및 이완과 결합되었을 때 스트레스 완화를 지지할 수 있다. 스트레스 수준이 높은 내담자의 요구를 충족시키기 위해 보다 차분한 상태에 도달하고, 신체 인식을 높이는 동시에 내적 심상을 증진하는 것을 가능하게 만드는 음악이 선정된다. 이는 느린 템포, 강도와 셈여림의 제한적인 변화, 반복이나 ABA 구조와 같이 인지할 수 있는 종결을 가진 단순한 음악 형식, 으뜸화음으로 종결하는 화성 진행('집의 느낌'), 독주 악기에 의해 연주되는 인지 가능한 선율 선과 실제 악기에 의해 제공되는 따뜻한 음색이 있는, 예를 들어 고전 음악 작품, 영화나 명상 음악이 신중하게 선택될 수 있다. 음악은 좋은 음질을 가진 스피커나 헤드폰으로 재생되어야만 한다. 음악의 예는 비제의 오페라 **카르멘**의 **인터메조**가 될 수 있다. 이는 내담자가 '자신의 몸이 편안함'을 느끼고, 지금-여기에 존재하는 것을 수용하고 처리하도록 돕는 음악적 변수이다. 이는 자기 조력으로서 의료에서의 음악 활용, 음악 감상과는 다른 것이다. 여기에서 많은 사람이 열린, 명상적인 소리 세계의 도움을 받고 스트레스성 사고와 정서로부터 주의를 전환할 수 있다. 좋은 치료 동맹이 구축된 음악치료에서 스트레스 및 직무와 관련된 문제들은 다양한 역동이 있는 음악 작품을 활용하여 다루어질 수 있다. 음악은 정서와 갈등 소재에 접근하는 것을 촉진하고 지지하는 데 사용될 수 있으며, 상징적인 형태로 어려움을 마주하고 대처하는 데 용기를 불어넣어 지지할 수 있다. 자신의 상상에서 도전에 대처하는 경험은 이후 그리기와 대화를 활용하여 처리될 수 있으며 목적은 이를 내담자의 '실제' 삶으로 통합하는 것이다.

음악으로 안내된 이완GRM은 무엇보다도 스트레스의 처치를 위해 개발된 방법이다 (Schou, 2008). 내담자의 경험과 이완 정도에 대하여 유의한 긍정적인 요인은 내담자가 음악 선정에 영향력을 가진다는 것이다. 음악은 안정적이고 예측 가능하며, 치료사의 목소리와 안내는 내담자와 음악에 조율되므로 음악에서 멈춤이나 휴지부가 있을 때 언어적 중재가 이루어진다.

주제와 연주 규칙에 기반을 둔 목소리나 기악 즉흥연주는 팀 구축 또는 인적 자원 관리 부서와 함께 일하는 덴마크의 음악치료사들이 활용한다. 합창과 목소리 연습은 '공통의 리듬', 동료 간 참여와 표현에 있어 평등이라는 긍정적 경험과 심미적 산물에 대한 공동 창작을 만드는 데 활용된다. 즉흥연주에서는 집단이 함께 연주하는 동시에 모두가 자신의 음악을 연주하기 때문에 '집단에서 자기 자신이 되는 것'이 가능하다. 공동 즉흥연주는 음악 연주의 일부가 될 수 있는 상호작용과 유머를 통해 공동체 의식도 강화한다. 여기에서 개별 참여자들은 자신의 동료들과 관련하여 새로운 역할을 시도할 수 있다. 음악치료사에 의해 안내될 때 즉흥연주는 직장에서 수행되는 다양한 역할과 팀의 사회적 분위기에 관한 대화의 출발점이 될 수 있을 뿐만 아니라 커뮤니티, 유대감, 상호적 지지를 형성하고 갈등 해결을 촉진하며 슈퍼비전을 제공할 수 있다. 마지막으로 심상이 있는 감상 연습은 스트레스원을 확인하고, 스트레스원에 대처하는 새로운 방법을 찾기 위해 이완과 스트레스 해소를 위한 공간을 만들 수 있다.

음악치료는 코칭과 스트레스 예방에도 활용된다. 예를 들어, 근로자 집단에 흔히 활용되는 연습은 보통 생활-일 균형에 대한 인식을 높이는 데 초점을 둔다. 참여자들은 음악을 감상하는 중에 나무를 그린다. 나무의 한 면은 직장 생활을 나타내고 다른 쪽은 참여자들의 사생활을 나타낸다. 이어지는 대화는 삶의 징후가 가장 많은 곳(색, 잎, 꽃), 자양분(뿌리)에 대한 기반과 접근이 있는지, 일과 여가 간 균형을 조정할 필요가 있는지를 다룬다.

사회적 상호작용, 협상과 협력은 개별 근로자에게 과중한 부담이 된다. 음악치료 코칭에서 즉흥연주는 인식을 높이고 의사소통의 패턴을 변화시키는 데 활용된다. 예를 들어, 공공 기관에 중간 관리자로 고용된 42세의 여성은 협상, 회의와 팀워크에서 자신의 의견을 표현하는 것이 힘들다는 것을 알았다. 그녀의 말에 따르면 자신은 야심이 있는데도 불구하고 내향적이고 수줍음이 많아서 보통 너무 늦을 때까지 미루었는데, 이것이 그녀에게 스트레스 요인이었다. 개인 임상에서 3회의 음악치료 세션 동안 그녀는 자기 자신이 좀 더 자발적이 되고, 좀 더 많은 공간을 차지하며 스스로를 좀 더 명확히 표현하는 것을 허용하는 목적을 가지고 비언어적 목소리 표현과 드럼 연주로 작업했다. 공간을 차지하고 '독주자'로서 연주하기의 경험은 그녀의 자존감을 강화하였고 자신이 허용했던 방식으로 삶에 통합되었다.

정서 조율(Stern, 1985/2000)과 공감적 의사소통이 내담자, 환자나 학생들과 작업하는 도구인 분야에서 음악치료 연습은 대인관계적, 의사소통(적) 역량의 인식과 발달을 증가시키는 데 활용될 수 있다. 이는 스트레스 감소와 예방에 관한 음악치료의 미래 잠재력 중 정말 유용한 하나가 될 것이다. 즉흥연주 외에도 음악 감상과 심상이라는 형식의 음악치료는 병가 중인 근로자들의 스트레스와 소진을 완화할 수 있는 방법을 제공하고 공동체 의식을 증진함으로써 스트레스를 예방할 수 있으며 개인의 이슈(타인과 함께하는 자기)를 다루는 것을 가능하게 하며 근로 장소에서 심리사회적 근무 환경의 질을 개선함으로써 스트레스를 예방할 수 있다.

국제적인 관점에서는 스트레스 처치를 위한 몇 가지 다른 음악치료 방법이 기술되었다. 미국의 음악치료사 픽시 홀랜드는 능동적, 수용적 음악치료의 조합이 스트레스가 있는 몇몇 내담자들에게 어떻게 활용되었는지 기술했다(Holland, 1995). 병가 중이었던 예술가 집단은 예를 들어, 자기 보살핌(물백합이 있는 호수에서 목욕하기), 또는 장애물 극복(말을 타고 담장 뛰어넘기) 등의 내적 심상을 만드는 동안 악기로 즉흥연주했다. 치료사는 호흡을 더 깊이 촉진하고, 내담자 스스로 자신의 불안을 조절하도록 가르치기 위해서 목소리 작업도 했다. 딜레오와 브래트(2007)는 동조화 방법을 기술했다. 여기에서 내담자는 처음에 스트레스의 경험을 표현하는 즉흥연주를 하도록 음악치료사에게 배웠고 다음에는 평화와 치유를 표현한 또 다른 즉흥연주를 배웠다. 2회의 즉흥연주는 녹음되어서 내담자가 집에서 음악을 감상함으로써 자신의 스트레스를 변용시킬 수 있었다.

스트레스가 심한 사람들을 위한 음악치료의 매뉴얼에서 김승아(Kim, 2013)는 다음과 같은 일련의 수용적 음악치료 방법을 기술한다. 음악에 따른 호흡 연습('음악 호흡'), 음악에 따른 즉흥적인 동작, 진동음향(스피커가 설치된 특별한 의자/침대에서의 음악 감상)과 음악치료사가 즉흥연주하는 음악에 따라 내담자가 심호흡을 활용하며 내적 심상을 만드는 '음악 분석적 명상'. 김승아는 다음의 예들을 능동적 음악치료 방법들로 명명한다. '음악치료 즉흥연주와 탈감각화'(내담자가 스트레스의 상태에 주목하고 그다음에 진정시키는 음악을 즉흥연주), '토닝'(정서의 목소리 표현), '챈팅'(스트레스를 해소하기 위해서 챈트에서 악구, 문장이나 기도가 반복), '집단 드럼 연주, 노래 만들기'(기존의 노래에 새로운 가사 만들기나 스트레스 상태에 관한 주제에 기반을 둔 새로운 노래 작곡), '커뮤니티 음악 하기'(커뮤니티의 다른 사람들과 함께 음악 연주나 가창).

사례 1

39세의 IT 네트워크 관리자는 고혈압과 수면 문제로 시간제 병가 중이었다. 그는 여러 다른 부서의 네트워크를 책임졌고 그 사이를 왔다 갔다 했다. 회사가 구조적인 변화를 겪었고, 이로 인해 그는 너무 많이 일했으며 업무량은 아직 합리적인 수준으로 조정되지 않았다. 그는 자신의 업무 영역에 익숙하지 않고 업무량을 제한하는 것을 도울 수 없는 새로운 상사를 맞았다. 젊었을 때 그는 음악을 연주했었고 자신의 삶에서 유용한 것들을 재발견하기 위해서 음악치료를 시도하고자 했다. 그는 연구 프로젝트의 일환으로 6회기의 GIM 세션을 받았다(Beck, 2012). 1회기에 음악은 그가 휴식을 취하고 자신의 신체에 대해 인식하도록 도왔으며, 그는 카우치에서 잠들었을 때 자신이 정말로 얼마나 피곤한지 알았다. 회기의 중간에 그는 사람들이 모든 종류의 사소한 지원 과제들을 해결하도록 요청받을 때 '싫다'고 말하는 것이 어려움에 대해 다루었다. 그는 '도움이 되는 사람'이 되고 싶었으나 이것이 자신의 건강에 해롭다는 것을 인정해야만 했다. 그가 다른 사람들에게 직접적으로 '싫다'고 말할 준비가 되지 않았으므로 그는 이를테면, '제가 나중에 할 수 있을까요?' 또는 '요청할 다른 사람들이 있나요?' 등과 같이 좀 더 우호적인 방식으로 말하는 방법을 찾는 것에 대해 작업했다. 마지막 회기에 그는 농부가 되겠다는 오랜 꿈을 다루었다. 그는 직업을 바꾸고 싶지 않았으나 음악(무엇보다도 시벨리우스의 **교향곡 2번** 1악장)을 감상하는 동안 농부로 일하는 것을 상상했고 큰 기쁨을 느꼈다. 이는 그가 암소를 몇 마리 사도록 격려했다. 이로 인해 그는 더 오래 근무해야 했으나 삶에 있어 그를 더 많이 행복하게 만들었다. GIM 치료가 혈압을 낮추는 것을 도와서 그의 혈압은 고혈압 기준 수치보다 낮았으며, 세션 전후에 작성했던 설문지는 치료가 시작되기 이전에 그가 '범불안 장애' 진단에 맞는 정도의 불안을 가지고 있었던 반면, 치료가 종결된 이후에 거의 불안을 나타내지 않았음을 보여주었다. 수면의 질에는 변화가 없었으나 그는 좀 더 일찍 잠자리에 들기 시작했고 이렇게 해서 그 자신을 더욱 잘 돌보는 법을 배웠다.

사례 2

32세의 한 디자이너는 우울과 스트레스로 인해 병가 중이었다. 그녀는 동료들에 의해 괴롭힘을 당한다고 느꼈고 상사로부터의 압박과 마감일로 인한 압박에 시달렸다. 그녀는 매우 긴장했고 밤에 잘 자지 못했다. 그녀도 연구 프로젝트의 일환으로 6회기의 GIM 세션을 제공받았다(Beck, 2012). 1회기에 그녀는 자신의 동료들로부터 받는 언어적 공격에서 좀 더 보호하는 방법을 찾는 것에 대해 작업했다. 무엇보다도 그녀는 자기를 둘러싼 심리적 방패를 만들었다. 자신의 세 번째 GIM 여정에서 그녀는 오르간 작품, 비에른의 **웨스트민스터의 종소리**를 감상하는 중에 회색의 풍경에서 끝없이 구부러진 길이 있는 언덕을 힘겹게 걷는 것을 경험했다. 오르간의 넓고, 어둡고, 확장된 화음으로 음악이 끝났을 때 그녀는 길 위의 자신 앞으로 다가오는 어두운 절벽을 경험했다. 그녀가 할 수 있었던 전부는 축축한, 회색의 어두움 속에서 그 앞에 가만히 서있는 것이었고, 그녀는 좌절과 무력감으로 가득참을 느끼기 시작했다. 좀 더 가벼운 음악 작품(베토벤의 **피아노 협주곡 3번 라르게토**)이 이어졌고, 치료사는 그녀에게 음악이 그 상황에 가져올 수 있는 것이 무엇인지 물었다. 얼마 후에 절벽의 주변에서 오른쪽으로 움직이기 시작할 수 있다는 생각이 그녀에게 찾아왔고, 그녀는 그렇게 했다. 절벽 뒤로 길은 더 이어져 있었고, 옆에서 그녀는 거대한 황금 곡선들이 땅에서부터 감겨 올라온 것을 보았다. 얼음 결정으로 만들어진 또 다른 장애물이 아직 있었으나 불로 녹였고, 그녀는 따뜻한 빛의 영역에서 자신의 여정을 마쳤다.

여정 이후의 대화에서 그녀는 절벽이 삶에서 문제를 만나는 것을 나타내며, 절벽 주변에서 움직이는 것이 사직하는 것 대신에 그 주변에서 자신이 길을 찾는 가능성의 상징을 나타내는 것이라고 해석하였다. 그녀는 자신의 일상생활에서 무력함을 느끼기 시작하고, 포기하고 싶은 상황에서 이 내적 이미지를 활용했으며, 이는 그녀에게 대처 전략으로 작용했다. 그녀는 자신만의 창의성과 곡선을 연관 지었고 그 이미지는 그녀가 결코 아이디어가 부족하지 않을 것이라는 느낌을 주었으나, 프로젝트가 서로 엉켜 혼란을 만들지 않도록 하나씩 차례로 작업하는 것이 좋은 아이디어였다. 그녀는 GIM 치료에서 몇 번의 다른 매우 중요한 경험을 했고, GIM 이후의 설문지는 우울을 포함한 모든 스트레스 관련 증상에서의 큰 향상을 나타냈다. 치료의 과정 동안 그녀는 내내 우울 관련 약물을 복용했고 예방책으로서 이를 지속했다. 그녀는 자신이 임시직으로 일했던 직장에 복귀했고, 새로운 자신감과 확신을 가지고 자신의 상사뿐만 아니라 동료들과 씨름했으며 나중에 새롭고 더 좋은 직업을 찾았다. 치료가 종결되고 6개월이 지난 후에도 그녀는 여전히 잘 지내고 있었다.

이론적 관점

GIM이 스트레스를 다루는 데 도움이 되는 이유에 대한 설명은 내담자가 경험을 시작하고, 상징적 형태의 중요한 심리적 주제들을 처리하는 것을 돕는 방법의 능력과 관계가 있다. 경험을 처리하고 새로운 관점과 행동 가능성을 통합하는 데 있어 음악, 치료사, 창의적 표현(그리기 등), 언어적 대화는 지지를 제공한다(Bonny, 2002; Bruscia & Grocke, 2002). 신체 인식, 정서적 학습, 대처와 관련된 각기 다른 측면이 이러한 과정의 요소들이다.

만성적 스트레스가 있는 사람들은 자율신경체계가 역기능적인데, 이는 그들의 신체가 더 이상 활동과 각성의 상태에서 자발적으로 이완과 휴식으로 움직일 수 없음을 의미한다. 신체는 지속적으로 싸울 준비가 되어있으며, 이는 수면, 소화, 순환 등의 문제를 초래한다. 차분하고 긍정적이며 예측 가능한 것으로 지각되는 음악은 신체의 자기 조절을 지지하는 '공간'을 조성한다. 온기가 밀려오는 것, 하품, 눈물, 웃음, 꼬르륵거리는 배 등 모든 것이 신체가 놓아주고 이완하기 시작한다는 것을 나타낸다(Beck, 2010, 2014). 만성적 스트레스가 있는 사람들은 보통 자신의 신체에 대한 분리된 인식을 가지고, 의지력과 지적 능력을 통해서만 기능할 수 있으므로 신체 감각에 대한 접근이 우선순위이다. 충격을 많이 받거나 장기간의 탈진도 소위 말하는 '경직'반응을 초래할 수 있다. 이는 신체를 느끼는 것이 어려울 수 있는 일종의 멍하거나 마비된 상태이다. 이는 많은 사람이 스트레스성 신경쇠약 전에 자신의 한계를 매우 높은 정도로 위협하는 이유를 설명하는 것이기도 하다. 음악치료가 자기 조절과 '체화'를 지원할 때 스트레스가 심한 개인은 지금 여기에 현존하면서 긴장을 해소하고, 신체와 마음 간 의사소통을 강화하는 것에 도움을 받을 수 있다. "… 음악 안에서 신체적으로 최적의 순간을 경험하고 언어적 처리가 이어지는 것은 육체 soma와 정신psyche 간 '살아있는 교량'을 구축할 수 있다"(Trondalen, 2007, p. 14, 이 책 저자의 번역).

　신체 감각에 대한 접근은 보통 정서를 느낄 수 있는 기반이 된다. (다른 누군가와 함께하는) 음악 감상은 '경직되고' 밀려났던 정서를 경험하는 것에 접근하게 한다. 분노, 수치, 비통함과 두려움은 보통 스트레스 콤플렉스의 일부이다. 또한 이러한 정서들은 희망, 사랑, 기쁨과 같은 긍정적 느낌이 발현되고 과정을 위한 지원의 역할을 맡을 수 있는 것처럼 음악에 의해 환기되고 접촉되며 GIM 경험을 통해 표현될 수 있다. 스트레스는 보통 침해된 경계에 관한 것이기에 GIM 세션이라는 구조 내에서 분노의 자발적인 표출은 분노를 표현하는 동시에 정서를 관리하고 표현하는 새로운 방법을 학습하는 안전한 방법이 될 수 있다.

　라자루스(1999)는 스트레스와 정서 간 연계성을 연구했고, 스트레스원에 대한 개인의 평가는 스트레스 상태로 이어질 것인지 아닌지에 대한 것이기 때문에 대단히 중요하다는 것을 나타냈다. 동일한 상황이 한 사람에게는 이겨내기 어려운 것이자 압도적인 것일 수도 있는 반면, 다른 사람에게는 성장하는 것에 대한 도전과 기회일 수도 있다. 대처 전략은 스트레스의 정도에 영향을 미친다. 이러한 예에 따라서 라자루스는 문제 해결 대처 전략(지식과 정보를 추구하고 행동하기, 상황을 이해하고 영향을 미치고자 노력하기)이나 정서 기반 대처 전략(다른 사람과의 대화, 명상이나 치료 등을 통해 부정적 정서를 처리함으로써 내적으로 적응하고자 노력하기)을 기술했다.

　음악 감상 중에 음악이나 심상이 아름답지 않고 평화롭지 않은 상황들이 있다. 이는 내담자가 그 상황을 다루는 자신의 능력을 동원할 필요가 있게 만든다. 이를 '방어 대책'이라고 하며(Goldberg, 2002; Moe, 2001), 이론적 설명에 따르면 내담자는 음악과 심상 안에서 작은 도전들을 관리할 수 있음을 경험할 때 자신감과 대처할 수 있다는 느낌이 증가한다.

이는 치료실 밖의 삶과 유사한 것으로 보일 수 있다. 앞선 사례 기술에서 절벽의 예처럼, 대책은 도전을 위한 대처 전략으로서 내담자의 삶으로 통합된다. 그러므로 음악치료에서의 경험은 내담자가 스트레스가 심한 상황에서 행동하기 위한 새로운 자원을 만드는 것처럼 개인적인 내적 상징 및 대처의 이미지에 접근하도록 한다. 이는 정서 기반일 뿐만 아니라 새로운 문제 해결 전략을 드러낸다.

게다가 GIM에서는 내담자가 적절한 방식으로 반응할 수 없었던 이전의 상황들을 재구성하는 것이 가능하다. 과정은 '재협상'이라 불리며, '신체적 경험'에 의해 고무된다 (Levine, 2010). GIM 세션에서 내담자는 그 상황을 살펴보고, 사건의 과정을 변화시켜 스스로 무력감이라는 느낌 대신 긍정적인 느낌으로 그것에서 벗어난다. 음악은 지지의 역할을 하며 내적 심상을 떠올리게 하고, 음악치료사는 내담자가 다시 무력감에 사로잡히지 않도록 과정을 안내하여 돕는다. 과정은 어려운 관계들과 악몽을 다루는 데에도 활용될 수 있다. 강렬한 상상적, 상징적 경험은 신체와 마음에 영향을 미치며 뇌의 화학작용을 변화시킨다. 사람은 무력감을 느낄 때와 통제감을 느낄 때 각기 다른 호르몬이 활성화되기 때문이다(Henry, 1992). 물론 원래의 상황은 변화하지 않으나 이를 향한 태도와 느낌은 변화될 수 있다.

마지막으로 보통 음악적 경험의 심미적 특질과 심오함으로 인해 발현되는 영적이거나 실존적인 절정 경험의 힘을 언급하는 것이 중요하다. 이러한 경험은 스트레스가 심한 사람들에게 자신의 삶에 있어 새로운 의미를 부여할 수 있고, 스트레스에 관한 학습의 과정과 삶을 변화시키는 것을 지지할 수 있다. 즉흥연주와 발성을 통한 능동적 음악 만들기에서는 아름다움의 경험, 음악적인 정서적 표현과 실천적 행위를 통해 한 사람의 내적 삶을 탐색하는 감각적 경험이 변용 과정을 가능하게 만드는 가능성의 심미적 공간을 개방한다.

변용 과정의 중요한 측면은 관계적 장소에서 일어난다는 것이다. 직무 관련 스트레스는 보통 실패한 사회적 관계에 의해 촉발되는데 이는 스트레스가 심한 사람이 사회적으로 위축되는 것을 초래한다. 치료적 관계에서 의사소통으로 활용되는 창의적 표현 양식들은 고착된 반응의 패턴에 도전하고 이를 해소할 수 있으며 새로운 관계적 경험을 위한 장소를 만들 수 있다.

근거

최근에 스트레스에 대한 음악치료의 효과를 연구한 3편의 덴마크 박사학위 논문이 완성되었다. 세 연구는 모두 신체의학 병원이라는 기관의 환경에서 수행되었으며(Beck, 2012; Sanfi, 2012b; Schou, 2008), 3개 사례에서 모두 음악치료는 통제 집단과 비교하여 스트레스의 경험을 완화할 수 있었다.

펠레티에(2004)는 스트레스 처치로서 22편의 음악치료 연구를 비교했다. 이들 중 2편의 연구가 직무 관련 스트레스를 다루었고, 나머지는 의료적 절차와 관련된 스트레스를 다루었다. 모든 연구는 스트레스에 관하여 개선을 나타냈다. 분석은 음악치료가 일반적으로 집단보다 개별 치료에서 더 효과적이었음을 나타냈고, 치료사가 현존하지 않았던 음악과 의료에서보다 음악치료사와 함께 한 음악치료에서 더 큰 효과가 있었다. 이완 연습과 결합된 음악 감상은 수동적 음악 감상보다 스트레스를 완화하는 데 좀 더 효과적인 방법이었다. 음악치료 회기가 길수록, 효과는 더 컸다. 딜레오와 브래트(2007)는 41편의 스트레스 연구를 고찰했고 손가락 체온, 혈압, 스트레스 호르몬(코르티솔), 면역 체계와 관련된 화학물질SigA 같은 생리적 측정에서보다 불안, 기분과 같은 자기 보고식 심리 상태의 측정에서 전반적으로 더 나은 결과들이 있었다고 밝혔다.

뇌의 화학작용에 대한 음악의 효과에 관한 400편 연구의 메타 분석에서 연구자들은 음악이 스트레스와 각성 외에도 스트레스와 상호작용하는 3가지 다른 체계에 영향을 미친다는 것을 규명했다. a) 보상, 동기부여와 쾌락, b) 면역 체계, c) 사회적 유대관계(Chanda & Levitin, 2013).

앞서 언급했던 덴마크 박사학위 논문 가운데 하나는 장기 병가 중인 20명의 근로자를 대상으로 한 GIM 치료의 효과를 기록했다(Beck, 2012; Beck, Hansen & Gold, 2015 참조). 13명은 6회기의 개별 GIM 치료 세션을 받은 반면, 남은 7명은 통제 집단으로서 대기 목록에 올랐다. 연구 참여자들은 16명의 여성과 4명의 남성으로 평균 연령은 45.5세였으며, 미숙련 노동자는 없었으나 매우 다양한 직군을 대표했다. 프로젝트에 참여했을 때 참여자들은 평균 17주 동안 병가 중이었다. 타액에서 스트레스 호르몬인 코르티솔을 측정한 것을 통제 집단과 비교하자 치료를 받은 집단은 코르티솔의 감소를 나타냈다. 또한 통제 집단과 비교하여 치료를 받은 집단의 불안이 유의하게 감소하고, 수면의 질과 안녕감이 개선되었으며 통증, 빠른 심박, 긴장과 같은 신체적 스트레스 증상의 정도가 완화되었다. 통제 집단도 대기 시간 이후에 GIM 치료를 받았으며 이는 초기와 후기 처치 간 비교를 가능하게 만들었다. 초기 처치를 받은 참여자들은 일반적으로 스트레스 증상을 더 적게 나타냈고, 자신들이 나중에 처치를 받은 참여자들보다 스트레스를 더 잘 관리한다고 느끼는 것으로 나타났다. 전체 집단에서 참여자들의 83퍼센트가 업무로 다시 복귀하거나 더 이상 아프지 않았다. 연구는 GIM 치료가 연구된 집단의 작은 크기를 고려하여, 스트레스 증상과 업무로의 복귀에 대해 상당한 효과를 가졌음을 나타냈다. 질적, 양적 분석의 결과는 모두 GIM 치료가 신체적 스트레스 증상을 완화시켰고, 에너지와 안녕감을 향상시켰으며 내적, 외적 갈등에 대한 대처 전략을 증가시켰고, 참여자들이 자신의 직장 생활에서의 외상적 경험을 극복하는 것을 도왔고, 참여자들에게 새로운 관계적 역량을 제공하였으며 기분을 개선시키고, 미래의 직장 생활에 대한 희망을 고무시켰다는 것이었다.

비슷한 유익 결과가 다른 GIM 연구에서도 나타났다. 예를 들어, 10회기의 GIM 세션은 고혈압이 있는 개인의 혈압을 강하시켰고(McDonald, 1990), 일상 스트레스의 경험은 중등도의 스트레스가 있는 비임상적 집단에서 감소되었다(McKinney, 2002; McKinney et al., 1997).

섬유근육통이 있는 내담자 집단에 대한 연구에서 음악 감상과 심상이 통증을 완화시키고 수면의 질과 대처 기술, 업무 상황을 다루는 능력을 개선했다는 비슷한 유익 결과가 나타났다(Bjellånes, 1999). 직무 관련 통증과 스트레스가 심한 간호사에 대한 브라질의 연구에서, 음악 감상과 동시에 내적 심상 그리기는 경험하는 통증의 확연한 완화를 가져왔다(Leao & da Silva, 2004).

직장 내 근로자를 위한 음악치료에 대한 과학적 연구들은 긍정적 결과들을 나타냈다. 직장에서 1시간 세션을 6회기 제공받은 간호사들을 대상으로 한 미국의 수정된 GIM 연구는 음악치료가 즉각적 이완, 통증 완화, 대처 기술(관점 증가, 에너지 증가)의 증가를 가져왔으며 내적인 힘의 감각을 부여받았음을 나타냈다(Brooks et al., 2010). 바쁜 업무량으로 인해 간호사들은 간신히 평균 3회기의 세션만을 해냈는데 이는 소진과 직무 만족도 검사에서 통계적으로 유의한 결과가 없는 이유일 수도 있다.

미국의 한 병원과 일본의 한 컴퓨터 회사에서 각각 시행된 서로 다른 직군의 집단 간 존중과 의사소통에 초점을 둔 주간 타악기 즉흥연주 집단은 참여자들의 기분과 면역 체계를 개선하였고, 소진을 완화시켰다(Bittman et al., 2003; Wachi et al., 2007). 73명의 사회복지사 집단에서 마스치, 맥밀런과 비올라(2013)는 2시간의 드럼 연주 세션 이후에 세션 전보다 유의하게 적은 스트레스와 더 많은 에너지, 역량 강화와 연대감을 측정했다.

영국의 한 학교에 무작위로 분포된 2개의 교사 집단 연구에서 한 집단의 참여자들은 인지행동치료와 이완을 받은 반면, 다른 집단의 참여자들은 동일한 프로그램을 받았으나 소진과 스트레스에 관한 노래들도 가져오도록 요청되었다. 참여자들은 서로의 노래를 감상했고, 노래에 대해 토의했으며 스트레스원을 다루는 새로운 방식을 찾는 것에 대해 다루었다. 6주 후에 음악치료 집단은 행동치료를 받은 집단보다 특히 학생들에 대한 냉소주의에 관해 더 낮은 수준의 소진을 보였다(Cheek et al., 2003). 호스피스의 스태프들은 인지적으로 구조화된 음악치료 외에도 음악치료 즉흥연주 이후에 더 큰 정도의 유대감을 경험했으나 소진에 대해서는 효과가 없었다(Hilliard, 2006).

음악가들의 스트레스와 연주 불안은 음악치료 즉흥연주 연습에 의해 완화되었으며, 음악치료 이후 연주가 개선되는 결과도 나타났다(Kim, 2008; Montello, 1989). 음악가들을 대상으로 한 GIM도 연주 불안과 스트레스 완화, 전체성 감각 및 정체성의 향상이라는 결과를 나타냈다(Pehk, 2012, 2017; Trondalen, 2011).

합창에 대한 연구들은 매우 흔한 이 음악 활동이 이완과 스트레스 해소에도 활용될 수 있다는 것을 보여준다. 동시에 합창단에서의 가창은 에너지를 높이고 공동체 의식을 증진할 수 있다(Clift, 2012). 여러 연구가 면역 체계와 스트레스 호르몬에 대한 합창의 유익 효과를 나타낸다(Beck et al., 2000; Kreutz et al., 2004). 직장에서의 합창을 대상으로 한 프로젝트는 직업 만족도와 공동체 의식의 향상뿐만 아니라 직장에 대한 참여와 헌신이 유의하게 개선된 것을 나타냈다(Vaag et al., 2012).

특히 스트레스가 심한 직장에서는 음악치료사에 의해 촉진된 단회기의 음악 감상조차도 불안, 심박수, 혈압, 손가락 체온, 코르티솔 농도와 경험된 스트레스 수준에 효과를 미칠 수 있다(Lai & Li, 2011; Lesiuk, 2008; Smith, 2008). 업무 중의 음악 감상은 분위기와 기분을 개선하고 창의성을 높이며, 소프트웨어 프로그래머들의 과제에 있어 문제 해결을 더 빠르게 한다는 것을 나타냈다(Lesiuk, 2003). 또한 사무직 근로자들의 음악 감상은 영감, 집중, 긍정적인 주의 전환, 스트레스 완화, 개인의 공간 관리를 제공하였다. 여기서 음악은 업무에의 참여와 회피(관여하는 것과 벗어나는 것) 모두를 행동 지원할 수 있었으며 열린 사무실 환경에서 자신을 보호하는 역할을 수행했다(Haake, 2011). 대학의 강의실에서는 자신이 선정한 노래에 초점을 둔 음악 감상이 유의하게 스트레스를 완화시켰다(Ferrer et al., 2014). 음악이 없는 근무 주간과 비교하여 근무 주간 중의 음악 감상(특히 이완에 초점을 두었을 때)은 자기 보고식 스트레스와 코르티솔 및 알파아밀라아제로 측정한 스트레스를 유의하게 완화시켰다(Linnemann et al., 2015). 특별히 설계된 음악 프로그램에 따른 5주 동안의 일일 가정 음악 감상은 소진을 완화시키는 것으로 밝혀졌다(Brandes et al., 2009).

요약

스트레스 관리에 활용되는 음악치료는 성장하는 분야이다. 처치는 인적 관리 부서, 직장에서의 스트레스 예방 외에도 병가 중인 개인과 함께 하는 개인 임상에서 이루어진다. 가장 흔한 방법은 개별 GIM, 집단에서의 음악과 내적 심상, 이완을 위한 음악, 합창과 집단에서의 즉흥연주이다. 음악치료와 스트레스에 대한 연구는 생리적, 심리적 스트레스 증상뿐만 아니라 근로자의 결근과 업무 수행에서도 모두 기록된 유익 효과가 있음을 나타낸다.

4.6.4 위기 아동과 청소년을 위한 음악치료

스티네 린달 야콥센

소개

위기 아동과 청소년들은 예를 들어, 행동, 애착이나 사회적 문제 등 여러 다양한 이유로 기관에 의뢰될 수 있으며, 보통 갈등과 정서적 이슈를 처리하고 사회적 기술을 (재)학습하는 데 특별한 지지와 도움을 필요로 한다. 경도 또는 중등도의 우울과 같은 정신의학적 문제도 있을 수 있고, 보통 취약한 아동과 청소년은 진단되지 않은 애착 장애나 발달 장애가 있을 것이다. 기관들은 특수학교, 생활 기술을 훈련하는 학교나 아동과 청소년은 자신이 원하는 대로 오갈 수 있는 주간센터일 수 있다. 이러한 영역에서 일하는 음악치료사들은 다소 정기적인 기반에서 세션을 수행할 수 있으나, 이는 대개 개인이나 집단의 요구에 따라 조정된다.

요구와 처치 목적

보통 음악치료의 목적은 아동이나 청소년의 사회적, 정서적, 의사소통적 역량뿐만 아니라 발달하는 자존감과 정체감을 지지하는 것이다. 비록 위기 아동이 말하기와 반영하기를 막는 언어적 역기능을 지니지 않았더라도, 자신의 경험, 정서, 사고와 선호를 언어화하는 것은 위기 아동에게 매우 어려울 수 있다. 방임된 아동과 청소년들은 비록 자신이 방임되었다고 느끼는 충분한 이유가 있더라도, 자신의 부모에게 매우 충성스러울 수 있다. 정신의학적 장애나 물질 남용이 있는 부모를 둔 아동은 이야기하기 어려울 수 있는 수치심 및 죄책감과 고군분투한다. 따라서 일차적인 치료 목적은 이 아동과 청소년에게 음악을 통해 구조화된 안전한 형식으로 힘든 정서들을 표현하는 기회를 제공하는 것이다(McCarrick, 2013). 집단 음악치료에서 목적은 내담자들에게 새로운 상호 주관적 경험을 제공하고, 정서를 공유할 기회를 제공하며, 비슷한 문제를 가진 다른 사람에게서 그들 자신을 보도록 하는 것이기도 하다. 이러한 방식으로 독립성은 물론 사회적 역량 및 타인과의 공동체 의식이 함양된다(Fugle, 2009; McFerran, Roberts & O'Grady, 2010).

음악치료

이러한 내담자군에 활용되는 음악치료 방법은 특히 아동이나 청소년의 연령에 따라 상당히 다양하다. 음악치료사들은 보통 내담자의 힘들고도 모호한 정서가 음악을 통해 표현될 수 있는 방법을 활용한다. 보통 즉흥연주나 노래 만들기 기법이 활용되나 수용적 방법도 활용되며, 특히 자신의 정체성을 찾는 청소년들은 각기 다른 양식의 음악을 감상하고 자신이 속한 문화를 관련시킴으로써 많은 생각과 감정을 전달할 수 있다(Baker, 2015; McFerran et al., 2010). 아동의 내적 혼돈에 민감하게 반응하고 아동에게 적절한 요구를 하는 것과 아동의 진실성을 기르는 것이 중요하다. 그러므로 유연성과 예측 가능한 구조의 결합이 필요한 경우가 많으며, 여기에서는 역동적인 활력과 상징적 언어가 있는 음악이 적절한 매체이다.

> 음악은 과각성과 무감각 간 중간 지대를 형성함으로써 이러한 아동의 자기 조절과 진정을 돕는 이상적 방식이며, 아동이 안정성이라는 상태를 경험하도록 돕는다. 음악치료 환경에서 아동이 경험하는 즉각적 성공은 자존감을 높이는 격려를 제공할 수 있으며, 치료사가 각성이나 억압의 증상을 줄이도록 아동을 도울 수 있는, 성공적인 비위협적 환경을 조성한다(Hussay & Layman, 2003, p. 2).

사례

9세인 마리는 음악치료실에 있는 피아노에서 음악치료사 옆에 앉아있다. 마리는 자신의 어머니, 2세 남동생과 함께 지방자치단체의 가족 기관에 머무르고 있다. 가족이 어려움을 겪고 있으며, 마리가 학교에서 친구들과 힘든 시간을 보내고 있기 때문이다. 그러나 마리는 자신의 어머니가 자신과 남동생을 매우 잘 돌봐준다고, 세 사람은 모두 서로를 좋아한다고 말한다. 이에 대해 좀 더 질문했을 때 마리는 레고랜드나 친척을 방문하는 것과 같은 즐거운 경험들은 이야기하지만, 혼자 남겨지는 것이나 아버지가 술집에 데려간 것에 대한 질문에는 답을 피하려고 한다. 마리는 알코올 중독인 아버지를 좀처럼 만나지 않았으나,

자신이 아버지를 그리워하며 아버지와 더 많은 시간을 함께 보내고 싶다고 이야기한다. 음악치료사와 마리는 자유롭게 피아노를 연주한다. 음악치료사가 반주하는 화음은 중간 음역이고, 마리의 섬세한 높은 선율은 고음역이다. 음악치료사가 그들이 노래를 만들어야 하는지 묻자, 마리는 "네, 그러고 싶어요."라고 말한다. "무엇에 대한 노래여야 할까?" 음악치료사가 묻자 마리는 얼른 "바이킹."이라고 대답한다.

음악치료사는 웃으며 고개를 끄덕이고 일정한 박이 없는 화음을 연주한다. 그러고 나서 음악치료사는 눈썹을 추켜세운 채 소녀를 초대하듯이 바라본다. 소녀는 점점 가사와 선율의 단편들을 떠올리고, 음악치료사가 화음을 변화시킬 때 이를 바꾼다. 소녀가 외워서 부를 수 있을 때까지 여러 번 부르자 짧은 노래가 만들어진다.

> 나는 작은 전사라네. 나는 내 배를 타고 항해하네.
> 거의 모두가 여기에 있지만, 어떤 사람들은 아니라네. 나는 왜 태어났을까?
> 나는 왜 태어났을까? 내 모국, 내 모국에 전쟁이 났네.
> 그래, 내 모국, 내 모국에는 전쟁이 났고, 나는 작은 전사라네.

음악치료사는 작은 전사에 관해 묻고, 전사가 되는 것이 어떻게 느껴지는지 묻는다. 마리는 이야기에 매우 몰입했고, 전쟁 속에서 살고, 가족을 잃고 살아남는 것이 얼마나 어렵고 힘든지 생생하게 묘사한다. 마리는 자신의 노래가 기쁘고 자랑스러웠으나, 자신의 삶과는 아무런 연관도 없다고 본다. 음악치료사는 마리가 이런 종류의 직면에 준비되지 않았다고 진단평가하고, 그 노래가 상상의 세계에 머무르도록 한다. 그러나 마리가 삶에서 매우 힘든 것을 말로 표현할 수 있도록 허용하고, 죄책감이나 수치심 없이 부정적이고 힘든 정서를 표현할 수 있는 것은 여전히 대단한 치료적 가치가 있다.

CD **마음으로부터의 노래** Sange fra hjertet는 센터의 25주년 기념일과 관련하여 1996년 가을 올보르 지방자치단체 청소년센터에서 수행했던 음악치료 프로젝트의 결과이다. 이 CD에 수록된 트랙은 이 프로젝트 중에 만들어진 노래들을 스튜디오 녹음으로 조정한 것이다. 올보르에 있는 '트르닝스회이스콜레르네(생활 기술을 훈련하는 청소년 학교)'의 청소년 소집단을 위한 심리사회적 처치의 일환이었던 이 프로젝트는 노래 만들기 프로젝트로 설계되었으며, 참여 기준은 필요한 도움을 받아 기념 파티에서 밴드와 함께 공연할 수 있는 노래를 만들고자 하는 욕구였다. 프로젝트에는 7명의 참여자가 있었고, 참여자들은 모두 노래를 만들 수 있었다. 참여자들은 모두 무대에 올랐고, 다소 긴장하여 떨었으나 자신의 노래를 불렀다. CD에는 프로젝트의 분위기에 고무되었고 스튜디오 녹음에 참여하려는 강한 욕구를 가졌던 2명의 소녀가 만든 노래 2곡을 추가로 넣을 공간이 있었다.

온라인에서 이용 가능한 2곡은 프로젝트 참여자 중 두 사람에 의해 만들어졌으며, 이들은 모두 자신의 삶의 상황을 표현하기 위해 가사와 음악을 활용했다.

예 20 (온라인)

루드비라는 곡에서, 21세의 남성 작곡가는 자신의 외로움에 대해, 또 주변과의 관계를 자신이 어떻게 경험하는지에 대해 이야기하기를 선택했다. 이 노래의 양식은 록으로, 록은 이 남성이 표현하는 공격적이고 좌절된 에너지라는 정서를 사회적으로 수용하는 채널이다. 이러한 방식으로 이 노래는 젊은 남성의 서글픈 외로움에 대한 컨테이너가 되었으며, 이와 동시에 정서적 혼돈을 표현하는 매체가 되었다.

예 21 (온라인)

다른 곡인 **나는 나가고 싶어**Jeg vil ud는 20대 초반의 젊은 여성이 만들었다. 이 여성은 아동기와 청소년기 전반에 걸쳐 장기적인 질환 때문에 충분한 삶을 살 수 있을지에 대해 매우 큰 절망감과 체념을 경험했다. 음악은 가벼운 분위기로, 외로움의 사슬을 끊고 삶의 기쁨을 느낄 필요가 있다는 가사에 담긴 희망을 지지한다.

두 작곡가 모두 공통적으로 노래하는 것이 세상에서 가장 힘든 일 중 하나였으나, 노래 만들기와 가창의 과정을 거쳤다는 것도 자신이 했던 것 중 가장 좋은 하나였다.

근거

내담자군으로서 위기 아동과 청소년에 대한 문헌을 찾는 것은 쉽지 않다. 이러한 집단에 대한 기술은 방임되거나 학대받은 아동과 청소년, 또는 정서 장애나 애착 장애가 있는 아동과 청소년에 대한 문헌에서 찾을 수 있다. 이러한 내담자 집단에 대한 의뢰는 국가마다 다양하다. 일부 국가에서는 위기 아동과 청소년이 정신의학과에 의뢰되고, 다른 국가에서는 사회적 당국에 이르게 되는 반면, 또 다른 국가에서는 장애 아동을 위한 특수 기관에 배치한다. 의뢰 관행에서의 이러한 차이는 내담자 집단의 다양한 분류에 대한 표현이자 이유 중 하나이기도 하다. 다양성은 영역 내에서 연구의 가시성과 계획에 모두 도전이 된다. 그러나 음악치료의 효과와 왜 음악치료가 효과적인지에 대한 이유를 기술하는 연구가 출판되었다.

크뤼게르와 스티게(2013)는 노르웨이 아동 복지 당국의 관리하에 아동기를 보낸 청소년들이 어떻게 음악을 활용하고, 음악 활동에 참여하는지 연구했다. 크뤼게르는 18~23세의 청소년 15명을 인터뷰했다. 청소년들은 모두 자신이 밴드에서 연주하고, 노래를 만들 수 있는 커뮤니티 음악치료 프로젝트에 참여했었다. 모든 참여자는 자신의 일상생활에서 성인과의 건설적인 대화가 부족하다는 것과 낙인화되는 것에 대해 이야기했다. 음악치료 프로젝트를 통해 참여자들은 자신의 개인적인 이야기에 구조와 형식을 제공하기 위해 음악을 활용할 수 있다는 것을 경험했고, 그렇게 해서 또래 및 성인과의 상호작용뿐만 아니라 자신의 자존감도 향상시켰다.

통제 연구에서 최애나, 이명수와 이정숙(Choi, Soo Lee & Lee, 2010)은 공격적 행동이 있는 10~12세 아동 집단에 대한 음악치료 중재의 효과를 살펴보았다. 연구는 공격적 행동이 감소된 반면 자존감이 개선되었음을 나타냈다. 연구자들은 음악치료 중재가 공격적 행동이 있는 아동에게 쉽게 접근할 수 있다는 것을 밝혔으나, 뇌와 신체에 대한 음악의 생리적 효과도 긍정적인 효과에 중요한 요인임에 주목했다.

2011년의 석사학위 논문에서 샤론 그레이엄은 통제된 양적 연구를 통해 위탁 가정에 배치된 아동 22명에 대한 음악치료의 효과를 연구했다. 결과는 음악치료가 아동과 청소년의 정서적 표현성을 증가하도록 이끌었다는 것을 나타냈다.

호주의 카트리나 맥퍼란-스큐즈는 청소년을 대상으로 여러 음악치료 연구를 수행했다. 질적 연구에서 맥퍼란-스큐즈는 아동과 청소년을 위한 음악치료 애도 집단의 과정과 결과를 살펴보았다. 긍정적 결과에는 또래와의 비언어적 상호작용, 개선된 심리사회적 발달과 긍정적 정체감의 획득이 포함되었다(Skewes, 2001). 비슷한 집단에 대한 양적, 질적 혼합 연구에서 맥퍼란은 음악치료가 청소년의 자기감과 사회적 기술을 향상시켰음을 나타냈다. 젊은 사람들은 정서를 관리하는 데 더 능숙해졌고, 자신의 비통함을 다루는 데 음악을 활용했다(McFerran et al., 2010).

방임된 아동들과의 즉흥 노래에 초점을 둔 질적 석사학위 논문에서, 콜린드(2008)는 아동이 자신의 내적 자기라는 전언어적 요소를 표현할 수 있음을 나타냈다. 이는 음악이 안전한 환경을 조성하고, 음악의 가사라는 특질이 결국 언어화하기 전에 아동이 느끼고, 연상하며, 성찰하는 시간을 좀 더 제공했기 때문이다(Kolind, 2008).

정서와 기분 조절을 위한 청소년의 음악 활용에 대한 보다 일반적인 현상학적 연구에서 2명의 핀란드 연구자는 자료를 수집하기 위해 반구조화된 인터뷰를 활용한다. 참여자들의 응답에 대한 분석은 음악이 부정적인 정서적 패턴을 감소시키고, 청소년 자신의 정서에 대한 이해를 명확히 하고 개선시키며, 위로감을 제공할 뿐만 아니라 강렬한 정서적 경험을 처리하는 도구가 될 수 있음을 나타냈다(Saarikallio & Erkkilä, 2007).

게다가 사회적 결핍이 있는 아동과 청소년을 위한 음악치료 중재의 효과에 대한 미국의 연구는 단 5회기의 세션 이후에 참여자 45명의 사회적 역량이 어떻게 개선되었는지를 나타냈다(Gooding, 2011).

요약

음악치료는 자신들의 내적 혼란을 언어화하고 표현하는 것이 어렵다는 것을 알게 된 위기 아동과 청소년을 위한 유의미하고 효과적인 중재이다. 음악은 안전한 환경을 조성할 수 있고, 구조와 유연성에 대한 개인의 요구에 맞게 재단될 수 있다. 음악은 다수의 직접적이고 상징적인 표현 방식을 제공한다. 심리치료 환경이나 사회 교육의 맥락에서 또는 커뮤니티에서 아동이나 청소년에게 이러한 표현들을 활용하는 것은 보통 더 쉽다. 실제에서 비롯된 몇몇 연구와 경험들은 음악치료가 긍정적 효과를 지님을 나타내나, 복잡하고 다양한 내담자 집단이 표적 연구를 어렵게 만든다. 이러한 영역은 좀 더 초점을 두고 연구할 필요가 있다.

4.7 음악치료와 개인적 성장

잉에 뉘고르 페데르센, 라르스 올레 본데

소개

개인적 성장을 촉진하는 수단으로서의 음악치료는 물론 앞 장에서 기술된 다수의 임상적 환경에 포함되는 요소이다. 그러나 이 장에서는 비임상적 집단, 다시 말해서 구체적인 진단이 없는 사람들의 개인적 성장과 자기 계발 과정에 초점을 둔다. 이러한 유형의 음악치료는 보통 개인 임상에서 이루어진다. 개인 임상을 하는 음악치료사들의 수는 지난 수년간 증가하였으나, 이 영역에 대한 기록이나 근거는 많지 않다. 그러므로 이 장은 다른 장과 다르게 실제 사례와 음악의 잠재력에 대한 성찰에 좀 더 중점을 두고 구조화된다.

능동적, 수용적 음악치료는 모두 비임상적 내담자들의 개인적 성장 과정을 다루는 데 활용된다. 보통 이러한 영역의 음악치료는 다루어지는 이슈들이 비병리적이고, 보통 내담자 스스로 치료비를 지불해야 하기 때문에 단기적일 것이다. 트론달렌(2010)은 수용적 음악치료GIM 형식으로 진행된 최대 20회기의 단기 음악치료를 기록하였다. 음악치료는 내담자의 내적 정체감과 자존감에 영향을 미칠 수 있는 불안, 억압, 비통함, 위기 및 다른 자연적이고 실존적인 삶의 문제들에 초점을 둔 발달 작업에 활용될 수 있다. 음악치료는 의식의 새로운 영역을 탐색하고 통합하는 방법도 될 수 있다. 이러한 방식으로 보다 영적인 경험에 개방적이고, 이러한 과정에 도움과 동반을 원하는 내담자들을 위한 기회를 제공한다. 이것이 이 장 마지막 부분의 주제이다.

이 장의 초점은 분석 지향 음악치료AOM(3.3장 참조)와 심상음악치료GIM(3.2장 참조)라는 음악치료 모델에 둘 것이다. 두 모델 모두 개인적 성장의 2가지 영역을 대상으로 작업하는 데 매우 적합하다. 이 장은 2가지 모델의 치료 과정에 대한 예로 시작한다. 음악치료가 어떻게 또 왜 실존적이고 영적인 요구를 다루는 데 활용될 수 있는지에 대한 좀 더 일반적인 기술이 이어진다.

능동적 음악치료와 개인적 성장

분석 지향 (능동적) 음악치료에서는 내담자가 자신의 '내면 아이'를 표현하거나, 자신의 '경계에 대한 침투성'에 대해 인식하게 되면서, 또는 자신의 정서적 삶을 표현하고, 균형 잡고 풍요롭게 하기 위해 필요한 체제를 만드는 방법이 보통 활용된다.

일부 시험적인 연습, 예를 들어 내담자들이 자신의 눈을 감고 커플로 바닥의 매트에 등을 맞대고 앉아 함께 작업하기 등이 개발된다. 이러한 자세로 다양한 방식의 작업이 가능하다.

- 두 내담자는 자신의 등이 닿는 것을 통해 만남을 계속 유지하고 서로의 호흡을 지각하면서 자신이 상상했던 내적인, 돌보는 부분의 특질을 목소리 즉흥연주를 통해 표현한다.
- 내담자 중 한 사람이 판단하지 않고 자신의 내면 아이를 표현하는 반면, 다른 파트너는 목소리 즉흥연주를 통해 주의와 보살핌을 제공하며 친밀한 만남을 유지한다.

대부분의 사람에게 등을 맞대고 앉는 자세는 그 자체로 다른 사람에 의해 관찰되지 않고 자신의 사적인 공간(내담자 앞의 공간)에서 자기를 표현하는 것이 가능해지는 동시에 '가까운 어머니상'(등받이)을 갖는 것에 대한 연상을 만들 것이다. 이는 마치 어린 아동이 세계를 발견하고 탐색하며 어머니가 '자신의 등 뒤에 있기' 때문에 안전하다고 느끼는 것과 같다. 등이 닿는 따뜻하고 강렬한 만남은 어린아이 같은 정서와 목소리를 표현하는 저항감의 해소를 도울 수 있다. 내담자는 혼자라고 느끼는 동시에 다른 사람과 매우 연결되어 있음을 느낄 수 있다.

대부분의 사람은 자신의 목소리를 이러한 방식으로 활용함으로써 자신의 경계를 넘는다고 느낄 것이며 보통 매우 실감나는 경험을 만들 것이다. 목소리는 사람의 손, 자일로폰의 말렛이나 바이올린의 활을 활용하지 않고 매우 '깊은 내면의 자기'로부터 무언가를 표현하는 거의 '적나라한' 악기처럼 느낄 수 있다. 목소리는 가장 기본적인 악기이다.

이러한 종류의 작업에서는 내담자가 자신의 돌봄 자원을 탐색하고 익숙해지는 것이 매우 중요하다. 이는 내담자가 지각하고 관련지을 수 있는 가청적 표현을 통해 좀 더 의식적으로 만들 수 있다. 성인이 내면 아이의 목소리나 폭력적인 정서적 발산에 의해 압도되는 상황에서, 내담자는 음악치료사의 도움으로 그 상황을 다루는 자신의 능력을 신뢰하는 것을 서서히 학습해야 한다. 그렇지 않으면 이 정서적으로 극단적인 발산을 실제로 수용하거나 성장 과정에서의 긍정적 단계로 보는 것이 어렵다.

사례

예 9 (온라인)

30대의 남성이 음악치료사에게 연락하여 자신이 큰 불안을 경험하고 있으며, 똑같이 강한 자신의 2가지 성격의 양면 사이에서 분열도 느낀다고 말한다. 그의 절반은 '착한 어린 소년'이 되는 쪽이고 다른 절반은 '악마'가 되는 쪽이다. 자기에 대한 지각에서의 이러한 분열은 에너지 상실 및 신체적 긴장으로 초래되는 통증과 같이 상당한 양의 정신신체적 불편감을 가져온다.

　우리는 예 9에서 들을 수 있는 음악에서 그 2가지 성격의 양면을 확인함으로써 음악치료를 시작한다. '착한 소년'은 피아노 음계를 위아래로 연주하는 반면 '악마'는 좀 더 폭력적인, 역동적이고 무조성적인 방식으로 연주한다. 음악치료사는 양면을 모두 강화하고 내담자가 기본적으로 2가지 모두를 수용하도록 격려하고자 한다.

예 10 (온라인)

예 9에서 기술했던 절차는 이후의 여러 세션에서 반복되며, 어느 날 음악치료사는 내담자가 자신의 성격의 2가지 다른 면을 각각 연주하는 것뿐만 아니라 자신의 연주에서 그가 스스로 '이상'하게 되도록 허용할 것을 제안한다. 내담자가 자신의 성격 분열을 정상으로 경험하는 것이 명확해진다. 그가 그것에 익숙하고 그것을 동일시하기 때문이다. 내담자는 평소처럼 성격의 2가지 분리된 부분을 연주하는 것으로 시작하지만, 자신이 정상이 아니게 되는 것을 허용했음을 기억하여 다른 악기들로 즉흥연주를 지속한다. 그는 예 10에서 들을 수 있는 것처럼 금속 악기, 메탈로폰과 공을 계속 연주한다. 그러고 나서 그는 핸드 드럼을 택하고, 일정한 반복적 리듬으로 연주한다(리듬과 음색이 주술사와 같다). 이는 그가 많은 에너지를 가지고 자신의 목소리를 반향적인 '원시적' 방식으로 활용하게 만든다. 이러한 종류의 목소리 표현은 그에게 생소했으나 그를 사로잡았고, 신체적으로뿐만 아니라 에너지 수준에서도 그가 자신에 대해 다르게 느끼도록 만든다. 이후에, 그는 이러한 종류의 음악적 표현에서 양면이 하나가 된 것처럼 느꼈다는 것을 언어적으로 반영했다. 그는 다음 세션에서도 계속해서 자신의 목소리를 이러한 방식으로 활용했고 점차 더 큰 통합감과 자신감을 성취한다. 그는 불안과 에너지 상실도 덜 경험한다. 여기서 음악치료사의 역할은 일차적으로 지지적이 되는 것이며 촉진하는 것이다.

올보르대학교 음악치료 전공에서의 경험적 훈련ETMT은 개인적 성장으로서 음악치료도 포함한다. 그러나 여기에서는 전문적 관점에서 보는 개인적 성장에 더 큰 초점을 맞춘다. 여기서 '내담자'는 '공명적 학습'으로 훈련되는 미래의 치료사이다(Lindvang, 2010과 이 책의 6.3장 참조). 전문적 경력에 있어 음악치료사들도 일종의 자기 보살핌으로서 또는 음악가로서 자신의 정체성을 유지하고 발달시키는 것으로 단기 또는 장기 치료에 참여할 수 있다. 개인적 성장으로서 음악치료의 요소들은 직무 조건에 대한 직장에서의 슈퍼비전에도 활용될 수 있다(Pedersen, 2013a). 훈련된 음악치료사들은 공명, 민감성과 유연성을 재정의하고 유지하기 위하여 단기 음악치료도 활용할 수 있다.

수용적 음악치료와 개인적 성장

치료적 음악 감상은 개인적 성장에 매우 적합한 방법이며, GIM 치료(3.2장 참조)는 수용적인 자기 계발 작업의 원형으로 간주될 수 있다. 음악은 내담자에게 새로운 통찰과 지각의 방식을 가져올 수 있는 은유적인 상징적 경험을 통해 보통 강렬한 정서적 돌파구를 환기시킨다. 이는 다중양식적 심상을 촉진하는 데 활용된다. 치료사와 음악, '협력치료사'는 내담자가 그 속성에 관계없이, 자발적으로 일어나는 이미지와 정서들을 수용하며 머무르고 유지하도록 돕는 동반자이자 양육자이다.

실존적 요구(윌버의 수준 4와 5, 수준 5와 6 간의 분기점을 지칭하는. 2.4.2장 참조)는 은유적 심상을 통해 탐색될 수 있으며 이는 내담자가 오래된 '삶의 스크립트', 역할과 전략을 이해하고 결국 거부하며, 심상에서 새로운 '스크립트'나 태도들을 실험하는 데 활용될 수 있다. 서서히 내담자는 좀 더 구성적인("새로운 내러티브에 대한 은유들을 재구성하는") 방식으로 생애담을 경험하고 이야기하게 될 것이다. 본데(2000)는 GIM에서 은유들을 논의한다. 루드(2003)는 삶의 스크립트의 예와 이를 변화시키는 과정의 예를 제공한다.

사례

54세의 한 여성 목사는 아동기에 방임된 이력이 있으며 성인기 삶에서는 스트레스와 불안에 시달렸다. GIM 음악치료를 받는 동안 그녀는 우유병에 갇힌 작은 아이에 관한 꿈을 꾸었으며, 그 이미지를 GIM 음악 프로그램 '긍정적인 정서'에 따른 내적 여정의 출발점으로 활용했다.

GIM 경험에서는 아이를 담은 병이 숲으로 내놓아졌다. 내담자는 소녀가 병 안에서 잠이 들었기 때문에, 음악(엘가의 **이니그마 변주곡 8번과 9번**)이 슬프게 들린다고 느꼈다. 내담자는 소녀가 아주 조용히 누워있었기 때문에 죽었을까 봐 두려웠다. 그러나 소녀는 밖으로 나가기 위해서 헛되이 유리를 두드려 그저 탈진한 것이었다. 내담자는 음악이 '작은 소녀가 피곤했다는 것을 이해했다고, 또 그녀에게 쉼을 허락한다고 말하는 것'을 느꼈다. 병 안의 아이가 쉬는 동안 내담자도 자신의 몸을 이완할 수 있었다. 그러고 나서 다음 곡인 모차르트의 **주를 찬미하세**가 시작되었다. 이 곡에는 4성부 합창이 응창하고, 여성이 독창하는 아름답고 따뜻한 목소리가 나온다. 내담자는 이 곡을 이전에 여러 차례 감상했고 여성의 목소리가 모성의 특질을 가졌다고 느꼈다. 여성의 목소리는 마치 어머니의 목소리인 것처럼 작은 소녀를 깨웠다. 소녀는 발레 무용수처럼 스트레칭을 했고 목소리에 귀를 기울였다. 내담자는 목소리를 다음과 같이 묘사했다. '소녀를 돌보는 진짜 어머니. 균형 잡힌 어머니, 보살핌.' 목소리에 귀를 기울이자 소녀의 귀가 자라기 시작했고 우유병이 보통 소녀의 크기로 커졌다. 내담자가 바흐의 **현을 위한 아다지오**를 감상하는 동안 작은 소녀는, 이번에는 백설공주처럼 다시 잠이 들었다. 동물들이 다가와 소녀를 사랑으로 바라보았으며 잠을 자려고 병 옆에 누웠다. 모든 동물이 잠에서 깼을 때 소녀는 병에서 나가 동물들을 만지고 싶었다. 소녀는 기어 나와서 다람쥐의 부드러운 털을 만졌고 새의 노래에 귀를 기울였다. 그러고 나서 백설공주의 왕자가 소녀를 불렀다. 소녀는 벤치에 앉아있는 왕자에게 동참했고 그들은 함께 호수를 바라보았다. 잠시 후에 내담자는 '다시 자기 자신이 되기를' 원했고 그녀는 자기가 청바지로 갈아입은 것을 보았다. 그녀는 벤치에 앉은 채 남아있었으나 이제는 자신의 실제 남편과 함께였다. 그녀는 희망과 균형이라는 내적 감정을 경험했다. 그녀는 자신의 일에서 목사로서 다른 사람에게 항상 이용 가능한 존재인 대신에, 어떻게 자신의 프로젝트를 작업할 시간을 찾기 시작할 수 있는지에 대해 생각하기 시작했다. GIM 경험 후에 그녀는 만다라를 그렸다. 병 속의 작은 소녀가 그림 하단에 있었으며, 눈을 감은 크고 따뜻한 노란 태양이 그림의 대부분을 차지했다. 여정을 이어나갔을 때 내담자는 병에 갇힌 작은 소녀의 이미지가 아이처럼 보이거나 들리지 않았기 때문에 유기와 무력감이라는 자신의 갇힌 감정을 상징한다는 것을 보았다. 아이였을 때 그녀는 자신이 얼마나 피곤한지와 관계없이 고군분투하고 버텨보고자 함으로써 상황을 다루었고, 이것이 성인으로서 그녀가 아직도 사로잡힌 하나의 패턴이 된 것이었다. GIM 경험에서 그녀는 사랑을 얻기 위한 아이의 헛된 투쟁에 대해 슬퍼하기 시작할 수 있었다. 비통함은 그녀를 좀 더 개방적으로 만들고 바로잡기 시작하는 것을 가능하게 만들었다. 내담자는 자신의 이완을 돕고, 자기의 쉼을 허용하는 자애롭고 따뜻한 어머니상으로서 음악을 경험했다. 그녀는 모성적인 목소리를 통합할 수 있었으며 서서히 자신의 기본적인 요구 충족을 더 잘하게 되었다.

수용적 방법뿐만 아니라 능동적 방법에서는 음악적으로 촉진된 경험 이후에 내담자의 성인 자기가 (즉흥연주나 음악 감상으로 촉진된) 경험을 의식적으로 만들고 성찰하는 것이 중요하다. 목적은 '아동과 성인 자기'를 통합하는 것이며, 내담자가 자신의 자기 이해(내적 세계) 및 행위와 대인관계적 교류(외적 세계)를 위한 새로운 가능성을 좀 더 이용 가능한 것으로 만드는 것이다. 이는 그 자체로 (아동기) 외상을 치유하거나 지금까지 살아왔던 한 사람의 삶을 화해시키는 목적이 될 수 있다. 개인적 성장으로서의 음악치료는 보통 자발적으로 또는 커다란 동기부여와 함께 자신의 삶에서 존재와 행위의 방식을 확장하거나 변화하는 것을 바라는 내담자에 의해 추구된다. 이제 음악을 개인적 성장에 대한 작업에 적절한 매체로 만드는 특질에 대해 좀 더 자세히 살펴볼 것이다.

개인적 성장 작업에 음악치료를 적용할 수 있게 만드는 음악의 구체적 특질

여기서는 개인적 성장을 위한 상담 작업을 유용하게 만드는 음악의 여러 특질을 기술할 것이다(음악의 특질과 기능에 대해 좀 더 체계적이고 이론적으로 기반을 둔 기술은 1.3장과 Bonde, 2009 참조).

음악은 모호하다(음악은 단 하나의 유일한, 명확한 의미를 지니지 않는다)

음악은 의미와 유의성에 대한 다양한 층위를 제공할 수 있으며(Bonde, 2009; Nielsen, 1998; 이 책의 1.3장과 2.5장 참조), 음악이 의미하는 것에 대한 사회의 합의는 정립되지 않았다. 음악치료사는 내담자의 음악적 의사소통을 모호하지 않은 방식으로 해석할 수 없고, 해석해서도 안 된다. 이는 판단되거나 오해되는 것에 대한 두려움이 있는 내담자에게는 유익이 될 수 있다. 일상생활에서 내담자들은 보통 자기 스스로를 표현하는 것을 회피하고자 할 수 있다. 스스로를 표현하고자 하는 욕구보다 판단되는 것에 대한 자신의 두려움이 더 크기 때문이다. 동시에 그들은 자기 스스로를 표현할 필요가 있으므로 보통 긴장으로 가득 찬 상황에 놓이게 된다. 여기서 음악은 스스로가 자신의 의사소통의 의미를 정의하는, 비언어적인 매체로 표현하기 위한 채널을 제공할 수 있다. 동시에 그들은 하나 또는 그 이상의 다른 사람들과 함께 (그들 스스로를 표현하여) 연주함으로써 공동체 의식과 유대감을 경험할 수 있다. 이는 흔히 억압된 자기표현의 결과인 고립에 대응할 수 있으며, 이러한 내담자들은 보통 자신의 개인적인 표현성이 들리고 충족되는 새로운 것을 경험한다. 이러한 방식으로 그들은 항상 다른 사람에 의한 판단을 수반하는 칭찬과 달리 깊은 실존적 경험으로서의 인정을 받는다.

구어가 의사소통의 매체인 다른 삶의 상황으로 전이될 수 있는 방식으로, 스스로를 음악적으로 표현하는 자신의 능력에 더 큰 신뢰를 발전시킨 내담자들을 묘사하는 실제의 여러 이야기들이 있다. 음악적 관계에서 표출될 수 있는 정서는 이후에 언어적으로 탐색될 수 있다. 이러한 방식으로 음악적 경험들은 실제 삶의 비유가 될 수 있다(2.5.1장과 4.2.1장의 '환자 내러티브' 참조). 정신분석을 참조하여 우리는 내담자가 음악치료를 통해 자신의 초자아와 협의하고 더 나은 균형을 찾았다고도 말할 수 있다.

음악의 언어는 정서의 언어와 비견된다

미국의 철학자 수잔 랭어는 자신의 책 새로운 기조의 철학: 사유, 의식과 예술에 대한 상징

주의 연구(1942)를 "음악은 정서가 느끼는 방식으로 소리 낸다."라는 아이디어에서 서술했다. 랭어는 특정한 음악 작품이 특정한 정서를 표현한다는 것을 의미하지 않았다. 오히려 정서의 형식과 음악의 형식은 경험되는 방식처럼 매우 많이 유사하다고 주장했다. 음악은 정서가 발생되는 방식과 유사하게, 감각적이고 역동적인 방식으로 어떤 것을 표현하고 소멸된다. 랭어의 사상은 활력의 형태에 관한 이론으로 음악을 정서의 언어로 이해하는 견고한 기반을 형성한 대니얼 스턴에 의해 더욱 발전되었다(Stern, 2010b; Bonde, 2009와 이 책의 2.3.3장 참조).

욘스(2012)는 음악적 경험에 대해 현상학적 접근을 활용하여 음악 안의 어떤 것이 우리의 정서적 반응을 유발하는지를 연구한 음악 연구자 메이어(2001)를 인용함으로써 이 관계에 대해 상술한다. 욘스는 다음과 같이 서술한다.

> 그의[메이어의] 사고는 역동적 변화에 대한 주관적 경험과 공동 음악 만들기에서 음악의 효과를 살펴본 연구에 영감을 주었다. 음악에서 크레셴도(점점 세게), 아첼레란도(점점 빠르게), 디미누엔도(점점 여리게), 포르테(세게), 피아니시모(매우 여리게), 라르고(아주 느리게), 프레스토(매우 빠르게) 등과 같은 표현은 시간의 역동적 변화를 기술하는 데 활용된다. 이는 비특정적인 정서와 내용의 표현이다. 이에 따라 스턴(2010b)은 활력의 형태를 기술할 때 '희미해지듯이, 점점 빨라지는, 폭발적인, 다소 힘을 주는 느낌, 찰나의, 공격적인' 경험들을 느꼈음을 지칭한다. 그는 이러한 모든 것이 특정한 정서나 내용과 관련이 없는 역동적 경험의 특질일 수 있음을 나타내기 위해 이것을 한다… 다시 말해서, 활력의 형태는 '모든 것'에 포함되며 따라서 지속적으로 경험을 형성하는 데 참여한다(Johns, 2012, p. 31).

치료적 관점에서 보면, 랭어와 스턴은 음악이 왜 일반적으로 정서적 경험을 유도하고 특정한 방향(예 : 우울하거나 쾌활한 분위기를 향하여)으로 그것을 역동적으로 '조절'할 수 있는지에 대한 충분한 이론적 설명을 제공한다. 음악은 표면 아래에 있는 정서에 대한 내담자의 접근을 강화할 수 있으며, 음악은 그 사람이 어떤 정서에 대해 접근하거나 느끼는 것을 막는 장애물을 허물도록 도울 수 있다.

예를 들어 한 사람이 사별의 슬픔과 절망으로 거의 마비되었으나 이러한 감정을 언어적으로, 즉 울거나 다른 어떤 방식으로 표현할 수 없으며, 스스로 정서에 굴복하는 것을 허용할 수 없다. 여기서 다른 누군가와 함께 하는 음악 연주는 정서적 삶에 대한 접근을 가능하게 하고 이를 풍요롭게 하며 발전시키는 채널이 될 수 있다. 때로 음악은 사람이 홀로 연주하는 자기 조력을 위해 활용되기도 한다. 그러나 이는 한 사람의 의사소통 안에서 충족되고 들리는 경험도, 치료사와 함께 하는 이후의 성찰도 아니기에 음악치료가 아니다.

음악 만들기와 음악 감상은 이 과정의 능동적 요인이 될 수 있다. 내담자가 성격의 성인기뿐만 아니라 자신의 '내면 아이'와 접촉하는 것을 의식하게 되고 치료에서 통합될 때 '내면 아이'를 표현하는 작업은 예를 들어, 목소리 즉흥연주, 울기 또는 비명 지르기를 통해 내담자가 발산하는 원인이 될 수 있다. 그 사람은 이제 더 이상 내면 아이를 상징적으로 표현하지 않으나 스스로 그 감정을 정말로 경험하면서 성격의 어린아이 같은 면들을 통합하는 것을 허용한다.

능동적 음악치료에서 '내면 아이'를 대상으로 작업하는 것은 보통 매우 강렬하며 해소감을 가져올 수 있다. 이는 아동으로서 거부당했거나 학대받은 성인에게 매우 유용한 방법이다. '내면 아이'라는 용어는 당대의 정신분석적 이론에서 유래하였으며, 초기 외상적 경험의 영향을 받은 현재의 일상생활에서 경험하고, 연관시키고, 행위를 하는 성인의 방식과 결합되며, 역사적인 아동기에 대한 성인의 주관적 기억으로서 이해된다.

예를 들어, 성인은 그 집단에 지속적으로 어떤 것을 제공하고, 다른 사람들의 요구에 대해 인식하고 이러한 요구들을 충족시키고자 하지 않으면서 사회적 집단에 수용되는 것을 (비이성적으로) 상상하지 못할 수 있다. 음악을 함께 연주하면서 그녀는 아마 이러한 패턴을 반복하고, 다른 사람들과 매우 유사한 음악을 연주하거나 다른 사람들이 자신에게 기대한다고 생각하는 것에 기반을 둔 음악을 만들고자 할 것이다. 이와 같은 내담자들에게 집단 즉흥연주에서 독주자의 역할을 맡는 것은, 예를 들어 다른 사람이 무엇을 연주하든지 또는 그녀의 음악이 어울리든 아니든 관계없이 자신만의 음악을 연주하도록 스스로를 허용하는 것은 큰 도전이다. 약간 확장된 의식 상태ASC에서 음악 감상을 스스로 허용하는 것과 그저 음악이 다가오도록 하기 위해 능동적으로 생각하거나 어떤 것도 할 필요가 없다는 말을 듣는 것도 그녀에게는 큰 도전이다. 여기서 음악은 그녀가 무엇을 하거나 주기 때문이 아니라 그저 그녀 자신이기 때문에, 그녀에게 무언가를 주는 '긍정적 성인'이 될 수 있다. 능동적 음악치료에서 그녀는 다른 사람의 기대에 대한 부속물로서가 아닌, 자신의 표현적 의사소통에서 인정, 존중, 확언될 수 있는 주관적이고 창조적인 인간이 되는 경험을 할 수 있다.

음악은 시공간에서 펼쳐진다

음악은 시간의 경과에 따라 진행되고 경험되는 예술의 형태이며, 예를 들어 일정 시간 동안 만들어지지만 그 과정의 집중된 결과로서 공간 안에 나타나는 산물이 있는 그림과는 대조적이다. 그러나 음악도 공간을 만들며, 공간적으로 경험되는 예술의 형태이다. 소리는 가까이에서 또는 멀리에서, 높은 곳에서 또는 낮은 곳에서, 빽빽하고 밀집된 또는 흩어지고 분산된 것으로서 경험될 수 있다. 덴마크의 음악학자 에리크 크리스텐센은 자신의 저서에 **음악적 시공간**이라는 표현을 활용하였다(Christensen, 1996). 이는 자신의 박사학위 논문에서 훨씬 더 발전시킨 아이디어이다(Christensen, 2012).

시공간의 차원은 모두 음악치료에서 활용된다. 즉흥연주에서 전체라는 과정은 처음 잠정적 아이디어에서 음악적 아이디어의 발전을 통해 마지막 소리가 사라질 때까지 들을 수 있다. 이는 중요한 아이디어, 아이디어의 출처, 아이디어가 만들어진 방식(이전에 나타난 것)과 아이디어가 발전된 방식(이어지는 것) 외에 그 사이의 이행도 똑같이 결과의 산물 —대개 과정에서 비롯된 즉흥연주— 로 들을 수 있음을 의미한다. 음악은 보통 녹음되며, 새로운 공통의 경험으로서 공간적으로 (재)경험될 수 있으나 동일한 경험은 아니다. 그 녹음을 들음으로써 정서적 기억들이 극명해질 수 있다. 이는 개인이 자신만의 경험을 유지할 수 있게 되는 동시에 집단에서 공유되게 할 수 있다.

즉흥연주에서 스트레스가 심하고 일상생활 상황이 분주한 내담자들은 —여기서 전이와 성찰을 위한 시간은 낮은 우선순위에 있거나 생각조차 하지 못한다— (순간에 대해 인식하고 존재함으로써, 음악적 과정에서 능동적이 됨으로써) 느긋해지는 법을 배울 수 있다. 내담자는 자신의 일상생활에서 강도의 변화에 대한 인식도 증가시킬 수 있다.

대신에 (분명히) 아무 일도 일어나지 않은 것처럼 보이는, 좀 더 정서적으로 공허하거나 평탄해 보이는 삶을 사는 내담자들은 즉흥연주에서 음악적 긴장을 능동적으로 조성하는 법을 배울 수 있고, 음악의 다양한 에너지 수준에 따라 스스로 이끌도록 할 수 있다. 이러한 방식으로 내담자들은 일상생활 경험에서 다양한 강도의 수준을 좀 더 인식하게 될 수 있다. 악기의 상징적 의미도 내담자의 경험에서 중요한 부분이 될 수 있다. 예를 들어, 안이 비어있고, 연주하는 것이 힘든 것으로서 드럼의 경험은 딱딱한 표면 아래 공허한 내담자의 감정을 반영할 수 있다.

또한 음악치료사는 내담자의 출현에서부터 그들이 클라이맥스에서 해소하는 것이 가능할 때까지, 길고 복잡한 정서적 경험에 공감적으로 동참할 수 있고 점점 희미해질 수 있다. 아니면 음악치료사는 치료의 '경험이라는 무대'에서 내담자의 독주하에 있는 음악적 '카펫'으로서의 역할을 맡는 반주를 연주하거나 음악적인 '자기 조절적 타인'으로서의 역할을 맡을 수 있다.

시간은 음악치료에서 상대적인 현상이다. 내담자들은 30분 또는 그 이상 지속되는 즉흥연주가 마치 한순간만 지속되거나 그 반대로도 느껴진다는 것을 알 수 있다. 시간은 긴장 수준이나 강도 프로파일에서 중요한 요인이기도 하다(Trondalen, 2008). 즉흥연주에서는 내담자들에게 음악이 끝나는 것을 듣고 감지하라고 한다. 내담자 집단이 같은 방식으로 듣지 않고, 음악이 언제 끝나는지에 대해 공통의 이해가 없는 것은 드문 일이 아니다. 때로 집단은 모든 사람이 이미 멈추었다는 것을 알아차리지 못하고 연주를 지속하는 한 사람을 제외하고는 정확히 동시에 멈춘다. 여기서 초점은 '우리가 함께 만드는 음악을 듣고 존재하는 방식'을 인식하게 되는 것이다('내가 다른 사람, 나 자신, 소리 자료인 음악을 듣는 것인가, 아니면 내가 앉아서 전혀 다른 것에 대해 생각하면서 다소 기계적으로 연주하는 것인가?').

여러 철학자와 심리학자들이 연대적인 시간인 크로노스와 경험된 시간인 카이로스 간 차이에 관해 서술했다(Stern, 2004). 욘스(2008)는 상호 주관적 관점에서 현재 순간present moment이라고 지칭된 스턴의 기술을 분석했으며, 아동과 청소년을 대상으로 한 자신의 음악치료 실제에 이를 적용했고, 선율이 존재하기 위해 각 음이 전체의 일부로서 지각되어야 하는 선율 악구를 지금 순간now moment이라는 주관적 경험과 비교한 스턴에 제시된 후설(Husserl. Stern, 2004에서 재인용)을 인용한다.

> 당신이 처음 선율을 들을 때 형식은 그 이후가 아니라 선율이 펼쳐지는 동안 지각될 것이다. 감상 경험에 기반을 두어 선율은 지금 여기에서 그 자신을 드러내는 동시에 지속 시간이라는 경험을 만든다. 모든 경험은 '지금'과 지속 시간을 다 담는다… 현재 순간은 의식으로 진입하는 미시 사건들로서, 직접적인 경험이 지각되는 방식을 중심으로 돌아가며 두 사람에 의해 공유되는 것에 영향을 받는다… 현재 순간은 각기 다른 역동적 시간의 형식을 지니며, 이는 각기 다른 주관적 경험들을 만든다… 스턴은 체험적 경험으로 구성된 시간의 역동적 형식이 포함되지 않았다는 면에서 심리적 현상에 관한 우리의 사고 대부분이 '시간 맹목적'이었음을 강조한다(Johns, 2008, pp. 71~72).

여기서 시간이라는 차원은 상호 주관적 관점에서 기술되며 구체적으로 즉흥연주와 음악 감상 방식에 대한 우리의 주의는 시간에서의 과정뿐만 아니라 심화된 '지금'의 경험 — 둘 또는 그 이상의 사람에 의해 공유됨으로써 변화를 만들어낼 수 있는 주관적 경험 — 을 만들 수 있다. 욘스(2018)는 상호 주관적 음악 상호작용의 이러한 기본적 측면들이 어떻게 언어적인 아동 심리치료의 비언어적 측면에서 밝혀질 수 있는지에 대해서도 기록했다.

음악은 자장가처럼 존재의 효과가 있다

자장가를 노래하는 것은 자녀와 부모 간 기본적인 정서의 교류이자 대인관계적 만남이며 (Bonnár, 2014), 이러한 음악적 만남의 특질은 커다란 치료적 잠재력과 치유의 잠재력을 지닌다(Hanser, 2016). 대부분의 사람은 스테레오에 조용한 클래식 음악(예 : 전경에 현악기 또는 관악기가 있는 클래식 실내악)을 걸고, 느낌과 앉아서 음악이 당신의 피부와 신체를 거의 어루만지는 듯한 느낌을 안다. 이는 보통 매우 차분하며 음악에 의해 보살펴지는 경험을 제공하고, 스트레스가 심한 매일의 삶에 새로워진 에너지를 제공할 수 있다. 음악의 자장가 효과는 좀 더 위안이 되는 특질도 지닌다(O'Callaghan, 2008).

　능동적 음악치료에서 음악치료사가 어떤 이유로, 특별한 상황에서 능동적일 수 없는 내담자를 위해 노래하거나 연주하는 것은 유의미할 수 있다. 여기서 다시 한번 음악은 양육적이며 확언적이다. 답례로 어떤 것을 능동적으로 주지 않아도 음악이 내담자에게 오는 것을 허용하는 것이다. 그러나 이러한 기법이 그 자체로 목적이 되는 경우는 드물다. 음악치료사에 대한 내담자의 바람직하지 않은 의존성을 만들어낼 수 있기 때문이다. 한 내담자가 세션 후에 말한 적이 있다. "내가 거리로 나갔을 때 모든 것이 그저 똑같다면, 여기 음악치료실에서 내가 보살핌을 받는 것을 허용하고, 내가 천국에 있는 것처럼 느끼는 것이 무슨 도움이 되나요?"

　보통 치료실 바깥에서도 그것이 충분히 인정될 수 있도록 정서적인 RIGs(감정에 대한 저장된 기억)에 영향을 미치는, 스턴이 변성된 정서적 경험이라고 부른 것을 만들기 전에 다수의 반복적인 긍정적 경험이 필요하다. 이러한 과정은 희망에 대한 내담자의 경험을 기른다.

　음악에서 발견된 이러한 특질을 활용하는 목적은 내담자들이 서서히 스스로를 수용하는 용기와, 자신의 절망감 및 매우 작고 하찮다는 느낌을 찾는 것에서 시작하는 개인적 통합을 향한 작업에 이를 포함시키는 것이다. 이 첫 번째 단계는 이러한 정서들을 통합하고 성격의 다른 부분들과의 대화로 이를 가져오도록 작업하는 것으로 이어진다. 내담자들에게는 말이나 신체적 접촉을 통하는 것보다 음악을 통해 타인의 확언을 받도록 스스로를 허용하는 것이 좀 더 쉬울 수 있다.

음악은 자기와 꼭 닮았다

우리 대부분은 어둠과 존재하지 않는 것을 두려워하기 때문에 어두운 대로나 길을 따라 걸으며 순전한 불안감에서 휘파람을 불거나 허밍을 하기 시작한 경험이 있다. 발성하거나 음악을 연주할 때 신체를 느낄 수 있게 되거나 더 많은 부분이 쓰이는 것을 느끼는 현상은 치료에서 음악을 유용하게 만드는 매우 기본적인 특질이다.

이러한 현상은 특히 즉흥연주 음악에서 두드러지는데, 능동적 연주자가 자신만의 '부연' 즉 표현적 의사소통에서 더 크게 실재하며 온전히 현존하는 경험을 만들기 때문이다.

실제 예에서와 같이 일부 내담자들은 자신이 신체와의 접촉이나 접지의 감각 또는 시간적/공간적 지향을 상실했다고 쉽게 느낄 수 있다. 내담자들은 이러한 때에 보통 짧은 선율이나 선율의 단편을 '닻'으로 활용한다. 내담자들은 선율을 동일시하고, 이는 그들에게 완전히 사라지지 않은 느낌을 제공한다. 선율은 반복되고 반복되며, 의식적인 마음을 위한 일종의 '생명줄' 역할을 맡는다. 이는 해리라는 진단 용어로 알려진 상태에 서서히 대응할 수 있다. 선율은 신체와 세계에 대한 감각적 연결을 만들고, 내담자들이 동일시하고 유지할 수 있는 형식을 제공한다.

다른 실제의 예에서, 주제는 내담자의 '사라짐'의 감정이 아니라 오히려 경험하기의 장을 확장하려는 바람이며, 특히 선율 소재는 더 큰 전체와 거의 합쳐지면서 내담자의 자기감 확장을 촉진할 수 있다. 이는 영적인 경험의 형식을 취할 수 있다. 그러므로 내담자는 우주와 하나인 것처럼 느낄 수 있고, 거대한 힘에 의해 영적으로 풍요로워지는 동시에 이 큰 전체에서 자신이 얼마나 작고 하찮은지를 수용하는 자신감을 가질 수 있다. 선율 소재만이 이 과정의 유일한 능동적 부분은 아니다. 친숙함을 넘어 더 큰 맥락으로 '자기를 전달하는' 화성, 셈여림, 선율과 음색으로 구성된 내적 추동이 있는 복잡한 클래식 작품들도 이 과정의 능동적 기여 요인이다.

음악은 변용을 가능하게 한다

앞서 언급한 것처럼, GIM 모델은 영적인 요구뿐만 아니라 실존적 요구를 충족시킬 수 있는 심화된 심리치료 방법이다. GIM이 처음부터 앞서 언급한 요구와 문제뿐만 아니라 자아의 정상적 경계들을 초월하는 내담자의 경험과 연관된다는 것을 기억하는 것이 중요하다. 이러한 경험들의 본질은, 처음부터 프로이트와 융뿐만 아니라 (이후) 그로프의 것보다 더 광범위한 의식의 이론을 갖추는 것이 필요하게 만들었다. 1970년대에 헬렌 보니는 횡절단된 나무 몸통에서 보이는 '나이테'처럼 의식의 각기 다른 층위들을 나타내는 소위 통나무 절단면 도해를 만들었다(Bonny, 1975/1999). 이 모델의 바깥 층위는 초월적 층위들로 내담자가 (음악적 경험을 통해) 자신의 개인사를 초월하고 신성한 것으로 통합하는 것이다. 처음에 보니는 로베르토 아사지올리의 의식 모델을 활용했다(Assagioli, 1965; Bonny & Savary, 1973/1990, 부록 2). 오늘날 GIM은 켄 윌버의 '통합심리학'(Wilber, 2000) 및 관계심리학과 연계되어 있다(2.4.2장 참조).

초월적 경험은 역설, 미스터리나 형이상학 문장들을 통해 비언어적이거나 언어화될 수 있는 영적 차원과 사람을 연결시키므로 기술하는 것이 쉽지 않다. 초월적 경험은 특별한 성향이나 치료에서 다년간의 경험이 있는 내담자를 위한 것만이 아니며, 특정한 음악 작품과 연관이 있는 것도 아니다. GIM 치료사는 이러한 경험이 언제든지 발현될 수 있다는 것을 알고 있으며, 이는 어려운 정신역동적 문제가 있는 내담자들과의 작업에서도 마찬가지이다. 문제는 초월적 경험의 본질과 그것이 보통 수반하는 변용 과정을 정확히 정의하는 것이 가능한가와, GIM에서 이러한 경험을 좀 더 체계적으로 작업하는 것이 가능한가의 여부이다.

여러 GIM 치료사들은 특정한 '초월적 이미지'를 밝히고자 했으며(Lewis, 1999), 예를 들어 원형적인 이미지나 상징('현자', '위대한 어머니', '영웅의 여정'과 같은 내러티브와 신화의 모티프 등)은 내담자의 경험이 초월적이라는 징후임을 시사한다. 이러한 경험들은 의심할 여지 없이 심오하며 실존적으로 중요하고 아마도 영적이나, '경험하는 자'와 '경험되는' 것 간의 명확한 구분이 여전히 존재하기에 초월적이라고 불릴 수 없다.

초월적 경험을 나타내는 징후는 보통 이미지가 더 이상 중요해지지 않는다는 방식에 있다. 내담자는 음악에 의해 '선택되어' 음악과 합쳐지고, 특별한 아름다움과 안녕감을 경험한다. 이는 의식의 익숙하지 않은 층위들을 열고 이끄는 '문'이 될 수 있다. 이러한 사례에서 대화는 보통 더 오랜 시간에 걸쳐 중단된다. 가이드의 역할은 내담자가 '전혀 다른 것'에 대해 온전히 예상 밖의 경험들을 하도록 하는 것이다(Ingemann Nielsen, 1986; Bonde, 2009 참조). 이는 주로 조용하게 내담자의 개인적 존재의 가장 깊은 층위와/층위에 음악이 '이야기하도록' 함으로써 수행된다.

브루샤(2000, 2017)는 초월적 경험이 (GIM과 같은) 수용적 음악치료에서만 일어나는 것은 아니나, 보통 능동적 음악치료에서 적게 일어나는 경향이 있다는 것에 주목한다. 능동적 형식에는 내담자의 '외부에서' 계속되는 다양한 사건들이 있기 때문이다. 초월적 경험은 브루샤가 '암시적 질서'라 지칭한 것에 대한 경험이다(1.3장 참조). 음악적으로 반복되거나 복제될 수 없는 것처럼 이는 말로 정확히 표현될 수 없다. 내담자가 그에 대해 준비가 되었을 때, 내담자와 치료사 모두가 음악에 완전히 열려있을 때 일어난다. '영적인' 것과 '초월적인' 것은 동일한 것이 아니나 같은 현상의 2가지 측면일 수 있다. 영적인 경험들은 그 자신보다 더 큰 무언가(음악, 아름다움, 자연, 하나님, 부처님, 우주)와 통합되는 내담자의 느낌이 특징일 수 있다. 초월적 경험에서는 더 이상 관찰하는 어떤 자아도, 이미지와 관찰자도, 음악과 감상자도 없다. 모든 이중성이 사라지고 이것이 그 경험을 역설로 만드는 것이다. 통합이 '있는 것이다.'

이에 대한 또 다른 관점은 2가지의 관련 연구 프로젝트에 제시된다(Bonde & Mårtenson Blom, 2016; Mårtenson Blom, 2014). 초월적 경험을 계획하는 것은 가능하지 않지만, GIM 치료를 계획할 때 여전히 고려할 수 있는 변용적인 과정의 측면들이 있다. 연구 프로젝트 중 하나는 구체적 특질이 있는 GIM 음악 프로그램을 활용함으로써 영적, 초월적 또는 변용적 경험을 자극하고 증진하는 것이 가능한지 연구했다. 다른 프로젝트는 이러한 경험이 어떻게 심리적으로 이해될 수 있는지와 그 역동적 과정을 기술하는 것이 가능한지를 살펴보았다. 모르텐손 블롬(2010)은 예비 연구에서, 자신이 관계심리학의 영향을 받아 내맡김의 경험이라 지칭한 현상을 기술하였고, 6가지 다른 유형의 경험과 상호 주관적 수준을 기술하는 범주화 체계를 개발했다(2.4.1장 참조). 가장 기초적인 수준(1~3)에서 내담자와 음악치료사는 내담자의 경험의 장에서 일어난 것을 공유한다. 내담자는 자신이 음악 여정 중에 경험한 것을 감각적, 의도적, 정서적 측면에 초점을 두고 간단히 치료사에게 이야기한다. 좀 더 복잡한 수준(4~6)에서, 내담자와 치료사는 인정되고 귀속되는 강렬한 감정(4), 즉 강렬하고 보통 힘든 긴장과 모순의 경험 및 수치심과 거부 같은 힘든 정서, 다시 말해서 인정되지 않은(5) 감정을 공유한다. 또한 이는 내담자가 '제3의 개체', 더 큰 무언가 — 대개 '전혀 다른 것'에 대한 비언어적 경험(6) — 에 내맡기는 것을 유발할 수 있다.

연구 프로젝트에 참여한 10명의 자원자는 모두 자기 계발의 형식으로 개인적 성장을 향한 작업에 분명한 바람을 가졌으며, 이들 중 처치를 필요로 하는 문제를 가진 사람은 없었다. 이전에 전혀 GIM을 시도했던 적이 없는 사람 중 4명이 각각 5회기의 세션, 6명의 '경험이 있는' GIM 참여자들은 3회기의 세션을 받았다. 적용된 음악 레퍼토리는 심화된

GIM 프로그램으로 구성되었고 이는 모두 도전적 강도 프로파일이 있는 음악을 포함하였으며, 심오한 실존과 아마도 영적인 작업을 목적으로 만들어졌다. 참여자들은 자신의 실존적 안녕감에 관한 설문지를 완성했다. 참여자들은 자신의 경험과 치료의 혜택에 관해 인터뷰했으며, 전체 회기의 전사본(음악 여정 동안의 대화에 대한 치료사의 상세한 지속적 기록)은 앞서 언급한 범주에 따라 분석되었다. 연구의 결과는 무엇보다 10명의 참여자가 모두 심층적인 실존적 과정에 음악 여정을 활용할 수 있었으며, 참여자들 모두가 깊은 수준에서 아름다움과 인정에 대한 강렬한 경험을 가졌음을 나타냈다. 내맡김의 경험(범주 6)은 10명 중 8명의 참여자에게서 나타났으며, 참여자들은 면담에서 이러한 경험이 자신의 내적, 외적 삶의 경험에 갖는 중요한 의의를 표현했다. 이러한 경험과 과정들의 역동은 여러 이슈가 특징이다. 경험들은 강하게 체화되며, 음악과 안내의 과정은 보통 힘든 심상을 경험하는 과정 중에 내담자를 지지한다. 심상은 심오한 인정과 심오한 도전을 오간다. 그러나 정확히 두 극성을 모두 담아줄 수 있는 능력은 자기보다 크고, 자기와 다른 어떤 것에 대한 내맡김을 가능하게 하는 변용의 필요조건으로 보인다.

'강력한 음악적 경험'은 문헌에서 전반적으로 기술되었는데, 특히 스웨덴의 음악심리학자 알프 가브리엘손(2011, 2014)은 지난 10년간 대략 1,000명의 직접적인 설명을 수집하고 분석했다. 주요 유형에 대한 간략한 기술은 본데(2009)의 저서에서 볼 수 있다. 가브리엘손과 다른 스칸디나비아 연구자들은 이러한 경험의 보건 차원에 서서히 관심을 갖게 되었다(Bonde et al., 2013; Lilliestam, 2013). 모든 것은 이러한 경험이 개별적 인간에게 위대한 실존적 유의성을 가질 뿐만 아니라, 특히 타인과 공유될 때 건강도 증진시킨다는 것을 나타낸다. 문제는 이러한 경험을 공유하는 최적의 방식이 어떤 것인가와, 예를 들어 음악 학습 프로그램과 공중 보건 이니셔티브에서 이것이 더 큰 규모로 조직될 수 있는가에 대한 것이었다. GIM 치료가 이러한 과정에 매우 적합한 체제라는 것은 의심할 여지가 없으며, 이를 경험한 사람들에게 감동을 준다.

요약과 관점

제4부는 음악치료사들이 일하는 광범위한 영역을 제시했다. 보통 음악치료사는 다른 직군의 동료들이 음악치료의 목적과 접근에 대한 통찰을 얻는 간학문적 팀의 일원이다. 음악치료에 대한 다른 직군의 관점에 대한 여러 연구(예 : Jacobsen & Hannibal, 2012; O'Kelly & Koffman, 2007)는 음악치료가 6가지 주요 영역 — 신체적, 정서적, 영적, 창조

적, 사회적, 환경적―에서 유익한 효과를 지님을 확인한다. 한 예로, 음악치료는 신체적으로 스트레스와 초조 증상을 조절하는 데 도움이 될 수 있다. 정서적으로 불안과 비통함이 완화될 수 있고, 긍정적 감정이 자극될 수 있다. 영적으로 희망과 믿음이 재정립되고 강화될 수 있다. 음악 만들기는 단조로운 일상에 창의적인 오아시스를 제공할 수 있으며, 새로운 관계를 구축하고 사회적 역량을 발달시키는 데 도움이 된다. 음악치료사가 공용 공간에서 연주하거나 스태프와 가족들도 참여할 수 있는 음악 시간을 편성할 때, 기관의 분위기도 긍정적인 방향으로 변화될 수 있다.

음악치료사를 위한 새로운 직무의 장은 지속적으로 발현되며, 이들 중 몇 가지를 언급하면서 이 절을 마무리할 것이다. 제4부에서 이미 기술했던 영역 외에도 비통함과 위기에서의 음악치료(Batt-Rawden, 2017; Ruud, 2013b; Vist & Bonde, 2013), 개인 임상에서의 음악치료(Silverman & Hairston, 2005; Thomas & Abad, 2017; Trondalen, 2009)와 다른 직군에 의한 음악의 활용(Wigram & Dileo, 1997)을 언급할 수 있다. 음악치료사들은 공립학교와 음악학교(Hilliard, 2007; Powell, 2007; Uhlig, Jansen & Scherder, 2016), 사립 기관과 공립 단체(조직 개발), 민자 고등학교와 위기센터에서도 일한다. 음악치료는 음악가의 연주 불안을 작업하는 데도 활용된다(Pehk, 2012; Trondalen, 2013). 보통 새로운 영역은 실제 경험과 학습에 기반을 둔 음악치료 석사학위 논문에 처음으로 기술된다(Wheeler, Shultis & Polen, 2005).

음악치료는 음악치료사가 재사회화 과정의 중요한 일원이 될 수 있는 교도소에서도 수행된다(Chen et al., 2014; Leith, 2014; Solli, 2013; Tuastad & Stige, 2014). 일부 사례에서 음악치료는 재소자가 출소될 때 지속될 수 있으며, 이러한 방식으로 범죄 없는 새로운 삶을 시작하는 데 기여한다(Tuastad & O'Grady, 2013). 언급되어야 하는 또 다른 중요한 영역은 미숙아 및 그들의 부모(신생아 분야)와 함께 하는 작업이다(Ettenberger, Beltrá & Marcela, 2018; Haslbeck, 2012, 2014).

5

음악치료 연구와
근거 기반 실제

5.1 음악치료 연구 : 개관

한네 메테 리데르, 라르스 올레 본데

소개 : 연구, 지식과 과학

연구는 지식의 한 종류이나 분명 유일한 종류의 지식도 아니며 가장 중요한 종류의 지식도 아니다. 아리스토텔레스는 오래전 지식의 3가지 기본 유형을 다음과 같이 명명했다.

- **프로네시스**Phronesis : 일상생활의 지식. 행위로 표현되는, 세계 내의 존재에 관한 실용적 지혜이다.
- **에피스테메**Episteme : 순수 지식. 오늘날의 '이론'과 거의 동일하며 연구에 의해, 연구를 통해 생성된다.
- **테크네**Techne : 방법과 기법에 대한 지식. 이는 사전에 규정된 목적으로 이끄는 과정의 일부이다.

그렇다면 프로네시스는 연구가 아니라 전문적 실제에 필요한 지식의 한 유형이다. 이는 다른 사람들을 위해, 또한 다른 사람들과 함께 일하는 직군에 있어 임상적 추론에 관한 것이다. 에피스테메와 테크네는 우리가 이후에 기초 연구와 응용 연구로 기술하는 것에 가깝다. 그러나 과학 및 연구에 속한 지식과 그렇지 않은 지식 간의 경계는 어디인가? 예를 들어, 대부분의 음악치료사는 일상 업무의 일환으로 자신의 내담자와 치료 과정에 대한 지식을 체계적으로 취합한다. 음악치료의 과정은 대부분 체계적인 임상적 진단평가로 시작한다(5.2장 참조). 일상의 실제에서 지식을 취합하기 위해 어떤 음악치료사들은 매 세션 후 관찰, 변화, 경험, 사건 또는 해석과 같은 고유한 기록 체계를 가지고 있으며, 다른 이들은 체크리스트나 형식을 활용한다. 이러한 지식은 음악치료사의 활용을 위해 개발되거나 프로토콜, 의료 기록이나 차트의 일부로 간학문적 팀에서 활용된다. 이것이 연구인가? 우리는 연구가 아니라고 대답할 것이며 대신에 이를 프로네시스의 일환으로 볼 것이다. 다음에서 우리는 음악치료 연구를 특징짓는 것과 임상적 진단평가 및 기록문헌을 구분하는 것에 대해 기술할 것이다.

연구 핸드북 **현실 세계** 연구의 공저자인 콜린 롭슨에 따르면 연구의 가능한 목적은 탐색, 기술 또는 설명이다(Robson & McCartan, 2016). 이와 동일한 기본 요소들은 음악치료 임상 실제에도 적용된다. 그러나 이러한 요소 외에도 연구에는 이론, 방법과 분석이 포함되어야 하며 연구는 체계적으로, 회의적으로, 또한 윤리적으로 작업하는 연구자에 의해 수행되어야 한다(Robson & McCartan, 2016). 연구자가 연구를 수행하는 방법에 대한 필요조건을 다루기 전에, 우리는 연구의 내용인 이론, 방법과 분석을 간략히 설명할 것이다.

이론, 방법과 분석

이론은 우리의 주변 세계를 이해하고 설명하는 데 활용되는 아이디어의 합이다. 연구 과정의 일환으로 일관적인 이론이 기반을 두는 지식을 설명하고 이유를 밝히거나 입증하는 것은 중요하다. 음악치료에서 이론의 예는 신체, 정신과 음악 간 관계를 설명하는 동조화 이론이다. 이론에서 예를 들어, 심박수는 심리 변화의 지표로 기술된다. 심박수는 집중, 인지 과정과 환경 인식에 영향을 미치므로, 결국 의식과 주의 기능에 영향을 미친다. 각기 다른 기능에 대한 심박수의 영향은 뇌 좌우반구의 억제와 자율 간에 역동적이고 변동적인 것으로 기술된다. 데이비드 얼드리지(1996)에 따르면 심박수 증가는 인지적 처리와 환경에 대한 거부를 나타내며, 심박수가 감소할 때 환경적 주의 전환이 일어난다. 심혈관계 활동은 정보를 수신하는 사람의 의도를 반영한다. 만일 그렇다면 음악치료는 전체로서 인간의 생리적 상태를 연구하는 민감한 도구이다.

얼드리지는 베이슨과 셀러(1972)의 고전적 연구를 참조하여 자신의 이론을 입증한다. 이 연구는 환자의 심박수를 외부의 박동에 일치시킴으로써(동조화) 심박수에 영향을 미치는 것이 가능함을 나타냈다. 또한 얼드리지는 하스, 디스텐필드와 악센(1986)을 참조한다. 이들의 연구는 두드리기와 짝 지어진 감상이 음악의 리듬에 호흡 패턴을 동기화시킨다는 것을 나타냈다. 예테보리대학교에 있는 뇌 치료센터의 최신 연구는 유니즌 합창단에 속한 한 가창자의 심박수가 다른 가창자들의 심박수와 동기화됨을 나타내어 이 이론을 지지한다(Vickhoff et al., 2013). 음악의 생물심리사회적 이론에서 심박수에 미치는 음악의 영향을 연구할 때 연구는 음악이 개별 환자에 일치되는 방식으로 일관되게 편성되어야 한다. 각기 다른 사람들이 동일한 음악에 다양한 반응을 나타내므로 이는 생리적으로도 타당하며, 능동적 음악 만들기는 생리적 변수에 영향을 미치는 데 활용될 수 있다.

연구 방법을 선택할 때 연구를 형성하는 이론 또는 가설에 기반을 두는 것이 중요하다. 방법은 단순히 연구자가 지식을 취합하거나 창출하는 방식이다. 이는 데이터나 경험적 지식을 수집할 때 활용되는 절차와 작업 방법을 기술한다. 한 이론, 이를테면 심박수에 미치는 음악의 영향을 입증하기 위해서 연구자는 아마도 양적 측정으로 수집되는 생리적 효과에 대한 데이터를 포함하여 새로운 지식이 어떻게 습득되는지에 주의를 기울여야 한다. 예를 들어, 다음과 같은 항목에서 변화가 일어난다.

- 심박수, 혈압, 호흡, 근육 긴장, 피부 온도, 피부 저항과 같은 신체적 변수
- 기동성, 약물 사용, 입원이나 사망과 같은 신체적 상태
- 내담자가 통증, 신체 손상, 지각된 건강이나 건강 관련 삶의 질과 같은 신체적 문제에 대처하는 방식

만일 연구자가 음악치료 과정 그 자체를 연구하고자 하면, 예를 들어 다음의 질적 요소들과 같은 복잡한 관계에 관한 정보를 수집하는 데 적합한 연구 방법이 필요하다.

- 내담자/치료사 관계 : **관계적 측면**
- 음악치료 세션에 대한 내담자의 개인적 경험 : **주관적 내담자 측면**
- 음악치료 세션에 대한 치료사의 개인적 경험 : **주관적 치료사 측면**
- 시간 경과에 따른 역동적 상호작용의 음악 특질 변화 : **음악적-관계적 측면**
- 다른 사람(부모, 친지, 다른 전문가들)이 음악치료를 지각하는 방식 : **체계적 또는 맥락적 측면**
- 음악치료가 작용하는 방식 : **음악적-심리치료적 측면**
- 음악과 개인으로서 환자 간 관계 : **음악적-심리적 측면**

만일 연구자가 음악치료의 가능한 심리적 효과에 초점을 두면, 방법은 효과에 대한 양적 측정이나 효과 측정 및 다음과 같은 과정의 기술에 대한 혼합물로 구성될 수 있다.

- 개선된 자존감
- 자아상과 통찰의 변화
- 갈등과 심리적 어려움의 해결에 관련된 변화

- 사회적 상호작용, 의사소통 및 자기표현에서의 개선 또는 발달
- 자신의 삶을 관리하는 역량 강화

수집된 데이터의 분석은 새로운 관계와 맥락을 찾는 데 필수적이다. 분석 과정에서, 기존의 요소와 이들 간의 관계는 결렬되고 분리된다. 분석이라는 단어는 그리스어에서 유래했으며 '분해'를 의미한다. 특정한 요소들이 밝혀지고 해체된 후 다음 단계는 데이터 요소 간차이점과 유사점이 가시화되는 새로운 의미 있는 맥락 또는 패턴으로 함께 연결하는 것이다. 이는 기존 이론을 확인 또는 반박하거나 새로운 지식 제공을 가능하게 만든다.

연구자의 역할 : 체계적, 회의적, 윤리적

체계적으로 일한다는 것은 연구자가 자신의 작업에 대한 명시적 계획이나 구조를 가지며, 연구 과정의 각 단계에 대해 전향적으로 또는 후향적으로 설명하고 주장을 제시함을 의미한다. 예를 들어, 어떤 유형의 지식과 이론이 포함되었고 이러한 지식의 맥락은 무엇이며 데이터 수집에 있어 연구자의 역할은 무엇인가? 회의적이 된다는 것은 자기 비판적이고 성찰적인 방식으로 아이디어, 이론, 개념과 관련됨을 의미하며, 설명이나 가설을 제시한다는 것은 개인의 고유한 이론 및 아이디어와 관련하여 각기 다른, 어쩌면 모순되는 관점을 제공하는 것이다. 탐색, 기술 또는 설명 과정에 있는 연구자는 이를 어떻게 수행할지에 대한 딜레마에 끊임없이 직면할 것이므로 결정되는 모든 종류의 선택에 있어서 윤리적이어야 한다. 연구자의 행위와 선택은 다른 사람들에게 항상 영향을 미칠 것이다. 이론의 선정, 내담자를 기술하는 방법이나 데이터의 수집과 저장 방법도 그러하다. 연구 윤리는 단순히 과학적 부도덕을 피하거나 연구 프로젝트의 윤리적 승인을 보장하기 위해 주어진 규칙과 원리의 합을 따르는 것에 관한 것만이 아니라 연구의 기본 가치에 대한 지속적 성찰 태도에 관한 것이기도 하다. 그렇다면 연구 윤리는 연구 과정에 걸친 한 사람의 행위에 대한 결과뿐만 아니라, 연구에 의해 창출된 새로운 지식의 결과와 그것이 제시되고 적시되는 방법을 고려하는 것을 의미한다.

연구 대 임상 실제

음악치료 분야에서 연구와 기록된 임상 실제 간 구별에 대한 필요는, 예를 들어 연간 연구 기금을 수여할 때 연구와 예술적 발전 간 차이를 규정하는 문화 기금 단체의 필요와 유사

하다. 그러므로 연구의 공통 정의에 도달하기 위해서 1963년 프라스카티 매뉴얼에 수록된 연구 정의를 활용하는 것에 대해 유럽 연합EU의 이사회 간 보편적 합의가 이루어졌다. 이 매뉴얼은 본래 경제협력개발기구OECD가 회원국 간 비교를 가능하게 하여 과학 영역과 연구 부문에 대한 명확한 개관을 제시하려는 목적으로 작성하였다. 매뉴얼에서 연구는 새로운 지식의 체계적 창출로 기술된다. 다음의 정의는 프라스카티 매뉴얼 최신판에서 발췌한 것이다(OECD, 2015, p. 28).

> 연구와 개발은 — 인류, 문화와 사회에 대한 지식을 포함하여 — 지식의 비축물을 증가시키고, 이용 가능한 지식의 새로운 적용을 고안하기 위해서 수행되는 창의적이고 체계적인 작업으로 구성된다.

프라스카티 매뉴얼에는 3가지의 다른 연구 활동, 즉 기초 연구, 응용 연구와 실험 개발이 기술된다(OECD, 2015). 기초 연구에서, 현상의 근본적인 토대는 조건이나 과정을 이해 또는 설명하기 위해 이론적으로나 실험적으로 연구되고 탐색된다. 이에 반해서 응용 연구는 연구 개발에서 그러한 것처럼 특정한 실천적 목적이나 목표를 지향한다. 실험 개발에서는 체계적이고 실험적인 데이터 수집을 통해 실제의 문제 해결에 추가적인 초점을 둔다. 문제 해결의 범위는 새로운 공정, 제품이나 설비 생산에서 새로운 과정의 이행 또는 기존의 과정, 체계나 서비스 개선에 이른다.

우리는 3가지 유형의 연구 활동 간 경계, 특히 응용 연구와 실험 연구 간 경계가 유동적이라고 믿는다. 경계는 명확히 정의하기 어려우며, 개발 자체와 연구 개발 간에는 큰 차이가 있음에도 불구하고 연구의 정의에서 이 차이가 항상 명확하지 않기 때문이다. 이를 명확히 하기 위해서 우리는 이론과 과정을 보다 지향하는 것으로 응용음악치료 연구를 정의하는 반면, 실험음악치료 연구는 특히 보건 의료 부문을 지향하는 전략적 연구로 간주한다. 이는 중재의 효과를 보다 지향하는 실제이며, 다음 절에서 다루어질 것이다.

연구는 단순히 행위나 중재의 효과를 입증하는 것에 관한 것이 아니라 새로운 지식을 창출하는 것에 관한 것이기도 하므로 음악치료와 같은 분야의 발전에 필요하다. 음악치료사는 다양한 내담자와 환자군을 대상으로 다양한 분야에서 일하며 가능한 한 최적의 처치를 제공하기 위해서 자신의 특정 분야에 관해 알려진 최신의 지식에 익숙해지는 것이 필수적이다. 이는 개별 내담자에게만 필요한 것이 아니라, 음악치료사가 설명과 통찰의 형태로 내담자나 사례에 개입하는 전문가팀에게 자신의 지식을 전할 때에 중요한 것이기도

하다. 반대로 음악치료 연구자들은 음악치료 실제에 익숙해지고 '현장의 바깥에서' 일어나는 일에 대한 최신 정보를 알아야 할 필요가 있다. 그러므로 음악치료 연구는 음악치료 실제에서 비롯되어야 하며, 결국 연구를 통해 발전하고 변화해야 한다. 이는 학생 음악치료사의 훈련, 공인 음악치료사에 대한 보수 교육 및 연구 교육에 반영되어야 한다.

연구 활동의 3가지 유형

기초 연구, 응용 연구와 실험 개발은 모두 음악치료 연구에 필요한 연구 활동이지만, 연구 기회는 자원과 기금에 의존하므로 기초 연구와 실험 개발은 음악치료에서 대표적인 영역이 아니다. 이와 같이 기초 연구는 직군을 지향하는 것이 아니며, 음악치료가 대단히 중요한 전략에 포함된 기초 연구의 예는 소수에 불과하다. 음악치료가 포함되어 있는 프로젝트 내의 몇 가지 기초 연구 사례가 있을 뿐이다. 그러나 이는 핀란드의 헬싱키와 이위베스퀼레에 있는 대학교의 간학문적 음악 연구 혁신센터를 통한 음악학자, 뇌 연구자, 음악치료 연구자 간의 광범위한 간학문적 음악 연구 협력의 사례이다. 협력은 특히 뇌전도검사EEG로 지칭되는 측정 기법을 활용하여 음악치료 전후와 도중의 뇌 활동 연구를 가능하게 만들었다.

이러한 방식으로 우리는 음악치료가 어떻게 우울증이 있는 사람들의 뇌 활동에 유익한 영향을 미치는지에 대해 새로운 기초 지식을 습득했다(Fachner, Gold & Erkkilä, 2013). 새로운 프로젝트에서 EEG 전문가 외르크 파흐너는 GIM 세션 중 뇌 활동을 연구하기 위해 스칸디나비아의 GIM 연구자들과 협력하였다(Fachner, Ala-Ruona & Bonde, 2015). 가설은 뇌파가 이완과 음악 감상 동안에 더 느려진다는 것이다(3.2장 참조). GIM 연구자들은 수십 년간 이를 가정했으나, 이론은 아직 기록되지 않았다. 다중양식적 심상이 나타나는 의식 상태는 흔히 알파 밴드라 불리는 저역대[주파수 7.5~10Hz(Bonde, 2009; Hunt & Legge, 2015 참조)]의 안정적 활동과 연계된 것으로 추정된다.

음악치료 분야의 실험 개발 연구는 특히 근거 기반 실제를 지향한다(5.4장 참조). 여기서 기금 제안서는 전형적으로 의학 연구의 필요조건을 충족시키는 연구 설계를 요구한다. 바로 표준화된 무작위의 이중맹검 연구이다. 이는 음악치료를 위한 연구 프로토콜의 설계에 큰 부담을 주는 것이다. 음악치료는 환자뿐만 아니라 스태프들과의 협력 및 상호작용에 기반을 두는 맥락 의존적 처치로 위약이 쉽게 투여될 수 있는 약물 처치와의 비교를 어렵게 만든다. 이러한 종류의 연구에 기금을 확보하는 것은 어려웠다. 그러나 여러 대학교에 '자유 연구'로 기금을 확보한 소규모 연구 프로젝트 형식의 응용 연구들이 있다. 즉, 석사나 박사 수준에서 아니면 과학 스태프들에 의해 수행되는 대학교의 학습이라는 목적 체제 내에서 수행되는 것이다. 그러므로 특히 응용 연구는 1990년대 이후 서구 세계의 여러 국가에서 음악치료 석사 전공을 정립하고 통합하는 것과 더불어 성장했다. 음악치료 연구가 주로 대학교에서 수행되는 것으로 보이므로 연구의 대부분은 음악치료 직군과 임상 실제를 지향한다.

자신의 일상 업무에서 음악치료사가 내담자의 의사소통이나 정서 상태의 변화를 관찰할 때 이는 — 앞서 설명한 바와 같이 — 연구가 아니라 실제 일과의 일부이다. 그러나 만일 이 데이터가 특정한 표준에 따라 수집되고 예를 들어, 음악치료와 의사소통적 반응 또는 삶의 질 간 관계를 체계적으로 조사하고 기술하며 설명할 목적으로 수집되면 연구의 중요한 초석이 마련되는 것이다. 우리는 음악치료 연구를 위한 이러한 초석이 마련되었고 토대가 확립되었다고 믿으며, 향후 수년 내로 음악치료가 보건 의료 부문에 좀 더 통합되어 기초 연구뿐만 아니라 전략적 연구를 아우를 폭넓은 연구 분야로 성장할 것을 기대한다.

어떤 연구 활동을 활용하는가와 무관하게 연구의 신뢰도와 타당도를 고려하는 것은 중요하다. 이는 연구자가 특정한 표준을 충족해야 하나 그 연구가 이론 체제의 일부여야 한다는 것도 의미한다. 덴마크 문화부에 따르면 특히 이론적 성찰 때문에 연구는 실제와 다르다. 새로운 개념이나 이론 개발 목적을 위한 성찰뿐만 아니라 기존의 연구가 고려되고, 맥락이 숙고되는 수준에서도 또한 다음과 같은 상황에서도 그러하다.

창출된 새로운 지식의 타당도는 기존의 지식 영역과 관련하여 검증된다. 연구자가 지식의 어떤 영역이 연구에 적합한지를 명확히 — 투명하게 — 설명하고 사례에 대한 주장을 제시할 때, 이는 연구 프로젝트의 독창성에 대한 검증이 된다(The Danish Ministry of Culture, 2018).

과학의 3가지 구별된 영역

연구 문제와 수집된 데이터는 명확히 연구 목적을 반영해야 하며, 만일 목적이 탐색이나 기술이라면 연구자가 인과관계를 설명하는 것에 그치는 결론으로 연구를 요약하지 않는 것도 중요하다. 과학의 영역을 정의하는 것은 구별되는 개념 및 이론의 합이나 패러다임을 기술하고, '지식에 대한 지식'을 고안하는 것을 의미한다. 이는 취합한 지식에 관해 자신이 아는 것을 설명함을 의미한다. 과학에서 지식 또는 지식론을 이야기할 때 우리는 개념 인식론의 기원으로서 아리스토텔레스의 에피스테메라는 단어를 활용한다.

　　과학의 영역을 이해하는 흔한 방식은 질적 연구와 양적 연구의 구별이다. 예를 들어, 이는 영향력 있는 교과서인 **음악치료 연구**(Wheeler, 1995, 2005) 제1판과 제2판의 기반이다. 이 책에서 양적 연구와 질적 연구는 별도의 2개 절(제2판에는 '다른' 유형의 연구에 대한 짧은 추가적 절이 있다)에 기술된다. 이 두 유형의 연구에 대한 인식론적(즉, 지식이나 자각에 관련된) 기반으로서, 과학의 실증주의와 비실증주의 이론 간 구별이 있다. 꼼꼼히 편집된 **음악치료 연구** 제3판에는 더 이상 양적 방법과 질적 방법의 구별이 없고 '객관주의 및 해석주의 연구' 간 구별이 있다(Wheeler & Murphy, 2015).

　　앞서 기술한 것처럼 탐색, 기술과 설명 간에는 차이가 있다. 그러므로 우리는 탐색적, 기술적, 설명적이라는 과학의 3영역을 고수하는 이해를 제안할 것이다(Yin, 1981, 2012). 연구자가 객관적인지 주관적인지, 아니면 양적 데이터를 수집하는지 질적 데이터를 수집하는지에 초점을 두는 대신에 우리는 연구자가 어떻게 지식을 취합하고, 연구 방법이 어떻게 연구 문제에서 발현되는지에 초점을 두는 것을 시사한다. 따라서 중대한 문제는 연구자가 어떤 인식론으로 작업하고 있는지, 연구의 대상(인간, 사회 또는 중재)이 무엇인지에 관한 것이다.

　　연구자는 지식을 더 많이 습득하고자 하는 요인이나 현상에 다양한 방식으로 접근한다. 이러한 요인들을 흔히 변인(즉, 가변적인 무엇)이라 지칭한다. 이러한 관점에서 과학의 3영역 간 차이는 탐색적 접근을 활용하는 연구자가 연구에서 어떤 요인에 초점을 둘지 미리 규정하지 않았다는 것이다. 연구자는 개방적인 태도로 아직 불명확하고 생소하며 이해할 필요가 있는 과정에 대한 통찰을 얻고자 한다. 기술적 접근을 활용하는 연구자는 이러한 변인 간 관계 특성에 대한 가정 없이 연구의 주요 변인을 정의할 것이다. 그러나 이는 한 변인이 다른 변인에 어떻게 영향을 미치는지 검증하기 위해 실험을 활용하는 설명적 접근을 채택하는 연구자에게 가능하다. 그러므로 설명적 연구는 인과관계를 설명하는 것이 주된 목적이기에 흔히 인과적이라 지칭되며(Ghauri & Grønhaug, 2010), 아니면 단순히 실험 연구로 지칭된다(Breakwell, Hammond & Fife-Schaw, 2000; Coolican, 2009). 여기에서 우리가 '설명적' 연구를 실험적이 아니라 인과적이라고 지칭하는 이유는, 방법이 아닌 연구의 목적에 초점을 유지하기 위해서다. 그러나 동시에 우리는 설명적이라는 용어보다 인과적이라는 용어가 '해석적'임을 의미할 수도 있기에 보다 정확한 용어임을 알게 된다.

　　표 5.1.1에는 연구의 대상 및 다양한 맥락과 이론에 대한 대상과의 관계를 포함하는 과

학의 3영역에 대한 일반적이고 간소화된 기술이 있다. 이 표는 학생 음악치료사들(과 아마도 다른 학문 직군의 학생들)에게 소개되는 여러 개념과 이론적 접근을 포함하나, 여기에서 그것을 다루기에는 너무 분량이 많을 것이다. 이 표는 심리치료 효과와 과정 연구(Hougaard, 2004), 고정 설계와 유연 설계(Robson & McCartan, 2016), 양적, 질적 음악치료 연구(Wheeler, 2005), 질적 연구(Yin, 2012), 심리 통계(Coolican, 2009), 혼합 방법 연구(Bonde, 2015; Bradt, Burns & Cresswell 2013; Cresswell & Clark, 2007; Johnson & Onwuegbuzie, 2004; Tashakkori & Teddlie, 2003) 및 음악치료의 미시 분석에 대한 이론 등에 기반을 둔다(Wosch & Wigram, 2007). 우리는 기술 연구가 다양한 방법으로 이해되었음을 강조하고자 한다. 여기에서 우리는 사회 연구 외에 마케팅 연구에서도 가장 흔한 관점에 의지한다.

표에서 다루어진 가장 중요한 개념과 반의어는 다음과 같다.

- **개성기술적**ideographic : 개별 현상과 관련된 것
  법칙정립적nomothetic : 보편적 법칙 제공과 관련된 것
- **객관적**objective : 가치중립적, 공정한, 편향되지 않은 것
  주관적subjective : 사적인 관점에 기반을 둔 것
- **귀납적**inductive : 특정한, 구체적인 것이 이론적 결론의 기반임
  연역적deductive : 이론이 실제를 설명함
- **기술 통계**descriptive statistics : 데이터를 요약하는 데 통계적 방법을 활용함
  예측predictive 또는 **추론**inferential **통계**statistics : 무작위 표본에 기반을 두어 모집단에서 찾는 것을 예측할 수 있음을 나타냄
- **검증**verification : 가설을 확인하는 행위
  반증falsification : 일련의 경쟁적 가설들로 이론이 검증됨

표 5.1.1에 제시된 것처럼 과학의 3영역 간 차이를 간소화하기 위해서 롭슨과 맥카탄(2016)의 설명적 연구에서 영감을 얻었다. 탐색적 접근에서는 알지 못하는 것이 무엇인지 모른다. 기술적 접근에서는 알지 못하는 것이 무엇인지 안다. 마지막으로 설명적/인과적 접근에서는 안다고 추정하는 것을 검증한다.

덴마크의 심리치료 연구자 에스벤 호우고르(2004)의 업적과 연구 접근에 대한 호우고르의 그래프 표현을 활용하여 우리는 과학의 3영역(그림 5.1.1 참조) 간 주된 차이를 나타

표 5.1.1 과학의 탐색적, 기술적, 인과적 영역에 대한 간단 개요

과학의 영역	탐색적	기술적	인과적
연구의 대상	의사소통적이고 능동적이며 사고하는 의도적 주체로서의 인간	건강, 문화, 사회, 마케팅에서의 일반적 관계	중재나 행위의 효과 근거
인식론	구성주의, 해석학, 현상학, 민족지학, 비판적 사실주의	사회학, 경제, 조직론, 문화적 민족지학, 정치학, 비판적 사실주의	자연주의, 후기 실증주의, 경험주의, 사실주의
가치	의미, 이해, 해석 개성기술적 통찰	집단 특성 이해, 유행 법칙정립적 보편성	인과관계 법칙정립적 원인/결과
추론의 방법	귀납적	연역적	가설-연역적
접근	주관적 의미관계	객관적 통계적 대표성	객관적 인과관계
맥락	고유한, 맥락 의존적, '현실 세계'라는 개방 체계에서의 연구	도상화 집단, 조직, 기관, 사회	반복 가능한, 맥락 독립적, 실험실 실험(체내/체외)
변인	연구 변인은 고정되지 않음 (그러나 과정 중에 연구자에 의해 구성됨)	변인 간 보편적 관계가 기술됨	인과관계는 종속 변인과 독립 변인의 통제 및 조작을 통해 검증됨
응답자	개인	문화, 모집단의 무작위 통제 표본	통제 집단 및 실험 집단에 대한 무선할당
경험적 자료	내러티브, 사건, 경험, 활동, 미술 작품, 문서, 대화, 인터뷰, 초점 집단 논의, 현장 참여자 관찰, 현장 기록, 일지 기록, 과정, 교류, 상호작용	참여자 특성, 인구학적 자료 소견, 생리학적 자료, 뇌 스캔, 수치화된 점수(특히 명목 또는 서열 척도)에 대한 기록	수치화된 점수(특히 등간 또는 비율 척도), 표준화 도구와 심리측정적으로 검증된 측정 도구, 생리학적 자료, 뇌 스캔
연구자 역할	주관적 발견적	객관적 가치중립적	객관적 가치중립적
연구 설계	질적, 성찰적, 유연, 참여적 실천 연구, 사례 연구	코호트 연구, 마케팅/소비자 분석 조사, 횡단 연구	RCT, 실험실 연구, 사례 통제군 연구, 단일 사례 설계
분석 방법	자료 표시 코딩 패턴 범주화 의미 압축	자료 표시 기술 및 예측 통계	예측 통계(가설 검증, 추정, 상관 및 회귀)
연구의 질 보증	성찰성, 투명성 통찰 신뢰성	객관성, 상관 검증	객관성, 편향성 제거 신뢰도와 타당도 반증

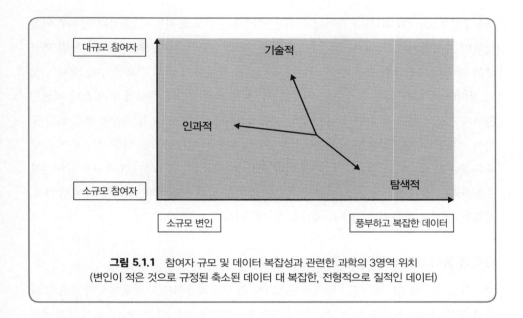

그림 5.1.1 참여자 규모 및 데이터 복잡성과 관련한 과학의 3영역 위치
(변인이 적은 것으로 규정된 축소된 데이터 대 복잡한, 전형적으로 질적인 데이터)

내는 실례를 제안한다. 그러나 여기에서는 다른 변수들을 활용한다. 우리는 Y축에 데이터 수집의 기반이 되는 참여자 수를 배치했다. 이는 데이터 수집의 복잡성과 관련하여 나타난다(X축). X축은 소규모 변인, 다시 말해서 전형적으로 양적인, 간단하고 축소된 데이터로 시작하고 나서 복잡성의 정도가 증가하여 풍부하고 다면적인(전형적으로 질적인) 데이터로 마무리된다.

그래프 중앙에 있는 3개의 화살표는 그래프의 3군데 외점 간 다양한 위치에 연구가 배치될 수 있다는 사실을 예증한다. 기술적 연구는 전형적으로 질적 연구에서처럼 풍부한 데이터를 포함시키지 않고 통제 연구에서보다 데이터 복잡성이 더 크며 대규모 모집단(아마도 10,000명 이상의 참여자)을 필요로 한다. 광범위한 공중 보건 연구들이 대부분 질문이 많고 복잡한 데이터 세트를 담고 있는 반면, 여론 조사는 전형적으로 제한된 수의 간단한 응답 선택지만 포함한다. 인과적 연구에서, 예를 들어 무작위 통제 시험은 몇 가지 변인만 검증된다. 무작위 통제 시험을 위한 준비에서 통계적 계산은 유의성 획득이 충분한 참여자 수가 얼마나 되는지를 알아내는 데 활용된다.

유의성은 연구 결과가 우연 또는 오류에 의해 일어나는 것이 아니라 독립 변인(예 : 음악치료), 즉 연구되고 있는 효과에 의해 일어나는 것이 얼마나 예측되는지를 뜻하는 통계적 개념이다. 유의성은 보통 무작위 사건으로 일어나는 결과의 확률이 5퍼센트($p < 0.05$)

또는 1퍼센트(p<0.01)보다 작거나 같음을 나타내는 수로 표시된다. 윤리적 이유로 임상실험의 참여자 수를 제한하려는 시도가 있다. 따라서 목적은 기술적 연구에서처럼 대규모의 참여자 모집단을 찾는 것이 아니라 유의성을 획득하기 위해 필요한 수를 정확히 찾는 것이다. 우리가 이후에 기술할 사례 연구는 X축 전체 구간에 배치될 수 있으나 제한된 참여자 수로 인해 X축 하단에 배치된다. 탐색적 연구는 그림 5.1.1의 바깥쪽 우측 하단 구석에 배치된다. 상호작용 또는 과정, 개방 체계를 다루는 연구에서는 심층 분석 외에도 다량의 풍부한 데이터가 필요하다. 만일 이러한 분석이 상당히 철저하다면 대규모 참여자를 포함시키는 것은 불가능하다. 넓이를 얻으면 깊이를 잃기 마련이다. 우리는 이제 탐색적, 기술적, 인과적 음악치료 연구의 예들을 제시할 것이다.

탐색적 음악치료 연구의 예

탐색적 음악치료 연구의 예는 페데르센(2007a)의 정신역동적 음악치료에서의 역전이 과정에 대한 박사학위 논문이다. 현상학적 연구에서 페데르센은 임상 개념으로서의 역전이 경험에 관해 4명의 음악치료사를 인터뷰했다. 4명의 치료사는 성인 정신의학 분야에서 즉흥연주로 작업한 다년간의 경험이 있었으며, 주요 연구 문제는 음악치료사가 역전이 경험을 어떻게 지각하고 이에 반응하며, 이해하고 해석하는지를 다루었다. 다른 무엇보다도 페데르센은 역전이 과정이 치료사 외에 내담자에게도 놀라운 것이며, 이들이 음악 안에서 역전이 과정을 들을 수 있다는 것을 밝혔다. 음악 안에서 변화의 과정이 가청적이라는 것은 그러므로 치료에서의 무의식적 반응을 의식적으로 만드는 과정을 촉진할 수 있다는 것이다(Pedersen, 2007a).

탐색적 음악치료 연구에 대한 다음의 예에서 린방(2013)은 학생 음악치료사의 자기 경험적 학습을 연구했다. 린방의 목적은 대학교에서 학생 음악치료사들이 바른 이론적 토대를 세우는 것뿐만 아니라, 특히 심각한 정신의학적 문제가 있을 수 있는 사람들을 대상으로 예측할 수 없고 부담스러운 상황에서의 작업을 관리하는 적절한 개인적, 전문적 역량을 어떻게 쌓을지에 대한 통찰을 얻는 것이다. 9명의 응답자가 참여했으며, 자기 경험적 치료의 즉흥연주에 대한 오디오 기록을 이용할 수 있는 권한을 연구자에게 부여하였다. 린방은 심층 인터뷰를 수행하였고, 대화의 주요 내용은 즉흥연주였다. 인터뷰 전사본과 음악에 대한 해석적 분석을 통해 린방은 자기 경험적 학습의 주요 요소들을 규명했다(6.3장 참조). 린방은 이에 그치지 않고, 연구의 탐색적 부분이 기술적 연구의 기반이 되는 것을 허용했다. 35명의 공인 음악치료사들이 정량적 조사에 참여했다. 이러한 혼합 방법 연구에서 린방은 자기 경험적 학습이 학생들에게 미래 내담자의 다양한 요구를 충족할 수 있는 역량을 부여하며, 임상 실제라는 복잡한 실재에 진입하도록 준비시킨다는 결론을 내렸다.

에벤 루드(1997, 2013a)와 라르스 올레 본데(2013, 2014)는 학생 음악치료사와 음악치료사의 음악적 정체성이 어떻게 발달되고 기술될 수 있는지에 대한 몇 가지 탐색적 연구를 수행했다. 참여자들은 각각 '음악 자서전'을 작성했고, 대부분은 엄선된 특정한 음악 경험을 기술하는 것에 초점을 둔 인터뷰에도 참여했다. 작성된 자료와 인터뷰 데이터에 대한 질적 연구를 통해 루드는 음악과 함께한 경험을 시간과 장소의 공간, 사적인 공간, 사회적 공간, 초월적 공간 등 4가지 '공간'으로 압축하는 내러티브 구성으로서의 음악적 정체성에 대한 기술을 발전시켰다. 본데는 이 이론을 공식화했고, 후속 연구에서 참여자의 건강에 대한 이 경험들의 영향을 기술했다.

더 넓은 관점의 탐색적 음악 연구의 예는 일상생활의 음악 및 건강과 안녕감에 대한 음악의 영향을 다룬 루드(2013b)의 연구이다. 이론적 관점에서, 루드는 음악이 문화적 면역원으로서의 기능을 수행할 수 있는지, 다시 말해서 음악이 건강을 증진하고 은유적으로 말하자면 질병과 역경에 대한 항체를 발달시킬 수 있는지 숙고했다. 이는 복잡한 문제로, 루드는 합창단에서 또는 혼자 하는 가창, 악기 연주, 음악 감상, 춤추기나 밴드에서의 연주 등 일상생활에서 음악을 활용하는 다양한 방식을 대표하는 6명의 개인을 대상으로 인터뷰를 통해 연구했다. 데이터의 코딩과 패턴 범주화를 이용한 질적 분석을 통해, 루드는 우리가 음악을 문화적 면역원으로 이해하는 방식 ─ 예를 들어, 음악은 일상생활과 위기 상황에서 사회적, 정서적 자원이 될 수 있다 ─에 있어 유의성을 지니는 보편적 요인들을 규명했다.

기술적 음악치료 연구의 예

기술적 연구의 목적은 특성, 빈도, 평균, 상관, 분류(분류 체계)를 기술하는 것이다. 아우구스테 데터의 증상과 데터의 뇌 변화에 대한 알로이스 알츠하이머(1907)의 기술은 처음에는 개성기술적이었으나, 이후에는 질병의 유병률과 특성을 도상화하는 기반이자 진단의 기반이 되었다. 유사하게 제임스 파킨슨이나 조르주 질 드 라 투레트와 같은 연구자들의 개성기술적 작업에 기반을 둔 다른 질병에 대해서도 유병률이 기술되고 일반화되었다.

그러므로 기술적 연구는 법칙정립적 목적이 있다. 노르웨이의 의학 백과사전인 **스토레 메디신스케 렉시콘**(2014)은 기술적 연구의 목적을 "예를 들어 원인 또는 검증 가설을 확인하지 않고 젠더, 연령, 거주지와 관련된 암 질환의 유병률 등 각기 다른 요인의 분포를 기술하는"(3단락)[1] 것으로 정의하였다(이 책 저자의 번역). 이 정의에서 기술적 연구는 개성기술적인 민족지학과는 다르나, 기술적 연구와 동일한 요소들이 많이 포함되어 있다.

본데, 한니발, 페데르센(2012)이 수행한 기술적 연구는 덴마크 정신의학에서 음악치료의 입지에 대한 개관을 제공한다. 연구자들은 어떤 정신의학 부문과 기관에서 음악치료사를 고용했는지, 어떤 내담자군이 다루어지거나 서비스를 받는지, 구체적인 처치 방법, 의뢰 준거와 진단, 음악치료사의 이론적 지향에 대한 개요를 간략히 설명했다. 이로부터 정신의학적 음악치료의 강점과 약점이 논의되었다. 끝으로 연구자들은 지난 5년간의 출판물 외에도 진행 중인 기록문헌과 연구 프로젝트에 대해 살펴보았다. 연구는 정신의학과에서 일하는 전국적인 음악치료사 네트워크의 구성원들을 대상으로 2008년, 2009년, 2011년에 실시된 별도의 3개 조사에 기반을 두었다.

광범위한 목적을 가진 기술적 연구의 예는 국립공중보건협회와 덴마크 남부대학교가 2013~2014년에 수행한 덴마크 공중보건조사 '어떻게 지내세요?'이다. 조사는 직접적으로 음악치료를 다루지 않았으나, 응답자의 일상생활에서의 음악 활용과 음악의 보건 잠재력에 대한 응답자들의 관점에 관한 질문들이 포함되었다. 덴마크의 (요청받은 성인 중 60%가 채 못 되는) 성인 약 14,000명이 연구에 참여했으며, 이는 3.13장에 좀 더 상세히 기술된다. 음악의 활용과 음악적 행동에 대한 정보를 건강 행동 및 건강 상태와 관련짓는 결과의 한 예는 매일 노래하거나 악기를 연주하는 사람들은 자신의 건강이 좋거나 매우 양호하다고 느끼는 사람들 중에서 지나치게 부각되었으며, 자신의 건강이 비교적 취약하거나 취약하다고 느끼는 사람들 중에서 충분히 드러나지 않았다는 것이다. 다시 말해서, 연구는 음악의 능동적 활용과 건강에 대한 주관적 경험 간 상관관계가 있음을 나타냈으나, 이것에만 기반하여 무엇이 원인이고 무엇이 결과인지 판단하는 것은 불가능하다. 연구는 연간 2회 또는 그 이상 라이브 콘서트에 참여하는 것과 양호한 자기 보고식 건강 간의 상관관계도 규명하였다(Ekholm & Bonde, 2018; Ekholm, Juel & Bonde, 2016).

---

[1] https://snl.no/.versionview/568239 참조.

국제적인 기술적 연구에서, 연구자들은 사람들이 일상의 생활 상황에서 음악을 선정할 때 일반적으로 수행되는 기제를 규명하고자 했다(Van den Tol & Edwards, 2013). 많은 사람이 마음이 울적할 때, 자신을 다시 행복하게 만들 수 있는 경쾌한 음악보다 슬픈 음악을 선택한다는 것은 역설처럼 보인다. 음악 선정의 이유에 관한 조사에서 아일랜드 리머릭의 연구자들은 참여자들에게 슬픈 음악을 듣도록 했던 부정적 생활 사건에 대한 기술을 요청했다. 총 5개국에서 65명의 성인이 참여했다. 분석은 자기 조절이 매우 중요하며 음악은 연결, 기억 유발, 높은 심미적 가치, 전달된 메시지에 기반을 둔 선곡 전략을 활용하여 선택되었음을 나타냈다. 음악의 기능은 다른 무엇보다도 정서를 재경험하고 기억을 환기시키며, 한 사람의 기분을 바꾸게 또는 변하게 하는 것이다. 이 조사의 데이터 복잡성은 비교적 높고, 이는 보통 기술적 연구의 사례에 해당한다. 그러나 연구의 목적이 심리적 과정에 관한 보편성을 규명하는 것임을 고려하면 참여자 수는 비교적 적다.

기술적 연구의 마지막 예에서는 참여자 수도 비교적 제한적이었다. 그러나 미술, 요가, 독서 집단, 지지 집단 외에도 다양한 악기를 활용하는 음악 집단, 합창단, 음악 수업과 같은 노인들의 여가 활동 참여에 대한 영국의 조사는 183명의 참여자를 대상으로 수행되었다(Hallam et al., 2013). 안녕감에 대한 참여자들의 자기 진단평가를 비교함으로써 연구자들은 음악 활동에 참여한 노인이 다른 종류의 활동에 참여한 노인보다 자신의 안녕감을 더 높게 진단평가했음을 밝혔다. 이는 앞서 기술했던 덴마크의 연구와 그 궤를 같이한다. 연구자들은 이에 대한 원인을 알아낼 수 없었으나, 개선된 안녕감은 음악 활동이 분명한 목적을 지니며 통제감과 자율감 외에도 긍정적인 사회적 관계를 통한 확신을 부여한다는 사실과 관련될 수 있음을 시사했다.

인과적 음악치료 연구의 예

인과적 음악치료 연구의 예는 베리스트룀이삭손 등(2013)의 연구로, 이들은 레트 증후군이 있는 여아의 표정과 음악에 대한 반응 간 연관성을 검증하였다. 레트 증후군이 있는 여아 29명과 11명의 비임상적 아동이 연구에 참여하였다. 검사에서는 2개 집단에 각기 다른 음악 자극, 예를 들어 참여자가 가장 좋아하는 활성화시키거나 진정시키는 호른 음악과 음악 자극을 동반하거나 동반하지 않은 진동음향 자극이 제공되었다. 음악 자극으로 검사하는 동안, EEG를 포함한 다수의 생리학적 측정이 수행되었다. 동시에 안면 동작 부호화 체계를 활용하여 표정이 분석되었다. 결과는 표정을 식별하는 것과, 뇌간의 이상 활동에 기인한 표정을 정서적으로 유도된 표정과 구별하는 것이 가능함을 나타냈다. 그러므로 이 연구에서 연구자들은 뇌간 활동과 정서적 표정의 해석 간 인과관계를 확립했다. 연구는 연구에 대한 탐색적 접근 외에도 탐색적 연구의 요소들, 예를 들어 매우 광범위하고 풍부한 데이터, 비교적 소규모의 참여자도 포함하였다.

이는 인과적 음악치료 연구에 대한 다음의 예에서도 그러하다. 탐색적 속성의 요소들도 포함하므로 이 설계가 '탐색적 RCT'(Ridder et al., 2013)라 지칭되는 것이다. 이 덴마크/노르웨이 연구의 목적은 치매가 있는 요양원 거주자들의 초조, 삶의 질, 약물에 대한 음악치료의 효과를 검증하는 것이다. 데이터는 14곳의 요양원에서 수집되었으며, 참여자들은 표준 간호 또는 6주 동안 매주 2회의 음악치료를 받았다. 데이터는 2011년과 2012년에 수집되었고, 치매가 있는 총 42명의 노인이 평균 10회의 음악치료를 30분 동안 받았다. 세션은 총 414회기였으며, 대개 내담자 자신의 아파트에서 경험이 있는 음악치료사에 의해 제공되었다. 연구는 초조 분열의 유의한 감소를 나타냈으며 음악치료를 받는 집단보다 표준 간호만 받는 집단에게 유의하게 더 많은 양의 향정신성 의약품이 투약되었음을 나타냈다.

마지막 예는 처음의 두 예보다 인과적 연구의 특질이 더 많다. 치매인의 우울과 인지에 대한 집단 음악치료 효과를 검증하는 이 무작위 통제 시험에 평균 연령 82세의 총 104명이 참여하였다(Chu et al., 2014). 참여자들은 2개 집단으로 나뉘어 한 집단은 6주 동안 음악치료를 받은 반면, 다른 집단은 앞서 기술한 연구에서처럼 표준 간호를 받았다. 결과에 따르면 음악치료를 받은 참여자들의 우울에는 유의한 감소가 있었으나, 코르티솔 수준에서의 측정 가능한 변화는 동반되지 않았다. 게다가 인지 기능의 증가된 유지 정도는 음악 집단에 참여했던 경도에서 중등도의 치매가 있는 참여자들에게서 나타났으며, 차이는 음악치료가 종료된 지 1개월이 지난 후에도 여전히 나타났다.

연구의 평가

인과적 연구의 질적 준거는 이후의 장에서 다루어지므로 우리는 여기에서 탐색적, 기술적 연구에 적절하고 보통 음악치료 연구에 적용되는 특정한 질적 준거에 대해 언급할 것이다. 스티게, 말테루드와 미트가르덴(2009)은 축약어 EPIC과 CURE로 대표되는 2가지 차원으로 구성된 EPICURE를 개발했다. EPIC은 연구자가 어떻게 철저한 종합적 방식으로 결과를 제시할 수 있는지에 대한 문제를 지칭한다. 이는 참여Engagement, 처리Processing, 해석Interpretation, (자기) 비평Critique의 질적 준거에 기반을 둔다. CURE는 (사회적) 비평

Critique, 유용성Usefulness, 적절성Relevance, 윤리Ethics에 초점을 두고, 연구자가 연구 관련 조건 및 결과를 어떻게 관리하는지에 대한 문제를 지칭한다. EPICURE의 준거 집합을 구성하는 7가지 요소는 오늘날 질적 데이터와 심층 분석을 포함하는 다수의 탐색적 음악치료 연구에 적용된다. EPICURE는 연구 전반에 걸쳐 규칙 기반 판단에서 성찰적 대화로의 변화를 시사하며 연구자들이 체계적으로, 회의적으로, 윤리적으로 작업하는 것을 보장하도록 돕는다.

음악치료에서의 사례 연구

인Yin(1981)은 전통적으로 과학의 탐색적 영역에 적용되는 방법으로 보이는 사례 연구가 과학의 기술적 또는 인과적 영역에도 적용될 수 있으며, 적용되어야 한다고 주장한다. 사례 연구는 임상 실제를 탐색하고, 질적 데이터와 양적 데이터 유형을 결합하는 데 특히 유용하다. 그렇다면 사례 연구는 프로네시스, 즉 실제에 대한 지식을 연구할 때 유리하다. 실제 지혜와 이 지식이 행위로 표현되는 방식은 지속적인 직군 발전에 중요하다. 게다가 맥락을 고려하고, 그 맥락에서 시작하는 것은 음악치료 인턴이나 논문을 작성하는 석사 과정의 학생뿐만 아니라 연구를 실제와 결합할 수 있는 임상가에게 중요한 귀납적 접근이다. 그러므로 우리는 음악치료 직군에 특히 적절한 연구 설계로서의 사례 연구를 강조할 것이다.

사례 연구의 강점은 연구 대상에 관해 가능한 한 많은 양의 지식을 획득하기 위해서 (임상) 실제에 관한 연구를 수행하는 그 인식 가능성과 적용 가능성뿐만 아니라 여러 유형의 데이터를 결합하는 가능성이다. 스테이크(2005)에 따르면 사례 연구는 그 맥락에서의 심층 조사 수행을 가능하게 만든다. 나아가 사례 연구는 복잡한 사회적 현상 이해도 가능하게 만든다(Yin, 2009). 사례 연구는 명확한 개성기술적 목적을 지녔으나 인과관계를 연구하는 것도 가능하다. 사례 연구의 활용은 사회학, 심리학, 학습, 보건과 같은 학문에서 증가하는 것으로 나타나며(Almutairi, Gardner & McCarthy, 2014), 사례 연구는 음악치료와 치매에 대한 연구에 가장 흔히 적용되는 연구 설계이다(Ridder, 2003).

의사 크누드 라미안에 따르면 사례 연구는 연구 문제, 현상, 데이터 수집, 분석, 일반화를 함께 연결하여 논리적으로 진행하며, 이러한 방식으로 연구 전략을 형성한다(Ramian, 2012). '사례 연구'라는 용어는 보통 일상적인 사례 기술과 혼동된다. 이러한 사례담은 연구가 아니며, 이는 사례 연구가 무엇에 관한 것인지에 관한 혼동을 낳는다. 각기 다른 인식론(Easton, 2010)뿐만 아니라 다양한 연구와 분석 방법이 있기 때문이다. 그러므로 사례 연구자들은 연구 방법론과 인식론을 기술하고 정의할 때 특히 철저히 하여 이러한 오해를 피하는 것이 중요하다(Flyvbjerg, 2006).

　　다음의 요인들은 사례 연구의 특징이며, 바버라 윌러와 캐슬린 머피(2015)가 편저한 핸드북 **음악치료 연구**에 나오는 객관주의 사례 연구에 대한 장에서 개요를 간략히 설명했다(Ridder & Fachner, 2016, p. 291).

- 특별한 당대의 현상에 대한 경험적 연구 포함
- 다중적인 데이터 출처를 활용한 복잡성 탐구
- 현실 세계 환경의 상황에 자리함
- 복잡한 현상과 실재에 기반을 둔 음악치료 연구에 적합함
- 심층 기술이 있고 맥락적이므로 고유한 상황에 대한 결과의 적절성에 관해 다른 사람이 판단할 수 있음

이러한 특성은 인과적 사례 연구뿐만 아니라 탐색적 사례 연구에도 적용되나, 다음의 특성은 전형적으로 사례 통제 연구에 적용된다(Ridder & Fachner, 2016, p. 292).

- 수치적 실재의 데이터 축소를 통해 패턴이나 상관을 찾는 복잡하고 풍부한 데이터 세트 탐구하기
- 양적 시계열 분석 방법으로 심층 치료 과정에 초점 두기
- 참여자가 직접 통제하는 기저선이나 사전 측정과 비교하는 실험적 접근을 활용하여 편향 위험 완화하기
- 행동적, 생리학적 측정에 기반을 둔 객관적 데이터나 표준화된 결과 측정에 기반을 둔 적절한 데이터 출처가 있는 생체표지자 외에도 수치 단위로 변환된 기술적, 관찰적 데이터 자료의 삼각측량 또는 상관 나타내기

해석주의 사례 연구는 보통 참여자에게서 기인하는 음악치료의 의미를 드러내기 위해 주제 분석을 활용한다(Hoskyns, 2016). 사례 연구는 연구를 이해하고 제시함에 있어 중요한 역할도 수행한다. 이는 실천가의 지식 및 이론적 이해를 발달시키는 데 기여하며 실제의 새로운 방식 외에 실제를 이해하고 개념화하는 새로운 방식도 나타낸다. 이는 인과적 설명뿐만 아니라 이해 및 해석과 관련된 사례이다.

저널과 단행본에 수록된 국제적 음악치료 연구의 발표

음악치료 연구는 음악치료저널 및 다른 직군을 대표하거나 특정한 이론적 주제, 연구 방법 또는 내담자/환자군을 다루는 정기간행물로도 출판된다. 대부분의 국가에서는 과학적인 저널의 질을 평가하며, 국가적 순위 체계에 따라 주로 2~3수준으로 순위를 정렬한다. 한 예로, 덴마크에 있는 음악치료의 출간 채널은 2수준으로 나뉘며 다음의 저널이 포함되는 2수준이 가장 높은 단계이다.

- 2수준 : 음악치료저널, 음악치료 고찰, 북유럽 음악치료저널, 음악치료 질적 연구.
- 1수준 : 접근들 – 간학문적 음악치료저널, 호주 음악치료저널, 영국 음악치료저널, 캐나다 음악치료저널, 덴마크 음악치료, 연간 음악치료, 음악과 심상 협회 저널, 음악과 의학, 음악치료 관점, 음악치료의 오늘, 정신의학에서의 음악치료 온라인판, 음악과 건강 연구에 대한 출판 연구 시리즈, 목소리들.

이 체계는 질적 보증뿐만 아니라 대학의 연구 기금을 추적 관찰하는 목적의 성과 기반 모델로도 활용된다. 이 체계에서 기금은 점수 체계를 통해 할당된다. 여기서 2수준 출판물은 1수준 출판물의 약 3배에 달하는 점수를 받는다. 체계는 여러 국가에서 동일하며 평가와 관련하여 높은 정도의 합의가 있는 것으로 보인다. 앞서 제시된 음악치료저널 목록은 알려진 국제적 정기간행물을 다수 포함하고 있다. 그러나 넓은 범위에서 이러한 출판물은 소수이며, 이 중 대부분은 전문가 협회와 이익 단체에 의해 출판된다. 최근에 여러 주요 저널이 국제적인 출판사로 이전되었다. 이에 대한 예가 1992년에 창간호를 발행한 **북유럽 음악치료저널**NJMT이다. 이는 스칸디나비아의 다른 음악치료 프로그램과의 협력으로 노르웨이에 있는 송노피오라네대학교의 음악치료 교육 과정에 의해 출판되었다. 2009년에 국제적인 출판사 라우틀리지는 *NJMT*를 출판하기 시작한다. 편집자로서 동일한 전문가 집단을 보유하고, 이러한 방식으로 그 독특한 전문적 초점을 유지하는 방식으로 '풀뿌리 출판물'이 수년에 걸쳐 성장했고, 전문 출판사들이 발행하기에 충분한 비중을 얻은 것이다.

다른 학술지들도 *NJMT*와 같은 길을 따랐다. 독일음악치료협회가 발행했다가 지금은 판텐회크루프레히트에서 출판하는 **음악치료 고찰**이 그러한 것처럼 이전에 전미음악치료협회와 미국음악치료협회에서 각각 발행했던 **미국 음악치료저널**과 **음악치료 관점**은 2014년부터 출판 기업 옥스퍼드저널로 이관되었다. 이는 중요한 경향을 예증한다. 신생 직군이 뿌리를 내리고 자리를 잘 잡게 되면 연구는 이제 더 능률적이고 인정받는 출판 채널을 통해 발표된다. 특정한 연구저널의 국제화 요구에 모순되지는 않지만 여러 유럽 국가의 모국어로 전문저널을 출판하는 것에서 나타났듯이 이는 실제와 밀접한 연계를 유지할 필요가 있다.

연구를 출판하는 것과 연구를 읽고 안 읽고는 별개의 문제이다. 판단하기는 어려우나, 특히 저널의 논문이 지향하는 방법은 저널의 영향력 지수에 대한 진단평가이다. 영향력 지수는 보통 그 저널의 논문이 다른 과학적 논문에 얼마나 자주 인용되는지를 반영한다. 등재된 출판사가 발행한 저널만 포함하므로 음악치료와 같이 최근에 등재된 출판사에서 저널을 출판하는 분야는 영향력 지수가 매우 낮을 것이다. 2016년에 *NJMT*의 영향력 지수는 1,296이었고, 2017년에 **음악치료저널**의 5년 영향력 지수는 1,455였다. 이에 비해 란셋이나 사이언스와 같은 상위권 저널의 영향력 지수는 각각 47,831과 37,205이다. 이러한 수치는 무엇보다 음악치료가 적어도 유럽에서는 인본주의적 전통에 뿌리를 두고 있으나, 이제는 그 자체로 서서히 자연과학과 의학의 전통을 지향하며, 이러한 전통에서 연구의 보급을 위한 규칙을 따르고 있다는 것을 반영한다. 음악치료 직군이 지식과 연구의 보급에 대한 오랜 전통을 지니고 있으며, 세계의 여러 영역에서 실제와 프로네시스에 긴밀히 닻을 내리고 성장하였음을 명확히 하는 것은 중요하다. 그렇다면 직군은 견고한 토대 위에 놓여있으며 아직도 새로운 방향으로 성장하며 발전하고 있는 것이다. 비록 국제적인 상위권 맥락에서 그 존재감이 미미하더라도 말이다.

5.2 음악치료의 진단평가 및 임상적 평가

스티네 린달 야콥센, 토니 위그램, 안네 메테 라스무센

음악치료 이론은 경험적 임상 실제에서 비롯되었기 때문에 음악치료 진단평가의 중요성을 향한 관심이 모인 것은 지난 5~10년간의 일이다. 진단평가는 정보의 체계적 수집, 분석과 해석이며, 임상가들이 내담자나 치료 수혜자 집단에 관한 지식을 구축하는 과정이다. 목적은 소비자의 임상적 목적을 충족하고, 처치 결정을 가능하게 하는 것이다(Waldon & Gattino, 2018). 그렇다면 특정 처치에 대한 지표는 효과적이고 체계적인 진단평가에 달려있는 것이다. 이는 음악치료 외에 다른 치료 직군도 그러하다. 토니 위그램의 일부 연구는 소아 정신의학과 발달 장애 영역의 진단평가 방법을 지도하는 것이다(Wigram, 1991b, 1992b, 1995, 1999a, 1999b, 1999c, 2000a, 2004, 2007a). 위그램의 목적은 심리학, 신경학, 말 언어치료에 활용되는 표준화 검사가 수행하는 것처럼 신뢰도와 타당도에 대한 표준 필요조건을 충족하는 체계적 진단평가 방법을 개발하는 것이었다.

진단평가는 음악치료의 인본주의적 접근이 의학, 심리학과 작업치료, 물리치료, 말 언어치료와 같은 준의료적 직군의 자연과학 전통을 충족할 수 있게 하는 영역이다. 문제는 더 이상 음악치료에서 표준화된 진단평가 방법을 개발하는 것이 가능한지 또는 바람직한지가 아니라 이러한 방법을 어떻게 개발하고 활용할 것인지이다.

표준화 도구 개발과 관련하여 연구를 수행하는 음악치료사의 수가 점점 더 늘어나고 있으나, 진단평가의 준거는 현재의 사례보다 훨씬 더 표준화될 수 있다. 자연과학에서 새로운 종합 검사와 진단평가 준거는 대규모의 무작위 비임상 표본을 포함하여 체계적으로 검증된다. 철저히 검증되고 표준화되었을 때 이는 전문적 직무에서 신뢰할 수 있고 타당한 도구로 활용될 수 있다. 음악치료라는 분야 내에서 이는 왜 더 많이 수행되지 않는가? 한 가지 설명은 자연과학의 표준화된 방법은 음악치료사에 의해 유연성과 창의성의 여지가 거의 없는, 빈틈이 없고 통제된 것으로 지각될 수 있다는 것이며, 이는 음악치료 실제

의 본질과 모순되는 것처럼 보인다. 당신이 얻는 것은 구성된 검사 결과 그 이상도, 그 이하도 아니다. '당신이 얻는 것은 곧 당신이 검사한 것이다.' 그러나 이 관점은 음악치료 진단평가 검사에서 심리 측정의 엄격한 필요조건을 충족하는 필수 요소가 아니다(Waldon, Jacobsen & Gattino, 2018).

　　진단평가 방법이 임상 실제에서 더 많이 이행되지 않는다는 사실의 다른 이유는 진단평가에 많은 시간이 소요되고, 대상군의 요구가 크게 다르기에 진단평가 방법의 필요조건들도 크게 다를 수 있으며, 물론 심리학과 같은 다른 직군에 비해 음악치료 직군이 아직 신생 분야이기 때문일 수 있다. 게다가 음악치료사들은 각기 다른 처치 목적과 진단평가에 관한 다양한 전통이 있는 각기 다른 환경에 고용되므로, 분야 내에서 공통의 지침과 전통을 만들기 힘들다. 다음의 절에서는 진단평가 방법이 초점의 유형, 기능과 데이터 수집에 대한 기술을 포함하는 각기 다른 유형으로 범주화된다.

진단평가의 유형

모든 진단평가 방법이 검사에 기반을 두는 것은 아니며, 진단평가를 개발하기 위한 몇 가지 초점이나 접근이 있다. 좀 더 구체적으로 월든과 가티노(Waldon & Gattino, 2018)는 축약어 RIOT로 구성되는 4가지 진단평가 방법, 즉 기록, 문서나 다른 산물의 검토Reviewing, 인터뷰Interviewing, 관찰Observing, 검사Testing/측정measuring을 기술한다. 이러한 진단평가 방법에는 임상적 과제 및 요구와 관련하여 가장 적합한 최적의 유형이 없으므로 위계로 목록화되지 않는다. 게다가 진단평가 도구나 접근은 4가지 방법 중 여러 가지를 담거나 포함할 수 있다. 간략한 개관이 표 5.2.1에 제시된다.

진단평가 기능과 초점

평가 및 진단평가는 기능에 기반을 두어 규정될 수 있다(표 5.2.2 참조).

　　이러한 다양한 진단평가 모델 내, 모델 간 데이터를 수집하는 방법은 크게 다르다. 요즘은 음악치료 과정의 각기 다른 측면이나 진단의 조력에 초점을 두는 진단평가 방법이 꽤 있다. 다음은 이에 대한 몇 가지 예이다.

- 음악 상호작용(음악적 상호작용 평정 척도MIR; Pavlicevic, 2007)
- 음악 표현성과 의사소통 기술(음악치료 평정 척도MAKS; von Moreau, 2018)
- 인식 상태(의식 상태 저하를 위한 음악치료 진단평가 도구MATADOC; Magee, 2018)

표 5.2.1 진단평가의 유형 : RIOT(Waldon & Gattino, 2018)

진단평가의 유형 : RIOT	
R : 검토	문서나 관련 기록의 검토. 검토는 작업 표본이나 쓰기 표본, 미술 작품과 같은 다른 임상적으로 관련이 있는 인공물 또는 다중적 임상 영역에 걸친 내담자의 기능에 대하여 관련이 있는 정보를 드러낼 수 있는 것으로서 내담자의 행동에서 기인한 다른 물적 산물로 구성될 수 있다.
I : 인터뷰	직접적인 대인관계적 인터뷰는 구조화 또는 반구조화되거나 자유 유동적인 것이 될 수 있다. 인터뷰는 내담자의 익숙한 환경, 치료 환경이나 일상생활 환경 내에서, 임상적으로 관련이 있는 정보를 습득하기 위해서 치료사-응답자 상호작용을 포함할 수 있다.
O : 관찰	관찰은 체계적(예 : 빈도 또는 지속 시간 기록)이거나 감각을 활용한 데이터 수집을 포함하는 비형식적 방법으로 구성되며, 보통 치료 세션의 비디오 또는 오디오 기록을 살펴보는 것을 포함한다. 응용행동분석과 미시분석 접근이 체계적 관찰이다.
T : 검사/측정	절차, 질문이나 과제가 배열된 세트로 해석할 수 있는 양적 결과를 산출하며, 이는 개인의 어떤 특성 수준이 반영된 것을 의미한다. 검사는 평정 척도, 체크리스트, 목록을 포함하여 얼마든지 많은 형식을 취할 수 있다.

표 5.2.2 진단평가 모델과 그 기능(Wigram, 2004)

진단평가 목적	기능
A. 진단적 진단평가	진단적 가설을 지지하는 근거 확보
B. 보편적 진단평가	보편적인 요구, 강점과 약점에 대한 정보 습득
C. 음악치료 진단평가	중재로서 음악치료의 가치를 지지하는 근거 확보
D. 임상적 진단평가의 초기 단계	처음 2~3회기에 어떤 치료적 접근이 내담자에게 적절한지 결정
E. 장기적 진단평가	시간의 경과에 따른 음악치료의 효과성 평가

- 부모 자녀 상호작용(부모 자녀 상호작용 진단평가APCI; Jacobsen, 2018)
- 인지, 운동, 의사소통 기술(개별화된 음악치료 진단평가 프로파일IMTAP; Rogers, 2018)
- 목소리 표현(목소리 진단평가Voice Assessment, VOIAS; Storm, 2018)
- 즉흥연주된 음악(즉흥연주 진단평가 프로파일IAPs; Bruscia, 1987, 1994)

음악치료 진단평가는 임상 기반에서 연구 기반으로 변화하고 있는 것으로 보인다. 방법은 양호한 심리측정적 속성을 찾는 것 외에 상세한 기술에도 초점을 둔다. 분석 방법과 임상군에는 큰 차이가 있으며, 진단적 진단평가에서는 특히 표준화 도구 개발을 위해 연구 기반 구성을 활용하는 경향이 있다.

　　몇몇 진단평가 도구나 방법, 예를 들어 IMTAP과 MATADOC은 각기 다른 음악치료 접근에 의해 국제적으로 활용되나 임상 음악치료사에 의해 정기적으로 활용되는 예는 안타깝게도 찾아보기 어렵다. 음악치료사들은 적용되는 진단평가 방법과 무관하게, 전형적으로 다음의 데이터 유형 중 하나 이상을 수집할 것이다. 여기서 '행동'이라는 용어는 생리적, 정서적, 인지적, 잠재의식적과 같은 모든 유형의 행동을 기술하는 데 활용되며, 행동에 대한 인지적 관점 외에 심리치료적, 의료적 관점도 포함한다.

진단평가에서의 데이터 수집

음악치료 진단평가에서의 데이터 유형은 표 5.2.3에 개요를 간략히 설명하였다.

　　음악치료에서 어떤 일이 일어나는지에 대해 좀 더 구체적인 기록문헌을 제공하기 위해, 또한 이러한 방식으로 행동 및 행동 변화에 대한 해석을 입증하기 위해, 음악 분석 또는 음악 행동에 대한 분석은 체계적 진단평가의 준거를 결정하는 자연스러운 출발점이다. 이는 인본주의적 접근과 자연과학의 접근 간 필요한 경계면에서 더욱 신뢰할 수 있는 구체적 일련의 근거도 제공할 수 있다.

체계적 문헌 고찰

최근 월든과 가티노(2018)는 음악치료 분야의 진단평가가 어떻게 세계적으로 발전했는지

표 5.2.3　음악치료 진단평가에서의 데이터 유형(Wigram, 2007a)	
1. 음악적 데이터	음악적 사건, 음악적 특성의 예
2. 음악적 행동적 데이터	음악적 기술이 없는 내담자 행동의 예
3. 행동적 데이터	음악치료에서의 행동에 대한 보편적 특성
4. 해석적 데이터	음악적이거나 행동적인 데이터로 지지되거나 지지되지 않는 내담자의 음악적, 보편적 행동에 대한 해석
5. 비교 데이터	다른 상황에서의 행동에 관한 정보와 음악치료에서의 내담자의 행동에 대한 비교

에 대한 유용한 국제적 개관을 제공했다. 여기에서는 정보를 간략히 엄선하고, 양적 및 질적 방식에 초점을 둔 진단평가 방법과 도구에 대한 각기 다른 관점도 강조한다.

미국에서는 (여기서 검사라고 지칭하는) 다양한 진단평가 방법이 연구 및 임상적 평가에서 다년간 활용되었다. **음악치료저널**에 수록된 논문에서, 다이앤 그레고리(2000)는 1984년에서 1997년 사이에 같은 학술지에 출판되었던 논문을 183편으로 집계하였는데, 그중 92편이 검사 도구를 포함하였다. 그레고리는 음악치료의 효과를 평가하는 데 활용된 총 115개의 각기 다른 검사 도구들을 규명했다. 이는 주로 심리적이거나 심리측정적인 평가 방법이었고, 이 92편 중 단 20편만이 음악 기능을 평가하기 위한 것이었다. 이 20편 중 절반은 음악 기술 또는 수행의 평가를 지향했다. 그레고리는 이 다양한 검사들이 매우 광범위한 내담자군과 음악치료 실제에 포함되는 인간 행동에 대한 광범위한 관점을 다룬다는 견해를 밝혔다.

이와 같은 문헌 고찰은 그 당시 음악치료사의 관점에서 음악치료의 과정에 대한 평가에 특정하게 초점을 둔 도구들이 극소수로 개발되었음을 명확히 나타낸다. 광범위한 진단평가 도구들, 예를 들어 학습 장애 아동의 치료적 변화와 발달을 평가하기 위한 도구들이 평가에 활용될 수 있었다. 미국 웨스턴미시간대학교의 브라이언 윌슨과 데이비드 스미스는 학교 환경의 음악치료 진단평가를 연구했다(Wilson & Smith, 2000). 무엇보다 윌슨과 스미스는 발달, 예를 들어 자폐 아동의 의사소통 기술 향상을 진단평가하는 다양한 방법을 밝혔다.

사바텔라(2004)는 이와 유사한 문헌 고찰을 발표했다. 이는 1985년에서 2001년 사이에 11개 음악치료 학술지에 출판된 41편의 문헌에 기반을 두어 음악치료 진단평가 및 임상적 평가에 대한 개관을 제공한다. 이 고찰은 출판물의 대부분이 처치 과정의 일환으로 내담자에 대한 진단평가 및 평가를 다루었음을 나타냈다. 사바텔라는 데이터 수집, 데이터 범주와 측정, 평가의 영역, 해석과 보고에 대한 상세한 정보를 포함하는 꼼꼼한 절차에 대한 세부사항 부족과 제한적인 초점도 강조했다(Sabbatella, 2004). 위그램과 보슈(2007)에 의한 20가지 진단평가와 미시분석 방법에 대한 종합적 비교에서는 여러 공통 특성이 밝혀졌다. 이 비교는 분석의 기능에 관한 상당량의 세부사항을 나타냈다. 보통 의도는 임상적 목적을 고려하여 음악적 변수를 해석하는 것이었다. 상호작용과 의사소통은 흔히 즉흥연주의 분석을 활용하여 연구되며, 이 20가지 진단평가와 미시분석 방법에서 상호작용적 사건들이 음악치료의 주요 목표가 되는 것으로 나타났다(Wigram & Wosch, 2007). 음악적 변수는 대부분 종속 변인으로 언급되었으나, 이는 음악적 데이터와 음악 자료의 기술을 모두 포함하였다. 위그램과 보슈는 이 20가지 방법 중에서 비디오 분석이 가장 종합적이고 강력한 도구이며, 상호작용과 의사소통을 진단평가하는 데 흔히 활용되었음을 명시했다.

이 20가지 방법을 개발한 주요 기반은 매우 복잡하고 심층적인 분석 방법으로 수행된 연구였다. 그러나 위그램과 보슈(2007)는 이 20가지 방법 중 어떤 것도 체계적으로 검증되고 타당화되지 않았다고 지적한다. 이러한 방법 중 일부는 일차적으로 진단평가를 의도한 것이 아니며, 위그램과 보슈는 임상적 적용뿐만 아니라 타당화에 필요한 체계적 교육을 제공하는 임상적 전통에서 비롯된 것은 극소수의 음악치료사들뿐이라고 주장했다. 표준화와 체계적 시험은 경제적 자원 및 임상가와 연구자 간 협력을 필요로 하며, 음악치료사들은 고유한 모델과 도구를 개발하려는 경향이 있다. 그러나 특정한 임상 영역에서는 전문적 합의가 시급하다(Wigram & Wosch, 2007).

일부 음악치료사들은 학문적 설득력과 표준화를 필요로 하는 방법을 개발하는 것에 반대한다. 로위(2000)에 따르면 음악과 치료사, 내담자 간 상호작용의 과정, 예를 들어 내담자의 성격이 자신의 음악 안에서 들리게 되는 과정을 나타내는 최선의 방식은 기술적 분석이다. 로위는 그래프, 척도, 체크리스트만이 음악 경험을 정량화할 수 있는 반면, 내담자와 음악치료 그 자체는 정성적 기술을 통해 가장 잘 이해된다고 믿는다(Loewy, 2000).

미술치료사 린다 간트(2000)는 구조화되고 체계적인 방법을 활용하더라도, 창의적 과정의 유연성 때문에 다양한 임상가들은 각기 다른 측면을 볼 것이라고 주장한다. 한편으로 간트는 완전히 개방적인 마음으로 각 내담자를 만나려는 치료사의 소망과, 다른 한편으로는 학문적으로 설득력이 있고 체계적인 진단평가의 필요조건이 개방성과 비편향적인 태도의 방식에 모순이 될 수 있다고 기술한다. 그러나 간트는 말한다.

> 우리가 모차르트나 피카소의 출현을 예측하거나 설명할 수는 없을 것이다. 그러나 우리는 그 예술의 객관적 측면을 연구할 수 있다. 이렇듯 음악이나 미술의 일부를 골라내는 것은 음악이나 미술을 파괴하는 것이 아니다. 미술 작품은 원작에 어떤 변화나 손상을 입히지 않고 감상되고 분석될 수 있다(Gantt, 2000, p. 43).

간트는 연구에 수십 년이 걸리더라도 창조적 예술치료사들이 규준적 표본 또는 심리 검사와의 상관을 포함하여, 자신의 도구를 타당화하기 위한 상관 연구를 수행해야 한다고 강조한다.

엄선된 진단평가 방법에 대한 간략한 소개

표 5.2.4는 철저하게 엄선된 진단평가 방법들을 나타낸다. 2열은 표 5.2.1의 진단평가 유형을, 3열은 표 5.2.2에 기술된 5가지 진단평가의 목적을, 4열은 표 5.2.3의 각기 다른 5가지의 데이터 유형을 나타낸다. 표에 언급된 방법들과 목록에 없는 2가지의 다른 방법이 간략히 기술된다.

백스터의 IMTAP

백스터 등(2007)은 기능의 10가지 영역(대근육 운동, 소근육 운동, 구강 운동, 감각, 수용적 의사소통/청각 지각, 표현적 의사소통, 인지, 정서, 사회, 음악성)으로 내담자의 기술을 도상화하도록 설계된 진단평가 방법인 '개별화된 음악치료 진단평가 프로파일 Individualised Music Therapy Assessment Profile, IMTAP'을 개발했다. 내담자는 기술이 나타내는 일관성의 정도를 드러내는 척도로 각 영역의 항목에 따라 진단평가된다. 첨부되는 컴퓨터 소프트웨어는 치료사가 결과를 수치와 그래프로 나타내도록 한다(Rogers, 2018).

브루샤의 IAPs

즉흥연주 진단평가 프로파일IAPs은 1980년대에 켄 브루샤가 개발했다(Bruscia, 1987, 1994). 여기서 음악치료사는 각기 다른 심리적, 음악적 구인, 즉 가변성, 자율성, 통합, 조화, 긴장을 활용하여 음악을 분석 및 해석할 수 있다. 이러한 '프로파일'을 통해서, 각기 다른 음악 요소(리듬, 선율, 화성 등) 간 관계가 상세히 연구되며, 내담자의 음악에서 핵심적이고 중요한 측면들을 확인하고 평가하는 데 척도가 활용된다.

브뤼눌프 스티게와 벤테 외스테르가드는 IAPs 매뉴얼을 노르웨이어로 번역했다 (Bruscia, 1994). 이는 스칸디나비아의 음악치료사들이 IAPs 방법의 적용 가능성을 학습하고 성찰하는 것을 허용한다. 스티게는 여러 논문(1995, 1996, 2000)에서 각기 다른 관점으로 IAPs 방법을 논의했다. 위그램은 의사소통 장애 아동의 발달적 진단평가에서의 활용을 위해 IAPs 방법을 수정했다. 이 방법은 이 장의 후반부에 제시된다.

에르킬레의 MTTB

에르킬레와 보슈(2018)는 핀란드 이위베스퀼레대학교의 음악학 동료들과 협력하여 음악치료 도구함Music Therapy Toolbox, MTTB이라 지칭되는 컴퓨터 기반 즉흥연주 방법을 개발했다. MTTB에서 내담자와 치료사는 미디MIDI 악기, 전형적으로 전자 피아노, 자일로폰

표 5.2.4 엄선된 음악치료 진단평가 방법의 개관

출처와 명칭	유형	목적	데이터	내담자군	초점	분석과 결과
Rogers(2018) IMTAP	O+T	전체	1~3	정신/신체 장애	사회적, 인지적, 정서적, 운동 기술	리커트 척도로 채점된 10가지 기술 영역, 소프트웨어가 생성한 그래프로 표시(일부 심리 측정적으로 검사됨)
Bruscia(1987) IAPs	O	전체	1~3	전체 내담자군	임상 즉흥연주의 모든 개인내적, 대인관계적 측면	음악적 변수를 활용하여 질적으로 기술된, 5가지 의 변화도가 있는 6가지 프로파일
Erkkilä & Wosch(2018) MTTB	O	B+C	전체	임의의 즉흥연주	상세한 즉흥연주 기술	오디오와 컴퓨터 분석. 내담자와 치료사의 즉흥연주 및 상호작용에 대한 심층 기술
Hald(2018) IMCCS	O+I	C+B	전체	후천성 뇌 손상을 입은 사람	즉흥연주와 일상생활에서의 대인관계적 역량	10가지 대인관계적 의사소통 영역과 수정된 EBA(자율성 프로파일) (일부 심리측정적으로 검사됨)
Jacobsen (2018) APCI	O+ I+T	A+B E+D	1~3	위기 가족	부모-자녀 상호작용 및 부모 역량	상호 조율, 의사소통의 수준, 부모의 반응 유형 (심리측정적으로 검사됨)
Lee(2000)	O	C	1	HIV 환자	즉흥연주 분석	3가지 영역과 관련된 9단계의 음악적 변수 분석과 기술
Loewy(2000)	O	B+C	1~3	전체 내담자군	음악 심리치료 진단평가, 관계 역동, 수행 및 인지 수준	13가지 영역에 따른 음 악적, 언어적 행동에 대 한 기술
McDermott (2014) MiDAS	O	B, C+E	전체	치매인	치매인을 위한 음악의 가치 탐색 및 관찰된 음악의 효과	관심, 반응, 주도성, 참 여, 향유에 대한 5가지 VAS 척도(1~4점 척도)
Magee(2018) MATADOC	O+T	전체	1~2	의식 장애인	행동 및 반응 수준에 대한 진단적 기술	리커트 척도로 채점된 행동과 반응의 14가지 범주(심리측정적으로 검사됨)

표 5.2.4 엄선된 음악치료 진단평가 방법의 개관 (계속)

출처와 명칭	유형	목적	데이터	내담자군	초점	분석과 결과
von Moreau (2018) MAKS	O+T	A+B E+D	1~3	정신 및 신체 장애 아동, 청소년	음악적 표현성 및 사회적 상호작용에 대한 기술	리커트 척도로 채점된 14개 항목과 4가지 영역 (심리측정적으로 검사됨)
Nordoff & Robbins (1977)	O	B	1	장애 아동	반응 수준, 관계 경향, 음악적 의사소통	반응과 행동에 대한 13가지 범주, 아동-치료사 관계 척도, 음악적 반응 척도(심리측정적으로 검사되지 않음)
Oldfield (2006a) MTDA	O+T	A	1~3	자폐 범주성 장애 아동	즉흥연주 분석을 통한 진단 조력	음악적, 행동적 측면의 14가지 범주(리커트 척도, 일부 심리측정적으로 검사됨)
Pavlicevic (2007) MIR	O	C+D	1	만성 조현병	음악적 상호작용	관계 맺기 방식에 대한 기술(역동 형태)
Schumacher, Calvet & Reimer(2018) AQR/EBQ	O+T	A+B D	1~3	자폐 범주성 장애 아동	관계의 질에 대한 진단평가	7가지의 관계 수준이 있는 4가지 척도(목소리, 신체, 악기, 치료사) (일부 심리측정적으로 검사됨)
Steen Møller (1996)	O	C	1~3	신체/정신 장애	만남의 수준	만남의 5가지 수준과 관련된 음악적 행동
Storm(2018) VOIAS	O+T	A+E	1+4	우울증 성인	목소리 표현에 기반한 진단 조력 및 평가 효과	오디오 및 심리음향분석에 대한 기술(일부 심리측정적으로 검사됨)
Wigram & Jacobsen (2018) EBA	O	A+B	1+4	자폐 범주성 장애 아동	즉흥연주의 사건 기반 분석	자율성과 변화 경향(IAP)에 대한 기술(심리측정적으로 검사되지 않음)

(Mallet-Kats), 전자 드럼 세트, 젬베로 즉흥연주한다. 이 즉흥연주는 4가지 변수 즉 시작, 끝, 음고, 속도velocity를 활용하여 각 음을 기술하는 컴퓨터 프로그램으로 분석된다. 이 분석에서 치료사는 즉흥연주에 대한 각기 다른 그래픽 표시 중에서 하나를 선택할 수 있고, 분석의 초점을 선택할 수 있다. 에르킬레는 MTTB가 그 자체로 심리적 분석을 생성할 수 없는 것처럼, 즉흥연주의 체험된 정서적 내용 또는 의미를 표현할 수 없다는 것에 주목한다. 그보다 MTTB는 치료사와 내담자 간 상호작용을 포함하여 즉흥연주의 각기 다른 음악적 측면들의 그래픽 표시를 비교적 빠르게 제공할 수 있다. 이는 치료사가 자신의 해석을 위한 새롭고 상세한 데이터를 발견하는 데 활용될 수 있다.

할의 대인관계적 음악 의사소통 역량 척도IMCCS

할(2018)은 후천성 뇌 손상을 입은 성인의 대인관계적 의사소통 역량 수준을 측정하기 위해 음악치료 진단평가 방법을 개발했다. IMCCS는 부분적으로 대인관계적 의사소통 역량 척도ICCS 검사에 기반하고, 이와 비교되며 내담자가 1) 대화, 2) 초점 유지, 3) 자유 즉흥연주에 초점을 둔 4가지 대인관계적 음악 연습을 수행하는 프로토콜로 구성된다. 할은 방법의 신뢰도를 확보하기 위해서, 즉흥연주 진단평가 프로파일IAPs(앞 내용 참조)의 자율성 프로파일 버전을 포함하여 이 연습들의 비디오 기록에 대한 각기 다른 분석을 수행했다.

야콥센의 APCI

야콥센(2018)은 아동 보호 및 위기 가족 내에서 부모-자녀 상호작용APCI을 살펴보는 진단평가 방법을 개발했다. 이 방법은 협조와 상호작용에 초점을 두고 각기 다른 구조의 정도가 있는 구체적 연습을 동반한 진단평가 프로토콜을 중심으로 만들어졌다. 이 연습은 3가지 분석의 대상이다. 1) 위그램이 만든 EBA의 수정된 버전, 2) 차례 분석(차례 주기와 차례 받기), 3) 자녀의 정서적 요구에 대한 부모의 반응 분석. 이 방법은 상호 조율, 비언어적 의사소통, 부모의 반응, 총점 등 4가지 점수를 산출한다. 이 점수는 가족관계에서 방임과 역기능의 정도를 진단평가하는 데 활용될 수 있는 16가지 프로파일을 생성하도록 결합된다. 이 방법은 무엇보다 기능적인 가족과 비교하여 측정되는 양호한 심리측정적 속성을 지닌다.

리의 즉흥연주 분석 방법

콜린 리(2000)는 여러 단계를 수반하는 음악치료의 즉흥연주 과정에서 이를 분석하는 방법을 개발했다. 첫 번째 단계는 열린, 전체적 감상이다. 여기서 치료사는 전체로서, 즉흥연주와 가장 유의한 음악 요소, 특성, 사건에 대한 인상을 얻기 위해 여러 차례 즉흥연주를 듣는다. 2단계에서는 즉흥연주에 대한 치료사 자신의 반응에 주목하는 반면, 3단계에서는 음악을 듣고, 특별한 의미가 있는 순간을 확인하는 내담자가 관련된다. 네 번째 단계에서는(리는 자신의 박사논문 — '**인체면역결핍바이러스**HIV**가 있는 내담자에 대한 음악치료의 효과**' — 을 활용한다) 즉흥연주가 각기 다른 전문가들, 예를 들어 유의한 순간이나 사건에 대한 확인 및 기술을 요청받은 음악가, 심리치료사나 다른 음악치료사에게 제시된다. 이 방법의 마지막 단계는 즉흥연주(선정된 사건들)에 대한 철저한 전사에 기반을 두고, 음악에 대한 상세한 분석을 수반한다.

로위의 심리치료적 진단평가 방법

조앤 로위(2000)는 음악 심리치료 진단평가를 개발했다. 로위는 음악이 내담자의 과정을 이해하는 주요 수단이더라도, 치료사가 그 의미를 해석하는 것을 도울 수 있는 것은 말, 음악 및 음악적 경험에 대한 언어적 기술이라고 서술한다. 말은 음악치료 과정에 관한 자료로서, 내담자에 관한 의료 기록 및 기타 보고서 등에 작성될 것이다. 로위는 음악치료 진단평가와 관련이 있는 13가지 연구 영역을 내담자의 자기self, 타인 및 그 순간에 대한 인식, 주제의 표현, 감상, 수행, 치료사와 내담자 간 협력/관계, 집중, 정서의 범위, 투자/동기부여, 구조의 활용, 통합, 자존감, 위험 감수, 독립성으로 기술한다. 로위는 이러한 연구 영역을 각각 관계, 역동, 성취의 수준, 인지 수준을 기술하는 하위 집단으로 구분한다.

맥더못의 MiDAS

자신의 박사학위 연구에서 맥더못(2018)은 5가지의 시각상사척도VAS로 구성된 결과 척도인 치매 진단평가에서의 음악 척도Music in Dementia Assessment Scale, MiDAS를 개발했다. 문항은 치매인의 관심 정도, 반응, 주도성, 참여, 향유와 관련되었다. 3가지의 '긍정적 반응'(주의를 기울이는/관심 있는, 유쾌한/미소 짓는, 이완된)과 3가지의 '부정적 반응'(초조/공격성, 위축/눈물 겨움, 안절부절/불안)이 있는 보충적 체크리스트도 있다. 결과 척도는 음악치료사뿐만 아니라 다른 관련 전문가 동료도, 예를 들어 요양원에서 활용할 수 있는 방식으로 구성되었다. MiDAS는 신뢰도와 타당도를 검증했고, 시간 경과에 따른 변화의 측정이 가능한 미래적인 심리측정적 속성을 나타낸다. 연구는 나아가 MiDAS가 의미 있는 진단평가 도구로서 임상적 관련성을 지님을 나타냈다(McDermott et al., 2014).

매기의 MATADOC

의식 상태 저하를 위한 음악치료 진단평가 도구The Music Therapy Assessment Tool for Low Awareness States, MATADOC는 매기와 동료들(2014)이 개발하였다. 주요 목적은 통제된 환경에서 사전 녹음된 음악 외에 다수의 음악 자극에 대한 환자의 반응성을 진단평가하는 것이다. 이는 단일음, 옥타브 범위 내의 선율, 익숙한 노래, 각기 다른 악기, 강도, 셈여림, 음색, 선율에서의 변화를 포함한다. MATADOC은 행동의 14가지 범주로 구성되며, 대개 8~10일이라는 기간 내에 4회기로 수행된다. 이는 3가지의 요약된 범주, 필수적인 의학적 진단 준거, 환자의 음악적 변수 선호, 행동적 반응 유형 외에 목적 설정 및 처치 계획과 관련된 임상적 정보들도 결과로 제시한다. MATADOC의 점수는 0에서 45점까지이며, 낮은 점수는 저하된 반응을 나타내고 높은 점수는 의식적 반응을 나타낸다. 이 방법은 심리측정적으로 양호한 속성을 지니며, 더 많은 언어로 번역되는 것을 포함하여 신뢰도와 타당도를 개선하기 위한 작업이 수행되고 있다(Magee, 2018).

폰 모로의 MAKS

폰 모로(2018)는 신체, 정신 장애 아동, 청소년의 음악적 표현 및 의사소통 행동을 측정하는 진단평가 방법을 개발했다(음악치료 표현 및 의사소통 척도Musiktherapeutische Ausdrucks- und Kommunikations- Skala, MAKS). 음악치료 활동의 비디오 기록에 기반하여 14가지 항목이 7점 리커트 척도의 4가지 용어를 활용하여 분석되었다. 이는 무엇보다 내담자가 자신의 악기(형태/해석), 힘, 긴장, 활력과 표현의 역동, 음질, 내담자의 정서적 표현과 주관적 경험(표현적 특질)을 다루는 방식이다. 이 방법은 내담자의 일반적인 참여와 만남 추구 행동, 만남의 강도, 주도권을 포함하여 치료사와 관계를 맺는 내담자의 방식도 다룬다. 이 방법은 심리측정적으로 양호한 속성을 지니며 계속해서 개선되고 있는 중이다.

노도프와 로빈스의 척도

폴 노도프와 클라이브 로빈스(3.4장 참조)는 음악적 반응성, 내담자/치료사 관계 등을 진단평가하는 척도의 형식으로 진단평가 방법을 개발했다. 이 척도는 음악치료사로서 자신의 훈련에 활용하는 방법을 학습하는 대부분의 노도프 로빈스NR 치료사들이 사용한다.

재닛 그레이엄은 26세의 중증 학습 장애 및 자폐 범주성 장애 성인을 대상으로 한 자신의 작업을 예증하기 위해 예술치료에서의 진단평가 및 평가(Wigram, 2000b)라는 책을 통해 각기 다른 NR 척도를 활용한 사례 연구를 출간했다. 의사소통 기술을 향상시키고, 고립을 완화하며, 다른 사람과의 상호작용을 장려하기 위해 한 남성이 음악치료에 의뢰되었다. 그레이엄은 각 20분이 소요된 3회기의 진단평가 기간을 기술하며, 내담자가 이 첫 번째 세션에서 매우 불안해했고, 음악치료실에 들어가도록 그를 설득하는 것이 매우 힘들었다고 보고한다. 그레이엄은 음악적 참여를 시작하고, NR 척도를 활용하여 내담자-치료사 관계를 측정하며 내담자가 세션의 초기에는 반응적이지 않고 상호작용에 대한 자신의 초대를 수용하지 않았음을 나타낸다. 그러나 회기가 진행되면서 이 남성은 척도의 3수준으로 변화했고, 이는 그가 제한적인 반응적 활동에 참여할 수 있었음을 의미한다. NR 방법은 오디오 기록의 상세한 음악 분석을 포함하므로 그레이엄은 내담자가 첫 번째 세션에서 단순한 음악 리듬 패턴을 어떻게 발전시켰는지 기록할 수 있었다.

올드필드의 MTDA

음악치료 진단적 진단평가The Music Therapy Diagnostic Assessment, MTDA는 정신의학에서 아동의 진단을 돕기 위해 올드필드(2006a)가 개발했다. MTDA는 아동의 선호, 강점과 약점에 따라 특정하지만 유연한 구조가 있는 30분 길이의 2회기 세션으로 구성된다. 각 활동은 얻을 수 있는 정보의 종류에 따라 각기 다른 이점이 있다. 아동의 즉흥연주는 5점 리커트 척도로 음악적, 행동적 측면에 대한 14가지의 범주에 기반하여 분석된다. 이 방법은 자폐 진단 관찰 일정ADOS과 비교하여 타당도가 검증되며, 어려움이 있는 아동을 확인하는 능력을 나타냈다. 올드필드는 MTDA가 신뢰도와 관련한 연구를 더 많이 필요로 하는 것에 주목하나, 이 방법은 아동에게 있어 조심스러운 중재인 동시에 아동의 잠재력을 더욱 잘 드러나게 할 수 있는 것으로 보인다.

파블리셰빅의 MIR

조현병에 관한 자신의 연구에서 메르세데스 파블리셰빅(1999, 2007)은 음악치료에서의 대인관계적, 상호 음악적 관련성을 기술하는 9점 척도인 음악적 상호작용 평정 척도Musical Interaction Rating Scale, MIR-S(조현병)를 개발했다. 이 방법은 음악적 대화—치료사와 내담자의 공동-즉흥연주—와 이로부터 발현되고 발달하는 관계에 대한 명시성에 초점을 둔다. 방법은 파블리셰빅의 '역동 형태'라는 개념에 기반을 둔다(Pavlicevic, 1999, 2007). MIR은 즉흥연주에서의 각기 다른 상호작용 형태에 대한 심층 분석을 포함하여 광범위한 미시분석의 결과로 개발되었다. MIR은 각기 다른 공인 음악치료사가 동일한 환자에게 부여한 점수에서 높은 일치도를 나타냄으로써 신뢰도가 검증되었다.

슈마허와 동료들의 AQR/EBQ, 스텐 묄레르의 만남의 5수준

카린 슈마허와 동료들(Schumacher & Calvet-Kruppa, 2007; Schumacher, Calvet & Reimer, 2018)은 다년간의 임상 실제에 기반을 두고 진단평가 방법인 관계의 질 분석Analysis of Quality of the Relationship, AQR을 개발했다. 각 4가지 척도 내의 7수준은 스턴(1985/2000)과 스로우페(1997)의 사회-정서적 발달 개념에 부합한다. 안네 스텐 묄레르는 만남의 5수준(Møller, 1995; 이 책의 4.3.2장도 참조)이 있는 보다 기법적인 방법을 고안했다. 이 2가지 방법 모두 내담자와 치료사 간 관계의 질에 초점을 두고 있다.

스토름의 VOIAS

처음에 산네 스토름(2018)은 우울증 환자를 대상으로 정신 질환에서의 정보 출처로서 목소리를 진단평가하는 방법을 개발했다. 목소리 진단평가 프로파일VOIce ASsessment Profile, VOIAS로 지칭된 목소리 진단평가 도구는 심리적 문제와 그 개선이 목소리의 각기 다른 특질, 특히 음색과 음량으로 들릴 수 있다는 전제에 기반을 둔다. 방법은 의미론적, 언어적 영향과는 무관한 3가지의 연습으로 구성되며 환자는 치료사에 의해 안내되고, 이를 수행한다. 그다음에 이는 양적으로, 또 질적으로 분석된다. VOIAS는 음악치료에서의 발전 및 음악치료의 효과를 평가하는 데에도 활용될 수 있다. 3가지 연습은 다음과 같다.

- 글리산도 : 열린 상행 및 하행 글리산도 이동
- 그 사람의 핵심음으로 보이는 한 음 소리 내기. 이 음(핵심음 음량)에 대한 크레센도와 데크레센도 소리 내기를 포함함
- 목소리 즉흥연주

연습은 오디오 파일로 녹음되며, 엄선된 목소리의 변수, 즉 음고, 크기, 강도, 음형대(배음), 유연성과 글리산도의 범위 등은 심리음향분석 프로그램을 활용하여 객관적으로 분석되고, 목소리의 특성은 리커트 척도로 주관적으로 진단평가함으로써 분석된다.

위그램의 EBA

위그램(2007a)은 자폐 범주성 장애 아동 및 의사소통 장애 아동의 진단을 위해 자신만의 진단평가 방법을 개발하는 데 IAPs를 활용했다. 이 방법은 사건의 집계에 기반하며 IAPs의 2가지 프로파일인 자율성과 가변성을 활용하여 아동의 즉흥연주를 분석한다. 위그램이 이 프로파일을 선택한 것은 이것이 특히 이 대상군과 관련이 있기 때문이다. 자율성 분석

은 대인관계적 사건 외에도 다른 사람과 상호작용하고, 차례를 주고받으며, 공유하고, 파
트너로서 행동하는 아동의 능력에 대해 보다 면밀한 관점을 제공할 수 있다. 이 분석은 아
동의 음악과 즉흥연주에서 자율성의 측면이라는 특질을 규명한다. 가변성 프로파일은 아
동의 창의적 능력을 예증할 수 있다. 여기서 경직되거나 반복적인 연주 방식은 자폐 범주
에서 가능한 진단을 나타낼 수 있다(Wigram, 2007a). 진단에 대한 위그램의 초점과, 문서
로 충분히 입증된 사건 기반 분석EBA의 활용은 음악치료 분야에서 선구적인 공헌으로 널
리 인정된다(Wigram & Jacobsen, 2018).

　여기서 언급된 진단평가 방법은 모두 음악치료에서의 변화라는 측면에 관한 정보를 수
집하고 기록하는 체계적 방법이다. 그러나 보다 자유롭고 유연한 형태로 치료에서의 사건
의 질을 다루는 진단평가 절차도 개발되었으므로, 모든 진단평가 방법이 체계적 절차에
기반을 두는 것은 아니다. 이전에 기술했던 것처럼 모든 음악치료사가 사전 개발된 도구
를 활용할 수 있는 것은 아니며, 모든 임상 영역이나 작업 환경에서 활용할 수 있는 적절한
진단평가 방법이 있는 것도 아니다. 가티노, 야콥센과 스토름(2018)은 사전 개발된 진단평
가 도구가 없더라도 진단평가에 있어 무엇을 고려하고, 어떻게 수행하는지에 대한 상세한
7단계 가이드를 제공한다.

　음악치료 진단평가의 한 예로, 7세 자폐 범주성 장애 남아의 사례 연구가 곧이어 제시
된다. 자폐 아동과 성인은 사회적 상호작용, 사회적 의사소통, 상상 놀이에서 주요 손상을
나타내므로, 음악치료는 이 영역에 독특하게 공헌할 수 있다. 다른 공통 증상은 경직되고
반복적인 활동 패턴, 상동행동적 놀이, 일과에 대한 집착, 변화 대처에 있어 유의한 어려
움이다. 이 사례 연구는 음악치료 진단평가가 실제에서 어떻게 수행될 수 있는지뿐만 아니
라, 다른 방식으로 습득하는 것이 불가능한 정보를 어떻게 확보할 수 있는지를 나타낸다.

5.2.1 요엘의 사례

토니 위그램의 임상적 평가

요엘은 자신의 강점과 어려움을 평가하기 위한 진단평가를 받고자 하퍼 하우스 아동 서비
스에 의뢰되었다. 요엘은 자폐 범주성 장애로 진단되었으나, 런던에 있는 그레이트 오먼

드 스트리트 아동병원은 요엘의 자폐 심각도에 불확실성을 나타냈다. 요엘은 다음의 문제가 있는 아동으로 기술되었다.

- 사회적 상호작용을 조절하기 위해 비언어적 행동을 활용하지 않는다.
- 직접적인 눈맞춤을 활용하지 않는다.
- 다른 사람(및 다른 아동)과 관계 맺기에 취약하다.
- 사회적으로 모방적인 놀이 결여를 나타낸다.
- 상동행동적이고 의례적인 행동을 나타낸다.

말 언어치료

말 언어 진단평가에 따르면 요엘은 집중력이 부족하고, 언어적 소통을 시작하지 않는다. 요엘이 지시를 이해했다는 징후가 있었으나 (취학 전) 기초 언어에 대한 임상적 평가로 지칭되는 검사에서 요엘은 3.1세 연령 수준으로 수행했다.

인지심리학

인지심리학 진단평가인 카우프만 ABC 검사에서 요엘은 79에 상응하는 지능지수^{IQ}를 얻었다. 이는 요엘의 전반적인 지적 능력이 비록 저조하게 발달하였으나, 정상 범위 내에 있다는 것을 나타낸다. 요엘은 산술, 읽기/문자 해독의 성취도 하위 검사에서는 평균 점수에 훨씬 미치지 못했다.

음악치료

요엘은 음악에 반응했다고 보고되었다. 음악치료 진단평가는 다른 진단평가에서 규명하지 못한 잠재적인 강점이 있는지 살펴보기 위해 권고되었다. 세션은 50분 동안 지속되었다. (세션의 오디오 발췌본은 www.jkp.com/voucher 링크에서 코드 GAUREXY를 입력하고 이메일로 가입한 뒤 들을 수 있다.) 세션에서의 사건과 요엘의 반응은 음악치료에 대한 다음 기대 목록의 측면에서 보아야 한다.

치료의 기대

의사소통 영역의 측면에서

- 상호 주관적 행동의 활성화
- 만남에 대한 자발적 시도
- 의미 있는 몸짓과 신호의 발달
- 목소리의 의사소통적 활용 발달
- 노래에서의 목소리 활용

사회적 발달 영역의 측면에서

- 상호작용의 동기부여
- 경험 공유의 이해
- 관계 형성
- 변화에 대한 내성
- 적합한, 협응된 반응
- 유연성

정서적 요구의 측면에서

- 자기감의 발달 및 향상
- 공감적 공시성 — 정서 공유
- 정서의 표현을 담을 수 있게 됨
- 통찰과 자존감의 발현

인지 발달 영역의 측면에서

- 주의와 집중의 발달
- 구성 능력의 발달
- 기억의 발달

보편적인 측면에서

- 소리에 대한 내성

- 사물의 일부분에 대한 상동행동적이고 상상적인 활용보다 사물을 의미 있게 활용함
- 일상적, 상동행동적, 의례적, 반복적, 강박적 행동에서 벗어남

표 5.2.1.1은 임상적 진단평가를 요약한다.

이 세션에서 요엘은 자신이 잠재적 강점을 많이 지녔음을 나타냈다. 요엘은 정서를 공유하고, 음악에 의미 있는 변화를 만들며, 장시간 동안 주도하고, 언어를 사용하며, 집중할 수 있었다. 예를 들어, 처음으로 피아노를 연주했을 때 요엘은 13분 동안 쉼 없이 연주했고, 정서적 공시성에 참여할 수 있었다. 요엘은 음악적 단서를 따르고, 예측하고, 구조화할 수 있었으며, 상상 놀이에도 참여할 수 있었고, 음악치료사가 사고하고 반응하는 방식을 예측할 수 있었다.

이는 요엘이 자폐 범주성 장애를 지니지 않았음을 의미하는 것이 아니라, 음악치료 상

표 5.2.1.1 요엘의 임상적 진단평가

반응 및 상호작용	치료 진단평가에서의 사건	치료에 대한 기대
1. 말 언어치료 진단평가	요엘은 집중력이 취약하고, 스스로 산만해지며, 주도성이 결여되었다.	• 질문에 반응 • 언어 이해
2. 피아노 이중주	나는 반주하며, 요엘을 따라간다. 요엘은 템포와 리듬을 일치시킨다. 요엘은 나를 쳐다보면서 참조하기 시작한다.	• 주의 발달 • 집중 발달 • 상호 주관적 행동의 활성화
3. 피아노 이중주 2	5음 음계 즉흥연주 요엘은 나를 더욱더 참조한다. 요엘은 나와 함께 템포와 음량을 조정한다 : 포르테(세게)에서 피아노(여리게)까지, 알레그로(빠르게)에서 아다지오(느리게)까지. 피아노는 반음계적으로 하행한다. 요엘이 선율을 이어받는다. 요엘이 자신의 몸을 움직이기 시작한다. 요엘은 변화를 주도하며, 자신의 다리를 뻗는다.	• 변화에 대한 내성 • 유연성 • 적합한 반응 • 상호작용의 동기부여
4. 피아노에서 계속	달라지기 시작한다 — 멈추기를 요청한다. 음악의 리듬을 인지한다 — 멈춘다.	• 구성 발달 • 경험 공유
5. 드럼 이중주	변화가 심하고 상호작용적이다. 안정된 템포 — 뛰어난 타이밍 감각을 보인다. 악구로 연주할 수 있다. 크레센도(점점 세게)를 활용한다.	• 자기감 발달 • 관계 형성

표 5.2.1.1 요엘의 임상적 진단평가 (계속)

반응 및 상호작용	치료 진단평가에서의 사건	치료에 대한 기대
6. 드럼과 피아노	나를 지켜보며, 함께 작업한다. 자신만의 패턴으로 음악이 중단되는 타이밍을 느끼고 연주한다.	• 공감적 공시성 • 구성과 구조 • 자발적인 만남의 주도
7. 드럼에 드럼스틱 떨어 뜨리기	내가 하고 있는 것을 똑같이 한다. 단서가 있는 언어를 활용하여 시작한다. 내가 드럼스틱을 잡지 못했을 때 웃는다.	• 의미 있는 몸짓의 발달 • 정서 공유 • 기억 발달 • 경험 공유
8. 리듬 패턴을 똑같이 하도록 요청하기	나를 신중하게 지켜본다. 요엘이 의도적으로 틀리게 했을 때 나의 반응에 웃는다. 반복적인 행동 패턴을 시작한다. 그러나 이는 나와 관련된 것이다.	• 인식, 주의 • 공감적 공시성 • 관계 형성
9. 상상 게임 : 잠들기, 일어나기, 아침 먹기	요엘은 게임이라는 아이디어를 이해한다. 내가 드럼스틱을 먹는 척할 때, 자발적으로 나의 '어어어' 소리를 공유한다. '상상의' 차 한잔을 마신다.	• 상상 놀이 • 정서 공유 • 경험 이해 • 상호 주관적 행동
10. 피아노와 드럼	요엘은 피아노에서 시작한 다음, 드럼과 심벌로 이동한다. 요엘은 내가 반주하는 것을 허용함으로써 독립적이 된다.	• 자기감 발달 및 향상 • 정서 표현 담기
11. 마이크 이중창	요엘은 피아노에서 스스로 반주한다. 나와 목소리로 차례 주고받기를 발전시킨다. 자발어가 더욱더 많아진다. '내가 널 혼내줄 거야'라는 상상으로 마친다.	• 의사소통적 음성 사용의 발달 • 노래 안에서 언어의 발현 • 자기감 발달
12. 피아노에서 나와 함께 하는 요엘의 가창	요엘은 가사를 직접 만든다. 요엘은 독창자 역할을 맡는다. 가창 양식의 역할 놀이를 한다.	• 노래 안에서 언어의 발현 • 의사소통적 음성 사용의 발달 • 정서적 표현 담기 • 자기감 향상
13. '안녕' ─ 상호작용	요엘은 스피커에 '안녕'이라 말하며 대화를 시작하고 치료사는 반응한다. 요엘은 마이크를 잡고 '안녕'을 노래한다. 요엘은 신이 나서 이를 발전시킨다. 이는 레치타티보 같다. 음악 구조 내의 악구에 대한 요엘의 타이밍이 매우 발전되었다.	• 상호 주관적 행동 • 자발적 만남의 주도 • 경험의 공유 및 이해 • 공감적 공시성 ─ 정서 공유

호작용에서 자폐성 병리 이면의 개인이 진일보할 수 있고, 자신의 실제 잠재력을 나타낼 수 있음을 의미한다.

결론

음악치료 진단평가는 신체적, 심리적, 정서적 질환, 무능, 장애의 의학적 진단, 진단평가, 처치에 중요하고 독특하게 공헌한다. 음악치료는 구조화되고 지시적인 놀이 외에도 자유 놀이에 대한 잠재력을 나타냄으로써 아동에 대한 총체적 이해에 중요한 정보를 추가할 수 있다. 음악치료는 내담자가 어쩌면 자신의 약점보다도 강점을 더 많이 예증할 할 수 있는 특별한 공간을 제공하며, 이는 전체로서의 진단평가에 중요한 기여가 될 수 있다. 모든 임상 영역에서 진단평가에 대한 요구는 치료적 중재의 적합성 또는 지표를 결정하는 첫 번째 단계로 인식된다. 음악치료사들은 이를 위하여 체계적 개관에서 본 것과 같이, 연구를 통해 여러 유용한 도구들을 개발했으며, 더 많은 진단평가 도구의 표준화 작업이 계속되고 있다.

5.3 올보르대학교 박사학위 과정

한네 메테 리데르, 라르스 올레 본데

올보르대학교는 박사학위PhD로 이어지는 3년의 훈련 과정을 제공한다. 13명의 박사 과정생, 8명의 내부 슈퍼바이저와 다수의 외부 슈퍼바이저가 이 과정에 협력하고 있다. PhD는 그 자체로 학위를 뜻하며, '철학 박사'의 축약어이다. 1999년 6월 19일 볼로냐 선언은 유럽의 학술 교육 동맹을 더 크게 하려는 열망을 나타냈으며, 유럽 연합 국가들은 고등 교육의 핵심으로서 석사학위MA로 이어지는 학사학위BA를 단일하고 투명한 체계에 따르도록 권고했다. 이는 특수 교육 학점인 유럽 학점 교환 체계ECTS로도 산정된다. ECTS 60학점은 전일제 학습 1년에 상응한다. 박사학위는 BA와 MA에 이어지는 대학원 훈련 과정이며, 볼로냐 과정의 세 번째 단계로 구성된다. 교육, 연구와 혁신을 통합하는 목적의 훈련은 박사 과정을 통해 구성되며, 대학교의 교육자들 스스로 이와 같은 훈련을 이행했다는 필요 조건이 포함된다. 올보르대학교에 있는 음악치료 연구 전공의 독특한 점은 음악치료에 대한 5년의 학석사 통합 과정 및 교육자와 연구자들의 팀이라는 견고한 토대이다. 게다가 이 연구 훈련은 다수의 다른 박사 과정이 음악학, 의학이나 심리학과 같은 관련 과목의 학위를 취득하게 되는 반면, 음악치료의 박사학위를 취득하도록 한다.

박사 과정 훈련 – 성공담

이 연구 과정은 북유럽 음악치료 연구 네트워크를 구축하기 위해 북유럽 연구 교육 아카데미의 기금을 받았던 1993년에 그 기원을 두고 있다. 이 네트워크는 1993년부터 1996년까지 잉에 뉘고르 페데르센이 편성하였으며, 덴마크 부문은 라르스 올레 본데가 이끌었다 (Mahns & Pedersen, 1996). 1996년 음악치료 훈련 과정이 4년 훈련에서 통합된 5년 석사 학위 과정으로 변경되었을 때, 라르스 올레 본데의 리더십하에 국제연구학교가 설립되었고, 후임자로 1997년에 토니 위그램이 이를 계승하였다. 새로운 음악치료 연구 커뮤니티는 특히 탄탄하고 양호한 기능의 국제적 연구 훈련 환경 덕분에, 이후 10년간 매우 능동적이고 가시적이었다. 이는 2007년 '덴마크에서 가장 역동적인 인본주의 연구 커뮤니티'로서 토니 위그램이 집단을 대표하여 문화 및 의사소통 연구위원회 상을 수상했을 때 국제적으로 인정되었다. 토니 위그램은 연구 과정을 더 탄탄히 구축하기 위해 열정을 이어나갔으며, 전 세계에서 박사 과정 학생들이 유치되었다. 볼로냐 추진 계획에서 고안된 전략의 일환으로 올보르대학교의 인문학부 교수진은 2008년에 연구학교인 인문학 박사 학교를 설립했다. 음악치료의 박사 과정은 더 이상 그들만의 학교가 아니라 교수진의 연구학교 내 다른 4개의 전공에 필적하는 과정이다.

2010년에 덴마크의 문화 및 의사소통 연구위원회는 이 과정에 무려 1,100만 덴마크 크로네(150만 유로)라는 상당한 유동 기금을 수여했다. 이는 장학생뿐만 아니라 전액 급여를 받는 박사 과정 연구원에게도 등록 기회를 제공했다. 2010년에 ─ 연간 최다 등록인 ─ 12명의 새로운 박사 학생들이 입학했으며, 전공은 (시간제 학생을 다수 포함하여) 박사 과정 학생들을 27명으로 집계했다. 다행스럽게도 토니 위그램은 2011년 여름 너무 이른 나이로 타계하기 전 이러한 인상적인 발전을 지켜볼 수 있었다. 한네 메테 리데르가 이 과정의 운영을 이어받았고 올보르 음악치료 연구팀, 모든 박사 과정의 슈퍼바이저 및 강사들과 함께 긴밀히 협력하여 작업을 이어나가고 있다.

1998년에 처음으로 박사 과정생 2명이 이 훈련을 수료했고, 2018년 가을에는 53번째 박사 논문이 공개 구술시험에서 심사를 받았다. 이들 중 몇 편은 다른 출처로 출판되었으나, 나머지는 온라인에서 이용 가능하다.[2] 표 5.3.1은 음악치료 연구 전공의 초기 박사 논문 52편을 목록화한 것이다.

라르스 올레 본데(2007)는 초기 박사 후보생 16명의 경력 진로를 연구했다. 이들은 1998~2007년까지, 100퍼센트의 이수율로 논문 심사를 통과했다. 이 16명 중 10명은 이후 6개국(호주, 덴마크, 독일, 이스라엘, 노르웨이, 한국)의 연구 기반 음악치료 전공에 전일제 또는 시간제 직책으로 임용되었다. 4명의 후보생들은 이미 연구자로 임용되었으나 이후에 교수직으로 전환되었다. 한 후보생은 임상적 직위로 복귀했으나 연구 시간이 포함되었고, 다른 한 후보생은 다른 분야에서 경력을 쌓았다. 이 논문들은 모두 단일 주제 연구

---

2 www.mt-phd.aau.dk 참조.

표 5.3.1　국가별로 분류한 1998~2018년의 음악치료 연구 과정의 박사 논문 개관

호주(1)

펠리시티 베이커(2004), 외상성 뇌 손상을 입은 사람들의 정서적 억양 개선에 대한 노래 가창의 효과.

오스트리아(2)

모니카 게레트제거(2015), 자폐 범주성 장애 아동의 음악치료를 통한 사회적 의사소통 증진. 다중양식적 연구 : 체계적 고찰, RCT 연구 프로토콜, 처치 가이드, 실행 가능성 연구.

크리스티안 골드(2003), 오스트리아의 정신 질환 아동 및 청소년을 대상으로 한 장기 음악치료 중재의 분석.

중국(1)

시 징 첸(2014), 교정 시설의 범죄자 정신건강 문제 개선을 위한 음악치료.

콜롬비아(1)

후아니타 에슬라바(2017), 아동을 위한 음악치료 진단평가에서의 주의력 프로파일. 개발 및 타당도와 신뢰도 예비 연구.

덴마크(20)

볼레테 다니엘스 베크(2012), 직무 관련 스트레스로 병가 중인 성인을 대상으로 한 심상음악치료(GIM) — 혼합 방법 실험 연구.

라르스 올레 본데(2005), 암 생존자를 대상으로 한 보니 방법의 심상음악치료. 기분과 삶의 질에 대한 GIM의 영향에 초점을 둔 심리학적 연구.

에리크 크리스텐센(2012), 음악 감상, 음악치료, 현상학과 신경과학.

안네 비르기테 되싱(2015), 조현병과 삶의 주제.

쇠렌 할(2012), 음악치료, 후천성 뇌 손상과 대인관계적 의사소통 역량.

닐스 한니발(2001), 음악치료에서의 전언어적 전이 — 음악적 상호작용에서의 전이 과정에 대한 질적 연구.

수산 하르트(2018), 정서적 발달 척도의 심리측정적 속성 : 마르샤크 상호작용 방법(MIM) 및 신경정서적 정신화 인터뷰와의 상관을 포함하는 신뢰도와 타당도 연구.

울라 홀크(2002), 음악치료의 '공유' 상호작용. 자폐 아동을 포함하여, 고도의 기능 제한 아동을 대상으로 한 음악, 몸짓 상호작용에 대한 질적 비디오 분석.

스티네 린달 야콥센(2012), 정서적 방임을 경험한 아동이 있는 가족의 음악치료 진단평가 및 부모의 역량 개발 — 양육 역량 진단평가(APC) 도구의 신뢰도와 타당도 연구.

샤를로테 린방(2010), 공명적 학습의 분야. 자기 경험적 훈련과 음악치료 역량의 개발. 음악치료 학생의 경험 및 자신의 역량에 대한 전문가의 평가에 대한 혼합 방법 연구.

토르벤 모에(2001), 정신의학적 환자들을 대상으로 한 집단 음악치료의 복원 요인 — 심상음악치료의 수정에 기반하여.

(계속)

표 5.3.1 국가별로 분류한 1998~2018년의 음악치료 연구 과정의 박사 논문 개관 (계속)

잉에 뉘고르 페데르센(2007), 음악치료에서의 역전이. 성인 정신의학에서 즉흥연주로 작업하는 음악치료사들에 의해 임상적 개념으로 활용되는 역전이에 대한 현상학적 연구.
오세 마리 오테센(2014), 치매인 돌봄제공자의 음악적, 대인관계적 역량 개발을 위한 학습 모델에서 음악치료와 치매 간호 도상화의 활용. 민족지학적 접근의 사례 연구.
비르기테 페테르센(2015), 개인 임상에서 초보 심리학자들에 대한 슈퍼비전.
한네 메테 리데르(2003), 가창 대화. 진행 단계의 치매인을 대상으로 한 음악치료. 사례 연구 설계.
일란 산피(2012), 말초 정맥로 확보 중인 아동의 괴로움, 불안, 통증에 대한 절차적 지원으로서 음악치료의 효과.
카린 쇼우(2008), 심장판막 수술 환자의 불안, 통증, 기분, 병원 재원 만족도 및 입원 기간에 대한 음악으로 안내된 이완(GRM)의 효과에 대한 무작위 통제 시험(RCT).
비베케 스코우(2013), 예술치료. 우울증 발병에 대한 예방.
산네 스토름(2013), 음악치료에서의 목소리 진단평가 개발에 대한 연구.
마리안 비에레고르 쇠렌센(2016), 심리학적, 철학적 측면에서의 보건 의사소통 — 누가, 왜, 어떻게?
독일(4)
구드룬 얼드리지(1998), 즉흥연주 기반 음악치료에서의 선율 개발.
루트 헤르트람프(2017), 인생의 건반.
카롤라 마크(2012), 복합 PTSD 여성을 위한 보니 방법의 심상음악치료와 그 적용 및 정신역동적 상상적 외상치료의 결과와 과정.
볼프강 만스(1998), 아동을 위한 분석적 음악치료에서의 상징 창작. 학령기 아동을 대상으로 한 음악치료에서 즉흥연주의 의미에 대한 질적 연구.
아이슬란드(1)
발게르뒤르 욘스도티르(2011), 조기 중재 체제 내의 음악 돌봄. 음악치료 집단에 참여한 장애 아동 어머니 집단의 체험.
이스라엘(3)
코차빗 엘레판트(2002), 음악치료에서의 노래를 통한 레트 증후군 여아들의 의사소통 향상.
탈리 고트프리드(2016), 교량 구축 : 자폐 범주성 장애 아동 부모를 위한 음악 지향 상담.
디클라 케렘(2009), 인공와우 (이식) 아동의 자발적인 의사소통적 상호작용에 대한 음악치료의 효과.
한국(1)
김진아(2006), 자폐 아동을 대상으로 한 즉흥연주 음악치료의 공동 주의와 조율.

표 5.3.1 국가별로 분류한 1998~2018년의 음악치료 연구 과정의 박사 논문 개관 (계속)

네덜란드(2)

앙케 쿠만스(2016), 중증 치매인을 대상으로 한 즉흥연주에서의 공명의 순간. 해석학적 현상학 연구.

요스 데바케르(2005), 음악과 정신병 — 음악치료 과정에서 정신병적 환자들에 의한 감각 연주에서 음악 형식으로의 전이.

노르웨이(4)

트뤼그베 오스고르(2002), 소아암 아동들의 노래 창작 — 과정과 의미.

루뒤 가레드(2004), 창조적 음악치료에서 음악과 말의 역할에 대한 연구.

운니 타눔 욘스(2018), 시간 제한적인 상호 주관적 아동 심리치료에서의 음악적 역동. 치료적 상호작용에 대한 미시분석 기반 탐색.

란디 롤브쇼르(2007), '검은지빠귀들의 가창' : 탐색 연구.

스페인(1)

에스페란사 토레스(2015), 섬유근육통 환자를 대상으로 한 GrpMI의 효과성.

스웨덴(3)

메리트 베리스트룀이삭손(2011), 레트 증후군이 있는 사람들의 음악과 진동음향 자극 — 신경생리학적 연구.

카타리나 모르텐손 블롬(2014), 심상음악치료(GIM)에서의 초월 경험과 내맡김의 과정 : 심리치료에서의 상호 주관성과 변화의 이론들을 통한 새로운 이해의 발달.

마르가레타 베로야(2018), 부인과 암에서 회복 중인 여성을 위한 예술 기반 심리치료 : 심리적 결과에 대한 효과를 평가하는 무작위 시험.

영국(5)

제프 후퍼(2010), 진정 음악을 규정하는 준거 개발 및 경도, 중등도, 고도의 지적 장애와 도전 행동이 있는 성인에 대한 진정 음악의 영향.

헬렌 레이트(2014), 음악치료와 여성 재소자들의 재정착 : 혼합 방법 탐색 연구.

오리 맥더못(2014), 치매 진단평가 척도에서의 음악(MiDAS) 개발 및 평가.

헬렌 오델밀러(2007), 정신건강 문제가 있는 성인을 위한 음악치료의 실제 : 진단과 임상적 방법 간 관계.

줄리안 오켈리(2014), 의식 장애를 대상으로 한 근거 기반 음악치료의 개발.

미국(3)

멜로디 슈완테스(2011), 멕시코 이주 농장 노동자들의 우울, 불안, 사회적 고립 수준에 대한 음악치료의 효과 : 참여적 실천 연구를 활용한 혼합 방법 무작위 통제 시험.

크리스틴 마야 스토리(2018), 외상을 입은 여성 군인을 대상으로 한 심상음악치료. 음악과 치유에 대한 연속선상의 접근.

리사 서머(2009), 심상음악치료(GIM)의 음악에 대한 내담자 관점.

논문이었으며, 여러 책에 수록되는 장chapter의 기반을 형성했고, 학술지 논문과 학술대회 회지에 인용되었다.

박사 과정 학생과 박사 전공 입학

올보르 박사 전공에 있는 박사 과정 학생의 대다수는 장학금이나 자비로 연구 훈련에 등록한 해외의 음악치료사들이다. 장학금과 더불어, 학생은 프로그램과 연계된 기본비용 (예 : 여행, 학위 과정, 슈퍼비전, 최종 PhD 심사)에 대한 경비를 지원받는다. 소수의 학생만이 전액 급여와 교육 의무가 포함되는 박사 과정 연구원으로서 기금을 받는다. 전공에 입학하기 위해서는 2년의 전일제 MA 연구에 상응하는 연구 석사학위(예 : 120 ECTS)가 필요하며, 이는 60 ECTS만 취득하는 보통의 1년 석사학위로 충분하지 않음을 의미한다. 실질적으로, 박사 전공의 입학은 여러 방식으로 가능하나 일차적 조건은 지원자가 프로젝트 기술서를 제출하는 것이고, 이것이 심사위원회에서 자격이 있고, 적절하며, 현실적인 것으로서 평가되어야 입학이 가능하다. 이에 관한 추가 정보는 웹사이트에서 이용 가능하다.[3]

연구자 훈련과 연구 역량

연구의 목적은 이전에 (프라스카티 매뉴얼에 관하여) 언급한 바와 같이 인류, 문화, 사회에 대한 기존의 지식을 증가시키는 것이다. 이와 같은 맥락에서 음악치료 박사 훈련의 목적은 인간, 문화와 사회에 대한 음악의 영향에 관해 기존의 지식을 증가시키는 데 필요한 도구를 경험이 풍부한 임상가와 미래의 연구자에게 제공하는 것이다. 보다 구체적으로, 심리치료에서의 음악에 관한 지식과, 음악이 어떻게 관계를 형성하는지 외에도 생리적, 심리적, 실존적 변화를 증진하는 데 활용될 수 있는지에 대한 지식을 증가시키는 것이다. 연구 훈련의 목적은 특정한 음악치료 방법이나 음악치료와 진단평가 및 기술을 위한 방법의 형태로 새로운 실제를 제공하는 데 기존의 지식을 활용하는 것일 수도 있다. 그러므로 연구자들은 한편으로는 음악과 인간, 다른 한편으로는 정신과 건강 간 연관성에 있어 심화된 수준으로 지식을 예증할 수 있어야 한다. 연구 주제의 예는 자폐 아동과의 치료적 작업에 활용되는 음악의 특성에 대한 심층 지식, 아동이 어떻게 음악적으로 소통하는지, 또

---

3 www.mt-phd.aau.dk 참조.

는 스트레스를 받는 사람의 각성과 신경전달물질 조절에 있어 음악의 어떤 요소들이 진정 효과가 있는지에 관한 이론을 개발하는 것 등일 수 있다.

이론적 지식을 확보하는 것 외에도 연구자는 연구 방법론과 관련하여 폭넓은 지식을 예증할 수 있어야 한다. 그러므로 과정은 다음과 같은 것을 교육한다.

- 질적 데이터 관리 및 분석에 대한 탐색적 접근 방식을 포함하는 성찰적 방법론
- 양적 데이터 관리 및 통계 분석에 대한 기술적, 인과적 접근을 포함하는 객관적 방법론
- 연구 윤리와 성찰성
- 과학론
- 학술적 글쓰기와 보급 기술

연구 훈련 중에 학생들은 자신의 연구뿐만 아니라 타인의 연구와 관련하여 높은 학문적 수준으로 정보에 입각한 토론과 지식 교환에 참여하는 데 필요한 역량을 성취할 것이며, 새롭고 혁신적인 연구를 창출하기 위해 다양한 학문에서의 지식을 이해할 수 있어야 한다.

음악치료 연구자는 복잡한 분야에서 유능하게 행동할 수 있다는 것이 중요하다. 복잡한 분야에서는 실제로부터 귀납적으로 연구가 발전되는 것도 중요하나, 연구에 의해 실제가 개발되는 것을 보장하는 체제 내에서 행동하는 것도 중요하다(Ridder, 2014). 이는 연구에 대한 실용적 접근의 특성이며, 올보르 전공의 여러 연구에 혼합 방법 설계가 활용된다는 사실에도 반영된다. 데이터는 다학문적 연구 집단에서 수행되는 다지점 연구를 통해 수집된다. 이 전공에서 계속 진행 중인 연구와 이전의 연구에는 '최상의 실제'를 탐색하는 것 외에 근거 기반 실제에도 관심을 두므로 연구 주제와 연구 설계에 모두 큰 차이가 있다.

1년에 2회 올보르 전공은 학생들의 광범위한 준비와 사후 처리를 필요로 하는 1주일 길이의 박사 과정을 개설한다(과정당 5 ECTS). 학생들은 다른 학생, 슈퍼바이저 집단, 초빙된 객원 교수들을 대상으로 발표를 잘 준비하도록 기대된다. 이러한 발표의 주제는 전형적으로 연구의 경과와 각 PhD 학생들이 마주한 도전들이다. 연구 기간(3~6년) 동안, PhD 학생은 전형적으로 문헌 고찰, 이론적 체제에 대한 설명, 방법론, 연구 프로토콜과 임상적 매뉴얼 설계, 분석 과정, 결과 해석 및 보급 방법을 제시한다. 모든 것이 완벽하다고 패널을 설득하는 것이 학생들의 발표 목적은 아니다. 대신에 문제 지향적 접근에 기반을 두어, 학생들은 성찰과 예측하지 못한 조언에 개방적이어야 하며, 초점을 명확히 하고 세부사항을 미세하게 조정하기 위해 새로운 관점을 이해할 준비가 되어야 한다.

박사 과정의 교육은 문제 기반 학습의 원리에 기반하며, 이는 올보르대학교에서 적용하는 기본적인 교수법적 모델이다(제6부 참조). 교육은 전문가들이 자신의 지식을 전달하는 강의로 구성될 수 있으나 가장 중요한 학습 과정은 워크숍, 패널 토의, 연구 과정 발표 외에도 다양한 관점과 과정에서 각기 다른 시기의 서면, 구두 피드백을 통해 이루어진다.

일부 연구 전공이 최근에 석사학위를 이수한 재능 있는 학생들의 훈련을 선호하는 반면, 이 전공은 전형적으로 별개의 임상 분야 내에서 전문화를 선호한다. 따라서 PhD 학생들의 평균 연령이 상대적으로 높고, 대부분의 사례에서 학생들은 다년간의 임상 경험을 가지고 있다. 이들은 보통 자신의 특정한 임상 분야와 관련된 폭넓은 기술과 지식을 발전시켰다. 이는 연구에 있어서 출발점이 되나, 훈련 중에 학생들은 다양한 연구 전략과 그 장단점을 이해하고, 적용하며, 성찰하여 기술들을 향상시켜야 한다.

음악치료 연구에 대한 국제적 관점을 확보하기 위해서 올보르 전공은 다른 학술 연구팀과 철저한 협력에 참여한다. 올보르 전공은 다년간 PhD 학생들이 최다 등록한 최대 규모의 연구 과정이었고, 음악치료로 박사학위를 제공할 수 있었던 전 세계에 얼마 안 되는 전공 중 하나이기도 했다. 따라서 독특하고 선도적인 입지를 확보했다. 이제, 볼로냐 추진 계획의 결과로 음악치료 연구 훈련 전공이 유럽의 여러 곳에 개설되어 성장하고 있다. 이는 국제적인 음악치료 연구를 장려할 것이고, 장기적으로는 내담자 집단이나 연구 설계와 관련한 과정의 전문화에 대한 기회를 제공할 것이므로 중요한 단계이다. 이는 심화된 음악치료 연구와 임상 분야의 향후 발전으로 이어질 것이다.

5.4 음악치료의 근거 기반 실제

한네 메테 리데르, 라르스 올레 본데

교사, 심리학자, 또는 보건 전문가로서의 음악치료사?

음악치료 실제는 제4부에서 기술한 것처럼 학교, 요양원, 병원, 치료센터, 커뮤니티 환경 등 다양한 맥락에서 계획되고 구조화된 세션으로, 또한 대인관계적 만남으로 도모되는 일상생활 환경에서 이루어지고 있다. 이는 음악치료사의 다양한 역할을 반영하며, 일각에서는 음악치료사의 역할을 교사, 심리학자, 사회복지사나 의료 전문가의 역할 이상으로 간주한다. 이는 음악치료 전문가들이 음악치료 직군에 대한 다양한 관점을 상정하며, 자신이 일하는 맥락을 반영하는 방식으로 직무를 규명할 필요가 있음을 의미하는 것이다. 내담자, 시설 거주자나 환자의 특정한 요구를 그 고유한 맥락의 일환으로 이해하는 것이 중요하다. 따라서 음악치료사들이 동일한 기술을 활용할 수 있으나, 동료의 담론이나 개념 체제에 대해 이야기하기 위해서 이를 매우 다르게 설명하고 규정할 수 있다(1.2장 참조).

이 장에서 우리는 보건 부문에서 음악치료의 역할에 초점을 둔다. 이 부문의 한 직군으로서 음악치료를 규명하는 것은, 한편으로 음악치료사들이 의사소통, 성찰, 문제 해결, 창의성에 관한 인본주의적 관점을 제공하여 간학문적 환경에 기여하는 것을 허용할 것이다. 다른 한편으로, 보건 부문의 직군은 기록되고 측정 가능한 서비스와 처치 효과에 대한 설명을 필요로 한다. 음악치료가 규제되고 보호되는 보건 서비스가 되기 위해서는 국가 보건 당국에 의해 공식적으로 권고되어야 한다. 직군에 있어서 이는 근거 기반의 실제를 필요로 한다.

이에 대한 하나의 예로 덴마크 보건 당국은 2013년에 치매의 진단과 처치를 위한 국가적인 임상 지침 개정판을 출판했다. 이 지침에서 다양한 중재에 대한 연구들이 검토되었고 '비약물적 중재의 다른 유형'이라는 절에 음악치료가 언급되었다. "음악치료와 다감각적 자극은 여러 곳에서 인기를 얻었으나 이에 대한 근거는 아직 결론에 이르지 못했다."라고 명시된 것이다(Danish Health Authority, 2013, p. 63, 이 책 저자의 번역). 이 예에서 음악치료는 결론에 이르는 근거가 나올 때까지 권고되지 않는다. 다른 예에는 음악치료를 권고할 충분한 근거가 있다. 노르웨이의 보건부는 2013년 정신병적 장애의 진단, 처치, 후속 조치를 위한 국가적 지침에 음악치료를 권고했다. 이는 조현병을 포함하여 정신병적 상태에 있는 사람들을 위한 음악치료의 유익한 효과에 대한 근거에 기반을 둔다. 음악치료는 소위 말하는 음성 증상(예 : 정상적 기능의 결여로 인해 에너지, 주도성, 사회적 개입이 감소하는 증상으로, 보통 사회적 만남의 위축과 회피를 초래함)에 특히 유익한 효과가 있어 표준 처치의 보충 수단으로 권고된다. 게다가 음악치료를 받은 양과 그 효과 간에 용량반응관계가 기술되었다. 이 지침에는 노르웨이에서의 처치는 석사학위가 있는 음악치료사에 의해서만 시행될 수 있다는 것이 명시되었다(Norwegian Health Authority, 2013).

앞의 예에서 언급한 것처럼, 각기 다른 환자군의 진단과 처치를 위한 이와 같은 국가적 임상 지침은 환자를 위한 일관적 처치 계획 외에도 전국적으로 일관된 양질의 근거 기반 중재를 보장하기 위해서, 마지막으로 각 부문과 전문가 집단에 걸쳐 지식의 공유를 보장하기 위해서 고안된 것이다. 보건 부문에 채용된 음악치료사의 수가 증가함에 따라 근거 기반 실제EBP를 지향하는 직군에 대한 수요도 증가한다. 음악치료사 중 다수가 비율적으로 보건 전문가보다 교사, 심리학자나 사회복지사에 더 가까운 역할을 맡는 다른 맥락에서 일하더라도, 음악치료의 근거 기반 실제에 초점을 두는 것은 중요하다.

근거 기반 실제

우리는 이전의 장에서 탐색적, 기술적, 인과적 인식론을 소개했다. 우리는 지식의 탐색적, 기술적 영역에 대해 상세히 다루지 않는 동시에 지식의 인과적 영역에 속하는 근거 기반 실제에 초점을 두는 것이 문제적임을 인식하고 있다. 그러나 이러한 지식의 다른 영역에 대한 심층 기술을 이 책에 포함하는 것은 지나치게 광범위하다. 음악치료는 여러 기능을 포괄하는 직군이며 인문학에 견고한 뿌리를 두고 있으나, 보건 부문에 음악치료를 통합하는 것을 목적으로 한다면 근거 기반으로 직군을 확립하는 것은 불가피하다. 중재가 유익하고 해를 입히지 않는다는 점이 분명해야 한다.

앞서 언급한 것처럼 EBP는 지식의 인과적 영역에 속하며(앞의 그림 5.1.1 참조), 법칙 정립적 목적이 있는 후기 실증주의 접근이 특징이다. 따라서 객관성과 반복 검증 가능성을 필요로 하며, 표준화되고 심리측정적으로 검증된 결과 측정을 활용하여 무작위 통제

시험에서 추론의 가설-연역적 방법을 적용함으로써 성취된다.

EBP는 근거 기반 의학EBM에서 진화하여 1980년대에 발현되었으며, 건강 부문에서의 효과성과 효율성에 대한 영국의 의사 아치볼드 코크란(1972)의 책에 기반을 두었다. 코크란은 코크란 연합을 설립했으며 이는 현재 코크란 센터라는 국제적 네트워크로 진화했다. EBM이 의료 직군과 관련된 반면, EBP는 다른 직군의 실제나 간학문적 실제를 다룬다. 코크란 웹사이트[4]에 따르면 EBP는 1) 신뢰되는 근거, 2) 정보에 입각한 결정, 3) 건강 개선에 관한 것이며, 다음의 원리에 기반을 둔다(Hjørland, 2010).

- 실제에서 내리는 결정은 반드시 '근거'에 기반을 두어야 한다.
- '근거'는 적절한 연구 기반 지식으로 이해된다.
- 기록문헌, 데이터 수집, 근거의 해석은 통제되어야 하고 확실한 방법론으로 수행되어야 하며 메타 수준의 과학적 관점을 포함해야 한다.
- 이러한 데이터 수집과 해석의 결과는 체계적 메타 분석이나 코크란 리뷰로 출판되어야 한다.
- 각기 다른 근거 유형에 대한 가치의 일반적 위계 외에도 어떤 연구의 유형이 가장 적절한지에 대한 명시적 규준이 반드시 고안되어야 한다.

의사 결정자들이 보건 부문의 여러 연구 유형 중에서 스스로를 정향하도록 안내하기 위해서, 근거의 위계가 EBP에 규정되어 있다. 코크란 리뷰는 표준화된 준거를 활용하여 연구에 대한 분석을 철저히 함으로써 이 위계에서 가장 높은 순위를 차지한다. 순위의 다음 수준은 연구문헌, 임상적 지침, 통제 연구, 사례 연구, 마지막으로 전문가 견해에 대한 다른 유형의 리뷰들이다. 덴마크의 국가 보건 당국은 근거 기반 실제를 고수하며, 권고는 단순화되고 간략한 버전으로 표 5.4.1에 예증된 근거의 수준에 기반을 둔다.

코크란 연합의 웹사이트에는 코크란 리뷰와 무작위 통제 시험 외에도 코크란 라이브러리의 내용과 어떻게 데이터베이스를 검색하는지에 대한 명확한 소개가 있다. 연구들은 데이터베이스에 포함되며 대상군, 중재, 통제, 결과와 관련하여 명확히 정의된다. 동질성 수준이 높은 양질의 임상 연구가 코크란 리뷰에 충분하다면 메타 분석이 수행된다. 이는 포함된 연구들에 제시된 결과의 비교, 누적 분석이다. 메타 분석 결과는 독자의 기호에 잘 맞

---

4 www.cochrane.org 참조.

표 5.4.1 처치와 예방에 관한 근거의 수준 및 권고 순위[Danish Health Authority(2012)의 간략한 예증. 괄호 안은 이 책의 저자가 덧붙인 내용]

근거의 수준		연구 방법
A	1a	동질성이 있는 무작위 통제 시험(RCTs)에 대한 체계적 고찰 또는 메타 분석
	1b	RCTs [인과적 연구]
B	2a	동질성이 있는 코호트 연구에 대한 체계적 고찰
	2b	코호트 연구 [기술적 연구]
	3a	사례 통제 연구에 대한 체계적 고찰
	3c	사례 통제 연구 [인과적 사례 연구]
C	4	연속 사례, 인과적 근거 [탐색적 사례 연구]
D	5	명시적인 비판적 평가가 없는 전문가 견해

고 설명적인 방식으로 보급되므로 보건 의료 전문가와 의사 결정자들이 연구의 질과 결과를 신속하고 효과적으로 진단평가하는 것을 용이하게 만든다.

시각적으로 명확한 결과 제시는 코크란 연합의 로고에 예증된다.[5] 로고는 원형으로 수직선에 의해 분할되며, 이는 다시 길이가 다른 수평선들로 장식되었다. 로고의 하단에는 마름모꼴을 닮은 작은 도형이 보인다. 마름모꼴은 포함된 연구들의 통계적 결과에 대한 요약이다. 만일 결과와 관련하여 통계적 확실성 — 다시 말해서, 유의성 — 이 있다면, 로고에 나타난 것처럼 마름모꼴은 수직선에서 좀 떨어져 있을 것이다. 수평선은 각 개별 임상 연구의 결과를 예증한다. 로고에 7개의 수평선이 있는 것은 7편의 연구에 대한 메타 분석을 예증한다. 마름모꼴이 수직선에 가까우므로 로고는 중재나 통제를 선호하는 유의한 결과를 나타낸다.

한 예로 우리는 자폐 범주성 장애인을 위한 음악치료의 코크란 리뷰 결과에 대한 예증을 그림 5.4.1에 제시한다.

이 숲 도표에서는 일반화된 의사소통적 기술과 비일반화된 의사소통적 기술이 분석된다. 일반화된 결과 측정은 음악치료 세션의 외부라는 맥락에서 음악치료의 영향을 진단평

---

5 www.cochrane.org 참조.

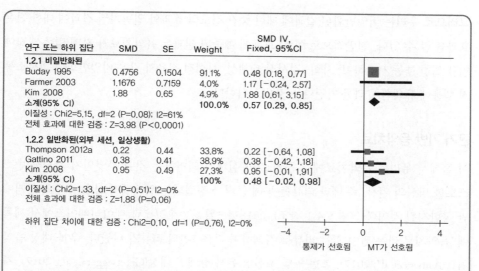

연구 또는 하위 집단	SMD	SE	Weight	SMD IV, Fixed, 95%CI
1.2.1 비일반화된				
Buday 1995	0.4756	0.1504	91.1%	0.48 [0.18, 0.77]
Farmer 2003	1.1676	0.7159	4.0%	1.17 [−0.24, 2.57]
Kim 2008	1.88	0.65	4.9%	1.88 [0.61, 3.15]
소계(95% CI)			100.0%	0.57 [0.29, 0.85]
이질성 : Chi2=5.15, df=2 (P=0.08); I2=61%				
전체 효과에 대한 검증 : Z=3.98 (P<0.0001)				
1.2.2 일반화된(외부 세션, 일상생활)				
Thompson 2012a	0.22	0.44	33.8%	0.22 [−0.64, 1.08]
Gattino 2011	0.38	0.41	38.9%	0.38 [−0.42, 1.18]
Kim 2008	0.95	0.49	27.3%	0.95 [−0.01, 1.91]
소계(95% CI)			100%	0.48 [−0.02, 0.98]
이질성 : Chi2=1.33, df=2 (P=0.51); I2=0%				
전체 효과에 대한 검증 : Z=1.88 (P=0.06)				

하위 집단 차이에 대한 검증 : Chi2=0.10, df=1 (P=0.76), I2=0%

통제가 선호됨   MT가 선호됨

그림 5.4.1 코크란 분석(Geretsegger et al., 2014, p. 22)에 대한 도해적 표현(숲 도표)의 예. 분석은 자폐 범주성 장애인의 비언어적 의사소통적 기술에 대한 위약 또는 표준 간호와 비교한 음악치료의 효과와 관련된다.

가하는 반면, 비일반화된 결과는 세션 내에서 일어난다. 비일반화된 비언어적 의사소통은 행동 시작하기, 사회적-정서적 호혜성, 사회적 적응과 같이 ASD 아동에게 있어 어려움의 핵심 영역을 나타낸다. 처음 3편의 연구 결과는 (높은 가중치의) 사각형과 (가중치가 덜한) 2개 선에 해당한다. 소계는 마름모꼴로 예증된다. 이는 'MT가 선호됨'이라고 표시된 영역 위에 0점(중립 또는 효과가 하나도 없는 것)을 나타내는 수직선의 오른편에 위치한다. 0.57이라는 표준 평균 차이SMD는 비일반화된 의사소통 기술에 대한 음악치료의 유의한 효과가 있는 것이다(P<0.0001). 일반화된 의사소통 기술에 대한 3편의 연구 결과는, 모두 중심선에 닿은 3개의 선으로 나타난다. 사각형은 연구의 실제 값을 시사하며, 수평선은 통계적 확실성의 수준을 나타낸다. 사각형이 더 작고 선이 더 길면 실제 값과 통계적 확실성은 설득력이 없다. 0.48이라는 SMD는 음악치료를 선호하나 통계적으로 유의하지 않으며(p<0.06) 중심선에 닿은 마름모꼴로 예증된다.

코헨의 *d*라고도 불리는 표준 평균 차이는 보고된 중재 효과를 집단의 통합 표준 편차로 나눔으로써 계산된다(McGough & Faraone, 2009). 만일 결과가 0.8보다 크면 이는 효과가 큰 것, 0.5에서 0.8 사이면 중간 정도의 효과, 0.2와 0.5 사이는 작은 효과를 의미한다.

그러므로 우리는 비일반화된 결과에 대한 중간 정도의 효과와 일반화된 결과에 대한 작은 효과를 알 수 있다. 전반적으로 이 숲 도표에 예증된 결과는 음악치료가 자폐 범주성 장애인을 위한 행동 시작하기, 사회-정서적 호혜성, 사회적 적응과 같은 비일반화된 의사소통적 행동에 유의한 효과를 가진다는 것을 시사한다.

근거 기반 음악치료

이 절에서 우리는 음악치료에서 근거 기반 실제가 의미하는 것이 무엇인지 기술하며 스스로를 빙산의 일각, 즉 메타 리뷰를 통해 근거가 정립되는 위계에서 상위 수준의 근거에만 국한시킬 것이다(그림 5.4.1 참조). 2018년 3월 4일에 코크란 데이터베이스에서 제목에 '음악치료'라는 말이 있는 리뷰를 검색하여 다음 3편의 리뷰가 나왔다. 우울 대상 음악치료(Aalbers et al., 2017), 조현병 및 조현병 유사 장애인 대상(Geretsegger et al., 2017), 자폐 범주성 장애인 대상(Geretsegger et al., 2014). 제목에서만 '음악'과 '중재'라는 용어로 검색하여 우리는 다음의 리뷰들을 찾았다. 후천적 뇌 손상 대상 음악 중재(Magee et al., 2017), 암 환자의 심리적, 신체적 결과 개선(Bradt et al., 2016), 수술 전 불안(Bradt, Dileo & Shim, 2013), 인공호흡기 부착 환자(Bradt & Dileo, 2014), 치매인을 위한 음악 기반 치료 중재(van der Steen et al., 2017).

우리는 2018년 3월 4일 이전에 출판된 음악치료 또는 음악 중재에 대한 8편의 코크란 리뷰와 메타 분석에 대한 개관을 표 5.4.2에 제시한다. 모두 합해서 리뷰는 176편의 연구와 9,783명의 참여자를 포함했다. 2014년 6월의 이와 유사한 리뷰에는 (7편의 메타 분석과) 9편의 리뷰가 총 107건의 무작위 통제 시험과 5,623명의 참여자를 포함했다. 의학 분야의 코크란 리뷰에 비해 연구의 수와 표본 크기는 작다. 그러나 4년 만에(2014년부터 2018년까지) 연구의 수와 포함된 참여자는 현저히 증가했다. 이는 충분히 좋은 임상 시험체 증가에 대한 지표이자 인본주의적, 탐색적 연구를 위한 풍부한 전통에 대한 보완으로서 더 많은 근거 기반 연구를 향한 발전의 지표일 수 있다.

앞서 제시된 코크란 리뷰 외에도 음악치료 외의 다른 음악 중재 유형 — 전형적으로 음악 감상/음악 의료 또는 음악 활동이 심리사회적 중재와 결합된 것 — 의 효과를 살펴보는 리뷰들이 있다. 2018년 3월에, '음악'이라는 단어를 활용한 검색에서 4편의 추가적 리뷰가 나왔다.

표 5.4.2 제목에 음악치료나 음악 중재가 포함된 논문을 대상으로 한 코크란 리뷰(2018)

대상군(저자, 연도)	연구의 수/참여자 수	음악치료(또는 음악 중재)가 다음에 대해 유익한 효과가 있다.
후천성 뇌 손상 (Magee et al., 2017)	29편 n=775	뇌졸중 이후 보행, 상지 기능의 타이밍, 의사소통 결과, 삶의 질
자폐 범주성 장애 (Geretsegger et al., 2014)	10편 n=165 (연령 : 2~9세)	사회적 상호작용, 비언어적, 언어적 의사소통 기술, 행동 시작하기, 사회적-정서적 호혜성, 사회적 적응, 기쁨, 부모/자녀 관계
암 (Bradt et al., 2016)	53편 n=3,731	불안, 통증, 피로, 삶의 질+심박수, 호흡수, 혈압에 대한 작은 효과(음악치료 연구 24편, 음악 의료 연구 29편)
치매 (van der Steen et al., 2017)	17편 n=630	우울 증상 (음악 기반의 치료 중재와 음악치료)
우울 (Aalbers et al., 2017)	9편 n=411	우울 증상, 불안, 기능에 대한 단기 유익 효과
인공호흡기 부착 환자 (Bradt & Dileo, 2014)	14편 n=805	불안, 호흡수, 수축기 혈압, +진정제와 진통제 소비에 대해 적절한 유익한 영향
수술 전 불안 (Bradt, Dileo & Shim, 2013)	26편 n=2,051	수술 전 불안, 심장 리듬, 확장기 혈압
조현병 (Geretsegger et al., 2017)	18편 n=1,215	전반적 상태, (음성 증상과 일반 증상을 포함하는) 정신 상태, 사회적 기능, 삶의 질

- 관상동맥 심장병 환자의 스트레스와 불안 완화를 위한 음악(Bradt, Dileo & Potvin, 2013).
- 난독증 아동 및 청소년의 읽기 기술 향상을 위한 음악 교육(Cogo-Moreira et al., 2012).
- 성인의 불면증을 위한 음악(Jespersen et al., 2015).
- 국소 마취하 제왕절개 수술 중 산모와 영아의 결과를 개선하기 위한 음악(Laopaiboon et al., 2009).

음악은 제목에 언급되지 않고 여러 코크란 리뷰에 통합되기도 한다. 여기서 음악은 이완, 비약물적 처치, 심리적 처치, 보완적 및 대안적 처치, 감각 통합, 아로마테라피와 스누젤렌, 회상, 춤과 동작, 인지 자극 및 의사소통 훈련의 일환으로 포함된다. 마지막으로 등록된 프로토콜이 있는 것은 리뷰가 진행 중임을 의미한다. 전반적으로 음악치료 연구에 대한 리뷰는 리뷰에 대한 리뷰를 수행하기에 충분하다. 이러한 체계적 메타 리뷰에서, 가미오카와 동료들(2014)은 21편의 체계적 고찰을 포함시켰으며 그중 16편이 코크란 리뷰였다. 연구자들은 음악 중재, 음악 의료 또는 음악치료의 범주를 구별하지 않고 모두 음악치료라 명명했다. 리뷰는 ICD-10의 진단에 따라 요약되었으며, '음악치료 처치'가 조현병 또는 심각한 정신 장애의 전반적, 사회적 기능, 파킨슨병의 보행 관련 활동, 우울 증상, 수면의 질을 향상시켰음을 나타냈다. '어떤 연구에서도 특정한 역효과나 유해한 현상이 일어나지 않았음'이 강조되었다(Kamioka et al., 2014, p. 751). 음악치료는 다른 중재들 중 하나로 메타 리뷰에 포함될 수도 있다. 한 예로 아브라하와 동료들(2017)은 치매의 행동 장애를 다루기 위한 비약물적 중재에 대해 2009~2015년에 출판된 38편의 체계적 고찰을 포함했다. 비약물적 중재는 감각 자극 중재, 인지/정서 지향 중재(예 : 음악치료, 춤치료, 스누젤렌, 회상치료, 인정치료, 가장 존재 치료), 행동 관리 기법과 기타 치료(예 : 운동치료 또는 동물 보조 치료)였다. 연구자들은 음악치료가 초조 행동과 불안 완화에 효과적이라는 결론을 내렸다(Abraha et al., 2017).

기존 지식에 대한 입증만 보고하는 연구를 피하기 위해서 기존 지식을 반박하거나 불확실한 연구 결과를 나타내는 연구를 포함하지 않는다. 데이터 수집이 시작되기 전에 연구 프로토콜 등록에 대한 요구가 커지고 있다. 이는 출판, 보급이나 미완된 연구들에 대한 후속 조치를 더 수월하게 만든다. 대규모 등록 데이터베이스 2곳에서 검색하여 우리는 기록된 다수의 음악치료 연구를 관찰했다. 2018년 3월, 국제표준 무작위 통제 시험 번호 대장[6]에 17편의 음악치료 연구가 등록되었으며, 미국의 임상 시험에서는 62편의 진행 중인 음악치료 연구[7]들을 찾았다.

국가적 지침이나 등록된 직군으로 음악치료를 권고하는 국가는 소수에 불과하다 (Ridder, Lerner & Suvini, 2015). 보건 당국이 임상 시험에 기반을 둔 명확한 근거를 요구할 때, 다른 기관이나 기금에서는 실제에서 비롯된 정성적(질적) 지식을 요구하는 것도 보인다. 이 장에 수록된 코크란 리뷰에서 우리는 유익한 효과를 알게 되었고, 폭넓게 진행 중인 다수의 연구가 등록되었음을 알게 됨에 따라 음악치료 연구와 근거 기반 실제의 현저한 증가를 반드시 가정해야 할 것이다. 우리는 미래의 국가적 지침에 다른 영역 중에서도

---

6 www.controlled-trials.com 참조.

7 www.clinicaltrials.gov 참조.

조현병, 우울, 치매, 자폐, 신경 재활을 대상으로 음악치료가 권고되는 것을 보기를 희망한다. 어쨌든 음악치료는 보건 부문에서 근거 기반 실제로 견고하게 정립되어 가는 중이며, 전도유망한 연구들이 있어 향후 최신의 메타 분석과 메타 리뷰를 통해 이를 보게 될 것이라 기대한다.

음악치료 연구와 과학의 다른 영역

우리는 제5부를 지식의 여러 유형 ― 프로네시스, 에피스테메, 테크네 ― 을 기술하면서 시작했고, 연구에 대한 다양한 접근을 반영하는 과학의 3영역 ― 탐색적, 기술적, 인과적 ― 을 소개했다. 우리는 보건 부문의 통합과 더불어 직군의 이러한 영역에 초점을 두기 위해서 인과적 접근 방식을 더 철저히 살펴보았다. 그러나 문제는, 인과관계에 대한 초점이 '해석주의 연구에 중요한 이슈들을 다루지' 않으며(Wheeler & Bruscia, 2016, p. 7), 혼합 방법 연구나 탐색적 속성의 연구를 위한 메타 분석(코크란 리뷰와 다른 리뷰의 유형) 수행을 위한 준거에도 여지를 남기지 않는다는 것이다. 이러한 연구들은 코크란 위계에서 가장 낮은 순위의 설계이다(표 5.4.1). 그러므로 제5부를 마무리하면서 우리는 연구란 근거로서의 지식에 관한 것 외에 의사소통하고 상호작용하며, 행위하고 사고하는 의도적 주체로서의 인간에 관한 지식의 추구이기도 함을 강조하고자 한다. 인간은 개인의 수준을 넘어선 맥락에서 상호작용하며, 음악치료 연구는 필연적으로 이러한 맥락들이 수반하는 것이 무엇이고, 그것이 무엇을 의미하는지 이해하기 위해서 이러한 과정과 관계에 대한 지식에 기여해야 한다. 이러한 지식의 유형은 근거 기반 결과 연구에 의해 제공될 수 없다. 그러므로 음악치료는 과학의 탐색적 영역에 내린 그 깊은 뿌리를 유지해야 한다. 이는 정신내적 과정과 복잡한 인간의 중재를 위해 현실 세계의 만남에 대한 이해와 심층 지식의 습득에 필요하며, 보건 의료 연구와 근거 기반 실제에 대한 간학문적 접근을 통합하려는 시도에서도 필요한 것이다.

6

음악치료 훈련 –
유럽의 학사 및
석사 학위 과정 모델

6.1 서론

라르스 올레 본데, 스티네 린달 야콥센, 잉에 뉘고르 페데르센, 토니 위그램

소개

이 장은 일차적으로 야콥센과 본데(2016) 및 이 책의 초판에 나오는 절들의 편집물에 기반을 두고 있다(Wigram, Pedersen & Bonde, 2002, 제6부).

대부분의 유럽 국가에서 음악치료는 보호되는 전문적 타이틀이 아니다. 음악치료 학사학위BA나 음악치료 석사학위MA 또는 음악치료 전공의 후보생과 같은 교육 학위만이 보호되고 인정된다. 음악적 또는 심리적 기술이 있는 사람들은 질 높은 음악치료와 같은 활동을 수행할 수 있으나, 음악치료 분야 내에서 지난 55년간 이론적 이해와 연구, 임상적으로 적용되는 기술의 대단한 발전으로 알려진 다년간의 훈련 없이 자격이 있고 유능한 음악치료사가 되는 것은 불가능하다.

유럽의 음악치료 훈련은 그 발전에서도 다양화되어 있으며, 오늘날 대부분의 훈련 과정은 학사와 석사 수준으로 구성되는 전체 훈련 과정이나 관련 분야 학사학위 수준의 과정을 마치고 나서의 구체적인 음악치료 훈련 과정으로 구성되었다.

오늘날 전문 음악치료사 자격 검증의 일부는 음악치료 기법, 방법, 이론, 특정 분야와 관련된 중재에 있어서 다른 전문가들을 훈련하는 역량이다. 이러한 훈련 요소들의 목적은 음악치료사로서 참여자들을 훈련하거나 음악치료 처치를 수행하는 것이 아니라 내담자가 일상적으로 음악치료 기반 활동과 상호작용으로부터 혜택을 얻는 가능성을 확장하기 위해서 각기 다른 내담자군 내에서 다른 전문가들에게 음악치료 지식과 기법들을 전달하고 시연하는 것이다. 대부분의 음악치료 과정은 3가지의 각기 다른 역량—음악적 역량, 치료적 역량, 학업적 역량—을 훈련 과정에 통합하였다. 게다가 대부분의 과정은 3가지 역량이 모두 '실제' 내담자와 임상적으로 작업하는 것을 시행하게 하는 장단기의 인턴십 기한을 포함한다. 이 3가지 역량 간 균형은 유럽의 훈련 과정에 따라 매우 다양하다. 특히 개

인적인 학습 역량에 대한 중요도―경험적 학습 요소―는 과정마다 상당히 다르다.

5년에 걸친 종합적 훈련의 예로서, 우리는 덴마크 올보르대학교의 학/석사 통합 모델을 제시할 것이다. 3가지 각기 다른 역량의 통합은 그림 6.1.1에 설명된 것과 같이, 전공 과정 전반에 걸쳐 각 역량에 대해 동일한 중요도를 의미한다.

경험 기반의 체화된 지식과 개인적 역량 개발에 2가지 다른 훈련 역량과 동등한 중요도를 부여하는 아이디어는 학생의 다음과 같은 성장을 촉진한다.

- 심리학, 철학 이론의 이해
- 음악/임상 즉흥연주에서 개인적 양식의 발달
- 실행 음악치료사로서 통합된 정체성의 발달
- 발달 과정 중 환자의 개별적 요구에 민감하기 위하여 환자와의 음악적 관계에서 자기를 정보의 출처로 활용

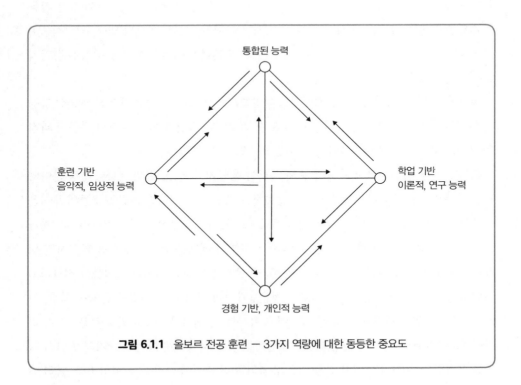

그림 6.1.1 올보르 전공 훈련 ― 3가지 역량에 대한 동등한 중요도

다중 패러다임

올보르대학교의 프로그램은 직군에 영향을 미쳤고, 지금도 영향을 미치는 각기 다른 과학적 전통의 범위를 개방적으로 인정함으로써 최신 학문의 '다중 패러다임 상황'도 받아들인다. 이러한 각 전통은 한 분야로서 음악치료의 발전에 중요한 이론적, 임상적, 연구 기반 공헌에 이바지한다(Jacobsen & Bonde, 2016; Wigram et al., 2002).

이 음악치료 훈련 과정은 1982년에 시작되었으며, 덴마크에서 유일한 훈련 과정이다. 이는 인간의 아이디어와 음악에 대한 인본주의적 관점에 기반을 두고 있다(Bonde, 2009; Ruud, 2010). 정신역동적 전통은 내담자의 문제에 대한 이론적인 사전 이해로서만이 아니라, 치료사의 정체성 발달을 위한 기초로서 여전히 유용하게 간주되는 중요한 역할을 한다. 그러므로 정신역동적 전통은 음악치료에서 다중 패러다임 모델과 이론을 나타내는 가지들이 있는, 아직 성장하는 나무의 포용하는 뿌리라는 역할을 맡는다. 인간에 대한 인본주의적 관점은 누구에게게나 공통적인 삶의 3가지 수준과 3가지 관점을 제공하는 신체, 마음과 정신의 통일로서의 이해를 포함한다. 게다가 인간이 항상 사회적, 문화적 맥락 안에 자리한다는 점은 반드시 고려되어야 한다.

인간에 대한 이러한 관점은 모든 인간에게 선천적인 것으로 인정되는 자기 치유의 자원과 강점이 있는 처치에 대한 이해와 관련이 있으며, 치료는 반드시 이에 기반을 두어 이러한 선천적 특성들을 자극해야 한다. 건강과 병은 양자택일의 문제가 아니며, 이러한 문제적 이분법은 건강생성론적 사고로 대체된다(Antonovsky, 1987). 그러나 이러한 자기 치유의 자원을 이해할 때, 질환/역기능, 회복/보상의 각기 다른 단계들을 인식하는 것은 중요하다. 어떤 단계들은 문제와 질병에 초점을 두는 것이 필요하며, 다른 단계들은 자기 치유력에 중점을 두는 것이 필요하다(Pedersen, 2014). 올보르 전공에서의 교육은 건강이 신체, 마음과 정신의 복잡한 상호작용을 수반한다는 심리적 건강 관점과 관련이 있다. 건강은 삶의 여러 위기, 위협, 스트레스원과 어떻게 관련을 맺고, 대처하는가에 따라 모두가 그 안에 자리하게 되는 하나의 연속체로 가장 잘 이해된다.

음악의 인본주의적 관점은 인간이 만든 문화적, 사회적으로 뿌리내린 자기표현, 의사소통 및 대인관계의 교류 방식으로서 음악에 대한 이해를 구성한다. 음악은 의식 현상이다(Bonny, 2002). 여기서 의미는 음악의 생성(작곡, 즉흥연주, 노래 만들기)과 감상의 과정(다른 사람들과 상호작용에서, 능동적인 음악 감상 동안에) 중에 형성된다. 이 2가지 의미 생성의 과정은 음악이 항상 모호하고 언어처럼 예리한, 외연적 의미를 표현할 수 없기에 동일한 것이 아니다. 이는 한계로 간주되지 않으나, 음악의 구체적인 속성으로 간주되어 음악을 매우 귀중한 치료적 도구로 만든다. 음악에 대한 인본주의적 이해는 음악적 의미가 참여자의 전제조건, 선호와 개방성이 중요한 역할을 수행하는 과정과 맥락에서 생성된다는 것을 인정한다(1.3장과 2.5장 참조).

문제 기반 학습

문제 기반 학습은 올보르대학교의 대들보 중 하나이며, 잘 알려져 있고 국제적으로 인정받는 학습 모델이다. 기본적으로 이는 실제 세계의 문제와 도전에 관해 질문하고 궁금해하는 것을 통한 학습을 목적으로 한다. 학생들이 스스로 학습에 책임을 지고, 성찰하며 문제를 해결할 수 있는 것이 중요하다. 이는 다수의 프로젝트와 보고서를 통해 실천될 뿐만 아니라, 강사들이 스스로를 학습의 촉진자로 조망하는 방식에서도 드러난다. 강사들은 완전한 지식을 전달하는 것 외에도 지식, 기술과 역량을 획득하는 최선의 방법을 찾기 위해 학생들과 협력하는 전문가들이다. 목적은 학생들이 외워서 학습하는 것이 아니라 지식을 적용하고 조정하는 능력을 얻고, 문제를 해결하며, 방법과 결과의 선택에 대해 비판적으로 성찰하도록 촉진하는 것이다.

올보르 전공은 학생이 자신의 지식을 여러 수준에서 타인의 지식과 연관시켜야 한다는 신념 체계, 예를 들어 인간, 음악과 회고, 방법에 대한 다소 명시적인 패러다임과 관점이 어떻게 새로운 지식과 새로운 이론에 영향을 미치는지, 그리고 다시 이것이 어떻게 치료사의 정체성과 일상적인 임상 실제에 영향을 미치는지 등에 기반을 둔다. 이는 발생론, 인식론, 방법론 간 변함없는 나선형적 움직임이다. 목적은 학생이 자신의 전체 교육 전반에 걸쳐 변함없는 호기심, 성찰과 자리매김으로 이론과 실제를 통합하는 것이다.

교육의 질과 관련한 평가 절차

올보르 전공은 30년 이상 존속했고, 올보르대학교의 질을 보증하는 고정된 한 부분으로 지속적인 체계적 평가와 새로운 대학교 훈련의 개발을 포함한다. 이는 음악치료 학습위원회를 위한 교육, 훈련, 교육 과정 등의 연례 정기평가를 포함한다. 평가 작업은 외부 심사자, 인문학부의 교원, 의사소통 및 심리학부와 자문위원회와의 인터뷰로 수행되며, 향후 교육 발전을 위한 학습위원회의 실행 계획 기반을 제공한다. 2012년에 학습위원회는 코펜하겐(60 ECTS, 2년, 시간제)에서 '사회, 교육, 보건의료 환경에서 적용되는 음악'(덴마크어 두문자어로는 PROMUSA)이라는 이름으로 특별 훈련 전공을 시작했다. 이 훈련은 음악 교사, 심리학자, 사회복지사, 음악가들과 같은 관련된 간학문적 영역에서 학사학위BA를 소지하고, 입학시험에 합격하기에 충분한 음악 기술을 가진 지원자들을 위해 개설되었다. 각기 다른 교육적 배경의 혼합은 간학문적 협력과 이해를 보장한다. PROMUSA를 마친 후에, 학생들이 입학시험에 합격한다면 석사학위 과정을 지속할 수 있다. 학습위원회는 학생들의 기술 개발과 교육의 질을 지속적으로 높이기 위해서 내외부적 비평에 귀를 기울이고 따르며, 교과 과정을 채택하고 조정할 책임을 의식하고 있다. 음악치료 전공의 학생들은 참여적이고 동기부여적이며, 평가는 전공에 매우 열심인 경향이 있는 학생들 간 전반적인 만족도를 나타낸다.

박사학위 전공

올보르대학교의 음악치료 박사학위 전공은 1996년에 개설되었다. 45편 이상의 논문이 공식 구두시험에 성공적으로 제출되었고 심사되었다. 이 전공은 음악치료 석사학위 과정의 교육 및 연구의 사회적 환경과 밀접하게 연계되어 있다. 국제 장학금을 받는 박사과정 학생이 다수인 이 전공은 강력한 세계적 지향을 가지며, 잘 정립된 연구 환경과 파트너십을 지닌다. 국제적인 지부 담당은 안정된 컨소시엄 파트너십, 연구 네트워크와 능숙한 데이터 수집 현장을 통해 육성된다. 박사학위 과정의 목적은 음악치료 연구 분야에 대한 능숙한 이론적, 기법적, 방법론적 지식 및 응용 임상 연구 지식을 가진 연구자들을 훈련하여 과학적 엄격성을 보장하는 것이다. 5개의 ECTS 2년 과정은 훌륭한 학사 과정의 다채로운 혼합물을 포함하며, 다음의 학습 주제들을 다루는 것이 목적이다(Wigram, 2008).

- 데이터 관리와 데이터 분석을 포함하는 성찰적 방법론
- 데이터 관리와 통계 분석을 포함하는 객관주의적 방법론
- 연구 윤리와 성찰성
- 학문론
- 학문적 글쓰기와 보급

입학 요건

일반적으로 덴마크 인문학 학부 전공의 모든 지원자는 고등학교 교육을 이수해야만 한다.

게다가 음악치료 전공의 경우 모든 지원자는 지원 동기서를 작성하고 입학시험에 합격해야만 한다. 지원자는 약간의 기본적인 음악 기술을 갖추어야만 하며, 이는 고등학교 졸업장에 나타나지 않을 수 있다. 오디션은 지원자들의 음악치료 훈련 이행에 있어 중요한 영역의 기술, 즉 학위를 받은 음악치료사로서 잠재적 기술을 검증하기 위해 설계되었다.

50분의 오디션 동안 지원자들은 주 악기(가창/목소리가 될 수 있다), 반주 악기, 목소리와 청음에서 기본 기술들을 시연해야 한다. 그뿐만 아니라, 지원자들은 정규 교육 스태프 중 한 사람과 즉흥연주 대화로 즉흥연주하는 능력을 시연해야 한다. 우리는 이 즉흥연주 대화가 음악치료에 있어 특별히 관련이 있으므로 이를 좀 더 구체적으로 제시하고자 한다. 표현적인 잠재력과 상상 기술은 입학시험 중 3가지 즉흥연주 과제로 검증되며, 이는 치료적 내용과 개인적, 음악적 창의성 평가를 모두 포함한다.

1. 피아노 또는 주 악기 즉흥연주 : 선택된 주제에 대해 교수와 함께 대화. 이중주(듀엣) 즉흥연주는 교수가 제안한 리듬적 아이디어뿐만 아니라 음악적 아이디어에 지원자가 얼마나 빠르게 적응하는지를 나타낼 수 있으며, 지원자의 음악적 표현에서 시작과 창의성의 수준을 나타낼 수 있다.

2. 목소리와 신체 즉흥연주 : 선택된 시나 그림에 대한 독주(솔로) 즉흥연주. 학생들에게는 혼자 이러한 요소들을 준비하고 연습할 시간 5분이 주어지며, 방 안의 공간과 사물을 활용하는 것이 허용된다. 이는 일부 학생들의 경우―극적인 발표와 억압으로부터의 자유를 요구하기에―부담스러운 부분이며, 학생의 창의적 유연성과 표현성 외에도 자신의 목소리와 신체에 얼마나 편안한지를 탐색하는 순간이다.

3. 임상 즉흥연주 역할극 : 교수와 함께 메탈로폰과 마림바로 대화. 교수가 '내담자'를 맡는 반면, 지원자는 '음악치료사'를 맡는다. 지원자들은 자신이 이미 치료적 지식과 기술을 갖추었음을 나타내는 것이 아니라, 자신에게 제시되는 음악적 '도전들'의 일부에 대해 직관적으로 반응하는 잠재력과 능력을 시연할 것으로 예상된다. 이 요소에서 다수의 지원자가―공감적인 치료적 기법에서 본능적인 능력들을 나타내는―거울반응하기, 일치시키기, 따르기와 동행하기에 대한 일부 역량들을 이미 나타낸다. 몇몇은 심지어 도전하기와 담아주기 같은 좀 더 대담한 치료 전략을 활용하는 역량들까지 드러낸다.

음악치료사들은 보통 제한된 표현 잠재력을 지닌 사람들과 함께 일하므로 좋은 귀를 갖는 것이 매우 중요하다. 따라서 오디션은 지원자가 선율 악구나 좀 더 긴 리듬 단위를 기억하고 재현할 수 있는지와 음악적 대화에서의 음악적 뉘앙스를 포착할 수 있는지 보장하는 것을 포함한다. 학생은 10학기 동안 3회의 인턴십에 능동적으로 참여해야만 한다. 이는 오디션이 지원자 개인의 경험(치료 경험을 포함하는), 동기부여, 성숙도와 자기 통찰에 초점을 둔 인터뷰를 포함하는 이유이기도 하다. 훈련은 길고 고되며, 우리는 지원자가 자신의 개인적 결정에 확신이 있는지를 확인하고자 한다. 그러므로 입학시험은 단순한 기술과 능력 이상을 평가한다. 이는 지원자의 개인적 동기부여에 대한 탐색이다.

교육 과정의 구조와 내용

학사학위 전공의 첫 3년 동안에 모든 기초 기술이 개발되어야 하는 반면, 2년간의 석사학위 전공은 학생들이 독립적인 처치 책임을 가진 임상 음악치료사가 되는 자격을 부여한다. 학위를 받은 음악치료사가 다양한 요구를 지닌 내담자 집단과 함께 처치를 수행하는 데 필수적인 기술을 갖추는 것을 보장하기 위해서, 전공은 앞서 언급했던 3가지, 즉 음악, 이론, 치료의 병행 트랙을 지닌다. 초반에 3가지 트랙은 비교적 분리되어 있으나, 석사학위 전공이 우선적으로 임상 실제와 관련된 검증 및 강화 기술에 초점을 두면서 서서히 좀 더 통합된다.

구조에 대한 개관

학사 전공과 석사 전공은 모두 전일제이다. 학기는 9월과 2월에 시작하며, 교육은 12월과 5월까지이다. 6월, 8월, 1월에 학생들은 시험을 치르고 자기 학습 작업을 한다. 5년간 심화 역량을 제공하는 석사학위 전공은 주로 다음의 5영역으로 구성된다.

- 각기 다른 내담자 표적 집단과 관련된 적절한 음악치료적 전략을 규명함에 있어 음악치료 이론과 경험적 연구 적용을 포함하여 임상 음악치료를 수행하고 처치에 대한 책임을 가정한다.
- 음악 활동과 앙상블 연주 수행을 위해 음악, 음악치료 기법 및 기술을 활용한다. 음악 감상 집단을 이끌고 개별과 집단을 위한 능동적, 수용적 음악치료 과정을 통솔한다.
- 프로젝트와 보고서 계획, 준비, 평가를 포함하여 복잡한 임상적 이슈에 대한 연구, 분석, 기록문헌과 처리에 대해 독립적, 전문적인 근거 기반 접근을 채택한다.

- 음악치료가 이루어지는 제도적, 조직적 맥락과 관련하여 특정한 내담자 표적 집단의 요구에 초점을 두는 음악치료에서 최신의 윤리적 지침에 부합하는 전문적인 상호 전문가 간 협력에 참여한다.
- 통찰을 고유한 자원으로, 발달적 잠재력을 실제로 전환하여 윤리적 지침에 따라 임상 슈퍼비전하에서 음악치료 처치를 수행한다.

학업적 훈련

이론적 지식과 분석적 성찰은 학문적으로 교육된 음악치료사의 기술과 역량에 있어 핵심적인 부분들이다. 음악치료는 신체의학적 병원과 정신의학적 병원, 훈련과 재활 센터, 요양원, 호스피스와 사회적 기관에서 각기 다른 취약한 집단이 통합을 경험하고, 음악을 통해 역량이 강화되며 능숙해지는 커뮤니티 활동에 이르기까지 다양한 임상 맥락에서 근거기반 처치의 형태로 발전되었다. 학생들에게 이러한 문제들과 각기 다른 유형의 과학적 사고, 이론 구축과 실천적 연구(패러다임)에 대한 충분한 지식을 제공하는 것이 올보르대학교 음악치료 훈련 과정의 목적이다. 훈련은 학생들이 인간의 본성, 건강과 질병, 치료와 처치에 대한 자신의 관점에 대한 이해를 기반으로 다른 직군의 동료들과 긍정적인 협력적 대화를 정립할 수 있도록 해야 한다. 훈련의 이론적, 분석적 트랙은 학생들에게 기초 지식을 제공하고, 임상 실제와 관련된 주제들을 가지고 독립적, 비판적으로 작업하도록 자극한다. 10학기에 걸쳐 구체적인 이론적 주제나 틀이 다루어진다.

- 음악심리학
- 임상 실제에 대한 관찰과 기술
- 발달 및 신경심리학
- 신체적, 심리학적 발달의 도전 내의 음악치료 이론
- 신체적 질환과 신체적 도전 내의 음악치료 이론
- 정신의학과 심리사회적 도전 내의 음악치료 이론
- 치료 접근, 보급과 주장 원리
- 학문론과 연구 방법

6.2 음악적 훈련

라르스 올레 본데, 스티네 린달 야콥센, 잉에 뉘고르 페데르센, 토니 위그램

음악치료사들은 자신의 음악적 표현에 매우 유연해야 한다. 음악치료사들은 내담자의 요구에 부합하며 치료사의 역량 내에서 적합한 절차를 선택하는 전문성을 개발할 필요가 있다. 이는 치료사가 — 클래식 음악에서 재즈와 록, 임상 즉흥연주에 이르기까지 — 폭넓고 다양한 음악 레퍼토리에 대한 지식을 가지고 있어야 함을 의미하며, 치료사는 모든 종류의 악기로 즉흥연주할 수 있어야 한다. 치료사는 훌륭한 가수이자 연주자여야 하며, 악보에 따라 연주하기, 화성적으로 반주하기, 청음으로 연주하기, 자유 즉흥연주에서 예를 들어 음계, 선법, 동기, 이미지, 분위기와 다른 '조건들'에 대해 발달된 기술들을 지녀야만 한다.

올보르 전공의 특별한 훈련 과목 중에서 즉흥연주 기술은 필수적이다(Wigram, 2004). 학생들은 음들을 놓아주는 방법과 음악적 변수, 분위기, 유연성과 변화에 초점을 두는 수단으로 즉흥연주하는 것을 배운다. 올보르의 훈련 과정은 즉흥연주에 커다란 중요성을 부여하며, 학생들이 개별 내담자 집단과 함께 하는 임상 실제에서 이러한 기술을 활용하는 자격을 얻도록 즉흥연주 기술들을 가르친다. 그러나 단순히 노래, 악기 연주와 즉흥연주에서 훌륭한 음악 기술들을 개발하는 것은 충분하지 않다. 훈련의 2가지 초석은 음악적, 치료적 정체성의 발달과 그 2가지의 균형을 잡는 방법을 배우는 것이다.

음악적 정체성과 관련하여, 음악치료사에게 수행의 수준이나 수용되는 표준을 적용하는 것만으로는 충분하지 않다. 음악치료에서 가장 필요한 진짜 기술은 세션에서 '음악적 존재'가 되는 능력이다. 음악치료사들은 음악적 환경/현존/분위기를 조성해야만 한다. 음악적 반응은 미세하게 조율되고 자연스러우며, 즉각적이고 민감하며 적합해야만 한다. 음악적 인식은 광범위해야 하며 넓은 경험 기반 위에 만들어져야 하고, 여러 다양한 장르와 양식에 대해 적어도 약간의 지식이 있어야 한다.

만일 우리가 학생들이 광범위하게 다양한 장애, 무능력이나 질환을 지닌 사람들에게 닿

고 도우며 치유하는 방법을 찾도록 훈련하기를 기대한다면, 이 학생들은 카멜레온 같은 음악적 페르소나를 지녀야만 하며 강력하고 개별적이지만 유연한 음악적 정체성을 펼쳐야 한다. 그렇다면 우리는 학생들을 어떻게 훈련할 수 있는가? 무엇이 학습될 수 있으며, 무엇이 타고나는 것이고 학습될 수 없는 것인가? 비언어적 의사소통 형태로서의 치료에서 음악이 가질 수 있는 고유한 위치 때문에, 학생들은 음악을 의사소통적으로 활용하는 데 있어 능숙하고 숙련될 필요가 있다. 학생들은 내담자의 음악에서 메시지를 정말로 듣기 위해 자신의 귀를 열 수 있어야 하며, 그것을 해석하고 이해할 필요가 있다. 이는 학생들이 반응하거나 상호작용을 시작해야 하는 거의 첫 번째 단계이다.

이를 위해서 학생들은 음악적 표현성 외에도 의사소통적 의도를 가지고 의미를 다룰 수 있어야 한다. 이를 할 수 있는 즉흥연주 기술을 획득하는 것은 직관과 행운에 기반을 둔 마술적인 과정이 아니다. 브루샤(1987)가 기술한 64가지 기법의 여러 다양한 즉흥연주 기법의 활용과 기틀잡기, 전이 개발하기와 내담자 지지하기라는 방법(Wigram, 1999d, 1999e, 2004)의 활용을 배우는 것은 복잡한 훈련이다. 이 2가지 필수 요소의 위에는 능력, 기술, 지식, 경험, 치료적 민감성이라는 전체 구조가 있다(제3부와 6.4장 참조).

치료적 접근을 개발하는 것은 하나의 과정이다. 이는 치료적 정체성과 연계된 자신만의 음악적 정체성을 발달시키는 과정을 포함하며, 이 결합은 전문적 정체성을 제공한다. 음악적 훈련에는 작곡된 음악, 음악심리학, 음악 분석에 대한 지식 확대와 확장뿐만 아니라, 전위, 화성화, 즉흥, 리듬 및 선율 가변성에서 악기와 목소리 기술에 대해 학습하기와 특정한 목적을 위한 음악 모음 테이프를 편집하는 것에 대한 지식, 청각 훈련, 노래 만들기, 정서적 목적을 위한 음악 구조의 이해 등등 필수적인 연구들이 많이 있다.

학생의 음악적 정체성 발달과 작업할 때 이 정체성은 이미 존재할 것이며 5년에 걸친 훈련이 그 정체성을 확장하고 성숙하게 함으로써 학생은 음악적 역량과 자신감을 모두 얻게 된다.

음악치료사의 음악적 정체성은 어떤 것이며, 무엇에 기반을 두는가?

역사적으로 발달된다. (선천적인 음악적 적성)

- 음악 경험의 역사
- 가족과 음악의 영향

- 음악의 선호와 불호 — 음악에 대한 정서적 반응
- 각기 다른 음악적 장르에 대한 지식
- 음악 교육
- 주 악기에 대한 기술과 수행을 통한 정체성

음악치료 교육에서 발달된다.

- 즉흥연주의 유연성
- 음악 내에서 의미에 대한 인식
- 내담자의 음악에 대해 반응하는 기법들, 예를 들어 거울반응하기, 일치시키기, 과장하기, 반영하기
- 음악적 역사, 경험, 선호에 대한 통합

학생들은 매우 숙련되고, 절충적인 음악가가 되어야 한다. 내담자가 세션에 가져오는 음악의 범위는 다음에 이른다.

- 무질서한 것에서 구조화된 것까지
- 단순한 것에서 복잡한 것까지
- 자유 즉흥연주에서 사전 작곡된 노래까지
- 바로크에서 모던 재즈까지
- 클래식 고전주의에서 낭만주의나 아방가르드까지

음악을 통해 내담자를 이해하는 음악치료사의 능력은 치료사의 음악적 민감성, 기술과 경험에 달려있다. 내담자의 음악적 자료에 의미를 부여하는 것은 다음을 가능하게 함으로써 이루어진다(Wigram, 2004).

- 내담자의 음악에 귀 기울인다.
- 내담자의 음악을 기억 또는 기보한다.
- 내담자의 음악을 분석한다.
- 내담자의 음악을 맥락 내에서 이해한다.
- 내담자의 음악 내에서 의미를 해석한다.

요약하자면, 올보르대학교의 학생들은 자신의 주 악기, 반주 악기와 목소리에 대한 레퍼

토리를 만들고, 음악 용어와 다른 예술 매체를 활용하여 음악을 분석하고 음악적 자료를 기술하는 것을 배운다. 앞서 언급한 바와 같이, 학생들은 내담자의 음악적 주제와 연주 양식을 목소리와 악기로 재현하고 일치시키는 것과, 자신만의 접근 및 반응을 기술하는 것을 배울 필요가 있으므로 즉흥연주 기술을 열정적으로 익힌다. 특히 즉흥연주 또는 전체 세션 내에서 내담자나 치료사의 음악이 시간의 경과에 따라 어떻게 변화하는가에 초점을 둔다. 이행은 음악 그 자체와 내담자의 병리적 조건이나 일반적인 상태 모두에서 변화를 나타낸다. 이러한 이행들을 음악적으로 발달시킬 수 있는 것은 중요한 음악치료 기술이자 음악적 기술이다.

학생들은 자신의 기억과 경험에 의거한 '음악 자서전'을 준비한다. 학생들은 자신의 음악적 배경과 음악적 발달에 대해 기술하고 성찰한다. 이러한 자서전에서 주 악기와 학생의 관계는 패배와 승리가 공존하는 일생의 발달 과정이며, 즉흥연주와의 조우는 경계를 밀어내는 대단하고 흥분되는 도전이자 전문적인 음악치료적 정체성의 발달에 유의하게 기여한다는 것이 분명해진다(Bonde, 2013).

전공 과정 동안에 음악치료사가 얼마나 지시적이어야 하는지 또는 비지시적이어야 하는지가 자주 논의된다. 좀 더 지시적이고 구조 지향적인 접근은 '조작적' 또는 '지배적'인 것으로서 부정적으로 이해될 수 있다. 또한 누군가는 치료사가 심화 기법을 활용하여 내담자의 매우 단순한 음악을 지시적인 것과 안내하기로 규정하는 것을 지각할 수 있으나, 이러한 치료사의 양식은 그저 지지적이고 안아주는 것이며 영감을 주는, 창의적인 것으로 보일 수도 있다. 학생들이 습득하는 기술은 이들이 쉽게 흐름을 타고, 따르기와 주도권 택하기 간, 공생과 독립성 간, 음악적 자유와 음악적 구조 간에 적절한 균형을 찾을 수 있는 정도로 높은 수준이어야 한다.

내담자에게 닿는 것은 모두 이러한 요소들 — 전체와 다양한 부분의 결합 — 간의 균형에 관한 것이다. 이러한 요소와 부분들은 사전에 계획될 수 있으며, 직관적으로 파생되거나 반응적인 방식으로 일어날 수 있으나 다른 무엇보다도 민감하고 유연해야만 한다(Jacobsen & Bonde, 2016; Wigram, 2004).

6.3 경험적, 공명적 학습 과정 : 음악치료 자기 경험

라르스 올레 본데, 스티네 린달 야콥센, 잉에 뉘고르 페데르센, 토니 위그램

학사BA/석사MA 전공은 의무적인 자기 경험 음악치료 과정, 치료적 방법론 과정, 인턴십을 위한 슈퍼비전의 형태로 치료적 기술을 훈련시킨다. 과정 중에 학생들은 음악치료사 정체성의 일환으로 자신의 치료적 정체성을 정립하고, 이후의 전문적 삶에서 치료적으로, 윤리적으로 책임질 수 있게 되는 역량을 점차 습득하게 되면서 자신의 발달에 대해 심리치료적으로 다룬다. 이 훈련을 경험적, 공명적 학습 과정ERLP이라고 부른다(Lindvang, 2010).

ERLP는 유럽 여러 음악치료 전공의 일부이지만, 훈련 전공의 음악치료 교강사 집단과는 별개의 학생들을 위한 개인적인 훈련 과정(언어적 심리치료나 음악치료)으로 보통 전공의 외부에서 열린다. 본래 이러한 훈련 과목들은 각기 다른 음악치료 훈련 과정에서 오는 학생들에 대한 보완적 개인 훈련으로서 1970년대 초반 메리 프리슬리에 의해 개발되었다. 프리슬리는 집단 음악치료, 개별 음악치료, 상호치료를 제공했다(다음 내용 참조). 프리슬리에 의해 훈련받은 첫 번째 학생 중 하나였던 요하네스 에셴은 그 잠재력을 발견하여, 1978년 독일 헤르데케, 멘토렌쿠어스의 필수적인 부분으로 ERLP를 통합하여 관리했다. 이 아이디어는 이후 전공을 설립한 잉에 뉘고르 페데르센에 의해 1982년 올보르로 이관되었다. 실험적 기반으로 7년간 활용된 후에 전공의 ERLP 부분은 덴마크 교육부가 철저히 평가하였다. 이 평가의 긍정적인 결과로 특별히 ERLP와 관련된 윤리적 이슈들이 고려되어, ERLP 단원은 완전히 통합된 전공의 필수 트랙으로 남게 되었다. 오늘날, 올보르의 음악치료 전공은 이와 같은 통합된 훈련 형태를 가진 덴마크의 유일한 대학교 전공이며, 이는 개인적 기술, 음악적 기술과 학문적 기술을 동시에 개발하는 데 동등한 중요도를 부여하는 것을 포함한다. ERLP 트랙은 3가지의 각기 다른 교육 방법으로 구분된다.

1. 음악치료 자기 경험은 개인적, 치료적 발달을 다루며 시간의 경과에 따라 내담자로

서 학생들과 함께 하는 작업을 통합한다. 작업의 초점은 미래의 전문가에게 음악치료사로서 통합적이고 노련한 정체성을 준비시키는 데 있다(Lindvang, 2013, 2015; Lindvang & Bonde, 2012).

2. 치료적 방법론 과정은 학생들이 학습된 방법론적 인식을 발달시키기 위해서 치료사가 되는 것과 내담자가 되는 것 간을 오가는 것을 다룬다. 초점은 개별 세션과 단기 과정 내에서, 학생들이 발달과 집단 역동을 인식할 수 있는 환경에서 자신의 신체와 마음에 대해 각기 다른 방법과 접근을 경험하는 데 있다(Pedersen, 2002a, 2002b; Wigram, De Backer & Van Camp, 1999). 이 훈련의 또 다른 중요한 초점은 각기 다른 표적 집단과 관련하여 임상의 방법 및 기법의 가능성과 한계에 대한 지식을 늘리는 것이다.

3. 인턴십과 슈퍼비전은 경험이 풍부한 전문적 정체성을 발달시키기 위해서 특별한 기관의 맥락에서 기능하고, 특정한 내담자 집단과 작업하여 위의 2영역을 통합하며, 교육 분야를 확장한다.

올보르대학교의 음악치료 전공에 있는 학생들은 학습의 아주 초기 단계부터 학생 내담자로 배치된다. 학사 과정에서는 집단 음악치료와 집단에서의 치료 관련 신체 및 목소리 작업이라는 형태로 '1차 ERLP 훈련 과목'(다음 내용 참조)이 교육된다. 이러한 훈련 과목은 2년의 석사 과정을 거쳐 방법론적인 집단 훈련을 위한 탄탄한 기반을 만든다. 7학기에 학생들은 8학기 상호치료에 대한 예고로서 개별 음악치료로도 훈련된다.

1차 ERLP 훈련 과목

자기 경험과 관련된 1차 ERLP 과정은 다음을 포함한다.

- 집단 음악치료
- 개별 음악치료
- 치료 관련 신체 및 목소리 작업
- (일부) 상호치료

1차 ERLP 단원의 **집단 음악치료, 개별 음악치료, 치료 관련 신체 및 목소리 작업**은 시간 경과에 따라 발생하는 과정이라는 것이 특징이다. 이러한 단원들은 자기표현의 난관으로 지각되는 전기적인 주제들과 장애, 불안을 대상으로 작업하는 것을 가능하게 한다. 자기 경험 치료 과정의 주요 목적은 학생들이 음악치료사 역할을 해내며 앞으로의 작업에서 자연스러운 권위를 가지고 행동하는 능력을 부여하는 것이다. 그러므로 모든 치료사에게 기본적인 주제에 초점을 둔 작업이 이루어질 것이다. ERLP의 1차 과목에서 기본적 도구들을 개발하기 위해 학생들은 다음의 영역에서 훈련된다.

- 개인적인 즉흥연주의 언어 — 음악적으로, 언어적으로 — 에 익숙해지는 것을 배우기
- 심리적 자원, 한계와 준비에 대한 성찰의 도구로서 음악의 힘 경험하기
- 시간의 경과에 따라 진행 중인 역동적 과정의 일부가 되는 것을 배우기
- 관계에서의 역전이 이슈와 패턴(2.2장 참조)을 다루는 것과 실제에서 자기 담아두기 배우기
- 음악치료 실제에서 높은 수준의 민감성과 유연성을 발달시키고 유지하는 것을 배우기
- 중요하게 관여하는 방법과 동시에 활력이 넘치고 유연한 음악치료사로서 살아남는 것을 배우기
- 적절할 때, 개인적인 경계들을 유지하고 개방하는 것을 배우기

ERLP 강사들은 학생에 대한 평가나 다른 교육 의무를 가지지 않는다. 1차 ERLP 과목은 주어진 구조에서 작성된 학생의 보고서를 내부적으로 심사함으로써만 평가되며, 학생들은 자신의 과정과 발달을 성찰한다. 다시 말해서, 평가되는 것은 과정 그 자체가 아니라 학생의 이해이다.

　훈련에 참여하는 각 학생의 과정에 대한 윤리적 규정과 존중을 보이는 이해가 대단히 중요하고 필요하다. ERLP 과목은 어떤 방해도 없는 닫힌 문 뒤에서 이루어진다. 모든 ERLP 강사는 전문 음악치료사를 위한 윤리 규범에 따라 전문적 기밀 유지의 대상이다. 그럼에도 불구하고, 대학의 근로자로서 교강사의 역할은 전문 치료사로서 학생의 향후 발전에 문제가 될 수 있는 것으로 밝혀질 수 있는 특정한 어려움을 보고할 의무가 있다. 훈련의 초반에 학생들은 이 조건에 대해 알게 되며, 어떤 보고서도 학생 본인에게 먼저 알리지 않고 제공되지 않을 것임을 알게 된다. 물론 슈퍼비전도 ERLP 강사에게 있어 의무적이다.

　상호치료는 1차이자 2차 훈련 과목이다. 상호치료는 올보르대학교에서 교수되는 것처럼 팀 강사의 직접적인 슈퍼비전하에 2시간의 세션에서 40분 단위로 2회, 두 학생이 교대로 서로를 위한 치료사가 되는 경험과 관련이 있으며, 이후 각 학생마다 20분의 개별 슈퍼

비전을 받는다. 상호치료의 목적은 내담자와의 2인 작업에서 관계적인 역동적 과정을 따라가고 인지하며 패턴을 변화시키는 학생의 능력을 훈련하고 발달시키는 것이다. 또 이렇게 각기 다른 역할로 존재하는 것을 빠르게 변화시키는 것은 만일 스스로가 방금 정서적인 상황을 깊이 경험했을 때조차 치료 작업을 위한 준비가 되어있어야 할 수도 있는 향후의 작업에서 매우 중요하다.

상호치료 훈련이 끝날 무렵에 두 학생은 내담자가 되었던 자신의 경험과 이러한 환경의 학생 음악치료사로서 책임에 대한 직접적인 슈퍼비전으로 서로에게 피드백을 제공한다. 상호치료는 학생들이 3~5개 발췌본에 기반을 두어 학생 음악치료사라는 입장에서 상호치료 사례를 발표하는 평가의 대상이다. 학생들은 치료사가 되는 것에 대한 진보를 이해하는 데 중점을 두고 사례를 전달한다(Pedersen, 2014). 30분의 발표는 표 하단 마지막 행의 **'치료사가 되는 자신의 과정'**이라는 표제를 크게 강조하며, 주어진 구조에 따라 파트너의 사례 자료를 발표하도록 안내된다(표 6.3.1 참조).

2차 ERLP 훈련 과목

치료적 방법론과 관련이 있는 2차 ERLP 과정은 다음을 포함한다.

- 임상적 집단 음악치료 기술
- 정신역동적 집단 관리
- (일부) 상호치료 (앞쪽 참조)
- 심상음악치료GIM – 1단계

이 과정은 학생들이 치료사가 됨으로써 배우고, 경험이 풍부한 음악치료사의 직접적인 슈퍼비전하에 동료 학생들을 위한 내담자의 역할에 참여함으로써 배우며, 경험이 풍부한 음악치료사와 동료 학생들의 기여로 대대적인 피드백 과정을 통해 배우는 것이 특징이다.

임상적 집단 음악치료 기술clinical group music therapy skills의 경우 학생들은 교대로 특정한 내담자군의 역할을 연기하는 협력 학생 집단의 집단치료사가 된다. 협력 학생들에게는 자신이 역할을 연기할 내담자의 이력과 문제에 대한 간략한 설명이 주어지고, 집단치료 세션을 위해 치료실로 이동한다. 학생 치료사들은 내담자의 요구, 자신이 계획한 세션의 기능과 과정, 자신의 치료적 역할에 대한 이해를 다루기 위해 며칠 전에 슈퍼비전을 받는다. 치료 세션은 45~60분 정도 지속되며, 이 시간 동안 집단과 치료사는 방해받거나 중단되

표 6.3.1 상호치료 평가를 위한 평가 도식 : 예				
	1단계 : 1~3회기	2단계 : 4~5회기	3단계 : 6~7회기	4단계 : 8회기
작업 이슈 하위 이슈	내면 아이를 위한 공간을 조성한다. 경계를 설정한다. 유희적이 된다.	거듭남.	통합. 취약성을 민감성으로 변용시키는 원시적 힘.	초조함/무질서함에도 불구하고 신체의 기반잡기에 머무르도록 하는 도구들의 통합.
내용	취약한 목소리의 특질들을 통한 즉흥연주. 분노를 표현한다(드럼). 무질서함에도 불구하고 신체에 머무르도록 한다.	민감한 감각들을 확장한다. 상상의 공간에 스스로를 담는다. 초조함이 변용된다.	단호하고 정적인 부유하기(드럼/목소리). 내면 아이의 슬픔을 돌본다(첼로/목소리/메탈로폰).	젬베+목소리. 통증, 민감성과 원시적 힘이 통합된다.
음악에서의 역할	과정에서의 변화들을 격려한다. 공생을 제안한다. 분노로부터 연약함에 이르는 다리를 조성한다.	동반자와 컨테이너. 그녀의 탐색에서 X를 따르기.	귀 기울이기. 현존하기. 내담자를 보기/듣기. A 기반을 바로 확인하기.	목격한다/거울반응한다. 나는 당신을 보고, 당신이 자신의 통합 과정을 의식하고 있다는 것을 안다.
치료사로서의 역할	충분히 좋은 어머니. 안아주기/일치시키기. 놀이친구.	내담자의 경험을 거울반응할 수 있는 동반자/목격자. 산파.	긍정적인 아버지. 내담자 주변의 보호자가 그녀의 내면 아이에게 세심한 어머니가 된다. 거리를 두고 현존한다.	거울반응하기 : 이슈들을 요약하고, 과정의 공생이라는 일관성을 조성한다. 내담자의 자기 돌봄을 가시적으로 만든다.
치료사가 되는 자신의 과정	약간 불안정한. 너무 빠르다. 내가 이 과정을 충분히, 신중히 담을 수 있는가? 원칙이 있는 주관적인 방식으로 현존하기의 균형을 찾는 것을 즐긴다.	치료 작업이 재미있고 아름다울 수 있다는 것이 놀랍고 행복하다. 웃음이 터질 수 있다.	아하! 경험. 나는 긍정적인 아버지 되기의 특질을 제안할 수 있었다. 내가 이용할 수 있다.	작업에 만족한다. 긍정적인 방식으로 이 아름다운 과정을 따르는 것이 허용된 것에 감사한다. 나 자신의 자기 이미지와 정체성에 대한 이해에 있어 수행과 존재의 더 나은 균형을 경험하는 것에 만족한다.

Bruscia, K. (2013) *Self-Experiences in Music Therapy Education, Training, and Supervision*. Gilsum, NH: Barcelona Publishers. E-book.

지 않는다.

세션 후에는 내담자, 치료사와 관찰자들로부터 긴 피드백이 있으며 이는 슈퍼바이저,

자격이 있는 강사/음악치료사에 의해 종합된다. 세션 분석과 때로는 동영상 발췌본의 분석이 수행되며 세션 중의 사건들, 음악적인 것과 언어적인 것에 대한 대안적 가능성이 논의되고 때로 시도된다. 이 과목에서 심사자는 집단치료 역할극의 또 다른 지금 여기 체험을 관찰한다. 학생들은 집단치료 과정 내에서 작업하는 자신의 능력, 내담자의 요구와 치료사로서의 역할에 대한 이해, 세션에서 일어난 일에 대한 분석 및 성찰과 더불어 피드백을 제공하는 방법을 평가받는다(Wigram, 1996a, 1999e).

정신역동적 집단 관리psychodynamic group management는 임상적 집단 음악치료 기술과 유사한 틀을 가지나 여기서 학생들은 교대로 학생 내담자로서 실제로 그들 자신으로 있는 협력 학생 집단의 단독 집단 리더가 된다. 상담과 음악치료 기법들로 학생들을 훈련하는 목적은 집단 역동 형태에 있어 '정상'에서 신경성에 이르는 내담자들과 작업하도록 하는 것이다. 타이밍, 의식의 상태, 목소리의 특질, 치료적 현존, 음악적 촉진하기와 언어적 명료화 및 해석에 초점이 맞춰진다. 여기서 평가는 주어진 지시에 따라 작성된 학생들의 보고서에 따르며, 강사에 의해 평가된다.

심상음악치료GIM – 1단계는 원래 미국에서 개발된 GIM 훈련 모델에 기반을 둔 수용적 훈련의 일환이다(3.2장 참조). 이론적 요소들은 보니 방법의 역사와 철학 및 그 방법의 핵심 개념들인 심상, 확장된 의식의 상태, 안내하기, '협력치료사'로서의 음악과 관련된 최신 이론이다. 실제적이며, 경험적이고 공명적인 요소들은 다음과 같다.

- 양자관계에서의 연습―'가이드와 트래블러'
- GIM 방법에 기반을 둔 집단 연습
- 1급 훈련가primary trainer에 의한 시연 세션
- 심상과 음악 경험에 기반을 둔 창의적 그리기/쓰기

이 단원은 상호치료와 함께 확장된 의식 상태에서의 감상 또는 음악 연주라는 강력한 경험을 제공한다. 이 과목에 대한 형식적인 평가는 없으나 각 학생은 과정 중에 GIM 퍼실리테이터로서 자신의 잠재력에 대해 평가받고, 중급 2단계(후보자로서 개인적 기반을 가지고)로 진행할 준비가 되어있는지 진단평가된다(Bonde, Pedersen & Wigram, 2001). GIM은 전공에 매우 적합하다. 이는 세계에서 몇 안 되는 훈련 과정 중 하나로 일관되게 ERLP 훈련 과정과 단원에 포함된다.

6.4 임상 훈련, 인턴십과 슈퍼비전

라르스 올레 본데, 스티네 린달 야콥센, 잉에 뉘고르 페데르센, 토니 위그램

전공의 일환으로 학생들은 — 학사 과정의 처음과 끝, 석사 과정 중 전체 한 학기에 — 3단계의 인턴십 기간을 갖는다. 이 훈련 과목들은 다음을 포함한다.

- 인턴십을 위한 준비
- 개별 슈퍼비전
- 집단 슈퍼비전

자기 경험 치료와 치료적 방법론은 인턴십 및 향후 전문적 실제와 연계하여 개별 및 집단 슈퍼비전을 최적으로 활용하게 만드는 좋은 준비가 된다. 여기서 초점은 슈퍼바이지의 현재 작업 상황과 관련된다.

2학기의 첫 번째 인턴십 기간에 학생은 4주 동안 임상적으로 작업하는 음악치료사를 따르고 관찰해야 한다. 동료들과의 회의, 친지들과의 대화 및 보고서 작성하기와 같은 모든 전문적 기능들은 학생의 음악적, 치료적 지식과 기술 및 다음 학기의 이론적 지식과 기술의 발달을 목표로 하기 위해, 음악치료 실제에 대한 전체적 통찰을 얻는 것을 목적으로 학생들을 참여하게 하는 것과 관련이 있다. 이 인턴십의 목표는 학생이 내담자의 요구, 치료의 목표 및 치료사들이 세션 동안 무엇을 하는지 관찰하고 기록하는 데 능숙해지는 것이다. 동시에 학생은 자신이 작업하는 것 내에서 상황에 대한 긍정적 반응과 부정적 반응을 모두 고려하여 내담자에 대한 자신의 반응을 평가함으로써 고유한 자원들을 탐색한다. 학생은 내담자–치료사 관계나 음악치료에서 활용된 음악의 양식과 같은 치료 작업의 특정한 측면에 초점을 두고 이 작업에 대한 프로젝트 기반 학습 보고서를 작성한다.

6학기에는 짧은 관찰 기간 후 학생들이 슈퍼비전을 받으면서 1명 또는 2명의 내담자들과 작업하기 시작한다. 여기서 학생들은 보통 자신이 전문 음악치료사로서 함께 작업하고

싶다고 상상한 각기 다른 내담자군을 찾으려고 하나 이는 항상 가능한 것이 아니다. 학생들은 임상적으로 작업하는 음악치료사로서 1주일에 하루, 10주 동안 인턴십에 들어간다. 학생들은 윤리적 표준을 충족하고 최대치의 학습 성과를 보장하기 위해 임상 슈퍼비전을 받는다. 학사 논문은 대개 인턴십의 경험에 기반을 둔다.

16주의 시간제 인턴십은 9학기에 이루어지고 개별 및 집단 슈퍼비전을 포함한다. 학생들은 장기적인 내담자의 과정에 참여할 것으로 예상된다. 석사 논문도 대개 임상 경험과 이론적 지식 간 통합을 가능하게 하는 인턴십의 경험에 기반을 둔다(Holck, 2010). 이 마지막 인턴십에서 학생들은 다음의 기술과 이해 영역을 발달시키는 데 주의를 기울일 것으로 예상된다.

1. 기관의 철학, 기능, 인력에 대한 명확한 이해
2. 학생이 작업하는 내담자의 장애, 병리와 교육적 무능력에 대한 속성 및 임상적 기술에 대한 명확한 관점과 지식
3. 일반적인 요구, 병리적인 요구, 개별적인 요구 등 내담자의 요구에 대해 명확한 초점을 발달시키는 역량
4. 치료의 목적과 목표를 세우는 능력
5. 내담자의 요구를 충족하기 위해 치료 내에서 적합한 음악적 기술의 발달
6. 개별 및 집단 치료 세션에서 일어나는 일에 대해 책임을 지는 능력
7. 치료에서 일어난 것을 평가하고 분석하는 능력과 이를 기록하는 능력
8. 슈퍼바이저에게 보고하는 능력, 작업하는 대상과 함께하는 팀의 다른 사람들에게 자신의 작업 과정에 대해, 자신의 치료적 방향에 대한 지도와 조언을 구하는 능력
9. 통찰, 직관과 치료사로서 자신의 역할에 대한 인식의 발달 및 자신이 내담자에게 미치는 영향
10. 음악치료 임상 작업에서 나타나는 모든 종류의 진보progress에 슈퍼비전을 적용하는 능력의 발달

이 마지막 인턴십은 음악치료사로서 책임을 지고, 임상적 집단과 함께 작업하기 위해서 학업적 기술, 음악적 기술, 치료적 기술, 개인적인 자신감을 통합하는 학생을 위한 검증의 장이므로 프로그램의 모든 트랙을 완전히 통합한다.

다른 치료 과목에서처럼 훈련에서 배웠던 이론과 기법들을 실제로 변용하는 '맞거나 틀

린' 방식이 항상 있는 것은 아니다. 이와 같은 치료 작업에서 우리는 '진보'와 '진보의 부족'에 대해 좀 더 생각해야 하고, 치료사는 중재의 효과와 유용성을 평가할 때 '성공적인 또는 성공적이지 않은', '적절한 또는 부적절한' 준거들에 대해 좀 더 작업해야 한다.

　이는 음악치료사에게 높은 수준의 책임감과 자기 비평을 요구하여 흥미로울 수 있다. 그러므로 슈퍼비전은 훈련 중에 있는 음악치료사들과 자격이 있는 음악치료사에게 모두, 특히 치료사들이 혼자 또는 고립되어 작업할 때 필수적인 요소이다.

참고문헌

Aalbers, S., Fusar-Poli, L., Freeman, R.E., Spreen, M. *et al.* (2017). Music therapy for depression. *Cochrane Database of Systematic Reviews 2017*, Issue 11. Art. No.: CD004517. doi: 10.1002/14651858.CD004517.pub3.

Aasgaard, T. (1999). 'Music Therapy as Milieu in the Hospice and the Paediatric Oncology Ward.' In D. Aldridge (ed.) *Music Therapy in Palliative Care: New Voices*. London: Jessica Kingsley Publishers.

Aasgaard, T. (2002). Song Creations by Children with Cancer – Process and Meaning. Unpublished PhD thesis. Institut for Musik og Musikterapi, Aalborg University, Denmark. Available at www.mt-phd.aau.dk/phd-theses.

Aasgaard, T. (2004). 'A Pied Piper Among White Coats and Infusion Pumps.' In M. Pavlicevic and G. Ansdell (eds) *Community Music Therapy – International Initiatives*. London: Jessica Kingsley Publishers.

Aasgaard, T. and Ærø, S.B. (2011). 'Gjøgler og behandler: Musikkterapeutens arbeidsoppgaver og profesjonelle roller ved en sykehusavdeling for barn' ['The Professional Tasks and Roles of Music Therapists in Paediatric Hospitals']. In K. Stensæth and L.O. Bonde (eds) *Musikk, helse, identitet* [*Music, Health, Identity*]: 141–160. NMH-publikasjoner, 2011:3, Skriftserie fra Senter for musikk og helse. Oslo: Norges musikkhøgskole.

Aasgaard, T. and Ærø, S.B. (2016). 'Songwriting techniques in music therapy practice.' In J. Edwards (ed.) *The Oxford Handbook of Music Therapy*. UK: Oxford University Press.

Abad, V. and Barret, M. (2016). 'Families and Music Early Learning Programs: Boppin' Babies.' In S.L. Jacobsen and G. Thompson (eds) *Therapeutic Approaches and Theoretical Perspectives*. London: Jessica Kingsley Publishers.

Abraha, I., Rimland, J.M., Trotta, F.M., Dell'Aquila, G. *et al.* (2017). Systematic review of systematic reviews of non-pharmacological interventions to treat behavioural disturbances in older patients with dementia. The SENATOR-OnTop series. *BMJ Open 7*(3), 1–28.

Abrams, B. (2002). 'Transpersonal Dimensions of the Bonny Method.' In K. Bruscia and D. Grocke (eds) *Guided Imagery and Music: The Bonny Method and Beyond*. Gilsum, NH: Barcelona Publishers.

Abrams, B. (2015). 'Evaluating Interpretivist Research.' In B.L. Wheeler and K.M. Murphy (eds) *Music Therapy Research: Third Edition*. Dallas, TX: Barcelona Publishers.

Abrams, B. and Kasayka, R. (2005). 'Music Imaging for Persons at the End of Life.' In C. Dileo and J.V. Loewy (eds) *Music Therapy at the End of Life*. Cherry Hill, NJ: Jeffrey Books.

Aigen, K. (1991). The Roots of Music Therapy: Towards an Indigenous Research Paradigm. Unpublished PhD thesis. New York University, New York.

* 이 책의 전체 참고문헌은 시그마프레스 홈페이지(www.sigmapress.co.kr) 내 일반자료실에서 찾을 수 있습니다.

찾아보기

지은이

잉에 뉘고르 페데르센 Inge Nygaard Pedersen [편저자]

페데르센은 덴마크에 있는 올보르대학교의 부교수이다. 1982년 올보르대학교에 음악치료 전공을 설립하였고, 올보르대학교와 올보르대학병원 정신의학과의 통합 기관인 음악치료 클리닉의 대표이다. 또한 현재 조현병으로 고통받는 사람들의 음성 증상에 대한 음악치료의 효과에 초점을 둔 국가적 연구 프로젝트의 대표이다. 음악치료사의 훈련, 슈퍼비전, 음악치료와 정신의학 및 즉흥연주에서의 역전이에 대한 다양한 책들의 편저자이자 공동 편저자이며 여러 책과 논문들을 출판했다.

라르스 올레 본데 Lars Ole Bonde [편저자]

본데(PhD)는 덴마크에 있는 올보르대학교의 음악치료 전공 교수이며, 음악과 보건 연구센터인 CREMAH의 음악과 보건 및 노르웨이 음악 아카데미의 교수이다. 심상음악치료(GIM)의 1급 훈련가이며 공인된 임상 슈퍼바이저이다. 음악치료, 음악심리학, 음악 교육과 음악극에 관한 수많은 출판물을 가지고 있다.

스티네 린달 야콥센 Stine Lindahl Jacobsen [편저자]

야콥센은 덴마크에 있는 올보르대학교의 음악치료 전공 학과장이자 부교수이다. 최근 국제적 음악치료 진단평가 컨소시엄(IMATAC) 및 덴마크의 북부 유틀란드에 있는 예술과 보건 연구센터를 주관한다. 또한 위기 가족, 표준화된 음악치료 진단평가 도구와 효과 연구의 영역에 대한 다양한 책과 논문들을 출판했다. 최근에는 '부모 자녀 상호작용에 대한 진단평가(APCI)' 도구 활용에 있어 전 세계의 음악치료사들을 훈련시키고 자격을 공인한다.

안네 메테 비스티 라스무센 Anne Mette Visti Rasmussen

라스무센은 음악치료사(MA)이며 현재 특별한 요구를 지닌 아동들의 분야에서 일한다. 치매, 정신의학적 질환, 약물 중독 및 헌팅턴 병으로 고생하는 사람들을 아우르는 다양한 내담자 집단을 대상으로 일한다. 또한 즉흥연주 기술, 진단평가 및 관찰 기술을 교육하는 올보르대학교의 전 조교수이다.

볼레테 다니엘스 베크 Bolette Daniels Beck

베크는 덴마크에 있는 올보르대학교 음악치료 교육 전공의 부교수이며 심상음악치료의 1급 훈련가이다. 혼합 방법 연구와 멀티센터의 생체표지자, PTSD가 있는 75명의 난민을 포함하여 정신의학과에서의 통제 시험을 연구 대상으로 한다. 음악치료와 직무 스트레스, 외상, 영성, 신경정서적 이론과 대학교 교수법에 대한 다양한 책과 논문들을 출판했다.

에리크 크리스텐센Erik Christensen

크리스텐센은 음악학자로 교육받았다. 2012년에 크리스텐센은 올보르대학교에서 「음악 감상, 음악치료, 현상학과 신경과학」이라는 자신의 PhD 논문 심사를 통과했다. 『음악적 시공간 : 음악 감상의 이론』(1996)의 저자이다. 컨템퍼러리 음악 프로그램의 편집자로 덴마크 방송국에서 일했으며 덴마크, 미국과 남미에 있는 대학교에 강사로 초빙되었다.

그로 트론달렌Gro Trondalen

트론달렌은 노르웨이에 있는 노르웨이 음악 아카데미의 음악과 보건 연구센터의 선임 연구자이자 음악치료 교수이다. 또한 경험이 풍부한 음악치료 임상가이며, 아동 복지 및 성인 정신건강 분야의 슈퍼바이저이고, 보니 방법의 심상음악치료(GIM)로 개인 임상을 하고 있다. 연구 초점은 철학적, 이론적 관점과 연계된 임상 작업에 있다.

한네 메테 리데르Hanne Mette Ridder

리데르는 올보르대학교 음악치료 전공 교수이자 박사 전공의 학과장이다. 훈련된 음악치료 슈퍼바이저이며, 2010년부터 2016년까지 유럽음악치료연맹의 회장으로 봉사했다. 현재는 치매 관리에서 인간에 조율되는 음악적 상호작용에 대한 연구를 이끌고 있다. 음악치료, 치매, 신경인지적 장애, 노화와 심리사회적 방법, 연구 방법론과 훈련에 대해 폭넓게 출판했다.

카타리나 모르텐손 블롬Katarina Mårtenson Blom

모르텐손 블롬은 1970년대에 자격이 있는 심리학자로서 연구했으며, 아동 및 청소년 정신의학에서 자신의 전문적 경력을 시작했다. 최근에는 공인 심리치료사로서 스톡홀름에서 개인 임상을 하고 있으며 GIM 음악치료사, 슈퍼바이저이자 심리치료의 훈련가이다. 2014년 11월에 올보르대학교의 음악치료 PhD 프로그램에서 PhD를 이수했다. 여러 편의 논문, 책을 저술했으며 동료들과 함께 상호 주관성에 대한 책을 공저했다.

카레테 스텐세트Karette Stensæth

스텐세트는 노르웨이의 음악 아카데미에 있는 음악치료의 부교수이며, 여기서 음악과 보건 연구센터 (CREMAH)의 대표로서 일한다. 연구 관심은 광범위하며, 음악과 보건에 대한 사회적, 철학적 관점들을 포함한다. 출판물이 많으며, CREMAH 시리즈로 여러 책들을 편저했다. 최근 단일주제 연구는 미하일 바흐친의 아이디어에 영감을 얻은 음악치료 즉흥연주에서의 반응성에 대한 것이다. 장애 아동 및 청소년과 일하는 음악치료사로서 광범위한 임상 경험을 가지고 있다. 노래하고, 연주하며, 여가 시간에 음악을 작곡한다.

카린 쇼우Karin Schou

쇼우는 음악치료사(PhD)이다. 음악치료의 영역 및 수술 후 불안과 통증에 대한 다양한 책과 논문들을 출판했다. 최근 스트레스, 불안과 우울에 대처하는 사람들을 대상으로 한 음악치료사로서 시간제로 일한다. 문화 및 보건과 관련한 음악치료 분야의 워크숍 외에 음악치료와 스트레스 대처에 대한 강연도 제공한다.

일란 산피Ilan Sanfi

산피는 음악치료사(PhD)이며, 보니 방법의 GIM 치료사이자 작곡가이다. 음악치료와 소아의학 외에도 복잡한 만성 통증에 대한 여러 책과 논문들을 출판했다. 아동 종양학에서 화학치료의 부작용에 대한 최근 스칸디나비아 연구 프로젝트에 있어 특별히 작곡된 음악 심상 내러티브들을 구성하는 음악 개념을 개발했다. 2018년에는 성인과 아동의 복잡한 만성 통증과 관련하여 음악과 심상에 대한 덴마크 연구 프로젝트를 런칭했다.

쇠렌 베스테르 할Søren Vester Hald

할은 음악치료사(PhD)이다. 신경학적 재활, 후천적 뇌 손상 및 대인관계적 의사소통 역량의 영역에서 다양한 책과 논문들을 출판했다. 최근에 치매 초기 단계에 있는 사람들을 대상으로 상담자이자 음악치료사로서 일한다.

트리네 헤스트베크Trine Hestbæk

헤스트베크는 음악치료사(MA)로 정신 질환 및 정신병의 중증 증상에 영향을 받는 삶을 살아가는 성인을 대상으로 한 음악치료사로서 일한다. 올보르대학교 음악치료 연구 프로그램의 외부 심사자이며, 덴마크 음악치료 학술지의 편집자이다.

울라 홀크Ulla Holck

홀크는 덴마크에 있는 올보르대학교의 부교수 겸 음악치료에서의 기록문헌과 연구 센터의 센터장이다. 음악학, 음악치료 이론, 연구 방법론과 임상 슈퍼비전을 교육한 다년간의 경험이 있다. 초기 의사소통적 음악성과 관련하여 음악치료에서의 미시 과정들을 연구하며, 자폐 범주성 장애 외에도 발달 지연이 있는 사람들의 영역에서 다양한 책과 논문들을 출판했다.

옮긴이

순진이

서울대학교 아동가족학과 아동학 전공(Ph. D.)
이화여자대학교 교육학과 음악치료교육 전공(M. ED.)
이화여자대학교 작곡과 작곡 전공(B. A.)

한양대학교 일반대학원 음악치료과학과 겸임교수
Blessing Music Therapy 대표
(사)전국음악치료사협회 부회장 · 이사
(사)전국음악치료사협회 음악중재전문가(KCMT)
The Association for Music and Imagery BM-GIM 전문가(FAMI)